L'ART
DE VÉRIFIER LES DATES
DES FAITS HISTORIQUES,
DES CHARTES, DES CHRONIQUES,

ET AUTRES ANCIENS MONUMENTS,

DEPUIS LA NAISSANCE DE NOTRE-SEIGNEUR.

Cet ouvrage se trouve aussi :

Chez ARTHUS-BERTRAND, libraire, rue Hautefeuille, à Paris.

L'ART
DE VÉRIFIER LES DATES
DES FAITS HISTORIQUES,
DES CHARTES, DES CHRONIQUES,

ET AUTRES ANCIENS MONUMENTS,

DEPUIS LA NAISSANCE DE NOTRE-SEIGNEUR.

Cet ouvrage se trouve aussi :

Chez ARTHUS-BERTRAND, libraire, rue Hautefeuille, à Paris.

L'ART
DE VÉRIFIER LES DATES
DES FAITS HISTORIQUES,
DES CHARTES, DES CHRONIQUES,
ET AUTRES ANCIENS MONUMENTS,
DEPUIS LA NAISSANCE DE NOTRE-SEIGNEUR;

Par le moyen d'une Table Chronologique, où l'on trouve les Olympiades, les Années de J. C., de l'Ère Julienne ou de Jules César, des Ères d'Alexandrie et de Constantinople, de l'Ère des Séleucides, de l'Ère Césaréenne d'Antioche, de l'Ère d'Espagne, de l'Ère des Martyrs, de l'Hégire; les Indictions, le Cycle Pascal, les Cycles Solaire et Lunaire, le Terme Pascal, les Pâques, les Épactes, et la Chronologie des Éclipses;

Avec deux Calendriers Perpétuels, le Glossaire des Dates, le Catalogue des Saints; le Calendrier des Juifs; la Chronologie historique du Nouveau Testament; celle des Conciles, des Papes, des quatre Patriarches d'Orient, des Empereurs Romains, Grecs; des Rois des Huns, des Vandales, des Goths, des Lombards, des Bulgares, de Jérusalem, de Chypre; des Princes d'Antioche; des Comtes de Tripoli; des Rois des Parthes, des Perses, d'Arménie; des Califes, des Sultans d'Iconium, d'Alep, de Damas; des Empereurs Ottomans; des Schahs de Perse; des Grands-Maîtres de Malte, du Temple; de tous les Souverains de l'Europe; des Empereurs de la Chine; des grands Feudataires de France, d'Allemagne, d'Italie; des Républiques de Venise, de Gênes, des Provinces-Unies, etc., etc., etc.

PAR UN RELIGIEUX DE LA CONGRÉGATION DE SAINT-MAUR;

Réimprimé avec des corrections et annotations, et continué jusqu'à nos jours,

Par M. DE SAINT-ALLAIS, chevalier de plusieurs Ordres, auteur de l'Histoire généalogique des Maisons souveraines de l'Europe.

TOME DIXIÈME.

A PARIS,
RUE DE LA VRILLIÈRE, N°. 10, PRÈS LA BANQUE.

VALADE, IMPRIMEUR DU ROI, RUE COQUILLIÈRE.

1818.

L'ART DE VÉRIFIER LES DATES.

CHRONOLOGIE HISTORIQUE

DES SEIGNEURS DE MONTPELLIER.

Montpellier, appelé dans les actes, jusque vers la fin du onzième siècle, *Monspestellarius*, et ensuite *Monspessulus*, ou *Monspessulanus*, aujourd'hui la seconde ville du Languedoc, à deux lieues de la Méditerranée, est composé de deux parties qui formaient autrefois deux villages séparés par un bois, dont l'un se nommait Montpellier et l'autre Montpellieret. On prétend qu'au dixième siècle ils étaient possédés par deux sœurs de saint Fulcrand, évêque de Lodève, élu en 949, et mort en 1006, lesquelles, s'étant consacrées au célibat, firent donation de leurs biens à l'église de Maguelone, dont Ricuin, élu en 975 et mort en 999, était alors évêque. Ricuin, ajoute-t-on, céda en fief le village de Montpellier à un gentilhomme, qui suit, et retint celui de Montpellieret.

GUI, ou GUILLAUME Ier.

975. Gui, ou Guillaume, est celui à qui l'évêque Ricuin inféoda le village de Montpellier, ce qu'il fit, selon Verdale,

la première année de son épiscopat. Onze ans après, Guillaume reçut en fief de Bernard II, comte de Melgueil, et de sa femme, un domaine considérable qui embrassait la plus grande partie du territoire de Montpellier. L'acte de donation, rapporté par d'Aigrefeuille, porte: *Moi Bernard, comte, et Senégonde, ma femme, pour récompense de vos bons services et de la bienveillance que vous nous témoignez, nous vous donnons, à vous Guillaume, dans le territoire de Montpellier,* in territorio Montepestellario, *la métairie,* mansum, *qui fut jadis à Amalbert, avec les acquisitions que nous y avons faites.... lesquelles consistent en maisons, jardins, champs, vignes, prés, bois, garrigues, arbres fruitiers, eaux, rivières, qui appartiennent à ce fonds: pour le posséder dès à présent, vous et vos enfants mâles, comme la loi salique, que je suis, l'ordonne:* Sicut lex mea salica commemorat; *et si quelqu'un vous inquiète sur cela, qu'il soit condamné à vous payer le double. Fait le* VI*e. des calendes de décembre, l'an* 32, *du règne de Lothaire,* c'est-à-dire, le 26 novembre 986 de Jésus-Christ. Guillaume, ayant arrondi sa nouvelle seigneurie, s'appliqua à la mettre en valeur et à la policer. On ignore combien de tems il la posséda. Il avait épousé ADÉLAÏDE dont il eut un fils qui suit.

BERNARD-GUILLAUME, ou GUILLAUME II.

1019 au plutôt. BERNARD-GUILLAUME, fils de Guillaume I er. et son successeur en la seigneurie de Montpellier, est quelquefois appelé dans les actes *fils d'Adélaïs*, du nom de sa mère. Il épousa BÉLIARDE dont la maison n'est point connue. Une charte de Guillaume, son petit-fils, nous apprend qu'il avait fait une ordonnance portant que dorénavant il ne serait fait aucun nouveau four dans les terres du seigneur de Montpellier sans sa permission. L'an 1058, il fut témoin d'une transaction passée entre Raymond-Bérenger, comte de Barcelonne, et Raymond-Bernard, vicomte de Beziers, dans l'acte de laquelle il est appelé *Guillaume, mari de Béliarde*. Il mourut la même année ou la suivante au plus tard, puisque son fils l'avait déjà remplacé sous le règne de Henri I er., et de Philippe, son fils. De son mariage il laissa deux fils, Guillaume, qui suit, et Guillaume-Aymon, duquel sortirent deux autres fils, Raymond-Guillaume, qui fut évêque de Nismes depuis 1098 jusqu'en 1112, et Bernard-Guillaume qui fit la souche des vicaires ou viguiers de Montpellier.

GUILLAUME III ou IV.

GUILLAUME III, fils de Bernard-Guillaume et de Béliarde,

devint seigneur de Montpellier après la mort de son père. Il était marié dès l'an 1056 avec ERMENGARDE, fille de Raymond Ier., comte de Melgueil. Il est surnommé fils de Béliarde dans un acte par lequel Bérenger, fils de Guidinel, après avoir reçu son hommage pour le château du Pouget, promet qu'il ne touchera point à cette place, et qu'il n'y enverra ni homme ni femme, sinon lorsqu'il en sera requis par le propriétaire pour le défendre en cas d'attaque. La charte est datée du règne de Henri et de Philippe, son fils, ce qui revient à l'an 1059. Cette même année, il reçut le serment du possesseur du château de Saint-Pons de Mauxchiers, qui relevait de lui. Nous n'avons pas d'autre époque de sa vie dont l'abbé d'Aigrefeuille place le terme vers l'an 1085. En mourant il laissa un fils qui suit. Il paraît, dit D. Vaissète, qu'Ermengarde, sa veuve, se remaria avec Raymond d'Anduse; ce qui dut arriver très-peu de tems après la mort de son premier époux.

GUILLAUME IV ou V.

1085 ou environ. GUILLAUME IV, surnommé fils d'Ermengarde pour le distinguer des autres seigneurs de Montpellier du même nom que lui, fut quelque tems sous la tutelle de Béliarde, son aïeule. Devenu majeur, il tyrannisa les églises et le clergé de ses terres, dont il usurpa les nominations et la plus grande partie des revenus. Godefroi, évêque de Maguelone, le cita pour ce sujet à une assemblée de prélats et de seigneurs laïques, où il fut condamné à perdre le fief qu'il tenait de l'église de Maguelone. Frappé de cette sentence que les juges étaient disposés à faire exécuter à main forte, il travailla à regagner, par ses soumissions, les bonnes grâces de son évêque et n'eut pas de peine à y réussir. Godefroi, qui n'avait eu envie que de le corriger, lui rendit son fief, après avoir exigé de lui une reconnaissance par laquelle il renonçait à toutes les usurpations qu'il avait faites, et promettait de ne plus exercer de juridiction sur les églises ni sur les clercs. Cet acte, dont Verdale met la date en 1090, prouve que Montpellier était alors entouré de murs et de fossés; car il y est dit que l'évêque a cédé à Guillaume tout ce que Pierre Licas possédait *infrà vallatos et foris muros de Montpeslier;* à quoi le prélat ajoutait le tiers des nouveaux édifices faits et à faire à Montpellieret: *tertiam partem novorum œdificiorum quæ facta sunt vel erunt in Montepesliereto.* Guillaume était en différent vers le même tems, avec Pierre, comte de Melgueil, touchant certains droits que lui contestait ce dernier. Ils terminèrent peu de tems après la querelle à l'amiable, et le sceau de cet accommodement fut la main d'ERMESSINDE, fille du comte, que Guillaume épousa. L'an 1095, le pape Urbain II étant arrivé à Maguelone, Guillaume alla l'y recevoir avec la noblesse du pays. Il y fut présent à la bénédiction solennelle que le pape fit de cette île et à l'indulgence qu'il accorda en cette cérémonie à tous ceux qui y étaient ou seraient par la suite inhumés. De là il amena le saint père à Montpellier où il le traita magnifiquement. Il partit l'année suivante pour la croisade à la suite de Raymond de Saint-Gilles, comte de Toulouse, après avoir fait donation de tous ses biens à l'église de Maguelone au cas qu'il mourût sans enfants. Guillaume fut un de ceux qui acquirent le plus de gloire dans cette expédition. Sa valeur se montra principalement au siége d'Antioche. A celui de Marra, qui fut entrepris au mois de novembre de la même année 1098, par le comte de Toulouse, il eut la direction d'une machine nouvelle qui opéra la prise de la place le 11 du mois suivant. De retour en 1102, il passa, au mois de janvier de l'année suivante, avec Raymond-Guillaume, évêque de Nismes, et Bernard-Guillaume, frère de ce prélat, un accord par lequel il donna en fief pour eux et pour les descendants du second la *viguerie* et la *baillie* de Montpellier, avec un château et un domaine considérable, à certaines conditions. Le viguier était le vicaire ou lieutenant du seigneur de Montpellier, et avait après lui la principale autorité dans la ville (1). L'an 1105, à la nouvelle de

---

(1) « L'accord fait, l'an 1090, entre l'évêque Godefroi et Guillaume, seigneur de Montpellier, nous donne l'origine des différentes justices de Montpellier, qu'on distinguait anciennement en trois, savoir : en *rectorie*, en *seigneurie* ou *baillie*, et en *baronnie*. La première s'étendait sur les deux parties de Montpellier. L'évêque Godefroi se la réserva par l'accord dont il s'agit, et y fit administrer la justice par un viguier, qui, dans la suite, prit le nom de recteur...... Elle fut aussi appelée *part-antique*, parce que ce fut la première réunie à la couronne. La seconde, dont les seigneurs de Montpellier étaient maîtres, comprenait toute cette ancienne ville, avec le tiers de Montpellieret, et s'appelait la *baillie*, à cause que le chef de la justice des seigneurs de Montpellier prenait le titre de bailli. Enfin, la justice de la *baronnie* s'étendait sur tout le reste du domaine de ces seigneurs, situé hors de la ville et dans le diocèse, et dont Frontignan était le chef-lieu. En 1293, le roi Philippe le Bel acquit, par échange, la *part-antique* ou *rectorie* de Montpellier. Philippe de Valois acheta, en 1349, pour la somme de cent vingt mille écus d'or, la *baillie* avec la *baronnie* du roi de Majorque, qui alors en était possesseur. Le roi Jean en disposa depuis en faveur de Louis, comte d'Anjou, son fils. Charles V la céda au roi de Navarre. Elle fut saisie sur ce prince, ensuite rendue et érigée en pairie, saisie de nouveau sur lui, et rendue au prince Charles

la mort de Raymond de Saint-Gilles arrivée au château de Mont-Pèlerin le 28 février de cette année, il retourna à la Terre-Sainte, d'où il ramena, l'an 1107, le jeune Alfonse-Jourdain, fils de ce prince. Invité, l'an 1114, par le comte de Barcelonne à venir l'aider à faire la conquête des îles Baléares sur les Sarrasins, il saisit avidement cette occasion de combattre contre les infidèles. Mais avant son départ il fit son testament par lequel on voit qu'outre le domaine de Montpellier il possédait encore divers châteaux en alleud dans le diocèse; ce qui composa ce qu'on appela dans la suite la baronnie de Montpellier, dont la ville de Frontignan, située sur la côte, était le chef-lieu. Guillaume, après avoir donné ordre à ses affaires, s'embarque avec cent chevaliers et un corps d'infanterie sur vingt vaisseaux qu'il avait fait équiper, et fait voile vers la Catalogne. Dans cette expédition, qui ne fut terminée que le 3 avril 1116, par la prise de la nouvelle ville de Majorque, Guillaume se distingua entre tous les autres seigneurs, par sa valeur, sa prudence et son habileté. C'est le témoignage que lui rendent les historiens du tems. Etant revenu à Montpellier après avoir fait quelque séjour à la cour de Barcelonne, il y mourut l'an 1121, laissant de son épouse trois fils et trois filles. Les fils sont, Guillaume, qui suit; un autre Guillaume, seigneur d'Omelas, qui devint comte d'Orange par son mariage avec Tiburge, fille du comte Raimbaud, et Bernard, seigneur de Villeneuve. Les filles sont, Guillemette, mariée, en 1120, à Bernard IV, comte de Melgueil; Ermengarde et Adélaïde.

GUILLAUME VI.

1121. GUILLAUME VI, fils aîné de Guillaume V, lui succéda dans la baronnie de Montpellier. L'an 1124, l'eau qu'il détourna d'un moulin appartenant à un vassal du comte de Melgueil, son beau-frère, occasiona une guerre entre ces deux seigneurs. Les hostilités commencèrent de la part du comte, dont les gens vinrent insulter la ville de Montpellier. Guillaume, par représailles, alla faire le dégât autour du château de Melgueil. Le pape Calliste, instruit de cette querelle, interposa son autorité pour l'apaiser. Il nomma, à cet effet, pour arbitres cinq prélats qui mirent d'accord les deux beaux-frères, par un

---

de Navarre, en 1381. Celui-ci rendit aux consuls de Montpellier la *baillie*, conformément aux lettres du roi, et nomma les officiers de justice. Le roi lui ôta de nouveau la seigneurie de Montpellier, en 1382, et la réunit à la couronne. » (M. Expilli, *Dict. de la Fr.*)

jugement qu'ils rendirent le 9 mai de l'an 1125, six mois ou environ après la mort du pontife. L'an 1128, après le mois de juillet, il fit avec Guillaume d'Omelas, son frère, le pèlerinage de la Terre-Sainte, dont il revint avant le mois d'août de l'année suivante. La tutelle de la jeune Béatrix, héritière du comté de Melgueil, emploi dont Bernard IV, père de Béatrix, avait chargé Guillaume, par son testament, suscita, l'an 1132, une nouvelle guerre à ce dernier. Alfonse, comte de Toulouse, prétendit que la tutelle de la jeune comtesse et la régie du comté de Melgueil lui appartenaient, soit à cause de la suprême autorité que sa qualité de duc de Narbonne lui donnait dans la province, soit, parce qu'étant proche parent de Béatrix, il craignait l'ambition de Guillaume, soit enfin pour les intérêts d'Almodis de Toulouse, sa tante, qui était exclue de la tutelle de la jeune comtesse, sa petite-fille. Guillaume n'étant point d'humeur à céder aux prétentions d'Alfonse, on en vint aux armes de part et d'autre. Des amis communs ménagèrent un accommodement, au moyen duquel les deux antagonistes devaient partager entre eux le comté de Melgueil, pour en jouir pendant le cours de six ans, jusqu'à ce qu'ils eussent trouvé, d'un commun accord, un parti sortable à Béatrix. Mais Guillaume, oubliant bientôt ses engagements, promet, à l'insu du comte de Toulouse, la main de la jeune comtesse à Bérenger-Raymond, comte de Provence. Alfonse, instruit de ce traité, recommence la guerre contre le seigneur de Montpellier, et la déclare en même tems au comte de Provence. Elle fut suspendue, l'an 1134, par celle que Bérenger-Raymond fut obligé de faire aux Sarrasins d'Espagne, et finit l'année suivante par le mariage de Béatrix avec le comte de Provence, ce qui se fit avec le consentement du comte de Toulouse.

La famille des Aimons possédait héréditairement la viguerie de Montpellier. Guillaume s'étant avisé de faire passer cette charge dans une autre maison, celle qu'il en avait dépouillée se souleva et excita, l'an 1141, une sédition dans Montpellier, à l'occasion d'un nouvel hommage que Guillaume voulait exiger des habitants de cette ville. Guillaume, obligé de prendre la fuite, écrivit du château de Lates, où il s'était retiré, au pape Innocent II, qu'il regardait comme suzerain de Montpellier, pour l'engager à prendre sa défense. Innocent, par sa lettre du premier janvier 1142, chargea les évêques de la province de défendre à leurs diocésains toute communication avec la ville de Montpellier. Par une seconde lettre qui suivit de près la première, il exhorta ces prélats à faire tous leurs efforts pour détourner le comte de Toulouse du parti qu'il avait pris en faveur des rebelles. Les remontrances des évêques n'ayant fait aucune impression sur le comte, ils l'excommunièrent conformément aux ordres du pape. L'an 1143, Guillaume, avec le secours des Génois, vient mettre le siége devant Montpellier, dont il force les habitants, par le défaut de vivres, à lui ouvrir les portes vers la fin de septembre. Les Génois s'en retournèrent satisfaits de la générosité de Guillaume, qui leur accorda l'exemption de péage sur ses terres, avec un emplacement dans Montpellier pour leurs négociants. Il part, l'an 1147, sur les galères de ces mêmes Génois, pour aller au secours du roi de Castille, contre les Sarrasins. Les fruits de cette expédition, où Guillaume acquit beaucoup de gloire, furent la prise d'Alméria qui fut emportée d'assaut le 17 octobre de la même année, et celle de Tortose qui se rendit le 31 décembre suivant. Ce fut la dernière campagne de Guillaume. Las du tumulte des armes et revenu des illusions de ce monde, il embrassa, l'an 1149, avant le mois de juillet, la vie monastique à l'abbaye de Grandselve, ordre de Citeaux, où il devint un modèle de religion et de piété. Il y mourut en odeur de sainteté, vers l'an 1162. On remarque, dit dom Vaissète, que tous les souverains de l'Europe, qui vivaient en 1630, descendaient par femmes de ce seigneur, que quelques modernes ont qualifié mal-à-propos de comte, titre que ni lui ni ses successeurs n'ont jamais pris. De SIBYLLE, sa femme, qu'il avait épousée au mois d'août 1129, morte avant sa retraite, il laissa cinq fils et trois filles, dont il avait ainsi disposé par son testament, fait en 1146. Guillaume, l'aîné, qui était alors en bas âge, eut la seigneurie de Montpellier, avec le château de Montferrier; le second fils, aussi nommé Guillaume, eut la châtellenie de Melgueil, avec les lieux de Sauzet et de Castelnau et la portion de la ville de Tortose, que son père avait reçue du comte de Barcelonne (pour distinguer ce deuxième fils du premier, on le surnomme de Tortose); Raymond, le troisième fils, n'eut aucune part, et fut offert par son père à l'abbaye de Cluni, où il vécut de manière qu'il mérita d'être fait abbé d'Aniane; le quatrième fils, nommé Bernard, fut destiné à l'état ecclésiastique; et le cinquième, appelé Gui et surnommé Guerrejat ou le Guerroyeur, eut pour sa part les châteaux de Paulhan et du Pouget. Guillemette, l'aînée des filles, qui dès-lors avait épousé Bernard-Atton, vicomte de Nismes, fut restreinte, à ce qu'il paraît, à la dot qu'elle avait reçue en se mariant. Guillaume chargea son fils aîné de marier les deux autres, nommées Adélaïde et Ermessinde. La première épousa, dans la suite, Ebles III, seigneur de Ventadour, et la deuxième fut mariée à N. de Servian.

L'historien de Languedoc (tom. II, pag. 524) fait mention

d'un sceau de plomb de l'an 1155, pendant à une Charte de Guillaume VI, sur laquelle était représenté, d'un côté, un homme assis sur une chaise, jouant de la harpe, avec ces mots autour : *Sigillum Guillelmi Domini de Montepessulano* ; et de l'autre, un chevalier armé de toutes pièces, sur un cheval de bataille, tenant un bouclier dans sa main, sur lequel paraissait un besant, avec la même inscription.

GUILLAUME VII.

1149. GUILLAUME VII, fils aîné de Guillaume VI, lui succéda en bas âge, sous la tutelle d'Ermessinde, son aïeule. Il était cependant, dès-lors, en âge de puberté, car il avait accompagné son père aux sièges d'Alméria et de Tortose ; et dans la distribution que Raymond-Bérenger, comte de Barcelonne, fit des dépouilles de Tortose aux seigneurs qui l'avaient aidé à la conquête de cette place, il reçut quantité de pierreries fines, présent que le comte accompagna d'une politesse, en lui disant, qu'étant à marier, il en serait mieux venu de sa maîtresse. Son mariage, cependant, n'eut lieu que huit ans après cette expédition. L'an 1153, s'étant allié avec Raymond Trencavel dans la guerre que Raymond V, comte de Toulouse, déclara à ce dernier, il fut pris avec lui dans un combat, et conduit aux prisons de Toulouse. Il ne paraît pas que sa captivité ait duré plus long-tems que celle de Trencavel, qui fut relâché vers le mois d'avril 1155. On parlait alors de marier le seigneur de Montpellier ; mais cette affaire souffrit encore quelques délais. Ce fut en 1157 (n. st.) qu'il épousa, le 25 février, à Montpellier, MATHILDE, fille de Hugues II, duc de Bourgogne. La même année, Guillaume de Tortose, son frère, ayant perdu son épouse Ermessinde de Castries, prit la résolution de passer à la Terre-Sainte et d'entrer dans l'ordre des Templiers. Ce voyage dispendieux l'obligea d'engager à son frère, pour avoir des fonds, la terre de Castries qu'il possédait du chef de sa femme, et la ville de Tortose. Bientôt après il lui fit une donation du tout, entre vifs. C'est ainsi que la terre de Castries sortit de la maison de ses premiers seigneurs, pour entrer dans celle de Montpellier, d'où elle passa dans celle de Montlaur, au siècle suivant, et enfin, dans celle de la Croix de Castries, qui l'a fait ériger en marquisat et baronnie des états de Languedoc. L'an 1159, Guillaume, entraîné par le comte de Barcelonne, amena des troupes au roi d'Angleterre, qui était entré dans le Toulousain et menaçait de faire le siège de Toulouse. Le dessein de l'Anglais, sur cette place, ayant échoué par la crainte du roi de France, qui s'y était renfermé, il laissa, en s'en retournant, le commandement de ses troupes au prince d'Aragon et au seigneur de Montpellier, pour continuer les hostilités dans le comté de Toulouse. La prise de Cahors est l'exploit le plus mémorable qu'ils firent dans ce pays. La paix que l'Angleterre fit avec la France, en 1160, rappela ces deux seigneurs dans leurs terres. L'an 1162, le pape Alexandre III, ayant abordé, le mercredi de Pâques, à Maguelone, Guillaume vint l'y saluer en grand cortège, *cum baronibus et decora militia*, et l'amena de là à Montpellier, où il passa quelques mois. Guillaume, l'an 1164, reçut, dans la même ville, au mois de juin, Raymond V, comte de Toulouse, avec lequel il fit la paix; car ils étaient en état de guerre depuis l'expédition du roi d'Angleterre dans le Toulousain (Vaissète.) Le pape Alexandre étant revenu, au mois de juillet de l'année suivante, à Montpellier, pour y attendre le tems de se rembarquer pour l'Italie, l'empereur fit solliciter en secret Guillaume, sous les promesses les plus séduisantes, de s'assurer de la personne du pontife, pour le remettre entre ses mains. Mais ce seigneur rejeta la proposition avec l'indignation qu'elle méritait. Alexandre, par reconnaissance, prit la défense de Guillaume contre les Génois, qui ne cessaient, depuis quelque tems, d'infester les côtes de son domaine. Il leur écrivit fortement pour leur enjoindre de mettre fin à leurs brigandages, avec menace d'employer contre eux les censures en cas de refus. Mais sa lettre fut sans effet, ce qui obligea Guillaume et l'évêque de Maguelone à se liguer avec les Pisans, ennemis des Génois, pour se mettre à couvert des entreprises de ces derniers. L'an 1167, nouvelles brouilleries entre le comte de Toulouse et le seigneur de Montpellier, au sujet de la succession de Raymond-Bérenger II, comte de Provence, qu'Alfonse, roi d'Aragon, disputait au premier. Guillaume se déclara pour Alfonse qui l'emporta. L'an 1168, Guillaume, au mois de mars, acquit de Raimbaud III, comte, en partie, d'Orange, le château d'Omelas et ses dépendances, pour le prix de quatre mille sous melgoriens, dont le vendeur s'engageait à lui payer l'intérêt à raison de six deniers pour livre par mois, jusqu'à ce qu'il lui eût livré ce château : *Volo et mando*, dit-il, *ut illa quatuor millia solidorum melgorensium lucrentur singulis mensibus sex denarios pro quavis libra, usque quo prædictum castellum tibi reddam*. (Hist. de Montpellier, p. 37.) Guillaume, l'an 1171, embrasse les intérêts de Bertrand Pelet, son petit-neveu, lequel, après la mort de Bernard, son père, voulut s'emparer, comme on l'a dit, du comté de Melgueil, au préjudice de Béatrix, sa mère, encore vivante. Mais bientôt après il l'abandonna ainsi que les fonds que Ber-

trand lui avait aliénés pour avoir sa protection. L'an 1172, Guillaume VII finit ses jours dans le mois de septembre au plus tard, laissant de Mathilde, sa femme, décédée avant lui, quatre fils et cinq filles. Les fils sont : Guillaume, qu'il fit son unique héritier, à condition de fournir un entretien honnête à ses frères et sœurs ; un second Guillaume, surnommé le Bourguignon, pour faire honneur à la mémoire de sa mère ; Raymond, moine de Grandselve, puis évêque de Lodève en 1188 ; Gui, destiné par son père à l'ordre des Templiers, mais qui, ayant suivi une autre vocation, se consacra au service des pauvres, et devint le fondateur de l'ordre des Hospitaliers du Saint-Esprit. Clémence, religieuse d'Aniane ; Sybille, femme de Raymond-Gaucelin, seigneur de Lunel ; Guillelmine ; Adélaïs et Marie, sont les cinq filles de Guillaume VII. La ville de Montpellier était alors l'une des plus florissantes de la France et peut-être de l'Europe, par son commerce. Voici comme en parle le juif Benjamin de Tudèle, mort en 1173, dans la relation qu'il fit en hébreu de ses voyages.
« Etant partis de Beziers, nous arrivâmes en deux jours au
» Mont-Tremblant, que les habitants du pays appelaient au-
» trefois Montpesulan, et qu'ils nomment aujourd'hui Mont-
» pellier. Cette ville, qui abonde en toutes sortes de mar-
» chandises, est éloignée d'environ deux lieues de la mer.
» Elle est très-fréquentée à cause de son commerce par diverses
» nations, telles que les Iduméens de Portugal, les Lombards
» et les autres peuples d'Italie, ceux d'Egypte et de Palestine.
» On y trouve des marchands de toute la Gaule, de l'Espagne
» et de l'Angleterre, et on y entend parler le langage de toutes
» les nations du monde qui y abordent, avec les Génois et
» les Pisans. »

GUILLAUME VIII.

1172. GUILLAUME VIII succéda en bas âge à Guillaume VII, son père, sous la tutelle de Gui le Guerroyeur, son oncle. Le premier monument où il paraît avec la qualité de seigneur de Montpellier, est l'acte de serment de fidélité que lui fit, au mois d'octobre 1172, Guillaume-Pierre, fils de Raymond de Montferrier. (*Hist. de Montpellier*, pag. 41.) Gui le Guerroyeur étant mort l'an 1177, il devint son héritier, et passa sous la conduite de Raymond, son autre oncle, abbé d'Aniane. L'an 1181, il épousa EUDOXIE, fille de Manuel Comnène, empereur de Constantinople. Cette princesse avait été demandée par Alfonse, roi d'Aragon, pour lui-même ; mais ayant trop tardé à se rendre en Aragon, elle arriva dans le tems qu'Alfonse, ennuyé de son retard, venait d'épouser l'infante

Sancie de Castille. Ceux qui conduisirent Eudoxie ayant relâché à Montpellier pour y attendre les ordres de leur maître, et Manuel étant mort dans ces entrefaites, Guillaume offrit sa main à la princesse, et l'engagea, dans la détresse où elle se trouvait, à l'accepter malgré l'inégalité des conditions. Eudoxie, par ses hauteurs, ne tarda guère d'inspirer du dégoût à son époux; les choses en vinrent au point, qu'il la répudia l'an 1187, et contracta un nouveau mariage avec Agnès, parente de la reine d'Aragon. Gillaume fit de grands, mais inutiles efforts, pour faire approuver ce nouveau mariage par le pape Célestin III, qu'il avait connu avant son exaltation, et par son successeur Innocent III. L'un et l'autre de ces pontifes témoignèrent leur gratitude pour les protestations de dévouement qu'il leur faisait dans ses lettres, et pour le zèle qu'il faisait paraître contre les Albigeois, qu'il avait écartés de ses domaines. Mais fidèles aux règles, ils furent inexorables sur la dispense qu'il sollicitait. On croit que le chagrin qu'il eut de ce refus persévérant, lui causa la maladie, dont il mourut sur la fin de l'an 1202, à l'âge de quarante-cinq ans. D'Eudoxie il laissa une fille, nommée Marie, à qui sa marâtre, pour l'éloigner, fit épouser, en 1194, à l'âge de douze ans, Barral, vicomte de Marseille, puis, l'an 1197, après la mort de cet époux, Bernard IV, comte de Comminges, qui avait déjà deux femmes vivantes. Guillaume eut d'Agnès, Guillaume, qu'il désigna pour son successeur par son testament du 4 novembre 1202; Thomas, surnommé de Tortose à cause des droits que son père lui légua sur cette ville; quatre autres fils, qu'il dévoua, par ce même testament, à l'état ecclésiastique ou religieux; et deux filles, Agnès, mariée, en 1203, à Raymond-Roger, vicomte de Carcassonne, et Adélaïde. Guillaume VIII, dit dom Vaissète, fut extrêmement regretté de ses sujets, dont il avait acquis l'amour par ses qualités personnelles et par la douceur de son gouvernement. Il augmenta considérablement ses domaines, dont voici les principaux après Montpellier : le château d'Omelas qui lui était revenu après avoir été possédé par une branche cadette de sa maison, le château de Pouget, ceux de Lates, de Montferrier, de Poupian, de Cornonsec, de Montbasen, de Montarnaud, de Paulian, de Mazères, de Murviels, de Pignan, de Frontignan, de Castries, de Saint-Pons, de Château-Neuf, de Loupian, de Fressac, de Saint-Pargoire, de Saint-Georges et de Vindemian. La ville de Montpellier fut ceinte de nouvelles murailles sous son gouvernement. L'an 1196, il donna pouvoir à huit des principaux bourgeois de Montpellier de conduire cette entreprise à sa perfection. Elle se continuait encore l'an 1204, aux dépens des habitants. La ville était alors divisée en sept quartiers, qu'on nommait échelles. Ce fut à Guillaume VIII, que maître Alain, religieux de Cîteaux et évêque d'Auxerre, dédia son Traité contre les hérésies de son tems, ouvrage dans lequel il le qualifie *prince de Montpellier par la grâce de Dieu*, et le loue de ce que la grandeur de son esprit répond à celle de sa naissance. Guillaume protégea les poëtes provençaux dont plusieurs vécurent à sa cour.

PIERRE, ROI D'ARAGON, ET MARIE.

1204. PIERRE, roi d'Aragon, que Guillaume VIII avait fait l'un des exécuteurs de son testament, ne répondit point à ses intentions. Au lieu de mettre en possession de Montpellier et de ses dépendances, le fils aîné de Guillaume et d'Agnès, il pensa à s'approprier ce riche héritage en épousant MARIE, fille de Guillaume et d'Eudoxie, et en faisant passer pour bâtards tous les enfants que ce seigneur avait eus du second lit. Marie était alors séparée de Bernard, comte de Comminges, et le mariage qu'elle avait contracté avec lui étant visiblement nul, il ne fut pas difficile de le faire casser. Marie, étant donc libre, donna volontiers sa main au roi d'Aragon, en qui elle trouvait un prince capable de la faire jouir d'un héritage qu'elle prétendait appartenir à elle seule. Leur contrat de mariage fut passé à Montpellier le 15 juin 1204. Deux jours après, le roi Pierre fait serment de fidélité à Guillaume d'Altiniac, évêque de Maguelone, et lui rend hommage pour la ville de Montpellier, dans une grande assemblée à laquelle se trouvèrent le comte Sanche, son oncle, Alfonse II, comte de Provence, son frère, Raymond VI, comte de Toulouse, Guillaume de Baux, prince d'Orange, et Hugues, son frère, Bernard d'Anduse, Rousselin, vicomte et seigneur de Marseille, d'autres seigneurs, et les principaux habitants de Montpellier. Agnès, alors abandonnée des protecteurs que son époux lui avait donnés, est obligée de sortir, avec ses enfants, de Montpellier, et d'aller chercher ailleurs une retraite. Mais ils emportèrent avec eux les regrets d'une partie de la ville, ce qui occasiona une espèce de sédition, dont le roi d'Aragon punit les chefs par le bannissement. Le calme étant rétabli dans Montpellier par cet acte de sévérité, Pierre quitta cette ville sur la fin de septembre de la même année, pour aller à Rome, laissant sa femme sous la protection du comte de Provence, son frère, qu'il chargea de prendre soin des affaires de cette princesse, avec un conseil composé des chevaliers et des prudhommes de Montpellier. Le but de son voyage, qu'il fit par mer, était de se faire couronner par le pape Innocent III. Il fut reçu de ce pontife avec les marques de la plus grande distinction, et la cérémonie se fit le 11 novembre, après que Pierre eut promis, avec serment, de défendre la foi catholique contre les Albigeois, dont l'hérésie faisait de grands progrès en Languedoc et dans les provinces voisines. Pierre, à son retour, voulut donner atteinte aux priviléges de la ville de Montpellier, qu'il avait confirmés lui-même avant son départ, en même-tems qu'il avait fait rédiger ses coutumes par écrit. Les esprits s'aigrirent de manière que, l'an 1206, les bourgeois ayant pris les armes, chassèrent le roi de leur ville, rasèrent son palais et poursuivirent ce prince jusqu'au château de Lates, d'où il l'obligèrent de s'enfuir en Aragon. Pierre de Castelnau, natif de Montpellier et légat du pape dans la province, ne vit pas ces troubles d'un œil indifférent. Craignant qu'à leur faveur l'hérésie des Albigeois ne s'introduisît dans sa patrie, il interposa son autorité pour les faire cesser. Il y réussit dans une conférence qu'il tint, assisté de plusieurs prélats et seigneurs, au palais épiscopal de Villeneuve, avec les députés de Montpellier. On convint d'un accommodement qui rétablit la paix, après que le roi et la reine l'eurent ratifié. Ils s'étaient rendus l'un et l'autre, pour cet effet, du château de Mirevaux à Montpellier, la reine montée en croupe derrière son époux. La mémoire de cet événement fut consacrée par une réjouissance annuelle, qui subsiste encore de nos jours (1785), et se nomme *le Chevalet*. C'est un cheval rembourré que l'on fait danser, un jeune homme dessus, au son des instruments, le 21 août, pour représenter celui sur lequel étaient montés le roi et la reine à leur entrée dans cette ville. Avant le séjour qu'ils y firent, Marie était enceinte du prince don Jayme, dont elle accoucha au même lieu, le 2 février de l'an 1208. Le roi, peu de tems après la naissance de ce fils, quitta Montpellier, où il laissa la reine, pour retourner en Aragon. Il n'avait jamais eu d'inclination pour cette princesse, que l'intérêt seul l'avait engagé d'épouser. L'an 1210, il travaille en cour de Rome pour faire casser son mariage. Innocent III nomma des commissaires sur les lieux pour examiner cette affaire. Mais la reine, ennuyée de leurs lenteurs, se rendit elle-même à Rome pour s'opposer à la demande de son époux. Elle y obtint enfin, le 19 janvier 1213 (n. st.), un jugement définitif qui confirma la validité de son mariage. Tandis que cette affaire se poursuivait, Pierre négociait lui-même, auprès du pape, la réconciliation du comte de Toulouse, son beau-frère, avec le saint siège. N'ayant pu l'obtenir, il prit hautement la défense du comte, et combattit pour lui contre Simon de Montfort, à la fameuse bataille de

Muret, où il périt le 10 septembre 1213, après avoir fait des prodiges de valeur. Par haine pour sa femme, il avait donné en fief, le 24 janvier précédent, à Guillaume, son beau-frère, fils de Guillaume VIII et d'Agnès, au préjudice de son propre fils, la baronnie de Montpellier. La reine Marie, sans égard pour cette disposition nulle de plein droit, fit à Rome, le 20 avril suivant, son testament, par lequel elle institua son héritier l'infant, son fils, et lui substitua ses deux filles, Mathilde et Pétronille, qu'elle avait eues de Bernard, comte de Comminges, son premier époux. Elle était malade alors, et mourut sur la fin du même mois, en odeur de sainteté. (*Voyez* don Pèdre II, *roi d'Aragon*.)

JACQUES Ier.

1213. JACQUES, ou don JAYME, fils de Pierre II, roi d'Aragon et de Marie de Montpellier, né le 2 février 1208, était, à la mort de son père, entre les mains de Simon de Montfort. Son père l'avait donné, l'an 1210, en ôtage à ce général pour sûreté des conventions qu'ils avaient faites ensemble par rapport aux conquêtes que Simon faisait ou se proposait de faire sur les Albigeois et leurs partisans. (*Guill. de Podio Laurent.*) Simon ayant refusé de le rendre après la mort de don Pèdre, les Aragonais s'adressèrent pour le ravoir au pape Innocent III, qui chargea son légat de retirer le jeune prince des mains du comte de Montfort et de le remettre dans celles de ses sujets. La chose fut exécutée suivant les ordres du pontife. Don Jayme, l'an 1218, fait expédier une charte par laquelle il confirme les priviléges de Montpellier et prend sous sa protection les douze consuls et toute la bourgeoisie de cette ville. L'an 1221, au mariage de don Jayme avec ELÉONORE DE CASTILLE, qui se fit à Tarragone, assistèrent les députés de Montpellier, qui présentèrent à leur maître une pièce de drap d'or qu'un marchand avait fait venir du Levant. L'an 1231, après la conquête de Majorque, don Jayme se rendit à Montpellier. Il y fut reçu avec des acclamations et d'autres marques de joie, dont il marqua sa reconnaissance par diverses grâces qu'il accorda au corps de cette ville. Des troubles qui s'élevèrent à Montpellier en 1234 et 1238, y rappelèrent deux fois ce prince, qui vint à bout par sa prudence de les calmer. Les villes de Montpellier et de Marseille faisaient alors presque tout le commerce de la France dans la Méditerranée et le Levant. Une querelle, qui s'éleva au port d'Acre, entre les marchands des deux villes, occasiona, l'an 1254, une guerre ouverte que Charles, comte de Provence, après avoir soumis Marseille à sa domination, tenta vainement de terminer par un accommodement. Ce fut l'obstination des Marseillais à vouloir réduire ceux de Montpellier sous leur consulat qui fit manquer la négociation. Ces derniers renouvelaient dans le même tems leurs efforts pour se soustraire à l'autorité du roi d'Aragon, et s'ériger en république. L'évêque de Maguelone et le vicomte de Narbonne entrèrent dans la ligue qu'ils formèrent à ce dessein. Pour s'appuyer de la protection de la France, ce prélat déclara, le 15 avril 1255, devant le sénéchal de Beaucaire, que la ville de Montpellier et ses dépendances avaient été de tout tems un fief de la couronne de France, et que les évêques, ses prédécesseurs avaient toujours tenu en fief des rois de France leur domaine temporel. Les rois de France et d'Aragon mirent cette affaire en compromis. Mais les arbitres n'ayant rien conclu, les infants d'Aragon en vinrent aux armes, et commirent dans la sénéchaussée de Carcassonne des hostilités que le sénéchal du pays fut chargé de réprimer. La paix se fit enfin, le 9 juin 1257, entre les Marseillais et ceux de Montpellier, par les soins du comte de Provence qui avait interposé de nouveau sa médiation. Les seconds, abandonnés du roi de France, prirent aussi le parti de recourir à la clémence du roi d'Aragon, qui, étant arrivé près de Montpellier, le 10 décembre 1258, leur pardonna, et fit ensuite une entrée solennelle dans la ville où il fit un assez long séjour.

Don Jayme, l'an 1262, fait entre ses deux fils, don Pierre et don Jayme, un partage, par lequel il donne au premier la Catalogne, l'Aragon, avec le royaume de Murcie; et au second l'île de Majorque avec tout ce qu'il possédait en-deçà des Pyrénées, et par conséquent Montpellier. S'étant rendu, l'an 1274, au concile général de Lyon, il assista aux deux premières sessions tenues le 2 et le 18 mai. Il mourut, l'an 1276, le 27 juillet, d'une maladie causée par le chagrin qu'il eut de la perte d'une bataille qu'il avait livrée aux Maures. (*Voy.* D. Jayme Ier., *roi d'Aragon*.)

JACQUES II.

1276. JACQUES II, ou JAYME, à qui Jayme Ier., dont il était le second fils, avait assigné, par le partage fait entre ses enfants, l'île de Majorque et ses terres de France, dès l'an 1262, ne paraît avoir pris possession de la seigneurie de Montpellier qu'après la mort de son père. Ce ne fut en effet que la même année de cet événement qu'il commença à faire des actes d'autorité dans cette ville. Il y reçut, en 1276, les hommages de plusieurs de ses vassaux, et leur accorda ensuite plusieurs priviléges datés de l'abbaye de Saint-Tibéri. L'an 1278, don Pèdre III, roi d'Aragon, son frère, jaloux de l'avantage que leur père lui avait fait, l'oblige à lui faire hommage de tous ses domaines comme à son suzerain. Mais don Jayme excepta, dans l'aveu et dénombrement qu'il lui donna, les fiefs qu'il tenait de l'église de Maguelone. Don Jayme eut à Toulouse, l'an 1281, avec Philippe le Hardi, roi de France, et Charles Ier., roi de Sicile et comte de Provence, une conférence dans laquelle il fit alliance avec ces deux monarques ; il y obtint aussi que les appels des jugements de ses officiers de Montpellier seraient relevés à la cour de France, et non devant le sénéchal de Beaucaire, comme Charles Ier. le prétendait. Don Pèdre, excommunié par le pape Martin IV, et déclaré déchu de ses états, enlève à don Jayme, l'an 1285, le Roussillon par où il prévoyait que le roi Philippe le Hardi, qui venait à lui avec une grande armée, devait pénétrer dans l'Aragon. Cette diligence préserva l'Aragon de l'invasion dont il était menacé, et fit des états du roi de Majorque le théâtre de la guerre.

Le roi Philippe le Bel, l'an 1293 (n. st.), acquiert de l'évêque de Maguelone la partie de Montpellier appelée Montpellieret, et qu'on nomma depuis *la Part-antique*, portion qui faisait les deux tiers de la ville et que les évêques de Maguelone, comme on l'a dit, s'étaient toujours réservée. Les lettres-patentes, que le monarque fit expédier à ce sujet, sont datées du mois de mars 1292 (v. st.) *Dudum tractata fuit*, y est-il dit, *inter gentes nostras et gentes episcopi Magalonensis super permutatione partis episcopalis Montispessulani, quod vulgariter dicitur Monspessulanetus*. Le roi fit cette acquisition dans la vue d'augmenter son autorité dans une ville dont les habitants, soumis à un prince étranger, n'avaient pas toujours pour lui et pour ses officiers la déférence qui lui était due en qualité de souverain. Pour dédommager l'évêque il lui donna trois cents livres de rente en fonds de terre, et cette rente fut assise principalement sur l'ancienne baronnie de Sauve. Par cet échange, le roi de Majorque, qui n'était qu'arrière-vassal de la couronne de France, pour la seigneurie de Montpellier, devint son vassal immédiat. A peine l'échange eut-il été signé, que le sénéchal de Beaucaire eut ordre d'en aller prendre possession pour le roi son maître, ce qu'il exécuta avec la plus grande solennité. Charmé de sa nouvelle acquisition, Philippe le Bel donna ses soins pour l'illustrer. Il établit à Montpellier un siége de justice, auquel ressortissaient tous les habitants de cette *Part-antique* et de son territoire ; il y transféra *la cour rigoureuse du petit scel*, que le roi saint Louis avait érigée dans la province en 1254, et qui siégeait alors à Aigues-Mortes ; il y créa une bourse de marchands; il y institua une bourgeoisie royale, et enfin il y transféra la monaie royale qui était à Sommières où elle avait été nouvellement transportée de Melgueil. Le roi de Majorque était cependant dépouillé de son royaume par le roi d'Aragon, et se trouvait réduit à ses états situés en-deça des Pyrénées. Rétabli en 1298, il vécut en paix le reste de ses jours. L'an 1305, il vint à Montpellier où il reçut le pape Clément V nouvellement élu. Ce fut dans cette occasion qu'il rendit au pontife l'hommage qu'il lui devait pour les royaumes de Corse et de Sardaigne, dont il avait reçu l'investiture des papes ses prédécesseurs dans le cours des guerres de Sicile. (*Hist. de Montpellier.*) Ayant accompagné Clément V à Lyon, don Jayme y assista au couronnement de sa sainteté, qui se fit le 14 novembre de la même année. Clément V couronna lui-même, en 1309, Robert, roi de Naples, à Avignon, cérémonie à laquelle se trouva le roi de Majorque, beau-père de ce prince, avec la reine ESCLARMONDE, sa femme, et Sanche, son fils. Il emmena de là son gendre à Montpellier où les annales de cette ville marquent qu'il était le 1er. août. Ce fut le dernier voyage qu'il y fit. Deux ans après il termina ses jours à Majorque sur la fin de juin 1311 (et non pas la veille de la Pentecôte 1312, comme le marque Zurita), à l'âge de soixante-huit ans. Jean Damète, qui imprimait en 1651 son histoire des îles Baléares, dit que cette année son corps fut trouvé sans corruption dans la chapelle royale de la grande église où il était inhumé (*Voy. les rois de Majorque.*)

SANCHE.

1311. SANCHE, deuxième fils de Jacques II, roi de Majorque, lui succéda dans ses états. Il était marié depuis le commencement de l'an 1304 avec MARIE, fille de Charles II, roi de Sicile et comte de Provence. L'an 1311, au mois de décembre, il rend hommage de Montpellier et du château de Lates au roi Philippe le Bel, *son très-cher cousin*, comme porte l'acte de cette cérémonie. Elle ne satisfit point le monarque français qui avait des vues sur la seigneurie entière de Montpellier. Le roi d'Aragon, d'un autre côté, prétendait que cet hommage devait lui être porté. Il y eut des débats à Montpellier entre les officiers du roi de France et ceux du roi de Majorque pour l'exercice de la juridiction. Philippe le Bel soutint les siens. Mais la mort de ce prince, arrivée le 29 novembre 1314, ne lui permit pas de pousser les choses aussi loin qu'il se l'était proposé. Louis Hutin, successeur de Philippe le Bel, renouvela ses demandes pour la seigneurie de Montpellier, et cita de nouveau le roi de Majorque au parlement de Paris. Don Sanche et le roi d'Aragon lui envoyèrent des ambassadeurs qui ne parvinrent point jusqu'à lui. La nouvelle qu'ils apprirent en chemin de sa mort, arrivée le 8 juin 1316, les fit revenir sur leurs pas. L'année suivante, nouvelle ambassade des deux rois à Philippe le Long, successeur de Louis Hutin. Philippe consent de terminer la querelle à l'amiable, et accorde un sursis, au moyen duquel Sanche exerça librement sa juridiction à Montpellier. Sanche mourut le 4 septembre 1324, sans laisser de postérité. (Voy. *les rois de Majorque*.)

DON JAYME III.

1324. DON JAYME III, successeur de Sanche, son oncle, dans sa douzième année, envoya, l'an 1325, des ambassadeurs au roi Charles le Bel, qui avait remplacé Philippe le Long, son frère, décédé le 3 janvier 1322, pour lui demander main-levée de la partie de Montpellier qui lui appartenait et de la baronnie d'Omelas; ce prince les avait fait saisir et mettre sous sa main par défaut d'hommage. Charles lui accorda sa demande à condition qu'il rendrait hommage par procureur dans quatre mois, et en personne lorsqu'il serait parvenu à l'âge de majorité. Don Jayme vécut bien avec ce prince qui l'affectionnait à cause de la parenté qui était entre eux et de l'attachement que les rois de Majorque avaient toujours marqué pour la France. Mais le règne de Charles fut court. La mort l'enleva le premier février 1328. Philippe de Valois, étant monté sur le trône après lui, reçut, le 28 avril 1331, l'hommage que don Jayme était venu lui rendre. Mais dans la suite don Jayme donna atteinte à cet acte par l'hommage universel qu'il fit à don Pèdre IV, roi d'Aragon, de tous ses domaines sans exception. Le roi de France, l'ayant appris, fit sommer le roi de Majorque, l'an 1340, de venir lui renouveler son hommage pour Montpellier et ses dépendances. Don Jayme à cette sommation oppose un refus qu'il colora de divers prétextes, dont le principal était que l'échange de Philippe le Bel avec l'évêque de Maguelone, qui avait procuré au roi la suzeraineté de Montpellier, était nul, parce qu'il était fait contre la défense du pape. On peut juger par-là de ses autres prétextes. Pour braver plus ouvertement le roi de France, il fit publier, dans le mois de janvier 1341, des joûtes à Montpellier, malgré la défense que Philippe Valois avait faite d'en célébrer pendant la guerre qu'on avait alors avec l'Angleterre. Le comte de Valentinois, lieutenant du roi, s'avança près de Montpellier avec des troupes pour les empêcher. Ces jeux ne laissèrent pas néanmoins d'avoir lieu. Don Jayme comptait sur le roi d'Aragon. Mais celui-ci mécontent lui-même du roi de Majorque qui lui refusait aussi l'hommage du Rousillon et de ses autres domaines, effrayé d'ailleurs par les préparatifs qu'on faisait en Languedoc pour réduire ce petit monarque, lui refusa le secours qu'il lui avait d'abord fait espérer. Don Jayme, ainsi abandonné, vint à Paris, où il rendit au roi, sur la fin de 1342, le nouvel hommage qu'on lui demandait pour la seigneurie de Montpellier. Mais, en faisant sa paix avec la France, il ne fit point changer au roi d'Aragon le dessein qu'il avait formé de le dépouiller entièrement de ses états. Il en vint à bout dans une guerre de sept années qu'il lui fit. Réduit à la seigneurie de Montpellier, don Jayme prit le parti, dans la crainte que le reste de ses domaines ne lui échappât encore, d'en traiter avec le roi de France. S'étant rencontré avec ce monarque à la cour d'Avignon au mois d'avril 1349, il lui vendit, comme il a été dit ailleurs, le 18 du même mois, pour la somme de cent vingt mille écus d'or, payable en trois termes, la seigneurie de Montpellier qui valait trois mille deux cent quatre-vingt livres tournois de rente, et celle de Lates qui en valait quatre cent trente-cinq. Nous trouvons, dit dom Vaissète, que la partie de Montpellier que ce prince vendit au roi Philippe de Valois contenait sept mille feux. Les commissaires du roi prirent possession de ce domaine, au nom de sa majesté, dans le mois de mai suivant, et donnèrent ce même jour un grand repas aux principaux habitants de Montpellier. Don Jayme employa la somme qu'il tira de la vente de Montpellier à équiper une flotte avec laquelle il vint faire une descente à Majorque. Il y périt la même année dans une bataille qu'il livra, le 25 octobre, à son rival. (Voy. *les rois de Majorque*.) La seigneurie de Montpellier demeura unie à la couronne de France depuis la vente dont on vient de parler. Mais cette union souffrit de l'opposition au commencement, de la part du roi d'Aragon. Celui de Majorque avait laissé un fils en bas âge dont le roi d'Aragon s'était déclaré le tuteur et au nom duquel il protesta de nullité contre la vente de Montpellier. Il prétendait de plus, en vertu d'une substitution, que le père de cet enfant lui avait faite, que dans le cas où ce pupille viendrait à mourir, son héritage devait lui revenir. Pour terminer ce différent, les deux rois convinrent d'un traité dont un des principaux articles fut que Philippe demeurerait en possession de Montpellier, à condition de compter au roi d'Aragon ce qui restait à payer du prix de l'acquisition. Ce traité, commencé en 1350, fut terminé au mois de février 1351 (v. st.) par le roi Jean, fils et successeur de Philippe de Valois. Dans le traité de paix que le roi Charles V fit à Vernon, l'an 1371, avec Charles le Mauvais, roi de Navarre, le premier céda au second (cession qu'il avait déjà faite en 1365) la seigneurie de Montpellier, pour retirer de ses mains les villes de Mantes, de Meulent, de Longueville, et d'autres places. Mais lorsque le chevalier Legier d'Orgiey vint prendre possession de Montpellier, le 23 novembre 1371, le sénéchal de Beaucaire y forma opposition. De nouvelles difficultés qui s'élevèrent depuis entre le duc d'Anjou, gouverneur de Languedoc, agissant au nom du roi de France et le roi de Navarre, tinrent l'affaire en suspens. Pour les terminer, ils convinrent de s'en rapporter à la décision du pape Grégoire XI. S'étant donc rendu l'un et l'autre dans la ville d'Avignon, ils convinrent, le 20 février 1372, dans la chambre du pontife et par sa médiation, de plusieurs articles, dont le principal fut que le roi de Navarre serait mis incessamment en possession de la ville et seigneurie de Montpellier, et quatre ans après cette prise de possession il serait tenu de recevoir ailleurs d'autres terres d'un égal revenu au lieu de cette seigneurie qui serait par-là réunie à la couronne de France. En conséquence de cet accord, Legier d'Orgiey prit de nouveau possession de Montpellier le 9 de mars, au nom du roi de Navarre, qui, le 20 du même mois, fit son entrée dans cette ville, alla loger au palais de l'évêque de Maguelone, et repartit pour la Navarre le 22 juillet, après avoir confirmé publiquement les coutumes et priviléges du peuple, et reçu le serment de fidélité des consuls et des habitants. Ce prince envoya, l'année suivante, la reine, sa femme, à Montpellier pour gouverner les domaines qu'il avait en France. Elle fit son entrée solennelle en cette ville le 17 mars, accompagnée d'Agnès, comtesse de Foix, sa belle sœur, du prince d'Orange, et de plusieurs autres personnes de distinction. Elle y fut reçue avec les mêmes honneurs qu'on avait faits au feu pape Urbain V. De là s'étant transportée en France, elle mourut à Evreux le 3 novembre suivant. Mais, l'an 1378, le roi, son époux, ayant été convaincu d'avoir attenté sur la vie du roi de France et de s'être ligué contre lui secrètement avec le roi d'Agleterre, le duc d'Anjou, par ordonnance du 16 avril, fit saisir de nouveau la baronnie de Montpellier par le sénéchal de Toulouse. Les habitants de Montpellier rentrèrent à regret sous la domination de la France, dont le duc d'Anjou avait appesanti le joug en Languedoc par ses exactions. Un subside, qu'il avait envoyé lever à Montpellier, y occasiona, le 25 octobre 1379, une sédition où périrent plus de quatre-vingts de ses officiers. S'étant rendu, le 20 janvier 1380, en cette ville, il prononça contre les habitants une sentence terrible qu'il modéra par une autre, le 27 du même mois (1), à la prière du pape Clément VII et du cardinal d'Albano. Le nouveau roi de France, Charles VI, ayant fait rendre, le 30 mai 1381, la baronnie de Montpellier au prince Charles, fils du roi de Navarre, la lui retira le 28 octobre de l'année suivante, et la remit en sa main pour la faire administrer par le sénéchal de Beaucaire. C'est ainsi qu'elle fut réunie à la couronne de France.

---

(1) » Ce duc prétendit faire grâce en ne demandant que six cents
» victimes, dont deux cents devaient périr par le fer, deux cents par
» le feu, deux cents par la corde, afin de varier le spectacle. Des car-
» dinaux, des moines, des magistrats, haranguèrent tant que le duc
» d'Anjou consentit que le plus grand nombre de ces supplices fût
» racheté à prix d'argent. C'était le véritable objet de cette horrible
» tragédie, qui se jouait loin des yeux de Charles V. » (M. Gaillard.)

CHRONOLOGIE HISTORIQUE

DES

COMTES DE ROUSSILLON (*).

Le Roussillon, dont l'ancien comté de ce nom, *comitatus Ruscinonensis*, ou *Roscilionensis*, ne faisait qu'une partie, est une province longue de vingt lieues sur neuf de largeur, bornée à l'Orient par la Méditerranée, à l'Occident par la Cerdagne, au Septentrion par le Bas-Languedoc, et au Midi par la Catalogne, dont les Pyrénées la séparent. Elle comprend aujourd'hui dans son étendue le Vallespir, le Conflant et la Cerdagne française. Cette contrée s'appelait autrefois *Regio Sardonum*, vraisemblablement à cause d'une colonie que les Romains y avaient transportée de Sardaigne. Mais les Sardons, ou Sardes, n'occupaient que la côte depuis Salces jusqu'à Cervera, et au promontoire de Vénus. L'intérieur de la province, formé par le Conflant et le Vallespir, était habité par les Consuarans, suivant le témoignage de Pline (liv. 3, chap. 4.) C'est la ville de *Ruscino*, colonie romaine, qui a donné son nom au pays, dont elle était anciennement la capitale. Ce fut là que les Volces s'assemblèrent, l'an 536 de Rome, pour délibérer sur les moyens d'empêcher Annibal de traverser leur pays pour aller à Rome, dans la crainte qu'il n'attentât à leur liberté. Mais il paraît que cette ville fut détruite, ou du moins ruinée, par les Vandales, à leur entrée en Espagne. (*Marca Hispan.*, pag. 20 et 83.)

(*) Cet article a été rédigé sur les mémoires fournis par M. Fossa, professeur en droit à l'université de Perpignan.

Nulle mention en effet de *Ruscino*, dans l'histoire de l'expédition du roi Vamba contre le duc Paul, écrite sous le règne de ce prince par Julien, évêque de Tolède, quoi qu'il y soit parlé d'Elne et de toutes les forteresses du pays. Même silence dans le jugement rendu alors contre les séditieux, qui contient un récit abrégé de cette expédition. En retournant en Espagne, après l'avoir terminée, Vamba séjourna deux jours à Elne, qui devait être sans doute alors la principale ville du pays. *Ipse quoque*, dit Julien, *Helenam perveniens duorum ibi dierum immoratione detentus est*. L'église qui, dans l'érection des évêchés, a toujours suivi l'ordre civil, et placé les siéges épiscopaux dans la principale ville du diocèse, plaça dans le sixième siècle celui de Roussillon, en l'érigeant, à Elne, comme la capitale du pays, ainsi que le reconnaissent Adrien de Valois. (*Notit. Gall.* pag. 126, 186), le Cointe (*ann. ad. an.* 524, n. 5), M. de Marca (*Marca Hispan*, pag. 24, 81, 444), D. Vaissète (*Hist. de Lang.*, tom. I, n. 28), et les auteurs du nouveau *Gallia Christiana*, (tom. VI, col. 1031.) Mais Elne n'a pas toujours porté le même nom. C'est l'ancienne *Illiberis*, connue sous les Romains, comme l'a prouvé M. de Marca (*Marca Hisp.* pag. 22), suivi par Baluze, Vaissète et le nouveau *Gallia Christiana*. Constantin en rétablissant cette ville, lui donna le nom d'Elne, *Helena*, en mémoire de l'impératrice Hélène, sa mère. Il n'est donc pas surprenant qu'elle soit devenue la capitale du Roussillon, après la ruine de *Ruscino*, dont l'histoire ne parle plus sous la domination des Visigoths. Il est vrai qu'au neuvième siècle on appelait Roussillon la ville d'Elne, de même que le pays dont elle était capitale. La souscription d'Audesinde, évêque d'Elne, apposée au concile de Tusey, porte : *Audesindus Roscellensium episcopus*. (Concil. tom. VIII, pag. 735.) La bulle du pape romain, accordée à Riculfe, évêque, aux ides d'octobre de la sixième année de l'empire de Lambert, c'est-à-dire l'an 897, qualifie ce prélat évêque de l'église de Roussillon (1).

A la ville d'Elne a succédé, dans la dignité de capitale, celle de Perpignan, dont le nom ne paraît point avant le dixième siècle. On connaît trois monuments de ce siècle où il en est fait mention. Ils n'en parlent pas même comme d'une ville fermée. Le premier est une vente faite à Wadalde, évêque d'Elne, l'an XXX du règne de Charles le Simple (922), de deux alleus, dont les limites sont ainsi marquées : *Affrontant.... de alio latere*

---

(1) Baluze (*Marca. Hispan. Tit. L. VIII*), rapporte à l'an 900 cette bulle, dont la date ne peut se vérifier qu'en 897 : *Imperatore D. N. piissimo pp. Aug. Lamberto à Deo coronato*.

in ipso termino Cavestagnio (hameau près de Perpignan), *et de tertio latere in termino de villa Perpiniano*. (*Cartul. d'Elne*, fol. 28.) Le second est une donation faite au même prélat, la cinquième année du règne de Raoul (928), qui exprime cette désignation, *de quarto vero latere in via quæ pergit Perpiniano*. (*Ibid.* fol. 229.) Le troisième enfin est le testament de Raymond I, comte de Rouergue et marquis de Gothie, de l'an 961, où il lègue aux églises cathédrales d'Elne et de Gironne, et à l'abbaye de Saint-Pierre de Rodes, dans l'Ampourdan l'alleu de Perpignan, qu'il avait acquis d'Atton: *Alode de Perpiniani quod de Attone acquisivit*. (Mabil. *de re diplom.* pag. 672.) L'ancienne église de Saint-Jean de Perpignan ne fut érigée en paroisse qu'en 1025. (*Marca Hisp.* pag. 1040.) Les trois autres paroisses ne datent leur érection que du tems de la domination de Jacques I, roi de Majorque en Roussillon. (*On voit le diplôme de ce prince, du 4 janvier 1300, aux archives de la ville de Perpignan, livre vert mss. fol. 85, et celui du VI des ides de mai 1301, aux archives de la marguillerie de Saint-Jean.*)

Les peuples du Roussillon étaient compris parmi les Volces Tectosages, lorsqu'ils furent subjugués par les Romains qui les enclavèrent dans la Gaule Narbonnaise. Ils passèrent, l'an 462, avec toute cette province sous la domination des Visigoths, et tombèrent, l'an 720, sous celle des Sarrasins, qui se rendirent maîtres du pays. Ceux-ci en furent chassés à leur tour, vers l'an 760, par Pepin le Bref, qui les obligea de repasser les Pyrénées. Ce prince, en unissant le Roussillon à la couronne, le renferma dans le gouvernement d'Aquitaine.

GAUCELIN, ou GAUCELM.

GAUCELIN, ou GAUCELM, fils de Saint-Guillaume, fondateur de Gellone, et frère de Bernard, duc de Septimanie, gouvernait déjà, suivant Eginhart, l'Ampourdan, ou le comté d'Ampurias, depuis l'an 812. (*Marca Hisp.* pag. 297.) Accusé, l'an 830, d'avoir trempé dans la conspiration de son frère contre l'empereur Louis le Débonnaire, il fut, à ce qu'on croit, dépouillé de son gouvernement par les commissaires envoyés sur les lieux, pour informer de sa conduite. Il se justifia néanmoins dans la suite, et rentra dans les bonnes grâces de l'empereur, qu'il servit avec zèle contre Lothaire, son fils rebelle. Il fut la victime de sa fidélité. Lothaire l'ayant forcé, l'an 834, dans Châlons-sur-Saône où il s'était retranché, le prit et le fit décapiter avec plusieurs autres seigneurs du parti de l'empereur. (*Marca Hisp.*, pag. 349, 359, 775; Vaissète, tom. I, pag. 469, 505, 511.)

On donne à Gaucelin pour successeur Béra, fils d'Argila, et

petit-fils, par son père, de Béra, duc de Septimanie, proscrit, comme on l'a dit ci-devant, par l'empereur Louis le Débonnaire en 820. La preuve qu'on en donne se tire de l'acte d'une donation qu'il fit, le 24 février 846, au monastère d'Exalata, dans le Conflant (transféré depuis à Cuxa), dans lequel il prend le titre de *comte par la grâce de Dieu*. (*Marca Hispan.* pag. 782; Vaissète, *hist. de Lang.* tom. I, pag. 739.) Mais une donation faite à une église par un comte, ne prouve pas que cette église fût dans son département. Nous voyons d'ailleurs que le comté de Roussillon était occupé par un autre, qui suit, dans le même tems qu'on y place Béra.

SUNIAIRE Ier.

SUNIAIRE était comte d'Ampurias avant l'an 843, comme le prouve un jugement rendu par Alaric, son successeur dans ce comté, le 12 des calendes de septembre, la troisième année après la mort de l'empereur Louis le Débonnaire; acte dans lequel il est dit que l'évêque de Gironne avait été investi par le comte Suniaire dans la ville d'Ampurias, *Suniario comite hîc in Impurias civitate*, d'un droit de tonlieu, dont s'était emparé depuis un nommé Selvan. (*Marca Hisp.* col. 779-780.) Le même Suniaire était comte pour lors du Roussillon. Il est fait mention de lui dans l'édit de Charles le Chauve, donné l'an 844, en faveur des Espagnols qui s'étaient réfugiés en France. (Baluze, *Capitul.*, tom. II, col. 1444.) On peut encore inférer d'un diplôme du même prince, en faveur de l'abbaye de la Grasse, datée de l'an 855, (*hist. de Lang.* tom. I, *pr.* pag. 102), qu'il jouissait aussi du comté de Bésalu. On n'est pas assuré de l'année de sa mort.

RADULPHE.

RADULPHE, frère de Miron, comte de Barcelonne et de Conflant, succéda à Suniaire au comté de Roussillon, soit comme tuteur de son neveu, soit à titre de propriétaire. L'an 904, sixième année du roi Charles le Simple, de concert avec RALINDE, sa femme, il fit donation à l'abbaye de la Grasse, du lieu de Padillan, dans le Roussillon. Il avait alors un fils, nommé Oliba, qui paraît l'avoir précédé au tombeau. Lui-même y devança son neveu, qui suit, et selon les apparences, il ne laissa point de postérité. (Vaissète, tom. II, pag. 40.)

SUNIAIRE II, PREMIER COMTE HÉRÉDITAIRE.

SUNIAIRE II, neveu de Radulphe, fut son successeur au

comté de Roussillon, qu'il posséda jusqu'en 915. (Vais. tom. II, pag. 44.) En mourant il laissa d'ERMENGARDE, sa femme, quatre fils, Bencion, Gauzbert, Hilmerade et Vadalde; les deux premiers lui succédèrent, et le troisième devint, en 916 évêque d'Elne, dont le cartulaire le nomme expressément fils du comte Suniaire. (*Marca Hispan.*, *col.* 383; Vaissète, tom. II, *pr.* pag. 438.) Nous avons une charte de Vadalde, frère et successeur d'Hilmerade, et du comte Gauzbert, en date du 3 des ides d'avril 930, par laquelle ils font une donation à l'église d'Elne, pour le soulagement de l'âme du comte Suniaire, *propter remedium animæ de comite Suniario.* (*Ibid. pr.*, *col.* 68.)

BENCION ET GAUZBERT.

915. BENCION et GAUZBERT, fils de Suniaire II, se mirent en possession du comté de Roussillon, après la mort de leur père. Le premier était marié avec GODLANE, comme on le voit par une donation qu'il fit à l'église d'Elne, le 4 des nones de mars 916, pour le repos de son âme et de celle de Godlane, sa femme. Il mourut dans le cours de cette même année, et non la suivante, comme il est marqué dans l'histoire de Languedoc. On trouve en effet dans le cartulaire d'Elne, fol. 9, une charte de l'évêque Hilmerade, son frère, datée du 1er. septembre 916, dans laquelle il rapelle une donation faite à son église par le comte Bencion, son frère, d'heureuse mémoire: *Similiter quoque scripturam donationis benignæ recordationis germani mei Bentionis comitis.* Après la mort de Bencion, Gauzbert, son frère, régna seul. Il assista dans le mois de septembre 916, à la consécration de la nouvelle église, d'Elne. (*Cartul. Helen.*) On a de lui et de la comtesse TRUDEGARDE, sa femme, deux chartes, l'une du 8 des calendes de février 922, l'autre de l'an 930. (*Marca Hispan.*, *col.* 842.) En 931, il fit une donation à l'église d'Elne, de concert avec l'évêque Vadalde. (*Ibid.*) Dans l'inscription de Saint-Martin d'Ampurias, il est désigné comme *un héros triomphant*, et sa mort y est marquée à l'an 928. Mais il y a certainement erreur de chiffre, comme on vient de le voir dans cet acte. En mourant il laissa un fils, qui suit.

GUIFRED ou GAUSFRED.

GUIFRED ou GAUSFRED succéda, l'on ne peut dire en quelle année, à Gauzbert, son père, au comté de Roussillon. La première époque de son gouvernement, dont on ait connaissance, est marquée dans une charte du 7 des ides de juin 946. (*Cartul. Helen. fol.* 206.) Il fut présent, la même année, le 9 des calendes de janvier (24 décembre), à la consécration de l'église de Saint-Martin de Bautices, faite par Ermengaud, archevêque de Narbonne, assisté des évêques d'Elne et de Gironne, et dans l'acte qui fut dressé de cette cérémonie, il est qualifié comte d'Ampurias, de Pierrelate et de Roussillon, *Gaufredus, comes Impuriarum, Petrelatensis et Rossilionensis*. (*Cartul. du Mon. de S. Cyr de Colera*, Taverner, *hist. des comtes d'Ampurias*, Pujades, *Chr. manuscrite de Catal.*, l. 13, c. 24.) Ce comte, et AVA, son épouse, firent un échange avec une femme, nommée Hermentrude, le 12 des calendes de juillet, la cinquième année du règne de Lothaire, c'est-à-dire, en 957, en comptant de l'association de Lothaire au trône, et de l'an 959, en comptant du tems auquel il succéda au roi Louis son père. (*Cart. Helen. fol.* 229.) Le comte Guifred s'étant rendu, l'an 978, avec Suniaire, son troisième fils, évêque d'Elne, Arnadul, évêque d'Ausonne, et un grand nombre de seigneurs, au monastère de Rodes, pour y célébrer la fête de Saint-Pierre, Hildesinde, abbé de cette maison, leur porta ses plaintes contre un certain Adelbert, qui lui disputait un droit de pêche. Guifred, avec les prélats et les nobles, parmi lesquels se trouvait Aurucus, vicomte de Roussillon et Adalbert, vicomte d'Ampurias, jugea en faveur de l'abbé. (*Marca Hisp.*, col. 401.) L'an 981, Guifred obtint du roi Lothaire un terrain inculte entre Collioure et Bagnols. Le monarque dans son diplôme de concession, daté du 7 des ides de juillet, la vingt-septième année de son règne et la troisième de celui de Louis, son fils, y qualifie Guifred de duc et d'ami. (*Ibid.*, pag. 925.)

Dans le partage que Guifred fit de ses domaines entre ses deux fils, Hugues et Guilabert, il donna au premier le comté d'Ampurias, et au second celui de Roussillon. Il paraît qu'il mourut vers la fin du dixième siècle. C'est ce que nous recueillons des termes d'une donation que Hugues fit au monastère de Saint-Pierre de Rodes, le 5 *des calendes de novembre* (28 octobre) *de la treizième année du règne de Robert* (1008), *pro quondam Gaufredo comite genitore meo*. (*Archiv. de Saint-Pierre de Rodes.*)

GUILABERT ou GUISLEBERT I.

GUILABERT, deuxième fils de Guifred, donna, l'an 1007, en qualité de comte de Roussillon, avec Hugues, son frère, comte d'Ampurias, au monastère de Rodes, deux champs situés au comté de Pierrelate, près de la ville de Castellon, et la dîme de la pêche d'un lieu situé au comté d'Ampurias. (*Marca Hisp.*, col. 420.) On le voit encore présent, l'an 1010, à une assemblée de prélats et de seigneurs, tenue le 18 novembre à Urgel. (Vaissète, tom. II, pag. 144.) M. de Taverner observe dans son histoire des comtes d'Ampurias, que Guilabert était mort en 1014.

GAUSFRED II.

Gausfred succéda en bas-âge à Guilabert, son père, dans le comté de Roussillon. Hugues, son oncle, abusant de sa jeunesse, dit M. de Taverner, tenta de lui enlever son comté. Mais Gausfred fut maintenu par le secours du comte de Bésalu, son allié. Les guerres suscitées à ce sujet furent terminées l'an 1020, par la médiation d'Oliba, évêque d'Ausonne, suivant la lettre de ce prélat aux religieux de Rieupoll, dont il était abbé, rapportée par M. de Taverner. Gausfred assista, le 17 des calendes de juin (16 mai) de l'an 1025, avec la qualité de comte de Roussillon, à la dédicace de l'église de Saint-Jean de Perpignan. (*Marca Hisp.*, col. 1040.) L'an 1030, il vendit, de concert avec Suniaire son frère, Hugues, son oncle, GUISLE, sa femme, et Ponce, leur fils, à l'abbaye de Rodes, certains fonds situés dans le comté de Péralata ou de Pierrelate. (*Marca Hisp.*, pag. 1042.) Il fut du nombre des seigneurs qui assistèrent l'an 1041, au concile de Tuluje, à trois milles de Perpignan. (Vaissète, tom. II, pag. 182.) Il tint, le 7 des ides d'avril 1044, avec Pons, comte d'Ampurias, un plaid où ils jugèrent, en faveur de l'abbaye de Rodes, un procès qu'elle avait avec des personnes qui retenaient des vignes et des terres de son domaine. (*Marca Hisp.*, col. 1085.) Il fut présent, le 17 des calendes de décembre (15 novembre) de l'an 1046, avec ADÉLAÏDE, sa femme, Guillaume, comte de Bésalu, et grand nombre de seigneurs du pays, à la consécration de l'église du monastère d'Arles dans le Valespir, au pied de la montagne de Canigou. (*Ibid.*) On le voit encore, le 4 des ides de décembre 1058, au concile d'Elne, assemblé pour aviser à la reconstruction de l'église cathédrale de cette ville (*Ibid.*, pag. 198.) Il contribua non-seulement de ses avis, mais encore de ses libéralités à l'exécution de cette entreprise. On voit encore à côté du maître-autel l'inscription suivante, dont le style barbare prouve l'antiquité : *Anno LXVIIII post millesimo ab Incarnatione Dom. Ind. VII. reverend. episcopus istius ecclesiæ Raymundus et Gauzfredus comes, simulque Azalais comitissa pariterque omnibus hominibus istius terræ potentes, mediocres atque minores instarunt hoc altare ædificare.* Il paraît que Gausfred vécut jusqu'en 1075.

GUILABERT II, ou GUISLEBERT et HUGUES.

GUILABERT, ou GUISLEBERT, fils de Gausfred II, était, l'an

1075, en jouissance du comté de Roussillon. Nous le voyons par une charte du 27 juillet de cette année, où il est fait mention de l'insulte qui lui avait été faite dans l'église de Saint-Michel de Cuxa, par les soldats de Raymond, comte de Cerdagne, et du voyage de ce dernier à Elne, pour recevoir de l'évêque une pénitence proportionnée à cette faute. (*Cartul. Helen.*, *fol.* 61.) Par une autre charte du 4 des calendes de juin (29 mai) de l'an 1085, Guilabert termina ses différents avec Hugues, son parent, successeur de Raymond dans le comté d'Ampurias, lequel s'engagea de lui conserver les droits qu'il avait dans ce comté et dans celui de Péralata. (*Marca Hisp.*, *col.* 465 et 1176.) Guilabert et Hugues s'associèrent depuis dans le comté de Roussillon. Nous voyons en effet que Hugues prenait le titre de comte d'Ampurias, de Péralata et de Roussillon, dans une charte datée des nones de janvier 1086. (*Archiv. de Saint-Pierre de Rodes*); que dans un autre du 8 des calendes d'avril, huitième année du règne de Louis le Gros, 1116, il se qualifie, *Ugo gratiâ Dei comes Impuritanensis et Peralatensis nec non et Russilionensis*. Son nom paraît aussi dans le jugement que Guilabert rendit dans un plaid entre Pons-Bernard et le clergé d'Elne, le 6 des ides de mai, la vingt-septième année du règne de Philippe (1087.) (*Cartul. Helenense*, *fol.* 49.) Ce même clergé, son évêque à la tête, fit, le 4 des ides de février 1095, avec Guillaume, vicomte de Castelnau, une transaction dans laquelle il est fait mention du comte Guilabert parmi les témoins. (*Ibid. fol.* 59.) Il fit lui-même, au mois de septembre de l'an 1100, une transaction avec Ermengaud, nouvel évêque d'Elne, touchant leurs droits respectifs. (Vaissète, tom. II, pag. 327.) Enfin, nous avons une charte du 17 des calendes d'octobre (15 septembre) de l'an 1102, par laquelle Guislebert, STÉPHANIE, sa femme, et Gérard, leur fils, donnent une portion de dîme à l'église de Saint-Jean de Perpignan. Nous ne trouvons point de traces plus récentes de l'existence de Guilabert. (Voy. Hugues II, *comte d'Ampurias*.)

GUINARD ou GÉRARD I.

1102 au plutôt. GUINARD ou GÉRARD, fils et successeur de Guislebert, fut un des seigneurs qui prirent parti dans la première croisade, sous le commandement de Raymond, comte de Saint-Gilles. Il se distingua au siège d'Antioche, et eut part à la prise de Jérusalem. (Vaissète, tom II, pag. 310, 327.) Il était de retour en Roussillon dès l'an 1100, comme on le voit par la transaction, citée plus haut, de son père et de lui avec l'évêque Ermengaud. Il répéta quelques années après ce même voyage. C'est ce que prouve une charte du 27 septembre 1109, par laquelle AGNÈS, comtesse de Roussillon, unit à l'abbaye de la Grasse celle de Soreda, avec promesse de faire ratifier cette union par le comte Gérard, son époux, au cas qu'il revienne du Saint-Sépulcre. Agnès dans cet acte fait mention en gros des fruits de son mariage, et donne à entendre qu'elle avait une nombreuse famille de l'un et de l'autre sexes. (*Marca Hisp.*, pag. 1234.) Le comte Guinard ne revint de la Palestine, que vers la fin de l'an 1112, et mourut peu après son retour, l'an 1113, laissant plusieurs enfants de son épouse. (*Marca Hispan.*, pag. 1234. *Vaissète*, tom. II, pag. 352.)

ARNAUD-GAUSFRED, ou GAUSFRED III.

1113. ARNAUD-GAUSFRED, ou GAUSFRED, comte de Roussillon, est vraisemblablement le même que Gausfred, fils du comte Guinard. Il avait épousé, le 2 mai de l'an 1110, ERMENGARDE, nommée depuis TRENCAVELLE, fille de Bernard-Atton, vicomte de Beziers. (*Spicil.* tom. IX, pag. 137.) Dom Vaissète fait néanmoins deux personnages de ces deux noms, et pense qu'Arnaud fut tuteur de Gausfred. Mais un homme marié depuis trois ans avait-il besoin d'un tuteur pour gouverner le Roussillon ? De plus, on voit encore aujourd'hui sur l'angle de la façade de l'hôpital de Saint-Jean de Perpignan, une ancienne inscription, laquelle annonce que le comte Arnaud-Gausfred est fondateur de cette maison : *Anno Dom. MCXIII V aprilis gloriosæ memoriæ Arnaldus - Gausfredus, comes Rossillionis præsens hospitale B. Johannis ædificavit.* Enfin dans les archives du même hôpital, on trouve une charte du 2 des ides d'avril 1116, dans laquelle Arnaud-Gausfred se dit lui-même comte de Roussillon. *Ego Arnaldus gratiâ Dei comes Rossilionis*; et à la fin, *signum Arnaldus Gaufredi gratiâ Dei comes.* L'an 1130, le 12 juin, Hugues, comte d'Ampurias, se voyant sans enfants, l'institua son héritier. (*Marca Hispan.*, col. 489.) L'historien du Languedoc cite une charte du 3 des ides de mai 1139, dans laquelle il est dénommé avec la comtesse Trencavelle, sa femme, et leur fils Gérard. L'an 1151, il donna par une charte datée des ides de juin, à ce même fils, la ville de Perpignan, et lui assura le comté de Roussillon après sa mort. (*Marca Hispan.*, pag. 1312.) Il vivait alors fort mal avec la comtesse Trencavelle, qu'il répudia sur la fin de la même année ou au commencement de la suivante. Ce divorce fut de près suivi d'une nouvelle alliance qu'il contracta avec une autre femme dont on ignore le nom. La comtesse répudiée porta, du château de Mèse en Languedoc, où elle s'était retirée, ses plaintes au pape Eugène III, contre son époux. Arnaud-Gausfred fut excommunié par le pontife, et ne tint compte de cette censure. Adrien IV, successeur d'Eugène, renouvela l'anathème vers l'an 1156, déclara les enfants du second mariage déchus, comme adultérins, de l'hérédité de leur père, et écrivit en même-tems à l'archevêque de Narbonne, à l'évêque d'Elne et à tous les barons du Roussillon, pour leur faire part du nouveau jugement qu'il venait de prononcer contre le comte. (*Hist. de Lang.*, tom. II, pag. 471.) M. de Marca met la mort d'Arnaud-Gausfred au 24 février de l'an 1163. (*Marca Hispan.*, col. 508.) On conserve à l'hôtel-de-ville de Perpignan l'acte de la déposition des témoins, qui assurèrent que peu de tems avant sa mort il avait institué de nouveau son successeur, Gérard, l'aîné de ses enfants. (*Ibid.* pag. 1329.)

GÉRARD ou GUINARD II.

1163. GÉRARD ou GUINARD, fils aîné, d'Arnaud-Gausfred, lui succéda immédiatement dans le comté de Roussillon, quoiqu'en disent quelques modernes, qui mettent entre l'un et l'autre un Gausfred IV. On trouve en effet dans les archives de l'hôpital de Saint-Jean de Perpignan deux donations, l'une du 15 des calendes de juin 1148, l'autre du 6 des ides de mai 1152, faites par Gausfred, comte de Roussillon, et Gérard, son fils, dans lesquelles celui-ci ne prend d'autre qualité que celle de fils du premier. Mais, après la mort de Gausfred, il prend le titre de comte de Roussillon, comme on le voit dans une autre donation faite au même hôpital, le 3 des nones de janvier 1167, et dans un privilége accordé aux habitants de Perpignan, le 18 des calendes de juin 1170. (*Liv. vert*, fol. 14.) Il paraît même que Gérard portait le titre de comte de Roussillon vers la fin de la vie de son père. Il le prit en effet dans l'acte par lequel il confirma les coutumes de Perpignan aux nones de juin 1162. Par là, il est bien évident que Gérard, comte de Roussillon, était fils et successeur immédiat du dernier Gausfred. Mais le testament de celui-ci en fournit encore une nouvelle preuve. Par cette disposition, verbalement faite pendant la dernière maladie de Gausfred, en présence de sept témoins, Pons de Collioure, Bernard de Villelongue, Guillaume de Soler, Vincent de Palace, Arnaud Radulphe, Jean Robert et Raymond de Terrade, il déclara qu'il faisait son fils Gérard, héritier du comté de Roussillon et de tous ses autres domaines. Les sept témoins, dans les six premiers mois après sa mort, s'étant rendus à l'église de Saint-Jean de Perpignan, y affirmèrent avec serment sur l'autel de Saint-Pierre, en présence de l'évêque d'Elne, de Pierre, abbé de Saint-André, et de Nicolas Miro, juge, ce qui vient d'être rapporté. L'acte qui fut dressé de leur déposition, se rencontre fol. 82, parmi les pièces du procès d'entre les rois d'Aragon et de Majorque, gardées à l'hôtel-de-ville de Perpignan, dans l'armoire des cinq clefs. On a dit qu'en 1162, Gérard confirma les coutumes de la ville de Perpignan. Il y ajouta de nouveaux priviléges, le 14 des calendes de juin 1170. Se voyant sans enfants, il fit le 4 des nones de juillet 1172 (et non pas 1173), son testament par lequel il léguait au roi d'Aragon le comté de Roussillon. Il mourut peu de jours après. Car le 19 juillet de la même année, Alfonse, roi d'Aragon, ratifia les priviléges accordés par le comte Gérard à la ville de Perpignan. (*Ibid. fol.* 18.) Le comté de Roussillon demeura entre les mains de ce monarque et celles de ses successeurs au royaume d'Aragon, sous la souveraineté de la France, jusque vers le milieu du treizième siècle, qu'ils se tirèrent de cette dépendance.

CHRONOLOGIE HISTORIQUE

DES

COMTES DE CERDAGNE ET DE BÉSALU *.

La Cerdagne, *Ceritania*, dont Puycerda, dans le diocèse d'Urgel, est la capitale ; Bésalu, *Bisuldinum*, ville située dans l'Ampourdan, sur la rivière de Fluvia ; Fenouillède, *Feniculetum*, ou *Feniculensis ager* ; Conflant, *Confluentes*, dans le Roussillon et le Valespir, dans la même province, furent donnés, chacun avec titre de comté, ainsi que Pierre-Pertuse, Saut et Donazan, dans le Rasez, par Miron, comte de Barcelonne, vers l'an 928, à son fils puîné Oliba, surnommé Cabreta. Ce n'est pas, néanmoins, que chacun de ces comtés ait été créé pour lors en faveur d'Oliba. Nous voyons en effet, que la Cerdagne était possédée à ce titre par Salomon, vers l'an 863, que Humphrid était qualifié comte de Bésalu, avant de succéder à Odalric dans le marquisat de Septimanie, que le Conflant avait Béra pour comte, en 846, et Raoul en 888 ; mais nous n'avons point de suite non interrompue des comtes de Cerdagne avant l'an 980. Naturellement inquiet et querelleur, Oliba, se voyant maître d'un grand pays, se rendit extrêmement redoutable à ses voisins. Celui avec lequel il eut les plus vifs démêlés, fut Roger I, comte de Carcassonne. L'histoire ne marque pas le sujet de leur querelle. D. Vaissète conjecture que ce fut le comté de Rasez, que les comtes de Carcassonne,

---

* Cet article a été rédigé sur les mémoires de M. de Fossa.

après l'avoir possédé par indivis, avec ceux de Barcelonne, partagèrent ensuite avec eux, vers la fin du neuvième siècle. Oliba, dit-il, qui descendait des anciens comtes de Rasez, disputa sa portion à Roger, qui était d'une famille différente. Quoi qu'il en soit, étant entré dans ce pays à main armée, il y fit le dégât. Roger ne souffrit pas impunément ces violences. Ayant levé des troupes, il marcha à l'ennemi qui le reçut fièrement, et commença lui-même le combat. Il était sur le point de remporter la victoire, lorsque Roger, tout-à-coup ranimant son courage, la fit passer de son côté. Oliba, suivant un habile moderne, fit ensuite la paix avec Roger, qui lui céda, par le traité qu'ils firent ensemble, le Capcir compris dans le Rasez. (*Marca Hisp.*, col. 86.) L'abbaye de Cuxa, dans le Roussillon, était alors florissante par la régularité, sous le gouvernement de l'abbé Guérin. Saint Romuald, qui était venu d'Italie pour s'y retirer, en faisait le principal ornement. Oliba, dont la vie licencieuse commençait à lui causer des remords, vint trouver le saint personnage pour savoir de lui le parti qu'il avait à prendre. Romuald n'hésita pas à lui conseiller la retraite. Il suivit ce conseil, et après avoir mis ordre à ses affaires, et cédé tous ses biens et ses dignités à ses enfants, il partit, l'an 988, accompagné de l'abbé Guérin, pour se rendre au Mont-Cassin, où il embrassa la vie monastique. Sa pénitence ne fut que de deux ans, et finit par sa mort arrivée l'an 990. D'ERMENGARDE, sa femme, qui eut, après sa retraite, l'administration de ses biens, il laissa quatre fils: Bérenger qui paraît avoir été l'aîné, succéda, vers l'an 990, à Suniarius dans l'évêché d'Elne; et mourut vers l'an 1000. Bernard, le second, eut les comtés de Bésalu, de Valespir et de Fenouillède. Oliba, le troisième, s'étant fait moine à Riupoll, en devint abbé, l'an 1009, et le fut aussi de Cuxa, la même année. A ces deux abbayes il joignit, l'an 1019, l'évêché d'Ausonne, et mourut l'an 1047. Wifred, le dernier fils de Cabreta, eut pour sa part les comtés de Cerdagne, de Berga et de Conflant, avec le Capcir et le Donazan, en-deçà des Pyrénées.

COMTES DE BÉSALU.	COMTES DE CERDAGNE.
BERNARD TAILLEFER.	WIFRED, ou GUIFRED.
988. BERNARD, surnommé Taillefer, fils d'Oliba Cabreta, lui succéda, comme on l'a dit, dans les comtés de Bésalu, de Valespir, de Fenouillède, de	988. WIFRED, ou GUIFRED, quatrième fils d'Oliba Cabreta, lui succéda, comme on l'a dit, aux comtés de Cerdagne, de Berga, de Conflant, ainsi qu'au

Saut et de Pierre-Pertuse. Ce qu'il fit pendant son gouvernement, qui fut de trente-deux ans, est resté dans l'oubli. Ses actions mériteraient néanmoins de passer à la postérité, puisqu'on l'honora du glorieux titre de *prince*, de *père de la patrie*, et de celui de *Taillefer*, que ses exploits militaires lui acquirent. Nous savons seulement que, vers la fin de 1016, ayant entrepris le voyage de Rome avec ses fils Guillaume et Guifred, il y obtint, du pape Benoît VIII, l'érection d'un nouvel évêché dans ses domaines, et présenta son fils Guifred pour le remplir ; que Benoît, ayant acquiescé à sa demande, sacra le sujet proposé, et donna une bulle, datée du 26 janvier, indiction XV, ou l'an 1017, portant permission d'établir un évêché dans l'un des trois monastères que Bernard lui avait désignés, et que Saint-Geniez de Bésalu fut celui que le comte choisit pour le siége épiscopal. Sa mort fut tragique et causa des regrets universels dans le pays. Il avait entrepris un voyage en Provence, pour y négocier le mariage de Guillaume, son fils, lorsqu'à son retour, ayant voulu tenter, le 29 novembre 1020, de passer le Rhône à la nage sur son cheval, il fut entraîné par la rapidité des flots qui le submergèrent. Son corps ayant été retiré du fleuve, fut transporté à l'abbaye de Riupoll pour y être inhumé. Il avait épousé, l'an 1007, TOTE, nommée aussi ADELAÏDE, fille

Capcir et au Donazan. L'an 1001, il signala, en apparence, sa piété, par la fondation du monastère de Canigou, dans le Conflant. Mais il était si peu instruit des règles de l'église, que, l'an 1016, l'archevêché de Narbonne étant venu à vaquer par la mort d'Ermengaud, il proposa son fils Guifred, qui n'avait encore que dix ans, pour le remplir, et l'emporta sur d'autres concurrents par la simonie la mieux caractérisée. Cent mille sous qu'il compta au vicomte de Narbonne et au comte de Rouergue, marquis de Septimanie, furent le prix de cette préférence. (Vaissète.) La conduite du jeune prélat répondit à l'irrégularité de son entrée. Il punit le vicomte Raymond de l'avoir favorisé, par les procédés violents qu'il eut à son égard. Ses diocésains ne furent pas plus ménagés. Il remplit son archevêché de troubles et de meurtres, pilla son église, pour récompenser les ministres de ses fureurs, et acheta l'évêché d'Urgel pour Guillaume, son frère, moyennant cent mille sous qu'il se procura en vendant les vases sacrés à des Juifs. Ce pasteur abominable se maintint toutefois jusqu'à sa mort, l'espace de 63 ans, sur le siége de Narbonne, malgré différentes excommunications dont il fut frappé par le saint siége. (*Gall Christ.*, no. tom. VI, coll. 31, 38.) A l'égard de son père, il finit ses jours l'an 1025, laissant de GUISLE, sa femme (morte l'an 1020), outre les deux fils que de Raymond-Borrel, comte de Barcelonne, dont il laissa cinq fils et deux filles. (*Marca Hispan.*, col. 416, Vaissète, t. II, pp. 118, 153, 597.) Guillaume, l'aîné, réunit en sa main tous les comtés de sa maison; Wifred, le second, fut, comme on l'a dit, évêque de Bésalu; Henri, le troisième, devait, par le testament de Bernard, prendre aussi l'état ecclésiastique, et recevoir en fief, de Guillaume son aîné, lorsqu'il aurait atteint l'âge de vingt-cinq ans, l'évêché de Bésalu; Hugues, le quatrième, eut divers alleus et villages dans le comté de Fenouillède. Quelques alleus furent tout ce que Bérenger, qui était le dernier, reçut en partage. Garsinde, fille aînée de Bernard, était mariée du vivant de son père, et avant l'an 1016, avec Bérenger, depuis vicomte de Narbonne; Adélaïde, la seconde, fut condamnée par le même testament à passer ses jours au monastère de Saint-Paul, dans la vallée d'Ansoli; et Constance, troisième fille de Bernard, étant alors fort jeune, eut quelques biens peu considérables. Tote survécut à son mari, et emporta pour son douaire la jouissance du comté de Valespir. Les moines de Riupoll et de Cuxa témoignèrent leur reconnaissance envers le comte Bernard, leur bienfaiteur, par une lettre circulaire qu'ils écrivirent sur sa mort. (*Marca*, *Hist.*, *App.*, col. 1024. Vaissète, t. II, pp. 117, 141, 149.)

l'on vient de nommer, Raymond, qui suit, et Bérenger, évêque de Gironne.

RAYMOND.

1025. RAYMOND, fils aîné du comte Wifred, fut son successeur. On le voit, en 1041, parmi les seigneurs qui assistèrent au concile de Tuluje, où l'on établit *la paix et la trève de Dieu*. L'an 1046, il fut aussi du nombre de ceux qui assistèrent à la dédicace de l'église de l'abbaye d'Arles, en Roussillon. C'est tout ce que les anciens monuments nous ont conservé des événements de sa vie, qu'il termina, suivant M. de Marca et dom Vaissète, en 1068. D'ADÈLE, sa femme, il laissa deux fils, Guillaume-Raymond, qui suit, et Henri, vicomte de Cerdagne, qui se distingua par sa valeur et sa probité.

GUILLAUME-RAYMOND.

1068. GUILLAUME-RAYMOND, fils aîné du comte Raymond et son successeur, avait épousé, du vivant de son père, ADELAÏDE, nommée aussi SANCIE, fille de Pierre-Raymond, comte de Carcassonne, et de Rangarde de la Marche; Adélaïde était sœur cadette d'Ermengarde, femme de Raymond-Bernard, vicomte d'Albi et de Nismes. Celle-ci ayant été instituée héritière des comtés de Carcassonne et de Rasez par le comte Roger III, son frère, vendit, le 2 mars 1067, ces deux

GUILLAUME,
SURNOMMÉ LE GR.

1020. GUILLAUME, fil du comte Bernard, suc dans le mois de septe 1020, aux comtés de Bésa de Fenouillède, dont son l'avait mis en jouissance l'an 1014, comme il paraît par des actes où l'on compte l'an 1038 pour le vingt-quatrième de son gouvernement. Avide d'argent, et peu scrupuleux sur les moyens de s'en procurer, il disposa d'une manière simoniaque des abbayes de son domaine, et entr'autres de celle de Saint-Martin de Lez, dont il traita avec Wifred, évêque de Carcassonne. Il en fit déserter quelques-uns par ses usurpations, et s'attira par là une excommunication dont il parut d'abord faire assez peu de cas. On voit cependant qu'il eut soin de s'en faire relever l'an 1041, au plus tard, puisqu'il fut un des seigneurs qui assistèrent au concile tenu cette année dans les prairies de Tuluje, à trois milles de Perpignan. Les *Gestes* des comtes de Barcelonne placent sa mort en 1052. Il fut inhumé à Riupoll dans le tombeau de ses ancêtres. D'ADÈLE, sa femme, il laissa deux fils, qui suivent. (Vaissète, t. II, pp. 153, 156, 163, 182, 185, 192, *pr.*, 204.)

GUILLAUME II, ET BERNARD II.

1052. GUILLAUME II, et comtés à Raymond-Bérenger, fils de Bérenger I, comte de Barcelonne. Mais onze jours après, Rangarde, sa mère, qui n'avait pas consenti à cette aliénation, donna au comte Guillaume, son gendre, et à sa fille Adélaïde, le comté de Rasez, avec les châteaux qui en dépendaient. Adélaïde et son époux, prévoyant qu'ils auraient peine à se maintenir dans ces comtés, prirent le parti de les vendre, par acte du 27 décembre 1067, au comte de Barcelonne, pour la somme de quatre mille mancuses barcelonnaises: monnaie d'or dont sept pièces pesaient une once. Les gens de Guillaume-Raymond ayant commis, l'an 1075, un sacrilége dans l'abbaye de Cuxa, vraisemblablement par son ordre, il se soumit à la pénitence canonique qui lui fut imposée par l'évêque d'Elne. Dans la charte où ce fait est mentionné, il est dit prince du territoire de Cuxa, *ejusdem loci principis*, ce qui prouve qu'il régnait sur le Conflant. (*Cartul. Helen., f.* 61.) Guillaume-Raymond finit ses jours en 1095, plusieurs années avant sa femme, qui vivait encore en 1102. De son mariage il laissa quatre fils, dont les deux premiers héritèrent seuls de ses états.

GUILLAUME-JOURDAIN, ET BERNARD-GUILLAUME.

1095. GUILLAUME-JOURDAIN, et BERNARD-GUILLAUME, succédèrent à Guillaume-Raymond, leur père, dans ses com-

BERNARD II son frère, succédèrent à Guillaume I, leur père, dans ses domaines, qu'ils gouvernèrent en commun. Le premier fut surnommé *Trunnus*, parce qu'il avait un nez postiche, et c'est le même sans doute que *le comte Guillaume, fils d'Adélaïde*, qui, par un acte solennel, promit à Guifred, archevêque de Narbonne, son parent, de l'aider à défendre les possessions de son église, et en particulier les forteresses voisines de sa cathédrale. (*Hist. de Lang.*, tome II, *preuv.* page 223.) Guillaume s'attira la haine de ses sujets par ses violences et ses emportements. Un ancien historien (*Marca Hisp.*, col. 544.) rapporte que s'étant attiré différentes affaires, il fut assassiné, du consentement de son frère et de quelques-uns de ses vassaux. Cet événement dut précéder l'an 1070. Le même historien fait un portrait bien différent de Bernard, son frère, qu'il représente comme un seigneur qui, par sa douceur et sa modération, faisait le contraste de son aîné. Guillaume laissa de STÉPHANIE, sa femme, un fils en bas âge, nommé Bernard, qui fut le troisième comte de Bésalu et de Fenouillède, de son nom. Amé, légat du saint siége, ayant assemblé, l'an 1077, un concile à Gironne, Guifred, archevêque de Narbonne, qui s'y était rendu, troubla l'assemblée, dans la crainte d'y être déposé pour cause de simonie et pour d'autres excès, et obligea le légat à

ils gouvernèrent par
Le premier fut un de
firent le plus d'efforts
ablir Bertrand, son pa-
dans le comté de Tou-
que Guillaume IX, duc
itaine, avait envahi pen-
l'absence de Raymond de
-Gilles, qui était à la croi-
L'an 1101 ou 1102, il par-
pour aller joindre ce même
Raymond à la Terre-Sainte, où il combattit sous ses drapeaux. Raymond étant mort le 28 février 1105, le comte de Cerdagne lui succéda, en vertu de son testament, dans toutes ses terres d'Orient. Il continua le siége ou blocus de Tripoli, commencé par Raymond, ce qui ne l'empêcha pas d'entreprendre quelques autres expéditions, soit pour conserver les places dont Raymond lui avait confié la garde en mourant, soit pour étendre ses conquêtes. Il signala surtout sa valeur contre Hertoloni, gouverneur de Damas pour les infidèles, qui l'était venu harceler aux environs du château de Mont-Pèlerin, où il faisait sa résidence. Guillaume-Jourdain le défit entièrement dans une sortie qu'il fit sur lui, et remporta un riche butin. Il se rendit maître ensuite, après un siége de trois semaines, de l'importante place d'Archon, que Godefroi de Bouillon et Raymond de St.-Gilles avaient inutilement attaquée. De là il étendit ses courses jusqu'à Damas. Bertrand, son cousin, étant arrivé, l'an 1109, en Palestine, à la tête d'une armée

prendre la fuite. Le château de Bésalu. que Bernard II lui ouvrit, fut le lieu de sa retraite. Il y assembla, le 6 décembre, un nouveau concile, qui se termina plus paisiblement que le précédent. Bernard II lui prêta la main pour réformer les monastères de sa dépendance, et y rétablir la régularité. Pierre de Narbonne, évêque de Rodez, s'étant emparé de l'archevêché de Narbonne après la mort de Guifred, arrivée au mois de février 1079, le pape Grégoire VII, après l'avoir excommunié, et avoir confirmé Dalmace compétiteur de Pierre, écrivit au comte Bernard II, ainsi qu'à Raymond de Saint-Gilles, pour leur enjoindre d'aller au secours de l'église de Narbonne, qui est en proie, disait-il, aux membres du diable. Il ne paraît pas que les deux comtes aient eu beaucoup d'égard à cette lettre. Ce qu'il y a de certain, c'est que Pierre de Narbonne resta en possession de son siége jusqu'en 1086, qu'il se démit volontairement. Bernard vivait encore en 1095. Il mourut sans laisser d'enfants d'ERMEN-GARDE, sa femme.

BERNARD III.

BERNARD III, dit BERNARD-GUILLAUME, fils de Guillaume II, succéda à Bernard II, son oncle, qui l'avait associé au gouvernement des qu'il fut en âge de majorité. Il vécut dans une étroite amitié avec Guillaume-Raymond, comte

pour réclamer les domaines que Raymond, son père, avait eus, est reçu dans Tortose qui lui ouvre ses portes. De là il envoie sommer le comte de Cerdagne au Mont-Pélerin, où il faisait sa résidence, de lui remettre le pays de Camolta, nom sous lequel on comprenait toutes les possessions de Raymond; Guillaume-Jourdain répond que c'est à tort qu'il lui demande la restitution de ce pays, que Raymond lui avait cédé avant sa mort, et qu'il avait défendu pendant quatre ans au péril de sa vie et à grands frais. Prévoyant cependant que cette réponse ne satisferait pas le comte de Toulouse, il fait alliance avec Tancrède, neveu du prince d'Antioche, pour se mettre en état de défense. Bertrand, de son côté, s'allie avec Baudouin, roi de Jérusalem, et tous deux conviennent de reprendre le siége de Tripoli. En attendant les secours que le roi devait lui amener, Bertrand va faire le siége de Giblet, ville maritime de Phénicie, qui avait appartenu au comte, son père, et que les infidèles avaient reprise. Tandis qu'il attaque la place par terre, les Pisans et les Génois la battent par mer, et les habitants, hors d'état de résister, ne tardent pas à capituler. Bertrand cède aux Génois une partie de cette conquête, et se rend ensuite devant Tripoli, où le roi de Jérusalem vient le joindre trois semaines après son arrivée. Tancrède et Guillaume-Jourdain, apprenant de Cerdagne, qui, par son testament, fait l'an 1095, laissa ses deux derniers fils sous la tutelle du comte de Bésalu, qu'il appelle *son seigneur*. L'an 1107, Bernard - Guillaume épousa ou fiança dans le mois d'octobre BÉRENGÈRE, fille de Raymond-Bérenger III, comte de Barcelonne. En considération de cette alliance, il déclara le comte de Barcelonne *son héritier pour les comtés de Bésalu, de Riupoll, de Valespir, de Fenouillède, de Pierre-Pertuse*, et pour tous ses autres domaines, s'il venait à mourir sans postérité, ce qui arriva effectivement au commencement de l'an 1111. Raymond-Bérenger IV, fils et successeur de Raymond-Bérenger III, donna, par son testament, l'an 1162, la jouissance des comtés de Bésalu et de Fenouillède à Pétronille, sa femme, après la mort de laquelle ils furent réunis au domaine des comtes de Barcelonne, rois d'Aragon.

leur jonction, viennent les trouver, et par l'entremise du roi se réconcilient, le premier avec Baudoin du Bourg, son ennemi particulier, le second avec Bertrand, qui fit l'accommodement suivant avec lui. La forteresse d'Archon demeura au comte de Cerdagne, avec Tortose et les autres conquêtes qu'il avait faites ; et le Mont-Pèlerin, les villes de Tripoli, de Giblet, avec tout le pays soumis par Raymond, furent abandonnés à Bertrand. Ces princes réunirent ensuite leurs efforts contre Tripoli, qui se rendit au roi et au comte de Toulouse le 10 juin 1109, après sept ans de siége. Guillaume-Jourdain, peu de jours après cet événement, fut tué d'un coup de flèche par un de ses écuyers, avec lequel il avait pris querelle. (*Albert Aquens.*) Bertrand lui succéda dans ses domaines d'Orient, suivant l'accord qu'ils avaient fait ensemble. Bernard-Guillaume resta seul possesseur de la Cerdagne et de ses dépendances. L'an 1111, après la mort de Bernard, comte de Bésalu, il disputa sa succession au comte de Barcelonne, à qui Bernard avait fait donation, quatre ans auparavant, de tous ses domaines. Mais après s'être emparé de quelques places, il céda tous ses droits à ce rival, par un accommodement daté du 8 juin de la même année. Bernard-Guillaume vécut en paix le reste de ses jours, dont le terme arriva à l'an 1117. Comme il mourut sans enfants, Raymond-Bérenger III, comte de Barcelonne, lui succéda à titre de plus proche parent, étant tous les deux de la même maison.

CHRONOLOGIE HISTORIQUE

DES COMTES

DE ROUSSILLON ET DE CERDAGNE,

DE LA MAISON D'ARAGON, APANAGÉS.

SANCHE.

SANCHE, troisième fils de Raymond-Bérenger IV, comte de Barcelonne et prince d'Aragon, fut apanagé par son père en la manière suivante. Par son testament verbal, fait le 4 août 1162, à Saint-Dalmace, près de Gênes, en présence de Guillaume-Raymond de Moncade, d'Albert de Castelviel, et de Guillaume son chapelain, Raymond-Bérenger désigna, pour lui succéder dans ses états, Alfonse, son fils aîné. Mais en même tems, il légua à don Pèdre, son second fils, le comté de Cerdagne et tous les domaines du dernier comte de ce nom, la seigneurie du comté de Carcassonne avec ses dépendances, et tout ce que le vicomte Trencavel tenait en fief de lui, ainsi que le droit qu'il avait sur la ville de Narbonne, le tout à condition que ledit infant don Pèdre tiendrait cet apanage sous la souveraineté de son frère aîné. A cet apanage il substitua Sanche, son troisième fils, et enfin tous les deux successivement, à l'infant don Raymond. (*Diago*, *Hist. de los Cond. de Barcelo.*, l. 2, c. 178. Zurita, *Ann. d'Arag.*, l. 2; capp. 19, 20, 23, 25.) C'est d'après cette substitution que Bosc (*Tit. de honor.*, l. 2, p. 193, col. 1.) a réduit l'apanage de Sanche, au seul comté de Cerdagne. Elle ne pouvait certainement comprendre le Roussillon, puisqu'il n'échut à la maison d'Aragon que par le testament du comte Guinard, fait le 4 juillet 1172, en faveur du roi don Alfonse. Mais il ne paraît pas que ce monarque ait exécuté le partage ordonné par son père. C'est peut être ce qui a fait dire à l'ancien auteur des Gestes des comtes de Barcelonne que Sanche n'eut aucune part dans les domaines du roi Alfonse, son frère, que ce dernier ne voulut jamais lui en rien céder : *Xanco autem frater ejus nunquam habuit partem aliquam honoris dicti domini Ildefonsi, nec aliquo tempore de dicto honore voluit ei dare.* (*Marca Hispan.*, col. 551.) Zurita observe qu'à la mort de l'infant don Pèdre, le roi, son frère, s'empara de son apanage, et particulièrement du comté de Cerdagne, quoique par la disposition du prince d'Aragon (leur père) il dût appartenir à l'infant don Sanche, auquel le roi don Pèdre, son cousin, donna ensuite le comté de Roussillon : *El rey don Alonso que avia heredado quel Senorio por muerte del infante D. Pedro.... Como el Condado de Cerdagna, y el derecho de la ciudad de Narbona aunque en todo esto, por muerte de D. Pedro, segun la disposion del principe habia de succeder D. Sancho su hyo : y despues se le diò el condado de Rossillon por el Rey D. Pedro su sobrino* (*Ann. d'Arag.*, l. 2, c. 25.)

Le même historien, suivi par trois habiles critiques (Bouche, Vaissète et Papon), assure que le roi d'Aragon, ayant succédé l'an 1181, à Raymond-Bérenger, son frère, dans le comté de Provence et les vicomtés de Gévaudan et de Milhaud, les donna, peu de tems après, en apanage à Sanche, son frère. Les mêmes critiques ajoutent que le roi d'Aragon, l'an 1185, retira la Provence des mains de son frère, et lui donna en échange les comtés de Roussillon et de Cerdagne. Zurita dit au contraire, que Sanche, en 1215 et 1218, prenait encore le titre de comte de Provence : *El Conde don Sanche que se intitulava Conde de la Proença.* (*Ibid*, c. 17.) Nugnès-Sanche, fils de ce prince, semble nier aussi qu'il ait jamais possédé la Cerdagne et le Roussillon. Car après s'être dit dans son testament du 16 des calendes de janvier 1241, fils du feu comte Sanche ; *filius quondam venerabilis comitis sanctii*, sans déterminer autrement cette qualification, il y ordonne sur la fin que les exécuteurs testamentaires qu'il avait nommés, percevront après son décès, « les
» revenus des pays de Roussillon et de Cerdagne, et les retien-
» dront jusqu'à ce que ses dettes soient payées, et les torts
» qu'il a faits réparés, ainsi, dit-il, que le seigneur Pierre (II),
» roi d'Aragon, mon parent, l'a octroyé par un diplôme que
» le roi Jacques, aujourd'hui régnant, a bien voulu confirmer : »
Item volo et mando quod dicti mei manumissores constituti in terra Rossilionis post obitum meum percipiant omnes reditus et proventus terræ Rossilionis, Confluentis et Ceritania, et teneant tandiu donec debita mea fuerint persoluta et injuriæ restitutæ, sicut dominus Petrus, rex Aragonum et consanguineus meus mihi concessit cum instru-

mento, et dominus Jacobus, rex Aragonum qui nunc est, mihi laudavit. (*Archiv. du domaine de Perpignan*, n. 320, lias. II.) Ces expressions, *Dominus Petrus rex Aragonum mihi concessit*, portent naturellement à croire que la concession de l'apanage du Roussillon, etc. fut faite à Nugnès-Sanche par le roi Pierre II. Pour accorder cette différence d'opinions, il semble nécessaire de dire que Sanche, depuis l'an 1185, ne conserva plus que le titre honorifique de comte de Provence, et que la concession des comtés de Roussillon, de Conflant et de Cerdagne, faite par le roi Pierre II, ne fut qu'une confirmation de celle qui était émanée d'Alfonse.

Entrons maintenant dans quelque détail des principales actions de don Sanche. En 1201, Alfonse II, comte de Provence, étant en guerre avec Guillaume IV, comte de Forcalquier, Sanche prit parti contre le premier, quoique son neveu. La paix s'étant faite en 1204, Sanche assista la même année aux noces de Pierre II, son autre neveu, roi d'Aragon, avec Marie de Montpellier, célébrées le 5 (et non le 15) juin dans cette ville. Ce prince y assigna pour douaire à son épouse *tout le comté de Roussillon depuis la fontaine de Salces jusqu'à la Cluse*; et donna entr'autres personnes pour caution Sanche, son oncle. (Vais., tom. III, p. 125.) Le même comte signa le serment de fidélité que le roi d'Aragon fit deux jours après à l'évêque de Maguelone pour la seigneurie de la ville de Montpellier. Ce fut encore cette année qu'il accompagna le roi d'Aragon dans son voyage de Rome, où il se fit couronner par le pape Innocent III. Ce pontife étant déterminé à détruire l'hérésie des Albigeois par la voie des armes, le comte Sanche fut un des seigneurs auxquels il écrivit pour les inviter à seconder son dessein par une croisade. La lettre qu'il leur adressa pour cet effet est du 11 novembre 1209. (*Epist.* 137, liv. 12.) On vit ce prince, l'an 1212, signaler sa valeur à la fameuse bataille de Naves de Tolose, près d'Ubéda, où les rois d'Aragon, de Castille et de Navarre, remportèrent une victoire complète sur les Maures.

Pierre II, roi d'Aragon, ayant été tué, l'année suivante, à la bataille de Muret, les Aragonais et les Catalans prirent les armes pour retirer don Jayme, son fils aîné, des mains de Simon de Montfort, qui le retenait comme prisonnier à Carcassonne, et refusait de le rendre. Le comte Sanche, qui les favorisait, leur envoya son fils Nugnès-Sanche qui fut un de leurs chefs. (*Mém. de Jayme I*, c. 8. (L'évêque de Segorbe, ambassadeur de la couronne d'Aragon à Rome, sollicitait en même tems le pape d'enjoindre à Simon de Montfort de rendre le jeune monarque aux vœux de sa nation. L'ordre en conséquence ayant été donné de remettre don Jayme entre les mains du cardinal

Pierre de Bénévent, le comte Sanche et son fils s'avancèrent jusqu'à Narbonne pour le recevoir, accompagnés de la haute noblesse de Catalogne et des députés des communes. Ce fut là que les comtes de Foix et de Comminges, le vicomte de Narbonne, et les habitants de cette ville, firent, le 18 avril 1214, leurs soumissions au cardinal légat. (*Hist. de Lang.* tom. III, p. 239.) De cet acte il résulte que le comte Sanche et son fils promirent aussi sous la foi du serment au légat de ne pas lui ôter les châteaux qu'ils lui avaient donnés en otage, et de ne pas soustraire le jeune roi de ses mains ni de celles des personnes auxquelles il l'avait donné en garde.

Le légat ayant accompagné don Jayme en Catalogne, y convoqua, la même année, les états à Lérida. Tous les prélats et les seigneurs se rendirent à cette assemblée, à l'exception du comte Sanche et de l'infant don Ferdinand, oncles du roi. Ces deux princes étaient jaloux l'un de l'autre, et semblaient tendre chacun à s'emparer du trône. Les espérances qu'on leur supposait furent trompées. Tous les ordres qui composaient l'assemblée s'accordèrent à prêter au roi le serment de fidélité. Ils arrêtèrent de plus avec la même concorde qu'il serait gardé au château de Monçon par Guillaume de Montredon, grand-maître du Temple. On y déféra néanmoins la régence au comte Sanche, après avoir établi trois gouverneurs, l'un catalan, et les deux autres aragonais.

Les querelles des deux oncles du roi, continuant toujours, donnaient de l'alarme à ses sujets. L'an 1217, les prélats et les seigneurs aragonais se confédérèrent pour le tirer du château de Monçon, où ils ne le croyaient pas en sûreté. Ayant rassemblé des troupes, ils vinrent l'enlever de cette retraite d'où ils l'emmenèrent à Huesca, puis à Saragosse. Son arrivée dans cette ville y répandit une joie d'autant plus grande, qu'on avait la satisfaction de voir le régent à la tête de son cortège. Don Sanche par là dissipa entièrement les soupçons qu'on avait formés contre lui.

Attaché au comte de Toulouse, Sanche donnait aussi de l'inquiétude au pape Honoré III. Ce pontife écrivit, le 28 décembre 1217, au jeune monarque pour le détacher de l'alliance qu'il avait contractée avec ce comte. Mais comme don Jayme n'avait encore que neuf ans, le pape écrivit en même-tems au régent pour se plaindre de ce qu'il avait engagé le roi et la noblesse d'Aragon dans le parti des Toulousains (*Vaissète*, tom. III, p. 301 et 302 ; *Raynaldi ad an.* 1217, n°. 55.)

Dans les états que le roi tint à Taragone au commencement de juillet 1218, don Sanche donna une preuve complète de la sincérité de ses bonnes intentions en se démettant de la régence

Nugnès-Sanche fut du nombre des seigneurs qui souscrivirent l'ordonnance de paix ou de trève, rendue par le roi le 22 du même mois. Il consentit en même-tems à ce que le droit de bouage fût levé dans le Roussillon et la Cerdagne, pour l'expédition projetée dont il fut un des principaux chefs. (*Zurita.*) Ayant été nommé par le roi pour aller reconnaître sur les côtes de l'île de Majorque l'endroit où la descente pourrait se faire avec plus de sûreté, il fut un des premiers seigneurs qui prirent terre dans cette île. Guillaume et Raymond de Moncade ayant été tués à la première bataille, Nugnès-Sanche combattit à côté du roi, et sauva l'armée en reprenant, à la tête de trois cents chevaliers, les hauteurs dont les Maures s'étaient rendus maîtres. Par là il rendit au camp et à l'armée l'eau d'un aqueduc que les ennemis avaient interceptée. Chargé ensuite de conférer avec le roi de Majorque sur la reddition de la place, il contribua par sa valeur, après qu'elle eut été emportée, à réduire les Maures qui s'étaient fortifiés sur la montagne. (*Mém. du roi Jayme*, tom. I, p. 24 *et seq.*)

Le premier juillet 1229, Pierre de Fenouillède fit don à Nugnès-Sanche de ses droits sur le château de ce nom, en se réservant ce qu'il possédait dans le Roussillon, le Conflant, le Valespir et le Capcir, sous la domination du comte. (*Vaissète*, tom. 3, *pr. tit.* 189.) Nugnès eut vers le même tems quelques discussions avec les habitants de Montpellier, qui furent terminées, l'an 1231, par un traité de paix. (*Vaissète*, tom. III, *pr.* p. 111.) Il en eut de plus grandes avec Roger-Bernard II, comte de Foix, et Roger, son fils, au sujet de la Cerdagne, qui occasionèrent entre eux une longue guerre. Raymond, vicomte de Cerdagne, et Bernard, évêque d'Elne, ayant amené les parties à des voies d'accommodement, rendirent, le 28 septembre 1233, une sentence arbitrale qui établit entre eux la paix. Il y fut particulièrement convenu « qu'Arnaud de Son et
» Bernard d'Alion, son frère, *esteroient à droit*, tant pour eux
» que pour Bernard, leur père, à la cour du comte Nugnès
» pour le château de Son, pour celui de Querigut, et pour
» les autres dépendances du château de Son (c'est-à-dire pour
» le pays de Donazan), et que si le comte de Foix venait à
» obtenir ce pays soit par droit, soit par guerre, soit enfin de
» toute autre manière, il en ferait hommage au comte Nugnès,
» comme les prédécesseurs de Bernard d'Alion en avaient fait
» hommage aux comtes de Cerdagne. » (*Vaissète*, tom. III, pag. 330.) La bonne intelligence qui régnait entre Nugnès et le roi d'Aragon fut troublée par diverses demandes que le premier forma. Il prétendait la suzeraineté sur la ville et le comté de Carcassonne, sur *l'honneur de Trencavel*, sur la vicomté de

Narbonne, etc., tant en vertu de la substitution testamentaire ordonnée par Raymond-Bérenger IV, comte de Barcelonne, son aïeul paternel, qu'en vertu d'une donation faite au comte Sanche, son père, par Alfonse II, roi d'Aragon, oncle de ce dernier, et aïeul du roi don Jayme. Nugnès de plus formait des prétentions sur le comté de Provence et la vicomté de Milhaud. Le roi don Jayme lui demandait de son côté la restitution du Valespir, du Capcir et de quelques autres terres. Mais voyant que Nugnès n'ayant point d'enfants légitimes, il était son héritier présomptif, il consentit à un compromis qui fut passé en mai 1235. Par l'accord qui en résulta, don Jayme lui compta une somme, en lui laissant la jouissance de tous les domaines dont il était en possession. Ce fut depuis ce tems que Nugnès prit le titre de comte de Roussillon et de Cerdagne. (Zurita, *Ann. d'Arag.*, liv. 3, ch. 23 ; la Pena, *Ann. de Catal.*, liv. 11, cap. 7 et 10 ; Vaissète, tom. III, pag. 410 ; Bosch., liv. 2, ch. 26.).

Cependant on voit dans l'inventaire des titres du monastère d'Arles, dressé en 1586, l'acte d'un échange fait par don Nugnès-Sanche avec l'abbaye de Canigou le 10 des calendes de mai (22 avril) 1237, dans lequel il prend uniquement le titre de *Dominus Rossilionis, Confluentis et Ceritaniæ*.

Nugnès vendit, l'an 1239, au roi saint Louis pour vingt mille sous melgoriens, le château de Pierre-Pertuse au diocèse de Narbonne, qu'il avait acquis de Guillaume de Pierre-Pertuse, et dont ce monarque lui avait confirmé la possession. Ce fut un des derniers actes de Nugnès. L'an 1240, il fit, le 17 décembre, son testament dont il confia l'exécution à l'évêque d'Elne, au comte d'Ampurias et à Guillaume de Postello pour ses domaines situés en-deça de Gironne, et pour ceux qu'il possédait au-delà de Gironne, soit dans la Catalogne, soit dans le royaume de Valence et dans la Castille, il nomma ses exécuteurs l'évêque de Barcelonne et deux seigneurs ; et enfin pour les biens qu'il possédait dans les îles de Majorque et d'Ivica, l'évêque de Majorque avec le châtelain d'Emposte et Loup Escimènes de Lusia, ordonnant que son cadavre fût enterré au cimetière de l'hôpital de Jérusalem de Bajoles, près de Perpignan. THÉRÈSE DE LOPÈS, sa femme, dont il ne laissa point d'enfants, eut par ce testament tous les biens maternels dont il jouissait dans les royaumes de Castille et de Léon, avec six mille maravedis *qu'il avait reçus pour elle*. Dona Sancie, sa fille naturelle, qu'il rappelle dans cet acte, eut aussi part à sa succession. « Il était au moins décédé le 21 janvier 1241, lors-
» que Bernard, évêque d'Agde, et ses autres exécuteurs testa-
» mentaires, remirent en son nom à don Jayme, roi d'Ara-

DON PÈDRE.

1251. DON PÈDRE, second fils de don Jayme Ier., roi d'Aragon, eût dans le partage que son père fit, au commencement de l'an 1251, de ses états, entre ses enfants, les comtés de Barcelonne, de Tarragone, de Vic-d'Ausonne, de Roussillon et de Cerdagne. En conséquense les seigneurs de Catalogne lui prêtèrent serment le 26 mars de la même année. (Zurita, *Ann. d'Arag.*, liv. 3, c. 46.) Les seigneurs de Roussillon et de Cerdagne suivirent cet exemple, et s'acquittèrent de leur serment dans la ville de Perpignan. (Bosch, *tit. de honor*, liv. 2, c. 27.) On y conserve un diplôme de l'infant don Pèdre, daté du 8 octobre 1261, par lequel il ordonne qu'on usera de la monnaie de Barcelonne dans ses domaines. (*Liv. vert.*, *min. fol.* 31 v°.) Don Pèdre ne prend pas dans cet acte le titre de comte de Roussillon, mais seulement la qualité de fils du roi et d'héritier présomptif de la Catalogne. *Illustris regis Aragonum filius et hæres Cataloniæ*. Il ne se qualifie pas autrement dans son contrat de mariage avec CONSTANCE, fille de Mainfroi, roi de Sicile, fait à Montpellier, et daté des ides de juin 1262; acte par lequel il assigne pour douaire à cette princesse la ville de Gironne avec tous les revenus qui en dépendaient et celle de Collioure en Roussillon. (Vaissète, tom. III, *pr.* pag. 556.)

L'infant don Alfonse, fils aîné du roi d'Aragon, étant mort l'an 1260, le roi don Jayme fit, le 12 des calendes de septembre 1262, un nouveau partage de ses états entre ses enfants. Par celui-ci, qu'il confirma dans son testament du 7 des calendes de septembre 1272, don Jayme, son second fils, eut, avec le royaume de Majorque, le comté de Roussillon, la seigneurie de Montpellier, et tout ce que le roi d'Aragon possédait en France. (Voyez la chronologie des *rois chrétiens de Majorque.*)

Le Roussillon et la Cerdagne étaient alors affranchis de la suzeraineté de la France par le traité de Corbeil, conclu, le 11 mai 1258, entre le roi saint Louis et don Jayme Ier., roi d'Aragon. Tel est le précis en substance de cet important traité : 1°., le monarque français céda au roi d'Aragon tous les droits qu'il avait sur les comtés de Barcelonne, d'Urgel, de Bésalu, de Roussillon, d'Ampurias, de Conflant, de Gironne, et d'Ausonne. 2°., don Jayme céda en échange au roi de France tous les droits qu'il prétendait sur le Carcassez, le Rasez, le Lauraguais, le Termenois, la vicomté de Béziers, le Menerbois, l'Agadais, le Rouergue, le Querci, le duché de Narbonne, le Fenouillède, le pays de Sault, celui de Pierre-Pertuse, les vicomtés de Milhaud et de Gévaudan, etc. 3°., Jayme céda de plus à Louis tous les droits qui pouvaient lui compéter sur le comté de Toulouse, l'Agénois, le Venaissin, et tous les autres domaines qui avaient appartenu au dernier Raymond, comte de Toulouse. Toutes ces prétentions du roi d'Aragon n'étaient pas également fondées. Mais il est certain qu'il avait des droits réels de suzeraineté sur le Carcassez, le Rasez, le Termenois et le pays de Sault; qu'il avait le domaine utile des pays de Fenouillède et de Pierre-Pertuse, et que, pour les comtés de Milhaud et de Gévaudan, il était en droit de les retirer en payant le prix pour lequel le roi don Pèdre, son père, avait engagé ces deux comtés, l'an 1204, à Raymond VI, comte de Toulouse. (Voy. *les comtes de Toulouse*.)

Les rois chrétiens de Majorque, de la maison d'Aragon, jouissaient, depuis quatre-vingt-deux ans, des comtés de Roussillon et de Cerdagne, lorsque don Pèdre IV, roi d'Aragon, les confisqua sur le roi don Jayme II, pour cause prétendue de félonie, et les unit à ses états par une pragmatique-sanction du 29 mars 1344. Pour rendre inviolable et perpétuelle cette union, il déclara par le même acte que, si lui ou ses successeurs s'avisaient d'y donner atteinte, il autorisait les princes du sang et ses autres sujets à prendre les armes pour la maintenir. Tant de précaution n'avait pour objet que de mettre des obstacles insurmontables à la restitution des états du roi de Majorque. (*Archiv. du Dom. de Perpignan, lib. stiloz, fol. 23 et seq.*) Don Pèdre, par lettres-patentes datées de Barcelonne le 25 juin 1368, donna en apanage à l'infant don Juan, son fils aîné, duc de Gironne, tous les revenus et droits royaux des comtés de Roussillon et de Cerdagne, à l'exception de l'hôtel des monnaies, du droit d'amortissement, et des terres données à la reine dona Éléonore et à l'infante dona Constance. Il accorda de plus à l'infant apanagé le droit de changer tous les officiers royaux desdits comtés, n'exceptant que le gouverneur général et ses assesseurs. (*Ibid. Reg. pragm. fol. 99.*)

Par une ordonnance rendue le 1er. juillet 1372, l'infant don Juan enjoignit à son lieutenant, dans les comtés de Roussillon et de Cerdagne, aux viguiers, et autres officiers royaux, et les siens, de faire observer les style et usages de ces pays, nonobstant les lettres surprises au roi, son père, le 4 mars précédent, par l'évêque d'Elne. (*Ibid. stiloz, fol. 50 v°.*)

Les affaires du prince apanagé n'étaient pas absolument nettes.

Les traits suivants semblent le prouver. Le 20 octobre 1381, il vendit en franc-alleu, du consentement du roi, son père, la baronnie de Montesquieu en Roussillon, avec les justices et toutes ses dépendances, à Barthelmi Gazi. (*Ibid. regist.* 13, *fol.* 125 *et seq.*), et le lendemain il aliéna audit Barthelmi, pareillement en franc-alleu, mais à faculté de rachat, les châteaux et villes de Thuir et du Boulou. (*Archiv. de Barcelonne.*) Le roi don Pèdre, son père, étant décédé le 5 janvier 1387, il lui succéda, et par là son apanage fut réuni à la couronne d'Aragon.

L'an 1462, don Juan II, roi d'Aragon, ayant besoin de secours contre les Navarrois et les Catalans révoltés, céda, par engagement, au roi de France, Louis XI, après une entrevue qu'il eut avec lui, entre Mauléon et Sauveterre, les comtés de Roussillon et de Cerdagne pour la somme de 200 mille écus, à laquelle était évalué l'entretien de sept cents lances, que le monarque français s'était obligé de lui fournir. Mais don Juan, étant venu à bout de rétablir la tranquillité dans ses états, entreprit de recouvrer le Roussillon et la Cerdagne. Les habitants de Perpignan et d'Elne, qui l'avaient appelé, lui ouvrirent leurs portes l'an 1473, après avoir massacré les garnisons françaises; mais il se vit bientôt enfermé dans Perpignan par une armée de trente mille français, et il était menacé d'y perdre la vie ou la liberté, si Ferdinand, son fils, retenu par de grands intérêts en Castille, n'eût préféré l'honneur de sauver son père à la gloire d'acquérir une couronne. Il vole en Aragon, rassemble toute la noblesse, et vient dégager Perpignan, qui fut assiégé une seconde fois avec aussi peu de succès. Don Juan fait une trêve avec Louis XI, qui promet d'évacuer le Roussillon et la Cerdagne aux conditions qui seraient réglées par ses ministres et les ambassadeurs d'Aragon. Don Juan fait partir, l'an 1474, ses ambassadeurs, pour aller conclure le traité définitif avec le roi de France. Mais ce monarque, prévenu de leur arrivée, fuyait devant eux. Ne l'ayant point trouvé à Paris, ils vont le chercher à Senlis, et ensuite à Lyon, où ils le virent enfin, après avoir été retenus plus d'une fois dans leur route sous divers prétextes. Louis, dans les réponses qu'il leur fait, persiste toujours à demander la restitution des sommes pour lesquelles le Roussillon et la Cerdagne lui avaient été engagés. On se sépare sans rien terminer. La guerre recommence avec vivacité dans le Roussillon. Nouveau siége de Perpignan, formé par les Français. C'était un bourgeois noble de Perpignan, nommé Jean Blanc, qui, se trouvant alors premier consul, était chargé de défendre la place. Son fils unique ayant été pris dans une sortie, les généraux ennemis lui firent dire que, s'il ne rendait la place, ils le feraient massacrer à ses yeux. Sa réponse fut que sa fidélité, pour son maître, était supérieure à sa tendresse pour son fils; et que, s'il leur manquait des armes pour lui ôter la vie, il leur enverrait son propre poignard. Jean Blanc, par cette générosité, perdit son fils. Il continua de défendre encore la place l'espace de huit mois, et ne la rendit, l'an 1475, qu'avec la permission expresse du roi. On souffrit dans ce siége tout ce que la faim a de plus cruel; et la défense que firent les assiégés en immortalisant leur chef, mérita à la ville le titre de *très-fidèle*. Le roi d'Aragon, hors d'état de défendre le Roussillon à cause des guerres intestines que se faisaient plusieurs seigneurs de ses états, conclut une trève avec Louis XI, qui n'en avait pas moins besoin pour soutenir la guerre qu'il avait avec le duc de Bourgogne. Les Français étant rentrés, l'an 1476, dans le Roussillon, y font de nouvelles conquêtes. L'an 1492, Ferdinand, roi d'Aragon, demande avec menaces la restitution de cette province et de la Cerdagne. Le roi Charles VIII, tout occupé du projet de faire valoir ses droits sur le royaume de Naples, prend le parti de s'accommoder avec ce prince, afin de n'avoir point d'ennemis qui retardassent l'expédition qu'il méditait. Les plénipotentiaires français s'étant donc assemblés au mois de janvier de l'année suivante avec ceux d'Aragon, à Figuières en Catalogne, y conclurent un traité, par lequel ils rendirent, sans dédommagement au roi d'Aragon, les deux comtés qu'il répétait. On accuse (peut-être sans fondement), Olivier Maillard, confesseur de Charles, d'avoir suggéré à son pénitent cette restitution, à l'appât d'une somme considérable que les Espagnols lui offrirent. La France regretta cet abandon. L'an 1542, le roi François I entreprit de faire rentrer le Roussillon sous son obéissance; mais il échoua dans ce projet. Louis XIII fut plus heureux. La guerre qu'il fit en Roussillon commença l'an 1639. Pendant le cours d'environ quatre années qu'elle dura, toutes les places de cette province furent successivement réduites, et la conquête fut achevée, l'an 1642, par la prise de Perpignan, qui capitula le 29 août, après une vigoureuse résistance, et par celle du château de Salces qui se rendit six jours après. Le traité des Pyrénées, en 1659, confirma la France dans la possession du Roussillon.

CHRONOLOGIE HISTORIQUE

DES

COMTES D'AMPURIAS *.

Le comté d'Ampurias et de Peralada ou de Pierrelate, autrefois un des plus considérables de la Marche d'Espagne, borné à l'est par la mer, au nord par les Pyrénées, qui le séparaient du comté de Roussillon, au couchant par le comté de Bésalu, et au midi par le comté de Gironne. Les rivières qui l'arrosent sont la Muga, la Fluvia ou le Fluvian, et le Ter.

Ampurias, *Emporiœ*, ou *Emporium*, l'ancienne capitale du pays, a été connue de Strabon. Parlant de cette ville, il dit : *Urbs ea à Massiliensibus condita, à Pyrena distat et Hispaniœ cum Gallia confinio, ad stadia quadringenta. Regio tota bona est, et bonos habet portus.... habitarunt Emporienses ante insulam quamdam oppositam, quod nunc vetus urbs dicitur : modo in continente degunt. Est autem in duas urbes divisa, muro ducto, cùm olim accolerent indigetum quidam : qui etsi suâ uterentur reipublicœ formâ, tamen quo essent tutiores, iisdem cum Grœcis voluerunt includi mœnibus, muro tamen intùs ab eis distincti.... In proximo fluvius labitur, è Pyrena ortus, cujus ostio pro portu utuntur Emporienses, etc.*

Ampurias, dans son état florissant, avait quatre milles de circuit, et renfermait une population nombreuse. Elle fut érigée en évêché vers le commencement du sixième siècle au plus tard. On voit Paul, évêque d'Ampurias, assister, l'an 516, au con-

---

* Cet article a été dressé sur les mémoires de M. Fossa.

cile de Tarragone, l'année suivante à celui de Gironne, et l'an 527 au concile de Tolède. Casotius, ou Casonius, fut présent, l'an 540, au concile de Barcelonne, et l'an 546 à celui de Lérida. Galanus, archi-prêtre d'Ampurias, souscrivit, l'an 597, pour Fructueux, évêque de la même ville, au concile de Tolède. Cet archi-prêtre étant monté sur le siége d'Ampurias, fut un des douze évêques qui composèrent le concile de Saragosse, tenu sous la même époque. On voit encore Isaldus, évêque d'Ampurias, au quatrième concile de Tolède; Dieu-Donné, *Donum-Dei*, l'un de ses successeurs, au huitième de l'an 646, et au neuvième de l'an 653; l'évêque Guidilitanus, ou Guadela, qui le remplaça, représenté au treizième par l'abbé Ségarius, assista personnellement au seizième tenu en 688.

La ville d'Ampurias n'avait peut-être pas encore dégénéré de son premier état. Mais l'invasion des Sarrasins la détériora considérablement dans le huitième siècle. Elle ne fut pas néanmoins tellement atténuée, qu'elle ne devint par la suite la résidence d'un comte, dont le département avait une assez grande étendue. Mais ce n'est plus aujourd'hui, et depuis longtems, qu'un simple village; et Castello est aujourd'hui le chef-lieu du comté d'Ampurias.

M. de Taverner, mort évêque de Gironne en 1726, dans son Histoire manuscrite des comtes d'Ampurias et de Péralada, observe que ce pays fut régi, jusqu'à Gaucelm inclusivement, par les mêmes comtes que ceux du Roussillon. Nous trouvons cependant un prédécesseur de Gaucelm, qui paraît n'avoir possédé que le comté d'Ampurias. C'est,

IRMINGARIUS.

IRMINGARIUS fut un des huit comtes auxquels fut adressée l'ordonnance que Charlemagne rendit, le 4 des nones d'avril de l'an 812, en faveur des Espagnols, que la tyrannie des Sarrasins obligea de se réfugier en France. L'année suivante, apprenant que ces infidèles venaient de piller l'île de Corse, il va les attendre à leur retour près de l'île de Majorque: et étant tombé inopinément sur leur flotte, il leur enlève huit vaisseaux, dans lesquels il fit plus de cinq cents prisonniers, suivant le témoignage d'Eginhart. (*Ann.*, pag. 258, *apud Duchêne*. tom. II, *Marca Hisp.*, col. 297.) L'histoire ne parle plus d'Irmingarius depuis cette expédition.

GAUCELM.

GAUCELM joignit au comté de Roussillon celui d'Ampurias,

après la mort d'Irmingarius. Accusé d'avoir conspiré contre l'empereur Louis le Débonnaire, il fut déposé, se purgea, fut rétabli, et signala ensuite sa fidélité en défendant, avec les comtes Warin et Sunila, Châlons-sur-Saone, contre Lothaire, fils rebelle de ce prince. La place ayant été forcée, il fut pris et condamné par le vainqueur inhumain à perdre la tête en 834.

SUNIAIRE I.

SUNIAIRE, comte de Roussillon, gouverna le comté d'Ampurias jusqu'en 843, comme on l'a prouvé ci-devant, par un jugement rendu cette année en faveur de l'église de Gironne, où il est dit : *Suniario comite hîc in Impurias civitate.* C'est à la prière de ce comte que Charles le Chauve accorda, vers l'an 850, un diplôme favorable à l'abbaye de Saint-André de Sureda, en Roussillon. (*Marca Hisp.*, col. 785.) D. Vaissète pense avec fondement que Suniaire fut successivement comte d'Ampurias, de Bésalu et de Roussillon.

ALARIC.

ALARIC avait été substitué, dès l'an 843, à Suniaire, quoique vivant, dans le comté d'Ampurias; car il est certain qu'il le possédait alors par le jugement rendu la même année contre lui, en faveur de l'évêque de Gironne, et par le délaissement qu'il fut en conséquence obligé de faire d'un fonds qu'il retenait injustement. (*Marca Hisp.*, col. 779 *et seq.*) M. de Taverner rapporte un autre jugement prononcé la même année contre Alaric, en faveur de l'abbé de Saint-Cyr de Colera, dans le comté d'Ampurias, monastère actuellement uni à celui de Bésalu. HOTRUDE, fille du comte Béra, se dit veuve du comte Alaric dans l'acte d'une vente qu'elle fit en 902, à Auriol, son fils : *quod tibi dimisit vir meus condam Alaricus comes.* (*Marca Hisp.*, col. 637.) Mais il paraît qu'Alaric avait été déposé, et ensuite rétabli.

Llobet, dans sa généalogie manuscrite des comtes d'Ampurias, prétend que le comte Alaric était fils de Béra, comte de Barcelonne, et frère de Villemont. Mais ses preuves ne sont pas convaincantes. On ne croit pas devoir placer ici, parmi les comtes d'Ampurias, d'après Pujades, dans sa Chronique manuscrite des comtes d'Ampurias, le comte Bernard, dont il est fait mention dans le diplôme accordé par Charles le Chauve à Gondemar, évêque de Gironne, le 3 des ides de juin, indiction VII, la IVe année de son règne, 844 de J. C. (Baluse, *App. Capitul.*, tome II, p. 1450.) Ce comte était Bernard, comte de Barcelonne et duc de Septimanie. M. de Taverner s'est également mépris, en identifiant le comte Bernard, dénommé dans la charte qu'on vient de citer, avec celui dont il est parlé dans un plaid tenu, l'an 875, en Roussillon : *In judicio Isemberto misso, Bernardo comite.* (*Capitul.*, tom. II, p. 149 et seq.) Ce comte, suivant la remarque de D. Vaissète, était Bernard III, marquis de Gothie.

SUNIAIRE II.

Le comte SUNIAIRE, assisté du vicomte Pierre, tint, l'an 884, en la ville de Portus, au comté d'Ampurias, un plaid, touchant certaines terres, qu'Estermin, archi-prêtre de Gironne, revendiquait au nom de son église, comme dépendantes de la seigneurie d'Ulla qui lui appartenait, contre un certain André à *Bedarga*, qui les retenait. Le possesseur soutenait que, conformément à la loi gothique et aux priviléges accordés par les rois de France, aux espagnols réfugiés dans leurs états, ses ancêtres avaient acquis les fonds dont il s'agissait, *per apprisionem*. Les juges ordonnèrent qu'il serait placé des bornes entre ces fonds et la terre d'Ulla. (Baluze, *App. Capitul.*, tom. II, pag. 1511. Taverner, *Hist. des comtes d'Ampurias.*) Il est fait mention du comte Suniaire dans un autre plaid, tenu en Roussillon, le 5 juin de la dix-huitième année du règne de Charles (le Simple) touchant la propriété d'un ténement, dans le territoire d'Elne, *in adjacentia villæ tres malos*, que Daniel, avocat du vicomte Richelmus, réclamait contre Recimir *ad beneficium*. Les témoins entendus dans l'enquête ordonnée à ce sujet, déposèrent avoir ouï dire et vu que Wademir, aïeul de Recimir, et son père Witigius, avaient possédé ce ténement, *ad illorum apprisionem infra hos legitimos annos*, jusqu'à ce que le comte Suniaire en eut dépossédé Witigius par violence, pour le donner en bénéfice à Tructerius : *tulit..... suâ fortiâ et beneficiavit eas ad homine suo quodam Tructerio.* Le ténement contesté fut adjugé à Recimir du chef de son aïeul. (*Cartul. Helen.*, fol. 127, v°.) Il y a bien de l'apparence que Suniaire n'était plus alors vivant. Dans une vente faite par le comte Gauzbert et sa femme Trudegarde, le IV des nones de décembre de l'an troisième du règne de Raoul (925), Gauzbert se dit fils du comte Suniaire : *pro patre meo Suniario comite.* (*Arch. de l'abb. de Saint-Pierre de Rodes.*) Un autre monument du IV des ides d'avril, *deuxième année après la mort du roi Charles, fils de Louis*, et par conséquent l'an de Jésus-Christ 931 (et non pas 930, comme le marque dom Vaissète) atteste que le comte Suniaire avait pour épouse ERMENGARDE. (*Cartul. Helen.*, fol. 16. *Marca Hisp.*, col. 845.) De son mariage il laissa quatre fils, Bencion, Gauzbert, Almerade et Vadalde, évêques d'Elne, l'un après l'autre.

BENCION.

BENCION, fils aîné de Suniaire II, et son successeur, fit donation de la terre de Palol à l'église d'Elne, le IV des nones de mars, dans la dix-neuvième année du règne de Charles, fils de Louis. (*Marca Hisp.*, col. 841, *Cartul. Helen.*, fol. 30.) Cette charte doit se rapporter à l'an de Jésus-Christ 916, en comptant ici le commencement du règne de Charles le Simple, depuis la mort du roi Eudes. Elle appartient au contraire à l'an 919, en comptant les années du même règne, depuis l'an de Jésus-Christ 900, supputation usitée dans les actes de Septimanie et de la Marche d'Espagne. (Vaissète, tom. II, note VI.) Ce fut pour le repos de l'âme de GOTLANE, son épouse, que Bencion fit cette donation. Il est encore fait mention de cette comtesse dans une vente faite par des particuliers, d'un fonds de terre, confinant, est-il dit dans l'acte, à un *autre de la comtesse Gotlane, le VI des nones de mai de l'an douzième du règne de Charles, fils de Louis* (909.) Ce qui prouve que Bencion, époux de Gotlane, était dès-lors en jouissance du comté d'Ampurias, et par conséquent du vivant de son père. On ignore l'année de sa mort.

GAUZBERT.

GAUZBERT, second fils de Suniaire II, était comte d'Ampurias et marié avec TRUDEGARDE, en 925, comme on l'a vu à l'article de son père. Il est même prouvé qu'il jouissait de ce comté dès l'an 922, par l'acte d'une vente qu'il fit cette année avec la comtesse, son épouse. (*Marca Hisp.*, *Append.*, tit. LXVII.) En 931, il fit une donation à l'église d'Elne avec l'évêque Vadalde, son frère. (*Ibid.*, *tit.*, l. XX.) Pujades, dans sa Chronique manuscrite, assure (l. XIII, c. 5) que le comte Gauzbert rebâtit l'église de Saint-Martin d'Ampurias, et cite en preuve une inscription gravée sur la porte de ce temple, dans laquelle il est désigné comme *fils de Sinerius ou Suniarius et d'Hermengarde*, et qualifié de *héros triomphant*. Mais une nouvelle reconstruction de l'église a fait disparaître, dans ces derniers tems, l'inscription rapportée sous deux dates différentes par Pujades et M. de Taverner. Le même Pujades rapporte l'acte d'une vente faite au comte Gauzbert et à la comtesse Trudegarde, sa femme, *la veille des calendes de décembre de l'année XXVIII de Charles* (925 et non pas 927 de Jésus-Christ.) par un nommé

Sergius, des terres que ce particulier possédait au lieu dit Argelès : acte que Pujades déclare avoir extrait du tome II du grand livre des fiefs, conservé aux archives royales de Barcelonne. Il est encore parlé du même comte Gauzbert, dans l'acte de la consécration du monastère de Saint-Cyr de Coléra, daté des ides de janvier, sixième année du règne de Raoul, (935 de Jésus-Christ, en commençant ce règne à la mort de Charles le Simple.) Indiction VIII. *Quæ autem omnia dedit Gauzbertus comes prædicto monasterio.* (*Archiv. de l'abbaye de Bésalu.*) On n'a pas d'époque plus récente de l'existence de ce comte.

GAUFRED.

GAUFRED ou GAUSFRED, dit aussi GUIFRED, était fils du comte Gauzbert, et devint son successeur, c'est ce qui résulte d'un jugement rendu long-tems après sa mort, en faveur de l'abbaye de Saint-Pierre de Rodes, le VII des ides d'avril de l'année treizième du règne de Henri (1044 de Jésus-Christ.) *Querelaverunt se*, y est-il dit, *coram principibus illorum Pontio scilicet et Gausfredo.... de illis hominibus qui injustè possident vineas et terras ubi resident, quod Gausfredus comes avus vester et Gaucebertus pater ejus dedit ad prælibatum cœnobium, etc.* (*Marca Hisp.*, col. 1085, tit. CCXXV.) Il est fait mention de ce comte dans un diplôme accordé au même monastère par le roi Louis d'Outremer, la huitième année de son règne (943 de Jésus-Christ.) *Consentientibus Seniofredo Marchione atque Gofrido comite.* (*Ibid.*, col. 855.) Dans un autre diplôme du même prince, de l'an 953, accordé à la même abbaye, il est dit que le comte Gausfred dominait sur l'Ampourdan : *Quamdam piscationem et consensu et voluntate Gosfredi illustris comitis ex cujus comitatu esse videbatur.... largiri in perpetuum dignaremur, etc.* (*Ibid.*, col. 870.) Sunegilde, le VII des ides de juin de l'année dix du même règne, vendit à Vadalde, évêque d'Elne, divers fonds attenants à d'autres du comte Gaufred : *in terra de Gothofredo comite, etc.* (*Cartul. Helen.*, fol. 106.) Gaufred, en 974, fit plusieurs dons au monastère de Rodes, avec Suniarius, évêque d'Elne, son fils. (*Marca Hisp.*, col. 903.) Ce prélat, dans le don qu'il fit à l'abbaye de la Grasse, de la terre de Kanouas, en Roussillon et des dîmes avec les prémices, dit qu'il les tenait du comte Gausfred, son père, et de la comtesse AVE, sa mère : *de Gausfredo comite patre suo et de matre sua nomine Ava.* (*Hist. de Lang.*, tom. II, pr. pag. 197.)

Le comte Gausfred intervint dans l'acte de la consécration de l'église de Saint-Martin de Bautices, faite le 14 des calendes de décembre 945, par Ermengaud, archevêque de Narbonne, assisté d'autres prélats, et prit en signant la qualité de comte, *par la grâce de Dieu*, d'Ampurias, de Pierrelate, et de Roussillon : *Gaufredus gratiâ Dei comes Impuritanus, Petralatensis et Rossilionensis.* (Taverner, *Hist.* des C. d'Amp.) Gaufred était bien auprès du roi Lothaire. On le voit par le don que ce monarque lui fit en 981, des territoires de Collioure et de Bagnols, alors incultes. (*Marca Hisp.*, col. 925.) Dans un diplôme qu'il obtint la même année, pour le monastère de Saint-Geniés de Fontaines, il est qualifié *dux Rossilionensis.* (*Ibid.*, col. 903.) Son épouse le précéda au tombeau. On voit, en effet, que le IV des calendes de mars de la septième année de Lothaire (961 de Jésus-Christ.) les exécuteurs testamentaires de cette comtesse, cédèrent à l'église d'Elne, des fonds situés en Roussillon, qu'elle avait légués en mourant à cette église. (*Cartul. Helen.*, fol. 318.) Gaufred termina sa carrière l'an 991 au plus tard. Nous voyons, en effet, que cette année, quatrième du règne de Hugues Capet, le 2 des calendes de mars, la comtesse Guisle, sa bru, et ses autres exécuteurs testamentaires, cédèrent à l'église d'Elne un alleu situé au territoire de Cabanes, dans la seigneurie de Pierrelate, et un autre, au comté de Roussillon. (*Cartul. Helen.*) Le comte Gaufred en mourant, fit le partage de ses états entre ses deux fils, Hugues et Guilabert. (Taverner.)

HUGUES.

Hugues, fils aîné du comte Gaufred, fut son successeur au comté d'Ampurias. Il était marié du vivant de son père, comme on l'a vu, avec Guisle, dont la naissance n'est point connue. Le 3 des nones de novembre de la onzième année du règne de Robert (1007 de Jésus-Christ) de concert avec Gilabert, son frère, comte de Roussillon, il fit donation au monastère de Rodes, de certains alleus, situés dans les comtés d'Ampurias et de Pierrelate, qu'ils disent faire partie de la succession de leur père. (*Marca Hisp.*, col. 968.) Pendant sa minorité, le comte Hugues avait vendu la terre d'Ullastret, située dans le comté d'Ampurias, à Raymond Borrel, comte de Barcelonne. Après la mort de ce dernier, il fit casser la vente par Pierre Syrus, juge du comté d'Ampurias, et se rendit exécuteur de ce jugement, en s'emparant à main armée de la terre d'Ullastret. La comtesse Ermessinde, veuve de Raymond Borrel, se récria contre cette usurpation. On convint d'arbitres pour terminer la querelle. Par le jugement qu'ils rendirent le VII des calendes de septembre de l'an vingt-trois du règne de Robert (1019 de Jésus-Christ) la terre litigieuse revint au comte de Barcelonne. (*Archiv. de la cathéd de Gironne.*) Le comte Hugues était si attaché au chapitre de l'église de Gironne, que, par une charte du 12 des calendes de décembre de la même année 1019, il permit à tous ses sujets de lui faire telles libéralités qu'ils jugeraient à propos. (Taverner, *Hist. des comtes d'Amp.*) Le XVII des calendes de février l'an trente-troisième du règne de Robert, (1029 de Jésus-Christ) le comte Hugues, Guisle, son épouse, Gaufred, comte de Roussillon, et Suniaire, son frère, vendirent à l'abbaye de Rodes, un terrein inculte, mais considérable, qui s'étendait depuis les terres du monastère, jusqu'au cap de Creux et à Cadaquer. (*Archiv. de Saint-Pierre de Rodes.*) Le comte Hugues fit preuve de sa tendresse conjugale par le don qu'il fit, l'an 1031, avec Pons, son fils, à la comtesse Guisle, son épouse, de certains alleus situés dans l'Ampourdan, et spécialement à Roses et à Castello, qu'il dit lui appartenir comme successeur du comte Gaufred, son père : *Advenit ad me Hugo comes per quondam comitis Gofredi, ad me Pontio per genitori meo Ugone comite.* (*Marca Hisp.*, col. 1063.) Le comte Hugues termina ses jours au plus tard l'an 1040, laissant un fils, qui suit.

PONS I.

Pons, fils et successeur de Hugues au comté d'Ampurias et de Pierrelate, fut présent avec Gaufred, comte de Roussillon, Guilabert, son fils, Guillaume, comte de Bésalu, Raymond, comte de Cerdagne, et les principaux seigneurs du diocèse d'Elne, au concile tenu, l'an 1041, à Tuluje, en Roussillon, où la *Trêve de Dieu* fut établie. (*Hist. de Lang.*, tom. II, *pr.* pag. 206.) Pons et Gaufred, comte de Roussillon, assistèrent encore, en 1045, à la dédicace de l'église de Saint-Michel de Fluvia, consacrée par Guifred, archevêque de Narbonne, et plusieurs évêques de sa province. Pons souscrivit l'acte qui fut dressé de cette cérémonie, avant Gaufred, parce que la nouvelle église était située dans ses domaines. Les prélats y rendent un témoignage glorieux à Pons, en faisant l'éloge de sa rare prudence. *Cum jam dicto,* ce sont leurs expressions, *totius prudentiæ viro strenuissimo Poncio authoris propriis manibus confirmamus.* (*Marca Hisp.*, col. 1087.) Pons méritait ces louanges, si toute sa conduite répondait à celle qu'il tint envers l'abbaye de Rodes. Deux particuliers ayant vendu certaines vignes au comte, Pierre, abbé de ce monastère, les réclama comme ayant été usurpées sur lui. Le comte fit plaider l'affaire en sa présence, et l'abbé ayant justifié son droit, Guillaume Marl, juge du comté d'Ampurias, adjugea les fonds contestés à l'abbaye, conformément à *la disposition de la loi gothique*; à quoi le comte donna son consentement. (*Cartul. de Saint-Pierre de Rodes, fol.* 15, *Marca Hisp.*, *col.* 1101.)

La comtesse Guisle, mère de Pons, imita son époux dans sa munificence envers les églises de Gironne. Le 2 *des calendes d'août, dans la trentième année du règne de Henri* (1060 de Jésus-Christ) elle fit donation de l'abbaye de Notre-Dame de Rodes, à cette église, avec son alleu de Castello et d'autres biens, qu'elle déclara lui appartenir en vertu de la vente qui lui en avait été faite en 1035, par le feu comte Hugues, son mari, et Pons, son fils, (*Archiv. de l'égl. de Gironne.*) L'église de Castello, capitale du comté d'Ampurias, fut dédiée l'an 1064. A cette cérémonie assistèrent le comte Pons, Adélaïde, sa femme, Almodis, comtesse de Barcelonne, Bernard, comte de Bésalu, et plusieurs seigneurs, leurs vassaux respectifs. (*Ibid.*) Dans une transaction passée *le 3 des nones de décembre, la cinquième année du règne de Philippe*, (1064 de Jésus-Christ.) entre Raymond, évêque d'Elne, frère du comte Pons, et Raymond, comte de Cerdagne, au sujet des églises du Conflant, Pons est qualifié comte de Roussillon.)*Archiv. du Dom. de Perpignan, lib. feud.* B., *fol.* 56 *et seq.* Taverner, *Hist. des comtes d'Amp.*)

Pons vivait encore en 1068. Les actes du concile tenu cette année à Gironne l'attestent par la date suivante : *Régnant en Catalogne Bérenger, comte de Barcelonne, et Pons, comte d'Ampurias*. Ce dernier peut avoir prolongé sa vie jusqu'en 1079. De son mariage il laissa trois fils, Hugues qui lui succéda au comté d'Ampurias; Pierre qui fut abbé de Saint-Pierre de Rodes; et Bérenger auquel il donna en apanage la ville de Pierrelate avec son territoire et d'autres domaines, à la charge de les tenir en fief du comte d'Ampurias.

HUGUES II.

Hugues, fils et successeur de Pons I, déchargea le monastère de Notre-Dame de Rodes, du droit de gîte et d'autres également onéreux, qu'il était dans l'usage d'y exiger, *meam stationem et usaticum*. La charte qui contient cette exemption, est datée du 8 *des calendes de septembre, la vingtième année du règne de Philippe* (1079 de Jésus-Christ.) C'est la première époque certaine de son gouvernement. (*Marca Hisp.*, *col.* 1170.) Le 4 des calendes de juin de l'an vingt-cinquième du même règne, (1084 de Jésus-Christ.) Hugues II, fit avec Gilabert, comte de Roussillon, un traité d'alliance par lequel ils promirent de s'aider mutuellement dans les comtés d'Ampurias, de Roussillon et de Pierrelate. (*Marca Hisp.*, col. 1176 et seq.) Le comte Pons, père de Hugues, avait usurpé un alleu sur l'abbaye de Saint-Pierre de Rodes. Hugues, par une charte des nones de janvier de la même année, reconnut cette injustice : *Recognosco*, dit-il, *impietatem atque injustitiam quod condam patre meo Poncio egit, etc.*, et en conséquence il rendit l'alleu. Dans l'acte de ce déguerpissement, il se qualifie ainsi : *Ego Ugo gratiâ Dei comes Impuritanus scilicet et Peralatensis atque Rossilionensis.* Il n'usa pas de la même générosité envers Bérenger, son frère, qu'il voulut dépouiller de l'apanage que Pons, leur père, lui avait laissé. Pour se délivrer de la vexation, Bérenger fit alliance avec le comte de Barcelonne. (Taverner, *Hist. des comtes d'Ampur.*) Le 6 des ides de mai de la vingt-septième année du règne de Philippe (1087 de Jésus-Christ.) Hugues assista avec Gilabert, comte de Roussillon, au jugement rendu par les juges des deux comtés, dans l'église de Saint-Martin de la Rive, en Roussillon, entre le clergé d'Elne et Pons-Bernard. Le fief qui faisait le sujet de la contestation, fut adjugé à l'église, à la charge de payer à Pons-Bernard vingt onces d'or. (*Cartul. Helen.*, fol. 40.) Des monuments qu'on vient de rapporter et de plusieurs cités aux articles précédents, M. de Taverner conclut que les comtes d'Ampurias et ceux de Roussillon, qui étaient de la même maison, possédaient par indivis les droits honorifiques de leurs comtés, et qu'ils n'en perçurent séparément que les revenus. (*Hist. manuscrite des comtes d'Ampur.*)

La ville de Castello fut redevable au comte Hugues de ses fortifications, auxquelles il fit travailler pendant plusieurs années. Pour être en état de fournir à cette dépense, il avait usurpé les dîmes du territoire de cette ville. Mais la cathédrale de Gironne les ayant revendiquées, il les restitua, de l'avis de ses barons, moyennant une somme de quarante onces d'or, qui lui fut comptée. L'année de la mort du comte Hugues II n'est point connue. De dona SANCIE, sa femme, il laissa un fils, qui suit.

PONS-HUGUES I.

PONS-HUGUES, successeur de Hugues II, son père, au comté d'Ampurias, vit avec peine le démembrement qui en avait été fait du comté de Péralada, en faveur de Bérenger, son oncle, et chercha les moyens de recouvrer cette portion par la voie des armes. Il eut aussi de grandes contestations avec le comte de Roussillon. Ce dernier et Bérenger, pour se mettre à l'abri de ses poursuites, firent contre lui secrètement un traité d'alliance avec Raymond-Bérenger, comte de Barcelonne, qui aspirait de son côté à une entière domination sur la Catalogne. Dans cette vue, le comte de Barcelonne invita le comte d'Ampurias à concourir à ses conquêtes sur les Sarrasins; et pour l'y engager, il offrit de lui donner en fief plusieurs châteaux et terres situés dans le comté de Bésalu, dont le haut Vallespir était une dépendance, et plusieurs seigneuries dans le comté de Barcelonne. Pons-Hugues accepta l'offre, et se reconnut vassal du comte de Barcelonne, non-seulement pour les fiefs qu'il venait d'obtenir, mais encore pour les domaines que ses ancêtres lui avaient transmis. (*Archiv. roy. de Barcelonne.*) C'est là le premier hommage rendu aux comtes de Barcelonne par les comtes d'Ampurias, et l'époque de la décadence de cette illustre maison. Pons-Hugues dépouilla bientôt après l'église de Gironne des dîmes et autres droits qu'elle possédait dans le territoire de Castello. Il fut excommunié à ce sujet par Bérenger-Dalmace, évêque de Gironne, et pour obtenir son absolution, il ratifia l'accord fait par Hugues, son père. (*Archiv. de la cath. de Gironne.*) Mais il rompit bientôt ce traité par une nouvelle usurpation des droits qu'il avait abandonnés. L'évêque en porta ses plaintes au comte de Barcelonne, suzerain de Hugues, et les comtes de Roussillon et de Pierrelate s'étant joints au prélat, déterminèrent le comte de Barcelonne, Raymond-Bérenger III, à déclarer la guerre à celui d'Ampurias. Le dernier se sentant incapable de résister aux forces de son suzerain, offrit de se soumettre à tout ce qu'il voudrait lui prescrire. La première condition que Raymond-Bérenger lui imposa, fut de se rendre prisonnier à Barcelonne. Il obéit, et, le 16 des calendes de septembre de la vingtième année du règne de Louis, (1128 de Jésus-Christ) ils firent un traité par lequel il fut convenu que l'église de Gironne serait rétablie dans ses droits, que le comte d'Ampurias ferait démolir toutes les nouvelles fortifications qu'il avait élevées dans ses domaines, qu'il délaisserait les châteaux du comté de Bésalu aux seigneurs qu'il en avait dépouillés; qu'il n'accorderait aucune protection aux vassaux rebelles du comte de Barcelonne; que les habitants de ce comté pourraient exercer librement leur commerce dans celui d'Ampurias, tant par terre, que par mer, sans payer d'autres droits que ceux qui étaient anciennement établis; qu'il indemniserait le comte de Roussillon et le seigneur de Péralada des torts qu'il leur avait faits; qu'il ne pourrait empêcher ses sujets d'aller au marché de Péralada; qu'il se soumettrait au jugement de la cour de Barcelonne, pour ses différents avec deux seigneurs, nommés Rambaud et Hubert, s'ils ne pouvaient être terminés par la médiation de leurs amis communs ; qu'il serait obligé de secourir le comte de Barcelonne dans ses guerres, sans pouvoir se retirer sans sa permission ; et qu'enfin en sortant de prison, il serait tenu de donner au comte trois chevaux, trois vases d'argent de la valeur de cinq cents livres, et le mois suivant, autres cinq cents livres en mulets ou chevaux.) *Marca Hisp.*, col. 1264; Taverner, *Hist. des comtes d'Amp.*) Quelques dures que parurent ces conditions au comte d'Ampurias, il fallut s'y soumettre pour obtenir sa liberté. Le 2 des ides de juin de l'année vingt-deuxième du règne de Louis (1130), Pons-Hugues fit un nouveau traité avec Gaufred, comte de Roussillon, par lequel il assura à ce dernier la propriété de tous ses domaines, s'il venait lui-même à décéder sans enfants nés en légitime mariage, *ex dotata conjuge*, (*Marca Hisp.*, col. 1270.) Raymond-Bérenger III, comte de Barcelonne, dans son testament, du 8 des ides de juillet de la vingt-troisième année, du règne de Louis, (1131 de Jésus-Christ) disposa non-seulement de ses domaines en faveur de Raymond-Bérenger IV, son fils, mais encore particulièrement du droit de suzeraineté et de procuration qu'il avait sur Péralada, *dominationem et bajuliam quam habeo in Petralata*. (*Marca Hisp. App.*, *tit. CCCLXXI*, col. 1274.) Gosbert de Péralada et ses frères renouvelèrent leur alliance avec le nouveau comte de Barcelonne, et se mirent avec tous leurs biens sous la protection de Raymond-Bérenger IV, qui de son côté promit de les aider et défendre contre tous leurs ennemis, par un traité du 6 des calendes de novembre de la vingt-cinquième année du règne de Louis, (1133 de Jésus-Christ) Pons-Hugues regardant la mort de Raymond-Bérenger III, comme une occasion favorable pour se relever des pertes qu'il avait faites dans la dernière guerre, usurpa de nouveau les droits de l'église de Gironne et dépouilla plusieurs de ses vassaux de leurs fiefs. Mais Raymond-Bérenger IV lui ayant déclaré la guerre, Pons-Hugues, trop faible pour lui tenir tête, fut réduit à prendre le parti de la soumission, et à se reconnaître, comme il l'avait fait vis-à-vis de Raymond-Bérenger III, vassal du comte de Barcelonne, par un traité conclu le 3 des nones de mars de la première année du règne de Louis (le Jeune) (1138 de Jésus-Christ.) (*Archiv. roy. de Barcel.*, l. 2, *de feud.*, fol. 18, Diago *Hist. des com. de Barcel.*, l. 2, c. 141.) Sa mort arriva l'an 1160 au plus tard. De BRUNISSENDE, son épouse, il laissa deux fils, Hugues, qui suit, et Pons-Guillaume.

HUGUES III.

HUGUES III, fils aîné de Pons-Hugues et son successeur,

accorda, de l'avis de Brunissende, sa mère, et de Pons-Guillaume, son frère, le droit de pêche dans l'étang de Castello et sur la mer, avec l'exemption de dîme, à Pierre, abbé de Rodes. La charte qu'il fit expédier à ce sujet a pour date le 10 des calendes de juillet de l'année XXIV°., du règne de Louis le Jeune (1160 de J. C.) (*Archiv. de Rodes.*) L'an 1178, il essuya un furieux revers par une descente que les Sarrasins de Majorque firent dans le comté d'Ampurias. Ils y firent de grands ravages qui restèrent impunis. (Taverner, *Hist. des C. d'Amp.*) Alfonse II, roi d'Aragon, ayant succédé à la seigneurie de Péralada, en vertu des traités faits par son père et son aïeul avec les seigneurs de cette ville, la donna en fief, l'an 1190, à Bernard de Navata, et à Brunissende, son épouse, avec pouvoir de la transmettre à leurs descendants à perpétuité. (Taverner, *ibid.*) On ne voit pas que les successeurs d'Alfonse soient revenus contre cette aliénation.

Le comte d'Ampurias fit, l'an 1210, avec D. Pèdre II, roi d'Aragon, un traité portant que le comté d'Ampurias serait uni et annexé aux états du roi, sans préjudice du droit de souveraineté que le comte continuerait d'y exercer. (Llobet, *Regal. del. Cond. Emp.* Taverner, *ibid.*) Hugues fit preuve de son désintéressement en remettant à ses sujets, par un diplôme du 30 avril 1226, le droit qu'il avait de succéder aux célibataires dans ses domaines. Cet acte fut souscrit par Pons-Hugues, son fils. Il assista, l'an 1228, aux états de Barcelonne où le roi don Jayme rendit deux ordonnances, l'une pour l'observation de la paix ou de la *Trève de Dieu*; l'autre contre les Juifs qu'il exclut de toutes les charges de judicature, et dont il restreignit les priviléges. (*Marca Hisp.*, col. 1412-1416.)

Le roi don Jayme ayant entrepris la conquête de l'île de Majorque, le comte d'Ampurias lui amena ses forces, et contribua par sa valeur, l'an 1229, à l'heureux succès de cette expédition. Un poëte du tems, (*Laurentius Veron. apud Murat. Rerum ital.*, t. VI, p. 141) parlant de la disposition du camp des Chrétiens, dit :

> Post ista steterunt
> Fulgentes acies, quas juxta Rusilienses,
> Ampuriæ rector post omnes castra tenebat,
> Et vallatus erat sola de gente suorum.

Le monarque victorieux nomma ensuite le comte d'Ampurias parmi les commissaires désignés pour faire le partage de la conquête. (Marca, *Hist. de Béarn*, l. 6, c. 34.) Hugues III finit ses jours dans un âge très-avancé, le 24 avril 1230, laissant de la comtesse JEANNE, son épouse, un fils qui suit.

PONS-HUGUES II.

1230. PONS-HUGUES, fils du comte Hugues III et son successeur, confirma, le 18 mars 1234, les priviléges de la ville de Castello. Il en accorda de nouveaux à cette ville, le 29 novembre 1240, le 3 janvier et le 12 décembre 1248, et le 13 mars 1249. Aux ides de janvier 1249, il rendit une ordonnance pour la même ville, portant réglement pour la forme des actes (*Archiv. de Castello.*) Il se tint, le 8 des calendes de juillet 1252, dans l'église de Castello, en présence de Pons-Hugues et de la comtesse THÉRÈSE, son épouse, une grande assemblée, composée de Raymond, abbé de Rodes, de Gispert, abbé de Saint-Michel de Fluvia, d'autres ecclésiastiques, et de toute la noblesse du comté, où l'on fit divers réglements utiles pour le gouvernement du pays. (Taverner.) Les anciennes contestations des comtes d'Ampurias avec l'église de Gironne, s'étant renouvelées, Pons-Hugues fut excommunié par l'évêque diocésain. Ce coup l'abattit, et pour faire lever cet anathème, il nomma ses procureurs, le vicomte de Rocaberti et Benoît de Villanova, pour aller négocier avec le prélat qui lui accorda son absolution le 14 septembre 1258. (Taverner, *ibid.*) Le roi don Jayme I ayant obtenu de saint Louis, par le traité de Corbeil, de la même année, la souveraineté du comté d'Ampurias, ce fut une occasion de brouillerie entre le premier et le comte Pons-Hugues. Celui-ci n'osa pas néanmoins faire éclater son ressentiment, et se contenta de le transmettre à son héritier, avec lequel il accorda, sur la fin de sa vie, un nouveau privilége à la ville de Castello, en date du 27 décembre 1267. Il mourut peu de jours après. (Taverner.)

HUGUES IV.

1268. HUGUES, successeur de Pons-Hugues, son père, au comté d'Ampurias, débuta par un acte de bienfaisance, en confirmant, au mois de janvier 1268, les priviléges accordés par ses prédécesseurs à la ville de Castello. (*Archiv. de cette ville.*) Les officiers du comte prétendirent exercer, en 1270, un droit sur les adultères; mais ils furent arrêtés dans leurs poursuites par les consuls de Castello, qui leur opposèrent un privilége accordé, l'an 1226, par le comte Hugues III, qui exemptait de ce droit leur communauté. L'affaire ayant été plaidée devant Arnaud Taverner, juge du comté d'Ampurias, le jugement qu'il rendit le 13 février 1270, fut que si une femme mariée était convaincue d'adultère, les deux coupables seraient promenés dans la ville, et que les habits qu'ils auraient appartiendraient au comte, sans que le mari dût payer aucun droit; mais qu'il ne serait rien dû au fisc, si un homme marié avait eu commerce avec une femme non mariée. (Taverner, *Hist. des C. d'Ampur.*) L'an 1275, Hugues IV fut attaqué par le roi don Jayme, suivant la (Chronique de Barcel.) Ce comte finit sa carrière l'an 1277 au plus tard. Une inscription qu'on lit encore sur la porte de l'ancien château de S. Salvador, au-dessus du monastère de Saint-Pierre de Rodes, nous apprend qu'il avait épousé dona SYBILLE, vicomtesse de Bas. De son mariage il laissa Pons-Hugues, qui suit, et Raymond, qui fut chevalier de Saint Jean de Jérusalem.

PONS - HUGUES III.

1277 au plus tard. PONS-HUGUES, successeur de Hugues IV, son père, accorda, le 17 octobre 1277, aux habitants de Castello l'affranchissement des droits sur le pain, le vin et les maisons, pour l'espace de quarante ans. (*Archiv. de Castello.*) L'année suivante, il fut présent au traité conclu le 20 janvier à Perpignan, entre don Pèdre III, roi d'Aragon, et don Jayme I, roi de Majorque, son frère; traité par lequel ce dernier se soumit à tenir par la suite ses états en fief de la couronne d'Aragon, à l'exception des châteaux, villes et terres qu'il aurait achetés, et qu'il retint pour en jouir en franc-alleu, lui et ses successeurs (*Archiv. du dom. de Roussil. liv. vert.*) Il intervint, le 14 décembre de la même année, aux conventions matrimoniales de l'infant don Jayme, fils du même roi d'Aragon, avec Constance, fille du comte de Foix. (Zurita, *Ann. d'Arag.*, fol. 232.) Au mois de juillet 1283, il fit construire le château de S. Salvador dont on a parlé ci-devant. Attaché au roi d'Aragon, il l'accompagna la même année à Bordeaux pour assister au célèbre combat de ce prince avec Charles d'Anjou, qui faisait l'attente de toute l'Europe, et qui n'eut point lieu. Il servit avec zèle le premier contre Philippe le Hardi, roi de France, dont l'invasion causa la ruine du comté d'Ampurias, qui fut le premier exposé à ses armes. D. Pèdre, en considération de ses services, lui donna, le 19 juin 1285, l'investiture de la vicomté de Bas, et des châteaux de Castel-Follit, de Montagut, de Monros et de Munyol, que ce monarque avait achetés de Sibylle, mère du comte. (Zurita, *ibid. fol.* 289.) Pons-Hugues par un diplôme du 27 février 1299, exempta du droit de bonage les habitants de Castello. Par un autre du même mois, il régla le serment du viguier et les fonctions des autres officiers de cette ville. Les habitants de Castello lui sont encore redevables d'un privilége du 6 mars 1308, par lequel il les dispense de tout cautionnement vis-à-vis de leur seigneur et de ses officiers. (*Archiv. de Castel.*) Nous ne connaissons point de vestiges plus récents de son existence. On ignore s'il eut des enfants ou même s'il fut marié.

MALGAULIN.

MALGAULIN, dont on ignore la naissance, fut le dernier des anciens comtes d'Ampurias. Le premier trait connu de son gouvernement est la confirmation des priviléges de la ville de Castello. Le diplôme par lequel il l'accorda, est du 12 des calendes de septembre (21 août), de l'an 1314. (*Archiv. de Castello.*) Il fit la guerre en 1319 à l'infant Alfonse, comte d'Urgel, mais on ne dit pas avec quel succès. (Zurita, t. II, fol. 33.) Après sa mort, arrivée l'an 1321, le roi d'Aragon donna le comté d'Ampurias en apanage à l'infant D. Pedre, son fils, et l'an 1324, il donna en *fief honoré* le comté de Prades à l'infant D. Bérenger, avec la baronnie d'Entença en franc-alleu. (Zurita, *ibid. fol.* 43.) Les deux frères ayant échangé, le 5 janvier 1341, leurs apanages, le roi, en approuvant cette permutation, révoqua, pour établir l'égalité entre eux, la clause de réversion à la couronne *au défaut d'hoirs mâles*, insérée dans la concession de 1324. C'est ce qui a été confirmé par deux arrêts rendus en l'audience royale de Catalogne, le premier, le 20 janvier 1603, en faveur de la duchesse de Segorbe, qui était alors aux droits de l'apanagiste; et l'autre, le 2 octobre 1627, en faveur du duc de Cardonne et de Segorbe. L'un et l'autre arrêts sont imprimés à la suite du centième conseil de Ramon, jurisconsulte catalan. C'est en vertu de ces titres et de ces décisions, que le comté d'Ampurias est encore actuellement possédé par le duc de Medina-Celi, successeur des ducs de Cardonne et de Segorbe.

CHRONOLOGIE HISTORIQUE

DES

COMTES D'URGEL *;

Urgel, en latin *Orgelo*, *Urgello*, *Orgelis*, *Orgia*, dans les anciens auteurs, ville située sur la rive gauche de la Sègre, dans la province tarragonnaise, devint un siége épiscopal au cinquième siècle, et fut comprise avec ses dépendances, par Charlemagne, dans la Septimanie ou Marche d'Espagne. Charles le Chauve ayant divisé cette Marche en deux marquisats, Urgel avec ses dépendances, fut attribuée à celui qu'on nomme le marquisat ou comté de Barcelonne, dont Wifred le Velu fut le premier seigneur héréditaire.

SUNIFRED.

884. Sunifred ou Suniaire, troisième fils de Wifred le Velu, était pourvu du comté d'Urgel, par son père, dès l'an 884 au plus tard. Le premier trait qu'on raconte de lui ne fait pas son éloge. Un clerc espagnol, nommé Selva, qui s'était retiré en Gascogne, s'étant persuadé, sur une fausse nouvelle, qu'Ingobert, évêque d'Urgel, était mort dans un voyage qu'il avait entrepris, vint trouver le comte Sunifred, et avec sa protection, il se fit ordonner évêque d'Urgel. Bientôt après, Ingobert, étant revenu, dissipa par sa présence le bruit de sa mort. Mais Selva, ne voulant pas perdre le fruit de son ordi-

---

* Cet article est dressé sur les mémoires de M. Fossa.

nation, chassa le véritable pasteur, et se mit à sa place. A ce crime, deux ans après, (l'an 886) il en ajouta un autre en ordonnant pour l'évêché de Gironne, Hermenmire, contre le vœu du clergé et du peuple qui venait d'élire un clerc de bonnes mœurs, nommé *Servus-Dei*. Théodard, archevêque de Narbonne, ayant instruit le pape Etienne V, de ces deux usurpations, assembla, par son ordre, le 17 novembre 887, un concile à Port, sur les confins des diocèses de Maguelonne et de Nismes. On y fit lecture de la lettre du pape qui déclarait excommuniés Hermenmire et Selva, et l'assemblée confirma ce jugement. Mais Théodard empêcha qu'on n'y enveloppât le comte Sunifred qui avait appuyé ces intrus, et l'événement fit voir qu'il avait sagement fait; car ayant été trouver Sunifred, il vint à bout par ses remontrances, de le détacher du parti qu'il avait embrassé. Hermenmire trouva cependant moyen, on ne sait comment, de se maintenir sur le siége de Gironne. Nous le voyons, en effet, l'an 889, avec le comte Sunifred, venir trouver le roi Eudes, pour le prier de prendre sous sa protection, le monastère de Saint-Polycarpe, dans le Rasez; ce qui leur fut accordé. (*Hist. de Langued*. tom. II, p. 25.) Suniaire ou Sunifred, dans la suite, encourut les censures de l'église, pour un sujet que l'histoire ne marque pas. Mais il en fut relevé, l'an 909, par le concile de Jonquières. Dom Vaissète doute néanmoins si ce Suniaire est le comte d'Urgel, ou le comte de Roussillon; mais il n'eut pas élevé ce doute s'il eût fait attention que Suniaire, comte de Roussillon, était remplacé, dès l'an 869, par Salomon. Le comte d'Urgel avait épousé RICHILDE, qui vivait encore en 944. Cette année, ils firent, de concert, le 16 des calendes de mai, une donation considérable à l'église de Gironne. Ils en firent une autre, le 16 des calendes de juillet suivant, à l'église de Barcelonne. Dans celle-ci, Sunifred fait mention de Wifred, son père, de Gunidilde, sa mère, de Borrel, son frère, déjà mort, et de ses fils, Borel et Ermengaud, dont le dernier avait aussi payé le tribut à la nature. (*Marca Hispan*., col. 956-957.) Sunifred mourut, suivant M. de Marca, l'an 950, dans un âge trèsavancé, laissant de son mariage Borrel qu'on vient de nommer, et Miron.

BORREL.

950. BORREL, fils aîné de Sunifred, lui succéda au comté d'Urgel, et, dix-sept ans après, devint comte de Barcelonne. Il mourut, le 24 septembre 993, laissant deux fils, RaymondBorrel qui lui succéda au comté de Barcelonne, et Ermengaud, qui suit. (*Voy. les comtes de Barcelonne*.)

ERMENGAUD Ier. DIT LE CORDOUAN.

993. ERMENGAUD, second fils et successeur de Borrel au comté d'Urgel et dans celui d'Ausonne qu'il partagea avec son frère, se distingua par sa valeur qu'il exerça principalement contre les Maures d'Espagne. L'an 998, il se rendit à Rome où il assista, dans le mois de mai, au concile que le pape Grégoire V, y tint en présence de l'empereur Otton III. L'histoire remarque qu'Ermengaud, dans cette assemblée, s'assit aux pieds de ce monarque. Entre les points qu'on y discuta, les deux plus importants furent le mariage de Robert, roi de France, avec Berte, sa parente, qu'on déclara nul, et l'ordination de Gundale qui s'était fait ordonner évêque d'Ausonne, du vivant de l'évêque Fruian, qu'il avait fait ensuite assassiner pour mettre fin aux plaintes de ce prélat contre son invasion. Ermengaud rendit témoignage contre Gundale qui fut déposé. L'an 1009, il se tint à Barcelonne une grande assemblée de prélats et de seigneurs, à laquelle Ermengaud se trouva pareillement, ainsi que Raymond-Borrel, son frère, ERMESSENDE, sa femme, et le comte de Bésalu, son parent. Il s'agissait de rétablir l'ordre canonial dans l'église de Barcelonne, ce qui fut exécuté. L'année suivante, Ermengand, se disposant à marcher de nouveau contre les Maures, fit son testament le 5 des calendes d'août, par lequel il distribua une partie de ses biens à différentes églises. Il partit ensuite avec son frère Arnoul, évêque d'Ausonne, Æthius de Barcelonne, Otton de Gironne et plusieurs seigneurs, chacun à la tête de leurs troupes. Etant arrivés devant Cordoue, où ils trouvèrent l'armée des infidèles prête à les recevoir, on en vint aux mains le 1er. de septembre. Le combat fut malheureux pour les Chrétiens, le comte d'Urgel y périt avec les évêques qui l'avaient accompagné. Le surnom de *Cordouan* lui fut donné par la postérité. De son mariage il laissa un fils en bas âge, qui suit.

ERMENGAUD II, DIT LE PÈLERIN.

1010. ERMENGAUD, succéda dans le comté d'Urgel, à son père, à l'âge d'un an, sous la tutelle de sa mère. L'an 1024, il tint au château de Pons, dans son comté, le 1er. novembre, un plaid sur la contestation qui était entre Ermengaud, évêque d'Urgel, et Durand, abbé de Sainte-Cécile, au même diocèse, touchant l'église de Curticite, dans la paroisse de Castelbon, dont ils se disputaient la propriété. Le jugement du comte après avoir pesé mûrement les moyens des parties, fut en faveur de l'évêque. (*Marca Hispan*, col. 433 et 434.) Les domaines de l'église d'Urgel, ayant excité sa convoitise, il y fit des usurpations dont il eut ensuite du regret. L'an 1026, il se présenta, le 26 août, avec sa femme ARSINDE, au chapitre d'Urgel: et pour réparation de leurs fautes, ils donnèrent chacun un serf de leurs terres et châteaux. (*Ibid.* p. 490.) Le comte Ermengaud étant venu, l'an 1033, à Urgel, du château de Pons où il résidait, avec Raymond-Ermengaud, comte de Pailhas, et Guillaume, vicomte d'Urgel, pour la fête de Noël, confirma les donations faites par lui et ses prédécesseurs à cette église. (*Ibid. fol.* 436.) L'an 1040, la dévotion l'ayant porté à faire le voyage de la terre sainte, il y fut attaqué d'une maladie dont il mourut, laissant de CONSTANCE, sa seconde femme, un fils, qui suit. (*Gesta. Comit. Barcinon.*)

ERMENGAUD III, DIT DE BALBASTRO.

1040. ERMENGAUD III n'était âgé que de sept ans à la mort de son père, auquel il succéda sous la tutelle de sa mère. L'an 1048, étant venu avec cette princesse et Miron, son vicomte, célébrer la Pâque à Urgel, ils firent plusieurs dons à cette église et à ses ministres. (*Marca Hispan.*, col. 446.) Ermengaud et CLEMENCE, sa femme, firent, l'an 1057, avec Guillaume, évêque d'Urgel, et ses chanoines, l'échange du château de Solsone contre la moitié de celui de Sainte-Lezinie. L'année suivante, étant en guerre avec le maure Alchagil, duc de Saragosse, il fit, le 5 septembre, un traité d'alliance contre cet ennemi avec Raymond-Bérenger, comte de Barcelonne, et Almodis, sa femme, en présence de Guilebert, évêque de Barcelonne, de Guillaume d'Ausonne, de Guillaume d'Urgel, et de plusieurs seigneurs qui souscrivirent l'acte. (*Ibid.* col. 1111.) Ermengaud ayant renouvelé ce traité, l'an 1064, partit, l'année suivante, à la tête de ses troupes, pour faire le siège de Balbastro, dont il se rendit maître après de grands efforts. Mais peu de tems après, il trouva la mort au sein d'une victoire qu'il avait remportée sur les infidèles. Voici comment la chose est racontée dans la chronique de Maillezais. *Vers ce tems là* (1065) *Ermengaud, comte d'Urgel, après de nombreux triomphes remportés sur les Maures et les Sarrasins, leur livra un dernier combat où il fit un carnage affreux de ces Infidèles. Mais comme il s'en retournait victorieux, il rencontra une nouvelle armée de Maures, qu'il mit d'abord en fuite. Las et épuisé de fatigues, il voulut encore les poursuivre avec un petit nombre des siens qui eurent le courage de l'accompagner, les ayant atteints il en tailla en pièces un grand nombre, mais il fut tué lui-même, et sa tête fut apportée par les Sarrasins à leur roi; qui, l'ayant fait embaumer, l'enferma dans* une boîte d'or, et la portait toujours avec lui dans les combats, comme un gage de la victoire. De son mariage il laissa un fils, qui suit.

ERMENGAUD IV, DIT DE GERB.

1065. ERMENGAUD IV succéda dans le comté d'Urgel, à son père Ermengaud III. L'an 1077, Amé, évêque d'Oléron et légat du saint siège, étant venu à Urgel, y fut reçu avec des grands honneurs par le comte et sa femme LUCIE : l'un et l'autre l'engagèrent à travailler à la réforme des monastères de leurs domaines ; ce qu'il fit, l'année suivante, au concile de Gironne. L'an 1080, on voit Ermengaud assister, le 7 mai, à une grande assemblée que Pierre, soi-disant *élu archevêque, patron de l'église de Narbonne et vicomte de cette ville*, y tint, et à laquelle, outre les seigneurs qui étaient en grand nombre, deux évêques, plusieurs abbés et chanoines, se trouvèrent avec *tous les citoyens de Narbonne et beaucoup d'autres citoyens et chevaliers de la province.* « On voit par là, dit D. Vaissète,
» (tome II, p. 55,) que l'assemblée fut composée des trois
» ordres ou états distingués entre eux, et c'est peut-être le
» plus ancien monument où l'on trouve cette distinction. »
On ignore le principal objet de ce grand concours, dont il ne reste d'autre monument que la charte d'une donation de Pierre, en faveur de ses chanoines qui vivaient en commun. Ermengaud et sa deuxième femme ADÉLAÏDE, donnèrent, l'an 1087, à l'église d'Urgel, le château de For ou de Barberan, qu'ils avaient reçu du comte de Barcelonne, l'acte qui fut dressé de cette donation, daté du IV des calendes de septembre, la 27e. année du règne de Philippe I, roi de France, prouve que ce monarque était regardé comme souverain du comté d'Urgel. (*Marca Hispan.*, col. 1180.) Ermengaud faisait sa résidence ordinaire au château de Gerb qu'il fortifia pour être à portée d'attaquer les villes que les Maures possédaient en ces cantons. Il en voulait principalement à celle de Balaguer sur la Segre, dont il eut le bonheur de se rendre maître. Ce comte mourut l'an 1092, laissant de LUCIE, sa première femme, un fils qui suit. Il avait épousé en secondes noces ADÉLAÏDE, fille de Bertrand II, comte de Provence, laquelle hérita de son oncle Geofroy II, comte de Provence, le comté de Forcalquier qu'elle porta à son époux, dont elle eut un fils, Guillaume, qui succéda à sa mère dans ce comté.

ERMENGAUD V, DIT LE BALÉARE.

1092. ERMENGAUD V, fils d'Ermengaud IV et son successeur, hérita de la valeur de ses ancêtres, et marcha sur leurs traces contre les Maures d'Espagne. La dernière expédition qu'il fit contre eux avait pour objet de leur enlever les îles Baléares, dont ils étaient maîtres. Il échoua dans cette entreprise, et périt, en combattant contre eux, le 14 septembre de l'an 1102, laissant un fils, qui suit.

ERMENGAUD VI, DIT LE CASTILLAN.

1102. ERMENGAUD VI, dit LE CASTILLAN, parce que sa mère, dont on ignore le nom, était du royaume de Castille, et qu'il y passa une bonne partie de sa vie, succéda à son père Ermengaud V, dans le comté d'Urgel, auquel il joignit la seigneurie de Lérida. Etant dans ses états, il lui arriva, par un emportement de jeunesse, d'enfoncer les portes du monastère de Saint-Saturnin, et de faire le dégât dans ses dépendances. Mais il en eut du repentir dans la suite, et il en fit satisfaction à l'abbé Benoît, par un acte authentique du 17 août 1131, souscrit par Pierre, évêque d'Urgel, le vicomte Pierre, et d'autres témoins. (*Marca Hispan.*, col. 1276.) Ce sont les seuls traits de sa vie qui aient échappé à l'oubli. Il mourut en Castille, le 28 juin 1154, laissant deux fils, Ermengaud qui suit, et Gaucerand de Sales. (*Ibid.* col. 548.)

ERMENGAUD VII, DIT DE VALENCE.

1154. ERMENGAUD VII, fils d'Ermengaud VI et son successeur, renonça, l'an 1162, par un acte authentique, à la coutume que ses ancêtres lui avaient transmise, de s'emparer des meubles et immeubles de l'évêque d'Urgel après sa mort, coutume qui était presque générale parmi les grands feudataires, et qu'il traite avec raison de rapine ; mais il se réserva la garde des châteaux et autres domaines de l'évêché pendant la vacance du siége. (*Marca Hispan.*, col. 507.) L'an 1183, il alla faire la guerre aux Maures du royaume de Valence, avec son frère Gaucerand, et l'un et l'autre périrent devant la capitale. Ermengaud laissa de N., sa femme, nièce ou petite-fille de Raymond-Bérenger IV, comte de Barcelonne, un fils qui suit, et une fille nommée Miraglia, mariée à Pons Ier., vicomte de Cabrera.

ERMENGAUD VIII.

1183. ERMENGAUD VIII, fils d'Ermengaud VII, lui succéda au comté d'Urgel. L'an 1185, il reçut d'Arnaud, vicomte de Castelbon et de Cerdagne, le serment de fidélité pour la première de ces deux seigneuries. Par l'acte qui en fut dressé le 26 septembre, Arnaud promet à Ermengaud de lui être fidèle, de l'aider envers et contre tous, et de faire droit, suivant son jugement, à tous ceux qui formeront des plaintes contre lui. Ermengaud de son côté, s'engage à lui donner tous les secours qu'un seigneur doit à son vassal dans le cas où il est en guerre avec ses ennemis. Le 2 octobre suivant, Ermengaud et Arnaud firent l'accord suivant : le comte s'oblige à faire réparer à ses frais le château de Castelbon et promet au vicomte de lui donner pour cet objet deux cents marabotins; que si cette somme ne suffit pas, il y ajoutera ce qu'il faudra de plus, à l'arbitrage d'ELVIRE, sa femme, comtesse de Subirats, et de l'abbé de Saint-Saturnin, et l'ouvrage achevé, le vicomte lui remettra la place avec ses dépendances, excepté le château de Saint-André. Il en sera de même de la roche de Beren et de toutes les forteresses nouvelles du vicomte, toutes les fois qu'Ermengaud les demandera par lui-même ou par ses envoyés, à moins qu'Arnaud ne montre un pouvoir donné à ses prédécesseurs pour les construire. L'acte est signé d'Ermengaud, de sa femme Elvire, de la comtesse Douce, que nous croyons être la veuve de Raymond-Bérenger III, comte de Barcelonne, qui l'avait épousée en 1112, du vicomte Arnaud Ier., de Bertrand, abbé de Saint-Saturnin, et de plusieurs autres. (*Marca Hispan.*, col. 1380 et 1381.) L'an 1198, Ermengaud et Raymond-Roger, comte de Foix, entrèrent en guerre, au sujet, à ce qu'on suppose, des limites de leurs états, et leur querelle partagea la Catalogne. Le comte de Foix eut d'abord l'avantage. Etant venu assiéger Urgel, il emporta la place de force, la mit au pillage avec la cathédrale, fit prisonniers les chanoines dont il exigea une grosse rançon, et désola tout le pays. (Marca, *Hist. de Béarn.*, p. 725.) Mais dans la suite, Ermengaud prit sa revanche, et, l'an 1204, il fit prisonnier, le 26 février, dans un combat, le comte de Foix et le vicomte de Castelbon, son allié. Ils restèrent l'espace de quatre ans dans les liens, et n'en sortirent que l'an 1208, par un traité que le roi d'Aragon ménagea, le 17 mars, entre les parties. Ermengaud fit preuve de générosité dans cet accommodement, en donnant à titre de fiefs, au comte de Foix, deux mille sous melgoriens, à prendre sur ses domaines, et en promettant en mariage Elisabeth, sa nièce, au vicomte de Castelbon, avec tous ses domaines, au cas qu'il vînt à mourir sans enfants. (*Hist. de Lang.*, tom. III, p. 145.) Le mariage s'accomplit la même année, et peu de tems après, Ermengaud mourut, laissant d'Elvire, qui lui survécut, une fille unique en bas âge, nommée Aurembiax ou Aurembiasse, qu'il institua, par son testament, son héritière, lui substituant, au cas qu'elle vînt à décéder sans enfants, sa sœur Miraglia, femme de Pons 1er., vicomte de Cabrera ; et à celle-ci, dans le même cas, Guillaume, vicomte de Cardona, son cousin, qu'il nomma son exécuteur testamentaire, avec Elvire, sa femme, Guillaume de Péralta, et l'abbé de Poblet, Par ce même acte, Ermengaud légua au pape Innocent III, la moitié de la ville de Valladolid qui lui appartenait du chef de sa mère, et la mouvance de l'autre moitié, à condition qu'il ferait exécuter son testament. (Zurita, *Annal. de la Coron. de Arag.*, L. II, c. LVII.) Mais après la mort d'Ermengaud VIII, Geraud de Cabrera, son neveu, fils de Pons 1er., vicomte de Cabrera et de Miraglia, prétendit que le comté d'Urgel devait lui revenir comme au plus proche héritier mâle, préférablement à sa cousine Aurembiax. Il prit les armes pour soutenir cette prétention, et, secondé par ses parents du côté paternel, il s'empara de Balaguer et d'autres places. Elvire se trouvant dans l'impuissance de lui résister, céda les états de sa fille, à Pierre II, roi d'Aragon. (Zurita, *Indic. ad. an.* 1208.) D'autres disent que ce fut à don Jayme 1er., fils et successeur de Pierre II, que cette cession fut faite. (Mariana, *ad. an.* 1208, Baluse, *Marca Hispan.*, p. 520.) Peut-être les deux cessions sont-elles vraies, et c'est notre opinion. Le roi d'Aragon ayant levé une armée, prit Balaguer, et força le vicomte de Cabrera, qui s'était enfermé avec sa famille dans le château de Llorens, à se rendre ; après quoi il l'envoya prisonnier au château de Loharre, en Aragon. Pour recouvrer sa liberté, il fallut que le vicomte fît livrer par ses officiers, à don Hugues de Tarroja et don Guillaume de Moncada, sénéchal de Catalogne, ses châteaux de Montsoriu, de Montmagastre, d'Ager, de Pania et de Finestres.

Durant l'interrègne et les troubles qui suivirent la mort de Pierre II, le vicomte Géraud de Cabrera reprit plusieurs villes et châteaux du comté d'Urgel, où il fit de grands dégâts. (Zurita, *Annal.*, L. II, c. CLXXV. Bernardin. *Gomes de vita et reb. gest.* Jac. I, L. III, *ap. Schot. Hisp. illust.*, tome III, pag. 409.) Le roi don Jayme tenant au mois de mars 1222, les états d'Aragon, à Darroca, le vicomte de Cabrera s'y rendit, et par ses soumissions, obtint sa grâce et celle de ses partisans, pour tous les excès qu'ils avaient commis dans le comté d'Urgel. Ce pardon fut confirmé, le 21 décembre suivant, à Terrer, où la cour se trouvait. Le roi, de l'avis de dona Léonore, son épouse, du comte don Sanche et de l'infant don Ferdinand, ses oncles, de don Mugnez-Sanchez, de don Arnaud de Luna, de don

Pierre Ahonnes, et de plusieurs autres riches hommes, arrêta ce qu'il avait déjà réglé au commencement de son règne avec les barons et syndics des cités et villes d'Aragon et de Catalogne ; savoir, qu'il garderait le comté d'Urgel, avec le titre de comte, excepté les châteaux engagés à don Guillaume de Cardona, sur lesquels il cédait ses droits au vicomte Géraud ; qu'il donnerait en fief, à ce dernier, les châteaux et lieux du comté d'Urgel et de la vicomté de Cabrera, possédés par ses ancêtres, pour les tenir sous la mouvance des rois d'Aragon, comtes de Barcelonne ; que dans le cas où Aurembiax, fille du comte Ermengaud, réclamerait judiciairement les états de son père, don Géraud *esteroit à droit* devant le roi et sa cour, et que si elle gagnait sa cause, elle paierait à don Géraud trente mille maravédis dus au roi, dont ce prince faisait cession à don Géraud. (Zurita, *ibid.* c. CLXXVII ; Gomez, *ibid.* p. 409 ; Ferreras, *ad an.* 1222.)

Ce qu'avait prévu don Jayme arriva l'an 1228. Aurembiax, au mois de juillet de cette année, se rendit à la cour pour demander la restitution des états de son père. Elle fit don au roi de la ville de Lérida, qui dépendait du comté d'Urgel, lui fit hommage de ce comté, et s'obligea de remettre aux rois d'Aragon, en tems de paix comme en tems de guerre, neuf de ses châteaux seulement ; savoir, ceux d'Agramont, de Linevola, de Manargues, de Balaguer, d'Abesa, de Pons, d'Aliana, de Calafanz, et d'Albéda, à condition que si elle était rétablie dans les villes et places occupées par Geraud de Cabrera, le roi jurerait l'observation de ce traité le premier août suivant, en présence de plusieurs seigneurs qui favorisaient la comtesse. (Zurita, *ibid.*, c. LXXXVI ; Gomez, L. v, p. 422 *et seq.*) Le roi, de l'avis de son conseil, fit citer à sa cour don Géraud qui ne comparut point. Don Guillaume de Cardona y soutint, au nom du vicomte, qu'il n'était point tenu de comparaître pour défendre des droits qu'il possédait, à juste titre, depuis plus de vingt ans : et comme Guillaume de Casala, défenseur de la comtesse, établissait sa demande sur des moyens de droit, don Guillaume de Cardona répliqua que de tels moyens n'étaient pas propres à dépouiller don Géraud de son comté, donnant à entendre par là qu'il se défendrait par la voie des armes ; en conséquence, le roi se détermina à porter la guerre dans le comté d'Urgel. Le succès de ses armes y fut rapide. Il prit les villes d'Abesa et d'Agramont, avec les châteaux de Menargues et de Linevola. Balaguer et Pons ne firent aucune résistance, et la comtesse fut ainsi rétablie dans ses états. (Zurita, *ibid.* Ferreras, *ad an.* 1228.) Don Géraud prit alors le parti d'entrer dans l'ordre des Templiers, laissant ses prétentions à Pons, son fils aîné, qui avait un autre frère, Géraud II, vicomte de Cabrera, et deux sœurs, Éléonore, femme de Raymond de Moncada, et Marchesia, mariée à Guillaume de Péralta.

Aurembiax n'était point encore mariée, quoique Zurita assure qu'elle était veuve alors de Guillaume de Cervera, seigneur de Junada, ce qui ne se rencontre dans aucun autre écrivain national. Il est vrai qu'en 1203 elle avait été fiancée à don Alvare Perez, fils de don Pierre-Ferdinand de Castro. Mais ce mariage ne s'effectua point. Le roi d'Aragon, après l'avoir remise en possession de ses états, chercha lui-même à lui donner un époux digne de sa naissance et de ses richesses. Don Pierre, infant de Portugal, fils du roi Sanche et de Douce d'Aragon, fille de Raymond Bérenger IV, comte de Barcelonne, s'était retiré d'abord à la cour du roi de Maroc, pour éviter les vexations du roi Alfonse II, son frère. S'étant réfugié depuis auprès du roi d'Aragon, son parent, ce prince lui fit un apanage dans le territoire de Tarragone, et lui fit ensuite épouser Aurembiax comme la plus riche héritière de son royaume. (Zurita, *ibid.*, liv. IV, c. XII, d'Acheri, *Spicil.*, tom. IX, p. 176.) Cette princesse mourut, l'an 1231, sans laisser de postérité. Par son testament elle laissa à son époux le comté d'Urgel avec la ville de Valladolid et les seigneuries qui lui appartenaient dans le royaume de Galice, pour en disposer à sa volonté. (Zurita, *ibid.* Ferreras, *ad an.*, 1231.) Mais le comté d'Urgel, formant une partie considérable de la Catalogne, le roi craignit que don Pierre ne cédât ses droits à la maison de Cabrera. Pour prévenir ce coup, il se concerta avec l'infant par un traité du 29 septembre 1231, et lui donna, en échange des terres de sa femme, la seigneurie de Majorque et des îles adjacentes, pour les posséder en fiefs pendant sa vie avec faculté de transmettre la propriété du tiers à ses héritiers, ne retenant que la citadelle de la capitale avec les villes et les châteaux d'Oléron et de Polença. (Zurita, *ibid.* Gomez, *ibid.*, liv. VIII, p. 449, et liv. X, p. 469. *Gesta Com. Barcin. Marca, Hisp.*, col. 555.) L'an 1234, l'infant souscrivit avant Nugnès-Sanche, prince du sang, et le comte d'Ampurias, l'ordonnance de paix, donnée par le roi don Jayme aux états-généraux de Catalogne, tenus à Tarragone sous cette qualification, *P. infant Senyor de Mallorques*, Pierre, infant, seigneur de Majorque. (*Constit. de Catal.*, vol. I, liv. X, tit. VIII, c. XI.) Mariana prétend que le roi ne retint, en vertu de cet échange, que la ville de Balaguer, et qu'il rendit aux Cabrera les autres villes du comté d'Urgel.

Balaguerim, dit-il, *Rex retinuit; alia oppida Cabreris restituta.*
Mais il est certain, suivant la remarque de Baluze, que depuis l'an 1233, les rois d'Aragon prirent le titre de comtes d'Urgel, qu'ils n'avaient pas pris auparavant. D'un autre côté l'auteur de l'ancienne chronique de Riupoll, ou du *Gesta Com. Barcin.*, assure qu'après le décès de Géraud de Cabrera, Pons, son fils, eut le comté d'Urgel, qu'il transmit à ses descendants. (*Marca, Hisp.*, col. 554.) Zurita fait succéder immédiatement celui-ci à Aurembiax, et dit qu'en qualité de comte d'Urgel il assista, l'an 1236, aux états tenus à Montçon. (*Annal. d'Arag.*, liv. II, c. LXXXVI, et liv. III, c. LIV.) M. de Marca ajoute qu'aux nones de juin de l'an 1243, Pons, étant en route pour aller trouver, au Pui-en-Velai, les rois de France et d'Aragon, fit, à Balaguer, son testament, dont il nomma exécuteur Géraud de Cabrera, son frère. Par cet acte, dit-il, Pons laissa le comté d'Urgel à Ermengaud, son fils aîné, légua à Rodrigue, son second fils, qui était alors en Castille, tous les châteaux qu'il avait hérités de Pierre Fernandez, son oncle, et de la comtesse Elo, sa mère; assigna à Pons, son troisième fils, mille sous de maravedis, avec lesquels il l'offrit à l'église d'Urgel, pour en être clerc et chanoine; et laissa à Géraud, son quatrième fils, né la même année, tout ce qu'il possédait au comté de Ribagorça. Il paraît que le même testateur avait deux filles, dont l'une, appelée Éléonore, avait épousé Raymond de Moncada, et l'autre était femme de Guillaume de Péralta. Une autre clause de son testament portait que, dans le cas où Ermengaud, son fils aîné, décéderait sans enfants, le comté serait acquis à Rodrigue, son frère, et à ses enfants, l'un après l'autre, à la charge par celui qui serait comte d'Urgel, de porter le nom d'Ermengaud à perpétuité. Il substitua, sous la même condition et à la même charge, à Rodrigue Géraud, son quatrième fils. Au défaut de celui-ci et dans le cas de décès de sa fille aînée sans hoirs mâles, il déclara qu'il donnait le comté d'Urgel au vicomte de Cabrera, son frère, et à ses enfants mâles légitimes. Ce monument éclaircit la généalogie des derniers comtes d'Urgel. Pons mourut la même année 1243, suivant la chronique de Riupoll. (*Gesta Com. Barcin. Marca, Hisp.*, col. 553 et 554.) Zurita recule sa mort jusqu'en 1256.

ERMENGAUD IX.

ERMENGAUD IX, fils et successeur de Pons II, ne lui survécut que quelques jours ; ce qui a peut-être déterminé l'auteur de la chronique de Riupoll à l'omettre dans la suite des comtes d'Urgel, et à donner à Pons II pour successeur immédiat,

RODRIGUE, dit ALVARE.

RODRIGUE, deuxième fils de Pons II, successeur d'Ermengaud, prit le nom d'ALVARE. Ce comte épousa en premières noces CONSTANCE DE MONCADA, qu'il répudia, l'an 1236, pour la main de CÉCILE, fille de Roger-Bernard II, comte de Foix. Il eut de la première une fille qui épousa Sanche d'Antillon, et de la seconde deux fils, Ermengaud et Alvare. (Zurita, *ibid.*, c. LIV et c. LXXXIII; *Hist. de Lang.*, tome II, pp. 427 et 573.) Par un traité du mois de décembre 1256, le comte Alvare et Géraud de Cabrera, son frère, cédèrent à Roger IV, comte de Foix, divers domaines du comté d'Urgel, en présence d'Eskivat de Chabannais, comte de Bigorre. (*Hist. de Lang.*, ibid.) En 1259, le roi d'Aragon, à qui le courage du comte Alvare donnait de l'ombrage, demanda qu'il lui remît les châteaux d'Agramont, de Balaguer, de Linevola et d'Oliana. Le comte obéit; mais le monarque ayant ensuite refusé de les rendre, quoiqu'Alvare offrît *d'ester à droit* suivant les usages de Catalogne, le comte sortit de l'obéissance du roi, et se ligua avec le vicomte de Cardona et plusieurs autres seigneurs catalans pour lui faire la guerre. Les confédérés reprirent plusieurs places dans le comté d'Urgel, et portèrent même le dégât sur les terres du roi. Pour les repousser, il fut obligé d'envoyer l'année suivante une armée sous le commandement de Martin Perez de Artussona, grand-justicier d'Aragon. On ne sait pas quel fut l'événement de cette guerre. (Zurita, *ibid.*; Ferreras, *ad an.* 1260.) Mais ce ne fut pas la seule que soutint le comte Alvare. Il fit preuve de sa valeur en plusieurs autres, dont quelques-unes furent occasionées par la répudiation de sa première femme. Il mourut de phthisie, à Foix, en 1267, suivant Zurita, ou en mars 1269, selon la chronique de Riupoll, laissant ses deux fils, Ermengaud et Alvare, en bas âge, et une fille, Eléonore, mariée à Sanche de Cabrera d'Antillon. Sa mort fut suivie de grands troubles dans le comté d'Urgel. Les seigneurs catalans furent partagés sur sa succession. La maison de Moncada et d'autres prirent le parti d'Eléonore, fille du premier mariage d'Alvare avec Constance de Moncada, regardant comme bâtards les enfants qu'il avait eus de Cécile de Foix. Le vicomte de Cardona se déclara pour ceux-ci, et arma pour maintenir Ermengaud, son neveu, dans le comté d'Urgel. Mais le roi d'Aragon le mit sous sa main, faisant revivre les droits d'Aurembiax, qui lui avaient été cédés par l'infant Pierre de Portugal. Les exécuteurs testamentaires engagèrent à ce monarque une partie du comté pour acquitter les dettes du comte Alvare et celles de son père. De son côté Géraud de Cabrera, frère du comte Alvare, fit, avec le roi, l'an 1268, à Algésire, un traité par lequel il lui abandonna les prétentions qu'il avait sur le comté d'Urgel et la vicomté d'Ager, en vertu des substitutions ordonnées dans le testament du comte Pons, son père, ne se réservant que certaines places pour lui et pour le fils de Guillaume de Peralata, et de Marquesa de Cabrera, sa sœur. Le roi, prenant toujours le titre de comte d'Urgel, mit des garnisons dans les châteaux dépendants de ce comté. (Zurita, *ibid.*)

ERMENGAUD X.

ERMENGAUD X succéda comme il put, *sicut potuit*, disent les *Gestes* des comtes de Barcelonne, aux états d'Alvare, son père, dont il obtint dans la suite la restitution. Il épousa la fille de Pierre de Moncada. Zurita le met au nombre des seigneurs catalans qui se liguèrent en 1274 contre le roi. Il mourut au mois de juin selon Zurita, ou de juillet suivant Ferreras, 1314, à Camporelle, dans le comté de Ribagorce, en Aragon, sans laisser d'enfants de ses deux femmes, SIBYLE, dont on ne marque pas l'origine, et FAYDIDE, sœur de Bernard, vicomte d'Ille, qui survécut à son époux. Par son testament, Ermengaud révoqua les dons que lui et le vicomte, son frère, avaient faits à Roger-Bernard III, comte de Foix, vicomte de Castelbon, et à Gaston, son fils, de quelques villages du comté d'Urgel et de la vicomté d'Ager. Zurita, qui nous apprend ceci, ajoute qu'il « laissa ses états et la cité de Balaguer à la disposi-
» tion de ses exécuteurs testamentaires, savoir l'évêque d'Ur-
» gel, Guillaume de Moncade, son neveu, Bernard de Péra-
» mola, et Bernard de Gouardia, pour les rendre ou céder au
» roi d'Aragon, à condition que don Alfonse, son deuxième
» fils, épouserait dona Thérèse d'Entença, ou d'Entéça, fille
» aînée de don Gombaut d'Entença, et de dona Constance
» d'Antillon; et attendu que Thérèse d'Entença, outre ses
» droits sur le comté d'Urgel, avait des domaines paternels
» très-considérables, Ermengaud régla de plus que, si l'infant
» Alfonse se mariait avec elle et venait à succéder aux états du
» roi, son père, il serait tenu de laisser le comté d'Urgel à
» Jacques, son second fils, lequel porterait le titre et les armes
» du comté d'Urgel sans mélange; » ce qui arriva ainsi, comme on va le voir. (Zurita, *Ann. d'Aragon*, liv. VI, c. VIII.)

JACQUES I.

1336. JACQUES (et non JEAN), second fils d'Alfonse IV, roi d'Aragon, et de Thérèse d'Entença, succéda, l'an 1336, au roi son père dans le comté d'Urgel et la vicomté d'Ager, conformément au testament d'Ermengaud X. Jean, comte de Comminges, étant mort sans enfants, l'an 1339, Jacques prétendit, au nom de CÉCILE (1), son épouse, fille de Bernard VI, comte de Comminges et tante de Jean, devoir succéder à ce comté en vertu d'une substitution ordonnée par Bernard, et en prit possession. Mais il eut pour concurrents Pierre-Raymond I, fils de Bernard VII, et Jeanne, sa sœur. Le roi d'Aragon, don Pèdre, prenant la défense de Cécile, envoya des ambassadeurs en France pour supplier le roi Philippe de Valois de recevoir Cécile à foi et hommage comme héritière de son père (par substitution), ou d'ordonner que le comté de Comminges fût mis en séquestre. Cette demande fut appuyée par les personnes les plus accréditées, par Jean, duc de Normandie, fils aîné du roi de France, Charles, comte d'Alençon, son frère, Louis, duc de Bourbon, et Louis d'Espagne, comte de Clermont. Philippe de Valois prit le parti de mettre sous sa main le comté de Comminges après la mort de Pierre-Raymond I, arrivée l'an 1341 ou 1342. Mais Pierre-Raymond II, mari de Jeanne, et le comte d'Urgel voyant le monarque français occupé à ses guerres contre les Anglais, prirent les armes pour se disputer le comté litigieux, et celles de Jacques ayant prévalu, il resta maître du pays. Mais il n'en jouit que peu d'années. Son frère, le roi Pierre IV, dit le Cérémonieux, que les seigneurs aragonais avaient contraint de lui donner la lieutenance-générale du royaume d'Aragon, se défit de lui en le faisant périr par le poison, l'an 1347, suivant Blanca. (*Aragon. rerum comment.*) De son mariage il laissa un fils, qui suit.

PIERRE.

1347. PIERRE, fils de Jacques d'Aragon, lui succéda au comté d'Urgel. Le roi Pierre IV, son oncle, lui fit épouser

---

(1) Bernard VI et Bernard VII, successivement comtes de Comminges, eurent l'un et l'autre une fille nommée Cécile. La première épousa Amanieu, comte d'Astarac, la seconde, Jacques, comte d'Urgel.

MARGUERITE, fille de Jean Paléologue II, marquis de Montferrat. Cette princesse lui apporta en dot la cité d'Acqui. Pierre, l'an 1367, fut du nombre de ceux qui conseillèrent au roi d'Aragon, après la défaite du roi de Castille, de se liguer contre ce prince avec l'Angleterre, le Portugal et la Navarre, pour partager ses états. (Zurita, *in indice chronol. ad an.* 1367.) Il mourut, dans le mois de juin 1408, au château de Balaguer, après avoir eu de son mariage Jacques qui suit ; Thadée, mort avant son père en bas âge, du poison, dit-on, que son frère aîné lui avait fait donner ; Jean, auquel il légua la baronnie d'Entença avec d'autres terres en Aragon ; et trois filles, Eléonore, à laquelle il légua trente mille florins ; Cécile, mariée à Jean de Cardone, et Isabelle, qui se fit religieuse.

JACQUES II.

1408. JACQUES, fils du comte Pierre et son successeur au comté d'Urgel et à la vicomté d'Ager, épousa la même année qu'il le remplaça, suivant la Pena. (*Ann. de Catalogne.*) ISABELLE, fille du roi d'Aragon, Pierre IV, et de Sibylle de Forcia, sa quatrième femme. L'ambition de Jacques II ne se borna point à ce comté. Comme il descendait en ligne directe, par mâles, des rois d'Aragon et des anciens comtes de Barcelonne, il obtint, à force d'importunités, de Martin, roi d'Aragon, qui n'avait point d'enfants, la dignité de lieutenant ou gouverneur-général du royaume, dignité qui n'était ordinairement remplie que par l'héritier présomptif de la couronne. Cette disposition souleva les Aragonais et surtout les Urreas et les Lihorris, qui la regardèrent comme une violation des priviléges du pays. Ils émurent le peuple de Saragosse contre le comte d'Urgel, qui fut obligé de quitter cette ville et de s'enfuir avec précipitation. (Ferréras, *ad an.* 1409.) Le roi Martin ne fut point offensé de cette émeute, parce qu'elle ne contrariait point ses vues. Son dessein, en effet, était d'assurer sa succession à son petit-fils, quoiqu'illégitime, Frédéric, fils naturel de Martin, roi de Sicile. Il était dans cette pensée, lorsqu'il reçut, au commencement de l'an 1410, une ambassade de Louis II, roi de Naples, pour le prier de trouver bon que le duc de Calabre, son fils, passât en Aragon, afin d'y soutenir son droit à cette couronne, prétendant qu'elle lui appartenait à titre de petit-fils, par sa mère, du roi Jean, prédécesseur de Martin. Celui-ci ayant permis la discussion de cette affaire, trois procureurs se présentèrent, Guillaume de Moncade pour le duc de Calabre, Bernard de Cantellas, pour le comte d'Urgel, et Bernard de Villacusio pour le duc de Candie. Chacun de ces procureurs s'efforçait de soutenir le droit de sa partie, mais le roi tâchait de les rendre tous douteux, en insistant toujours sur celui de don Ferdinand, infant de Castille, son neveu, quoiqu'il cherchât à ménager les intérêts de Frédéric, son petit-fils, dont il vantait beaucoup les qualités. Voyant néanmoins que personne n'était porté pour ce dernier, que les jurisconsultes se déclaraient même ouvertement contre lui, et que l'on préférait le comte d'Urgel à tous les autres, pour tranquilliser celui-ci dont il connaissait l'esprit turbulent, il prit le parti de lui conférer de nouveau la dignité de lieutenant-général du royaume. Mais cette nomination ne fut que simulée ; et dans le même tems, il écrivit secrètement à l'archevêque de Saragosse et au gouverneur du royaume, de ne point en laisser prendre possession au comte, et d'engager les états à s'y opposer.

Le 29 mai de la même année 1410, le roi d'Aragon étant au monastère de Valdonsellas, fut attaqué d'une maladie si violente, qu'on désespéra de son rétablissement. Les états de Catalogne se tenaient alors à Barcelonne, leurs députés s'étant rendus auprès du monarque, le pressèrent de déclarer son légitime successeur. Sa réponse fut que les comtesses d'Urgel faisaient tous leurs efforts pour lui persuader que le trône appartenait de droit aux comtes d'Urgel, mais qu'il n'en croyait rien. Il s'en tint là, et deux jours après (31 mai) il rendit l'esprit. Zurita, *Ann.* L. x, c. 91, et L. xi, c. 2.)

La mort de ce monarque plongea l'Aragon et ses dépendances dans une dangereuse confusion. Les cinq prétendants à la couronne mirent tout en œuvre pour parvenir à leur fin. Le comte d'Urgel ayant commencé d'exercer la régence de l'Aragon dans la ville d'Almérie, le parlement de Catalogne, assemblé d'abord à Montblanc, et successivement transféré à Barcelonne et à Tortose, lui fit signifier défense d'en continuer les fonctions, avec ordre de licencier ses troupes. (Ferréras, *ad. an.* 1410. Zurita, *Ann.* L. xi, c. 3, 4 et 11.) Mais il fallait décider entre les prétendants à qui la couronne devait être adjugée. Les états d'Aragon assemblés pour cela en 1411, à Calatayud, convinrent, avec ceux de Valence transportés à Trahiguera et ceux de Catalogne, d'envoyer un nombre égal de personnes dans la ville d'Alcanitz, pour y terminer, dans un congrès, cette grande querelle. Mais à peine ce congrès était ouvert, qu'un incident funeste en troubla les opérations. Don Antoine de Lune, partisan outré du comte d'Urgel, voyant l'archevêque de Saragosse appliqué à le traverser, porta la fureur contre ce prélat jusqu'à l'assassiner. Cet attentat, loin d'avancer les affaires du comte, ne servit qu'à faire détester son parti. Les parents de l'archevêque coururent aux armes. On demanda des troupes castillanes à don Ferdinand. Le gouverneur d'Aragon fit arrêter l'évêque de Tarazone, trop porté pour le comte d'Urgel, et rassembla lui-même des troupes qui causèrent de grands désordres. Tout moyen lui fut égal, sans discernement de juste et d'injuste, pour faire triompher la cause qu'il avait épousée. On lui reprocha d'avoir recherché, non-seulement l'alliance des Anglais, mais celle du mahométan Jucef, roi de Grenade. Il y eut des combats entre les troupes des deux partis. Le congrès d'Alcanitz, alarmé de ces menaces, se détermine enfin à nommer neuf juges, trois pour chacune des principautés qui composaient la monarchie aragonaise, pour prononcer définitivement sur le choix de l'héritier du trône. Ils s'assemblèrent à Caspé, et les avis se trouvèrent divisés. Saint Vincent Ferrier, qui s'y était rendu, entraîne, le 24 juin 1412, moins par la force de ses raisons, que par l'éclat de sa sainteté, les avis de son frère et de quatre autres juges, en faveur de l'infant don Ferdinand. Le nouvel archevêque de Taragonne et Guillaume de Valsecca, jurisconsulte catalan, furent les seuls qui opinèrent pour le comte d'Urgel. Pierre-Bertrand Valencien, refusa d'ouvrir son avis. La sentence fut prononcée le 28 dans l'église de Caspé, en faveur de Ferdinand. Ce fut en vain que Vincent Ferrier monta en chaire pour apaiser le murmure qu'elle excita. (Zurita, *ibid.* c. 30; Ferréras, *ad ann.* 1411 et 1412.)

Le comte d'Urgel, éludant de reconnaître le nouveau roi, il y eut une proposition de mariage entre la fille aînée du premier et don Henri, fils aîné du second. Par le traité qui fut mis en avant à ce sujet, le roi s'obligeait à délivrer au comte 150,000 florins pour payer ses dettes, et à lui en assigner annuellement six mille, deux pour lui, deux pour sa femme et deux pour sa mère. Le comte, qui aurait dû accepter ces offres, préféra l'alliance du duc de Clarence, fils de Henri IV, roi d'Angleterre. Mais le jeune prince ensuite y renonça. Il fut alors aisé au roi d'Aragon de dompter un vassal dont le parti s'affaiblissait chaque jour. Le comte, assiégé dans Balaguer, fut réduit à s'abandonner à la clémence du roi, qui le condamna à une prison perpétuelle, et ordonna la confiscation de tous ses domaines et de ceux de la comtesse, mère du comte, qu'il réunit à la couronne. Enfermé d'abord au château de Lérida, il fut ensuite transporté à celui d'Urvena en Castille, de là à Castro-Torafe, et enfin au château de Xariva dans le royaume de Valence, où il finit ses jours, le 1er. juin 1433. (Zurita, Ferréras, *ibid.*)

La comtesse douairière d'Urgel et les filles du comte, furent d'abord enveloppées dans sa catastrophe, ayant été enfermées toutes ensemble, l'an 1414, dans un château par ordre du roi. Mais l'année suivante, Ferdinand fit amener les filles à sa cour où elles demeurèrent jusqu'à ce qu'il les eût établies. En 1428, il donna en mariage Isabelle, l'aînée, à l'infant don Pèdre, duc de Coïmbre, deuxième fils de don Jayme I, roi de Portugal, avec une dot proportionnée à sa naissance et à la dignité de son époux. Eléonore, la deuxième, fut alliée en 143-, à Raymond Ursin, comte de Nole; et Jeanne, la dernière, épousa, 1°. Jean de Grailli, qui prenait le titre de comte de Foix; 2°., en juin 1445, Jean-Raymond Folch, comte de Cardone.

CHRONOLOGIE HISTORIQUE

DES COMTES DE POITIERS,

ET DUCS D'AQUITAINE OU DE GUIENNE.

Poitiers, en latin *Augustoritum*, ville fondée sous le règne de l'empereur Auguste, comme l'indique son nom, capitale des Pictons ou Pictaves, appelés dans la suite Poitevins, l'un des quatorze peuples situés entre la Garonne et la Loire, du tems des Romains, ne doit pas être confondue avec *Lemonum*, autre ville des Pictons, dont la position n'est pas bien connue. Lorsqu'Honorius eut partagé l'Aquitaine en trois provinces, Poitiers fut compris dans la seconde, dont Bordeaux fut la métropole.

Clovis ayant enlevé la plus grande partie de l'Aquitaine aux Visigoths, établit des comtes dans les principales cités de sa conquête. Cette police subsista sous les rois et les ducs d'Aquitaine, descendants de Clovis, jusqu'à l'extinction de leur dynastie. Amingus ou Amanuge, était comte de Poitiers sous Waifre, dernier duc mérovingien d'Aquitaine, qu'il servit dans ses guerres contre le roi Pepin le Bref. Envoyé par Waifre avec un corps de troupes, l'an 765, pour faire le dégât en Touraine, il y fut attaqué par les vassaux de saint Martin, qui l'étendirent sur la place avec la plupart de ses gens. (Vaissète, t. I, pag. 421.)

L'an 778, Charlemagne, au retour de son expédition d'Espagne, voulant rétablir le royaume d'Aquitaine en faveur de son fils Louis, qui venait de naître, nomma de nouveaux comtes, au nombre de quinze, pour gouverner ce pays; c'est-à-dire, suivant le plan qu'il leur traça, pour veiller sur les séditions et les révoltes qui pourraient s'y élever, résister aux ennemis du dehors, administrer la justice, et régir les domaines et les droits de la couronne : leurs fonctions, par conséquent, embrassaient la justice, la guerre et les finances. Au-dessus de ces comtes était le duc d'Aquitaine, qualité que Charlemagne affecta aux comtes de Toulouse, et que les comtes de Poitiers, comme on le verra ci-après, partagèrent dans la suite avec eux.

ABBON.

L'AN 778, ABBON fut le comte que nomma Charlemagne à Poitiers. (Bouquet, tom. VI, pag. 88 et 129.) C'est tout ce qu'on sait de lui : quoiqu'il n'y ait pas à douter qu'il ne fût de race noble, la descendance que quelques-uns lui ont prêtée n'en est pas moins une fable, ainsi que les hauts faits qu'ils racontent de lui.

RICUIN ET BERNARD Ier.

RICUIN et BERNARD furent en même-tems comtes de Poitou. Le premier fut chargé, l'an 814, avec Norbert, évêque de Reggio en Italie, d'accompagner à leur retour les ambassadeurs grecs qui étaient venus à Aix-la-Chapelle pour renouveler l'alliance des deux empires. (Bouquet, tom. VI, pag. 174.) Ricuin, l'an 832, s'étant trouvé au palais de Ladrie en Limosin, où l'empereur Louis le Débonnaire tenait alors sa cour, s'opposa, mais en vain, à la demande que saint Convoyon, suivant son historien, y était venu faire du lieu de Redon en Bretagne pour y bâtir un monastère. C'est l'époque la plus récente que nous connaissions de l'existence de Ricuin.

A l'égard de Bernard, son collègue, il était fils d'Adelelme, frère, comme D. Vaissète le conjecture, de saint Guillaume de Gellone. Besli (*Hist. de Poitou*, p. 176) a fait imprimer, mais d'une manière peu correcte, la notice d'un plaid tenu à Poitiers par Godilus, lieutenant du comte Bernard, où deux serfs furent convaincus d'avoir fait fabriquer de fausses lettres d'affranchissement. La date, qui est à la fin de l'acte, porte la deuxième année du règne de Louis, ce que D. Mabillon (*Ann. Ben.*, tom. II, p. 532) rapporte à l'an 782, qui était la deuxième année du règne de ce prince en Aquitaine. Mais dans le corps de la pièce, dont nous avons eu sous les yeux une copie fidèle, il est dit que le plaid qui en fait l'objet se tint un mercredi XII des calendes de juillet (20 juin), ce qui, combiné avec la deuxième année du règne de Louis le Débonnaire, ne convient qu'à l'an 815, qui était le deuxième de son empire. Nous trouvons une deuxième époque du gouvernement de Bernard dans un diplôme du même empereur et de son fils Pepin, roi d'Aquitaine, par lequel ils confirment la donation que le comte Bernard avait faite au monastère de Saint-Maixent d'un domaine qu'il possédait en bénéfice dans le Poitou. L'acte est daté de la douzième année de l'empire du premier et du règne du second, le XI des calendes de janvier, ce qui revient au 22 décembre 826. (*Cartul. de S. Maixent*, fol. 82.) Il n'y a donc plus lieu de douter, quoique D. Vaissète le nie, que Bernard ait été comte de Poitou dans le même tems que Ricuin : et peut-être l'étaient-ils chacun dans un district particulier ; car ce qu'on appelait alors Poitou s'étendait beaucoup plus loin que la province qui porte aujourd'hui ce nom.

LE MÊME BERNARD ET EMENON.

Bernard survécut à Ricuin, et eut pour nouveau collègue EMÉNON ou IMINON, son frère, l'an 838 au plus tard. Le roi Pepin étant mort cette année, les deux frères se mirent à la tête de ceux qui voulaient lui donner pour successeur son fils Pepin, sans attendre la volonté de l'empereur. Ce parti fut bientôt dissipé par l'arrivée de Louis le Débonnaire, qui célébra, l'an 839, les fêtes de Noël à Poitiers, et fit proclamer son fils Charles roi d'Aquitaine. Eménon, dépouillé de ses dignités, se retira auprès de Turpion, son frère, comte d'Angoulême, auquel il succéda l'an 863. Bernard, son autre frère, trouva un asile chez Rainald, comte d'Herbauges en bas Poitou, et fut tué avec lui, l'an 844, en combattant contre Lambert, comte de Nantes. Ce Bernard avait épousé Bilichilde, fille de Roricon, comte du Maine, qui le fit père de Bernard II, marquis de Septimanie et comte de Poitiers. (Vaissète.) Eménon mourut le 22 juin de l'an 866 des blessures qu'il reçut à la bataille qu'il avait livrée à Landri, comte de Saintes, le 14 précédent. D'une fille de Robert le Fort, selon D. Bouquet, il eut Adémar qui viendra ci-après, Amand, duc de Gascogne et Adelelme, que Ménage conjecture avoir été père de Berlai Ier, seigneur de Montreuil.

RAINULFE Ier., PREMIER DUC D'AQUITAINE

839. RAINULFE Ier., ou RAMNULFE, fils de Gérard, comte d'Auvergne, fut substitué, l'an 839, suivant le témoignage d'Adémar de Chabannais, à Eménon dans le comté de Poitiers. L'an 845, il acquit le titre de duc d'Aquitaine par le traité que Charles le Chauve conclut cette année avec Pepin ; traité par

lequel ce dernier recouvra le royaume d'Aquitaine à la réserve du Poitou, de la Saintonge et de l'Angoumois, qui demeurèrent au roi de France. L'Aquitaine alors fut divisée en deux duchés, ou gouvernements-généraux, celui de Toulouse et celui de Poitiers. Cette division fut stable, et subsista, même depuis que Charles le Chauve eut réuni toute l'Aquitaine sous ses loix. L'an 852, Rainulfe et Rainon, son parent, comte d'Herbauges, livrèrent bataille, le 4 novembre, aux Normands, dans le bourg de Brillac, où ces derniers furent battus. Rainulfe, fidèle à Charles le Chauve, arrêta, l'an 865, le jeune Pepin, qui s'était sauvé de sa prison de Saint-Médard de Soissons, et le remit entre les mains de Charles le Chauve, qui le fit renfermer à Senlis. L'an 867, Robert le Fort, duc de France, et Rainulfe, ayant voulu forcer un parti de Normands, qui s'était réfugié dans une église, le premier tombe sous les coups de l'ennemi à la porte même de l'église, le second, donnant ses ordres pour continuer l'attaque, est frappé d'un trait décoché d'une des fenêtres de l'église, et meurt trois jours après de sa blessure. Rainulfe laissa deux fils, qui, suivant l'annaliste de saint Bertin, furent privés de la succession aux dignités de leur père. Rainulfe fut abbé séculier de Saint-Hilaire de Poitiers, et transmit ce titre aux comtes, ses successeurs.

BERNARD II.

867. BERNARD, marquis de Gothie, ou de Septimanie, fils de Bernard Ier., frère d'Eménon, et petit-fils, par Bilichilde, sa mère, de Roricon, comte du Maine, différent par conséquent de Bernard, père de Guillaume le Pieux, comte d'Auvergne, quoi qu'en dise Besli, succéda à Rainulfe Ier., dans le comté de Poitiers. (Vaissète.) La conduite violente et tyrannique qu'il tenait dans son département le fit excommunier en 878 par le concile de Troyes; il fut ensuite dépouillé de ses dignités, et proscrit par le roi Louis le Bègue. Ce prince apprenant qu'il s'était retiré dans le comté d'Autun, envoya des troupes pour l'en chasser. Bernard, après la mort de Louis le Bègue, obtint de Boson, qui s'était fait roi de Provence, le comté de Mâcon. Les rois Louis et Carloman étant venus presque aussitôt l'y assiéger, le prirent sur la fin de 879, et vraisemblablement le firent mourir. Du moins l'histoire ne parle plus de lui depuis ce tems-là. Bernard laissa trois fils, Rainulfe, qui suit, Ebles, abbé de Saint-Hilaire, de Saint-Denis et de Saint-Germain-des-Prés, et Gauzbert. Ce dernier, suivant l'usage où les enfants mâles de la maison de Poitiers étaient de prendre la qualité de leur père, se donne celle de

comte dans une charte du mois d'avril 878, par laquelle il fait donnation de certains fonds situés en Saintonge à l'église de Saint-Hilaire de Poitiers. (*Cartul. de Saint-Hilaire.*) (*Voy.* Bernard II, marquis de Gothie, et Bernard, comte de Bourges.)

RAINULFE II, COMTE DE POITIERS ET DUC D'AQUITAINE.

880. RAINULFE II succéda (l'on ne sait comment) dans le comté de Poitiers, à Bernard, son père. Il eut en même-tems, ou peu après, l'abbaye de Saint-Hilaire. Eudes ayant été élevé, l'an 887, sur le trône de France, Rainulfe lui refusa l'obéissance, usurpa l'autorité souveraine dans son gouvernement, et se fit même proclamer roi d'Aquitaine, suivant Herman le Contract; Eudes le déposa par vengeance, et nomma Robert, son frère, pour le remplacer. Rainulfe, de son côté, fit une ligue avec Gauzbert, son frère, Ebles, abbé séculier de Saint-Germain-des-Prés, son parent, Guillaume le Pieux, comte d'Auvergne, et Rollon, chef des Normands, pour se maintenir. Cette confédération attira Eudes, l'an 892, en Aquitaine. Il y fit quelques progrès : mais la nouvelle du couronnement de Charles le Simple l'obligea de retourner en France. En passant à Poitiers, il fit la paix avec Rainulfe, et lui persuada de le suivre. Mais la conduite équivoque que celui-ci tint sur la route, jeta des soupçons si violents dans l'esprit du roi, qu'il le fit empoisonner. Après sa mort, Eudes conféra le duché d'Aquitaine à Guillaume le Pieux, comte d'Auvergne, qui fut le premier duc d'Aquitaine de son nom ; Guillaume le Jeune, son successeur, fut le deuxième. Rainulfe ne laissa qu'un fils naturel, Ebles, dont il confia l'éducation à Saint-Géraud d'Aurillac, et qui, dans la suite, obtint le comté de Poitiers. On ne sait sur quoi est fondé l'historien moderne de la Rochelle, qui lui donne pour second fils *Arnold, que son frère Ebles,* dit-il, *duc d'Aquitaine et comte de Poitou, fit vicomte de Thouars.*

ADÉMAR ou AYMAR, COMTE DE POITIERS.

893. ADÉMAR, ou AYMAR, fils d'Eménon, déposé l'an 839, et non pas, comme M. le duc d'Epernon le prétend, fils de Nébelong II, descendant de Childebrand, s'empara du comté de Poitiers après la mort de Rainulfe II, et s'y maintint contre Robert, frère du roi Eudes, que ce prince y avait nommé. (Bouquet, tom. VIII, p. 15.) Il embrassa d'abord le parti du roi Charles le Simple ; mais il l'abandonna ensuite pour se réconcilier avec Eudes. Les historiens vantent ses exploits mili-

taires, ainsi que ceux d'Adelelme, son frère, sans entrer dans aucun détail. Il fut néanmoins obligé, l'an 902, de céder le comté de Poitiers à Ébles, fils naturel de Rainulfe II. Adémar survécut à cette disgrâce jusqu'au 29 mars 930, suivant la leçon vulgaire de la chronique d'Angoulême. Mais au lieu de 930 il faut lire 926, attendu que la même chronique, et celle d'Adémar de Chabannais, mettent sa mort dix ans après celle d'Alduin, comte d'Angoulême, arrivée l'an 916. Il avait épousé SANCIE, fille de Guillaume Ier., comte de Périgord, dont il ne laissa point de postérité. Sur la fin de leurs jours, ils firent l'un et l'autre beaucoup de bien aux abbayes de Saint-Jean-d'Angeli, de Saint-Cybar d'Angoulême, de Charroux et de Saint-Martial de Limoges.

EBLES, DIT MANZER, OU LE BATARD, COMTE DE POITIERS ET DUC D'AQUITAINE.

902. EBLES, suivant un diplôme du roi Eudes, était qualifié comte de Poitiers dès l'an 892, du vivant de Rainulfe II, son père. Mais on doit remarquer, comme nous l'avons déjà fait avec Besli, que les enfants des seigneurs portaient alors les titres de leurs pères sans en exercer les fonctions. Il pouvait se faire aussi, comme l'observe D. Vaissète, qu'Ebles fût alors pourvu du gouvernement particulier de la ville de Poitiers, quoiqu'il fut encore bien jeune, à dire le vrai, pour s'acquitter d'un tel emploi. Après la mort de son père, il fut emmené par Saint-Géraud, abbé d'Aurillac, auprès de Guillaume le Pieux, comte d'Auvergne, son parent, qui prit soin de son éducation. La protection de ce prince l'aida, l'an 902, à rentrer dans le comté de Poitiers. L'an 911, un samedi, 24 août, il battit les Normands qui étaient en guerre avec les Bourguignons. Sa fortune augmenta dans la suite. L'an 928, il succéda, dans le duché d'Aquitaine et le comté d'Auvergne, à Acfred, neveu de Guillaume le Pieux, qui, ayant peu survécu à Guillaume, son frère, était mort comme lui sans enfants. Il tomba dans la disgrâce l'an 932, et fut dépouillé du duché d'Aquitaine, ainsi que des comtés d'Auvergne et de Limosin par le roi Raoul, qui les donna à Raymond Pons, comte de Toulouse. D. Vaissète place la mort d'Ebles vers l'an 935. Mais la charte d'un nommé Isembert, rapportée dans le cartulaire original de Saint-Cyprien de Poitiers (fol. 31), prouve qu'il ne passa pas l'an 932. C'est ainsi qu'elle finit : *Ipso die acta sunt hæc quo reddidit Guillelmus comes potestatem S. Petri Frotogerio episcopo, post mortem Eboli patris sui, anno Dom. DCCCXXXII, regnante Radulfo rege.* Ebles fut marié trois fois. Sa première femme avec laquelle il était

fiancé avant le 10 octobre 892, se nommait AREMBURGE; la seconde s'appelait EMILIANE; ADÈLE ou ALAINE, qui fut la troisième, était fille d'Edouard Ier., roi d'Angleterre. De ce dernier mariage il laissa deux fils, Guillaume, qui suit, et Ebles qui fut trésorier de Saint-Hilaire de Poitiers, puis évêque de Limoges. Leur mère, après la mort de son époux, se fit religieuse à l'abbaye de la Trinité de Poitiers qu'elle avait fondée vers l'an 936.

GUILLAUME Ier., COMTE DE POITIERS, IIIe. DU NOM, DUC D'AQUITAINE, DIT TÊTE-D'ETOUPE.

932. GUILLAUME Ier., surnommé TÊTE-D'ÉTOUPE, à cause de sa chevelure blonde et épaisse, succéda à Ebles, son père, dans le comté de Poitiers, avec le consentement de Raoul, roi de France, suivant Adémar de Chabannais. Mais après la mort de ce prince, Hugues le Grand se fit adjuger le comté de Poitiers par le roi Louis d'Outremer. C'est ce que nous recueillons d'une charte d'Alboin, évêque de Poitiers, dont la date porte: *Data mense aprili regnante Ludovico rege, Hugo comes Pictavi.* (Martenne. Anecd., tom. I, col. 69.) Cette charte est de l'an 938, comme on le voit dans le corps de la pièce. Hugues le Grand était donc alors comte de Poitiers. Mais il paraît qu'il ne l'était pas seul, et que dès la première année du règne de Louis, il s'était accordé avec Guillaume pour gouverner ensemble le Poitou. Nous les voyons en effet souscrire l'un et l'autre cette année, chacun avec le titre de comte, une donation faite à l'abbaye de Saint-Cyprien de Poitiers par une dame nommée Sénégonde: *S. Willelmi comitis. S. Hugonis comitis.* (Besli, p. 249.) Hugues le Grand s'étant brouillé depuis avec Louis d'Outremer, Guillaume se déclara pour le monarque, et vint le trouver avec des troupes, l'an 940, en Bourgogne, où il s'était retiré, tandis que Hugues tenait assiégée sa ville de Laon. Il reconduisit Louis devant cette place dont ils obligèrent Hugues de lever le siége. Ce fut alors, suivant toutes les apparences, que Louis révoqua le titre de comte de Poitiers, qu'il avait accordé à Hugues; car on ne voit pas que celui-ci dans tout le reste du règne de ce prince ait fait aucun acte d'autorité dans le Poitou, ni même qu'il en ait été qualifié comte. Guillaume après avoir délivré Laon, revint en Bourgogne avec le roi qu'il amena à Poitiers où il était au commencement de janvier 942. Quelque tems après, Guillaume revint auprès du roi, que de nouvelles disgrâces de la part de Hugues le Grand et de ses adhérents avaient obligé de se retirer à Rouen. Une paix plâtrée que Louis fit dans ces entrefaites avec Hugues, arrêta ou suspendit

les hostilités. L'an 943, Guillaume alarmé par les conquêtes qu'Alain Barbe-Torte, duc de Bretagne, faisait au-delà de la Loire, va le trouver et règle avec lui les limites de leurs états. Les pays de Mauge, de Tifauge et d'Herbauges, qu'Alain s'était soumis par les armes, lui demeurèrent par le traité. (*Chr. Nannet.*)

LE MÊME GUILLAUME, COMTE DE POITIERS, COMTE D'AUVERGNE ET DUC D'AQUITAINE.

L'an 951, Guillaume, après la mort de Raymond-Pons, fut pourvu du comté d'Auvergne et du duché d'Aquitaine, au préjudice du fils de ce dernier, par le roi Louis d'Outremer. Ce fut dans un second voyage que ce monarque fit en Aquitaine, qu'il obtint de lui cette faveur. Mais la plupart des seigneurs aquitains, et surtout les Auvergnats attachés à la maison de Toulouse, refusèrent de le reconnaître. Hugues le Grand, duc de France, profitant de ces dispositions, voulut envahir le duché d'Aquitaine au commencement du règne de Lothaire, fils et successeur de Louis. Dans cette vue, il amena le roi avec une armée dans le Poitou l'an 955, et forma le siége de Poitiers au mois d'août, en l'absence de Guillaume qui, sur le bruit de leur marche, avait pris le parti de se retirer. La ville se défendit pendant deux mois, au bout desquels le roi fut obligé de lever le siége. Guillaume se mit alors en campagne, et harcela Lothaire et Hugues dans leur retraite. Mais ceux-ci s'étant mis en bataille, tombèrent si rudement sur lui, qu'ils le défirent entièrement, et taillèrent son armée en pièces. Malgré cet échec, Guillaume se maintint dans la possession de son duché (1). Il se rendit la même année, au mois de juin, en Auvergne, et s'étant accommodé avec les principaux du pays, il les engagea à se soumettre à lui. (D. Bouquet.) en vain Lothaire, après la mort de Hugues le Grand, arrivée l'an 956, donna le duché d'Aquitaine à Hugues-Capet, son fils. Il est certain que ce dernier n'en a jamais joui. Guillaume recouvra depuis les bonnes grâces du roi. L'an 963, suivant Besli, voyant approcher le terme de ses jours, il abdiqua pour se retirer à l'abbaye de Saint-Cyprien de Poitiers, d'où il passa, peu de tems après, en celle de Saint-Maixent, où il mourut la même année. Guillaume, jusqu'à sa retraite, jouit de l'abbaye

---

(1) L'abbé Velli rapporte ceci à l'an 987, et donne tout l'avantage à Hugues Capet sur le duc Guillaume: double méprise, qu'il eût évitée s'il eut consulté les sources.

de Saint-Hilaire de Poitiers. Il avait épousé en premières noces, l'an 933, GERLOC ou HÉLOYS, dite aussi ADÈLE et ADÉLAÏDE, fille de Rollon, duc de Normandie, dont il eut Guillaume, qui suit. David Blondel lui donne pour fille Adélaïde, femme de Hugues Capet. Mais Helgaud, auteur contemporain, la dit italienne, et son autorité doit prévaloir sur celle d'un anonyme postérieur de cent ans, que Blondel cite en sa faveur.

C'est sous le règne de Guillaume Tête-d'Etoupe que les Aquitains ont commencé d'employer l'ère de l'Incarnation dans leurs actes publics. L'année s'ouvrait chez eux par le 25 mars ou par le jour de Pâques. (Pagi.) Ils prirent dans la suite le 25 décembre pour le jour initial de l'année, lorsqu'ils eurent passé sous la domination anglaise. Guillaume Tête-d'Etoupe prend quelquefois dans ses diplômes le titre de comte palatin.

GUILLAUME II, COMTE DE POITIERS, IVe. DU NOM, DUC D'AQUITAINE, DIT FIERABRAS.

963. GUILLAUME II, surnommé FIERABRAS, (*Ferabrachia* ou *Ferox Brachium*) (1) à cause de sa force extraordinaire, succéda, l'an 963, à Guillaume Tête-d'Etoupe, son père, dans le duché d'Aquitaine, le comté de Poitiers et l'abbaye de Saint-Hilaire, mais non dans les comtés d'Auvergne et de Velai. L'an 984, il fit un accord avec Guérech, comte de Nantes, pour fixer les limites respectives de leurs territoires au-delà de la Loire. (Bouquet.) Il eut guerre l'année suivante avec Geoffroi Grisegonelle, comte d'Anjou, qui, l'ayant battu près d'un lieu nommé les Roches, et poursuivi jusqu'à Mirebeau, l'obligea de lui céder Loudun avec quatre autres terres, à la charge d'en faire hommage aux comtes de Poitou. (Bouquet, t. IX, page 31, n.) Hugues Capet ayant été proclamé roi de France l'an 987, Guillaume refusa de plier sous lui et fit de grands reproches aux Français de l'avoir préféré à Charles, frère du dernier roi. Hugues, pour le réduire, vint en Poitou, l'an 988, avec une armée, et mit le siège devant Poitiers. Obligé

---

(1) En donnant à Guillaume II le surnom de Fierabras, nous suivons le commun des historiens. Nous n'ignorons pas cependant que c'est à Guillaume III. son fils, qu'il est donné dans l'ouvrage de Pierre de Maillezais *de Antiquit. Eccles. Malleac.* On lit, en effet, dans le titre du deuxième chapitre du premier livre, où il traite de Guillaume III, *natus est Willelmus cognomento Fera-brachia.* Mais il est douteux si les titres des chapitres de cette production sont de l'auteur ou de quelque copiste.

de le lever après de longs et vains efforts, il fut poursuivi par Guillaume jusques aux bords de la Loire, où il y eut entre eux une sanglante bataille, dont l'issue fut avantageuse aux Français. Guillaume fit la paix avec le monarque peu de tems après, et au plus tard en 989, mais sans vouloir lui rendre hommage. On a même lieu de douter que cette paix ait été durable.

L'an 990, à l'exemple de son père, Guillaume abdiqua pour aller vivre dans la solitude. Il se retira d'abord comme lui au monastère de Saint-Cyprien de Poitiers. Mais un démêlé qu'il eut avec l'abbé, l'obligea de passer à l'abbaye de Saint-Maixent, où il mourut le 3 février 994. (v. st.) Il avait épousé EMME ou EMMELINE, fille de Thibaut le Tricheur, comte de Blois, dont il eut deux fils, Guillaume, qui suit, et Ebles qui vivait encore en 997. Emme fonda, l'an 990, l'abbaye de Bourgeuil, en Vallée. Quelque tems auparavant elle avait commencé celle de l'abbaye de Maillezais, en Poitou. Mais elle interrompit cette entreprise à l'occasion suivante : il lui était revenu que son mari, logeant chez la vicomtesse de Thouars, au retour d'un voyage de Bretagne, avait eu commerce avec cette dame. Furieuse de cette aventure, elle en fit des reproches sanglants à son époux, qui tâcha vainement de l'apaiser. Elle résolut de s'en venger sur la vicomtesse ; et, l'ayant rencontrée dans la plaine de Talmont, elle la renversa de son cheval, l'accabla d'outrages, et, pour comble d'ignominie, la livra, pendant une nuit entière, à la lubricité des gens de sa suite. Après ce coup, Emme redoutant à son tour le ressentiment de son mari, se sépara de lui, et se retira à Chinon, qui lui appartenait en propre. Ils se réconcilièrent ensuite ; mais une nouvelle rupture qui survint entre eux, fut un des motifs qui déterminèrent Guillaume à prendre le parti de la retraite. Etant près de sa fin, la cinquième année de son entrée en religion, dit Pierre de Maillezais qui nous sert de guide, il fit venir sa femme, la pria d'oublier le passé, et la chargea, ainsi que Guillaume, son fils, qui était avec elle, de venger l'insulte que Boson, comte de la Marche, venait de lui faire en ravageant le Poitou. (*Petrus de antiquit. Malleac Eccles.*, *l.* 1, *capp.* 2 et 7.) Nous ignorons combien de tems Emme survécut à son époux. Elle vivait encore en 1004, comme on le voit par deux chartes qu'elle signa cette année. (*Voy.* Aldebert, et Boson II, *comtes de la Marche.*)

Dans plusieurs actes passés à Poitiers du tems de Guillaume II, on trouve à la fin des signatures *Salomone PP*, ce que Besli rend par *Salomone papa*, disant qu'alors y ayant un schisme à Rome, les notaires du Poitou ne sachant quel était le véritable pape, l'exprimaient par le nom vague de Salomon. Mais le schisme qui s'éleva dans l'église de Rome du tems de Guillaume II, ne dura que trois ans, et finit, l'an 965, à la mort du pape Léon VIII. (*Voyez* les papes.) Or, il y a des actes postérieurs à cette époque où la signature dont il s'agit se rencontre. Il est de plus certain que, sous le règne de Guillaume II, il y avait dans l'église de Saint-Hilaire, à Poitiers, un préchantre, nommé Salomon, qui faisait en même tems l'office de notaire ou de secrétaire du chapitre. Ce Salomon se piquait de savoir du grec, et affectait de signer tantôt *Salomon Paraphonista*, tantôt *Salomon PP*, qui est la même chose en abrégé; d'autrefois il signait Σαλωμων avec quelques paraphes devant et après, plus ou moins composés. C'est l'abréviation *PP*. qui a induit en erreur, 1°. le rédacteur du cartulaire de Saint-Hilaire, qui, voyant que quelquefois dans les bulles et autres actes on désignait le pape par ces deux lettres *PP*, a cru qu'elles signifiaient la même chose à la suite du nom de Salomon, et y a substitué le mot entier *papa*; 2°. Besli, qui n'ayant connu les titres de Saint-Hilaire que par ce cartulaire, a bonnement adopté la même erreur dont nous avons été désabusés nous-mêmes par feu D. Fontenaut, qui avait vu les originaux des titres de cette église.

GUILLAUME III, COMTE DE POITIERS ET V^e. DU NOM, DUC D'AQUITAINE, SURNOMMÉ LE GRAND.

990. GUILLAUME III, à qui ses qualités éminentes ont fait donner le surnom de GRAND, hérita de son père, suivant Besli, des comtés de Poitou, de Limosin, de Saintonge, du pays d'Aunis, avec le duché d'Aquitaine. Il était déjà pourvu dès l'an 969 au plus tard, suivant Besli, de l'abbaye de Saint-Hilaire. Un de ses premiers soins fut de relever son château de Gençai, que Boson II, comte de la Marche, avait ruiné sur la fin du règne de Fierabras. Boson, que cette place incommodait, vint de nouveau l'assiéger. Mais Guillaume, ayant levé promptement une armée, lui livra bataille, et le défit complètement. Après cette victoire, il entra dans la Marche, assiégea la ville de Rochemaux, et s'en rendit maître. Il ne fut pas également heureux au siège de Bellac qu'il fit dans la suite, quoiqu'aidé, dit Adémar de Chabannais, de toutes les forces de l'Aquitaine et de celles de la France guerrière. Le roi Robert s'y était rendu lui-même, et le siège néanmoins fut levé.

Après la mort de Charles, duc de Lorraine, frère du roi Lothaire, Guillaume recueillit deux de ses enfants qu'il laissait en bas âge, Louis et Charles; et non content de prendre soin de leur éducation, il les fit reconnaître dans la partie de l'Aquitaine, qui dépendait de lui, pour légitimes héritiers du trône de France. Nous en avons la preuve dans une charte donnée après la mort d'Otton, duc de Lorraine, leur frère aîné, et dont la date est ainsi marquée : *Actum anno Incarnat. Dom. MVIII, regnante Roberto, Ludovico et Carolino.* (Pagi, *ad an* 990, *num. VII.*) Mais on n'est pas assuré de ce que devinrent ces enfants par la suite.

Boson, dont on vient de parler, étant mort vers l'an 1006, le duc épousa sa veuve ALMODIS, fille de Giraud, vicomte de Limoges. L'an 1010, il fait construire en l'honneur de saint Pierre l'abbaye de Maillezais, depuis convertie en siége épiscopal, transféré dans le dix-septième siècle à la Rochelle. Les Normands ayant fait, l'an 1018, une descente près de Saint-Michel en l'Herm, Guillaume alla au-devant d'eux, les attaqua et perdit la bataille par un stratagême des ennemis qui firent un grand nombre de prisonniers, que le duc racheta depuis à grands frais. L'an 1025, après la mort de l'empereur Henri II, les Italiens, dont Guillaume était connu par les fréquents voyages qu'il faisait à Rome, lui envoyèrent offrir, par une députation, la couronne d'Italie pour lui-même ou pour son fils : offre que le roi Robert avait déjà refusée. Guillaume le Grand, avant que de se décider, passa en Lombardie avec Guillaume II, comte d'Angoulême, afin de conférer avec les seigneurs du pays. Mais ne trouvant point en eux l'union qu'une affaire de cette importance demandait, il se retira, et renonça à l'honneur qu'ils voulaient lui faire. L'an 1029, il embrassa la vie monastique à Maillezais, où il mourut le 31 janvier 1030 (n. st.) âgé de soixante et un ans. Ce prince était honoré de tous les souverains de l'Europe, qui lui envoyaient chaque année des ambassades comme à leur égal. Tous les ans, il faisait un voyage par dévotion à Rome, ou à Saint-Jacques, en Galice. Adémar dit que lorsqu'il arrivait dans la capitale du monde chrétien, il y était reçu avec les mêmes honneurs et la même distinction que l'empereur. Les rois de France, de Navarre, d'Espagne et d'Angleterre, ne témoignèrent pas moins de considération pour lui. Tous les ans, ils lui faisaient des présents qu'il leur rendait avec usure. Dans un siècle où l'ignorance était presque universelle, même parmi les ecclésiastiques, il cultiva les lettres, et ne se couchait point qu'il n'eût donné les premières heures de la nuit à la lecture. Les savants trouvèrent en lui un nouveau Mécène. Il donna l'abbaye de Saint-Maixent à Renaud, que sa sagesse fit surnommer Platon, et la trésorerie de Saint-Hilaire au célèbre Fulbert, depuis évêque de Chartres. Il avait été marié trois fois; 1º. comme on l'a dit, avec ALMODIS, dont il eut Guillaume, qui suit; 2°. l'an 1004 au plus tard, avec BRISQUE OU SANCIE, sœur et non fille de Sanche Guillaume, duc de Gascogne, dont elle fut héritière. Cette princesse lui donna deux fils, Eudes, duc de Gascogne, et Thibaut, mort en bas âge; 3°. Guillaume le Grand eut pour dernière femme AGNÈS, fille d'Otte-Guillaume, comte de Bourgogne. Les historiens modernes s'accordent à mettre ce dernier mariage en 1023 : mais il date au moins de cinq ans plutôt, suivant une charte de Guillaume, donnée en faveur des Clunistes au mois de mars 1018, et signée par la comtesse Agnès : *S. Agnetis Comitissæ*. (*Gall. Chr. no.* tom. II, *prob. col.* 330.) Cette princesse fit le duc son mari père de Pierre-Guillaume; de Gui-Geoffroi, nommé aussi Guillaume; et d'Agnès, femme de l'empereur Henri III. La duchesse Agnès épousa en secondes noces, Geoffroi-Martel, comte de Vendôme, puis d'Anjou. C'est-elle que son premier époux, dans la charte d'une donation qu'il fit l'an 1027 à l'abbaye de Sainte-Croix de Bordeaux, appelle Aremberge. Mais il faut remarquer que cette pièce n'existe plus que dans un *vidimus* de Henri III, roi d'Angleterre, dont le secrétaire n'ayant aperçu dans l'original qu'un A. pour désigner le nom de la femme de Guillaume, aura vraisemblablement mis Aremberge au lieu d'Agnès. (Voy. *Gall. Chr. ibid. col.* 268.) Agnès, après la mort de Geoffroi-Martel, retourna dans le Poitou pour y fixer sa demeure, comme le témoignent un nombre d'actes qu'elle y souscrivit, et dont le dernier est de l'an 1064. (*Cartul. de S. Maixent*, fol. 220.)

GUILLAUME IV, COMTE DE POITIERS, DIT LE GRAS, VIe. DU NOM, DUC D'AQUITAINE.

1029. GUILLAUME IV, surnommé LE GRAS, fils de Guillaume le Grand et d'Almodis, succéda, par droit d'aînesse, à son père dans tous ses états, comme aussi dans l'abbaye de Saint-Hilaire, l'an 1029, après sa retraite au monastère de Maillezais. On serait même porté à croire que son père lui aurait remis la puissance comtale dès l'an 1025, d'après une charte conservée au cartulaire de Saint-Maixent (fol. 227), par laquelle il décharge cette abbaye du droit d'arrière-ban, que sa mère Almodis lui avait imposé. En effet, dans cet acte donné du vivant de l'abbé Renaud, mort au commencement de l'an 1026, on lit à la tête des souscriptions, *S. Willelmi comitis. S. Willelmi patris ipsius*, dont la première ne peut marquer que Guillaume le Gras. Pourquoi donc celui-ci prend-il seul le titre de comte? Quoi qu'il en soit, on a des actes postérieurs à l'an 1025 et même à l'an 1028, où Guillaume le Grand paraît avec le même titre ; ce qui prouve que s'il avait abandonné pendant quelque tems le gouvernement à son fils, il l'avait ensuite repris. L'an 1034 et non 1033, comme le marque la chronique de Saint-Aubin d'Angers, Geoffroi-Martel, comte de Vendôme, déclara la guerre au duc Guillaume par rapport à la Saintonge, qu'il prétendait lui appartenir du chef de son aïeule. L'armée du comte de Vendôme, commandée par un vaillant capitaine, nommé Lisoie, après avoir ravagé le Loudunois et le Mirabalois, pénétra jusqu'à Poitiers, dont elle brûla les faubourgs. Le duc, cependant, rassemblait la sienne. Les deux princes, le 20 septembre de la même année, se livrèrent, près de Moncontour, une bataille où le duc, abandonné d'une partie de ses troupes, qui prit la fuite au milieu de l'action, fut fait prisonnier. Sa captivité fut de trois ans et demi ou environ, pendant lequel tems le comte et la comtesse de Vendôme exercèrent toute l'autorité ducale dans l'Aquitaine. Nous avons un acte qu'il fit dans sa prison, par lequel il déclare qu'ayant beaucoup fait de mal à l'abbaye de Saint-Maixent, au lieu de la protéger comme il le devait, il lui donne pour l'indemniser, et pour obtenir du ciel, par ce don, sa liberté, la forêt d'Ariezhun, du consentement de la comtesse, sa femme. (*Cartul. de S. Maix.*) L'acte n'est point daté ; Guillaume fut racheté par EUSTACHIE son épouse, fille de Berlai ou Bellai, seigneur de Montreuil, moyennant la cession des comtés de Saintes et de Bordeaux, avec une somme considérable en argent, dont les églises du duché payèrent la meilleure part. Guillaume, suivant le continuateur de l'histoire de Bède (l. 3, c. 3), ne survécut que trois jours à sa délivrance, et mourut en s'en revenant, des maux qu'il avait endurés dans sa prison. Ce fut par conséquent dans le mois de mars 1038 ; car nous avons une charte d'un nommé Rainaud, en faveur de l'abbaye de Saint-Jean d'Angéli, qu'il souscrivit avec Eudes son frère, duc de Gascogne, au mois de mars 1038, dans l'un par conséquent des trois jours qu'il vécut depuis sa délivrance. Son corps fut inhumé à Maillezais. Sa femme, Eustachie, dont il ne laissa point d'enfants, lui survécut au moins jusqu'en 1058, comme le prouvent des actes qu'elles souscrivit cette année-là. Elle fut enterrée à Poitiers, dans l'église de Notre-Dame-la-Grande.

EUDES, ou ODON, COMTE DE POITIERS ET DUC D'AQUITAINE.

1038. EUDES ou ODON, fils de Guillaume le Grand, et de Brisque, sa deuxième femme, sœur de Sanche-Guillaume, duc de Gascogne, succéda, l'an 1038, à Guillaume, son frère, dans le duché d'Aquitaine et le comté de Poitiers. Quelque tems auparavant, il était devenu, du chef de sa mère, l'héritier et le successeur de Berenger, duc de Gascogne. Mais Geoffroi-Martel retenait le comté de Bordeaux et la ville de Saintes au nom de ses beaux-fils, auxquels cependant, il ne rendit jamais Saintes. Eudes prit les armes pour recouvrer cette portion de l'héritage qu'il prétendait lui appartenir. Le sort de la guerre lui fut aussi funeste qu'à son prédécesseur. Après avoir échoué devant le château de Gormond, au pays de Gastines, qu'il avait assiégé, il fut tué devant celui de Mauzé, dans l'Aunis, le 10 mars 1039. Ce prince mourut sans lignée, et peut-être sans avoir été marié. Il fut inhumé à Maillezais. (*Voy.* Geoffroi-Martel, *comte de Vendôme et d'Anjou.*)

GUILLAUME V, COMTE DE POITIERS, VIIe. DU NOM, DUC D'AQUITAINE, SURNOMMÉ AIGRET, ET LE HARDI.

1039. GUILLAUME V, fils de Guillaume le Grand et d'Agnès, succéda sans contradiction à Eudes, son frère, dans le duché d'Aquitaine, mais non dans celui de Gascogne, dont Bernard II, comte d'Armagnac s'empara. Il s'appelait Pierre de son nom de baptême, et prit le nom de Guillaume à son inauguration. Il se donnait aussi le surnom d'Aigret, *Acerrimus*, comme on le voit par deux de ses diplômes rapportés par Besli. La chronique de Saint-Maixent le surnomme le HARDI. L'an 1043, Geoffroi-Martel, alors comte d'Anjou, son beau-père, lui déclara la guerre, vraisemblablement pour l'obliger à donner une part dans ses états à son frère. On voit effectivement que Guillaume et Geoffroi-Martel ayant fait la paix l'année suivante, Agnès, femme en secondes noces du second, et mère en premières de Guillaume, vint à Poitiers, et engagea les états, qu'elle fit assembler, à donner des terres vers la Gascogne à Gui-Geoffroi, son deuxième fils du premier lit. Gui sut tellement s'étendre, que l'an 1052, au plus tard (et non 1070, comme le marque Besli), il obligea Bernard II, dit Tumapaler, comte d'Armagnac, après l'avoir défait dans une bataille, à lui céder pour la somme de quinze mille sous, le duché de Gascogne, dont il s'était emparé après la mort du duc Eudes. Il contraignit même Guillaume Aigret, vers le même tems, à l'associer au titre de duc d'Aquitaine. (*Voy.* Bernard II, *comte d'Armagnac.*) L'an 1058, nouvelles brouilleries entre le duc Guillaume et Geoffroi-Martel. Le premier, faisant cette année le siége de Saumur, où le deuxième s'était renfermé, y fut attaqué d'une dyssenterie qui l'obligea de retourner à Poitiers. Il y mourut dans l'automne de la même année 1058. Guillaume avait épousé ERMESSINDE, dont il ne laissa point d'enfants. Cette princesse, l'an 1062, alla joindre à Rome l'impératrice Agnès, sa belle-sœur; mais s'ennuyant de ce séjour, elle revint mourir en France.

GUILLAUME VI, COMTE DE POITIERS, VIIIe. DU NOM, DUC D'AQUITAINE.

1058. GUI-GEOFFROI, duc de Gascogne, second fils de la duchesse Agnès et de Guillaume le Grand, en succédant à son frère prit, à son exemple, le nom de GUILLAUME. Mais dans les chartes, il n'est jamais désigné que par son premier nom, et même au commencement de sa régence il ne s'appelait lui-même que Gui. Du vivant de son frère Guillaume Aigret, il avait servi le roi de France Henri Ier. dans ses guerres contre le duc de Normandie. Il assista, l'an 1059, en qualité de duc de Guienne, ou d'Aquitaine, au sacre du roi Philippe Ier. Il eut le premier rang après le clergé dans cette cérémonie, dont la relation le nomme Gui, duc d'Aquitaine; mais ce rang eût appartenu au duc de Normandie, s'il eût été présent. S'étant brouillé l'année suivante, avec Hugues V, sire de Luzignan, il lui déclara la guerre, et vint l'assiéger dans son château. Hugues ayant été tué à la porte de la place, le 8 octobre de la même année, son fils, Hugues le *Diable*, fit la paix avec le duc. Le roi de France avait dans le Poitou ses officiers comme le comte. Sur les plaintes portées contre eux au saint siége par l'évêque de Poitiers, à cause des vexations qu'ils exerçaient dans les terres de son église, le pape Nicolas II écrivit à ce prélat pour l'exhorter à tenir ferme pour la défense des opprimés, et lui donna pouvoir de procéder contre les oppresseurs, par la voie des censures, « non-» obstant, dit-il, les priviléges accordés à notre cher fils » Philippe, l'illustre roi de France, ou aux rois ses prédéces-» seurs. » Cette lettre est datée de la deuxième année du pontificat de Nicolas, le 7 des ides (neuvième jour) de mars; ce qui revient à l'an 1061. (*Cartul. de la cathédr. de Poitiers*, dit le grand Gautier, fol. 85.) Le silence que le pontife garde dans ce bref sur la conduite des officiers du comte, prouve qu'ils n'avaient aucune part aux injustices de ceux du roi. La même année, Foulques le Réchin et Geoffroi le Barbu, neveux et successeurs de Geoffroi-Martel, se brouillèrent avec Guillaume, au sujet de la ville de Saintes, qu'il voulait leur enlever, prétendant que Geoffroi-Martel n'en avait été qu'usufruitier. Les deux frères, au premier desquels Saintes était échu en partage, ayant réuni leurs forces, vinrent attaquer Guillaume dans ses états. Le duc étant allé à leur rencontre, fut battu le 20 mars, près de Chef-Boutonne. La chronique de Maillezais met cette bataille, qui fut suivie de la prise de Saintes, un mardi, fête de Saint-Benoît. Cette fête tombait néanmoins le mercredi en 1061 ; mais les fêtes commençaient alors dès les trois heures après midi de la veille, pour finir à pareille heure du lendemain. Guillaume eut sa revanche l'année suivante (l'auteur du *Gesta Cons. Andeg.* dit en 1066), et reprit Saintes, dont les habitants et la garnison se rendirent à discrétion. De-là, il conduisit en Espagne, contre les Sarrasins, son armée, fortifiée d'une multitude de Normands. Il battit ces infidèles l'an 1063, leur enleva la ville de Balbastro, et fit de grands dégâts dans le pays. Mais la disette des vivres l'empêcha de poursuivre ses conquêtes, et l'obligea de ramener son armée en France. (Sigebert.) Guillaume eut la dévotion du tems, et se fit un devoir de visiter les lieux saints. L'an 1066, il fit un pèlerinage à Rome, suivant la date d'une charte, par laquelle un nommé Pierre, frère de Béraud, donne une femme serve avec toute sa famille à l'abbaye de Saint-Maixent : *hæc autem facta sunt*, y est-il dit, *anno quo primùm adiit dux Pictavorum Wido peregrinus partes Romæ, atque exiit de sua captione Aymericus vicecomes* (Thoarcensis) *millesimo sexagesimo sexto*. (*Cartul. de S. Maix.* fol. 134.) Guillaume, l'an 1068, prit de nouveau les armes contre Foulques le Rechin, pour la défense de Geoffroi le Barbu, frère de ce comte, qui le retenait en prison pour la seconde fois. Le duc brûla le château de Saumur avec le faubourg et l'abbaye de Saint-Florent, le 27 juin de cette année, et non pas le 26 juin 1069, comme le marque le P. Labbe. Il alla ensuite mettre le siège devant le château de Luçon, qu'il prit et traita de même que celui de Saumur. Le monastère de Notre-Dame, renfermé dans l'enceinte de la place, eut aussi le sort de l'abbaye de Saint-Florent. (*Chron. Malleac.*)

Deux frères, nommés Clair et David, réclamaient des terres de leur patrimoine, dont avaient joui le père et la mère du comte Gui-Geoffroi. Convaincu de la justice de leur demande, il les leur rendit, et pour les en investir de nouveau, « il ra-
» massa, dit l'ancienne notice que nous avons de ce fait,
» un jonc vert, *scirpum viridem* ; car les planchers de la
» maison, ajoute-t-elle, étaient fraîchement jonchés de joncs,
» comme nous avons coutume de faire, lorsque nous recevons
» quelque personne puissante, ou quelque ami : *nam domus erat*
» *junculata, sicut solemus facere, quando aliquem personæ potentis*
» *vel aliquam personam potentem ; vel dominum suscipimus vel*
» *amicum*. Alors avec ce même jonc, il fit aux deux frères la
» donation ou plutôt la restitution qu'ils désiraient, l'an de
» l'Incarn. 1068, le 10 des calendes de juin. » (Bignon, *notes*

sur le ch. 13 du 5ᵉ. liv. des formules de Marculfe.) Tels étaient alors et ont été encore long-tems depuis les tapis de pieds dans les appartements des grands seigneurs. Encore n'était-ce que pour l'été ; car, en hiver, on les jonchait de paille, comme on faisait aux églises le samedi au soir pour le lendemain.

L'an 1073 (et non 1068, comme le marque, par une erreur de copiste, la chronique de Maillezais), Gui-Geoffroi, ou Guillaume, fonda, aux portes de Poitiers, le monastère de Moustier-Neuf, qu'il mit quelques années après sous la juridiction de saint Hugues, abbé de Cluni. L'année suivante, le pape Grégoire VII, informé de la conduite simoniaque du roi Philippe I, dans la collation des bénéfices, écrivit au duc d'Aquitaine, pour l'engager à faire à ce sujet des remontrances au monarque, et le menacer de sa part, non-seulement de l'excommunication, mais de la perte de sa couronne, en déliant ses sujets de leur serment de fidélité. On ne voit pas quel usage Guillaume fit de cette étrange lettre, conforme à d'autres que Grégoire adressa sur le même sujet à divers évêques de France. Guillaume, la même année, fit restitution du village nommé Sentun, à l'abbaye de Maillezais, qui l'avait reçu de ses père et mère, et que son frère avait enlevé à ce monastère pour le donner à Thibaut Chabot ; ce qui avait attiré sur celui-ci les foudres de Rome qu'il brava jusqu'à la fin de ses jours. La charte de cette restitution, conservée dans les archives de l'évêché de la Rochelle, renferme plusieurs époques, dont la première est du 3 mars 1074, au château de Saint-Maixent ; la deuxième est celle de la confirmation de cette restitution, du 9 avril suivant, dans le château de Vouvent, *in Volventi castro ;* la troisième d'une nouvelle confirmation faite long-tems après par le duc Guillaume IX. Tel était l'ancien usage de confirmer les premières chartes par des additions qu'on plaçait à la suite du même acte. L'an 1079, le duc d'Aquitaine déclara la guerre à Guillaume IV, comte de Toulouse ; mais celui-ci, étant venu à sa rencontre, le défit devant Bordeaux, et lui tua cent chevaliers des plus distingués de son armée. L'historien qui rapporte ce fait (assez douteux), ajoute que le comte de Toulouse attaqua celui de Poitiers en trahison, et que ce dernier en fut si irrité, qu'il vint jusqu'à Toulouse, à la tête de tous ses vassaux pour en tirer vengeance, qu'il ravagea les environs de la ville, la prit et la rendit bientôt après. L'an 1082, mécontent d'Aimar III, vicomte de Limoges, Guillaume assiégea cette ville et brûla les églises situées autour du château. Il assista, l'an 1080, avec les grands d'Aquitaine, au concile de Bordeaux, dont il confirma les actes. Enfin, l'an 1086, il termina ses jours au château de Chizé, le 24 septembre, suivant les chroniques de

Maillezais et de Vézelai, appuyées des monuments de l'abbaye de Moustier-Neuf. D'un autre côté nous trouvons dans le cartulaire de Saint-Maixent, une charte datée de l'an 1087, *regnante rege Philippo in Francia, Goffredo duce in Aquitania.* C'est l'acte de la vente faite d'une terre appelée de *Corsiolo*, à un nommé Pierre, fils de Martin Esperun. Cette date est confirmée par la charte de l'engagement fait par Pierre de Nieul, de la prévôté de Quadruvie, à l'église de Limoges, sous le règne de Philippe I. *Facta est*, y est-il dit, *hæc scriptio kal. maii lunâ XXV, in anno quo mortuus est Guillelmus dux*; ce qui marque l'an 1087, où le 25 de la lune tombait au premier mai. (*Arch. de Saint-Étienne de Limoges.*) Guillaume, ou Gui Geoffroi, fut inhumé dans l'église de Moustier-Neuf, sous un superbe mausolée de marbre, que la chute de la voûte détruisit en 1643. On y en substitua depuis une autre de pierre. Il est le premier duc d'Aquitaine qui ait pris le titre de prince de Talmont, ce qui n'a pu commencer qu'après la mort de Guillaume et de Pepin, enfants de Guillaume le Chauve, prince de Talmont, c'est-à-dire, après l'an 1059. (*Gall. Chr.*, no., tom. II, col. 1428.) Le duc Guillaume avait épousé, 1°. N. fille d'Aldebert II, comte de Périgord, qu'il répudia, l'an 1058, pour cause de parenté: 2°. Matheode, qui lui donna une fille, nommée Agnès, mariée, l'an 1074, à Alfonse VI, roi de Castille et de Léon, répudiée, comme le fut sa mère, sous prétexte de parenté, en 1080, puis remariée à Hélie, comte du Maine. Guillaume, après la répudiation de Mathilde, arrivée l'an 1068, contracta un troisième mariage avec Hildegarde ou Aldearde, fille de Robert I, duc de Bourgogne, selon la chronique de Maillezais. Cette princesse, qui vécut jusque vers 1120, suivant la charte d'une donation qu'elle fit cette année au monastère de Moustier-Neuf (*Gall. Chr.*, no., t. II, *prob.* col. 355.), lui donna deux fils, Guillaume, qui suit, et Hugues qui vivait encore en 1129. Le duc Guillaume fut encore sommé par le pape Grégoire VII de se séparer de sa troisième femme l'an 1073, et toujours pour cause de parenté. (*Voyez* le concile de Poitiers de l'an 1073.)

GUILLAUME VII, dit LE JEUNE, IXe. du nom, duc d'Aquitaine.

1087. Guillaume VII, né le 22 octobre 1071, surnommé le Jeune (et non le Vieux) dans toutes les chartes du Poitou qui nous ont passé sous les yeux, succéda dans les comtés de Poitiers et les duchés d'Aquitaine et de Gascogne, à Guillaume VI, ou Gui-Geoffroi, son père. Ses vassaux se prévalant de sa jeunesse, lui suscitèrent des affaires afin de rendre les leurs meilleures. Guillaume vint à bout de les mettre à la raison. Ce fut apparemment pour arrêter leurs incursions, qu'il fit bâtir le château de Benun ou Benaon, aujourd'hui détruit, dont la fondation était récente en 1096, comme le témoigne la souscription suivante, d'une charte qu'il y fit expédier : *Anno MXCVI, Guillelmus Aquitanorum dux apud Castellum meum novum Benaum.* (Besli, p. 413.) Dans une assemblée de prélats et de barons qu'il tint cette même année à Bordeaux, il donna une autre charte, datée du 25 mars, où il prenait les titres de duc d'Aquitaine et de comte de Toulouse. Deux ans après (l'an 1098) il réalisa le dernier de ces titres par une invasion qu'il fit dans le Toulousain, dont il s'empara, tandis que Raymond IV, comte de Saint-Gilles, était à la croisade. Mais l'an 1100, il abandonna ce riche domaine pour des raisons qu'on ignore ; ce fut vraisemblablement parce qu'il y fut contraint par les amis de Bertrand, fils de Raymond. On a parlé sur le concile de Poitiers, tenu l'an 1100, de l'opposition qu'il fit dans cette assemblée, à l'excommunication qu'on voulut y prononcer contre le roi Philippe I. Il prit la croix cette même année à Limoges, et partit l'an 1101, pour la Terre-Sainte, à la tête de deux cent soixante mille combattants, ou de trois cent mille, suivant Orderic Vital. Du nombre des chefs qui conduisaient avec lui cette prodigieuse armée, ou, pour mieux dire, cette multitude confuse de volontaires sans ordre, sans discipline, étaient Hugues le Grand, frère du roi Philippe I, Hugues de Luzignan, Etienne, comte de Blois, Etienne, comte de Bourgogne, Geoffroi de Preuilli, comte de Vendôme, Harpin, vicomte de Bourges, et Geoffroi de l'Étenduère, dont la famille se distingue encore de nos jours (1785) dans le service de la marine. (1) Ayant pris leur route par l'Allemagne, ils y furent joints par Welphe, duc de Bavière, et par Ide, marquise d'Autriche, qui s'était aussi mis en tête d'aller cueillir des lauriers en Palestine. Au sortir de l'Allemagne, ils traversèrent la Hongrie, et étant parvenus en Bulgarie, ils prirent querelle avec le duc du pays, qu'ils insultèrent, et qui leur ferma le passage d'Andrinople. Il y eut là un grand combat entre les croisés et les Bulgares, joints aux Patzinaces et aux Comains, qui étaient au service de l'empereur. Plusieurs sei-

---

(1) Les Bénédictins ont confondu cette maison, éteinte depuis des siècles, avec celle *des Herbiers de l'Estenduère*, ancienne en Poitou, et qui s'est distinguée dans la marine avant la révolution. (*Note de l'Editeur.*)

gueurs y perdirent la vie, d'autres furent pris. Mais le duc des Bulgares ayant été fait prisonnier, donna lieu à un accommodement qui se fit le jour même. Le duc accorda le passage et des guides aux croisés jusqu'à Constantinople. Arrivés devant cette ville, ils y rencontrèrent, dit-on, Raymond, comte de Toulouse, qui était venu de Syrie. Mais D. Vaissète prouve, par Guillaume de Tyr, que cette rencontre n'eut point lieu, Raymond pour lors étant déjà parti avec une armée de croisés, qui fut presqu'entièrement détruite en Asie par les Turcs. Celle du duc d'Aquitaine n'eut pas un meilleur sort. Ayant passé le Bosphore dans le tems de la moisson, elle éprouva bientôt après une cruelle disette, par la précaution que les Turcs avaient prise de mettre le feu dans les champs, et de boucher les puits et les fontaines pour l'empêcher de subsister. Enfin, ayant surpris cette armée, ils en firent un si grand carnage, que tout ce qui resta fut dispersé. Le duc Guillaume se trouvant alors sans armée, sans équipage, et dénué de tout, continua sa route à pied, mendiant son pain par les chemins, et arriva, avec six hommes seulement, à Antioche, où il fut bien reçu par le prince Tancrède. De là, étant allé joindre au printems suivant le comte de Toulouse, il fit avec lui le siége de Tortose, qui fut prise avant Pâques.

Guillaume se rendit à Jérusalem pour y célébrer cette solennité ; après quoi il alla s'embarquer à Joppé pour retourner en Europe. Mais ayant été surpris en mer d'une violente tempête, il fut jeté sur les côtes de Syrie, et alla débarquer au port d'Antioche. De là il revint à Jérusalem avec Tancrède, au mois de septembre suivant, pour aider le roi Baudouin à faire le siége d'Ascalon, que ce prince entreprit, et qu'il fut contraint de lever. Le duc alors se rembarqua de nouveau, et arriva au commencement de l'an 1103 dans ses états, ne rapportant de son voyage pénible, long et dispendieux, que de la honte et de la misère. Les malheurs de cette expédition, qu'à son retour il chanta (car il se mêlait de faire des vers) dans un poème que nous n'avons plus, ne contribuèrent pas à la réforme de ses mœurs. Elles étaient fort dissolues, et le devinrent encore davantage par la suite. Il enleva Maubergeon, femme du vicomte de Châtelleraut, et non content de l'entretenir dans son palais, il fit graver le portrait de cette dame sur son bouclier. Pierre II, évêque de Poitiers, après l'avoir inutilement averti de ses désordres, prit le parti, l'an 1114, de l'excommunier solennellement. Le duc survient à l'église comme le prélat commençait à prononcer l'anathème au milieu d'un grand peuple qui s'était assemblé. Aussitôt le saisissant par les cheveux, l'épée à la main, *tu m'absoudras*, lui dit-il, *ou tu mourras*. L'évêque, feignant d'avoir peur, demande un moment pour réfléchir. Il en profite pour achever la formule d'excommunication; après quoi, présentant sa tête, il dit au duc de frapper. *Je ne t'aimes pas assez*, répond Guillaume, *pour t'envoyer en Paradis*. Il se contenta de le chasser de son siége et de l'exiler à Chauvigni. (*Willelmus Malmesbur.*) La même année, il fit une seconde fois la conquête du comté de Toulouse. Alfonse, roi d'Aragon et de Navarre, ayant imploré son secours contre les Sarrasins, il lui mena, l'an 1119, une armée qui eut beaucoup de part à la victoire que les Espagnols remportèrent près de Cordoue, le 17 juin de l'année suivante, sur les infidèles. Durant son absence, l'an 1122, les Toulousains chassèrent de leur ville Geoffroi de Montmaurel, qu'il avait laissé pour y commander. Il perdit, l'année suivante, le reste du comté de Toulouse. Guillaume, l'an 1124, fut du nombre des grands vassaux, qui marchèrent à la suite du roi Louis le Gros, contre l'empereur Henri V, prêt à faire irruption dans la Champagne. L'an 1126, il vint au secours du comte d'Auvergne, son vassal, à qui le roi faisait la guerre pour venger l'évêque de Clermont que ce comte persécutait. Mais le duc, à la vue de l'armée royale, fut tellement effrayé, qu'il députa au roi pour lui demander la paix, se reconnaissant lui-même vassal de la couronne et promettant de représenter le comte d'Auvergne à la cour du monarque pour subir le jugement qui y serait rendu. (Suger, *vita Ludov. VI.*) Le 10 février 1127 (n. st.) fut le terme de ses jours. Il mourut à Poitiers, et fut enterré à Moustier-Neuf. (Vaissète, t. II, p. 398) Guillaume VII avait d'excellentes qualités de corps et d'esprit, dont l'éclat fut terni par la dépravation de ses mœurs, jusque-là qu'il disait vouloir établir à Niort une abbaye de femmes débauchées, dont il nommait la supérieure et les officières. Guillaume de Malmesburi ajoute que Girard, évêque d'Angoulême, qui était chauve, l'exhortant à changer de vie, il lui répondit : *J'en changerai quand avec le peigne tu rameneras tes cheveux sur ton front.* Il avait épousé, 1°. HERMENGARDE, fille de Foulques le Rechin, comte d'Anjou; 2°. l'an 1094, après avoir répudié cette première femme, PHILIPPE, dite ausssi MATHILDE, fille unique de Guillaume IV, comte de Toulouse, et veuve de Sanche-Ramire, roi d'Aragon. Ce fut au nom de cette princesse qu'il prétendit au comté de Toulouse. Elle lui donna trois fils, Guillaume, qui suit; Raymond, qui devint prince d'Antioche, et Henri, moine de Cluni; avec cinq filles, dont on ne connaît que Mahaut, nommée par d'autres Agnès, mariée en premières noces à Aimeri, vicomte de Thouars, et en secondes à Ramire le Moine, roi d'Aragon. Philippe s'étant séparée du duc Guillaume en 1116, entra dans l'abbaye de Fonevrault, où elle mourut peu de tems après. La troisième femme de Guillaume fut Hildegarde, dont il n'eut point d'enfants. Ce prince l'ayant aussi répudiée pour vivre plus librement avec Maubergeon, elle en porta ses plaintes au pape Calliste II, qui fit citer le duc au concile qu'il avait indiqué à Reims, pour le mois d'octobre 1119. Hildegarde s'y rendit, et renouvela sa plainte. Le duc ne comparaissant point, on allait le condamner par défaut, sans l'intervention de l'évêque de Saintes et des abbés de l'Aquitaine, qui l'excusèrent, en alléguant des infirmités qui ne lui permettaient point de se déplacer. L'excuse fut admise, et l'on ignore la suite de cette affaire. Guillaume eut d'une autre maîtresse, qu'il entretenait à Toulouse, un fils naturel nommé Aymar, et non pas Guillaume, comme le pense D. Vaissète, qui devint comte de Valentinois et de Diois par son mariage avec l'héritière de ces deux comtés, et fut la tige des comtes de Valentinois de la maison de Poitiers. (*Voyez* les Comtes de Valentinois.) Le duc Guillaume le Jeune, suivant les expressions d'un ancien auteur, *était bon troubadour, bon chevalier d'armes, et courut long-tems le monde pour tromper les dames*. Il nous reste de lui des chansons provençales, qui prouvent son talent dans ce genre de poésie. Il avait cependant des émules à sa cour qui lui disputaient la palme. De ce nombre était Ebles, vicomte de Ventadour. Quoique très-bons amis, le duc et lui se portaient envie réciproquement, et cherchaient à se surpasser l'un l'autre. Il y avait aussi quelquefois entre eux des combats de magnificence. Un jour il arriva que le vicomte vint à la cour du duc dans le tems qu'il était à table. On lui prépare un superbe dîner, mais avec un peu de lenteur. Ebles voyant le repas qu'on lui servit après celui du duc, *Monseigneur*, lui dit-il, *ce n'était pas la peine de faire tant de dépense pour un si petit vicomte*. Quelques jours après, Ebles prend congé de lui pour s'en retourner. Le duc, voulant le surprendre, le suit de près avec cent chevaliers, et survient au château de Ventadour pendant son dîner. Ebles, sans se déconcerter, lui fait promptement donner à laver, tandis que ses gens, courant le château, enlèvent toutes les viandes qu'ils y trouvent. Ce jour, par bonheur, était une fête de gelines, d'oies et d'autres volatiles. A leur retour, ils servirent une si grande abondance de mets, qu'on eût dit que c'étaient les noces de quelque prince. Le soir, ce fut un autre spectacle. A l'insu d'Ebles, un paysan arrive dans la cour du château, conduisant un char traîné par des bœufs, et se met à crier : « Que les gens du comte de Poitiers approchent, et voyent comment se livre la cire à la cour du seigneur de Ventadour. » En disant cela, il monte sur son char, et avec une cognée il coupe les cercles d'une grande tonne, d'où sortent et tombent à terre des formes de toutes grandeurs, et sans nombre de la cire la plus pure. Le paysan, ne daignant pas les ramasser, s'en retourne avec son char à Malmont. Le comte-duc voyant cette profusion, donna de grands éloges à la générosité du vicomte. Pour le paysan, Ebles lui fit présent, et à ses enfants, du manse de Malmont. Dans la suite, ils furent élevés au rang de chevaliers, et se font aujourd'hui, dit Geoffroi du Vigeois (pag. 322), que nous copions, les neveux d'Archambaut de Solignac. La chevalerie ne supposait donc pas nécessairement la noblesse, comme elle l'a supposée dans les siècles suivants par l'usage, plutôt que par une loi expresse. Mais si la chevalerie au douzième siècle ne supposait pas toujours la noblesse, il est certain qu'elle la donnait à ceux qui ne l'avaient point par leur naissance, puisque tout chevalier était appelé *monseigneur*, et sa femme qualifiée *dame*, tandis que celles des simples écuyers n'étaient appelées que *demoiselles*.

GUILLAUME VIII, X^e. DU NOM, DUC D'AQUITAINE.

1127. GUILLAUME VIII, né à Toulouse l'an 1099, de Guillaume VII et de Philippe, était absent lorsque son père mourut. Il revint en diligence à la nouvelle de sa mort, pour lui rendre les derniers devoirs, et recueillir son ample succession. Il avait eu de violentes contestations avec lui. Raoul *de Diceto* dit, sur l'an 1112, qu'irrité des mauvais traitements que sa mère éprouvait de la part de son époux, il prit les armes pour la venger; et qu'après avoir fait la guerre pendant sept ans à son père, il fut prit dans un combat, et obtint par sa soumission le pardon de sa révolte. S'il fut de mœurs plus réglées que son père, il ne lui céda point du côté de l'ambition. L'an 1130, le desir de s'agrandir lui fit concevoir le dessein de s'emparer de Châtel-Aillon, place maritime à deux lieues, ou environ, de la Rochelle, et chef-lieu d'une partie au moins de l'Aunis. Le seigneur qui en était possesseur alors, se nommait Isambert, et portait le titre de prince. (Besli le surnomme le Pacifique, et dit qu'il était le quatrième de son nom.) Guillaume, voulant lui ôter les moyens de se défendre, attire à sa cour les seigneurs qui relevaient d'Isambert, et, les ayant en son pouvoir, il part aussitôt avec une armée qu'il avait toute prête; et vient subitement investir la ville de Châtel-Aillon par terre, tandis qu'une flotte, qu'il avait fait équiper, arrive pour achever de la bloquer par mer. Isambert, quoique surpris, ne laisse pas de se mettre en état de défense, et fait tête à l'ennemi depuis le 11 août jusqu'au commencement de décembre. Il l'eût même fait plus long-tems, si ses gens l'eussent mieux secondé. Mais s'apercevant à la fin qu'il était trahi par les principaux d'entre eux, il prit le parti de rendre la place. Le duc, non content de cette usurpation, lui demande encore le château de Lisleau, situé à deux milles de

Châtel-Aillon. Isambert l'ayant refusé, va se renfermer dans la place, où il soutient un siége d'une année entière. Mais les vivres lui manquant, il fallut enfin capituler. Isambert convient de rendre le château avec toute la province, à condition d'en partager les revenus avec le duc : ce qui fut exécuté. L'île de Rhé, que possédait également Isambert, ne fut point comprise dans cette capitulation, et lui resta en propriété. S'y étant retiré, il y finit ses jours, et fut enterré dans le parvis de l'église de Saint-Martin de l'île d'Aix, qu'Isambert, son aïeul, avait donnée à l'ordre de Cluni. C'est ainsi, dit Richard de Cluni, que le duc Guillaume se rendit maître par violence d'une belle province, sur laquelle il n'avait aucun droit. Richard ajoute que la cause de tout le mal fut Aliène, femme d'Isambert, l'une des plus méchantes de son tems : *Hujus miseriæ caput et initium fuit Aliena uxor domini Isamberti, quoniam una de filiabus Belial ab omnibus dicebatur.* (Bouquet, tom. XII, p. 419.) Besli tranche en deux mots cette expédition, et se trompe ; 1º. en la rapportant à l'an 1117 ; 2º. en nommant Ameline la femme d'Isambert. L'an 1131, au plus tard, séduit par Gérard, évêque d'Angoulême, le duc Guillaume embrasse l'obédience de l'anti-pape Anaclet, après avoir reconnu celle d'Innocent II. Il persista dans le schisme jusqu'en 1135, sans vouloir se rendre aux exhortations des personnes vertueuses et éclairées qui le pressaient d'en sortir. Il était réservé à saint Bernard de triompher de son obstination. Ce grand homme, après avoir d'abord échoué comme les autres dans les remontrances qu'il lui fit, s'avisa pour le terrasser d'une voie extraordinaire qui n'était permise qu'à lui seul. Un jour, comme il disait la messe dans une église de Poitiers, le duc se tenant à la porte, il prend l'hostie en main, et vient à lui les yeux enflammés : *Voici*, lui dit-il, *votre Dieu et votre juge, oserez-vous le mépriser ?* Le duc, surpris et attendri, déclare sur-le-champ qu'il reconnaît Innocent pour le vrai pape. On le réconcilie à l'église, et le schisme finit en Guienne. L'année suivante, Guillaume s'étant ligué avec Geoffroi Plantagenet, comte d'Anjou, pour attaquer la Normandie, il entre dans cette province au mois de septembre, et y commet des ravages qui lui attirent, dit Orderic Vital, l'exécration de tout le pays. À son retour, désirant d'avoir un fils, il prend pour épouse EMME, fille d'Adémar III, vicomte de Limoges, veuve de Bardon de Cognac. Mais Guillaume Taillefer, fils de Vulgrin, comte d'Angoulême, qui l'avait recherchée avant lui, a la hardiesse de la lui enlever. Cette affaire eût eu de terribles suites, disent Geoffroi du Vigeois et la chronique de Limoges, sans un pèlerinage, dont le duc avait fait vœu et qu'il croyait ne pouvoir plus différer. Avant de l'entreprendre, il fit son testament, par lequel il donnait son duché à Éléonore, sa fille aînée, qu'il destinait pour épouse, sous le bon plaisir de ses barons, à Louis, fils aîné du roi Louis le Gros, et ses terres et châteaux de Bourgogne à Péronnelle, son autre fille : *Peronnellæ verò filiæ meæ possessiones meas et castella quæ in Burgundia, ut proles Gerardi ducis Burgundiæ, possideo.* (Bouquet, tom. XII, pag. 410.) Gérard, duc de Bourgogne, dont il s'agit ici, n'est point autre que le fameux Gérard de Roussillon. La question est de savoir comment les ducs d'Aquitaine descendaient de lui, et quels étaient ces terres et châteaux qu'ils possédaient en Bourgogne. Mais toujours est-il certain, par ce testament, qu'ils prétendaient descendre de ce duc, et qu'ils jouissaient, en Bourgogne, de terres et châteaux qu'ils prétendaient leur être venus de lui. Nous n'ignorons pas, à la vérité, que Besli regarde ce testament comme supposé, prétendant que le véritable existe aux archives de Moustier-Neuf. Cependant, quoiqu'il fût à portée de le voir, s'il eût existé, et qu'il eût été de son devoir de l'insérer parmi les preuves de son histoire, il n'en donne pas même la substance, et personne, avant ni après lui, n'a dit l'avoir vu. C'est donc une pure supposition de Besli que son assertion sur ce point. Le duc Guillaume, l'an 1137, se met en route pour Saint-Jacques de Compostelle. Saisi d'une maladie violente à son arrivée en cette ville, il y meurt dans l'église le Vendredi-Saint, 9 avril, pendant qu'on chantait la Passion, après avoir confirmé de vive voix son testament, en présence des barons qui l'avaient accompagné. (Bouquet, tom. XII, pag. 83, 119, 198.) AÉNOR, sa femme, sœur du vicomte de Châtelleraut, outre les deux filles qu'on vient de nommer, lui avait donné un fils appelé Guillaume, que sa valeur fit surnommer le Hardi, et qui mourut sans lignée avant lui.

ELÉONORE et LOUIS LE JEUNE.

1137. ELÉONORE, fille aînée de Guillaume X, et héritière de son duché, née vers l'an 1123, épousa, le 22 juillet 1137, à Bordeaux, le roi Louis le Jeune, qui la fit en même-tems couronner reine de France. Le 8 d'août suivant, il fut lui-même couronné duc d'Aquitaine à Poitiers. « Ce duché, dit l'historien
» du Languedoc, qu'il réunit pour un tems à la couronne par
» son mariage avec Eléonore, comprenait alors les comtés particuliers de Poitou et de Limosin, avec l'autorité suzeraine
» sur le reste de la province ecclésiastique de Bordeaux, ou
» d'Aquitaine seconde. Il comprenait aussi la Novempopulanie,
» ou province d'Auch, c'est-à-dire le duché de Gascogne, et
» les comtés particuliers de Bordeaux et d'Agen, qui avaient
» été réunis au domaine des comtes de Poitiers, vers le milieu
» du onzième siècle, par le mariage de Brisque, qui en était

» héritière, avec Guillaume VI, aïeul du père d'Eléonore. Ce
» dernier possédait aussi la partie de la Touraine, située à la
» gauche de la Loire ». A ce détail, que D. Vaissète emprunte
d'Ernaud de Bonneval, il faut ajouter, comme on l'a vu, la
suzeraineté sur l'Auvergne, qui est de la province ecclésiastique
de Bourges. Mais les autres pays qui appartiennent à l'Aquitaine
première, ou à la province ecclésiastique de Bourges, relevaient
des comtes de Toulouse qui jouissaient eux-mêmes de l'autorité
ducale, et dominaient alors immédiatement sur le Querci, l'Albigeois, le Rouergue, le Gévaudan et le Velai. De là vient que
quelques auteurs, pour distinguer ces deux portions de l'ancienne Aquitaine, donnent le nom de Guienne à celle dont les
comtes de Poitiers se qualifiaient ducs ; mais ce nom n'a pas été
en usage avant le treizième siècle. Louis le Jeune, pendant son
séjour à Bordeaux, donna des lettres-patentes, par lesquelles il
rendit au clergé d'Aquitaine la liberté des élections, et la jouissance des revenus des bénéfices vacants. (Laurière, *Ord.*, tom. I.)
L'an 1150, ou environ, Louis et Eléonore donnèrent un code
maritime à l'île d'Oléron, pour la diriger dans son commerce
qui était alors très-considérable. Ce code, appelé d'abord les lois
d'Oléron, et ensuite, par corruption, les *lois de Layron*, servit
de règle pour la navigation de l'Océan. Ce n'était dans le fond
qu'une imitation du *droit rhodien*, célèbre dans la Méditerranée,
connu des Romains dès le tems d'Auguste, et adopté par les
empereurs suivants. La ville maritime de Visby, dans l'île suédoise de Gothland, ayant dans la suite adopté les lois de Layron avec quelques modifications, elles sont devenues la règle du
commerce de la mer Baltique. Ainsi, les trois mers les plus fréquentées avant les derniers progrès de la navigation, reçurent
de trois villes marchandes des lois pour la direction du commerce maritime de l'Europe.

L'an 1152, Louis, mécontent de la conduite licencieuse
d'Eléonore, fit prononcer la nullité de son mariage le 18 mars
au concile de Beaugenci, pour cause ou plutôt sous prétexte
de parenté. Ce furent Godefroi, évêque de Langres, et Saint-
Bernard qui lui donnèrent ce conseil, et il n'y avait plus alors
de Suger pour contre-balancer leur autorité. Eléonore, en se
séparant de son époux, emporta sa dot, c'est-à-dire la propriété
de l'Aquitaine, qui fut démembrée de la France après y avoir
été réunie l'espace d'environ quinze ans. Quelques politiques
modernes accusent Louis d'avoir fait une lourde faute en rendant à Eléonore sa riche dot. « Mais, observe judicieusement
» Mezerai, pouvait-il repudier cette femme et ne pas lui rendre
» ses terres ? Les grands du royaume l'eussent-ils souffert, et
» les peuples d'Aquitaine eussent-ils facilement abandonné

» leur dame? » (*Voy.* Louis VII, *roi de France.*) Eléonore, au sortir de Beaugenci, se rendit à Blois auprès du comte Thibaut. Mais avertie que ce prince voulait l'arrêter et se rendre maître de sa personne, elle se sauva de nuit, et vint à Tours. Le séjour qu'elle y fit ne fut guère plus long qu'à Blois. Persuadée que, dans la situation où elle se trouvait, rien ne lui convenait mieux que de résider dans ses états, elle s'achemina vers Poitiers. Mais Geoffroi, frère du comte d'Anjou, la prévint, et, dans le dessein de l'enlever et de l'épouser, il alla l'attendre au port de Piles sur les confins de la Touraine et du Poitou. On donna avis de l'ambuscade à la princesse qui l'évita en prenant une autre route. Arrivée à Poitiers, elle y fit le premier acte de souveraineté en confirmant les priviléges et donations pieuses de son père et de ses ancêtres.

ELÉONORE ET HENRI D'ANJOU.

1152. HENRI, duc de Normandie et comte d'Anjou, fils de Geoffroi le Bel ou Plantagenet, et de l'impératrice Mathilde, depuis roi d'Angleterre, épouse à Poitiers la duchesse Eléonore, le 18 mai de la même année qu'elle fut séparée du roi Louis le Jeune. Jean Brompton (col. 1075) nous apprend que ce mariage se fit contre l'intention de Geoffroi Plantagenet, père de Henri. Suivant cet historien, Geoffroi de son vivant (il était mort pour lors), afin de détourner son fils d'épouser Eléonore dans le cas du divorce qu'il prévoyait, l'avait averti qu'il avait eu commerce avec elle pendant qu'il faisait les fonctions de grand-sénéchal à la cour de France. Mais Henri prit toujours l'intérêt pour la règle souveraine de sa conduite. Les barons d'Aquitaine passèrent à regret sous sa domination. L'an 1167, irrités des atteintes que ce prince, alors roi d'Angleterre depuis douze ans, donnait à leurs priviléges, et d'ailleurs excités par le roi de France, ils se soulèvent contre lui et ravagent le pays. Henri passe aussitôt dans ce duché, bat les rebelles, prend leurs châteaux, et, appelé ailleurs, il laisse le gouvernement de la province à son épouse et au comte de Salisberi. Celui-ci, l'année suivante, fut tué par Gui de Lusignan en revenant du pèlerinage de Saint-Jacques en Galice. Henri, à cette nouvelle, revole en Aquitaine, poursuit l'assassin et l'oblige à s'expatrier. Gui passe en Palestine, où s'étant mis au service du roi Amauri, puis de Baudouin le Lépreux, son successeur, il s'acquit par sa valeur, dit Roger d'Hoveden, l'estime de toute la noblesse du pays. C'est le même qui dans la suite devint roi de Chypre. Henri, sur la fin de la même année, dans une conférence tenue pour la paix avec le roi de France, cède l'Aquitaine à

Richard, son fils. Ce furent Henri et Eléonore qui firent murer la ville de Poitiers. (Martenne. *Amplis. coll.*, tome V, col. 1155.)

RICHARD.

1169. RICHARD, devenu duc d'Aquitaine, rend hommage de ses états au roi de France le 6 janvier 1171, dans la ville d'Argenton. Il nomme pour son lieutenant Raoul de la Faye, homme féroce et d'une avidité insatiable, dont l'insolence et les extorsions forcent la noblesse à se soulever. Richard prend les armes pour réprimer cette sédition. Le roi son père vient à son secours, et achève de lui soumettre les seigneurs révoltés. L'an 1174, il est fiancé le 30 septembre avec Alix, fille du roi Louis le Jeune et d'Alix de Champagne. La princesse, âgée pour lors de six ans, est conduite en Angleterre pour y être élevée, jusqu'à son mariage, à la cour du roi son beau-père futur. L'an 1175, nouvelle révolte des seigneurs d'Aquitaine, à la tête desquels sont les comtes d'Angoulême et de la Marche. Richard apprend en Angleterre, où il était pour lors, les dégâts qu'ils font en Poitou. S'étant rendu l'année suivante dans son duché, il lève une armée, poursuit les rebelles, et, après leur avoir enlevé plusieurs de leurs places, il les fait prisonniers; puis les envoie en Angleterre à son père. Le roi les reçoit à Winchester, et ne leur rend la liberté qu'après en avoir tiré de fortes rançons. L'an 1179, selon *Raoul de Diceto*, ou l'année suivante, selon Mathieu Paris, irrité des bravades et des fréquents manquements de Geoffroi de Rancone à son égard, il vient assiéger, le premier mai, son château de Taillebourg, l'une des plus fortes places qu'il y eût alors en Aquitaine. Les assiégés, honteux de rester sur la défensive, font le mardi des Rogations une sortie sur les assiégeants; mais ceux-ci les reçoivent avec tant de bravoure, que les ayant repoussés, ils les poursuivent et entrent pêle-mêle avec eux dans la place, où ils font un horrible carnage. Ceux qui purent échapper à leurs glaives s'étant réfugiés dans le donjon, y furent attaqués avec une telle fureur que, le jour de l'Ascension, le maître du château fut obligé de se rendre. Richard, après cela, fait raser la place, et pendant un mois il n'est occupé qu'à prendre et à détruire les autres châteaux du pays. Couvert de gloire par cette expédition, il repasse en Angleterre, où le roi, son père, le reçoit avec de grands honneurs. L'an 1181, il prend la défense de Mathilde, fille et héritière de Guillaume IV, comte d'Angoulême, contre ses oncles qui avaient entrepris de la dépouiller : mais dans le même tems, la noblesse d'Aquitaine, irritée du mauvais gouvernement de Richard, se ligue avec ses frères, Henri et Geoffroi, pour l'en chasser. Richard, attaqué de deux côtés en même tems, implore le secours du roi, son père, qui vient avec une armée pour le délivrer. Henri et Geoffroi feignent à son arrivée de vouloir réconcilier les barons d'Aquitaine avec Richard. On négocie à Limoges. Le roi était maître de la ville, et le jeune Henri l'était du château. Tandis que le père se promène avec quelques officiers devant cette place, les soldats de la garnison font pleuvoir une grêle de flèches dont l'une blesse un de ses chevaliers à côté de lui, et une autre lui aurait percé le cœur sans un mouvement de son cheval qui la reçut au front. Ce malheureux père se retire, outré de la scélératesse de son fils. Celui-ci, voyant son abominable projet manqué, prend la croix pour la Terre-Sainte. Mais, presque assitôt, il tombe malade, et au bout de quelques jours il meurt au château de Martel, dans la vicomté de Turenne, le 11 juin 1183, dans de grands sentimens de pénitence. Cette mort déconcerta les projets des rebelles. Richard les poursuivit, rasa leurs forteresses, et obligea toute la noblesse à rentrer dans le devoir.

La France, et surtout sa partie méridionale, était alors infestée, ravagée par diverses troupes de brigands nommés Brabançons, Aragonais, Routiers, Cotereaux, qui détroussaient les pèlerins et les marchands sur les grandes routes, et toujours étaient prêts à se louer aux seigneurs inquiets et querelleurs pour se faire la guerre entre eux. Un charpentier du Puy se mit tout-à-coup à publier une vision où la mère de Dieu lui avait ordonné de prêcher la paix, et pour gage de sa mission lui avait remis son image avec cette inscription gravée autour : *Agnus Dei qui tollis peccata mundi, dona nobis pacem.* La prédication de cet homme grossier produisit une confrérie où chacun s'empressa d'entrer. Un chaperon blanc avec une plaque de plomb ou d'étain où l'image de la vierge telle que le charpentier disait l'avoir reçue avec l'inscription, était représentée, distinguait les membres de cette nouvelle association. Leur principale obligation était de prendre les armes pour aller détruire les ennemis de la paix dans quelque ville ou dans quelque province qu'ils fussent, et rétablir la sûreté sur les grandes routes. Ils remplirent d'abord cet engagement avec succès. On vit pendant quelque tems la concorde succéder aux dissensions domestiques, la paix aux guerres intestines, la sûreté des chemins et la liberté du commerce rétablies. Les jeux de dés ou de tables furent supprimés, les tavernes fermées, les faux sermens, les blasphèmes interdits. Mais les passions des associés franchirent bientôt les barrières que leurs propres réglemens leur opposaient ; et si cette confrérie produisit quelque bien, ce fut dans le commencement, lorsque le zèle n'était point encore ralenti. (M. l'abbé Papon, *Hist. de Prov.*, tom. II, pag. 270.)

L'an 1186, le duc Richard, de concert avec le roi d'Aragon, fait irruption dans le Toulousain, où il ravage la campagne, et se rend maître de plusieurs châteaux. L'année suivante, Raymond, comte de Toulouse, pour se venger de Richard, fait arrêter divers marchands de Guienne, qui commerçaient dans ses états. Geoffroi de Lusignan, allié du comte, assassine dans le même tems un des plus intimes confidents de Richard. Ce prince voit la plupart des seigneurs aquitains conjurés contre lui ; cette ligue ne l'effraie point, son courage et son habileté lui fournissent des ressources pour faire face à tous ses ennemis. Il tombe, l'an 1188, sur les terres de Geoffroi, lui tue beaucoup de monde, et lui enlève plusieurs châteaux. Mais le roi d'Angleterre, père de Richard, mécontent de lui, fait passer à Geoffroi des secours d'hommes et d'argent, qui le garantissent d'une ruine totale. C'est vraisemblablement à ce tems-là qu'on doit rapporter le soulèvement et la réduction de la Rochelle, ville dès-lors florissante par son commerce. Elle se croyait hors d'atteinte au moyen d'un large fossé qu'elle avait creusé autour de ses murs pour y recevoir les eaux de la mer. Richard franchit cet obstacle, força la place, et traita les Rochelais avec une sévérité qu'un écrivain du tems compare à celle que Nabuchodonosor exerça dans Tyr, lorsqu'après un siége des plus longs et des plus opiniâtres, il s'en fut rendu maître. (Bouquet, tom. XII, p. 421.) Richard victorieux, retourne ensuite dans le comté de Toulouse, à la tête d'une armée de Brabançons et d'autres brigands. Dix-sept châteaux, qu'il prend dans le Querci, sont le fruit de cette expédition. Le roi de France cependant irrité de ces hostilités faites dans son royaume sans déclaration préalable de guerre et sans défi, en porte ses plaintes au roi d'Angleterre. Sur la réponse équivoque qu'il reçoit, il entre à main armée dans le Berri, prend Châteauroux et d'autres places, s'avance dans le Bourbonnais, et pénètre jusque dans le Querci qu'il reprend. Le roi d'Angleterre, qui avait retiré le duché d'Aquitaine à Richard, apprend ces progrès à Londres, le 25 juillet. Il s'embarque aussitôt et passe en Normandie où il rassemble une armée considérable. Conférence de Gisors, entre les deux monarques, le 16 août et les deux jours suivants ; on n'y conclut rien. Le roi d'Angleterre entre sur les terres de France par Verneuil, et ravage tout jusqu'à Mantes. Le 18 novembre, nouvelle entrevue à Bonmoulins, entre Trie et Gisors, ménagée par le prince Richard. Celui-ci, par le conseil du roi de France, avec lequel il s'était raccommodé, demande à son père la princesse Alix, sœur du roi de France, qui lui avait été fiancée, comme on l'a dit, et que Henri retenait dans son palais. Sur son refus, Richard, en sa présence, se jette aux pieds de Philippe Auguste, et lui fait hommage de toutes les terres que l'Angleterre possédait en France. Philippe et Richard, unis étroitement, recommencent la guerre l'année suivante, contre le monarque anglais. Ils la font avec succès, et le forcent enfin d'accepter les conditions de paix qu'ils veulent lui imposer. Ce fut dans une conférence tenue le 28 juin 1189, à la Colombière, entre Tours et Amboise, qu'il les souscrivit. Le 6 juillet suivant, Richard parvient à la couronne d'Angleterre, par la mort de son père. L'an 1195, dans le traité qu'il fait, la veille de l'apparition de saint Michel, au gué d'Amours, entre Issoudun et Charroux, avec le roi Philippe Auguste, il quitte à ce monarque entre autres choses (art. 6.) le fief de l'Auvergne et le domaine qu'il y avait ou qu'il espérait y avoir : *Quitat nobis Ricardus rex Angliæ..... Alvernum feodum et dominium, et quod habebat ibi, et quod se habiturum expectabat.* (Rymer, *Act.*, tom. I, p. 29.) (*Voy.* Richard I, *roi d'Angleterre.*)

OTTON DE BRUNSWICK.

L'an 1196, Richard, du consentement d'Éléonore, sa mère, donna l'usufruit (et non la propriété foncière) du duché d'Aquitaine avec le comté de Poitiers, à OTTON, son neveu, troisième fils de Henri le Lion, duc de Saxe, et de Mathilde, sœur de Richard. Otton jouissait déjà de plusieurs terres en Poitou, comme il paraît par l'hommage qu'il rendit, l'an 1190, à Guillaume, évêque de Poitiers, pour les seigneuries de Sivrai, de l'Ile-Jourdain et de Dorat. (*Gal. Ch. no.*, tom. II, *col.* 1181.) Cette prestation se fit en personne dans le bourg de Vœc en Poitou, ce qui prouve qu'Otton était dès-lors en France. Otton fut investi la même année du comté d'Yorck, en Angleterre, par le roi Richard, avant que de l'être du comté de Poitou. Il est certain qu'il garda ce dernier jusqu'à la fin de l'an 1197, comme il paraît par une charte qu'il expédia, le 29 décembre de cette année, à Bénaon, dans le Poitou, en faveur des habitants d'Oléron. Cette charte, il est vrai, porte l'an 1198 : mais c'est suivant le style d'Angleterre où l'année commençait à Noël. Avant ce diplôme et dans la même année, Otton avait reçu du pape Célestin III, un bref par lequel il lui annonçait qu'il venait de canoniser le bienheureux Gérard, abbé de la Seauve, mort en 1095. En conséquence, il écrivit deux lettres, l'une aux archevêques et évêques d'Aquitaine, pour les exhorter à faire célébrer la fête de ce saint dans leurs diocèses ; l'autre à ses sénéchaux, prévôts et baillis, par laquelle il leur enjoignait de tenir la main à l'observation de cette solennité. Dans l'une et l'autre lettres, conservées aux archives de la Seauve, en original et transcrites par D. Etiennot, au neuvième volume, manuscrit de ses fragments, pag. 335-337, Otton prend les titres de duc d'Aquitaine et de comte de Poitou : *Otho dux Aquitaniæ et comes Pictaviæ*. A la deuxième, datée de Bazas, le 9 de mars, pend un sceau sur l'une des faces duquel on voit un lion rampant, et sur l'autre un cavalier qui poursuit ses ennemis. Otton, l'année suivante, étant parti pour l'Allemagne, y fut élu au mois de mars, roi des Romains. Les embarras que cette dignité lui occasiona, ne lui permirent plus de revenir en France. Avant de quitter ce royaume, il avait vendu, suivant la chronique d'Halberstad, les provinces qu'il y possédait, au roi d'Angleterre, moyennant une somme qu'il dépensa pour acquérir les suffrages des électeurs. *Otto pecuniam ab avunculo suo Anglicorum rege pro comitia sua datam electoribus suis, quod sitiverant, erogavit*. Après la mort du roi Richard, arrivée le 6 avril de l'an 1199, la reine Eléonore se ressaisit du duché d'Aquitaine et du comté de Poitou, comme d'un bien patrimonial. Elle en fit hommage la même année, dans la ville de Tours, à Philippe Auguste, roi de France, et peu de tems après, elle s'associa dans ce duché, le roi Jean-sans-Terre, son fils. Nous avons des actes qu'elle fit seule, l'an 1199, en son nom de duchesse d'Aquitaine ; et nous en avons d'autres de la même année, qu'elle fit au même titre, de concert avec ce prince. Du nombre des premiers sont deux chartes en faveur de la ville de Poitiers, données, l'une et l'autre, à Niort, et, par une double erreur typographique, datées toutes deux de l'an 1149, dans le nouvel abrégé de l'Histoire de Poitou, tom. I, p. 337 et 338. Par l'une, Eléonore confirma aux habitants de Poitiers la liberté que les ducs ses prédécesseurs leur avaient accordée de marier leurs filles comme ils jugeraient à propos, et *d'ester* en justice sans pouvoir être arrêtés, à moins qu'ils ne fussent coupables de meurtre ou de vol. La deuxième est l'établissement d'une commune à Poitiers. Eléonore et le roi Jean firent la même année, une semblable concession à la ville de la Rochelle. (Arcere, *Hist. de la Roch.*) Otton cependant n'avait pas renoncé au comté de Poitiers. Il envoya, l'an 1200, ses deux frères au roi d'Angleterre pour répéter ce comté et celui d'Yorck. C'est Roger d'Hoveden qui nous l'assure. *Otto rex Allemanorum*, dit-il sur l'an 1200, *Electus Romanorum imperator, misit Henricum et Willelmum fratres suos ad Joannem regem Angliæ avunculum suum, petens ab eo comitatum Eboraci et comitatum Pictavis, quos Ricardus rex Angliæ ei dederat*. Il fallait donc que Richard ne lui eût payé qu'une partie du prix de la vente de ces domaines, puisqu'il se croyait en droit de les réclamer. Quoi qu'il en soit, il ne put rien obtenir. Peut-être les sommes d'argent que Jean-sans-Terre lui envoya dans la suite pour l'aider à se maintenir sur le trône impérial, furent-elles un dédommagement des comtés qu'il refusait de lui rendre. Ce sont les écrivains allemands et anglais qui nous apprennent tous ces détails, sur lesquels nos historiens français, anciens et modernes, gardent le silence, ou du moins ne s'expliquent que très-obscurément. Une preuve qu'Eléonore conserva l'Aquitaine jusqu'à la fin de ses jours, c'est la charte de commune qu'elle accorda en 1203, dernière année de sa vie, à la ville de Niort. (*Arch. de Niort.*) L'an 1204, le duché d'Aquitaine, avec toutes les terres qui appartenaient aux Anglais en-deçà de la mer, fut confisqué sur Jean-sans-Terre par la cour des pairs de France, pour crime de félonie et de parricide. Le roi Philippe Auguste exécuta cet arrêt en partie, les armes à la main, dans les années 1204 et 1205, par la conquête qu'il fit de la Normandie, de l'Anjou, du Berri et du Poitou. Saint Louis, l'an 1241, donna le comté de Poitou à son frère Alfonse. Ce prince étant mort sans enfants, le 21 août 1271, le roi Philippe le Hardi, son neveu, mit sous sa main le comté de Poitiers pour le réunir à la couronne. Charles d'Anjou, roi de Naples et frère d'Alfonse, réclama de son côté cette succession comme plus proche héritier de ce prince. Mais on lui opposa que, n'étant que collatéral, il ne pouvait empêcher la réversion au domaine royal. La contestation dura l'espace de douze ans, au bout desquels intervint, le 2 novembre 1283, un arrêt qui adjugeait le comté en litige à Philippe le Hardi, et cet arrêt fut un règlement pour la suite. C'est ainsi que les apanages commencèrent à s'établir. Mais il restait, dit M. Gaillard, l'équivoque du mot *héritiers*, et la distinction des fiefs masculins et féminins. Quand la réversion devait-elle avoir lieu ? était-ce à défaut d'héritiers mâles, ou seulement après l'extinction de la postérité entière, tant masculine que féminine du premier apanagé? Philippe le Bel leva cette difficulté, et acheva de perfectionner à cet égard la théorie des apanages. En donnant le même comté de Poitiers avec titre de pairie par lettre du mois de décembre 1311 (et non 1314, comme le marque un moderne) à Philippe le Long, son second fils, il ordonna que la réversion aurait lieu *à défaut d'enfants mâles :* cet exemple servit encore de règlement pour la suite. C'était un complément nécessaire à la loi salique : jusque-là les apanages auraient pu être bien plus contraires à la loi salique que ne l'avaient été les partages sous les deux premières races, puisque ces partages ne regardaient jamais que des princes issus de mâle en mâle de la race royale ; au lieu que les apanages, sans la dernière restriction introduite par Philippe le Bel, avaient le même inconvénient que les fiefs féminins, celui de pouvoir passer à l'étranger. Mais il fallait que cette restriction fût exprimée formellement dans les lettres expédiées pour la concession de l'apanage, sans quoi les femmes descendant en ligne directe de l'apanagé, pouvaient, au défaut des mâles, lui succéder. C'est sur son omission que se fondait Marie, fille unique de Charles le Téméraire, pour revendiquer le duché de Bourgogne. (*Voy.* à l'article de Philippe le Hardi, *duc de Bourgogne*, les lettres par lesquelles son père, le roi Jean, lui fait donation de ce duché, et celles par lesquelles le roi Charles V confirme cette donation.)

Pour achever le dénombrement de ceux qui ont été apanagés du comté de Poitiers, nous dirons que Philippe le Long, étant parvenu à la couronne, en 1316, y réunit ce comté ; et qu'au mois de juin 1357, il en fut détaché par Charles, régent de France (depuis le roi Charles V) pour faire l'apanage de JEAN de France, son frère ; que par le traité de Brétigni du 8 mai 1360, le roi Jean céda ce comté à Édouard III, roi d'Angleterre ; mais que Charles V, ayant retiré le Poitou des mains des Anglais, le rendit à son frère Jean, pour lors duc de Berri, par ses lettres de novembre 1369 ; que ce dernier étant mort, le 15 juin 1416, sans laisser de postérité mâle, le comté de Poitou revint à la couronne ; et qu'enfin, le 17 mai 1417, il fut donné à Charles de France, dauphin de Viennois, depuis roi de France, VIIe. du nom, qui le réunit à la couronne dont il n'a plus été séparé depuis.

CHRONOLOGIE HISTORIQUE

DES

COMTES D'AUVERGNE.

L'Auvergne, *Arvernia*, et plus anciennement dite *Avernia*, province de trente lieues de longueur sur quarante de largeur, bornée au septentrion par le Bourbonnais, au levant par le Forez et le Velai, au midi par le Rouergue, et au couchant par le Limosin, le Querci et la Marche, tire son nom des peuples nommés Arverni, qui étaient les plus puissants et les plus aguerris entre les Celtes. Ils se vantaient d'être issus, comme les Romains, des Troïens, suivant la remarque de Lucain, lib. II.

> Avernique ausi Latios se fingere fratres,
> Sanguine ab Iliaco populi;......

Souvent leurs rois ont été choisis pour commander à toute la Gaule celtique. L'histoire romaine nous a conservé les noms de la plupart de ces rois. César, Tite-Live et Florus parlent des rois Ambigatus, Lucrius, Bituitus et Vercingetorix. Rome arma toutes ses forces contre Bituitus, qui fut vaincu par Fabius Maximus dans une bataille où ce général eut cent vingt mille hommes tués sur la place. Athénée, d'après Possidonius, dit que Lucrius était si puissant que, lorsqu'il marchait en public, il était monté sur un char plein de sacs d'or et d'argent qu'il répandait sur une foule innombrable de peuple qui le suivait. Le royaume n'était pas héréditaire chez les Auvergnats. Ils choisissaient leurs rois parmi la noblesse. César dit que Cattellus, père de Vercingetorix, fut mis à mort pour avoir brigué la couronne. Vercingetorix mit sous les armes quatre cent mille hommes pour défendre sa patrie contre César. Il obligea ce général à lever le siége de Gergovie, et montra la plus grande valeur à la défense d'Alexia, où il fut pris, et de là mené à Rome l'an 702 de sa fondation. L'Auvergne, vers ce même tems, fut réduite en province romaine avec le reste de la Celtique ; mais elle fut distinguée par des priviléges qu'elle obtint, dont le plus remarquable fut l'établissement d'un sénat sur le modèle de celui de Rome. Auguste, néanmoins, craignant que Gergovie, située sur une montagne de très-difficile accès, ne devînt un asile inexpugnable pour les Auvergnats dans le cas d'une révolte, prit le parti de rebâtir l'ancienne ville de *Nemetum*, située à une lieue de là, qui fut appelée du nom de son restaurateur *Augustonemetum*, et en fit la métropole de l'Auvergne, ce qui la fit aussi nommer *Arverni*. (C'est aujourd'hui Clermont.) Gergovie, privée de ses priviléges, devint bientôt déserte, et il n'en reste aujourd'hui qu'un petit village qui porte le nom de Gergoie. Le Velai avec le Bourbonnais faisaient originairement partie de l'Auvergne, dont ils ne furent séparés qu'après l'établissement de la féodalité. Les Visigoths, ayant enlevé l'Auvergne aux Romains vers l'an 475, la possédèrent jusqu'en 507, qu'elle fut conquise par Clovis. Dans la suite, elle devint le partage des rois d'Austrasie ; et après que ces rois eurent cessé, l'Auvergne vint au pouvoir du duc Eudes avec toute l'Aquitaine. Waifre, petit-fils d'Eudes, ayant été dépouillé par le roi Pepin, l'Auvergne fut gouvernée par des comtes, d'abord amovibles, ensuite propriétaires, qui relevaient des ducs de la première Aquitaine. L'Auvergne se divise aujourd'hui en haute et basse. Clermont est la capitale de la basse Auvergne, et Aurillac celle de la haute. Elle se partageait auparavant, comme on le verra ci-après, en comté, dauphiné et duché.

BLANDIN.

Blandin, comte d'Auvergne, fut envoyé, l'an 760, par Waifre, duc d'Aquitaine, avec Bertellan, archevêque de Bourges, au roi Pepin le Bref, pour lui faire quelques représentations au sujet du traité de paix que le duc venait de conclure avec lui. La hauteur avec laquelle Blandin s'acquitta de sa commission irrita le monarque et occasiona une nouvelle rupture entre les deux princes ; elle ne tarda guère d'éclater. L'année suivante, Waifre, excité par Blandin, assemble ses troupes, passe la Loire dans le tems que Pepin est occupé à tenir à Duren, dans le pays de Juliers, l'assemblée du Champ de Mai, ravage le diocèse d'Autun, étend ses courses jusqu'aux portes de Châlons-sur-Saône, dont il brûle les faubourgs, et s'en retourne chargé de butin. A la nouvelle de ces désastres, Pepin se met en marche pour en tirer vengeance. Après avoir passé la Loire à Nevers, il assiége le château de Bourbon sur l'Allier, qu'il emporte et livre aux flammes. Il ravage ensuite tout le pays jusqu'à Clermont, qu'il force à lui ouvrir ses portes. Maître de la place, il y fait mettre le feu, et voit périr un grand nombre de personnes de tout âge, de l'un et l'autre sexes, dans cet embrasement. Tout le reste de l'Auvergne plia devant lui. Enfin ses généraux ayant livré bataille à Blandin, qui s'était présenté à la tête d'une armée de Gascons et d'Aquitains, le défirent entièrement, le firent prisonnier et l'amenèrent pieds et poings liés à Pepin. (Bouquet, tom. V, pag. 5.) Blandin, quelque tems après, ayant trouvé moyen de s'échapper, vint rejoindre Waifre, qu'il servit avec une nouvelle ardeur. Enfin il périt dans une bataille qui se donna, l'an 763, entre Pepin et ce duc. (*Ibid.* pag. 7.)

CHILPING.

763. CHILPING ou HILPING, fut substitué par Waifre à Blandin dans le comté d'Auvergne. Il fut tué, l'an 765, dans un combat qu'Adalard, comte de Châlons, lui livra près de la Loire. (Bouquet, *ibid.* pag. 6.) Son successeur immédiat est inconnu.

BERTMOND.

774. BERTMOND fut nommé comte d'Auvergne, en 774, par Charlemagne. Il ne l'était plus en 778. (Aldrevald, *de mirac. S. Bened.*, ch. 18.)

ICTERIUS ou ITIER.

778. ICTERIUS, fils d'Hatton et petit-fils d'Eudes, duc d'Aquitaine, était frère d'Artalgarius et de Loup Ier., duc de Gascogne. (*Hist. de Lang.*, tom. I, p. 417.) L'an 760, ayant été donné en otage avec Artalgarius par Waifre, duc d'Aquitaine, au roi Pepin, il s'attacha à la famille de ce prince, et mérita de Charlemagne, par sa fidélité, le comté d'Auvergne qui lui fut conféré l'an 778. On ignore l'année de sa mort. (Vaissète, tom. I, pp. 417, 427, 431, 609 *et pr.*, col. 88.)

WARIN.

819. WARIN, comte d'Auvergne, portait cette qualité lorsqu'il marcha, l'an 819, avec Bérenger, comte de Toulouse, contre les Gascons révoltés. (Eginhart, *Annal.*, pag. 261.) Il était en même tems comte d'Autun et de Mâcon, quoique dom Vaissète le nie. Nous voyons en effet qu'en 826 il acquit d'Hildebalde, évêque de Mâcon, la terre de Cluni et d'autres domaines voisins par échange d'autres fonds qu'il possédait en Auvergne, dans le Nivernais, qui faisait alors partie du

comté d'Autun, et dans le Mâconnais. De là il est naturel de conclure qu'il avait aussi les comtés de Mâcon et d'Autun. Il faut même encore y ajouter le comté de Châlons, dont il défendit, en 834, la capitale assiégée par Lothaire, révolté contre l'empereur Louis le Débonnaire, son père. L'issue de cette défense ne répondit pas au commencement. Warin, séduit par Lothaire, non-seulement lui rendit la place, mais embrassa même son parti. Cette trahison fit qu'en 839 Louis le Débonnaire le priva de tous ses honneurs. (Voy. *les comtes de Mâcon*.)

GIRARD ou GÉRARD.

839. GIRARD ou GÉRARD, différent de Gérard de Roussillon, avait succédé, l'an 839, à Warin. Quoique gendre de Pepin, roi d'Aquitaine, mort l'année précédente, il demeura fidèle à l'empereur Louis le Débonnaire, qui avait privé les enfants de Pepin des états de leur père pour les donner à son fils Charles le Chauve. Après la mort de Louis, il montra le même attachement pour Charles. Ce prince ayant envoyé, l'an 840, trois corps de troupes en Aquitaine pour contenir les rebelles, mit Gérard à la tête de celui qui devait défendre la ville de Limoges. Gérard perdit la vie, l'an 841, pour le service de Charles, à la bataille de Fontenai. Il avait été marié au moins deux fois. On ignore le nom et les qualités de sa première femme, dont il eut Rainulfe, comte de Poitiers : il épousa, en secondes noces, MATHILDE, fille de Pepin Ier., roi d'Aquitaine, qui lui donna Gérard ou Giraud, comte de Limosin, et père de saint Géraud, comte d'Aurillac et fondateur du monastère de ce nom. (Vaissète, *ibib.* pp. 519, 523, 527, 705, 724, 727, 728.

GUILLAUME Ier.

841. GUILLAUME Ier. succéda dans le comté d'Auvergne à Gérard, qui paraît avoir été son frère : du moins était-il son proche parent, l'usage de Charles le Chauve, suivant la remarque de dom Vaissète, ayant toujours été de conserver les dignités dans la même famille. Guillaume mourut au plus tard l'an 846. (Vaissète, tom. 1, pag. 720.)

BERNARD Ier.

846. BERNARD fut pourvu du comté d'Auvergne après Guillaume, et joignit à cette dignité celle d'abbé-chevalier de Brioude. L'an 849, il donna, par une charte du mois de mai, la terre de Moret à cette église, du consentement de LIUTGARDE, sa femme. Ce ne fut pas le seul don qu'il lui fit. On y conserve

encore une croix d'or enrichie de pierreries, sur les bras de laquelle on lit : *In Christi nomine et in honore S. Juliani martyris hanc crucem Bernardus et Liutgardis conjux fieri jusserunt.* Une charte, datée de la dix-septième année du règne de Charles le Chauve, fait mention de lui comme encore vivant. Il ne prolongea pas sa vie au-delà de l'année suivante. (*Gall. Chr.*, no. tom. II, col. 471. Baluze. *Hist. de la maison d'Auvergne*, tom. II, pag. 2. Vaissète, *Hist. de Languedoc*, tom. 1, pag. 720.)

GUILLAUME II.

858. GUILLAUME II se montre en 858 dans l'histoire avec la dignité de comte d'Auvergne ; il était en même tems, comme son prédécesseur, abbé-chevalier de Brioude. Sa mort arriva au plus tard l'an 862. (*Gall. Chr.*, no. Vaissète, *ibid.*)

ETIENNE.

862. ETIENNE, fils d'un seigneur nommé Hugues, fut le successeur de Guillaume II dans le comté d'Auvergne. Avant d'y parvenir, il avait fiancé la fille de Raymond Ier., comte de Toulouse, et ne voulut pas ensuite l'épouser sous prétexte qu'il avait eu commerce, disait-il, avec une proche parente de cette dame. Poursuivi par le comte et sa famille, il consentit enfin au mariage ; mais après l'avoir célébré, il s'obstina à refuser de le consommer. Raymond l'ayant cité pour ce sujet, l'an 860, au concile de Thusci, près de Toul, l'assemblée renvoya la décision de l'affaire aux évêques d'Aquitaine, avec une ample instruction d'Hincmar, archevêque de Reims, sur les principes d'après lesquels ils devaient prononcer. Quoiqu'Etienne se fût soumis aux pères de Thusci, il paraît cependant qu'il fit difficulté de se rendre au concile d'Aquitaine où son affaire devait être définitivement jugée. C'est ce qu'on voit par une lettre que le pape Nicolas lui écrivit pour l'obliger de comparaître à cette assemblée devant les légats qui devaient y présider. La même lettre nous apprend que ce comte était accusé d'avoir chassé l'évêque de Clermont de son siége et d'avoir mis en sa place un intrus. Nous ignorons, dit D. Vaissète, si le concile d'Aquitaine cassa son mariage ou l'approuva. Quel qu'ait été le jugement, Etienne n'y survécut pas long-tems, ayant été tué, vers la fin de l'an 863, en combattant contre les Normands. (*Hist. de Lang.*, tom. I, pag. 563, 720.)

BERNARD II, DIT PLANTEVELUE.

864 au plus tard. BERNARD était en possession du comté d'Au-

vergne au commencement de l'an 864. Nous en avons la preuve dans une charte datée du mois de janvier de la vingt-quatrième année du règne de Charles le Chauve, par laquelle, du consentement de sa femme HERMENGARDE, et avec la permission de ce prince, il fait un échange avec Lanfrède, abbé de Mauzac. (*Gall. Chr.*, no. tom. II, col. 471 et 472.) Mais la question est de savoir quel était ce Bernard; car il y avait alors un grand nombre de seigneurs qui portaient ce nom. Parmi cette multitude néanmoins de Bernard, nous n'en voyons que trois entre lesquels les savants soient à ce sujet partagés: savoir, 1°. Bernard, fils de Dodane, et de Bernard Ier., duc de Toulouse et marquis de Gothie; c'est celui pour lequel dom Vaissète se décide; 2°. Bernard, fils de Bernard et de Blichilde, et petit-fils, par sa mère, de Roricon, comte du Maine; c'est, au jugement de Besli, celui que nous cherchons; 3°. Bernard, dit Plantevelue, *Planta Pilosa*; M. Baluze est pour ce dernier, qu'il fait, mais sans preuve, fils de Bernard Ier., comte de Poitiers. A cela près, nous n'hésitons point à donner la préférence à son opinion. En effet, il est certain que le fils de Dodane fut proscrit à la diète de Pistes ou Pitres, tenue vers la fin de juin 864, et D. Vaissète avoue qu'il ne rentra en grâce que quelques années après. Ce ne peut donc pas être lui qui fut comte d'Auvergne en 864. Ce ne peut être non plus le fils de Blichilde. Il est vrai que cette année il obtint le marquisat de Septimanie après la proscription d'Humphrid. Mais si le comté d'Auvergne lui eût été pareillement donné, il l'eût conservé sans doute aussi longtems que son marquisat, c'est-à-dire jusqu'à l'excommunication fulminée contre lui, en 878, au concile de Troyes. (*Voy.* Bernard II, *marquis ou duc de Septimanie.*) Or, nous voyons que, l'année précédente, la Septimanie et l'Auvergne étaient gouvernées par deux Bernard qui n'avaient de commun que le nom. En effet, parmi les seigneurs qui se révoltèrent contre Charles le Chauve, lorsqu'il eut passé les Alpes, en 877, les Annales de Saint-Bertin nomment l'un et l'autre comme deux personnages différents, *Bernardum Arvernicum comitem itemque Bernardum Gotiæ markionem.* (Bouquet, tom. VII, pag. 124.) Ce n'est donc ni le fils de Dodane, ni le fils de Blichilde qu'Etienne eut pour successeur au comté d'Auvergne, mais Bernard Plantevelue dont il s'agit maintenant de trouver l'origine, ainsi que celle d'Hermengarde, sa femme. Quoique nous ne voulions rien affirmer positivement, nous sommes très-portés à le croire fils de Bernard Ier., l'un de ses prédécesseurs; et ce qui semble le prouver, c'est la charte d'une donation que fit un nommé Pierre à l'église de Brioude, *pro remedio Bernardi gloriosissimi comitis necnon eximii ac precellentissimi superstitis Bernardi comitis ejusque conjugis Irmengardis gratiâ Dei comitissœ horumque prolis* (Baluze, Hist. de la maison d'Auvergne, tom. II, pag. 3.) Il est visible que la fondation énoncée dans cet acte, dont la date est du mois de juin 883, a pour objet la famille de Bernard Plantevelue. Pourquoi donc Bernard Ier. s'y rencontrerait-il, s'il n'était pas le père du second? A l'égard d'Hermengarde, il n'y a pas lieu de douter qu'elle ne fût fille ou sœur du comte Warin. La terre de Cluni, qu'elle hérita de lui et porta en dot à son époux, comme on le verra par la suite, en fournit une preuve sans réplique. La révolte de Plantevelue contre Charles le Chauve était d'autant plus criminelle, que ce prince en partant pour l'Italie l'avait mis au nombre des conseillers qu'il laissait à Louis le Bègue, son fils. Mais il effaça cette tache par les services importants qu'il rendit depuis à l'état. Louis le Bègue, pour lors assis sur le trône, ne les méconnut pas. Ayant retiré, comme on l'a dit, le marquisat de Septimanie au fils de Blichilde, il le donna au comte d'Auvergne. Mais le proscrit trouva moyen de s'emparer du comté d'Autun, après avoir fait mourir Bernard Vitel qui en était pourvu. Le monarque envoya, contre l'usurpateur, son fils Louis à la tête de l'armée de Bourgogne, sous la conduite de Bernard Plantevelue, d'Hugues-l'Abbé, duc ou marquis d'Outre-Seine, de Boson, duc de Provence, et de Thierri, grand chambellan, qu'il avait substitué à Bernard Vitel dans le comté d'Autun. Maîtres de cette ville après un siège assez court, ils étaient occupés à réduire le reste de l'Autunois, lorsqu'ils apprirent la mort de Louis le Bègue, arrivée le 10 avril 879. Le monarque, par son testament, avait laissé son fils aîné sous la tutelle du comte d'Auvergne. L'événement justifia ce choix; le comte d'Auvergne n'oublia rien pour étouffer les dissensions, prévenir les desseins des malintentionnés, réprimer les usurpations et affermir l'autorité du nouveau monarque. Déjà Boson, duc de Provence, disputait au chambellan Thierri le comté d'Autun. Le régent et Hugues-l'Abbé les accordèrent en adjugeant au premier sa demande, et en accordant au second pour dédommagement les abbayes de l'Autunois. Il était important, pour imposer aux peuples, de faire sacrer au plutôt le jeune Louis. Bernard ayant assemblé sur ce sujet une diète à Meaux, conduisit Louis et Carloman à Ferrières où l'un et l'autre furent sacrés. Cependant les mécontents, ayant à leur tête Gauzlin, abbé séculier de Saint-Germain, tenaient une autre assemblée à Creil, d'où ils députèrent à Louis, roi de Germanie, pour lui offrir la couronne de France. Louis ayant accepté l'offre, passe le Rhin à la tête d'une puissante armée, et entre dans le royaume. Bernard et les autres seigneurs attachés au fils du feu roi l'engagent à s'en retourner au moyen de la cession qu'ils lui font de la partie du royaume de Lothaire, située le long de l'Escaut et de la Meuse, portion qui était échue à Charles le Chauve par le partage qu'il avait fait de ce royaume avec Louis le Germanique, son frère. Cette affaire était à peine terminée, que Boson, à l'instigation de sa femme, se fit déclarer roi de Bourgogne ou de Provence par les évêques de son département, assemblés à Mantaille. Bernard, l'année suivante, marche contre le tyran avec les deux rois, et débute par le siége de Mâcon, dont le comté avait été donné par Boson au fils de Blichilde. La place, ayant été prise, est adjugée avec son département au comte d'Auvergne. On fit ensuite le siége de Vienne, qui fut soutenu pendant deux ans, comme on l'a dit ailleurs, par la femme de Boson, avec la valeur d'une héroïne et l'habileté du commandant le plus expérimenté. Bernard, après la reddition de la place, continua de faire la guerre à Boson, et perdit la vie dans une bataille qu'il lui livra, l'an 886, avant le mois d'août. De son mariage il eut deux fils, Guillaume et Warin, qui moururent jeunes, un autre Guillaume qui suit, et deux filles, Adelinde ou Adélaïde, dite aussi Adalvis, mariée avec Acfred, comte de Carcassonne, et Ave, qui fut abbesse après être devenue veuve d'un comte.

GUILLAUME I ou III, DIT LE PIEUX, PREMIER COMTE HÉRÉDITAIRE D'AUVERGNE, ET DUC D'AQUITAINE.

886. GUILLAUME, à qui son amour pour la religion mérita le surnom de PIEUX, succéda, vers le milieu de 886, à Bernard, son père, dans le comté d'Auvergne et le marquisat de Gothie : il était aussi comte de Velai, soit qu'il tînt cette dignité de son père, soit qu'il l'eut acquise d'ailleurs. (Vaissète.) Une charte de l'an 887, rapportée par la Thaumassière, prouve qu'il était de plus comte de Bourges, dès l'année précédente. Guillaume, l'an 888, s'étant déclaré contre le roi Eudes, ce prince le dépouilla de ce dernier comté pour en revêtir un nommé Hugues. Guerre à cette occasion entre les deux compétiteurs, dans laquelle Hugues périt de la propre main de Guillaume. Ce dernier se réconcilia peu après avec Eudes, et demeura paisible possesseur de ses états. L'an 893, Eudes le nomma duc d'Aquitaine. Guillaume fonda, l'an 910, l'abbaye de Cluni, par un diplôme daté du 11 septembre, et non décembre, comme le marque Pagi. Les fonds dont il dota ce monastère lui venaient d'Ave, sa sœur, qui lui en avait fait cession en quittant le monde pour entrer en religion. Le prieuré de Souclanges, *de Celsiniis*, fut une autre fondation que Guillaume fit pour le même ordre en 916. Ce prince mou-

rut le 6 juillet 918, sans laisser d'enfants de sa femme INGEL-TRUDE ou ANGELBERGE, fille de Boson, roi de Provence, laquelle décéda l'année suivante. Guillaume est enterré dans l'église de Saint-Julien de Brioude, dont il est regardé comme le second fondateur.

GUILLAUME II OU IV, DIT LE JEUNE, COMTE D'AUVERGNE ET DUC D'AQUITAINE.

918. GUILLAUME II, surnommé LE JEUNE, fils d'Acfred, comte de Carcassonne, et d'Adélinde, sœur de Guillaume le Pieux, et cousin de Raymond-Pons, duc de Toulouse, succéda à Guillaume le Pieux, son oncle, dans ses états; mais il ne paraît pas avoir succédé à son père dans le comté de Carcassonne. Incontinent après avoir été revêtu du comté d'Auvergne, il se rendit maître, par les armes, de la ville de Bourges; mais il la perdit presqu'aussitôt par la révolte des habitants qui le chassèrent. Guillaume l'ayant reprise ensuite, elle lui fut enlevée de nouveau, (l'an 922, au plus tard) par Raoul, duc de Bourgogne, et Robert, duc de France. L'an 923, il battit, avec le secours que lui amena Raymond II, duc de Toulouse, les Normands qui étaient entrés en Aquitaine. L'an 924, Raoul, qu'il refusait de reconnaître pour roi de France, s'achemina au mois de janvier vers l'Auvergne pour le réduire. Guillaume, averti qu'il est campé près de la Loire, aux extrémités du diocèse d'Autun, vient se présenter vis-à-vis de lui sur l'autre bord du fleuve. Le monarque, n'osant tenter le passage, prend le parti de la négociation. Il envoie des ambassadeurs au duc, qui écoute ses propositions. On convient d'une entrevue. Guillaume passe la Loire, entre dans le camp du roi, et met pied à terre dès qu'il l'aperçoit. Raoul le reçoit à cheval, l'embrasse et renvoie la conclusion de leur traité au lendemain. Le duc étant revenu ce jour là, demande un délai de huit jours pour délibérer sur les demandes du monarque ; ce qui lui fut accordé. Enfin ils s'accommodent à des conditions qu'on ignore. Tout ce que l'histoire nous apprend, c'est que le roi rendit au duc Bourges et le Berri, dont il s'était emparé sur lui avant son élévation au trône de France. Cette réconciliation ne fut pas durable. L'an 926, Guillaume et son frère Acfred, s'attirèrent, par un nouveau soulèvement, les armes de Raoul : il vint en Aquitaine, et mit en fuite Guillaume; mais celui-ci rentra presqu'aussitôt dans ses états, par la retraite du roi, qu'une irruption subite des Hongrois, appela du côté du Rhin. Guillaume mourut le 16 décembre de la même année, suivant l'ancien obituaire de Brioude, préfé-

rable en ce point à Frodoard, qui met cet événement au même jour de l'année suivante. Il ne laissa point d'enfants, et ne paraît pas même avoir été marié. On a des chartes où Guillaume prend les titres de marquis d'Auvergne et de comte de Mâcon.

ACFRED, COMTE D'AUVERGNE ET DUC D'AQUITAINE.

926. ACFRED succéda, suivant M. Baluze, dans les comtés d'Auvergne et de Velai et dans le duché d'Aquitaine, à Guillaume, son frère. Il portait, du vivant de celui-ci, le titre de comte; « et nous avons lieu de croire, dit D. Vaissète (t. II, » p. 63) qu'il était pourvu des comtés de Brioude et de Ta- » landes, qui faisaient partie de l'Auvergne et du comté de » Gévaudan. Nous savons du moins qu'il possédait de grands » biens dans ce pays. » Toujours fidèle au roi Charles le Simple, il ne voulut jamais reconnaître Raoul, son compétiteur. Nous avons de lui une charte de l'an 927, ainsi datée : *Anno V quo Franci dehonestaverunt regem suum Carolum.* Cependant, à Poitiers, cette même année, on reconnaissait Raoul pour roi, comme le prouvent d'autres chartres que nous avons sous les yeux. Ce fut Acfred qui défendit la ville de Nevers contre Raoul, l'an 926, lorsqu'il s'avança vers la Loire pour entrer en Aquitaine, et réduire le duc Guillaume : il rendit, à la vérité, la place, et donna même des ôtages au vainqueur; mais son cœur fut toujours pour le roi Charles. Il survécut au plus deux ans à son frère, et mourut comme lui sans enfants l'an 928. (Vaissète, *ibib.*)

EBLES.

928. EBLES, comte de Poitiers, fut gratifié, suivant Adémar de Chabannais, des comtés d'Auvergne et de Limosin, et du duché d'Aquitaine, par le roi Charles le Simple, après que Herbert, comte de Vermandois, eut tiré ce prince, l'an 927, de sa prison, où il rentra l'année suivante. Robert du Mont (*Access. ad Sigeb.*) dit que ce fut la veuve de Guillaume le Pieux, qui lui procura le duché d'Aquitaine (par sa recommandation auprès du roi). Ebles paraît avoir joui de ces bénéfices jusqu'en 932. (*Voy.* Ebles, *comte de Poitiers.*)

RAYMOND-PONS.

932. RAYMOND-PONS, comte de Toulouse, succéda au duché d'Aquitaine et au comté particulier d'Auvergne, dont il fut investi l'an 932 par le roi Raoul. Il mourut en 950. (*Voyez Raymond Pons III, comte de Toulouse.*)

GUILLAUME III, dit TÊTE D'ETOUPE.

951. GUILLAUME III, dit TÊTE D'ETOUPE, comte de Poitiers, fut pourvu l'an 951, après la mort de Raymond-Pons, du comté d'Auvergne et du duché d'Aquitaine, au préjudice du fils de ce dernier, par le roi d'Outremer. Il mourut en 963. (Voyez *Guillaume I, comte de Poitiers*.)

GUILLAUME IV, surnommé TAILLEFER.

963. GUILLAUME IV, surnommé TAILLEFER, comte de Toulouse, paraît s'être emparé du comté d'Auvergne après la mort de Guillaume Tête-d'Etoupe. Ce qui est certain, c'est qu'on n'aperçoit que lui qui en ait pris le titre depuis cette époque, jusqu'en 979. C'est Pons, son fils, et non Pons, fils de Guillaume V, comte d'Auvergne, comme le prétendent Justel et Baluze, qui, ayant quitté sa femme pour en épouser une autre, fut excommunié, vers l'an 1025, par l'évêque de Clermont, et en suite absout par le pape sur un faux exposé surpris, dont le concile de Limoges, tenu l'an 1031, fit de grandes plaintes au pontife. Pons y est appelé comte d'Auvergne, parce que son père, qui ne mourut qu'en 1037, lui donna ce titre à cause de la suzeraineté qu'il s'était réservée sur ce pays, en le cédant à titre de comté aux vicomtes de Clermont. (Vaissète, tom. II, pag. 570.)

GUI I.

979. GUI I, fils de Robert II, vicomte d'Auvergne et d'Ingelberge, dame de Beaumont dans le Châlonais, et petit-fils, par son père, d'Astorg, qui commença la branche des vicomtes d'Auvergne, fut pourvu, l'an 979, du comté d'Auvergne, par Guillaume Taillefer qui s'en réserva, comme on l'a dit, la suzeraineté. On ne peut dire combien de tems il vécut depuis cette promotion. Mais il n'existait plus en 989. Gui avait épousé une dame nommée AUSINDE, dont il ne laissa point d'enfants. (Baluze, *Hist. de la maison d'Auvergne*, tom. I, pag. 26.)

GUILLAUME V.

989. GUILLAUME V, frère de Gui, lui succéda, l'an 989 au plus tard, dans le comté d'Auvergne. Une charte, qu'il date du règne de Charles, frère du roi Lothaire, montre qu'il fut attaché à ce prince, du moins dans le commencement de ses contestations avec Hugues Capet, pour la couronne de France. Il mourut au plus tard l'an 1016. Ce prince avait épousé HUMBERGE, dont il eut Robert, qui suit; Etienne, qui fut évêque de Clermont, et Guillaume, dont on ne sait que le nom. (Baluze.)

ROBERT I.

1016 au plus tard. ROBERT I, fils aîné de Guillaume V, possédait le comté d'Auvergne en l'an 1016; cette époque est la seule que l'on connaisse de son gouvernement. Il avait épousé HERMENGARDE, fille, non de Guillaume I, comte d'Arles, comme le prétend Ruffi, mais de Guillaume Taillefer, comte de Toulouse. (Vaissète.) De ce mariage, il eut Guillaume, qui suit, et Hermengarde, mariée à Eudes II, comte de Champagne. Le comte Robert mourut, au plus tard, l'an 1032. M. Baluze observe qu'il prenait le titre de prince d'Auvergne, en quoi il fut imité par son fils.

GUILLAUME VI.

1032. GUILLAUME VI, fils de Robert, lui succéda, au plus tard, l'an 1032, dans le comté d'Auvergne. Cette année, deuxième du roi Henri II, il souscrivit une charte d'un nommé Gérard, par laquelle il donnait certains biens à l'église de Clermont, pour accomplir la pénitence que l'évêque de Clermont lui avait imposée, on ne dit point pour quel crime. Guillaume, l'an 1044, donna, du consentement de sa femme et de ses enfants, à la même église, la monnaie et les monétaires, c'est-à-dire, les émoluments de la monnaie, et le droit de la faire battre. L'an 1059, il assista au sacre du roi Philippe I, célébré le 23 mai dans l'église de Reims. Il ne survécut pas beaucoup à cet événement, étant mort, au plus tard, vers le commencement de l'an 1060. Guillaume avait épousé PHILIPPINE, fille d'Etienne, comte de Gévaudan, dont il eut Robert qui lui succéda; Guillaume, qui mourut avant sa mère, sans laisser d'enfants; Etienne, qu'on fait mal-à-propos évêque de Clermont; Begon, dont on ne connaît que le nom; Pons, différent, comme on l'a prouvé ci-dessus, de Pons qui prenait le titre de comte d'Auvergne. Guillaume VI eut de plus une fille nommée comme sa mère, et mariée avec Archambaud IV, sire de Bourbon. (André Favin, *Hist. de Navarre*, pag. 321; Justel, *Hist. d'Auvergne*, pag. 30.)

ROBERT II.

1060. ROBERT II tint le comté d'Auvergne depuis la mort de Guillaume, son père, jusqu'en 1096, et peut-être au-delà; mais on ne voit plus de traces de son existence depuis cette époque. Il avait épousé, l'an 1051, BERTHE, fille unique de Hugues I, comte de Rouergue et de Gévaudan. Robert hérita de ces comtés, au nom de sa femme, après la mort de son beau-père. Mais Berthe étant décédée, l'an 1066, sans laisser d'enfants, Guillaume IV, comte de Toulouse, et Raymond de Saint-Gilles, ses cousins au quatrième degré, prétendirent lui succéder dans ses domaines par la proximité du sang. Rien ne paraissait plus juste. Cependant, Robert leur disputa cette succession, et fit ses efforts pour se maintenir dans la possession du Rouergue et du Gévaudan; cette querelle occasiona une longue guerre, dont le Rouergue fut le principal théâtre : elle finit, en 1079, par le désistement de Robert. Dans le cours de ces hostilités, il épousa en secondes noces, l'an 1069, au plus tard, JUDITH, sœur, et non fille de Pierre, comte de Melgueil, dont il eut Guillaume, qui suit ; et Judith, qui, ayant été mariée, l'an 1076, au B. Simon, comte de Crépi en Valois, se fit religieuse à l'exemple de ce prince, qui embrassa la vie monastique à Saint-Claude.

GUILLAUME VII.

1096 au plutôt. GUILLAUME VII, fils et successeur de Robert II, appelé comte de Clermont du vivant de son père, partit, l'an 1102, avec l'élite de la noblesse d'Auvergne pour la Terre-Sainte. Les noms d'une partie de ces preux nous ont été conservés dans une ancienne notice. Ce sont Arnaud de Bréon, seigneur de Mardogne, Arnaud d'Apchon, Jean de Murat, Louis de Pondonas, Louis de Montmorin, Jacques de Tournemire, Léon de Dienne, le seigneur de Beaufort, le baron de la Tour. A ce corps de seigneurs auvergnats se joignirent Bernard-Atton, vicomte d'Albi, Aicard de Marseille, Bérenger de Narbonne, et grand nombre d'autres nobles de Languedoc et du voisinage. On ignore la route qu'ils prirent et le tems précis de leur arrivée en Palestine. Mais il est certain qu'ils avaient joint Raymond de Saint-Gilles, et qu'ils faisaient avec lui le blocus de Tripoli, au commencement de l'an 1103. Ce fut alors que ce prince donna la moitié de la ville de Gibelet, située entre Tripoli et Beryte, à l'abbaye de Saint-Victor de Marseille, en considération du légat Richard qui en était abbé. Le nom de Guillaume, comte d'Auvergne, se rencontre dans les souscriptions de l'acte de cette donation, il y est même dit que ce fut par son conseil qu'elle fut faite. Le séjour de ce comte en Palestine fut long, et on ne voit pas de monument qui fasse mention de son retour en France avant l'an 1114. L'évêque de Clermont partageait l'autorité temporelle avec le comte de cette ville. Guillaume voulant y dominer seul, se rendit maître, l'an 1121, de l'église cathédrale, par la trahison du doyen, la fortifia contre l'évêque, et par cette conduite violente, obligea le prélat d'aller implorer le secours du roi Louis le Gros. Ce monarque se rendit en Auvergne à la tête d'une armée, et réduisit le comte à faire satisfaction à l'évêque. Mais cinq ans après, Guillaume recommença les hostilités. Il avait senti dans la première guerre la supériorité des armes du monarque.

Pour mieux faire sa partie, il engagea le duc d'Aquitaine à prendre sa défense, en le reconnaissant pour son suzerain. Louis le Gros, plus diligent que le duc, entra le premier en Auvergne au mois de juillet, accompagné de Charles, comte de Flandre, et de plusieurs autres de ses vassaux. Il débuta par le siége de Montferrand. Les assiégés, dans une sortie, tombèrent dans une ambuscade, et furent pris par Amauri, comte de Montfort, qui les fit conduire au quartier du roi.

Pour réponse aux offres qu'ils firent d'une forte rançon, Louis leur fit couper une main et les renvoya ainsi mutilés dans la place. Ce spectacle y répandit la terreur, et détermina les assiégés à se rendre. Le duc d'Aquitaine étant arrivé en Auvergne sur ces entrefaites, le roi marcha à sa rencontre. Mais la belle ordonnance de l'armée royale effraya le duc et son vassal. Le premier envoya des ambassadeurs au roi, pour lui dire de sa part : « Sire, le duc d'Aquitaine, votre homme,
» vous souhaite toute sorte d'honneur et de prospérité. Ce
» qu'il prend la liberté de vous demander, c'est que votre
» majesté daigne recevoir son hommage et lui conserver
» son droit. Car la même justice qui impose la loi de la
» soumission au vassal, exige du suzerain une domination
» équitable. Si le comte d'Auvergne, qui relève de moi
» comme je relève de vous, a commis quelque délit à
» votre égard, je suis tenu de le représenter au tribunal de
» votre cour : c'est ce que je n'ai jamais empêché, et ce que
» j'offre actuellement de faire, vous priant de vouloir bien
» agréer cette offre ; et afin que vous n'ayez aucun doute à
» ce sujet, je suis prêt à vous donner des otages, si les grands
» du royaume le jugent à propos. » Le roi, dit Suger, de qui nous tenons ce récit, ayant délibéré là-dessus avec les seigneurs de sa suite, reçut les otages, et marqua un jour aux parties pour venir plaider devant lui à Orléans. L'évêque et le comte prévinrent le jugement de la cour par un accommodement. (Suger, Meyer, Besli, Louvet.) Guillaume mourut au plus tard en 1136. Il avait épousé, l'an 1086 ou 1087, EMME, fille de Roger, comte de Sicile. Voici comment ce mariage se fit, suivant un auteur du tems. « Le roi Philippe I, dit-il, ayant
» formé le dessein de répudier la reine Berthe, envoya des
» ambassadeurs au comte de Sicile, pour lui demander en ma-

» riage Emme, sa fille. Le comte, flatté de la demande du
» roi, équipa une flotte, et fit partir sa fille avec une dot et
» des présents considérables, et l'envoya à Saint-Gilles au
» comte Raymond, son gendre, pour la remettre au roi qui
» devait l'aller recevoir dans ce lieu. Raymond, informé que
» le véritable dessein de Philippe était de se saisir des trésors
» que la princesse de Sicile devait apporter avec elle pour sa
» dot, et non pas de l'épouser, songea à ses propres intérêts.
» Il reçut Emme avec honneur; mais sous prétexte de vou-
» loir la marier avec quelque grand seigneur au défaut du roi,
» il envoya demander aux capitaines des vaisseaux, de la part
» de la princesse, qu'on lui remît l'argent qu'elle avait ap-
» porté avec elle, dans la vue de s'en emparer. Ces officiers,
» se doutant de quelque supercherie, lèvent aussitôt l'ancre,
» laissant la princesse entre les mains de Raymond, et re-
» tournent en Sicile avec leurs trésors. Raymond, quoique
» trompé dans son attente, en agit cependant très-bien avec
» sa belle-sœur, et la maria avec le comte de Clermont »
(*Gauf. Malaterra*, l. 6, c. 8.) Il faut avouer, quoiqu'en dise
un judicieux moderne (Vaissète, *Hist. de Lang.*, t. II, p. 270.)
que les circonstances dont est orné ce récit, ont bien l'air d'un
roman. Reconnaît-on dans le personnage qu'on fait jouer au
roi Philippe I, le caractère de franchise que l'histoire donne à
ce prince? Que l'amour l'ait jeté dans de grands écarts, on ne
peut en disconvenir; mais que l'avarice l'ait porté à commettre
l'action d'un infâme corsaire, c'est ce qu'on ne peut se persuader sur le témoignage isolé d'un écrivain étranger. Bornons-
nous donc à dire que Robert, pour lors comte de Clermont,
épousa Emme de Sicile, par l'entremise du comte de Toulouse,
beau-frère de cette princesse. Les enfants qu'elle lui donna sont
Robert, qui suit; et Guillaume.

ROBERT III.

1136 au plus tard. Robert III, fils du comte Guillaume VII, jouissait du comté d'Auvergne l'an 1136. Il transigea cette année avec les chanoines de Brioude, sur des prétentions qu'il avait poursuivies contre eux les armes à la main. On ne connaît aucun autre événement de sa vie, non plus que la date de sa mort. Il avait épousé MARCHISE, fille de Guigues IV, comte d'Albon, qui lui apporta en dot les terres de Voreppe et de Varacieu, en Dauphiné. De ce mariage naquit un fils, qui suit. (Baluze.)

GUILLAUME VIII, DIT LE JEUNE ET LE GRAND.

1145 au plus tard. Guillaume VIII fut le successeur de Robert III, son pè Une charte du roi Louis le Jeune, rapportée par Baluze, pr e qu'il possédait en 1145 le comté d'Auvergne. L'auteu e la vie de ce monarque nous apprend que ce comte jouist aussi du comté de Velai (Duchesne, *script. Rer. Franc.*, tme IV, page 417), et lui-même dans une charte datée du mois de juillet 1149, en faveur de l'abbaye de Saint-André lez-Clermont, se qualifie dauphin d'Auvergne, et déclare avoir scellé cet acte du sceau de son dauphiné. (Baluze, *Hist. de la M. d'Auvergne*, tome II, page 62.) Il paraît qu'il prit ce titre à l'imitation de Guigues, son aïeul maternel, qui le premier se qualifia dauphin de Viennois. Ce titre a passé à tous les descendants de Guillaume. Odon de Deuil atteste qu'il accompagna, en 1147, le roi Louis le Jeune à la croisade ; mais il faut qu'il en soit revenu avant ce monarque, puisqu'il était de retour, comme on vient de le voir, en juillet 1149. Vers l'an 1155, il fut dépouillé du comté d'Auvergne par son oncle Guillaume le Vieux, qui suit. (*Voyez*, pour la suite de Guillaume le Jeune, *les dauphins d'Auvergne*.)

GUILLAUME IX, DIT LE VIEUX.

1155. GUILLAUME IX, frère de Robert III, et appelé LE VIEUX, *Willelmus major natu*, dans une lettre de l'église de Clermont au roi Louis le Jeune, envahit la plus grande partie du comté d'Auvergne sur son neveu Guillaume le Jeune, prétendant apparemment que la représentation n'avait point lieu dans ce pays. Le roi d'Angleterre, de qui l'Auvergne relevait à raison de son duché de Guienne, voulut connaître de ce différent. Guillaume le Vieux, cité à son tribunal, promit d'abord d'y comparaître ; mais ensuite il changea d'avis, et eut recours au roi de France comme au seigneur souverain. Cette démarche causa un conflit de juridiction. Henri prétendait que le vassal ne pouvait se pourvoir à la cour du souverain que dans le cas où le suzerain refusait de lui faire justice. Louis soutenait au contraire qu'il avait droit de prononcer indépendamment de ces formalités préliminaires. Il y eut à ce sujet et pour d'autres causes une entrevue des deux monarques qui ne purent convenir de rien. On courut aux armes. Tandis que Louis et Henri se faisaient la guerre dans le Vexin, les deux Guillaume continuèrent de se la faire en Auvergne. L'an 1162, ils firent entre eux une sorte de paix qui devint funeste au pays. Car s'étant alliés au vicomte de Polignac, ils se mirent à ravager les terres ecclésiastiques des évêchés de Clermont et du Pui. Les cris des opprimés parvinrent aux oreilles du pape Alexandre III, qui était alors en France, et du roi Louis le Jeune. L'un et l'autre employèrent les armes qui étaient de leur c[om]pétence pour arrêter ces brigandages. Le monarque étant ve[nu s]ur les lieux avec une armée, prit les deux comtes et le vico[mt]e, les emmena prisonniers, et ne leur rendit la liberté que [so]us la promesse qu'ils firent de satisfaire les parties plaignante[s], après quoi il les renvoya au pape pour obtenir leur absolution. Guillaume le Vieux fut le premier qui se présenta au saint père. Alexandre avait contre lui un grief particulier à l'occasion de sa fille, qu'il avait retirée par force à Robert II de la Tour-du-Pin, son époux. Guillaume fit si bien qu'il s'en revint absout ; sur quoi le roi de France ayant fait au pape des reproches de sa facilité, Alexandre lui écrivit de Tours le 10 avril 1164 pour se justifier. (*Duch. Script. Fr.*, tome IV, p. 619.) La réconciliation des deux Guillaume s'évanouit, l'an 1163, par une nouvelle rupture. Le roi d'Angleterre vint au secours du neveu, et ravagea les terres de l'oncle. Enfin, après l'expédition que le roi Louis le Jeune fit, l'an 1169, en Auvergne pour réduire le vicomte de Polignac, Guillaume IX consentit à faire un accommodement par lequel il abandonnait à son neveu la moitié de la ville de Clermont avec la partie de la Limagne, dont Vodable (*Vallis Diaboli*) était, selon les uns, la ville principale, ou Aigueperse selon les autres. De là vient que l'un et l'autre, et leurs successeurs, prirent le titre de comtes de Clermont. On ignore l'année de la mort du premier. Il peut avoir vécu jusqu'en 1182. Ainsi ce sera vraisemblablement de son tems que se tint la conférence des rois Louis le Jeune et Henri II, que Benoît de Péterborough place à Graceraï, dans le Berri, après la Saint-Martin de l'an 1177. Elle avait pour objet, selon ce chroniqueur, les limites et la suzeraineté de l'Auvergne, qui faisaient un sujet de contestation entre ces deux princes. Tous les seigneurs d'Auvergne, dit-il, qu'on y avait appelés, déposèrent que l'Auvergne entière relevait, suivant l'ancien droit, du duché d'Aquitaine, à l'exception de l'évêché de Clermont, qui était dans la mouvance du roi de France. Mais, ajoute-t-il, ce dernier ne voulant point acquiescer à cette déposition unanime, on nomma de part et d'autre trois évêques et trois barons pour faire une nouvelle enquête, avec promesse de s'en rapporter à leur décision. Benoît de Péterborough en demeure là, et nous voyons par la suite qu'il n'y eut rien alors de décidé. Guillaume eut d'ANNE, son épouse, fille de Guillaume II, comte de Nevers, Robert, qui le remplaça ; Guillaume, qui fut prévôt de l'église de Clermont ; Agnès, mariée à Hugues II, comte de Rodez, et une autre fille qui épousa, comme on l'a dit, Robert II de la Tour-du-Pin.

ROBERT IV, COMTE D'AUVERGNE.

1182. ROBERT IV, fils aîné de Guillaume le Vieux, lui succéda vers l'an 1182. On ne trouve point d'époque plus ancienne que celle-ci de son gouvernement. L'année suivante, les brigands, connus sous le nom de Brabançons, ayant fait une irruption en Auvergne, Robert, à la tête de la noblesse du pays, marcha contre eux et les tailla en pièces. C'est le seul exploit que nous connaissons de lui. Mais il y a bien de l'apparence qu'il eut d'autres occasions de signaler sa valeur, et qu'il ne les négligea pas. Robert mourut vers l'an 1194, et fut enterré dans l'abbaye de Bouschet, qu'il avait fondée. On conserve quelques-uns de ses sceaux sur lesquels on lit : *Sigillum Roberti comitis Claromontensis*, quoiqu'il n'eut presque plus rien dans la ville de Clermont. Il laissa de MAHAUD, son épouse, fille d'Eudes II, duc de Bourgogne et de Marie de Champagne, quatre fils, Guillaume et Gui, qui lui succédèrent; Robert, qui fut évêque de Clermont, puis archevêque de Lyon ; et un autre Robert, qualifié seigneur d'Oliergues dans un hommage qui fut rendu, l'an 1208, par les seigneurs de Joux. De ce mariage naquit encore une fille Marie, qui fut mariée à Robert II, seigneur de la Tour-du-Pin. (Baluze, pp. 70, 72.)

GUILLAUME X.

1194. GUILLAUME X, fils aîné de Robert IV, posséda très-peu de tems le comté d'Auvergne. On croit qu'il eut un fils qui fut seigneur de Châtelloson, et mourut avant lui. Ce qui est certain, c'est qu'on voit cette terre dans sa maison au douzième siècle. (Baluze, *ibid.*, p. 73.)

GUI II.

1195. GUI II, deuxième fils de Robert IV, succéda, l'an 1195, à son frère Guillaume X. L'Auvergne, comme on l'a déjà dit, avant que l'Aquitaine passât aux rois d'Angleterre, relevait de ce duché. Richard I voulut en conséquence, à l'exemple du roi Henri II, son père, y exercer le droit de suzeraineté. Ce fut l'occasion d'un guerre entre ce prince et Philippe Auguste. L'Anglais, à force de belles promesses, vint à bout de mettre dans ses intérêts le comte et le dauphin d'Auvergne. Ce parti ne leur fut pas avantageux, et ils ne tardèrent pas à se repentir de l'avoir pris. Le roi de France, irrité contre eux à ce sujet, fit entrer en Auvergne des troupes qui ravagèrent le pays, sans que le roi d'Angleterre se mît en devoir de les repousser. Le comte et le dauphin se voyant abandonnés d'une manière si indigne, s'empressèrent de recourir à la clémence du monarque français. Il voulut bien leur accorder la paix; mais dans le traité qu'il fit avec eux, il les obligea de lui abandonner toutes les terres qu'il leur avait enlevées. Une grande rupture éclata, l'an 1197, entre le comte Gui et Robert, évêque de Clermont, son frère. Le prélat, après avoir excommunié Gui et mis en interdit ses terres, soudoya des troupes de Basques et de Cottereaux, avec lesquelles il les dévasta pendant l'espace de deux ans. Le comte, poussé à bout, écrivit au pape Innocent III pour le prier d'interposer son autorité afin de faire cesser les meurtres, les incendies, les pillages que son frère exerçait impunément dans son comté. Mais dans l'intervalle de cette lettre et de la réponse, les gens de Gui surprirent l'évêque, et le mirent en prison. Le pape ne tarda pas d'être instruit de cet événement, puisqu'il en fait mention dans les lettres qu'il adressa en 1199 aux évêques de Riez et de Consérans et à l'abbé de Citeaux, pour leur donner pouvoir d'absoudre des censures le comte Gui, *moyennant*, dit-il, *une pénitence et une satisfaction proportionnée aux excès qu'il aura commis*. Enfin Henri de Sulli, archevêque de Bourges, parent du comte et du prélat, vint à bout de les réconcilier au mois de juillet 1199 et de leur faire conclure un traité de paix qu'ils confirmèrent au mois de mai de l'an 1201. Cette réconciliation fut si sincère, que, l'an 1202, Gui donna en garde à son frère *sa ville et ses sujets de Clermont*, pour les tenir jusqu'à ce que lui ou les siens eussent fait leur paix avec le roi de France. Les évêques de Clermont ont conservé cette ville jusqu'en 1552, qu'ils en furent évincés par arrêt du parlement, donné en faveur de Catherine de Médicis.

L'an 1206, les brouilleries recommencèrent entre Gui et l'évêque son frère, qu'il prit et fit une seconde fois emprisonner. Le prélat, du fond de sa prison, réclama la protection du pape et celle du roi de France. En conséquence, le comte fut excommunié par Innocent III; et le roi Philippe Auguste, étant venu sur les lieux avec une bonne armée, obligea Gui à relâcher son prisonnier et à donner sûreté pour la réparation des torts qu'il lui avait faits. (*Mss. de S. Germ.*, n°. 109.)

Gui, l'an 1208, augmenta ses domaines du comté de Rodez, que le comte Guillaume lui laissa en mourant. Mais l'année suivante il le vendit à Raymond VI, comte de Toulouse et de Rouergue, qui en possédait déjà une partie. Cette même année il prit parti dans la croisade publiée contre les Albigeois. Étant en route pour cette expédition, il fit, le 27 mai, dans la ville d'Herment, entre les mains de l'abbé de Bonlieu, son testament par lequel il nommait son fils aîné, Guillaume, pour son successeur dans le comté d'Auvergne, la Combraille et la terre de Miremont, lui substituant, en cas de mort, Hugues, son deuxième fils, et à celui-ci, Gui, le troisième; assignait une légitime à ces deux derniers et un douaire à sa femme. (Baluze, *Hist. de la M. d'Auv.*, tome II, page 82.)

L'an 1211, suivant la Chronique de Bernard Ithier, s'étant brouillé de nouveau avec l'évêque, son frère, il détruisit de fond en comble l'abbaye de Mauzac. Le roi Philippe Auguste envoya contre lui Gui de Dampierre, sire de Bourbon, qui lui enleva, dit Ithier, cent vingt places, et entr'autres le fort château de la Tourniole, dont le roi gratifia le vainqueur. Gui continuait encore à se défendre, l'an 1213. Toujours battu, ses pertes successives l'obligèrent enfin à rester en repos. On ne voit pas qu'il ait pu les réparer par quelque accommodement. En effet il mourut presque entièrement dépouillé, en 1224. Son corps fut porté à l'abbaye de Bouschet, près de celui de son père. Il avait épousé, l'an 1180, PERNELLE DE CHAMBON, qui lui porta la terre de Combraille en dot. De ce mariage naquirent trois fils, nommés dans son testament, dont on a parlé plus haut, savoir: Guillaume, qui suit; Hugues, qui vivait encore en 1239; et Gui, dont on ne sait que le nom. Le comte Gui eut aussi de son épouse trois filles, Hélis, mariée à Raymond IV, vicomte de Turenne; Marguerite, femme d'Eracle de Montflour; et N., religieuse. (*Voy.* Gui, *comte de Rodez.*)

GUILLAUME XI.

1224. GUILLAUME XI, en succédant à Gui, son père, trouva presque tout son héritage entre les mains de Gui de Dampierre et d'Archambaud de Bourbon, sous la garde desquels le roi Philippe Auguste l'avait mis. L'an 1229 ou 1230, il fait avec saint Louis, un traité par lequel il est rétabli dans une partie des terres qui avaient été confisquées sur son père. Il y eut alors deux comtés d'Auvergne: savoir, celui de Guillaume, et le comté d'Auvergne proprement dit, autrement appelé la *terre d'Auvergne*. Le premier, qui était le moins considérable, comprenait le château et la ville de Vic-le-Comte, qui en devint le chef-lieu, avec les châtellenies de Mirefleurs, de la Chypre, de Besse, de Clavières, de Montredon, d'Artonne et de Lezoux. Le roi saint Louis donna, l'an 1241, la terre d'Auvergne à son frère Alfonse, après la mort duquel elle revint à la couronne. Elle fut érigée, l'an 1360, en duché, par lettres du roi Jean, datées du mois d'octobre, en faveur de Jean, son fils, duc de Berri, à qui elle fut donnée (1). Le comte Guillaume mourut avant 1247, et au plutôt en 1245. De son mariage avec ADÉLAÏDE ou ALIX, fille de Henri I, duc de Brabant, et veuve d'Arnoul IV, comte de Loss, qu'il avait épousée l'an 1224, il eut cinq fils, Robert, qui lui succéda ; Gui, prévôt de Lille, qui devint archevêque de Vienne, en 1265 ; Guillaume, élu évêque de Liége, en 1282, supplanté ensuite par Jean de Flandre ; Godefroi et Henri, nommés dans le testament de leur père, qui commence par ces mots : *Nos Guillelmus comes Claromontensis*. On connaît aussi deux filles de Guillaume et d'Adélaïde, Marie, femme de Wautier Bertout, cinquième du nom, sire de Malines ; et Mathilde ou Mahaut, qui épousa Robert II, dauphin d'Auvergne. Après la mort du comte Guillaume XI, Alix, sa veuve, épousa en secondes noces, Arnoul, seigneur de Wensemale. (Baluze, *Hist. de la M. d'Auv.*, tom. II, p. 108.)

ROBERT V, COMTE D'AUVERGNE ET DE BOULOGNE.

1247 au plus tard. ROBERT V, fils aîné de Guillaume XI, lui succéda cette année au plus tard, dans le comté d'Auvergne. Son autorité dans cette province était fort restreinte par celle qu'Alfonse, comte de Poitiers et en partie d'Auvergne, y exerçait en qualité de suzerain. Les bourgeois de Riom s'étant adressés à ce prince, obtinrent de lui, l'an 1249, des lettres qui leur accordaient les mêmes franchises et libertés, dont jouissaient ceux de Saint-Pierre-le-Moutier. (*Mss. de Béthune*,

---

(1) Les nouveaux ducs d'Auvergne ayant établi leur domicile à Riom, y attirèrent les plus honnêtes gens du pays, ce qui fit que Riom, d'une petite ville qu'il était auparavant, devint en peu de tems une ville considérable. Les principaux seigneurs auvergnats y firent bâtir des hôtels pour être à portée de leur prince. On y voit encore aujourd'hui l'hôtel de Montboissier, l'hôtel de Châteaugai, celui de Montmorin ; et d'ailleurs il y eut quantité de gentilshommes qui vinrent s'y établir pour être officiers dans la maison du roi. Les Marillac, les Arnaud, les Du Prat, les Robert, les l'Hôpital, les du Bourg, les Cambrai, les d'Arbrouce, y prirent femmes, maisons et charges. On trouve dans les vieux papiers un Mérillac, secrétaire des commandements du duc ; un Cambrai, intendant, dont le frère fut fait archevêque de Bourges ; un Remi Arnaud, écuyer de Pierre de Beaujeu et du connétable, son gendre : c'est le bisaïeul du grand Arnaud, docteur ; un Forget, maître-d'hôtel, dont un descendant, portant son nom, était président à mortier, au siècle dernier ; un Sirmond, parent du savant Jésuite, et prévôt du duc. (Faydit, *Eclairc.* 17 *sur la vie de S. Amable.*)

vol. 9417, in-8°., pag. 246.) Robert, la même année transigea, le 28 avril, avec Gui de Dampierre, seigneur de Saint-Just, et Béraud, sire de Mercœur, procureurs ou lieutenants du sire de Bourbon pour le partage de la terre de Combraille. (Baluze. *Hist. de la M. d'Auv.*, tom. II, pag. 107.) L'an 1251, le vendredi avant la *Quasimodo* (13 avril), autre accord de Robert avec Alix, sa mère et Arnoul, son beau-père, par lequel Alix lui abandonne le douaire qu'elle avait acquis par son mariage avec le comte Guillaume, la terre qui lui appartenait, de son chef, dans le comté de Duras, et celle qui lui était contestée par le comte de Loss. (*Ibid.*, p. 109.) Robert, vers le même tems, fut excommunié par le pape Alexandre IV, pour avoir mis en prison Imbert de la Tour, chanoine de Paris, qui contestait à Gui, frère du comte, l'abbaye de Saint-Germain de Lambron. Toute l'Auvergne était en combustion, l'an 1253, par les dissensions qui s'étaient élevées entre les principaux seigneurs de la province et les évêques de Clermont, du Pui et de Mende. Les prélats, ayant eu recours au prince Alfonse, obtinrent de lui des commissaires, qui firent une enquête sur les lieux, sans y appeler les seigneurs intéressés. Ceux-ci, le comte Robert à leur tête, écrivirent au prince, pour se plaindre de cette manière de procéder, contraire aux usages de la province, qu'ils le supplièrent de maintenir. La lettre est datée du jour de Saint-Blaise (3 février) 1253. (v. st.) Le comte Robert et l'évêque de Clermont ayant fait, l'an 1254, un compromis entre les mains de Raoul, comte de Genève, d'Arbest, seigneur de la Tour, et de Guillaume de Baffie, ces arbitres vinrent à bout de les réconcilier par leur jugement rendu à Clermont, le vendredi après l'octave de saint Pierre (10 juillet.)

Le comté de Boulogne échut par héritage, l'an 1260, à Robert, du chef de sa mère Alix de Brabant, et comme donataire de Henri III, duc de Brabant, son cousin. Il reçut, l'an 1262, à Clermont, le roi saint Louis, accompagné de presque toute la noblesse du royaume. Ce monarque, pendant son séjour en cette ville, y fit célébrer le mariage de Philippe le Hardi, son fils, avec Isabelle d'Aragon, le 28 mai de cette année, jour de la Pentecôte.

Robert, l'an 1277 (n. st.), fit son testament le 11 janvier, par lequel il institua son héritier aux comtés d'Auvergne et de Boulogne, Guillaume, son fils aîné; donna à Robert, le second, sa terre de Combraille, avec cent marcs d'argent; ordonna que Godefroi, son troisième fils, embrassât la vie cléricale, ainsi que Guionnet, son quatrième fils, laissant au premier des deux, trois cents livres tournois de revenu et deux cents à l'autre. (Guionnet devint évêque de Tournai, l'an 1300.) Je veux, ajoute-t-il, que Mathilde, ma fille aînée, soit mariée avec huit cents livres une fois payées. A Marie, sa deuxième fille, il lègue une somme de deux cents livres une fois payée, et veut qu'elle soit aussi mariée ; mais elle changea sa destination et se fit religieuse. A l'égard de sa femme, Éléonore de Baffie, il lui légua, pour sa vie, la terre de Château-neuf. Robert mourut, à ce qu'on croit, le 7 du même mois, et fut enterré à l'abbaye de Bouschet. Après sa mort, le dauphin Robert II, son beau-frère, fit opposition à son testament comme préjudiciable aux intérêts de Mathilde, sa femme, à laquelle il n'avait légué qu'une somme de cinquante livres. (*Ibid.*, p. 115.)

GUILLAUME XII,
COMTE D'AUVERGNE ET DE BOULOGNE.

1277. GUILLAUME XII, fils de Robert V, lui succéda, l'an 1277, aux comtés d'Auvergne et de Boulogne. C'est du moins ce que l'on croit. Dans le vrai, l'on ne trouve aucune marque authentique de son existence depuis la mort de son père, sinon une charte qu'il donna l'an 1277, étant dans le Boulonnais, en faveur de la communauté d'Étaples. Encore ne garantissons-nous pas cette charte, que nous ne citons que sur la foi d'un moderne anonyme. Néanmoins, comme il est nommé dans le testament de son père, il est à présumer qu'il lui survécut, et que par le droit d'aînesse, il lui succéda. Justel lui donne pour épouse la fille d'Humbert de Beaujeu, connétable de France, sans la nommer. On ne lui connaît pas d'enfants. Il mourut au plus tard l'an 1279, et fut enterrré dans l'abbaye de Bouschet.

ROBERT VI, COMTE D'AUVERGNE ET DE BOULOGNE.

1279. ROBERT VI, frère de Guillaume XII, se montre pour la première fois, sous le titre de comte d'Auvergne et de Boulogne, dans son contrat de mariage, passé le 14 juin de l'an 1279, avec BEATRIX, fille de Falcon de Montgascon, et d'Isabelle de Ventadour. L'an 1297, il servit le roi Philippe le Bel dans la guerre de Flandre, contre le comte Gui. Il y retourna l'an 1302, et se distingua à la bataille de Courtrai, où Godefroi, son frère, perdit la vie. Le roi Philippe le Bel apprenant, l'an 1303, que l'exemption de tous droits de péage qu'il avait accordée, l'an 1297, aux maîtres et écoliers de l'université de Paris, dans toute l'étendue de son royaume, ne s'observait point dans le comté de Boulogne, adresse au comte Robert un mandat en date du lundi après la Saint-Martin d'hiver, pour lui ordonner de laisser passer les écoliers, de quelque nation qu'ils soient, avec leurs effets, sans en exiger aucun droit. Robert négligeant toujours de se conformer à la loi qui lui était imposée, Philippe, par un second mandat du 6 mai 1304, chargea le bailli d'Amiens de veiller à l'exécution du premier. Il y eut encore, dans la suite, des difficultés à ce sujet. Mais enfin, l'an 1312, le roi, du consentement du comte, exempta du péage de Wissant les écoliers de Paris; mais eux seuls, sans que le même privilége pût s'étendre à quelque autre personne que ce pût être. (Du Boulai, Crevier.) Robert, l'an 1314, le 20 avril, fit son testament, par lequel, entre autres dispositions, il confirma la décharge que son père avait faite de la main-morte à ses sujets du comté d'Auvergne. Depuis cette époque on n'aperçoit plus de traces de son existence. Son corps fut inhumé dans l'église de Bouschet. Un moderne anonyme, sans citer de garant, le fait vivre jusqu'en 1318, et lui donne trois enfants: un fils, nommé Robert; et deux filles, Jeanne et Marie. Justel et Baluze ne connaissent que le premier de ces enfants, qui lui succéda.

ROBERT VII, DIT LE GRAND,
COMTE D'AUVERGNE ET DE BOULOGNE.

1314. ROBERT VII, fils de Robert VI, et de Béatrix de Montgascon, remplaça vraisemblablement cette année son père dans les comtés d'Auvergne et de Boulogne. Avant ce tems, il avait fait ses preuves de valeur. L'an 1308, il était entré avec plusieurs seigneurs, dont Duchêne et Baluze donnent la liste, dans la querelle d'Erard, sire de Saint-Véran ou Saint-Vrain, et d'Oudard de Montaigu, de l'ancienne maison des ducs de Bourgogne : il prit parti pour le dernier, et se trouva au combat qui fut livré cette année dans le Nivernais, entre les deux rivaux, le jour de Saint-Denis, 9 octobre. En 1317 et 1318, il se mit à la tête de la noblesse d'Auvergne, pour secourir le roi Philippe le Long dans la guerre contre les Flamands : on ne peut marquer précisément le tems de sa mort: mais des lettres-patentes du roi Charles le Bel, datées du mois de mai de l'an 1326, et rapportées par Baluze, attestent qu'alors il n'était plus en vie. Il fut enterré dans l'abbaye de Bouschet. Le Nécrologe de Souclanges met son anniversaire au 18 janvier. Robert avait épousé, l'an 1303, au mois de juin, BLANCHE, fille aînée de Robert, fils du roi saint Louis, comte de Clermont, en Beauvaisis, et tige de la maison de Bourbon. De ce mariage naquit

Guillaume, qui posséda les comtés d'Auvergne et de Boulogne, après la mort de son père. Blanche, étant morte l'an 1304, Robert épousa en secondes noces, l'an 1312, MARIE DE FLANDRE, fille aînée d'Alix de Nesle et de Guillaume de Flandre, seigneur de Dendermonde, et frère de Robert de Béthune, comte de Nevers et de Flandre. De ce mariage naquirent quatre fils et deux filles. Les fils sont, Jean, qui devint comte d'Auvergne et de Boulogne, après la mort de Philippe de Rouvre; Gui, communément appelé le cardinal de Boulogne, personnage célèbre, que son mérite éleva, l'an 1340, sur le siége de Lyon; Godefroi de Boulogne, baron de Montgascon, et Robert de Boulogne, mort dans un âge tendre. Mathilde, l'aînée des deux filles de Robert, épousa, l'an 1334, Amé III, comte de Genève, dont elle eut, entr'autres enfants, Robert, qui fut le pape Clément VII.

GUILLAUME XIII,
COMTE D'AUVERGNE ET DE BOULOGNE.

1326 au plus tard. GUILLAUME XIII, fils de Robert et de Blanche de Clermont, prince orné des plus belles qualités du corps et de l'esprit, succéda, l'an 1326 au plus tard, à son père: il était déjà baron de Montgascon et seigneur d'autres lieux, qui relevaient nûment de la couronne. Il se trouva, l'an 1328, sous les drapeaux de la France, à la bataille de Mont-Cassel, donnée le 24 août contre les Flamands rebelles à leur comte. La date de sa mort est marquée au 6 août de l'an 1332, dans l'ancien obituaire des Cordeliers de Clermont. Il avait épousé, l'an 1325, MARGUERITE, 3e. fille de Louis, comte d'Évreux, cinquième fils du roi Philippe le Hardi. Cette princesse lui donna un fils, nommé Robert, qui mourut jeune; et une fille, Jeanne, qui succéda à son père. Marguerite, leur mère, mourut en 1350, et fut inhumée à Notre-Dame de Boulogne.

JEANNE, COMTESSE D'AUVERGNE ET DE BOULOGNE,
REINE DE FRANCE.

1332. JEANNE, née le 8 mai 1326, de Guillaume XIII et de Marguerite d'Évreux, hérita de son père des comtés d'Auvergne et de Boulogne. L'an 1338, le 26 septembre, elle fut accordée en mariage à Philippe, fils unique d'Eudes IV, duc de Bourgogne, et de Jeanne, fille du roi Philippe le Long. Le duc et la duchesse de Bourgogne donnèrent en même tems à leur fils et aux enfants qui naîtraient de cette alliance, le comté de Bourgogne. Jeanne perdit, l'an 1346, son époux, qui périt d'une chute de cheval, le 22 septembre, au siége d'Aiguillon. Elle épousa, en secondes noces, le 19 février de l'an 1350, (n. st.) Jean duc de Normandie, depuis roi de France, avec lequel elle fut couronnée à Reims, le 26 septembre suivant. La longue captivité du roi, pris à la bataille de Poitiers, le 19 septembre 1356, et emmené en Angleterre, répandit l'amertume et le deuil sur les dernières années de cette princesse. L'an 1358, elle se retira, avec son fils, dans la Bourgogne, où elle mourut le 29 septembre 1360, dans le tems que le roi, son époux, se disposait à revenir en France. C'est la vraie date de la mort de Jeanne, et non pas le 21 novembre 1361, comme le marquent la plupart des modernes. De son premier mariage, Jeanne eut un fils, Philippe, dit de Rouvre; et deux filles, mortes sans alliance avant elle.

PHILIPPE DE ROUVRE.

1360. PHILIPPE, surnommé de ROUVRE, né l'an 1346, émancipé par le roi Jean, le 20 novembre 1350, joignit, après la mort de Jeanne, sa mère, les comtés d'Auvergne et de Boulogne, aux duché et comté de Bourgogne, et au comté d'Artois, qu'il avait hérités de ses aïeux, le duc Eudes IV et Jeanne, sa femme. Il ne jouit pas long tems de cette opulente succession, étant mort le 20 novembre de l'an 1361. Il ne laissa point d'enfants de son épouse MARGUERITE, fille de Louis de Mâle, comte de Flandre. (*Voy. les ducs de Bourgogne.*)

JEAN I, COMTE D'AUVERGNE ET DE BOULOGNE.

1361. JEAN I, frère du comte Guillaume XIII, appelé du vivant de celui-ci, seigneur de Montgascon, et ensuite comte de Montfort, céda ce dernier titre, avec le comté qui le lui donnait, à Jean, duc de Bretagne, et succéda presque en même tems à Philippe de Rouvre, son neveu, dans les comtés d'Auvergne et de Boulogne. Bon guerrier, et habile dans le maniement des affaires, il fut en grand crédit sous le règne du roi Jean, époux de sa nièce, qui le fit ministre d'état, et sous celui du roi Charles V, successeur de Jean. On le voit présent dans le mois de juin 1365, au conseil où ce prince ratifia le traité conclu le 6 mars de l'année précédente, avec le roi de Navarre. L'année suivante, Charles V, par lettres du mois de décembre, appliqua à son domaine et à la couronne l'hommage et le serment de la terre de Briot, près de Péronne, qui avait accoutumé de ressortir à Saint-Quentin ; ce qu'il fit en faveur *de son cher et féal parent et conseiller Jean, comte de Boulogne et d'Auvergne, et seigneur de Briot en Vermandois*, QUEM QUOTIDIE, ajoute-t-il, FORNAX EXPERIENTIÆ PROBAT NOBIS ET REGNO FRANCIÆ UTILEM ET FIDELEM. (*Rec. de Colbert, vol.* 28, *fol.* 986, v°.) Le comte Jean fit son testament le 22 mars 1386, et mourut deux jours après dans son château de Remin, près de Compiègne. Il avait épousé JEANNE DE CLERMONT, princesse du sang royal, fille de Jean de Clermont, comte de Charolais, dont il eut un fils, Jean, qui lui succéda ; et deux filles, Jeanne, mariée, l'an 1371, à Béraud II, dauphin d'Auvergne ; Marie, qui épousa, l'an 1375, Raymond-Louis, vicomte de Turenne, neveu des papes Clément VI et Grégoire XI.

JEAN II, COMTE D'AUVERGNE ET DE BOULOGNE.

1386. JEAN II, fils de Jean I, et son successeur aux comtés d'Auvergne et de Boulogne, n'administra point avec économie ce riche patrimoine. Pour acquitter ses dettes, il vendit, au grand regret de sa maison, à Pierre de Giac, chancelier de France, la baronnie de Combraille, qui fut revendiquée et retirée en 1400, par Louis II, duc de Bourbon. Sa réputation toutefois ne souffrit point de sa prodigalité. Il passa toujours pour un homme sage et de bon conseil. C'est en cette qualité qu'il fut mis auprès du roi Charles VI, lorsque l'esprit de ce prince fut aliéné. Jean eût été capable de rendre des services importants à l'état, s'il n'eût pas été empoisonné dans sa jeunesse ; malheur qui lui arriva, l'an 1384, à la table du cardinal de Saint-Martial, dans la ville d'Avignon, et dont il se ressentit le reste de ses jours : il revenait alors de Catalogne, où il avait été secourir le comte d'Ampurias, son cousin, assiégé par les troupes de don Pèdre IV, roi d'Aragon : il avait auparavant servi, l'an 1379, sous le duc de Berri, contre les Routiers en Limosin ; il était, en 1382, à la guerre de Flandre ; mais on ne voit plus d'exploit militaire de ce comte depuis son empoisonnement. Il mourut, l'an 1394, le lundi, 28 septembre, au faubourg Saint-Marceau de Paris. Du vivant de son père il avait épousé, par contrat du 9 août 1373, ELÉONORE, fille de Pierre-Raymond II, comte de Comminges. Ce mariage ne fut point heureux. Offensée des mépris de son époux et de ses prodigalités, Eléonore se retira, vers l'an 1380, auprès de son oncle, le comte d'Urgel, fils du roi d'Aragon. Sur sa route elle descendit au château d'Ortez, chez le comte de Foix, (Gaston Phébus), son cousin, ayant avec elle sa fille, née de

son mariage et âgée de trois ans. « Le comte, dit Froissart,
» lui fit bonne chère, et lui demanda le sujet de son voyage,
» et où elle allait. *Monseigneur*, dit-elle, *je m'en vas en Aragon*
» *devers mon oncle et ma tante, le comte et la comtesse d'Urgel,*
» *où je me veux tenir. Car je prends grand desplaisance à estre*
» *avec mon mari messire Jean de Boulogne, fils au comte Jean de*
» *Boulogne. Car je cuidois qu'il deust recouvrer mon héritage de*
» *Comminge devers le comte d'Armagnac qui le tient; mais il n'en*
» *faira rien; car il est un trop mol chevalier, qui ne veut aultres*
» *choses que ses aises, de boire, de manger et d'allouer le sien*
» *follement; et sitost comme il sera comte, il vendra du meilleur*
» *et du plus bel pour faire ses volontés; et pourtant ne puis-je de-*
» *meurer avec luy. Si ay pris ma fille, que je vous en charge et*
» *délivre et vous fais tuteur et curateur d'elle pour la nourrir et*
» *garder. Je l'ay à grant peine mise et extraite hors des mains*
» *et du pays du père mon mary et l'ay amenée devers vous, et*
» *bien crois que son père mon mary, quand il sçaura que je vous*
» *l'ay laissée en sera tout resjoui. Car ja pieça m'avait-il-dit que*
» *cette fille le mettait en grand doubte.* Quand le comte de Foix
» eut ainsi ouï parler madame Alienor sa cousine, il fut moult
» resjoui, et lui dit: *Madame et cousine, je fairay volontiers ce*
» *dont vous me priez. Car j'y suis tenu par lignage, et pour ce*
» *vostre fille ma cousine je garderay, et penseray bien d'elle comme*
» *si ce fust ma propre fille.... Grand mercy, monseigneur*, dit la
» dame. Ainsy demeura la jeune fille de Boulogne en l'hôtel
» du comte de Foix à Ortez, et sa dame de mère s'en alla au
» royaume d'Aragon. Elle l'est bien venu voir deux ou trois
» fois; mais point ne l'a demandé à ravoir; car le comte de
» Foix s'en acquitte en telle manière comme si elle fust sa
» fille. » Cette fille, nommée Jeanne, épousa, l'an 1389, à
l'âge de douze ans, le duc de Berri, âgé pour lors de 50. (*Voy.*
Louis de Mâle, *comte de Flandre*.)

JEANNE II, COMTESSE D'AUVERGNE ET DE BOULOGNE, ET JEAN, DUC DE BERRI.

JEANNE, mariée, comme on vient de le dire, en 1389, à
Jean, duc de Berri, fils du roi Jean, recueillit en 1394 la
succession de Jean II, son père, comte d'Auvergne et de Boulogne. Ce fut elle, suivant la plupart des auteurs, qui sauva la
vie au roi Charles VI, dans ce funeste bal donné la nuit du 27
au 28 janvier 1393, où ce prince, déguisé en sauvage, pensa
périr, par le feu qui prit aux habillements poissés de cinq de ses
compagnons, avec lesquels il était enchaîné. Cette princesse
avait l'âme grande et sensible. Elle le fit paraître surtout à

l'égard de Bureau de la Rivière, qui lui avait procuré l'honneur d'épouser l'oncle du roi. Ce ministre étant tombé du faîte de la fortune dans la plus humiliante disgrâce, était sur le point de se voir condamné à perdre la tête. Jeanne employa pour le sauver les prières et les larmes auprès de son époux (1), l'un des ennemis de la Rivière, et vint à bout de l'engager à demander au roi la grâce de cet infortuné, qui lui fut accordée l'an 1392, malgré l'opposition du duc de Bourgogne. (Baluze, *Hist. de la M. d'Auv.*, t. I, page 152.) Le duc de Berri étant à Paris, donna, le 9 octobre 1398, ses lettres-patentes par lesquelles il confirma en qualité de comte de Boulogne les privilèges que le comte Renaud et la comtesse Ide avaient autrefois accordés à la ville d'Ambleteuse, en Boulonais. Ce prince mourut à Paris, dans son hôtel de Nesle, le 15 juin 1416, à l'âge de soixante-dix-sept ans, et fut inhumé dans sa chapelle de Bourges. (*Ibid.*) Jeanne se remaria le 16 novembre suivant (et non pas l'année de deuil expirée, comme le dit un moderne) avec Georges de la Trémoille. Par le contrat de mariage, les deux époux se firent une donation réciproque de tous leurs biens : mais bientôt la division s'étant mise entre eux, Jeanne, au mépris de cet acte, institua, le 12 octobre 1418, son unique héritière, Marie de Boulogne, dame de la Tour, sa cousine. S'étant ensuite retirée au château de Saint-Sulpice sur le Tarn, elle y mourut vers la fin de 1422. Après sa mort elle fut accusée d'avoir fait battre de la fausse monnaie dans ce château, et d'avoir fait alliance avec le roi de Portugal, ami des Anglais. Sous ce prétexte, les officiers du roi, en Languedoc, saisirent tous les biens que la comtesse avait dans leur district. Mais le roi Charles VII en donna aussitôt main-levée à l'héritière de la

---

(1) « Trop de fois la bonne dame, dit Froissart, se mist à genoux
» aux pieds de son mary, et lui disoit en priant à main jointes : Haa,
» monseigneur, à tort et péché vous vous laissez des ennemis et haï-
» neux informer diversement sur ce vaillant chevalier et prudhomme
» le seigeur de la Rivière. On lui fait purement tort, ne nul n'ose
» parler pour luy fors moy. Je veulx bien que vous le sçachiez, que
» s'on le fait mourir, jamais je n'auray joye, mais seray tous les jours
» que je vivray en tristesse et douleur. D'autres fois elle lui disoit : Haa,
» monseigneur, il eut tant de peine et travail pour nous mettre en-
» semble. Vous l'en remunerez bien petitement qui consentez sa mort
» et destruction. A tout le moins si on lui oste sa chevance, qu'on lui
» laisse la vie. Car s'il meurt sur la forme et estat dont ainsi l'esclan-
» drez, je n'auray jamais joye. Monseigneur, je ne le dis pas de feint
» courage, mais de grande volonté. Si vous prie pour Dieu que vous y
» veuillez pourvoir et penser à sa délivrance. »

comtesse, se réservant néanmoins *le châtel et la terre de Saint-Sulpice*, qu'il rendit dans la suite à Bertrand I, comte d'Auvergne. (*Voyez* Jean, *comte d'Etampes.*)

MARIE, COMTESSE D'AUVERGNE ET DE BOULOGNE.

1422. MARIE, fille et unique héritière de Godefroi de Boulogne et de Jeanne de Ventadour, et petite-fille de Robert VII, comte d'Auvergne, et de Marie de Flandre, avait épousé, l'an 1388, Bertrand, V^e. du nom, seigneur de la Tour. Après la mort de la comtesse Jeanne II, étant veuve pour lors, elle se mit en possession réelle des comtés d'Auvergne et de Boulogne, et par le droit de sa naissance, et en vertu de la donation de Jeanne. Georges de la Trémoille, mari de Jeanne, fit valoir de son côté le contrat de mariage, par lequel ils s'étaient réciproquement donné, comme on l'a dit ci-dessus, tous leurs biens. Les voies de fait furent les premiers moyens qu'il employa contre sa rivale; mais trop faible pour la déposséder, il lui intenta procès dans les règles. L'affaire, après avoir duré longtems, fut terminée de la manière dont on le dira ci-après. Durant ces contestations, Philippe le Bon, duc de Bourgogne, s'empara du comté de Boulogne (1), qui lui fut cédé par le traité d'Arras du 22 septembre de l'an 1435 (2). L'an 1437, Marie meurt, le 7 avril, à Clermont, où elle est inhumée. Cette princesse laissa de son époux un fils, nommé Bertrand, qui lui succéda, et trois filles, dont l'aînée, Jeanne, épousa Béraud III, dauphin d'Auvergne.

---

(1) On prétend qu'il s'en était saisi dès l'an 1419, du vivant même de Jeanne de Boulogne.

(2) Ce traité portait dans un de ses articles que le duc de Bour-
» gogne prétend avoir droit en la comté de Boulogne sur la mer,
» laquelle il tient et possède : et pour le bien de paix ycelle comté
» de Boulogne sera et demourera à mondict seigneur de Bourgogne
» et en jouira en tous profits et émolumens quelconques pour luy, ses
» enfans et hoirs masles procréez de son corps seulement : en après
» demourera ycelle comté à ceulx qui droit y ont ou auront ; et sera
» tenu le roy d'appaiser et contenter lesdictes parties prétendant avoir
» droit en ycelle comté : tellement qu'en cependant ne le demandent,
» ne querellent rien, ne fassent aucune poursuite à l'encontre de
» mondict seigneur de Bourgogne et ses enfants. » Mais dans le traité fait pour terminer la guerre du bien public en 1465, on glissa un mot en faveur de la ligne féminine des ducs de Bourgogne, qui dérogeait au traité d'Arras, dans l'endroit même où il paraissait qu'on le confirmait. Le roi Louis XI, comme on le verra ci-après, n'y eut aucun égard.

BERTRAND I, COMTE D'AUVERGNE ET SEIGNEUR DE LA TOUR, VIe. DU NOM.

1437. BERTRAND, héritier, par Bertrand V, son père, des seigneuries de la maison de la Tour, recueillit, après la mort de Marie, sa mère, le comté d'Auvergne, avec la baronnie de Montgascon. La même année, pendant la mésintelligence du comte d'Armagnac et du duc de Bourgogne, il défendit la ville de Corbeil, assiégée par ce dernier. *Dedans cette ville*, dit Juvénal des Ursins, *étoient le sire de Barbazan, et Bertrand de la Tour, fils au seigneur de la Tour d'Auvergne, accompagnés de belle compagnée de gens d'armes, lesquels se comportèrent fort sagement à la garde d'icelle ville, tellement que ledit duc fut contraint de lever le siége devant cette ville.* Bertrand montra une fidélité constante pour le roi Charles VII. L'an 1440, il reçut ce prince à Clermont, et contribua à lui faire obtenir les secours d'hommes et d'argent qu'il était venu chercher, pour mettre à la raison le dauphin, son fils, révolté contre lui. Il était, l'an 1444, dans l'armée que Charles conduisit en Lorraine, pour aider le duc Réné à soumettre ses sujets rebelles. Bertrand mourut dans ses terres le 22 mars 1461. Il est qualifié *prince illustre* dans un acte du sénéchal de Beaucaire, donné en 1441. Sa femme JACQUETTE DU PESCHIN, qu'il avait épousée en 1416, lui donna Bertrand, qui suit; Godefroi, seigneur de Montgascon; Gabrielle, femme de Louis de Montpensier, dauphin d'Auvergne, son cousin germain; Louise, mariée, l'an 1446, à Jean, Ve. du nom, sire de Crequi; Blanche, abbesse; Isabelle, qui épousa en premières noces Guillaume de Bretagne, comte de Penthièvre et de Périgord, vicomte de Limoges et seigneur d'Avenes, et en secondes noces Arnaud-Amanieu d'Albret, sire d'Orval, fils puîné de Charles II, sire d'Albret et comte de Dreux.

BERTRAND II, COMTE D'AUVERGNE ET DE BOULOGNE, ET SEIGNEUR DE LA TOUR, VIIe. DU NOM.

1461. BERTRAND II, fils de Bertrand de la Tour, et de Jacquette du Peschin, seigneur de Montgascon du vivant de son père, devint, après sa mort, héritier du comté d'Auvergne et de la seigneurie de la Tour. Bertrand servit avec honneur, depuis 1441 jusqu'en 1451, dans la guerre contre les Anglais. L'an 1468, il fut envoyé dans la Bresse, à la tête de deux mille hommes, pour s'emparer de ce pays au nom du roi de France, et punir par-là Philippe, duc de Savoie, qui avait pris parti pour le duc de Bourgogne. L'an 1477, après la mort de Charles, duc de Bourgogne, le roi Louis XI ayant repris le comté de Boulogne sur Marie, fille et héritière de Charles, le rendit au comte Bertrand, comme un ancien héritage de sa maison. On a les lettres-patentes de ce monarque en date du 5 janvier 1477 (v. st.), adressées aux sénéchal, bailli et hommes de fief du comté d'Artois, par lesquelles il leur mande qu'ils aient à recevoir Bertrand de la Tour, comte de Boulogne, à foi et hommage pour ledit comté, et à le lui délivrer. (*Mss.* de Béthune, n. 9419.) Mais l'année suivante, par traité du 24 janvier, Bertrand échangea le comté de Boulogne, avec ce prince pour la jugerie de Lauraguais en Languedoc, qui fut depuis érigée en comté. Maître du Boulonnais sans retour, Louis imagina un expédient singulier pour l'affranchir de la suzeraineté du comté d'Artois dont il relevait, et qui par un droit incontestable, appartenait à Marie de Bourgogne. Il en avait envahi sur elle, il est vrai, la plus grande partie; mais il prévoyait que cette princesse ou ses héritiers reviendraient un jour contre cette usurpation. Pour assurer l'indépendance du Boulonnais, ce cas arrivant, voici le parti qu'il prit: ce fut de transporter, de son autorité royale, l'hommage du comté de Boulogne, à l'image de Notre-Dame, révérée à Boulogne. En conséquence, il voulut que la Sainte-Vierge fût reconnue pour la seule souveraine de la ville et du comté de Boulogne, et se déclara son vassal par le relief d'un cœur d'or du poids de treize marcs, que lui et chacun de ses successeurs, rois de France, lui payeraient à leur avénement à la couronne, en lui faisant hommage du Boulonnais. Il en fit expédier d'Hesdin au mois d'avril 1478, avant Pâques, les lettres-patentes qui furent enregistrées au parlement le 18 août suivant, après quoi il fit lui-même l'hommage entre les mains de l'abbé de Notre-Dame, qui est aujourd'hui la cathédrale, dans la chapelle de la Vierge, devant son image, en présence de toute la cour. La même année 1478, Louis étant à Arras, donna le 18 avril d'autres lettres-patentes pour l'érection de la sénéchaussée du Boulonnais, et voulut qu'elle ne fût plus *responsable ne à la couronne d'Artois, ne à aultre quelconque justice, sauf*, dit-il, *à notre cour de parlement*. L'an 1494, le comte Bertrand meurt le 26 septembre en son château de Saint-Saturnin. Il avait épousé, l'an 1445, LOUISE, fille de Georges de la Trémoille; mariage, au moyen duquel la Trémoille renonça aux prétentions qu'il avait sur le comté d'Auvergne, par la donation de la comtesse Jeanne, son épouse. De cette alliance naquit un fils, Jean III, qui suit, et quatre filles, dont l'aînée, Françoise de la Tour, épousa, le 26 novembre 1469, Gilbert de Chabannes, seigneur de Curton, et grand-sénéchal de

Guienne. Jeanne de la Tour, la seconde, fut mariée par contrat du 28 novembre 1472, à Aymar de Poitiers, seigneur de Saint-Vallier; Anne, la troisième, épousa, 1°., le 16 février 1480, Alexandre Stuart, duc d'Albanie, mort, l'an 1485, des blessures reçues dans un tournoi; 2°., l'an 1487, Louis, comte de la Chambre, vicomte de Maurienne; Louise de la Tour, la dernière, eut pour époux, l'an 1486, Claude de Blaisi, vicomte d'Arnai. La comtesse Louise, mère de ces enfants, mourut le 10 avril 1474, comme porte son épitaphe, gravée sur une lame de cuivre, près de son tombeau, dans l'église de l'abbaye de Saint-Genés de Clermont, où elle est inhumée.

JEAN III, COMTE D'AUVERGNE, SEIGNEUR DE LA TOUR.

1494. JEAN III, fils de Bertrand, dernier rejeton de la première branche de la maison de la Tour d'Auvergne, succéda aux seigneuries de son père, non en 1487, comme l'a cru M. Justel, mais en 1494: il était âgé pour lors de vingt-huit ans, étant né l'an 1467. Le roi Louis XII le créa chevalier de son ordre, le 27 mai 1498, jour de son sacre. Le comte Jean ne survécut que trois ans à cet honneur, étant mort le 28 mai 1501. Il avait épousé, l'an 1494, JEANNE DE BOURBON, fille de Jean de Bourbon, IIe. du nom, comte de Vendôme, et veuve de Jean II, duc de Bourbon, appelée communément la douairière de Bourbon. Il est à remarquer que dans son contrat de mariage, daté du 2 janvier 1494, ainsi que dans d'autres actes, il prend la qualité de comte de Boulogne, ajoutant même que *l'aîné mâle, descendant dudit mariage, portera les nom et armes de Boulogne et d'Auvergne ou la récompense de ladite comté de Boulogne.* « Ce qui fait voir, dit M. Baluze, qu'il ne jouissait » pas alors de la comté de Lauraguais, y ayant été troublé par le » roi Louis XII, sous prétexte d'une réunion des biens aliénés de » la couronne ». De son mariage naquirent trois filles, Anne, qui lui succéda; Madeleine, mariée, en 1518, à Laurent de Médicis, duc d'Urbin, neveu du pape Léon X, et mère de Catherine de Médicis reine de France; et N. née après la mort de son père, et décédée au berceau.

ANNE DE LA TOUR, COMTESSE D'AUVERGNE.

1501. ANNE, fille aînée du comte Jean III, et son héritière au comté d'Auvergne, épousa JEAN STUART, duc d'Albanie en Écosse, par contrat du 13 juillet 1505. L'an 1524, étant malade, et se voyant sans enfants, elle fit son testament le 16 juin, par lequel elle transmit le comté d'Auvergne à CATHERINE

DE MÉDICIS, sa nièce, qui épousa depuis le roi Henri II. Anne mourut dans le même mois.

Depuis que le comte Gui II avait donné en dépôt, l'an 1202, comme on l'a dit plus haut, la seigneurie de Clermont à l'évêque Robert, son frère, les successeurs de ce prélat en demeurèrent paisibles possesseurs jusqu'à Guillaume du Prat, qui monta sur le siége de Clermont en 1535. Catherine de Médicis lui ayant disputé la seigneurie de cette ville, il allégua parmi ses moyens de défense la prescription. Mais on lui répondit que ce moyen n'a lieu que lorsque le possesseur est fondé à se croire le maître et le propriétaire légitime de la chose qu'il possède. Or le dépôt, disait-on, est un titre qui s'oppose à cette persuasion; car le dépositaire sait parfaitement bien qu'il n'est ni le maître ni le propriétaire de la chose déposée. L'évêque de Clermont fut donc évincé par arrêt du parlement, rendu l'an 1552, en faveur de Catherine de Médicis. Cette princesse, l'an 1589, sous le nom du roi Henri III, son fils, transporta en pur don le comté d'Auvergne, à CHARLES DE VALOIS, fils naturel de Charles IX. Mais en 1606, MARGUERITE DE VALOIS, sœur de Henri III, s'étant pourvue au parlement contre cette donation, se fit adjuger le comté d'Auvergne, qu'elle céda ensuite au dauphin, depuis le roi Louis XIII, qui le réunit à la couronne. (*Voy.* Charles de Valois, *duc d'Angoulême.*)

En 1651, le roi Louis XIV, alors mineur, donna au duc de Bouillon, en échange de Sédan et de Raucour, le comté d'Auvergne avec le comté de Clermont, proprement dit, et les baronnies de Montrognon et de Chamalière. Mais cet échange éprouva deux oppositions qui le firent échouer. « La première » de ces oppositions fut de la part des villes de la province, » qui soutinrent dans leurs moyens qu'elles ne pouvaient être » en aucune manière distraites ni désunies du domaine de la » couronne, non-seulement parce qu'elles y avaient été insé- » parablement unies, mais encore à cause de plusieurs conces- » sions et priviléges, que nos rois leur avaient successivement » accordés.

» L'autre opposition fut faite par le duc de Chaulnes, alors » gouverneur en chef de la province du haut et bas pays d'Au- » vergne. *Quelle sera désormais*, disait-il dans sa requête pré- » sentée au conseil, *la fonction d'un gouverneur, qui ne pouvant* » *jamais, dans l'ordre politique, rien voir au-dessus de lui que* » *la personne du roi, au nom duquel il commande, commencera* » *d'entendre un nouveau langage de supériorité, d'un duc en titre* » *et en puissance, qui confondra facilement les droits du gouverne-* » *ment avec ceux de la seigneurie et de la propriété! Le roi ne se* » *réservant de toutes les villes de la province que celle de Clermont,*

» *ce sera-là qu'on bornera l'étendue du pouvoir du gouverneur. Par-*
» *tout ailleurs, le nouveau duc sera le maître absolu, et pour une*
» *portion d'échange d'un petit coin de terre, il sera le maître de*
» *quarante ou cinquante villes, de plus de vingt-cinq villes impor-*
» *tantes, dans lesquelles il y a divers présidiaux et sièges royaux*
» *des plus considérables du royaume, pour arracher par-tout le*
» *sacré caractère de l'autorité souveraine, qui les rend officiers du*
» *roi, et leur faire prendre une condition inférieure de petits juges*
» *de seigneurs....*

» Ces oppositions réunies furent cause que le roi ayant réuni
» la principauté de Sédan au domaine de sa couronne, au lieu
» de donner au duc de Bouillon la province d'Auvergne en
» entier, comme on l'avait projeté d'abord, ne lui en donna
» qu'une partie, savoir *le comté d'Auvergne*. Mais pour dédom-
» mager du reste le duc de Bouillon, sa majesté lui donna en
» échange, le 20 mars 1651, le duché d'Albret, le duché de
» Château-Thierri, et le comté d'Evreux ». (M. l'abbé Expilli, *Dict. de la Fr. art.* Auvergne.)

CHRONOLOGIE HISTORIQUE

DES

DAUPHINS D'AUVERGNE.

GUILLAUME I, DAUPHIN.

GUILLAUME VII, comte d'Auvergne, et premier du nom de dauphin, dépouillé, comme on l'a dit plus haut, du comté d'Auvergne par son oncle Guillaume le Vieux, conserva néanmoins une petite portion de ce pays avec le comté de Velai. Dès-lors, afin de se distinguer de son oncle, il prit plus communément le titre de comte du Pui; et c'est ainsi qu'il est qualifié dans la plupart des chartes où il est fait mention de lui. Pour se maintenir dans ce qui lui restait, et recouvrer même ce qu'on lui avait enlevé, il implora le secours de Henri II, roi d'Angleterre, qu'il regardait comme son suzerain, à raison du duché d'Aquitaine que ce prince avait acquis par son mariage avec Eléonore. Mais Henri, trop occupé de ses propres affaires, ne put lui fournir que de faibles secours. Las de se faire une guerre ruineuse pour l'un et pour l'autre, l'oncle et le neveu cessèrent leurs hostilités, et dans la vue de se refaire ils réunirent leurs armes à celles du vicomte de Polignac pour exercer le brigandage sur les terres des églises de Clermont et du Pui. Le roi Louis le Jeune, sur les plaintes que les prélats intéressés lui portèrent, se rendit, l'an 1163, sur les lieux avec une armée pour châtier ces trois seigneurs. Il les prit, les emmena prisonniers, et ne les relâcha qu'après leur avoir fait promettre avec serment et sous caution de ne plus récidiver, de réparer les dommages qu'ils avaient causés, et de se faire absoudre par l'église. (*Hist. Lud. VII, apud duch.* tom. IV, pag. 417.) M. Velli place mal-à-propos cette expédition en 1178, et D Vaissète ne paraît pas mieux fondé à la mettre en 1165. Les brouilleries s'étant depuis renouvelées entre les deux Guillaume, le neveu fut secouru, l'an 1167, par le roi d'Angleterre, irrité contre Guillaume le Vieux pour s'être mis sous la protection du roi de France. On fit enfin, l'an 1169, un traité de partage entre les deux contendants, en vertu duquel, outre la moitié de la ville de Clermont, Guillaume le Jeune eut la châtellenie de Vodable avec plusieurs autres terres et seigneuries dans la Limagne, telles que Ludesse, Issoire, le Cheylat, Torzel, Meillaud, Saint-Ilpize, Combronde, Langheac, Saint-Herem, Saligni, etc. Le reste de l'Auvergne demeura à Guillaume le Vieux. Le premier survécut très-peu de tems à cet accommodement, étant mort à la fin de la même année. De JEANNE DE CALABRE, son épouse, ainsi nommée par lui-même dans l'acte cité plus haut, de l'an 1149, et appelée BÉATRIX par Justel, Blondel et Chorier, il eut un fils qui suit, et une fille nommée Ansalde, Assalide et Nassalde, qui fut mariée à Hercule III, vicomte de Polignac, puis à Béraud I, sire de Mercœur. Guillaume quitta les armes d'Auvergne qui étaient un gonfalon frangé de sinople en champ d'or, pour prendre un dauphin aussi en champ d'or; ce qui fut dans la suite, mais beaucoup plus tard, adopté par les dauphins de Viennois.

ROBERT, SURNOMMÉ DAUPHIN, COMTE DE CLERMONT.

1169. ROBERT, fils du comte Guillaume le Jeune, lui succéda dans la partie de l'Auvergne qui lui avait été cédée par Guillaume le Vieux. Il prit le surnom de DAUPHIN comme lui, et n'est pas autrement nommé pour l'ordinaire dans les actes émanés de lui, ou passés de son tems. Il eut aussi le titre de comte de Clermont. On le voit même qualifié comte d'Auvergne dans quelques actes. Outre les terres qu'il possédait en Auvergne, il jouissait en Dauphiné de celles de Voreppe et de Varacieu.

L'an 1195, Robert-Dauphin, s'étant confédéré avec Gui, comte d'Auvergne, contre le roi de France, ce prince lui enleva Issoire et d'autres places, avec les droits qu'il possédait à Clermont. Il fallut bien alors recourir à la miséricorde du vainqueur. L'an 1199, le 30 septembre, traité de Robert-Dauphin, avec Philippe Auguste, par lequel il le reconnaît pour son seigneur immédiat, lui promet obéissance et fidélité, et s'en remet à sa clémence pour les places qu'il lui avait prises. La grande Chartreuse doit comter ce dauphin et son fils parmi ses bienfaiteurs. L'an 1215, au mois de septembre, ils lui donnèrent en aumône une rente annuelle et perpétuelle de sept livres, à prendre le jour de Pâques sur les fours de Montferrand. Dans la charte de cette donation le dauphin prend le prénom de Robert: *Ego Robertus dictus Delphinus.* (mss. de Fontanieu, vol. 115.) L'an 1225, il vendit pour le prix de vingt-deux mille sous viennois à Guignes-André, dauphin de Viennois, les terres de Voreppe et Varacieu, qu'il avait dit-il dans l'acte, héritées de Marchise, son aïeul. (Justel, *pr.* p. 139.) L'an 1229, nouveau traité conclu au mois de février entre le roi saint Louis et le dauphin, par lequel celui-ci après avoir fait hommage et serment de fidélité au monarque, est rétabli dans la possession de plusieurs terres que Louis avait mis sous la garde d'Archambaud de Bourbon. Ceci prouve que le dauphin s'était joint à Guillaume, comte d'Auvergne, dans la révolte de celui-ci contre le roi saint Louis pendant la minorité de ce prince. Le 22 mars de l'an 1234 fut le terme de ses jours, après un gouvernement de soixante cinq ans. Il devait être alors presque nonagénaire, puisqu'à la mort de son père il n'était déjà plus mineur. On a de lui des poésies provençales qui font plus d'honneur à son esprit qu'à son cœur. Il fit contre Robert, évêque de Clermont, son proche parent, des sirventes où il l'accuse de crimes infâmes et lui prodigue les malédictions. Le prélat, qui se mêlait aussi de poésie, lui répondit sur le même ton. Le dauphin avait épousé G. (et non Huguette) de MONTFERRAND, qui lui apporta en dot le comté de ce nom, et mourut l'an 1199, date de son testament qu'elle fit étant à l'extrémité. (Baluze, *hist. de la M. d'Auver.*, tom. II, p. 256.) De ce mariage sortirent deux fils et deux filles. Les fils sont Guillaume qui suit, et Hugues dont il est fait mention dans une charte de l'an 1222. Les filles, Dauphine, que sa mère chargea de l'exécution de ses legs dans son testament, et N. mariée, du vivant de sa mère, à Bernard, de la Tour d'Auvergne.

GUILLAUME-DAUPHIN II, COMTE DE CLERMONT ET DE MONTFERRAND.

1234. GUILLAUME-DAUPHIN II, fils aîné de Robert-Dauphin I, et son successeur, était marié, dès l'an 1196, avec HUGUETTE, fille de Guillaume, seigneur de Chamalière, comme le prouve une charte par laquelle son père, lui et sa femme, reconnaissent tenir en fief de Robert, évêque de Clermont, la châtellenie de Chamalière moyennant une somme de six cents livres, monnaie de Clermont, qu'il leur avait donnée. (Baluze, *hist. de la M. d'Auv.*, tom. II, pag. 261.) L'an 1226, au mois de mars, il fit hommage, dans le château de Vincennes, au roi Louis VIII, du comté de Montferrand qu'il tenait de sa mère. L'an 1230, il ratifia le traité de paix conclu l'année précédente entre le roi saint Louis et Robert-Dauphin, son père. Il eut avec les chanoines de Brioude, en 1238, quelques contestations qui ne paraissent pas avoir eu de suites. Il s'agissait de l'hommage des châteaux du vieux Brioude et de Saint-Allire, qu'il refusait de rendre au chapitre. On ne peut marquer précisément l'année de sa mort ; mais il ne vivait plus en 1240. Après la mort d'HUGUETTE DE CHAMA-LIÈRE, sa première femme, il prit en secondes noces, ISABEAU, que Justel croit avoir été de la maison de Dampierre : mais les preuves qu'il en donne, suivant la remarque de Baluze, peuvent s'appliquer également à la maison de Pontgibaud. Celle-ci étant encore décédée avant Guillaume, il épousa en troisièmes noces PHILIPPINE, dont on n'a pu jusqu'à présent découvrir la maison. Cette dame, après la mort de Guillaume, se remaria, l'an 1241, à Robert de Courcelles, fils d'Amand de Courcelles, connétable, ou gouverneur d'Auvergne pour le roi. A l'égard des enfants de Guillaume, savoir Robert et Catherine, on ne sait précisément auxquelles de ses femmes ils appartiennent. Baluze néanmoins présume, avec assez de vraisemblance, que Huguette de Chamalière était mère de Robert, successeur de Guillaume, sur ce qu'il prenait, en 1248, le titre de seigneur de Chamalière. Catherine, née l'an 1212, fut mariée, l'an 1226, à Guichard de Beaujeu, seigneur de Montpensier, deuxième fils de Guichard IV, sire de Beaujeu, et lui porta en dot le comté de Montferrand.

ROBERT II, COMTE DE CLERMONT.

1240. ROBERT II, succéda cette année, au plus tard, à Guillaume, son père, dans le comté de Clermont ou le Dauphiné. L'histoire ne nous a conservé aucun événement particulier de sa vie, qui intéresse la curiosité du public. Sa mort arriva l'an 1262. D'ALIX DE VENTADOUR, son épouse, il eut deux fils et trois filles. Les fils sont, Robert son successeur, et Hugues, auquel il laissa quelques terres par son testament. Les filles sont, Mathe, qui fut mariée à Géraud de Roussillon, seigneur d'Anjo, maison illustre en Dauphiné ; Alix, femme d'Eustache IV, seigneur de Montboissier ; et une autre Alix, religieuse.

ROBERT III, COMTE DE CLERMONT.

1262. ROBERT III, fils de Robert II, lui succéda, l'an

1262, dans le dauphiné d'Auvergne et autres domaines de sa maison. On a de ce prince une charte, datée du mercredi après la Saint-Martin de cette année, c'est-à-dire du 15 novembre, par laquelle il reconnaît tenir en franc-fief d'Alfonse, comte de Poitiers, le château de Vodable, et plusieurs autres terres. L'an 1279, il obtint du roi Philippe le Hardi un diplôme, par lequel il fut réglé que la châtellenie de Chauveroche, dont partie était du ressort du bailliage de Berri, partie du bailliage d'Auvergne, ressortirait entièrement au dernier. Robert, l'an 1281, fit son testament le lundi après la Toussaint, c'est-à-dire le 3 novembre: il survécut à cet acte environ cinq mois, étant mort le 20 mars de l'année suivante 1282. (n. st.) Son corps fut inhumé dans l'église de Saint-André, près de celui de son épouse MAHAUT, fille de Guillaume X, comte d'Auvergne, et d'Alix de Brabant, décédée le 20 août 1280. Cette princesse lui donna trois fils et trois filles. Les fils sont, Robert, son successeur; Guillaume, doyen de Chamalières, chanoine de Clermont, prévôt de Brioude et archidiacre de Tournai, mort le 26 juillet 1302; et Gui ou Guigues, chevalier du Temple dès l'âge de onze ans, et avant l'an 1282, puis commandeur de son ordre en Aquitaine. C'est ce fameux Gui, frère du dauphin d'Auvergne, et non pas du dauphin de Viennois, comme le dit Villani, qui fut enveloppé dans le grand désastre des Templiers, arrivé sous le pontificat de Clément V. Le roi Philippe le Bel l'ayant fait arrêter l'an 1307, il fut interrogé sur les crimes qu'on imputait à l'ordre, et les avoua. Il réitéra cette confession devant le pape à Lyon, où il fut mené, puis à Poitiers en présence du même pontife et du roi, sur l'assurance que ce prince lui donna de le tirer de ce mauvais pas. Mais, l'an 1313, il déclara fausse, devant les légats du pape, la déposition qu'il avait faite contre l'honneur de l'ordre, accusa le pape et le roi de l'avoir séduit, et protesta que la vue de la mort la plus honteuse et la plus cruelle ne lui ferait point changer de sentiments. En effet, il soutint, avec une constance qui étonna tous les assistants, le supplice du feu qu'on lui fit subir le jour même de cette déclaration, c'est-à-dire le 18 mars, dans l'île du palais à Paris.

ROBERT IV, COMTE DE CLERMONT ET DE MONTFERRAND.

1282. ROBERT IV, fils du dauphin Robert III, succéda, vers la fin du mois de mars de la même année, à son père. L'an 1308, ayant pris parti dans la querelle d'Érard de Saint-Véran et d'Oudard de Montaigu, il combattit pour le dernier, qui était son allié, à la bataille donnée le jour de Saint-Denis entre les deux rivaux. Robert donna en plusieurs rencontres des preuves de sa valeur. Nous plaçons sa mort au 29 janvier de l'an 1324, d'après Baluze, qui prouve cette époque, et non en 1314, comme le marque M. le Quien de la Neuville. Son corps fut inhumé dans l'abbaye de Saint-André. Du vivant de son père, l'an 1279, il avait épousé ALIX ou ALIXENTE DE MERCŒUR, d'abord veuve de Pons de Montlaur, et ensuite d'Aymar II de Poitiers, comte de Valentinois, à qui elle s'était remariée l'an 1268. Alix donna trois fils et une fille à Robert. Les fils sont, Robert, mort jeune, et avant sa mère ; Guillaume, seigneur de Montrognon, et Jean, qui succéda à son père. La fille, dont on ignore le nom, fut religieuse à Magemont en Auvergne. Alix, étant morte le 15 juillet de l'an 1286, Robert se remaria en secondes noces avec ISABELLE DE CHATILLON, dame de Jaligni, dont il eut deux fils, Robert de Saint-Ilpise ; (c'est le chef de la branche des seigneurs de ce nom) et Hugues, qui devint prévôt de Brioude : trois filles sortirent aussi de ce mariage, Isabelle, mariée à Pierre de Montaigu ; Béatrix, et une autre Isabelle, que leur père dévoua, par son testament, à la vie du cloître.

JEAN, SURNOMMÉ DAUPHINET.

1324. JEAN, fils de Robert IV et d'Alix de Mercœur, plus connu dans l'histoire sous le nom de DAUPHINET, dont on ignore la raison, succéda à son père dans le dauphiné d'Auvergne. L'an 1340, vers la fin de juin, il se rendit en Flandre pour servir le roi Philippe de Valois, contre les Anglais et les Flamands. Ce prince lui ayant donné le gouvernement de Saint-Omer, il battit les Flamands qui pillaient la ville d'Arques, voisine de cette place, leur tua près quatre mille hommes, et fit quatre cents prisonniers. L'an 1345, il fut du nombre des seigneurs qui accompagnèrent Jean, duc de Normandie, en Gascogne, où il mena, dit Froissart, un corps de cent mille têtes armées, ou plus, pour faire face au comte de Derbi. Dauphinet mourut le 10 mars de l'an 1351. Il avait épousé, l'an 1312, ANNE DE POITIERS, fille d'Aymar IV, comte de Valentinois, et veuve de Henri II, comte de Rodez, dont il eut trois fils et deux filles : les fils sont, Béraud qui suit ; Amé, seigneur de Rochefort, qui hérita de sa mère des terres de Bréone, Chamalières, Champeix, etc.; Hugues, chanoine de Clermont. Les filles, Isabelle, mariée, l'an 1334, à Gui, seigneur de Chalençon ; et Marguerite, femme de Godefroi de Boulogne, seigneur de Montgascon.

BÉRAUD I.

1351. BÉRAUD I, avant que de succéder à Jean Dauphinet, son père, était déjà l'un des plus riches seigneurs de l'Auvergne. L'an 1339, par un jugement d'arbitres, rendu le 12 juin, il avait recueilli la succession de la maison de Mercœur. On ne connaît aucune action d'éclat qui ait conservé sa mémoire à la postérité. L'an 1356, le 19 août, il fit son testament, et mourut le 27 du même mois. Béraud avait épousé, l'an 1333, MARIE, fille de Pierre de la Vie, seigneur de Villemur, et nièce du pape Jean XXII, dont il eut quatre fils et cinq filles. Les fils sont, Béraud, son successeur; Hugues, qui prit le parti des armes et s'y distingua; Jean seigneur de Rochefort, et Robert, qui naquit après la mort de son père; Béatrix, l'aînée à ce qu'il paraît, des filles de Béraud, déjà veuve de Henri de Montaigu en 1357, épousa ensuite Guillaume Flotte, deuxième du nom, petit-fils de Guillaume I, chancelier de France; Jeanne, seconde fille de Béraud, fut mariée à Guionnet, baron de Séverac en Rouergue, et neveu d'Amauri de Séverac, maréchal de France. (Gui, le seul fils qui sortit de ce mariage, étant mort sans postérité masculine, la maison de Séverac se fondit dans celle d'Arpajon.) Marguerite, dont on ne sait point quel a été le sort, fut la troisième fille de Béraud; Catherine, la quatrième, fut mariée au marquis de Beaufort, seigneur de Canillac, et neveu du pape Clément VI; Blanche, la cinquième, épousa Guerin III, seigneur d'Apchier. M. le Quien de la Neuville, d'après Justel, prétend que Blanche naquit d'un second mariage de Béraud avec Jeanne de Boulogne. S'il eût consulté les preuves de l'histoire de la maison d'Auvergne, par M. Baluze, il aurait vu que Marie de Villemur, femme de Béraud, ne mourut que le 28 septembre 1363.

BÉRAUD II, COMTE DE CLERMONT ET SEIGNEUR DE MERCŒUR.

1356. BÉRAUD II, surnommé le COMTE CAMUS, fils et successeur du dauphin Béraud I, combattit, trois semaines après la mort de son père, à la bataille de Poitiers. L'an 1359, le fameux Robert Knoles, capitaine anglais, étant venu en Auvergne à la tête de trente mille hommes, toute la noblesse du pays et des environs s'assembla pour le repousser. *Les seigneurs de France*, dit Froissart, *ordonnèrent deux batailles, et avaient en chacune bien cinq mille hommes. Si avoit la première bataille le dauphin d'Auvergne, comte de Clermont, et l'appeloit-on*

Béraud, et devint illecques chevalier, et leva bannière écartelée d'Auvergne et de Mergiel (Mercœur.) *Si étoit de lez lui monseigneur Robert dauphin, son oncle, le sire de Montaigu, le sire de Chalençon, le sire de Rochefort, le sire de Sérignac, monseigneur Godefroi de Boulogne, et plusieurs jeans écuyers de Limosin, de Quercy, d'Auvergne et de Rouergue.* Mais tout ce grand appareil ne servit qu'à en imposer aux Anglais, qui se retirèrent pendant la nuit. L'an 1360, Béraud fut un des otages que le roi Jean donna aux Anglais pour sûreté de l'exécution du traité de Brétigni. Béraud demeura treize ans en Angleterre, *où il dépendit bien*, dit Froissart, *cinquante deux mille livres*. L'an 1374, il fut du nombre des seigneurs que le duc d'Anjou assembla dans le Périgord pour aller faire la guerre en Gascogne. Il était, l'an 1382, dans l'armée de Flandre, et fut compris avec Jean II, comte d'Auvergne, parmi les seigneurs qui devaient servir auprès de la personne du roi Charles VI. On le voit, en 1386, dans l'armée que le roi avait assemblée sur les côtes de Flandre à dessein de passer en Angleterre; projet qui, comme l'on sait, n'eut point d'exécution. Il partit, l'an 1390, avec son frère Hugues, pour accompagner le duc de Bourbon dans l'expédition qu'il entreprit en Barbarie, à la sollicitation des Génois. (*Voy.* Louis II, *duc de Bourbon.*) L'an 1400, (n. st.) le 17 ou le 21 janvier, le dauphin meurt avec la réputation de l'un des seigneurs les plus braves et les plus magnifiques de son tems. Il avait épousé en premières noces, par contrat passé le 22 juin 1357, JEANNE, fille de Guigues VIII, comte de Forez, et de Jeanne de Bourbon. De cette princesse, qu'il perdit le 17 février, 1366, il n'eut qu'une fille, Anne, qui fut mariée, non en 1368, comme le dit M. le Quien, mais le 19 août 1371, dans le château d'Ardes en Auvergne, avec Louis II, duc de Bourbon, auquel elle apporta en dot les comtés de Forez et de Clermont. Béraud prit en secondes noces, par contrat du mois de juin 1371, JEANNE, fille de Jean I, comte d'Auvergne et de Boulogne, laquelle étant morte sans enfants, il se remaria, pour la troisième fois, au mois de juin 1374, avec MARGUERITE, fille héritière de Jean III, comte de Sancerre, *moult vaillante dame*, dit Froissart, *et de grant prudence*. Les enfants qu'elle lui donna sont Béraud, qui suit; Jean et Louis, morts avant leur père sans lignée; Robert, qui, de religieux de la Chaise-Dieu, devint évêque de Chartres l'an 1432, et l'année suivante évêque d'Albi; Jeanne, mariée, l'an 1400, à Guillaume de Vienne, seigneur de Saint-Georges; Marguerite, qui épousa, l'an 1404, Jean de Beuil, non celui qui fut amiral de France, comme le dit M. le Quien, puisqu'il n'eut cette dignité qu'en 1450, mais vraisemblablement celui qui fut maître des arbalêtriers ; enfin Jacquette, abbesse de Saint-Menoux. (Voy. *les comtes de Sancerre*.)

BÉRAUD III, COMTE DE CLERMONT ET DE SANCERRE, DAUPHIN D'AUVERGNE.

1400. BÉRAUD III, fils du dauphin Béraud II et de Marguerite de Sancerre, succéda cette année à son père. L'an 1409, il aida le duc de Bourbon à chasser de ses terres des troupes de brigands qui les pillaient : on ne connaît point d'autres exploits militaires de ce dauphin. Il mourut le 28 juillet 1426. M. Villaret dit, sur l'an 1424, *que le comte dauphin d'Auvergne fut tué en plein conseil, aux yeux même du roi, par Tannegui du Châtel. Les registres du parlement*, ajoute-t-il, *où ce fait est consigné, ne rapportent point le sujet d'une violence si injurieuse à la majesté souveraine.* Mais vraisemblablement il se trompe sur l'année ; car l'obituaire de Saint-André-lez-Clermont assigne la mort de Béraud III à l'époque que nous avons marquée. Il avait été marié en premières noces, par contrat du 22 juillet 1409, avec JEANNE, fille de Bertrand de la Tour, cinquième du nom, et de Marie, comtesse d'Auvergne et de Boulogne. De ce mariage naquit une fille, nommée Jeanne, qui fut dauphine d'Auvergne. Le 24 juillet 1426, quatre jours avant sa mort, Béraud s'était remarié avec MARGUERITE DE CHAUVIGNI, dont il n'eut point d'enfants. Elle épousa ensuite Jean de Blois, comte de Penthièvre et vicomte de Limoges. (*Voy.* Beraud, *comte de Sancerre*.)

JEANNE, COMTESSE DE CLERMONT, DE SANCERRE ET DE MONTPENSIER, DAUPHINE D'AUVERGNE.

1426. JEANNE, fille unique du dauphin Béraud III, et de Jeanne de la Tour d'Auvergne, succéda cette année à son père. Elle était née l'an 1412 ; et l'an 1428, elle épousa Louis de Bourbon, premier du nom, comte de Montpensier. Le 20 mai 1436 (et non 1433), Jeanne étant sans enfants et malade à l'extrémité, fit son testament, par lequel elle donna l'usufruit de tous ses biens à son époux. Jeanne mourut six jours après (le 26 mai), dans le château d'Ardes, séjour ordinaire des dauphins, sans laisser d'enfants. Ainsi, la branche des comtes dauphins d'Auvergne finit en sa personne, et le dauphiné passa, comme on va le voir, dans la maison de Bourbon.

LOUIS I DE BOURBON, COMTE DE MONTPENSIER, DAUPHIN D'AUVERGNE, DIT LE BON.

1436. M. Baluze prétend, sans en donner de preuves, qu'Anne, fille du dauphin Béraud II, mariée, comme on l'a vu, dès l'an 1371, vécut assez pour succéder cette année à la dauphine Jeanne, sa nièce. Mais nous croyons devoir préférer le sentiment de ceux qui placent la mort de cette princesse en l'an 1416, époque d'un codicille ajouté à son testament, fait plusieurs années auparavant, et après laquelle on n'aperçoit plus de traces de son existence. LOUIS DE BOURBON, chef de la branche de Montpensier, époux de Jeanne, conserva donc, en vertu de la donation de cette princesse, le dauphiné d'Auvergne, et le transmit à sa postérité. La douceur de son gouvernement lui mérita le surnom de BON. L'an 1483, il assista au sacre du roi Charles VIII, où il représenta le comte de Flandre. Le roi Louis XI le chargea, l'an 1480, d'aller avec deux évêques au-devant du cardinal Julien de la Rovère, qui venait en France avec titre de légat, pour notifier à ce monarque les bulles de Sixte IV, qui enjoignait, sous peine des censures, à tous les princes chrétiens de suspendre leurs querelles, et de réunir leurs forces contre les Turcs qui menaçaient l'Italie. Il fut encore mis, l'an 1484, à la tête de l'ambassade, que le monarque envoya au même pape Sixte IV pour lui rendre obéissance filiale au commencement de son règne. Mais les ambassadeurs étant partis sur la fin de juillet, Sixte mourut le 13 août de la même année, dans l'intervalle de leur voyage, et Innocent VIII qui l'avait déjà remplacé, lorsqu'ils arrivèrent, reçut leurs hommages. On peut voir dans l'édition in-folio des Mélanges de Baluze, donnée par le P. Dominique Mansi, tom. I, pag. 363 et suiv., la lettre du roi au pape, avec les instructions que donna ce prince à ses ambassadeurs, sur divers objets dont ils s'étaient chargés de conférer avec le pape. Le dauphin Louis mourut l'an 1486, et fut inhumé dans la chapelle de Saint-Louis d'Aigueperse, qu'il avait fondée et dotée pour vingt chanoines. De GABRIELLE, sa seconde femme, fille de Bertrand VI de la Tour, qu'il avait épousée le 15 février 1442, il eut un fils, Gilbert de Bourbon, qui suit; et deux filles, dont l'aînée, Gabrielle, épousa Louis II de la Trémoille (*Voy.* Louis III, *comte de Sancerre.*)

GILBERT, COMTE DE MONTPENSIER, DAUPHIN D'AUVERGNE.

1486. GILBERT, qui porta le titre de comte-dauphin du vivant de Louis de Bourbon, son père, était déjà célèbre par ses exploits avant que de lui succéder. L'an 1470, le roi Louis XI l'ayant fait lieutenant-général de ses armées, il défit les troupes du duc de Bourgogne, Charles le Téméraire, aux combats de Bussi et de Cluni. Sa valeur parut aussi dans les guerres de Picardie et d'Artois. Le roi Charles VIII, qui le nomma lieutenant-général en Picardie, éprouva son attachement dans les guerres qu'il eut contre les ducs d'Orléans et de Bretagne. Gilbert suivit ce prince à la conquête du royaume de Naples ; et lorsque Charles se disposa à reprendre la route de France, il laissa Gilbert dans le pays, avec titre de vice-roi et de généralissime de ses troupes. Quelque brave que fût Gilbert, l'événement prouva que Charles VIII n'avait pas confié sa conquête à des mains assez habiles pour la conserver. Naturellement paresseux et indolent, il n'y avait que le danger qui pût lui faire surmonter son penchant et lui donner de l'activité. *Monseigneur de Montpensier*, dit Commines, *était bon chevalier et hardi, mais peu sage, il ne se levoit point qu'il ne fût midi*. Au lieu de faire observer une exacte discipline à ses troupes dans un pays étranger, il irrita les Napolitains, en tolérant les excès auxquels elles se livrèrent, et surtout à l'égard des femmes. Ferdinand d'Aragon instruit de la haine que s'attiraient les Français, rentra dans Naples le 7 juillet 1495, et les contraignit à se retirer les uns dans le château de l'Œuf, les autres dans le château Neuf. Le vice-roi, aussitôt assiégé dans ce dernier, le défendit pendant cinq mois, et, faute de secours, fut obligé de le rendre le 8 décembre suivant. Retiré dans la Basilicate, après avoir perdu les autres provinces du royaume de Naples, il soutint, l'an 1496. un nouveau siége dans Atelle, et n'évacua encore la place, le 13 août, que pour n'avoir pas été secouru. Ce général ayant ensuite fait embarquer les cinq mille hommes qui lui restaient, pour retourner en France, leur départ fut retardé par la perfidie du roi de Naples, qui, par ses délais, fit périr les trois-quarts de cette armée. Gilbert mourut lui-même à Pouzzoles, le 5 octobre 1496, non sans soupçon d'avoir été empoisonné. Son corps fut transporté quelques années après dans la chapelle de Saint-Louis d'Aigueperse. Il avait épousé, le 24 février 1481, CLAIRE DE GONZAGUE, fille de Frédéric, duc de Mantoue. Cette princesse, qui lui survécut jusqu'au 2 juin 1503, lui donna trois fils et trois filles. Les fils sont Louis, Charles et François. Le premier et le second lui succédèrent ; le dernier, créé duc de Châtellerault, fut tué à la bataille de Marignan, donnée le 13 septembre 1515. Tous trois moururent sans postérité. Louise, l'aînée des filles, épousa, 1°. André de Chauvigni, prince de Deols ; 2°. Louis de Bourbon, prince de la Roche-sur-Yon ; Rénée, la seconde, épousa Antoine, duc de Lorraine.

LOUIS II DE BOURBON, COMTE DE MONTPENSIER, DAUPHIN D'AUVERGNE.

1496. LOUIS II, fils et successeur de Gilbert de Bourbon-Montpensier, hérita de sa bravoure et de ses autres bonnes qualités. L'an 1499, il eut, sous la direction de Louis de la Trémoille, le commandement de la seconde armée, que le roi Louis XII envoya dans le duché de Milan. L'an 1501, il se signala au siége de Capoue, commencé le 17 juillet, et terminé le 25 du même mois par la réduction de la place. De-là, s'étant rendu par Naples à Pouzzoles, il y fit faire un service solennel pour Gilbert, son père. Mais à la vue du cadavre de ce prince, qu'il se fit montrer, la tendresse filiale se réveilla si fortement en lui, qu'après avoir versé un torrent de larmes, il en prit la fièvre, dont il mourut à Naples, le 14 ou 15 août de la même année 1501, à l'âge de dix-huit ans, et sans avoir été marié.

CHARLES, DUC DE BOURBON, COMTE DE MONTPENSIER ET DE LA MARCHE, DAUPHIN D'AUVERGNE.

1501. CHARLES, second fils de Gilbert de Montpensier, né le 17 février 1490, succéda à Louis, son frère, dans le dauphiné d'Auvergne, ainsi que dans le comté de Montpensier. Ayant épousé, le 10 mai 1505, SUZANNE, fille et héritière de Pierre II, duc de Bourbon, décédé le 8 octobre 1503, il prit le titre de duc de Bourbon. Il accompagna, l'an 1507, Louis XII dans son expédition contre les Génois qui s'étaient révoltés, et s'y distingua. Il acquit encore plus de gloire l'an 1509, à la journée d'Agnadel le 14 mai ; s'étant mis à la tête de quatre cents hommes d'armes, il repoussa l'Alviane, général vénitien, qui avait mis en déroute l'avant-garde française. Son mérite et sa naissance lui valurent, en 1515, l'épée de connétable que le roi lui donna le 15 janvier. Il conduisit l'avant-garde de l'armée, suivant le privilége de sa charge, à la bataille de Marignan, gagnée sur les Suisses le 13 septembre de la même année. La conquête du Milanez ayant été la suite de cette victoire, dont on fut redevable à sa valeur et à son habileté, il fut fait vice-roi de ce duché. Après la mort de sa femme, arrivée le 28 avril 1521, il voulut se mettre en possession de tous les biens de la maison de Bourbon, faute d'héritiers mâles. Louise de Savoie, mère du roi, lui contesta cette succession, et n'ayant pu réussir auprès des juges à se les faire adjuger, elle obtint du moins qu'ils fussent mis en sequestre par arrêt du mois d'août 1522. Outré de désespoir, Charles passa (1) au service de l'empereur, en 1523. Son évasion fut si bien concertée, qu'il était déjà dans le pays ennemi lorsque François I*er*. lui envoya demander l'épée de connétable et le collier de son ordre. *Quant à l'épée*, répondit Bourbon, *il me l'ôta à Valenciennes, lorsqu'il confia à M. d'Alençon l'avant-garde qui m'appartenait. Pour ce qui est de l'ordre, je l'ai laissé derrière mon chevet à Chantelle.* Charles-Quint fut ravi d'avoir acquis un général aussi habile et aussi capable, à ce qu'il croyait, d'exécuter ses grands projets contre la France. Bourbon, l'an 1524, amena l'armée impériale devant Marseille où il échoua d'autant plus ignominieusement, qu'il s'était vanté de prendre cette ville presque sans coup férir. Il fut plus heureux aux batailles de Biagrasso et de Pavie, dont les Impériaux durent le gain à son habileté. Le roi François I*er*. ayant été pris à la dernière, donnée le 24 février 1525, il passa en Espagne pour veiller à ses intérêts pendant les négociations de l'empereur avec son prisonnier. A son arrivée à Madrid, le marquis de Villena lui fit un affront bien capable de le faire rentrer en lui-même, s'il eût été susceptible de remords. L'empereur ayant demandé à ce seigneur, son palais pour y loger Bourbon, *Je ne saurais*, dit-il, *rien refuser à Votre Majesté; mais je la supplie de ne pas trouver mauvais que je mette le feu à cette maison dès que le duc en sera sorti, comme n'étant plus propre à loger un homme d'honneur après avoir été souillée par la présence d'un traître.* Bourbon n'eut pas lieu d'être plus satisfait de l'empereur, qui lui manqua de parole en donnant sa sœur Eléonore, qu'il lui avait promise, au roi de France. De retour en Italie, il fit quelques démarches équivoques qui donnèrent lieu aux Impériaux de douter de sa fidélité. Il s'aperçut des soupçons que sa conduite avait fait naître, et pour les effacer, il alla faire le siège de Rome, où il fut tué le 6 mai 1527, en montant des premiers à l'assaut; il était également facile aux assiégés et aux assiégeants de le discerner. Bourbon s'était vêtu ce jour-là d'un habit blanc, pour *être*, disait-il, *le premier but des assiégés, et la première enseigne des assiégeants* (2). Il avait eu de son mariage trois fils, Fran-

---

(1) Il avait toujours retenu et répétait avec complaisance la réponse que fit un officier gascon à cette demande de Charles VII: *Quelque chose au monde pourrait-il vous détacher de mon service? — Non, Sire, pas même l'offre de trois royaumes tels que le vôtre. Mais oui bien un affront.* Ce fut la maxime que suivit Charles de Bourbon après la perte de son procès.

(2) « Ses soldats, dont il était adoré, après avoir saccagé Rome, » emportèrent son corps à Gaëte, et lui dressèrent un tombeau dans

çois de Bourbon et deux jumeaux, tous trois morts avant lui. Par son testament, il instituait son héritière, Anne de France, duchesse de Bourbon, sa belle-mère, avec pouvoir de transmettre cette succession à Louis de Bourbon, prince de la Roche-sur-Yon, qui fut depuis duc de Montpensier. Mais cette disposition n'eut pas lieu. Son procès, commencé au parlement de Paris, aussitôt après son évasion, par les interrogatoires qu'on fit subir à Saint-Vallier, à de Prie, et à d'autres réputés ses complices, avait été suspendu pendant la prison du roi, qui suivit la bataille de Pavie. Un des articles, même du traité fait à Madrid pour la liberté du monarque, portait que le connétable serait rétabli dans tous ses biens. C'est sur le fondement de cet article que Bourbon avait fait son testament. Mais ce fut un de ceux que le roi de France refusa d'exécuter, prétendant avec raison qu'il n'était pas libre lorsqu'il avait conclu ce traité. Le procureur-général, en conséquence, continua ses poursuites contre le connétable, et, l'an 1527, le 26 juillet, (ce prince était déjà mort) le roi séant en sa cour de parlement, garnie de pairs, princes et gens du sang, après avoir fait appeler le duc de Bourbon, à haute voix à la barre du parlement, à la table de marbre et au haut des degrés du palais, par le premier huissier, en présence de deux conseillers, le chancelier ayant recueilli les voix, prononça l'arrêt qui le déclara atteint et convaincu du crime de lèze-majesté divine et humaine, rebellion et félonie : en conséquence, ordonna que ses armes seraient vidées et effacées, *damnant et abolissant sa mémoire à perpétuité ; ses biens féodaux tenus de la couronne de France, médiatement ou immédiatement déclarés retourner en icelle, et ses autres biens meubles et immeubles confisqués.* Louise de Bourbon-Montpensier, sa sœur, et le prince de la Roche-sur-Yon, fils de Louise, firent contre ce jugement des protestations auxquelles on n'eut point d'égard pour lors. Le roi et sa mère, pour le mettre à exécution, passèrent à la Ferté-sur-Oise, le 25 août suivant, un traité par lequel le Beaujolais, le pays de Dombes, le Forez et le Roannès, demeurèrent à cette princesse, à condition qu'après sa mort, ils passeraient aux deux derniers fils du

---

» une chapelle. Le concile de Trente ordonna qu'il serait exhumé.....
» On avait jeté ce corps auprès de la porte du château de Gaëte : un
» officier français de la garnison le mit dans une grande armoire
» vitrée où on le voyait encore, en 1660, debout, botté, appuyé
» sur un bâton de commandement, et vêtu de sa casaque de velours
» vert, chamarrée de grands galons d'or. » (Saintefoix, *Ess. sur Paris*, tome I, page 93)

roi pour en jouir à titre d'apanage. Il n'y eut que la baronnie de Mercœur, en Auvergne, et quelques terres qui furent cédées au duc de Lorraine, dont la femme était sœur du connétable. Les choses restèrent en cet état jusqu'au traité de Cambrai, dit *la paix des Dames*, conclu, le 3 août 1529, entre Louise de Savoie, pour le roi son fils, et Marguerite d'Autriche, pour l'empereur son frère. Il y fut stipulé que l'article du traité de Madrid, qui concernait le connétable de Bourbon, serait exécuté. François 1er, en conséquence, étant à Angoulême, donna au mois de mai 1530, des lettres-patentes qui furent enregistrées au parlement, lettres portant abolition pour défunt messire Charles, duc de Bourbon, connétable de France, ses amis, alliés, serviteurs et ayant pris son parti, et leurs héritiers. (*Lect. des liv. français*, vol. 1er., pag. 49 et 50.) Dans le même tems, par le traité fait le 17 du même mois de mai, il céda à Louise de Bourbon et à Louis, son fils, prince de la Roche-sur-Yon, le duché de Châtelleraut, le Forez, le Beaujolais et la principauté de Dombes. C'était l'empressement de retirer ses enfants retenus en otage à Madrid, qui l'avait déterminé à faire ces sacrifices. Mais ses fils lui étant rendus, il cassa, par autres lettres-patentes du mois de janvier 1531, comme extorqué, tout ce qu'il avait nouvellement fait en faveur du connétable et de ses héritiers, et remit les choses en l'état où elles étaient auparavant. Néanmoins sur les grandes poursuites de Louise de Bourbon, François 1er. fit assembler son conseil, mais l'avis du conseil, donné le 3 août 1537, fut que le prince de la Roche-sur-Yon, ni sa mère, n'avaient rien à prétendre aux biens de la maison de Bourbon que le connétable possédait, et que le tout appartenait au roi.

L'année suivante, Louise de Bourbon maria, dans le mois d'août, le prince de la Roche-sur-Yon, avec Jacqueline de Longwi, deuxième fille de Jean de Longwi, seigneur de Givri, dont l'aînée avait épousé Philippe Chabot, comte de Charni et de Buzançais. Ce dernier, fort aimé de François I, lui représenta d'une manière si touchante l'état de pauvreté où se trouvait réduit le prince de la Roche-sur-Yon, qu'il vint à bout de le fléchir. Par lettres-patentes du même mois, données à Blois, ce monarque consentit à donner à Louise de Bourbon et à Louis, son fils, en considération de la parenté, le comté de Montpensier avec les seigneuries de la Tour, de la Buissière et de la Roche-Regnier; moyennant quoi ils abandonnèrent au roi, par contrat passé le premier septembre suivant, à Champigni, tout qu'ils pouvaient prétendre au surplus des biens de la maison de Bourbon. Le roi, pour donner plus de poids au don qu'il leur avait fait, érigea, par lettres du mois de février 1539, (n. st.) le comté de Montpensier en duché-pairie; ce qui fut vérifié au parlement le 6 mars suivant. Aigueperse fut le chef-lieu de ce duché. Louis prit alors le titre de duc de Montpensier, ainsi que sa mère. Il était né le 10 juin 1513, et fut le second de son nom dans sa branche, ayant pour père Louis I, prince de la Roche-sur-Yon, second fils de Jean de Bourbon II, comte de Vendôme, et d'Elisabeth de Beauvau, mort vers l'an 1520. La douceur de son caractère et sa piété sincère, auxquelles se joignaient la valeur et la magnanimité, lui méritèrent le surnom de Bon. Cependant avec ces belles qualités, il se vit toujours sans emploi sous le règne de François Ier. Celui de Henri II ne lui fut guère plus favorable, malgré le crédit que la duchesse, sa femme, s'acquit sur l'esprit de la reine Catherine de Médicis, et le zèle qu'il marqua toujours pour la gloire et la défense de l'état. Il signala sa valeur en qualité de volontaire, l'an 1550, à la défense de Boulogne, à la bataille de Renti, en 1554, et trois ans après, à celle de Saint-Quentin où il demeura prisonnier : *et là il eut pourtant*, comme dit Brantôme, *quelque petite charge de régiment*. Enfin sous le règne de François II, au sacre duquel il représenta le duc de Normandie, comme il avait fait à celui de Henri II, le crédit et l'habileté de la duchesse de Montpensier lui fit obtenir pleine satisfaction sur ce qui devait lui revenir de la succession du connétable. Ce monarque étant à Orléans avec la reine sa mère, assisté du procureur-général et d'un grand nombre de seigneurs, fit, le 27 novembre 1560, avec la duchesse de Montpensier, chargée de la procuration de son époux, une transaction portant que le duc de Montpensier serait mis en possession du comté de Forez, de la baronnie de Beaujolais, du dauphiné d'Auvergne et de la seigneurie de Dombes. Le roi Charles IX, successeur de François II, envoya cette transaction, le 17 décembre suivant, au parlement où elle ne fut enregistrée que le 25 juin 1561. (Nous ne devons pas oublier qu'en 1523, François Ier., par lettres du mois de novembre, établit pour Dombes, un conseil souverain siégeant à Lyon, conseil qui se trouve qualifié parlement dans les lettres-patentes du mois d'avril 1543, et dans une déclaration du mois de juillet 1544. C'est le titre qu'il a toujours retenu depuis. Il a été transféré, l'an 1696, par le duc du Maine, à Trévoux, et fut réuni au parlement de Bourgogne.)

Le duc de Montpensier reconnut la grâce que Charles IX lui avait faite, par les grands services qu'il rendit à l'état dans les guerres civiles qui s'élevèrent sous ce règne et sous le suivant. Pourvu, l'an 1561, du gouvernement de l'Anjou, de la Touraine et du Maine, il remit sous l'obéissance du roi les villes d'Angers, de Tours, de Saumur, du Mans, de Pons, de Saint-Jean-d'Angéli et de la Rochelle. L'an 1568, il défit les protestants, le 25 octobre, à la rencontre de Messignac; et l'année suivante, il eut part aux victoires de Moncontour et de Jarnac. Il servit depuis (en 1573) au premier siége de la Rochelle, et fit rentrer dans le devoir, l'année suivante, plusieurs places du Poitou. S'étant mis en route, l'an 1575, pour se rendre au sacre de Henri III, il fut obligé de rebrousser chemin à l'occasion suivante. Le duc de Guise, dans l'anti-chambre de la reine-mère, avait dit publiquement que si ce prince se présentait pour lui disputer la préséance à cette cérémonie, il lui passerait, au pied même de l'autel, son épée au travers du corps; sur quoi le comte d'Escars ne put s'empêcher de lui dire : *Monsieur, il n'y a pas de Français, au propos qui vient de vous échapper, qui ne fût tenté de vous y passer la sienne, indigné de votre audace et manque de respect envers un prince du sang.* Le duc de Guise prétendait qu'au sacre et aux grandes cérémonies, l'usage réglait le rang par l'ancienneté de pairie, sans égard à la naissance, et que le comté de Guise ayant été érigé en duché-pairie (l'an 1528) avant le comté de Montpensier, qui ne le fut, comme on l'a vu, qu'en 1539, il devait avoir la préséance sur le duc de Montpensier, quoique prince du sang. Henri III, malgré les remontrances du comte d'Escars, ayant eu la faiblesse d'écrire au duc de Montpensier, qu'il lui ferait plaisir de ne pas venir à son sacre : ce prince obéit, et s'en retourna. Mais aux états de Blois, par édit du 18 janvier 1577, il fut réglé que les princes du sang, soit qu'ils fussent ou qu'ils ne fussent pas pairs, précéderaient partout les pairs qui ne seraient pas de leur sang. (Saint-Foix.) Le duc de Montpensier aimait sincèrement l'état. Il fut un de ceux qui contribuèrent le plus à la conclusion de la paix, arrêtée à Poitiers dans le mois de septembre 1577. Ce prince mourut le 23 septembre 1582 (et non 1583), dans son château de Champigni, et fut enterré dans la chapelle castrale. JACQUELINE DE LONGWI, sa première femme, qu'il perdit le 28 août 1561, lui donna un fils, qui suit, et quatre filles, Françoise, mariée à Henri-Robert de la Marck, prince de Sédan; Anne, femme de François de Clèves, IIe. du nom, duc de Nevers; Charlotte, abbesse de Sainte-Croix de Poitiers, puis de Jouarre, d'où elle sortit en 1571, pour se retirer chez le prince Palatin, où elle embrassa le Calvinisme, après quoi, elle épousa Guillaume, comte de Nassau, dit le Jeune, VIIIe. du nom, prince d'Orange; et Louise, abbesse de Faremoutier, morte en février 1586. Le duc de Montpensier épousa en secondes noces CATHERINE DE LORRAINE, fille de François, duc de Guise, l'ennemie la plus envenimée des rois Henri III et Henri IV, morte en 1596, sans avoir eu d'enfants.

FRANÇOIS DE BOURBON.

1582. FRANÇOIS DE BOURBON, fils de Louis II de Bourbon, et de Jacqueline de Longwi, succéda à son père dans le duché de Montpensier, le dauphiné d'Auvergne, et ses autres domaines, à l'âge de quarante ans. Il avait donné des preuves de sa valeur, dès-lors en différentes occasions, au siège de Rouen, en 1562, aux batailles de Jarnac et de Moncontour en 1569, et au massacre d'Anvers en 1572. Henri III le fit chevalier de ses ordres, à la promotion du 31 décembre 1579, et l'envoya en Angleterre. Ce monarque en 1589 lui donna le gouvernement de Normandie ; il y attaqua et défit entièrement les *Gautiers* qui étaient devenus très-redoutables : c'étaient des paysans qui ne s'étaient d'abord attroupés que par un motif bien naturel, celui de défendre leurs biens, leurs femmes et leurs enfants contre le brigandage et la brutalité du soldat ; mais ils s'étaient ensuite laissé séduire par le comte de Brissac, et tenaient le parti de la ligue. Le duc de Montpensier commanda sous Henri IV, aux journées d'Arques, d'Ivri, et à toutes les autres expéditions des années 1590 et 1591. Il mourut à Lisieux le 2 juin 1592. C'était un prince généreux, compatissant, civil, honnête, simple et ennemi de tout déguisement. Quand on lui rappelait ce qu'il avait fait dans les différentes affaires où il s'était trouvé : *Oui*, disait-il, *je fis assez bien là et là ; mais en telle et telle autre occasion, j'ai commis telle et telle faute*. De RÉNÉE D'ANJOU, marquise de Mezières, qu'il avait épousée en 1560, morte à la fleur de son âge, il laissa un fils, qui suit.

HENRI DE BOURBON.

1502. HENRI, né le 12 mai 1573, à Mezières, en Touraine, successeur de François de Bourbon-Montpensier, son père, dans tous ses domaines, et de sa mère, dans la terre de Mezières, appelé le prince de Dombes du vivant de son père, servit utilement le roi Henri IV, en Bretagne, contre le duc de Mercœur, qu'il battit en plusieurs rencontres. Mais il eut le malheur d'être vaincu le 25 mai 1592, au combat de Craon, après sept heures d'escarmouche. Le roi l'ayant fait ensuite gouverneur de Normandie, il reçut au siège de Dreux, en 1593, une dangereuse blessure, qui lui causa dans la suite de fréquentes maladies. Il y avait deux ans qu'il ne vivait que de lait de femme, lorsqu'il mourut le 27 février 1608. Ce fut un bon prince, très-brave, très-pieux, mais d'un esprit borné. Il le prouva bien, en se laissant séduire par différents gouverneurs de provinces, qui avaient comploté de faire ériger leurs gouvernements en fiefs héréditaires, et ne consentaient à fournir qu'à cette condition au roi, les secours dont il avait un besoin pressant. S'étant chargé d'en faire au roi la proposition, Henri IV écouta patiemment tout ce qu'il lui dit pour relever les avantages que cet établissement procurerait à la couronne. Mais quand il eut achevé : « *Mon cousin, mon ami*, répondit le monarque, *je crois que quelque esprit malin a charmé le vôtre, ou que vous n'êtes pas en votre bon sens, de me tenir des discours si indignes d'un bon sujet et d'un prince de mon sang.* » Il lui fit ensuite connaître qu'un pareil projet n'allait pas à » moins qu'à la ruine de la monarchie et à l'extinction de la » maison royale dont il était membre. *Si je croyais*, ajouta-t-il, » *que vous eussiez dans le cœur les desseins criminels que je viens* » *d'entendre sortir de votre bouche, je vous ferais voir qu'un prince* » *généreux ne laisse pas une offense si cruelle sans châtiment.* Il » lui enjoignit de ne point faire connaître à ceux qui l'avaient » employé, qu'il se fût acquitté de sa commission, mais de » leur donner à croire qu'il restait détrompé par ses propres » réflexions ; qu'il avait horreur du complot dans lequel on avait » tâché de l'engager, et qu'il se déclarerait l'ennemi de quicon» que voudrait le soutenir. *Pour nous, mon cousin*, ajouta le » roi, *oublions tout ce qui s'est maintenant passé entre nous :* » *continuez d'être à moi loyal sujet, fidèle serviteur et bon cousin ;* » *je vous serai bon roi, bon maître et bon parent.* Montpensier se » retira confus ; mais cette confusion lui fut salutaire, puis» qu'elle lui ouvrit les yeux sur le danger de ces menées » sourdes, dont il eut soin de se tenir éloigné ». (*Intr. du cab.* tom. 1.) Il avait épousé le 15 mai 1597, HENRIETTE-CATHERINE, fille héréditaire de Henri de Joyeuse, comte du Bouchage, dont il eut une fille, qui suit. Sa femme s'étant remariée en 1611 à Charles de Lorraine, duc de Guise, mourut à Paris, le 25 février 1656, âgée de soixante et onze ans, et fut enterrée aux Capucines, en habit de religieuse.

MARIE DE BOURBON.

1608. MARIE DE BOURBON-MONTPENSIER, née au château de Gaillon, en Normandie, le 15 octobre 1605, fille unique et héritière de Henri de Bourbon-Montpensier, fut mariée, le 6 août 1626, dans le château de Nantes, à GASTON JEAN-BAPTISTE, duc d'Orléans, frère du roi Louis XIII. Ce fut la reine-mère qui noua cette alliance, à laquelle le roi son fils, et la jeune reine son épouse, étaient fort opposés. On rapporte que l'idée de voir une postérité à son frère, pendant qu'il n'en avait pas, faisait sécher Louis XIII de jalousie ; et on lui en vit quelquefois verser des larmes. Le même motif inspirait une aversion aussi forte à la jeune reine pour ce mariage. Elle dévoila ses sentiments à la surintendante de sa maison, la duchesse de Chevreuse, veuve du connétable de Luynes. Cette dame, belle, adroite, et intrigante, entra dans ses vues, et ne négligea rien pour faire manquer ce mariage. Mais le cardinal de Richelieu, qui le favorisait, l'emporta. La jeune duchesse de Montpensier mourut en couches au Louvre, à Paris, le 4 juin 1627, laissant une fille, qui suit.

ANNE-MARIE-LOUISE D'ORLÉANS.

ANNE-MARIE-LOUISE D'ORLÉANS, née le 29 mai 1627, connue sous le nom de MADEMOISELLE DE MONTPENSIER, devint, par la mort de sa mère, la plus riche héritière de l'Europe, après les têtes couronnées. Mais elle n'entra en jouissance de ses vastes domaines que l'an 1650. Plusieurs souverains recherchèrent la main de cette princesse ; mais aucun ne l'obtint par les obstacles que la cour mit à son mariage. A la raison d'état, qui ne permettait pas de lui laisser prendre alliance hors du royaume, se joignait le ressentiment de Louis XIV, qui n'oublia jamais l'insulte qu'elle lui avait faite à la bataille de Saint-Antoine, en faisant tirer le canon de la Bastille sur ses troupes. Enfin étant parvenue à l'âge de quarante-trois ans, elle obtint le consentement du roi pour épouser le comte de Lauzun, colonel-général des dragons (1). Mais bientôt

---

(1) Voici ce que mandait en province sur ce mariage, le lundi 15 décembre 1670, madame de Sévigné.

« Je m'en vais vous mander la chose la plus étonnante, la plus
» surprenante, la plus merveilleuse, la plus miraculeuse, la plus
» triomphante, la plus étourdissante, la plus inouie, la plus singu-
» lière, la plus extraordinaire, la plus incroyable, la plus imprévue,
» la plus grande, la plus petite, la plus rare, la plus commune,
» la plus éclatante, la plus secrète jusqu'aujourd'hui, la plus bril-
» lante, la plus digne d'envie, enfin une chose dont on ne trouve
» qu'un exemple dans les siècles passés, encore cet exemple n'est-il
» pas juste : une chose que nous ne saurions croire à Paris, com-
» ment le pourrait-on croire à Lyon ?..... une chose enfin qui se
» fera dimanche, et qui ne sera peut-être pas faite lundi ; je ne puis
» me résoudre à la dire, devinez-la ; je vous le donne en trois, jetez

après, sur les remontrances de la reine et du prince de Condé, sensibles à cette mésalliance de la cousine germaine du roi, ce monarque révoqua sa permission. Lauzun, outré de ce manque de parole, exhala sa fureur en invectives qui lui valurent dix ans

---

» votre langue aux chiens. Hé bien! il faut donc vous le dire. M. de
» Lauzun épouse dimanche, au Louvre, devinez qui? Je vous le
» donne en dix, je vous le donne en cent. Madame de Coulanges dit :
» Voilà qui est bien difficile à deviner : c'est mademoiselle de la
» Vallière : point du tout, madame ; c'est donc mademoiselle de
» Retz : point du tout ; vous êtes bien provinciale. Vraiment nous
» sommes bien bêtes, dites-vous : c'est assurément mademoiselle de
» Crequi. Vous n'y êtes pas ; il faut donc à la fin vous le dire. Il
» épouse, avec la permission du roi, mademoiselle..... mademoi-
» selle de..... mademoiselle...... Devinez le nom ; il épouse made-
» moiselle, ma foi, par ma foi, ma foi jurée, mademoiselle, la
» grande mademoiselle, fille de feu Monsieur, mademoiselle, petite-
» fille de Henri IV, mademoiselle d'Eu, mademoiselle de Dombes,
» mademoiselle de Montpensier, mademoiselle d'Orléans. Made-
» moiselle, cousine germaine du roi, Mademoiselle destinée au
» trône, Mademoiselle, le seul parti de France qui fût digne de
» Monsieur. Voilà un beau sujet de discourir. Si vous criez, si vous
» êtes hors de vous-même, si vous dites que nous avons menti, que
» cela est faux, qu'on se moque de vous, que voilà une belle rail-
» lerie, que cela est bien fade à imaginer, si enfin vous nous dites des
» injures, nous trouverons que vous avez raison. Nous en avons fait
» autant que vous. »
Dans la lettre suivante du vendredi 19 décembre, elle disait :
« Ce qui s'appelle tomber du haut des nues, c'est ce qui arriva hier
» au soir aux Tuileries. Mais il faut reprendre les choses de plus
» loin..... Ce fut donc lundi que la chose fut déclarée, comme vous
» avez su. Le mardi se passa à parler, à s'étonner, à complimenter.
» Le mercredi, Mademoiselle fit une donation à M. de Lauzun,
» avec dessein de lui donner les titres, les noms et les ornements
» nécessaires pour être nommé dans le contrat de mariage, qui fut fait
» le même jour. Elle lui donna donc, en attendant mieux, quatre
» duchés. Le premier, c'est le comté d'Eu, qui est la première pairie
» de France et qui donne le premier rang ; le duché de Montpensier,
» dont il porta hier le nom toute la journée; le duché de Saint-Far-
» geau, le duché de Chatelleraut ; tout cela estimé vingt-deux mil-
» lions Le contrat fut fait ensuite où il prit le nom de Montpensier.
» Le jeudi matin, qui était hier, Mademoiselle espéra que le roi
» signerait comme il l'avait promis : mais, sur les sept heures du soir,
» sa majesté, étant persuadée par la reine, par Monsieur et plusieurs
» barons, que cette affaire faisait tort à sa réputation, il se résolut
» de la rompre; et, après avoir fait venir Mademoiselle et M. de
» Lauzun, il leur déclara, devant M. le Prince, qu'il leur défendait
» de plus songer à ce mariage. M. de Lauzun reçut cet ordre avec tout
» le respect, toute la soumission, toute la fermeté et tout le désespoir

de prison au château de Pignerol. Remis en liberté moyennant la cession que la princesse fit le 2 février 1680, de la principauté de Dombes, au duc du Maine, il l'épousa la même année ou la suivante en secret. Mais elle ne tarda guère à se repentir d'un engagement qu'elle avait si passionnément et si persévéramment souhaité. Lauzun d'amant respectueux, devenu mari insolent, la traita avec si peu de ménagement, qu'elle fut obligée de le chasser (1). L'an 1682, elle fit encore donation du comté d'Eu, mais sous la réserve de l'usufruit, au duc du Maine. Cette princesse, au sein de l'opulence, finit ses jours dans l'obscurité, au palais d'Orléans, dit aujourd'hui le Luxembourg, le 5 avril 1693, dans la 66e. année de son âge, et fut enterrée à Saint-Denis. Pour son malheur, elle avait hérité des défauts de son père, qui l'empêchèrent de goûter les fruits de l'opulente succession de sa mère. Fantasque, impétueuse, intrigante comme lui, elle ne sut point mettre à profit les avantages que la nature et la fortune, disons mieux, la Providence, lui avait départis pour être heureuse autant qu'il est possible de l'être dans ce monde.

» que méritait une si grande chute. Pour Mademoiselle, suivant son
» humeur, elle éclata en pleurs, en cris, en douleurs violentes, en
» plaintes excessives ; et tout le jour elle a gardé le lit sans rien avaler
» que des bouillons. Voilà un beau songe, voilà un beau sujet de
» roman ou de tragédie, mais surtout un beau sujet de raisonner et de
» parler éternellement. C'est ce que nous faisons jour et nuit, soir et
» matin, sans fin, sans cesse. Nous espérons que vous en ferez autant »
(Tome I. Lettres IX et X à madame de Coulanges.)

(1) Lauzun exerça sur cette princesse un tel empire, qu'un jour, à ce qu'on prétend, revenant de la chasse, il osa lui dire : *Louise d'Orléans, tire-moi mes bottes.* La princesse s'étant récriée sur cette insolence, il fit du pied un mouvement qui était le dernier des outrages. Le lendemain, il revint au Luxembourg. Mais la femme de Lauzun se rappela enfin qu'elle avait failli à être la femme d'un empereur, et en prit l'air et le ton. *Je vous défends*, lui dit-elle, *de vous présenter jamais devant moi.* Lauzun fit de vains efforts pour rentrer en grâce. Un de ses amis ayant présenté une lettre de sa part à la princesse, elle la prit et la jeta au feu en sa présence sans l'avoir lue. Elle ne voulut pas même le revoir à l'article de la mort.

CHRONOLOGIE HISTORIQUE

DES

COMTES D'ANGOULÊME.

La ville d'Angoulême n'est connue que depuis le quatrième siècle. Le poëte Ausone, qui mourut vers l'an 394, est le premier qui en ait parlé. Il la nomme *Inculisma*. Les écrivains postérieurs l'ont appelée *Engolisma* et *Eccolisma*. La Notice des Gaules, dressée vers la fin du quatrième siècle, met dans la deuxième Aquitaine *Civitas Eccolismensium*.

TURPION.

839. TURPION, fils d'Adalelme, et frère de Bernard et d'Émenon, comtes de Poitiers, est le premier comte que l'on connaisse de l'Angoumois. L'historien des évêques et des comtes d'Angoulême, qui écrivait en 1182, dit qu'il fut établi, en 839, par l'empereur Louis le Débonnaire. Turpion fut tué le 4 octobre 863, dans un combat contre les Normands.

EMENON.

863. EMÉNON ou IMON, dit aussi IMINON, frère de Turpion, auprès duquel il s'était réfugié, après avoir été dépouillé du comté de Poitiers, lui succéda au comté d'Angoulême et devint aussi comte de Périgord. (*Acta SS. Ben. Sæc. IV*, par. 2, p. 73.) L'an 866, ayant livré bataille, le 14 juin, à Landri, comte de Saintes, à cause du château de Bouteville, il le tua dans l'action, mais il reçut lui-même une blessure dont il mourut aussi le 22 du même mois. Il fut enterré à

l'abbaye de Saint-Cybar. (*Adhemar. Caban.*) Il avait épousé, suivant D. Bouquet, N. fille de Robert le Fort, dont il laissa Adémar, comte de Poitiers ; Arnaud, duc de Gascogne ; et Adelme ou Adelelme. (Voy. *les comtes du Poitou*.)

WULGRIN, COMTE DE PÉRIGORD ET D'ANGOULÊME.

866. WULGRIN fut établi comte de Périgord et d'Angoulême par Charles le Chauve, dont il était parent, après la mort d'Eménon. Il livra plusieurs combats aux Normands, bâtit les châteaux de Marsillac et de Mastas, pour arrêter leurs courses, fit relever les murs d'Angoulême, et répara cette ville que ces barbares avaient brûlée. Wulgrin mourut le 3 mai 886. ROGELINDE, son épouse, fille de Bernard, duc de Toulouse, dont elle eut l'Agénois pour sa dot, lui donna deux fils, Alduin et Guillaume, qui suivent.

ALDUIN Ier.

886. ALDUIN succéda, dans le comté d'Angoulême, à Wulgrin, son père. Il prit, ainsi que son frère, le parti du roi Eudes, contre Charles le Simple, et fut en grand crédit auprès du premier. Alduin mourut, suivant la chronique d'Angoulême, le 27 mars 916, laissant un fils, qui suit.

GUILLAUME Ier.

916. GUILLAUME Ier., fils et successeur d'Alduin, fut surnommé TAILLEFER (*Sector ferri*), parce que, dans une bataille contre les Normands, il fendit d'un coup de sabre, malgré sa cuirasse, leur roi Storis. La postérité de Guillaume a conservé son surnom. Sa mort est placée au 6 août 962, dans la chronique d'Angoulême ; en quoi elle est conforme à d'autres chroniques, et préférable à celle d'Adémar de Chabannais, qui met cet événement après le décès d'Ebles, évêque d'Angoulême, arrivé l'an 964. Guillaume ne laissa que des enfants naturels. La chronique d'Angoulême l'appelle *un très-aimable prince*.

ARNAUD BOURATION, COMTE D'ANGOULÊME ET DE PÉRIGORD.

ARNAUD, dit BOURATION, fils aîné de Bernard, comte de Périgord, lui succéda dans ce comté, et se rendit maître de celui d'Angoulême en 962, après la mort de Guillaume Taillefer. Les bâtards de ce dernier revendiquèrent, les armes à la main, sa succession ; Arnaud Manzer, leur aîné, fut le plus ardent. Leurs efforts furent impuissants pendant la vie de Bouration ; mais lorsqu'il eut cessé de vivre, Arnaud Manzer attaqua Guillaume, Ramnulfe et Richard le Simple, frères de Bouration, tua le second le 27 juillet 975, chassa les deux autres, et demeura possesseur du comté d'Angoulême. Tout ceci est fondé sur le texte d'Adémar de Chabannais, qui nous apprend aussi qu'Arnaud fut surnommé Bouration pour avoir saisi et enveloppé dans ses habits un loup qui désolait le pays.

ARNAUD MANZER, COMTE D'ANGOULÊME.

975. ARNAUD MANZER, ou le BATARD, après s'être mis en possession du comté d'Angoulême, par les victoires qu'il remporta sur les enfants de Bernard, eut un nouveau concurrent dans la personne de Hugues de Jarnac, évêque d'Angoulême. Ce prélat avait formé une ligue avec plusieurs barons pour dépouiller Arnaud. Il échoua dans son entreprise, et fut obligé de céder à ses alliés les plus belles terres de son évêché pour les dédommager des dépenses qu'ils avaient faites pour son service. Arnaud mourut, non l'an 992, comme le marque le P. Anselme, mais l'an 1001 au plutôt, puisqu'il était, suivant Adémar, l'un des quatre comtes qui aidèrent le duc d'Aquitaine, Guillaume le Grand, cette année, à faire le siège du château de Brosse, et qu'après cette expédition, s'étant fait moine à Saint-Cybar, il y mourut le 4 mars. (*Voy.* Gui, *vicomte de Limoges.*)

GUILLAUME TAILLEFER II.

1001 au plutôt. GUILLAUME II, fils d'Arnaud Manzer, lui succéda au comté d'Angoulême vers la fin de l'an 987. Le plus ancien acte qu'on ait de lui est une charte qu'il donna en faveur de l'abbaye de Saint-Amand de Boissac, au diocèse d'Angoulême, laquelle est datée de l'an de l'Incarnation 988, indiction 1. (*Gall. Christ.*, nov. tom. II, col. 1035.) Ce comte accompagna Guillaume le Grand, duc d'Aquitaine, au siège de Rochemeaux, et l'aida à se rendre maître de la place. Le duc lui fut aussi redevable de la prise de Blaye, dont ils firent le siège ensemble. La bravoure, dont le comte d'Angoulême fit preuve en cette expédition, ne fut pas sans récompense ; elle lui valut cette même place dont il avait rendu maître le duc, qui la lui donna en bénéfice, avec d'autres terres situées dans l'Aunis. (Adémar.) Telle était l'opinion de sagesse où il était dans l'esprit de Guillaume le Grand, que ce prince ne faisait aucune entreprise sans le consulter. Il le mettait aussi de la partie dans ses pèlerinages, et surtout dans ceux qu'il faisait fréquemment à Rome. Durant un de ces voyages, Henri, prince de Rancogne, son vassal, profita de son absence pour élever à la hâte, l'an 1024, dans la semaine de Pâques, un château qu'Adémar de Chabannais appelle Fractarbot, dans la Saintonge. C'était, dit ce chroniqueur, fausser la foi qu'il avait faite à Guillaume avec serment prêté sur la chaussure de saint Cybar. Geoffroi, fils du comte, vengea cette félonie en passant son épée au travers du corps à Henri dans une occasion où ils se rencontrèrent. Le comte, à son retour, approuva la conduite de son fils, et ayant été faire avec lui le siège du château litigieux, il le prit, le rasa, le rétablit ensuite, et le donna à Geoffroi. Dans la même absence du comte d'Angoulême, Guillaume, vicomte de Martillac, et son frère Odolric, commirent une atrocité détestable envers Alduin, leur frère. Après une querelle qu'ils avaient eue avec lui au sujet du château de Rouffiac, en Saintonge, le comte les avait réconciliés avant son départ, et leur avait fait jurer amitié sur le corps de saint Cybar. Mais lorsqu'il fut parti, ayant invité Alduin chez eux, ils le surprirent dans son lit, lui arrachèrent la langue et lui crevèrent les yeux, après quoi ils allèrent se mettre en possession de Rouffiac. Guillaume Taillefer, à son retour, ne laissa pas ce forfait impuni. Il était en droit d'ôter la vie aux coupables ; mais ils se contenta de les priver de leurs honneurs, et rendit le château de Rouffiac au malheureux Alduin. Celui-ci avait un fils de même nom que lui, à qui le comte, quelques années après, fit présent de la terre de Martillac. (Bouquet, tom. X, pag. 160.) L'an 1026, Guillaume Taillefer entreprit le voyage de la Terre-Sainte, accompagné d'une nombreuse cavalcade, et prit sa route par la Bavière, la Hongrie et l'Esclavonie. De retour l'année suivante, au mois de juin, il tomba dans une maladie de langueur qu'on attribua aux maléfices d'une femme, laquelle, disait-on, avait fait de certaines figures de cire pour *l'envouter*. Arrêtée pour ce sujet par les enfants du comte, elle nia le fait. On prit le parti de s'en rapporter au *jugement de Dieu*. Le champion qu'elle fournit fut battu. Cependant elle persista à se dire innocente, et la question qu'on lui fit subir ensuite ne put lui arracher aucun aveu. Le comte, à l'insu de qui cela s'était fait, ordonna, aussitôt qu'il en fût informé, de la renvoyer, et lui pardonna. Mais son successeur l'ayant depuis fait reprendre, la fit brûler vive avec d'autres personnes qu'on regardait comme ses complices. Guillaume cependant, tout occupé de l'affaire de son salut, reçut de la main de Rohon, son évêque, les derniers sacrements et mourut la veille des Rameaux, 6 avril 1028, laissant de GERBERGE, son épouse, fille de Geoffroi Grisegonelle, comte d'Anjou, deux fils, Alduin et Geoffroi. Le comte Guillaume fut enterré à l'abbaye de Saint-Cybar, lieu de la sépulture de sa famille.

ALDUIN II, ou HILDUIN.

1028. ALDUIN II, fils de Guillaume II, lui succéda au comté d'Angoulême. Le lendemain de la sépulture de son père, Geoffroi, son frère, lui enleva le château de Blaye, dont Guillaume le Grand avait fait présent à son père qui l'avait aidé à le prendre. Mais Alduin y étant accouru avec des troupes, le reprit aussitôt, et revint célébrer les fêtes de Pâques à Angoulême. Geoffroi cependant employa le vendredi-saint et les deux jours suivants à construire un fort vis-à-vis de Blaye. Alduin, après les fêtes, se mit en marche pour détruire cet ouvrage, et y réussit au bout de huit jours. Son frère alors étant venu lui demander pardon, Alduin, non-seulement le reçut en grâce, mais il voulut partager avec lui la terre de Blaye. Ce comte, recommandable par sa vertu et son courage, fut empoisonné, l'an 1032, par sa femme ALAUSIE, fille de Sanche, duc de Gascogne, dont il avait deux fils, Guillaume, surnommé Chaussard, comte de Mastas, que Geoffroi, son oncle, priva du comté d'Angoulême; et Arnaud, dont on ne sait que le nom. L'historien des comtes et des évêques d'Angoulême se contredit en disant qu'Alduin survécut quatre ans à son père, et mourut en 1030. Le P. Labbe, éditeur de cet écrivain, soupçonne qu'il y a ici quelque altération dans le texte, et s'en tient, comme nous, à l'an 1032 pour l'époque de la mort d'Alduin.

GEOFFROI TAILLEFER.

1032. GEOFFROI, second fils de Guillaume II, s'empara du comté d'Angoulême après la mort d'Alduin, son frère, au préjudice de Guillaume, son neveu. On prétend que ce fut le duc Guillaume qui le substitua à son frère pour punir les enfants de celui-ci du crime de leur mère. Le surnom de Taillefer, qu'avaient déjà porté deux de ses prédécesseurs, et qu'il transmit à ses descendants, lui fut donné à cause de la force de son bras et de la bonté de ses armes avec lesquelles il fendait casques et cuirasses. Il avait tué de sa main Aimeri, seigneur de Fraimbot, parce qu'il refusait de rendre hommage à son père. On a vu la conduite qu'il tint à l'égard de son frère. Geoffroi mourut en 1048, laissant de sa femme PETRONILLE D'ARCHIAC, fille et héritière de Mornard, surnommé le Riche, seigneur d'Archiac et de Bouteville, Foulques, qui suit; Geoffroi, vicomte de Blaye; Arnaud, seigneur de Montausier; Guillaume, évêque d'Angoulême ; Adémar, abbé de Stirpe, ou de Lesterp, au diocèse de Limoges, et ensuite successeur de Guillaume, son frère. Geoffroi du Vigeois lui donne de plus une fille, nommée Humberge, qu'il dit avoir épousé Adémar II, vicomte de Limoges.

FOULQUES TAILLEFER.

1048. FOULQUES, fils aîné du comte Geoffroi, lui succéda dans le comté d'Angoulême, et à sa mère, dans les seigneuries d'Archiac et de Bouteville. *C'était un homme d'une force et d'un courage extraordinaires*, dit un ancien, *et très-habile dans l'art militaire.* Foulques en donna des preuves en différentes occasions. Les Poitevins étant venus faire le dégât sur ses terres, il alla hardiment les attaquer, les repoussa jusqu'à Cognac, et fit un grand nombre de prisonniers. Le duc d'Aquitaine ayant assiégé le château de Mortagne, en Saintonge, *castrum Mauritaniæ*, il le contraignit de se retirer, lorsqu'il était sur le point de se rendre maître de la place. Il eut de grands démêlés avec Guillaume, son frère, évêque d'Angoulême, et ils en vinrent souvent aux armes. Leurs brouilleries commencèrent aussitôt que Guillaume monta sur le siège d'Angoulême. Le comte, son frère, après la mort de l'évêque Girard, prédécesseur de Guillaume, s'était emparé des fruits de l'évêché, prétendant que ceux de la première année lui appartenaient par forme d'annates, et cette prétention ne lui était point particulière. Plusieurs seigneurs étaient comme lui dans le préjugé, que dans le cas de mutation, ils avaient droit de percevoir l'année de relief sur les bénéfices, de même que sur les fiefs situés dans leurs mouvances. Les deux frères terminèrent enfin leurs longs et scandaleux débats par une réconciliation qui fut sincère. Ils assistèrent, l'an 1059, l'un et l'autre, au sacre du roi Philippe I. L'ancien historien des évêques et des comtes d'Angoulême, dit que Foulques mourut dans un âge fort avancé, l'an 1087 ; mais il y a faute de copiste dans son texte, quoique trois manuscrits, collationnés par le P. Labbe, confirment cette leçon, ou bien l'auteur s'est trompé lui-même : car Besli rapporte (p. 408) une charte de Jourdain de Chabannais, qui prouve que Foulques vivait encore en 1089. Ce comte avait épousé CONDO, fille d'Ounorman Vagena, dont il eut Guillaume, qui suit ; et N. première femme d'Adémar III, vicomte de Limoges.

GUILLAUME TAILLEFER III.

1089 au plutôt. GUILLAUME, fils de Foulques, lui succéda

au comté d'Angoulême et dans ses autres domaines. Il était petit de corps, mais bien pris dans sa taille, et d'une force supérieure à ce que sa figure annonçait. *Il a même tué*, dit l'ancien auteur déjà cité, *quelques chevaliers d'un coup de lance, en la leur enfonçant au travers de leur bouclier et de leur cuirasse, et l'on tient communément que jamais on n'a pu le désarçonner, ni le faire tomber de cheval.* Il défendit courageusement, pour la comtesse Almodis, le comté de la Marche, contre Hugues de Lusignan, qui voulait se l'approprier par droit d'hérédité. Il eut aussi la guerre avec Guillaume IX, duc d'Aquitaine, avec Adémar d'Archiac, avec Bardon de Cognac, et d'autres seigneurs, alliés ou vassaux du duc. Le comte d'Angoulême remporta sur eux quelques victoires; mais à la fin il fut fait prisonnier dans un combat contre ces mêmes ennemis, et ne recouvra sa liberté qu'en donnant pour sa rançon la baronnie de Mastas, qu'il vint ensuite à bout de reprendre avec l'aide de son fils aîné, par les conseils de Girard, évêque d'Angoulême, et légat du saint siége, c'est-à-dire après l'an 1106, époque de la légation de Girard. Le comte Guillaume entreprit, sur la fin de ses jours, le pèlerinage de Jérusalem, et mourut à son retour, le 6 avril, veille des Rameaux, suivant son épitaphe qui est à Saint-Cybar, dans la chapelle de Saint-Denis, ce qui se rapporte à l'an 1118, et non 1120, comme le marque Corlieu. (*Cart. de S. Cybar.*) De VITAPOI, son épouse, fille et héritière d'Amanieu, seigneur de Benauges et de Saint-Macaire, en Gascogne, il laissa Wulgrin, qui suit; Raymond, sire de Fronsac; et Foulques, seigneur de Montausier; avec deux filles, dont l'une, nommée Alix, épousa Eudes, vicomte de Thouars. On ignore le nom et le sort de l'autre.

WULGRIN TAILLEFER II.

1120. WULGRIN II, fils aîné de Guillaume III, et son successeur au comté d'Angoulême, était, suivant le portrait qu'un ancien nous en a laissé, *d'une taille avantageuse, d'un port majestueux, prudent, habile au métier de la guerre, patient, à l'épreuve des travaux, la terreur de ses ennemis, le bouclier de ses sujets, vigoureux et robuste; qualités qui lui procurèrent presque toujours d'heureux succès dans ses expéditions militaires.* L'auteur fait ensuite l'éloge de sa chasteté, de sa charité envers les pauvres, de sa libéralité envers les églises, et ne blâme en lui que l'ambition immodérée qu'il eut de s'agrandir. Il avait déjà fait ses preuves de valeur du vivant de son père. Outre le château de Mastas, qu'il l'avait aidé à reprendre, comme on l'a dit, il avait retiré de force celui d'Archiac, des mains d'Adémar d'Archiac, qui s'en était emparé par surprise; devenu comte d'Angoulême, il recouvra et rebâtit le château de Blaye, que le duc d'Aquitaine avait démantelé, après s'en être rendu maître, et en fit une forteresse imprenable. L'an 1126, il fiança Robert le Bourguignon, son parent, à l'héritière de Chabannais et de Confolens. Mais Adémar de la Rochefoucauld revendiqua cet héritage du chef de sa femme; et ayant mis dans ses intérêts Guillaume IX, duc d'Aquitaine, il prit les armes pour s'en emparer. Il y réussit moins par sa valeur que par la trahison de ceux à qui la garde des châteaux était confiée. Guillaume IX étant mort l'année suivante, Robert, avec l'aide de Wulgrin, reprit l'une et l'autre terres sous Guillaume X, nouveau duc d'Aquitaine, et les céda ensuite avec sa future épouse, à Guillaume de Mastas, frère de Robert de Montberoux. Le duc, menaçant de les reprendre, Wulgrin amena des troupes pour en défendre les châteaux, et y attendit, mais vainement, un mois entier, l'arrivée du duc. Ce prince, voyant la valeur et l'intrépidité de Wulgrin, aima mieux l'avoir pour ami que pour ennemi. Ils firent la paix ensemble, et quelque tems après, ils vinrent de compagnie faire le siége du château de Montignac, que Girard de Blaye avait enlevé à Wulgrin. La plupart des barons de Poitou et de Saintonge, étant accourus au secours de la place, Wulgrin l'emporta malgré leurs efforts, et après en avoir fait hommage à Girard, évêque d'Angoulême, comme d'un fief mouvant de son église, il en fit relever les murs, et bâtit au milieu une grosse tour ou donjon, dont on voit encore les restes. La réconciliation du duc et du comte ne fut pas constante. Le premier ayant rasé une forte place, voisine de Pons, nommée la Tour-Geoffroi, le seigneur de Pons, à qui elle appartenait, appela Wulgrin à son secours, et on allait en venir à une bataille, sans l'intervention de Lambert, nouvel évêque d'Angoulême, et d'autres personnes sages, qui vinrent à bout d'accorder les parties. Wulgrin se rendit célèbre par d'autres exploits militaires que nous passons sous silence. Il était occupé à punir la révolte des seigneurs de la Rochefoucauld et de Verteuil, ses vassaux, et s'était même déjà rendu maître d'une partie de leurs terres, lorsqu'étant tombé malade d'une fièvre maligne au château de Bouteville, il y mourut le 16 novembre 1140, à l'âge de cinquante-un ans, entre les bras de l'évêque d'Angoulême, emportant dans le tombeau la réputation de l'un des plus grands capitaines de son tems. Son corps fut inhumé à Saint-Cybar, lieu de la sépulture de ses ancêtres. (Labbe, *Bibl. mss.*, t. II, pp. 261-263.) Il laissa de PONCE DE LA MARCHE, sa première femme, fille de Roger de Montgommeri et d'Almodis de la Marche, Guillaume, qui suit; et d'AMABLE, la seconde, fille du vicomte de Chatelleraut, Foulques, seigneur de Mastas, et Geoffroi-Martel, qui fit le voyage de la Terre-Sainte, en 1180, avec Hugues de Luzignan, et mit en fuite l'armée de Noradin devant Tripoli. Nous ne connaissons point Rodelinde, fille de Raymond, comte de Toulouse, que M. Expilli donne pour femme à Wulgrin II, et qui lui apporta, selon cet estimable écrivain, l'Agénois en dot.

GUILLAUME TAILLEFER IV.

1140. GUILLAUME IV était dans sa première jeunesse lorsqu'il succéda à Wulgrin, son père, au comté d'Angoulême. A peine fut-il en possession de sa dignité, qu'il inquiéta Lambert, son évêque, et voulut lui retrancher certains droits dont il jouissait. Le roi Louis le Jeune, à qui le prélat en porta ses plaintes, écrivit au comte, pour lui ordonner de rendre à l'église d'Angoulême ce qu'il lui avait enlevé. Guillaume, à ce qu'il paraît, obéit. Il se tourna ensuite contre ses barons, qu'il porta à se soulever, par les entreprises qu'il fit sur eux. Ses propres frères, qu'il n'épargnait pas, se joignirent aux mécontents. L'an 1147, s'étant embarqué avec le comte de Toulouse (Alfonse-Jourdain) pour la croisade, il reçut un accueil distingué à la cour de Constantinople, où il passa; ce fut un des seigneurs qui perdirent le moins de monde dans cette expédition. L'historien des évêques et des comtes d'Angoulême dit même qu'il parvint sain et sauf à Jérusalem avec toute la division qu'il conduisait, tandis que l'empereur et le roi de France perdirent la plus grande partie des leurs en traversant les déserts de l'Asie; qu'il soulagea de ses propres fonds la misère de la plupart des chevaliers réduits à la mendicité, et qu'il effaça tous les autres seigneurs et princes, par ses libéralités. De retour en France, il eut une rude guerre avec Ranulfe d'Agernac, son beau-frère, qu'il prit dans une rencontre où Ranulfe venait à lui avec des forces beaucoup supérieures aux siennes. Guillaume Manigot, qui était accouru pour délivrer Ranulfe, eut le même sort. Ce ne furent pas les seuls ennemis que le comte Guillaume eut à combattre. Il semblait que toute la noblesse de l'Angoumois et des environs fût conjurée contre lui. On vit encore ses frères, Foulques et Geoffroi-Martel, lui déclarer la guerre, et ce ne furent pas les moins acharnés de ses ennemis. Mais enfin sa valeur triompha de leurs attaques. S'étant joints à Foucaud d'Archiac, à Itier de Cognac, à Gui de la Rochefoucauld, et à plusieurs autres barons, ils étaient venus à bout de lui enlever la forteresse de Macurie. Mais ils n'en restèrent pas long-tems maîtres, et Guillaume la reprit en moins d'un mois d'intervalle après un siége vigoureusement poussé. Il attaqua ensuite le château de la Rochefoucauld, dont il pilla et livra les dehors aux flammes. C'est tout ce que nous apprend de cette guerre l'ancien historien des évêques et des comtes d'Angoulême, publié par le P. Labbe. (*Bibl. no. mss.*, t. II.)

L'an 1168, mécontent de Henri II, roi d'Angleterre, le comte Guillaume forma une ligue contre lui avec le comte de la Marche, et d'autres vassaux du duché d'Aquitaine, sous la protection du roi de France. Henri, apprenant qu'ils dévastent le Poitou, vient sur les lieux avec une armée, poursuit de poste en poste les rebelles, et les oblige, l'année suivante, à venir lui demander pardon à Montmirail. (Robert du Mont.) L'an 1175, nouvelle ligue formée contre le roi d'Angleterre et contre le duc Richard, son fils, par le comte d'Angoulême, le comte de la Marche, et les vicomtes de Limoges, de Ventadour et de Chabannais. Pour appuyer leur révolte, ces seigneurs soudoient les Brabançons, espèce d'aventuriers qui vendaient leurs services au plus offrant. A la tête de ces brigands, les confédérés firent des ravages horribles dans le Poitou. Mais Jean *aux belles mains*, évêque de Poitiers, ayant rassemblé des troupes à la hâte, et s'étant joint à Thibaut Chabot, chef de la milice d'Aquitaine, tous deux fondirent en même tems sur eux, en tuèrent un grand nombre, en brûlèrent plusieurs dans les maisons où ils s'étaient retranchés, et contraignirent le reste à se réfugier dans une tour, abandonnant leur bagage à ceux qui les poursuivaient. L'année suivante, le duc Richard, revenu d'Angleterre, où il était pendant les derniers ravages, taille en pièces, entre Bouteville et Saint-Mégrin, vers la fin de mai, les nouvelles troupes que les confédérés avaient levées, prend et rase leurs châteaux, et force en dernier lieu celui de Moulin-Neuf, dans lequel il fait prisonnier le comte d'Angoulême avec son fils et les autres chefs de la ligue. Benoît de Péterborough dit que ce fut dans Angoulême qu'ils furent pris. Nous verrons de nouveaux détails de cette affaire sous le successeur de Guillaume. Celui-ci, remis en liberté quelque tems après, entreprit, avec d'autres, une nouvelle expédition à la Terre-Sainte. Ils partirent au mois de juillet 1178; mais le comte d'Angoulême ne passa point la Sicile, et mourut le 7 août suivant à Messine, selon Geoffroi du Vigeois. Il avait épousé, 1°. du vivant de son père, EMME fille d'Aimar ou Adémar III, vicomte de Limoges, après l'avoir enlevée, suivant Geoffroi du Vigeois, à Guillaume X, duc d'Aquitaine, pendant son pèlerinage de Saint-Jacques; et cela par le conseil des seigneurs limosins, qui redoutaient la domination des Poitevins; 2°. l'an 1150, MARGUERITE, fille de Raymond I, vicomte de Turenne, veuve d'Adémar IV, vicomte de Limoges, puis d'Ebles III, vicomte de Ventadour, dont il eut, entr'autres enfants, Wulgrin, qui suit; Guillaume et Adémar, qui lui succédèrent; Hélie, qui fut un guerrier fameux; et Almodis, femme, 1°. d'Amanieu IV, sire d'Albret; 2°. de Bernard, vicomte de Brosse.

WULGRIN TAILLEFER III.

1178. WULGRIN III, successeur de Guillaume, son père, ne lui survécut pas deux ans entiers, suivant Geoffroi du Vigeois, qui met néanmoins sa mort au 29 juin de l'année 1181, en quoi cet écrivain se contredit. Nous pensons qu'il a voulu dire trois ans au lieu de deux. Il paraît que Wulgrin était associé à son père dès l'an 1176; car c'est lui que Raoul *de Diceto*, qui le nomme Bulgarin, donne pour auteur principal des ravages que firent cette année dans le Poitou, comme nous l'avons déjà dit, les seigneurs d'Aquitaine confédérés contre le duc Richard, qui était pour lors en Angleterre. *Mais Jean, évêque de Poitiers*, dit cet historien, *ayant rassemblé de toutes parts des troupes auxiliaires, et, s'étant joint à Thibaut Chabot qui commandait la milice ducale, marcha contre ces destructeurs de châteaux, ces pillards de campagnes, ces brûleurs d'églises, ces oppresseurs de vierges; et les ayant rencontrés dans la plaine de Brezé, il partagea son armée en quatre corps qui fondirent en même tems sur eux, en tuèrent un grand nombre, et obligèrent les autres à se sauver dans une forteresse, avec tant de précipitation, qu'ils abandonnèrent tout leur bagage à l'ennemi.* Cet avantage ne dissipa point la ligue. Roger d'Hoveden nous apprend qu'elle continua pendant trois ans ses déprédations, sous le même Wulgrin qu'il appelle *Bugrius*. Mais l'an 1178, le duc Richard, dit-il, vint à bout de la détruire. *Après avoir réduit*, ajoute-t-il, *le comte de Bigorre, il prit Gençai, Martillac, Granville, Taillebourg, Pons, toutes places fortes qu'il fit raser; força ensuite le comte d'Angoulême de lui remettre cette ville avec le château de Montignac, et en fit abattre les murs.* Raoul de Diceto met ceci en 1177, et dit que Richard obligea de plus le comte avec ses complices de passer la mer pour aller demander grâce au roi son père; ce qu'ils obtinrent à Winchester, le 21 septembre. Wulgrin ne laissa qu'une fille, nommée Mathilde, à qui ses oncles, Guillaume et Adémar, disputèrent la succession de son père. Le duc Richard, depuis roi d'Angleterre, ayant pris sa défense, les chassa du pays; mais bientôt ils y rentrèrent à la faveur de la division qui s'éleva entre Richard et ses frères.

MATHILDE, GUILLAUME et ADÉMAR, ou AIMAR.

1181. MATHILDE, fille de Wulgrin III, se maintint, avec la protection du duc Richard, dans une partie de l'Angoumois, dont l'autre demeura entre les mains de ses oncles, GUILLAUME V et AIMAR. Mathilde avait aussi des prétentions bien fondées sur le comté de la Marche, dont Hugues IX, sire de Lusignan, s'était mis en possession. Pour terminer leur différent, elle consentit à la demande qu'il lui fit de sa main, et l'épousa. (Voy. *les comtes de la Marche.*) Guillaume V, oncle de Mathilde, mourut vers le même tems; et, comme il ne laissa point de postérité, sa succession fut recueillie par son frère. L'an 1188, Aimar étant entré dans la confédération de plusieurs seigneurs poitevins et du vicomte de Limoges, contre le duc Richard, dévaste avec eux les terres de ce prince, qui ne tarde pas à leur rendre la pareille. (*Bened. Petroburg.*) L'an 1192, tandis que Richard, devenu roi d'Angleterre, était à la croisade, Aimar profita de son absence pour achever de dépouiller sa nièce. La nouvelle de la captivité de ce prince l'enhardit ensuite à se jeter sur ses terres, qui souffrirent beaucoup des excursions d'Aimar et de ses confédérés. Ils commirent ces hostilités d'autant plus librement, que le sénéchal de Gascogne, seul capable de leur résister, était malade pour lors. Mais étant revenu en santé, il monta aussitôt à cheval et prit sa revanche. Le prince de Navarre, Sanche le Fort, beau-frère de Richard, vint se joindre au sénéchal, suivant Guillaume de Newbrige, et contribua beaucoup aux succès de ses armes, qui furent néanmoins balancés par des revers. Geoffroi de Rançon, sire de Taillebourg, l'un des plus formidables alliés d'Aimar, mourut dans ces entrefaites, et laissa un vide considérable dans le parti du comte. Mais sa mort ne termina point la guerre. L'an 1194, Richard, de retour dans ses états, vient en personne dans l'Aquitaine, avec une puissante armée, assiége Taillebourg, qu'il prend par composition, et se rend maître de toutes les autres places qui dépendaient de ce château ; de là, étant passé dans l'Angoumois, il soumet tout ce pays avec une telle rapidité, qu'en six heures de tems, il emporta la capitale après un assaut des plus sanglants. C'est ce qu'il marque dans une lettre du 22 juillet de cette année (1194), à Hubert, archevêque de Cantorberi, ajoutant qu'il avait fait prisonniers, dans cette guerre, près de trois cents chevaliers et environ quarante mille soldats. Philippe Auguste, qui avait excité la révolte de ces vassaux, demeura, pendant cette scène, dans l'inaction, pour ne point mettre obstacle à une trêve qui se ménageait entre les deux couronnes. Elle fut, en effet, conclue par leurs plénipotentiaires, le 23 juillet, entre Verneuil et Tillières, suivant Roger d'Hoveden. Aimar n'eut plus alors de ressource que dans la générosité de Richard. Il vint à bout de le fléchir et de rentrer dans ses terres par un accommodement, au moyen duquel il fiança sa fille unique, Isabelle, avec le fils de Hugues et de Mathilde, nommé comme son père. Isabelle, n'étant point encore nubile, fut remise entre les mains de sa belle-mère future, pour assurer l'effet de la promesse. Mais, l'an 1200, comme on était près de célébrer le mariage, le roi Jean, successeur de Richard, engagea le père d'Isabelle à lui remettre sa fille, puis l'épousa; d'autres disent qu'il l'enleva de force. Le jeune Hugues ressentit vivement cet affront. Résolu d'en tirer vengeance, il fit une ligue avec plusieurs de ses parents et amis, qui, s'étant réunis, portèrent le fer et le feu jusque sur les frontières de Normandie. Le roi Jean, pour les punir, confisqua leurs terres à son profit. Mais Philippe Auguste, à qui ces vassaux dépouillés eurent recours, prit chaudement leurs intérêts, et telle fut la première étincelle qui alluma cette longue et fameuse guerre des deux monarques, dont l'issue fut si funeste à l'Angleterre. Isabelle, après la mort du roi Jean, passa entre les bras de ce même Hugues, à qui elle avait d'abord été promise. Le père de cette princesse survécut à sa femme ALIX, qui lui avait donné sa main après avoir été séparée de Guillaume I, comte de Joigni, son premier époux. Elle était petite-fille de Pierre de Courtenai, fils du roi Louis le Gros, et mourut en 1218, peu de tems avant son époux. (*Voyez* pour la suite des comtes d'Angoulême, Hugues X, Hugues XI, Hugues XII et Hugues XIII de Lusignan, *comtes de la Marche.*)

LOUIS D'ORLÉANS.

Louis, second fils du roi Charles V, nommé à sa naissance, comte de Valois, créé duc d'Orléans en 1392, joignit ensuite à cet apanage les comtés d'Angoulême, de Périgord et de Dreux. Il était né le 13 mars, un samedi de l'an 1372 (n. st.), à l'hôtel de Saint-Paul, et fut baptisé le lundi suivant dans l'église de Saint-Paul, par Jean de Craon, archevêque de Reims, assisté de douze évêques en habits pontificaux. Le parrain, nommé par le roi, fut Louis, duc d'Anjou. Mais comme il était absent, Louis, comte d'Étampes, tint sa place au baptême, avec Bertrand du Guesclin, connétable de France. A cette cérémonie, le connétable tira son épée, et, l'ayant mise dans la main de l'enfant pendant qu'on le tenait nu sur les fonts, suivant la coutume de ces tems-là, il lui dit d'une voix haute : *Monseigneur, je vous donne cette épée et la mets en votre main, et prie Dieu qu'il vous doint autel et si bon cœur que vous soyez aussi bon chevalier comme fut oncques roy de France qui portast épée.* Amen, amen, amen. (Dormai, *Hist. de Soissons*, tom. II, p. 356.) L'état de démence où tomba le roi Charles VI, son frère, occasiona une vive querelle entre lui et Philippe le Hardi, duc de Bourgogne, touchant la régence. Philippe, ayant été tuteur du roi son neveu, prétendait que le gouvernement de l'état lui était en conséquence dévolu par l'empêchement de ce monarque. Louis l'emporta par le crédit de la reine Isabeau, sa belle-sœur, avec laquelle il vivait dans un commerce fort équivoque. Mais l'abus qu'il fit de son pouvoir, irrita la jalousie des grands et lui attira la haine du peuple. Il donna cependant des preuves de son amour patriotique dans la guerre qui se faisait alors contre les Anglais. L'an 1402, il envoya de Couci, le 7 août, au roi d'Angleterre, Henri IV, un cartel de défi, dans lequel il le traitait d'usurpateur de la couronne. Henri lui ayant répondu le 5 décembre suivant, le duc répliqua sans ménagement, le 26 mars 1403 (n. st.), reprochant à Henri d'avoir fait mourir le roi Richard II, son prédécesseur, et dépouillé la reine Isabelle de France, sa veuve. Mais les choses en demeurèrent là. Le duc Philippe étant mort l'an 1404, fut remplacé par Jean, son fils, dont le caractère impétueux ranima la querelle de sa maison avec celle d'Orléans. Pour prévenir les suites funestes que leurs débats donnaient lieu de craindre, on prit le parti d'envoyer les deux princes faire la guerre aux Anglais. Le duc d'Orléans partit pour la Guienne où il prit Blaye, mais il échoua devant Bourg. De retour à Paris, il donna les mains à la réconciliation qui fut ménagée entre lui et le duc de Bourgogne, par Jean, duc de Berri, leur oncle. Il la croyait sincère ; mais elle ne l'était que de son côté, quoique cimentée de part et d'autre parce qu'il y avait de plus sacré. Il ne tarda pas à devenir la victime de sa crédulité. Le 23 novembre de l'an 1407, un mercredi, vers neuf heures du soir, comme il revenait de l'hôtel de la reine, logée à la rue Barbette, monté sur sa mule, et chantant, il fut assassiné par Raoul d'Auquétonville, écuyer d'écurie du roi, et autres gens apostés par le duc de Bourgogne. Son corps fut inhumé dans l'église des Célestins de Paris, où l'on voyait son tombeau de marbre, que son petit-fils, le roi

Louis XII, fit construire en 1504. (*Voyez* Charles VI, *roi de France*, et Jean, *duc de Bourgogne*.) De VALENTINE, son épouse, fille de Jean Galeas Visconti, premier duc de Milan, qu'il avait épousée au mois de septembre 1389, morte le 4 décembre 1408, il laissa Charles, duc d'Orléans; Philippe, comte de Vertus; Jean, qui suit; et Marguerite, femme de Richard de Bretagne, comte d'Etampes. Il eut de plus un fils naturel : Jean, comte de Dunois, célèbre par sa valeur, et tige des ducs de Longueville.

JEAN D'ORLÉANS.

1407. JEAN, troisième fils de Louis, duc d'Orléans, et de Valentine de Milan, né le 26 juin 1404, succéda à son père dans le comté d'Angoulême. Sa maison n'ayant pu acquitter la somme de cent quarante-cinq mille livres sur celle de deux cent quarante mille, selon Papire Masson, ou de trois cent mille, suivant le P. Anselme, qu'elle s'était engagée à payer aux Anglais, pour les secours qu'ils lui avaient fournis contre la maison de Bourgogne, il fut donné en otage pour assurance du surplus de la première semaine de novembre de l'an 1412, et emmené en Angleterre, où il resta jusqu'en 1444. De retour en France, il se retira dans son comté d'Angoulême, d'où il alla joindre, en 1451, le comte de Dunois qui faisait la guerre en Guienne aux Anglais. Cette expédition finie, il revint dans ses terres où il passa le reste de ses jours dans l'étude et les exercices de piété. La mort l'enleva dans son château de Cognac, le 30 avril 1467. Son corps, inhumé dans la cathédrale d'Angoulême, s'était conservé tout entier, à l'exception du cœur qui est aux Célestins de Paris, lorsque les Calvinistes, l'ayant découvert en 1562, le mirent en pièces. Il avait épousé, par contrat du 31 août 1449, MARGUERITE, fille d'Alain IX, vicomte de Rohan, dont il laissa Charles, qui suit; et Jeanne, femme de Charles de Coëtivi, comte de Taillebourg. Il eut aussi un bâtard nommé Jean, qui fut légitimé par le roi Charles VII.

CHARLES D'ORLÉANS.

1467. CHARLES, né l'an 1459, successeur de Jean, son père, au comté d'Angoulême, assista, l'an 1484, aux états-généraux de Tours, où, quoique plus proche de la couronne que le duc d'Alençon, il n'eut rang qu'après lui. C'est que dans ces grandes assemblées les princes du sang n'avaient point encore d'autre rang entre eux que celui de leur pairie (1). Charles épousa, par contrat passé à Paris le 16 février 1487 (v. st.) LOUISE, fille aînée de Philippe, dit *Sans-Terre*, comte de Bresse, puis duc de Savoie, née le 11 septembre 1476. Il mourut le 1er. janvier de l'an 1496 (n. st.), laissant de son mariage un fils qui fut notre roi François Ier, et une fille, Marguerite, alliée, 1°. à Charles, duc d'Alençon; 2°. à Henri d'Albret, roi de Navarre. (Voyez *les rois de Navarre.*) Il laissa de plus trois filles naturelles, savoir, Jeanne, qui fut mariée à Jean de Longwi, seigneur de Givri, issu des anciens comtes de Châlons, seigneur très-opulent; Madeleine, abbesse de Saint-Auzony, et Souveraine, qui épousa Michel Gaillard, chevalier, seigneur de Chilli et de Longjumeau. La duchesse Louise survécut long-tems à son époux. Ce fut elle qui forma la jeunesse de son fils. Ce prince marqua presque toujours pour les volontés de sa mère une déférence dont il eut plus d'une fois à se repentir. Le caractère de Louise était un mélange de bonnes et de mauvaises qualités. Fourbe, vindicative, avare, voluptueuse, elle ne le cédait pour les talents et les connaissances à aucune personne de son sexe. Il y eut toujours entre elle et la reine Anne de Bretagne, femme du roi Louis XII, une antipathie qui empêcha, tant que celle-ci vécut, le mariage arrêté de Claude, sa fille, avec le fils de Louise. François étant monté sur le trône, le 1er. janvier 1515 (n. st.), érigea l'année suivante en faveur de sa mère, par lettres du mois de février, le comté d'Angoulême en duché; et dans le même mois, il fit don à cette princesse des seigneuries d'Epernai, Saint-Maixant, etc. Louise obtint encore dans la suite, en divers tems, les duchés d'Anjou et de Touraine avec les comtés du Maine et de Beaufort. Deux fois le roi son fils l'honora du titre de régente, 1°. l'an 1515, lorsqu'il partit pour l'Italie; 2°. l'an 1525, pendant sa prison de Madrid. Ce fut elle qui conclut, en 1529, la paix avec l'Espagne par le traité de Cambrai. Elle rendit à l'état d'autres services qui ne feront pas néanmoins oublier les injustices criantes que l'avarice et l'esprit de vengeance lui firent commettre. On lui reprochera éternellement la mort de Samblançai, surintendant des finances, qu'elle rendit victime de la première de ces deux passions, et la funeste désertion du

---

(1) Le vidame de Chartres y fut aussi précédé par plusieurs seigneurs qui n'étaient point princes du sang. Mais cela ne conclut rien contre la préséance due à ces princes sur tous les autres seigneurs, parce que le vidame était de l'ancienne maison des comtes de Vendôme, différente de celle des Bourbons. (*Voyez* Pierre de Montoire, *comte de Vendôme.*)

connétable de Bourbon, qu'elle occasiona en voulant se venger du refus qu'il avait fait de l'offre de sa main. (*Voyez* le règne de François Ier.) Cette princesse craignait tellement la mort, qu'elle ne souffrait point qu'on la nommât devant elle, même dans les sermons. Trois jours avant que ce moment terrible arrivât pour elle, étant dans son lit malade, elle aperçut de la clarté pendant la nuit à travers ses rideaux. Elle demanda ce que c'était : on lui répondit que c'était une comète. *Ah ! dit-elle, ce signe n'est pas pour une personne de basse condition. C'est pour nous autres grands et grandes que Dieu l'envoie. Refermez la fenêtre. C'est ma mort que cette comète annonce.* C'était le 19 septembre 1531 qu'elle fit cette prédiction. Elle mourut le 22 suivant à Gretz en Gâtinais, à l'âge de cinquante-cinq ans et onze jours. Son corps fut transporté en grande pompe à Saint-Denis, et son cœur à Notre-Dame de Paris.

DIANE.

Le duché d'Angoulême ayant été réuni à la couronne, l'an 1531, après la mort de la duchesse Louise de Savoie, mère du roi François Ier., fut donné, l'an 1582, par Henri III à DIANE, fille naturelle et légitimée de Henri II, qui l'avait eue de Philippète Duc, piémontaise, sœur d'Antoine Duc, écuyer de sa grande écurie. Diane mourut sans postérité, le 11 janvier 1619, après avoir été mariée deux fois. Son premier époux fut HORACE FARNÈSE, duc de Castro, tué, l'an 1554, à la défense de Hesdin, deux ans après son mariage ; le second, auquel elle donna sa main au mois de mai 1557, fut FRANÇOIS, duc de Montmorenci, pair et maréchal de France, mort le 6 mai 1579. Ce qu'on sait de plus mémorable de Diane, c'est que ce fut elle qui réconcilia Henri III avec le roi de Navarre, qui fut depuis notre roi Henri IV.

Après la mort de Diane, le duché d'Angoulême fut donné à Charles de Valois, qui suit.

CHARLES DE VALOIS.

CHARLES DE VALOIS, fils naturel du roi Charles IX et de Marie Touchet, né le 28 avril 1573, vécut sous quatre rois, et se rendit célèbre par sa valeur. Sa mère (vraisemblablement après la mort de Charles IX) épousa François de Balzac d'Entragues, lieutenant, puis gouverneur d'Orléans, dont elle eut la fameuse marquise de Verneuil, maîtresse de Henri IV, et une autre fille. Marie Touchet, *femme d'un esprit aussi incomparable que sa beauté*, dit le Laboureur, était fille, non d'un apothicaire, comme quelques-uns l'ont avancé, mais de Jean Touchet, lieutenant-particulier au baillage et présidial d'Orléans. Charles de Valois, son fils, destiné dès sa jeunesse à l'ordre de Malte, fut pourvu, l'an 1587, de l'abbaye de la Chaise-Dieu, et devint, en 1589, grand-prieur de France. La reine Catherine de Médicis, morte le 5 janvier 1589, lui ayant légué par son testament les comtés d'Auvergne et de Lauraguais, il quitta l'ordre de Malte avec dispense pour se marier, et eut pour première épouse, le 6 mai 1591, CHARLOTTE, fille aînée du connétable Henri de Montmorenci. Mais la reine Marguerite de Valois fit casser la donation de Marie de Médicis par arrêt du parlement en 1606, et bientôt après elle fit donation des comtés qui en étaient l'objet, ainsi que de la baronnie de la Tour, au dauphin Louis, depuis roi, Louis XIII, qui les réunit en 1615 à la couronne. Charles de Valois continua toutefois de porter le titre de comte d'Auvergne jusqu'en 1619, qu'il obtint du roi le duché d'Angoulême. Il fut un des premiers seigneurs qui reconnurent à Saint-Cloud le roi Henri IV, et combattit avec gloire pour son service aux journées d'Arques en 1589, d'Ivri en 1590, et de Fontaine-Française en 1595. Sa fidélité envers Henri IV se démentit par la suite. Impliqué, l'an 1602, dans la conspiration du maréchal de Biron, il fut arrêté et mis à la Bastille par ordre du roi, qui eut ensuite la bonté de lui pardonner. Cette grâce ne fit qu'un ingrat. Convaincu de nouvelles pratiques concertées avec la marquise de Verneuil, sa sœur utérine, contre le roi, il fut arrêté une seconde fois, le 9 novembre 1604, et condamné, l'année suivante, à perdre la tête; mais la bonté du roi commua cette peine en une prison perpétuelle. Il en sortit néanmoins en 1616, et l'année suivante, il eut le commandement de l'armée et alla faire le siége de Soissons. Le roi Louis XIII lui ayant donné, comme on l'a dit, en 1619, le duché d'Angoulême auquel il joignit le comté de Ponthieu, le fit de plus chevalier de ses ordres la même année, et colonel-général de la cavalerie légère de France. Ce monarque, dont il avait captivé la bienveillance et l'estime, le mit à la tête d'une célèbre ambassade qu'il envoya, l'an 1620, à l'empereur Ferdinand II.

Ce fut le duc d'Angoulême qui ouvrit, le 10 août 1628, le fameux siége de la Rochelle, où il commanda en chef jusqu'au 22 octobre suivant, époque de l'arrivée du roi et du cardinal de Richelieu. Il donna, dans la suite, de nouvelles preuves de sa valeur et de son habileté dans les guerres de Languedoc, d'Allemagne et de Flandre. Il mourut à Paris, le 24 septembre 1650, à l'âge de soixante-dix-sept ans et demi, et fut inhumé aux Minimes de la Place-Royale. De son premier mariage, il eut trois fils, Henri de Valois, comte de Lauraguais, mort sans alliance;

le 8 janvier 1668, à Montigni-Lancoup, où il était enfermé depuis cinquante ans pour cause de démence; Louis-Emmanuel, qui suit, et François, comte d'Alais, seigneur de Montigni-Lancoup et de Sézanne, mort sans lignée le 19 septembre 1622. FRANÇOISE DE NARGONNE, que Charles de Valois épousa le 25 février 1644, en secondes noces, ne lui donna point d'enfants, et, par un exemple assez rare, mourut cent quarante ans après son beau-père, le roi Charles IX, le 10 août 1715, à l'âge de quatre-vingt-douze ans.

LOUIS-EMMANUEL.

1650. LOUIS-EMMANUEL DE VALOIS, second fils de Charles de Valois et de Charlotte de Montmorenci, né à Clermont en Auvergne en 1596, ayant été destiné d'abord à l'église, fut pourvu des abbayes de Saint-André de Clermont et de la Chaise-Dieu, puis, en 1612, de l'évêché d'Agde. Après le malheur de son frère aîné et la mort de son cadet, il changea d'état, l'an 1622, et embrassa le parti des armes. Il signala sa valeur aux siéges de Montauban et de la Rochelle, et dans les guerres d'Italie et de Lorraine. Ses services lui méritèrent la charge de colonel-général de la cavalerie légère de France avec le gouvernement de Provence et le collier des ordres du roi, toutes récompenses que Louis XIII lui conféra en 1637. Il succéda, l'an 1650, au duché d'Angoulême et aux titres de son père, auquel il ne survécut que trois ans, étant mort à Paris le 13 novembre 1653. De HENRIETTE DE LA GUICHE qu'il avait épousée le 8 février 1629 (morte le 22 mai 1682), il eut trois fils qui le précédèrent au tombeau, et une fille, qui suit. Il laissa de plus un fils naturel, Charles-Louis de Valois, qui accompagna, l'an 1685, le prince de Conti en Hongrie, et se distingua ensuite dans les guerres des Pays-Bas; mort sans alliance le 25 septembre 1701.

MARIE-FRANÇOISE.

1653. MARIE-FRANÇOISE, née le 27 mars 1631, et mariée, le 4 novembre 1649, avec LOUIS DE LORRAINE, duc de Joyeuse, obtint, après la mort de Louis-Emmanuel, son père, pour elle et son époux, leur vie durant, par lettres du 19 juillet 1653, la jouissance du duché d'Angoulême et du comté de Ponthien. Mais étant demeurée veuve, le 27 septembre de l'année suivante, elle tomba en démence, et fut enfermée dans l'abbaye d'Essay près d'Alençon, où elle mourut, le 4 mai 1696, sans laisser de postérité.

CHRONOLOGIE HISTORIQUE

DES

COMTES DE PÉRIGORD.

Le Périgord, borné au nord par l'Angoumois, à l'orient par le Querci et le Limosin, au couchant par la Saintonge, au midi par l'Agénois, tire son nom des anciens peuples nommés *Petrocorii* et *Petragorici* dans la répartition faite par Auguste, l'an 727 de Rome. La capitale de ce pays est appelée dans Ptolémée *Vesunna*. Elle a pris ensuite le nom de *Petrocorium* ou *Petracordium*. Un monastère bâti sur une montagne près de la cité de Périgueux, donna naissance à une seconde ville qui fut nommée le Pui de Saint-Front, à cause de sa position et du nom du patron de l'abbaye, premier évêque de Périgueux. Une partie des habitants de la cité passèrent dans la suite au Pui Saint-Front: et l'an 1250, comme on le verra ci-après, elles furent réunies pour ne former qu'une seule ville sous le nom de Périgueux.

Dans la division que les Romains firent des Gaules, le Périgord fut compris dans la seconde Aquitaine. Les Goths l'ayant conquis, ainsi que les provinces voisines, sur les Romains, en furent dépouillés à leur tour par les rois mérovingiens. Ceux-ci le possédèrent jusqu'au tems du duc Eudes qui se rendit maître absolu dans l'Aquitaine, ainsi qu'on l'a vu. Pepin le Bref enleva le Périgord à Waifre, petit-fils d'Eudes; et Charlemagne, fils et successeur de Pepin, établit gouverneur de ce pays sous le titre de comte, en 778, un seigneur nommé Widbalde, dont les successeurs, pendant près d'un siècle, sont restés dans l'oubli.

Une nouvelle dynastie obtint en 866, le comté de Périgord en grande légation, et le transmit par alliance aux comtes de la Marche, vers le milieu du xe. siècle. Ceux-ci ayant pris le surnom de Taleyrand, conservèrent le Périgord jusqu'en 1399. On verra comment l'esprit guerrier de cette race, soutenu d'une grande puissance territoriale et d'un vasselage nombreux, excita souvent l'envie et la crainte de ses voisins. L'histoire et les monuments qui ont conservé la mémoire de ces comtes, ne prouvent, pour ainsi dire, leur existence que par des faits militaires et par la suite de leurs malheurs jusqu'au dernier qui les priva d'un patrimoine illustre.

On nommait *helienne* la monnaie que ces comtes faisaient battre.

Le Périgord se divise aujourd'hui en haut ou blanc, dont le Sarladais fait partie, et en bas ou noir, à quoi il faut ajouter le pays de la Double, entre Riberac et Mucidan.

GUILLAUME I.

886. GUILLAUME, second fils de Wulgrin, lui succéda aux comtés de Périgord et d'Agénois. Mais il perdit ce dernier qui lui fut enlevé par Ebles, comte de Poitiers. Il mourut en 920. De sa femme, dont on ignore le nom et la naissance, il eut un fils, Bernard, qui suit, avec deux filles, Emme, mariée à Boson I, comte de la Marche, puis de Périgord, et Sancie, femme d'Adémar, comte de Poitiers.

BERNARD.

920. BERNARD succéda quatre ans, dit Adémar, après la mort d'Alduin, son oncle, comte d'Angoulême, à Guillaume, son père, dans le comté de Périgord. Il tua Lambert, comte de Marsillac et Arnaud, frère de Lambert, qui avaient voulu faire périr Sancie, sa sœur, femme d'Adémar, comte de Poitiers. On ignore l'année de sa mort. Mais il vivait encore sous le règne de Louis d'Outremer, comme le prouve une charte conservée dans les archives du prieuré de Chanteuge, par laquelle il restitue à l'abbaye de Brantôme, les biens qu'il lui avait enlevés, et dont la date porte: *In mense junio, regnante Domino, Dompno Ludovico imperante*. Ce roi Louis n'est autre en effet que Louis d'Outremer. Bernard, dans cet acte, prend le surnom de Grandin, *Ego Bernardus Grandin, Petrocoriensis comes*. (Etiennot, *fragm., hist. Aquitan.*, tom. III, pag. 292.) Ce fut vers ce même tems, qu'après avoir mis sous sa main l'abbaye de Sarlat, qui était tombée dans le relâchement, il la soumit à Saint-Odilon, abbé de Cluni, pour y mettre la réforme. (*Gall. Chr. no.*, tom. II, col. 495.) Il avait épousé,

1°. GERSENDE; 2°. EMME. Il eut de ces deux mariages, Arnaud, qui suit, Ramnulfe, Richard, et deux autres fils.

BOSON I, DIT LE VIEUX.

BOSON I, surnommé le VIEUX, était fils de Sulpice, et petit fils de Geoffroi, premier comte de Charroux, c'est-à-dire de la Marche, dont Charroux était le chef-lieu. Boson est qualifié comte de la Marche dans la charte de fondation de l'église de Dorat, sous l'année 944; il soutint, contre Arnaud Manzer, comte d'Angoulême, les enfants de Bernard, comte de Périgord, dont il avait épousé la sœur, EMME. Ceux-ci étant mort sans postérité, Boson leur succéda au comté de Périgord. Quelques modernes ont voulu nier ce fait ; mais Adémar l'atteste en termes exprès. Une charte, passée à Limoges au mois d'août de la première année du roi Lothaire (955 de Jésus-Christ), lui donne aussi le titre de marquis, et met le Limosin dans son marquisat. Boson fit construire le château de Bellac dans la Basse-Marche. Du tems du roi Lothaire, il fut battu avec Hélie, son fils, par Gui, fils de Giraud, ou Gérard, vicomte de Limoges, à qui, de concert avec le comte de Poitiers, il voulait enlever le château de Brosse. (*Aimoin, de Mirac. S. Bened.*, l. 1, c. 16.) L'époque de sa mort est incertaine, quoiqu'un moderne la fixe à l'année 968. Il laissa de son épouse cinq fils, 1°. Hélie, comte de Périgord, dont l'article suit; 2°. Aldebert, comte de la Haute-Marche, puis du Périgord, et dont l'article suivra après celui de son frère; 3°. Boson, qui fonde les comtes de la Marche, rapportés plus bas; 4°. Gausbert, mort vraisemblablement avant son père, et 5°. Martin, évêque de Périgueux.

HÉLIE I.

HÉLIE I, fils aîné de Boson I, fut, à ce qu'il paraît, comte de Périgord, du vivant même de son père. La violence de son caractère est attestée par la manière dont il traita Benoît, chorévêque de Limoges, à qui il fit crever les yeux, pour l'empêcher de monter sur le siège épiscopal de cette église lorsqu'il serait vacant. Ebles, évêque de Limoges, qui destinait effectivement Benoît pour lui succéder, eut tant de regret de cet événement, qu'il en mourut de douleur, l'an 974 au plutôt, et non pas l'an 969, comme le marque un moderne. On voit, en effet, dans Besli, une charte d'Ebles, du mois de juin 974. Géraud, vicomte de Limoges, se chargea de venger le chorévêque Benoît. Il livra bataille, avec Gui, son frère, au comte Hélie, qui d'abord les défit: mais Gui le surprit ensuite avec Adalbert, son frère, enferma le premier dans le château de Montignac, et fit conduire l'autre à celui de Limoges. Hélie eut le bonheur d'échapper, comme on allait lui crever les yeux, pour lui faire subir la peine du talion. Quelque tems après, il se mit en route pour se rendre à Rome : mais il n'arriva pas au terme, étant mort en chemin, sans laisser d'enfants. (*Voy*. Gérard, *vicomtes de Limoges*.)

ALDEBERT I.

ALDEBERT, ou ADLABERT, deuxième fils de Boson I, lui succéda dans la Haute-Marche, qui n'était pas, de ce tems là, telle qu'elle est aujourd'hui. Le Dorat en était la capitale, et Aldebert y fit bâtir un château, qui devint son domicile ordinaire et celui de ses successeurs. L'an 975, ayant été surpris et fait prisonnier, avec Hélie, son frère, par Gui, depuis vicomte de Limoges, il fut enfermé dans le château de cette ville, où il resta plusieurs années après la mort d'Elbes, suivant le témoignage d'Adémar de Chabannais (pag. 166). Enfin il en sortit sous la promesse, qu'il remplit, d'épouser la sœur de Gui, que son sort avait intéressé. Gui était resté maître du Périgord et de la Marche pendant la captivité d'Aldebert; mais on croit qu'il les lui rendit l'un et l'autre avec la liberté. Ce qui est certain, c'est qu'on voit Aldebert possesseur de ces deux comtés vers l'an 980. S'étant brouillé avec Guillaume Fierabras, comte de Poitiers, il vint camper avec son armée, vers l'an 990, à deux lieues de cette ville, attendant pour l'assiéger Folques Nera, comte d'Anjou, son allié. Les Poitevins, avant que ces secours arrivassent, sortirent de leurs murs, et vinrent l'attaquer. Vainqueurs dans un premier combat, ils en livrèrent un second; mais la fortune cessa de leur être favorable, et la victoire se déclara pour le comte de Périgord. (*Aimoinus de mir. S. Ben.*, l. 2, c. 7.) Celui-ci, fier de cet avantage, tourna ses armes, à la prière du comte d'Anjou, contre Eudes I, comte de Blois, et vint assiéger Tours, qui appartenait à ce dernier. Eudes eut recours au roi Hugues Capet, qui fit enjoindre à Aldebert de se retirer. Aldebert n'ayant point déféré à cet ordre, Hugues lui envoya demander *qui l'avait fait comte*. — *Ceux-là mêmes*, répondit fièrement Aldebert, *qui vous ont fait roi*. Il continua le siège, prit la place et en fit présent au comte d'Anjou; mais Foulques ne sut pas s'y maintenir. Aldebert, l'an 995 ou environ, se joignit à son frère Boson, pour enlever à Guillaume le Grand, duc d'Aquitaine, le château de Gençai. Mais tandis qu'il faisait le tour de la place, sans armure, il fut frappé d'un coup de flèche, dont il mourut. Son corps fut porté à l'abbaye de Charroux. Ce comte laissa un fils en bas âge, nommé Bernard, qui succéda dans les deux Marches à son père et à son oncle Boson II.

HÉLIE II, COMTE DE PÉRIGORD.

1006 ou environ. HÉLIE, fils aîné de Boson, comte de la Marche, et d'Almodis et petit-fils de Boson Ier., devint comte de Périgord après la mort d'Aldebert, par la disposition de Guillaume le Grand, duc d'Aquitaine, arbitre choisi entre lui et Bernard de la Marche, son cousin. (*Archiv. de la M. de Périgord.*) Il vivait encore en 1031, comme on le voit par une lettre du pape Jean XIX, adressée au duc d'Aquitaine, à Hélie, comte de Périgord, et à d'autres seigneurs du pays, en faveur de l'abbaye de Saint-Jean-d'Angéli. Hélie laissa D'ADÈLE, son épouse, trois fils, Aldebert qui suit; Eudes, mort l'an 1068; et Hélie, dont le sort n'est point connu. Eudes prend le titre de comte, comme son frère Aldebert, dans l'acte de la donation qu'il fit, du consentement de celui-ci, d'une terre nommée *Montavia*, avec un bois appelé Altoire, à l'abbaye de Saint-Martin de Tulles. (*Mss. de M. Robert Dorat.*)

ALDEBERT II ET HÉLIE III.

1031 au plutôt. ALDEBERT II, dit CADOIRAC ou CADENAT, c'est-à-dire CAMUS (1), fils aîné d'Hélie II, lui succéda au comté de Périgord. Il eut de grands démêlés avec Girard de Gordon, évêque de Périgueux, au sujet de la monnaie que son père avait fait fabriquer, et qu'on nommait *hélienne*. Le prélat ayant défendu de donner cours à ces espèces, Aldebert prit les armes pour empêcher l'effet de cette défense. La guerre continua entre le comte et le prélat, jusqu'à la mort de ce

---

(1) Ces différents noms, donnés par divers auteurs à Aldebert II, proviennent d'une faute de copiste, qui s'est glissée dans l'exemplaire dont se servit le père Labbe, lorsqu'il publia l'*Epitome* ou *Fragment sur les évêques de Périgueux*, que le père Dupuy, récollet, avait vu avant lui, et qu'il désigne sous le nom de *M. S. de Saint-Antoine*. Il est probable qu'au lieu de *Taleranus*, qui était dans l'original, le copiste aura lu *Caderanus* ou *Cadenarius*. C'est sans doute ce qui a induit en erreur tous les auteurs qui ont écrit l'histoire et la généalogie des comtes de Périgord, à l'égard d'Aldebert II. (M. l'abbé de Lespine.)

dernier, arrivée l'an 1059. On ne sait pas combien de tems Aldebert lui survécut. Mais la mort de celui-ci suivit celle d'HÉLIE III, son fils aîné et son associé depuis 1080, qui ne vivait plus en 1104. Hélie avait épousé VASCONIE DE FOIX, nommée aussi BRUNICHILDE, dont il eut Hélie, qui suit, et Guillaume, surnommé Taleyrand, tous deux nommés au cartulaire de Chancelade, écrit en 1128, dans celui de l'abbaye de Cadouin (*fol.* 2 *et* 38), et dans un fragment de l'église de Périgueux sous l'an 1138, où ils sont dits fils d'Hélie, et petits-fils d'Aldebert Cadoirac. Les autres enfants du comte Aldebert et d'ASCELINE, son épouse, sont Boson de Grignols ou de Grainols; Aldebert de Montguilhem; Raymond de Grignols, évêque de Périgueux; et N., femme de Guillaume VI, comte de Poitiers. Sous l'année 1104, on trouve encore un Aldebert, qualifié comte de Périgord (Baluze, *Hist. Tutel.*, p. 877), qui devait être le père d'Hélie III, puisque cet Aldebert souscrivit une charte avec Taleyrand qui y est dit son petit-fils, et qui n'était autre que Guillaume, dit Taleyrand, fils d'Hélie III, et frère d'Hélie IV, dont on va parler. Le comte Hélie III avait eu la guerre en 1090 avec Adémar le Barbu, vicomte de Limoges, qui lui demandait une part dans le comté de Périgord, à titre de consanguinité. (Voy. *l'art. de ce dernier.*)

HÉLIE IV, DIT RUDEL.

1117. HÉLIE IV, fils du comte Hélie III, succéda, l'an 1117, au plus tard, à son aïeul Aldebert, ainsi qu'il résulte d'une charte de Guillaume d'Auberoche, évêque de Périgueux, datée *Indiction XI, Louis étant roi des Français, Guillaume duc d'Aquitaine; Rudel, comte de Périgord, et Pascal, président à la cour de Rome.* (*Gall. Christ.*, no., t. II, p. 1463.) Ces caractères chronologiques combinés marquent le commencement de l'an 1117, selon le vieux style. Hélie eut une rude guerre à soutenir contre Adémar le Barbu, vicomte de Limoges. On en voit un détail curieux dans Geoffroi du Vigeois. (c. 44.) Il y perdit les enfants qu'il avait eus de PHILIPPE, sa femme, qualifiée comtesse dans le cartulaire de l'abbaye de Notre-Dame de Saintes (*fol.* 16). Le surnom de Rudel fut donné à Hélie à cause de la dureté de son caractère. Ses violences envers sa mère Vasconie l'irritèrent à tel point que, sans égard pour son propre honneur, elle déclara, selon Geoffroi du Vigeois, qu'il n'était point son fils légitime. Il vivait encore en 1146.

BOSON III, DIT DE GRIGNOLS.

BOSON III, fils d'Aldebert II, était associé, l'an 1146, dans le comté de Périgord, à Hélie Rudel, son neveu, suivant une charte de Pierre, évêque de Périgueux, où, sous cette date, l'un et l'autre sont qualifiés comtes de Périgord. (*Gall. Christ.*, no., t. II, p. 1466.) Boson l'était seul en 1155. Il avait réuni dans sa main la succession de ses neveux, Hélie Rudel et Guillaume Taleyrand, de son frère Hélie III et de son père que l'on vient de nommer, succession qu'il transmit à sa postérité. Il n'est donc ni prouvé ni probable qu'Hélie Rudel ait laissé des enfants, puisqu'ils n'auraient eu aucune part à ses biens, et que d'ailleurs il s'était associé en 1146, comme il vient d'être dit, son oncle Boson III, dont on parle. Boson III fit bâtir à Périgueux, en 1158, une tour extraordinairement élevée dans la place des arènes, et la défendit vigoureusement l'année suivante contre Henri II, roi d'Angleterre. (Labbe, *Bibl. no mss.* t. II, p. 738.) Il ne vivait plus en 1166. De COMTORISSE (1), sa femme, il laissa Hélie-Taleyrand, qui suit; Guillaume-Taleyrand, qui eut une femme nommée Mensa ou Mathilde, dont le troubadour Bertrand de Born fut amoureux; Olivier, seigneur de Mauriac; Ranulfe-Taleyrand, abbé de la Faise, et Jourdaine-Taleyrand, femme d'Archambaud de Comborn, frère du vicomte de Limoges.

HÉLIE V, DIT TALEYRAND.

HÉLIE V, fils aîné de Boson III, le remplaçait en 1166, suivant une charte d'Hélie, abbé de Chancelade, où il est qualifié, sous cette date, comte de Périgord. (*Gall. Christ.*, no., t. II, col. 1468.) Le surnom de Taleyrand ou Taleyran lui est donné dans une charte d'Adémar de Benac, en faveur de l'abbaye de Cadouin. (*Gall. Christ., Ibid.*, col. 1589.) Il porte le même surnom dans une inscription du 30 janvier 1194. Gagné par le troubadour Bertrand de Born, devenu seigneur de Hautefort en Périgord, il entra dans la confédération formée par les seigneurs d'Aquitaine, contre le duc Richard, dont les cruautés les avaient soulevés. Henri II, roi d'Angleterre, accourut au

---

(1) Comtorisse n'est pas un nom propre, mais un nom de dignité. On appelait Comtorisse, ou Comtoresse, la femme d'un Comtor. « Ce titre, qui subsiste encore aujourd'hui à l'égard de quelques fiefs » du Rouergue et du Gévaudan, signifiait un vassal immédiat du » comte, inférieur au vicomte, mais supérieur à tous les autres sei- » gneurs, en sorte qu'on doit mettre le *comtorat* au rang des fiefs de » dignité. » (*Hist. de Lang.*, tome II., page 242.) D'après cette observation, il paraît que la femme de Boson est appelée Comtorisse, parce qu'elle était veuve en premières noces d'un comtor.

secours du duc, son fils. Soutenu en même tems des troupes du roi d'Aragon et de celles de la vicomtesse de Narbonne, Richard vint mettre le siége devant le Puy-Saint-Front, et malgré la vive résistance du comte de Périgord, la place fut emportée vers l'an 1175. (Bouquet, t. XII, p. 392.) Mais tandis que Richard poursuivait ses conquêtes, le comte de Périgord trouva moyen de rentrer dans la place et d'en chasser les Anglais. Richard n'était pas un prince à digérer cet affront sans chercher à se venger. Il revient aussitôt devant Saint-Front dont il recommence le siége. La démolition des fortifications du château fut une des conditions de la paix qui termina la guerre cette même année. Mais ce traité, dicté par la force, ne tint que jusqu'aux premières circonstances qui permirent de le rompre. Richard, devenu roi d'Angleterre, ayant été arrêté sur la fin de l'an 1192, en revenant de la Terre-Sainte, par le duc d'Autriche, le comte de Périgord profita de sa détention pour entrer dans l'Aquitaine et y faire des incursions; ce qu'il fit d'autant plus impunément, qu'une maladie retenait le sénéchal de Gascogne, qui commandait dans ces contrées pour le roi d'Angleterre. Mais cet officier ayant été promptement rétabli, se mit aussitôt en campagne. Il commençait à repousser le comte de Périgord, lorsque Richard, sorti de captivité, vint en personne arrêter les troubles. Obligé de céder encore à la force, Hélie s'empressa de faire la paix avec ce monarque. Mais toujours attaché à la France, il ne cessa de détester la domination anglaise. Il en donna une preuve non équivoque en abandonnant le parti du roi Jean, successeur de Richard, et en faisant l'an 1204, hommage de son comté au roi Philipe Auguste. (*Cartul. de Philip. Aug.*) Hélie s'étant croisé pour la Terre-Sainte, périt en y arrivant l'an 1205. De N., son épouse, fille de Raymond II, vicomte de Turenne, suivant le cartulaire de Dalone (p. 55), il laissa, 1º. Archambaud, qui suit; 2º. un autre Archambaud, qui succéda à son frère du même nom; 3º. Hélie-Taleyrand, qui fut présent en 1199 à une donation faite par son père à l'abbaye de Chancelade; c'est lui qui a fait la branche des comtes de Grignols, devenus princes de Chalais et de Taleyrand, que nous rapporterons plus bas. (*Gall. Christ.*, no., t. II, p. 1503.)

ARCHAMBAUD I.

1205 au plus tard. ARCHAMBAUD I, fils et successeur d'Hélie V, fit hommage-lige, à l'exemple de son père, au roi Philippe Auguste, comme on le voit par les lettres de ce prince, datées de Nemours, au mois de novembre 1212. (*Cartul de Phil. Aug.*) Au retour de la cour, il tomba dans une maladie qui le conduisit à l'extrémité. Ce fut en cet état qu'il fit une donation à l'abbaye de Chancelade, qui en conservait la charte mentionnée dans le nouveau *Gallia Christiana* (t. II, col. 1473). Archambaud mourut de cette maladie sans laisser de postérité.

ARCHAMBAUD II.

1212. ARCHAMBAUD II, second fils d'Hélie V, succéda à son frère aîné Archambaud I. Simon de Montfort, le fléau des Albigeois, poursuivit ces hérétiques jusqu'en Périgord, et força l'an 1214, quatre châteaux où ils s'étaient retranchés. L'asile donné à ces malheureux, prouve la tolérance du comte de Périgord. Elle aurait pu lui être funeste, si sa conduite envers Simon de Montfort, et sa prudence, n'avaient détourné l'orage qui menaçait son pays et qui ravagea les provinces méridionales. Archambaud eut des démêlés avec le chapitre du Puy-Saint-Front, relativement à des droits de juridiction prétendus par cette compagnie. La contestation fut portée à la cour du roi Louis VIII. Des commissaires, qu'il députa, jugèrent en faveur du chapitre ; mais par des lettres du 22 mai 1226, ce monarque ordonna une révision. Par une charte de la même année, dont nous avons sous les yeux une expédition authentique de l'an 1287, Archambaud détermina les droits qu'Emmenon, Itier, Hélie, et Pierre de Périgueux, pouvaient avoir dans la viguerie de Périgord, que ces seigneurs, probablement de son sang, tenaient par indivis. Depuis que les habitants des villes du royaume, affranchis par les seigneurs, étaient admis à l'honneur de s'avouer bourgeois du roi, et à celui de faire des services militaires, les communes nombreuses, aguerries et protégées par leurs murailles, devinrent d'autant plus redoutables, que l'espèce des hommes libres s'atténuait par le luxe et les croisades, et par le partage de leur patrimoine avec les roturiers. Peu de communes en France ont défendu avec plus de courage et de constance que celles de Périgueux et du Puy-Saint-Front, leur indépendance vis-à-vis des comtes de Périgord. Leur résistance causa souvent de vives alarmes à ces seigneurs. Archambaud, sentant qu'il ne pouvait les vaincre sans péril, et sans perdre contre elles et dans elles mêmes, de puissantes forces contre ses ennemis, mit sa politique à les commettre ensemble, afin de les subjuguer l'une par l'autre. Mais comme extérieurement il eut l'apparence d'appuyer la cité, les bourgeois du Puy-Saint-Front se mirent sous la protection du roi qui reçut leur serment de fidélité en 1226. Fortifiées par des alliances avec les seigneurs de Bergerac et les vicomtes de Limoges, les deux communes se firent une guerre cruelle pendant plusieurs années, jusqu'à ce qu'enfin lasses de leurs querelles, elles les terminèrent en se réunissant dans une même enceinte. L'acte de cette réunion est du 15 septembre 1240. Ce fut à cette époque qu'Archambaud partit pour la Terre-Sainte. De retour en 1243, il eut de nouveaux démêlés d'intérêt avec le chapitre du Puy-Saint-Front. Ils furent soumis à l'arbitrage de Pierre, évêque de Périgueux. La sentence arbitrale de ce prélat est du lundi après la fête de Saint-Hilaire 1243. Il fut statué que le comte Archambaud resterait chargé d'une rente envers le chapitre, qui de son côté serait tenu à des prières pour le repos des âmes des ancêtres du comte de Périgord, spécialement d'un anniversaire pour le comte Hélie, son père, au jour que l'on croyait qu'il était mort dans son expédition d'outre-mer. Les termes de ce titre sont essentiels à rapporter pour prévenir sur l'erreur de quelques modernes qui ont confondu Archambaud II avec Archambaud I, son frère. *Cum esset ortum debatum inter nos dictum Archambaldum et nos dictos Canonicos.... promisimus quod arbitrarium episcopi reciperemus.... Nos Petrus Dei gratia Petragoricensis episcopus.... duximus statuendum, quod viginti solidi eidem Comiti remittantur, et ipse viginti solidos assignet Ecclesiæ dictæ..... pro anima ipsius Comitis et parentum suorum et totius generis sui anniversarium faciat eo die quo. (Hélias) pater ipsius Archambaldi ultra mare creditur decessisse.... Actum anno MCCXLIII. Fer. II post festum B. Hilarii in claustro B. Joannis evangel. inter Podium et Civitatem.* (Arch. de l'hôtel-de-ville de Périgueux.) Cette discussion terminée, une querelle plus sérieuse s'éleva. Archambaud, dont la politique ne pouvait voir avec indifférence la réunion de la ville et de la cité, employa de nouvelles intrigues pour réveiller leurs anciennes jalousies. La guerre sanglante qui s'alluma entre elles, attira l'attention du roi saint Louis, qui leur députa un sénéchal nommé Pons de Ville, pour les engager à remettre leurs différents entre ses mains. Cet officier et ceux qui l'accompagnaient, loin d'être écoutés, furent repoussés par ceux de la cité, ayant à leur tête le comte de Périgord, dont l'intérêt politique était d'entretenir ces dissensions. Saint Louis, par modération, dissimula cette insulte. Archambaud mourut dans ces entrefaites, laissant d'une femme dont on ignore le nom, un fils nommé Hélie, qui fut son successeur. Avant sa mort, ayant fait cession à Boson, son neveu, fils d'Hélie Taleyrand, de la châtellenie de Grignols, Boson en retint le surnom. Ses descendants possèdent encore cette terre.

HÉLIE VI.

HÉLIE, devenu comte de Périgord en 1245, ratifia la même année, en faveur de Boson Taleyrand, son cousin germain paternel, l'abandon que lui avait fait Archambaud II de la terre de Grignols. Dans cet acte, le comte de Périgord et le sire de Grignols s'obligent mutuellement « sous la foi du serment, à
» s'entre-secourir avec les meilleurs chevaliers de leurs terres
» toutes les fois que l'un en sera requis par l'autre, et enten-
» dent que leurs successeurs renouvellent le même serment à
» chaque mutation de comtes de Périgord et de sires de Gri-
» gnols, afin d'entretenir entre leurs descendants la paix et une
» union inaltérable. » (*Tit. orig. de la maison de Talleyrand.*)
L'année suivante, le comte Hélie engagea lui-même les habitants de la ville et ceux de la cité à s'en rapporter sur leurs querelles à la décision du roi. Le jugement de saint Louis, qui ne fut favorable ni au comte ni à la cité, justifia la politique et les défiances du comte Archambaud, père de celui-ci. Le roi prononça que le comte de Périgord perdrait pour le tems de sa vie les droits qu'il prétendait sur la ville de Saint-Front, et les attribua aux habitants en dédommagement de leurs pertes. En enlevant ainsi au comte de Périgord le droit d'administrer la justice dans l'étendue de sa domination, saint Louis préparait la révolution qui devait ôter bientôt après l'immédiation à cette dynastie. La cité de Périgueux fut condamnée aussi à des dommages et intérêts, et le traité de 1240 fut confirmé. L'an 1247, le comte de Périgord fut un des quatre chefs que les seigneurs français choisirent pour défendre leur juridiction contre les entreprises du clergé. Le comte Hélie n'était plus en 1251. Il avait épousé, 1°. BRUNISSENDE, fille d'un seigneur nommé Augen, qu'on a mal à propos mis au rang des comtes de Périgord, mais qui n'avait été que gouverneur de cette province pendant une absence du comte Hélie, son gendre; 2°. GAILLARDE, dont il eut Archambaud, qui suit; Almodis, femme de Bertrand, seigneur de Cardaillac; et Marguerite, dame de Montanceys en 1269.

ARCHAMBAUD III.

ARCHAMBAUD III est nommé fils et successeur d'Hélie VI, dans une quittance de l'année 1251; il était encore sous la tutelle de Gaillarde, sa mère, suivant la même quittance donnée par Marguerite, femme de Boson Talleyrand, sire de Grignols, alors en Palestine avec le roi saint Louis. Le traité de 1259, qui priva le comte de Périgord de l'immédiation, commença les grands malheurs de cette race. L'an 1277, le comte de Périgord confirma son cousin Hélie de Talleyrand, sire de Grignols, dans la possession de cette terre telle qu'elle avait été donnée en apanage à Hélie, son aïeul, et confirmée à Boson, son père. Cette charte est conservée en original dans les archives de la maison de Périgord. L'an 1281, au mois de septembre, Hélie vendit à Pierre, comte d'Alençon, une maison qu'il avait à Paris, nommée *Hosteriche*. L'an 1286, il traita avec les habitants du Puy-Saint-Front, de leurs droits respectifs. Dans l'acte dressé à ce sujet, on voit qu'il prétend avoir le haut domaine du territoire. Au mois de mars 1294 (v. st.), il confirma le testament qu'il avait fait précédemment, le 13 avril 1266. Étant mort la même année, il fut inhumé aux Jacobins de Périgueux. Le monastère de Sainte-Claire de cette ville lui est redevable de son établissement. Archambaud III avait été marié deux fois. Sa première femme, dont le P. Anselme n'a pu découvrir le nom, était MARGUERITE, fille de Gui V, vicomte de Limoges, et veuve d'Aimeri VIII, vicomte de Rochechouart, mort le 25 août 1245. Elle-même mourut le 9 septembre 1259. Hélie, seul mâle issu de ce mariage, fut comte de Périgord après son père, et eut trois sœurs, Aremburge, femme d'Anissant de Caumont; Andrée, dont le sort est ignoré; et Gaillarde, femme de Gaillard de la Lande. Le comte Archambaud épousa, en secondes noces, MARIE, fille de Pierre Bermond, vicomte de Gévaudan, seigneur d'Anduse, et veuve d'Arnaud-Odon II, vicomte de Lomagne. De ce mariage vinrent Boson, qui fut apanagé de la terre d'Estissac en 1302; Archambaud, abbé de Saint-Astier; Jeanne, mariée en premières noces, l'an 1289, avec Pierre de Bordeaux, et en secondes, l'an 1303, avec Bertrand, seigneur de Hautefort.

HÉLIE VII.

HÉLIE VII, fils aîné d'Archambaud III, et issu de son premier mariage avec Marguerite de Limoges, lui succéda en 1295. Il s'était allié, avant 1280, avec PHILIPPE, fille d'Arnaud-Odon II, vicomte de Lomagne, et de Marie Bermond de Sauve. Héritière des vicomtés de Lomagne et d'Auvillars par la mort de Vesian IV, vicomte de Lomagne, son frère, Philippe en fit cession au comte de Périgord, son mari, l'an 1286, ainsi que des baronnies de Rivière et de Solomiac, et chargea, par procuration expresse de la même année, Fortaner, seigneur de Batz, chevalier, son cousin, d'en investir le comte Hélie. Celui-ci céda les vicomtés de Lomagne et d'Auvillars, l'an 1301, au roi Philippe le Bel, qui lui donna en échange les terres de Pui-

Normand et la Bastide de Villefranche, et tous ses droits sur Saint-Astier, Estissac, Beauregard, Clermont, la Linde, Grignols, Montfort et Mirabel. L'on pourrait s'étonner de voir parmi les objets cédés par Philippe le Bel, ses droits sur Grignols, qui, depuis plus d'un siècle, formait l'apanage d'une branche puînée des comtes de Périgord, comme nous l'avons exposé. Ce point mérite explication. Par le traité de famille de 1245, confirmé en 1277, les sires de Grignols se trouvant affranchis d'hommages envers les comtes de Périgord, leurs aînés, cette terre entra dans la mouvance immédiate des rois de France. En 1301, Philippe le Bel, dont le caractère est connu, voulant à peu de frais acquérir des objets importants, fit, par abus, compter dans son marché des droits qu'il n'avait point acquis, et qui, étant ceux de sa couronne, y restaient toujours attachés par les lois de la monarchie, quelque aliénation qu'il en fît, puisque lui seul dans son royaume pouvait en jouir. Si ces observations laissaient encore la moindre obscurité, la politique de ce monarque la dissiperait. Les vicomtés de Lomagne et d'Auvillars, munies de fortes places et de nombreux vassaux réunis au Périgord, auraient rendu ces comtes trop puissants. Philippe écoutait trop ses intérêts pour ne pas s'opposer à cette réunion. De plus, la propriété de ces deux vicomtés était réelle et considérable (Voyez *les vicomtes de Lomagne*); celle des mouvances qu'il donna en échange en 1301, fut tellement illusoire, du moins relativement à Grignols, que Raymond de Talleyrand, prince de Chalais, traitait en 1326, avec les gentilshommes ses vassaux, dans Grignols, comme haut seigneur de cette terre, ainsi que l'avaient été, suivant les pactes de 1245 et 1277, Hélie II, son père, prince de Chalais, par Agnès de Chalais, sa femme; Boson, son aïeul, et Hélie I, son bisaïeul, en 1199. Le comte Hélie n'ayant eu de Philippe de Lomagne qu'une fille nommée Marquise, il épousa en secondes noces BRUNISSENDE, fille de Roger-Bernard, comte de Foix, et de Marguerite de Béarn. De cette alliance vinrent Archambaud IV, successeur de son père; Hélie Talleyrand, né l'an 1301, évêque de Limoges en 1324, et d'Auxerre en 1329, créé cardinal en 1331, mort l'an 1364, prélat aussi distingué par ses talents et sa piété que par son illustre naissance : ce fut lui qui fonda, l'an 1347, le collége de Périgord à Toulouse, et douze chapellenies dans l'église cathédrale du Puy-Saint-Front; Roger-Bernard, qui succéda à Archambaud, son frère aîné; Agnès, femme, en 1321, de Jean de Sicile, duc de Durazzo; Jeanne, qui épousa Pons, seigneur de Castillon; et Marguerite, alliée avec Éméric de Lautrec.

ARCHAMBAUD IV.

Archambaud IV, fils aîné d'Hélie VII, était, en 1311, sous la tutelle de la comtesse Brunissende, sa mère. Il eut des démêlés avec les habitants de Périgueux. Mais plus pacifique que ses ancêtres, au lieu d'employer contre eux les voies de fait, il les traduisit au parlement de France. Il obtint, dit-on, l'an 1329, une satisfaction entière, et dans les termes les plus magnifiques, qui l'autorisait à jouir de ses droits de comte ; c'est ce que nous n'osons affirmer, n'ayant point vu l'arrêt dont il s'agit. Le comte Archambaud vécut paisiblement dans la suite avec la ville de Périgueux. Après avoir jeté les fondements de la Chartreuse de Vauclaire, il mourut, en 1336, sans laisser de postérité de JEANNE DE PONS, sa femme, qui le fit héritier de sa terre de Bergerac ; elle était fille de Renaud, sire de Pons.

ROGER-BERNARD.

Roger-Bernard, deuxième fils d'Hélie VII, succéda à son frère Archambaud IV, en 1336 ; et, en qualité de son héritier, il échangea, en 1341, avec le roi Philippe de Valois, la ville de Bergerac, contre des droits de ce prince sur le paréage du Puy-Saint-Front. Roger-Bernard fut un des seigneurs les plus respectés de son tems. Constamment attaché à la France, il la servit avec zèle dans ses guerres contre l'Angleterre. L'an 1341, le roi Philippe de Valois, désirant reconnaître ses services, lui fit don de la terre de Montrevel, qu'il avait à grands frais achetée des ennemis. (*Rec. de Colb.*, *vol.* 24, *fol.* 41.) Par lettres-patentes du mois de janvier 1342, Philippe accorda à Roger-Bernard des attributions d'appel, qui étaient une sorte de restitution d'une partie des anciens droits de domination et de dignité de ce fief immédiat. Les Anglais ayant, après un siége de deux mois, pris d'assaut la ville de Périgueux, et soumis ensuite les autres places du comte de Périgord, Roger-Bernard, après la plus vigoureuse résistance, devint malgré lui vassal de cette puissance, contre laquelle il n'avait cessé de combattre. Mais le prince de Galles, voulant le gagner par des bienfaits, lui remit sa ville de Périgueux. Roger-Bernard crut les circonstances favorables pour abolir enfin l'autorité municipale des bourgeois de cette cité, qui depuis si long-tems luttaient sans relâche contre la domination de ses pères et la sienne. Mais le gouvernement anglais, consultant ses intérêts, crut devoir y attacher ces bourgeois en protégeant une possession qui leur paraissait si chère. Jean Chandos, lieutenant-général de Guienne pour le roi d'Angleterre, fut député avec de pleins pouvoirs pour terminer ces querelles. Il maintint les maires, consuls et citoyens de la cité, dans ce qu'ils appelaient leur antique propriété, et dans l'exercice de la seigneurie et juridiction dont ils jouissaient; ce jugement fut confirmé par lettres du prince de Galles, données à Poitiers le 1er. septembre 1363. L'hommage de la terre de Grignols, rendu la même année au roi d'Angleterre dans la ville de Périgueux, par Boson II de Talleyrand, prince de Chalais, fils de Raymond de Talleyrand, dont on a parlé ci-dessus (*Voyez* Hélie VII), prouve que cette branche puînée avait subi le même sort que les comtes de Périgord. Après avoir été douze ans sous la domination anglaise, le comte Roger, l'an 1368, en secoua le joug ainsi que les grands vassaux de Guienne, rentra sous celle de la France, et mourut au plus tard l'année suivante. D'Éléonore, fille de Bouchard VI, comte de Vendôme, qu'il avait épousée en 1340, il eut Archambaud, qui suit; Talleyrand de Périgord, commandant-général, en 1370, dans la Guienne pour le roi de France, qui le qualifiait son cousin; Jeanne de Périgord, femme de Jean II, comte d'Armagnac; Hélène; Éléonore, qui épousa Gaillard de Durfort, seigneur de Duras; Marguerite, femme de Bertrand, sire de Pons.

ARCHAMBAUD V, DIT LE VIEUX.

Archambaud V succéda à Roger-Bernard, son père, le 8 février 1369. Le 12 décembre de la même année, il accorda, par lettres-patentes datées de Toulouse, aux habitants de Périgueux, l'exemption pendant neuf ans de certains droits de péage qui lui étaient dus. A l'expiration de ce terme, la commune voulut s'affranchir entièrement de ce droit de péage. Ce fut la matière d'un procès que les habitants de Périgueux portèrent au parlement de Paris. Le comte de Périgord, dédaignant les formes judiciaires, sévit contre ces bourgeois et les traita comme sujets rebelles. Mais, appuyés de la protection du roi, ils obtinrent en 1392, la permission d'informer contre le comte. Archambaud prit les armes pour maintenir sa prétention. Ainsi s'engagea cette querelle qui devait être si funeste à sa race et à lui-même. Il remit toutefois à Robert de Béthune, lieutenant-général pour le roi en Guienne, des protestations contenant qu'il n'entendait que défendre ses droits légitimes sur son pays, et nullement attenter contre ceux du roi de France. Les hostilités furent même suspendues par l'entremise de son cousin Hélie III de Talleyrand, sire de Grignols, prince de Chalais, chambellan de Charles VI, et fils de Boson II, nommé ci-dessus. En 1394, Archambaud promit des soumissions envers le roi, et les exécuta en remettant dans ses mains quatre châteaux forts. Mais voyant que, loin d'entrer dans ses vues, le ministère de France penchait en faveur des bourgeois, il reprit les armes. L'armée royale, commandée par le maréchal de Boucicaut, marcha contre lui. Trop faible pour tenir la campagne, il se renferma dans le château de Montagnac, où il soutint un siège de deux mois. Après des efforts de valeur, il fut obligé de céder à la force et de se rendre. Conduit à Paris, le parlement instruisit son procès. Comme rebelle, il fut condamné au bannissement par un premier arrêt en 1395, et par un second, en 1398, à perdre la tête et son comté, objet de la cupidité du duc d'Orléans qui, feignant au dehors d'autres sentiments, eut l'air de favoriser le comte de Périgord en lui donnant de l'argent pour passer en Angleterre : il y mourut l'année suivante. Le roi n'avait pu se résoudre à souffrir l'exécution du dernier arrêt, et avait fait grâce de la vie à Archambaud. LOUISE DE MASTAS fut la femme du comte de Périgord, et leurs enfants furent Archambaud, qui suit ; Brunissende, femme de Jean, seigneur de Parthenai, dit l'Archevêque ; Éléonore, mariée avec Jean de Clermont, vicomte d'Aunai.

ARCHAMBAUD VI.

Malgré l'arrêt de confiscation du comté de Périgord, ARCHAMBAUD VI le posséda même avant la mort de son père Archambaud V. Le roi Charles VI, dans un de ses bons moments qu'il employait toujours au bien de la justice et de l'humanité, s'étant fait rendre compte de cette affaire, fut touché du sort rigoureux qu'on avait fait éprouver à l'un de ses grands vassaux, plus malheureux que coupable. En conséquence, il défendit de mettre à exécution, contre le fils, les condamnations prononcées contre le père ; mais il retint la ville de Périgueux. En la réclamant avec hauteur, comme chef lieu de son patrimoine, le comte de Périgord ne fit qu'ajouter à ses torts héréditaires, et prêta de nouvelles armes à ses ennemis. On ne cherchait qu'un prétexte. Le malheureux Archambaud l'offrit bientôt de lui-même. La tentative qu'il fit d'enlever la fille d'un bourgeois de Périgueux, fut regardée avec raison comme un crime capital. Le parlement en informa ; et, par un arrêt du 19 juin 1399, il fut banni et ses biens confisqués. Archambaud passa en Angleterre, et le comté de Périgord fut donné à Louis, duc d'Orléans, qui depuis long-tems préparait la ruine de cette maison pour en avoir la dépouille. Ainsi périt la puissance des anciens comtes de Périgord. A la faveur des guerres de la France et de l'Angleterre, Archambaud revint dans sa patrie à la suite des Anglais, mais tous ses efforts pour rentrer dans son patrimoine furent vains. Il fit son testament, le 22 septembre 1425, dans le château d'Auberoche. Il institua son héritière Éléonore de Périgord, sa sœur, et après elle, Louise de Clermont, vicomtesse d'Aunay, sa nièce, femme de François, sire de Montberon.

Charles d'Orléans, fils de Louis, donataire du comté de Périgord, le vendit pendant sa prison en Angleterre, le 4 mars 1437 (v. st.), à Jean de Blois, dit de Bretagne, comte de Penthièvre, par l'entremise du bâtard d'Orléans. (Voyez *les comtes de Penthièvre*.)

L'an 1454, Guillaume de Blois, dit de Bretagne, vicomte de Limoges, succéda, dans le comté de Périgord, à Jean de Blois, son frère. (Voyez *les vicomtes de Limoges*.)

L'an 1455, Guillaume de Blois mourut, laissant pour héritières, trois filles. L'aînée, nommée Françoise, porta en dot le comté de Périgord et la vicomté de Limoges à Alain, sire d'Albret, qu'elle épousa en 1470; Jeanne d'Albret, héritière du comté de Périgord, ayant épousé Antoine de Bourbon, Henri IV, leur fils, réunit à la couronne ce grand fief, l'an 1589.

SEIGNEURS DE GRIGNOLS,

DEVENUS PRINCES DE CHALAIS ET DE TALLEYRAND.

HELIE Ier.

HÉLIE TALLEYRAND, fils d'Hélie V, comte de Périgord (*Voy*. ci-dessus, p. 204), et frère d'Archambaud Ier, fut présent, en 1199, à une donation faite par son père à l'abbaye de Chancelade; il fut père de Boson, qui suit.

BOSON Ier.

BOSON TALLEYRAND reçut de son oncle Archambaud II, comte de Périgord, la châtellenie de Grignols. Cette cession fut ratifiée, en 1245, par Hélie, *son cousin germain paternel*. Dans cet acte solennel, le comte de Périgord et le sire de Grignols s'obligent mutuellement, sous la foi du serment, à s'entre-secourir avec les meilleurs chevaliers de leurs terres, toutes les fois que l'un en sera requis par l'autre, etc. Boson fut père d'Hélie, qui suit.

HELIE II.

HÉLIE TALLEYRAND, IIe. du nom de sa branche, fut confirmé par Archambaud III, comte de Périgord, son cousin, dans la seigneurie de Grignols, en 1277. (Voyez *l'article d'Archambaud III.*) Par le traité de famille de l'an 1247, confirmé l'an 1277, les sires de *Grignols* se trouvèrent affranchis de l'hommage envers les comtes de Périgord, *leurs aînés*, et cette terre entra dès-lors dans la mouvance immédiate des rois de France. Hélie épousa AGNÈS, fille et héritière d'Olivier, seigneur de Chalais. Il vivait encore en 1321, et laissa, entr'autres enfants, Raymond, qui suit.

RAYMOND.

RAYMOND TALLEYRAND, seigneur de Grignols et de Chalais, transigea, en 1326, avec les gentilshommes, ses vassaux, dans Grignols, comme haut justicier de cette terre, ainsi que l'avaient été, suivant les pactes de 1247 et 1277, Hélie son père, Bozon son aïeul, et Hélie son bisaïeul, en 1199. Il avait épousé, l'an 1305, MARGUERITE DE BEYNAC, dont il eut un fils qui suit.

BOSON II.

BOSON DE TALLEYRAND, IIe. du nom, seigneur de Grignols et de Chalais, est nommé avec Guillaume de Garlande, son oncle, dans un acte de l'an 1343, qui fut passé en sa présence au château de Grignols; il vivait encore le 1er. septembre 1363, qu'il rendit hommage au roi d'Angleterre, alors maître du Périgord. Il eut deux fils :

1°. Hélie III, dont l'article suit;
2°. Boson de Grignols, damoiseau, vivant en 1407.

Dans le même tems vivait :

Marguerite de Grignols, mariée, le 5 octobre 1393, à Jean Nompar de Caumont, baron de Lauzun, vicomte de Montbahus, seigneur de Tombebœuf, Saint-Berthomieu, etc., fils d'Anissant Nompar de Caumont, baron de Lauzun et de Verteuil, et de Jeanne d'Albret.

HELIE III.

HÉLIE DE TALLEYRAND, IIIe. du nom, seigneur de Chalais et de Grignols, chambellan du roi Charles VI, décida son cousin Archambaud V, comte de Périgord, de suspendre la guerre qu'il faisait au roi de France, à l'occasion de la ville de Périgueux ; mais cette suspension d'hostilités n'était que momentanée, et Archambaud, ayant repris les armes, fut privé de son comté. Hélie testa le 10 novembre 1400. Il avait épousé ASSALIDE DE POMIERS, dame et vicomtesse de Fronsac. On lui connaît, entr'autres enfants, François, qui suit.

FRANÇOIS Ier.

FRANÇOIS DE TALLEYRAND, Ier. du nom, seigneur de Grignols et de Chalais, vicomte de Fronsac, épousa MARIE DE BRÉBEANT, fille de Pierre de Brébeant, seigneur de Landreville, amiral de France. Elle lui porta en dot la terre de Bazoches. Il en eut, entr'autres enfants, Charles, qui suit.

CHARLES Ier.

CHARLES DE TALLEYRAND, Ier. du nom, seigneur de Grignols, titré prince de Chalais, vicomte de Fronsac, fit son testament le 29 juillet 1468. Il avait épousé, le 6 mai 1443, MARIE DE TRANCHELYON, veuve de Louis Chauvron, seigneur de Ris et de Laurière. Il en eut Jean, qui suit.

JEAN Ier.

JEAN DE TALLEYRAND, Ier. du nom, chevalier, seigneur de Grignols, prince de Chalais, vicomte de Fronsac, chambellan du roi Charles VIII, premier maître-d'hôtel et chevalier d'honneur de la reine Anne de Bretagne, obtint contre le roi de Navarre, comte de Périgord, un arrêt du parlement de Bordeaux, qui le maintint dans l'immédiation à la couronne pour sa terre de Grignols, privilége dont sa maison a toujours joui, dit cet arrêt, depuis qu'elle est l'apanage de *cette branche des comtes de Périgord*. Jean de Talleyrand fut capitaine du ban et et arrière-ban de la sénéchaussée de Périgord, qu'il conduisit en Bretagne, l'an 1491, par ordre du roi, pour renforcer son armée. Il vivait encore en mars 1508. Il avait épousé, en 1478, MARGUERITE DE LA TOUR, fille d'Agne, vicomte de Turenne, et de Marie de Beaufort. Il en eut :

1°. François II, dont l'article suit ;
2°. Claude de Talleyrand, mariée le 25 octobre 1506, à Jacques Foucaud, seigneur de Saint-Germain-Beaupré, conseiller et chambellan du roi, fils d'André, et de Marguerite d'Aubusson ;
3°. Marguerite de Talleyrand, mariée, en 1522, à Jean de Calvimont, chevalier, vicomte de Roussille, qui, l'an 1526, fut ambassadeur auprès de Charles-Quint, pour

traiter au nom du roi de la rançon des enfants de France.

FRANÇOIS II.

FRANÇOIS DE TALLEYRAND, seigneur de Grignols, prince de Chalais, vicomte de Fronsac, épousa GABRIELLE DE SALIGNAC, fille de Bertrand de Salignac et d'Isabeau de Talleyrand, sa cousine germaine. De ce mariage est issu, entr'autres enfants,

1°. Julien, qui suit (1);
2°. Catherine de Talleyrand, mariée, le 10 février 1538, à Hélie de Calvimont, seigneur de Tursac.

JULIEN.

JULIEN DE TALLEYRAND, seigneur de Grignols, prince de Chalais, testa le 8 juillet 1564. Il avait épousé JACQUETTE DE LA TOUCHE, fille de François, seigneur de la Faye, il en eut, entr'autres enfants, Daniel, qui suit.

Dans le même tems vivait :

Geoffroi de Talleyrand, comte de Grignols, qui épousa Marie Thison, dame de la Sauzaie, fille de Jean Thison, seigneur du Boc, et de Marie de la Roche-Champagne. Étant veuve, elle se remaria, le 10 février 1610, à Jacques, seigneur de la Rochecourbon.

DANIEL.

DANIEL DE TALLEYRAND, prince de Chalais, marquis

---

(1) Dans le même tems vivait :

Hélie de Talleyrand, seigneur de Grignols, qui épousa, l'an 1550, Jeanne d'Albret, dont il eut, entr'autres enfants :

Anet de Talleyrand chevalier, seigneur de Grignols et de Corbeil. Il s'allia avec Charlotte de Boves, fille de François, seigneur de Robecourt, gouverneur de Saint-Dizier, et de Madelaine de Marnix. Il en eut :

1°. Geoffroi-Antoine, qui suit ;
2°. Françoise de Talleyrand, mariée au seigneur de Rancé.

Geoffroi-Antoine de Talleyrand, chevalier, seigneur de Grignols et de Corbeil, baron de la Prade, épousa Madelaine de Boves, fille de Charles de Boves, seigneur de Rancé, et de Madelaine de Bus de Villemareuil. Il eut, entr'autres enfants :

Antoinette de Talleyrand, dame de Corbeil, mariée, le 7 novembre 1627, avec Louis de la Vefve, seigneur de Métiercelin, fils d'Ezechiel, seigneur de Norroy, de Goncourt et de Louise de Linange.

d'Exideuil, baron de Beauville et de Mareuil, seigneur de Grignols, etc., obtint, en 1613, des lettres-patentes portant érection de la terre de Grignols en comté. Dans ces lettres-patentes de Louis XIII, il est dit expressément, que *Daniel de Talleyrand est issu*, par mâles, des anciens comtes de Périgord. Il fut capitaine de cent hommes d'armes des ordonnances du roi, et testa le 16 octobre 1616. Il avait épousé, le 31 octobre 1587, Jeanne-Françoise de Lasseran de Massencome-Montluc, fille de Blaise, dit de Montluc, maréchal de France. Elle lui apporta en dot les terres d'Exideuil, de Mareuil et de Beauville. Il ne vivait plus le 21 septembre 1618. De ce mariage il a eu, entr'autres enfants, deux fils et une fille :

1°. Charles II, dont l'article suit ;
2°. André de Talleyrand, auteur de la branche des comtes de Grignols, rapportée ci-après ;
3°. Léonore de Talleyrand, mariée, 1°. à Henri de Beaupoil, baron de Saint-Aulaire ; 2°. en 1618, à François, seigneur de Cosnac.

CHARLES II.

Charles de Talleyrand, IIe. du nom, prince de Chalais, marquis d'Exideuil, comte de Grignols, épousa, en 1637, Charlotte de Pompadour, fille de Philibert, vicomte de Pompadour, chevalier de l'ordre du roi, capitaine de cent hommes d'armes. De ce mariage, il eut, entr'autres enfants :

1°. Adrien-Blaise, dont l'article suit ;
2°. Pierre de Talleyrand, mort sans postérité.
3°. Jean de Talleyrand, dont l'article vient après celui de l'aîné.

ADRIEN-BLAISE.

Adrien-Blaise de Talleyrand, prince de Chalais, marquis d'Exideuil, épousa, l'an 1659, Anne-Marie de la Trémoille, fille de Louis II, duc de Noirmoutiers. Il mourut sans enfants au village de Mestre, près Venise, en 1670. Sa veuve se remaria, en 1677, à Flavio Ursini, duc de Bracciano, et fut connue à la cour d'Espagne sous le nom de la *princesse des Ursins*.

JEAN II.

Jean de Talleyrand, IIe. du nom, prince de Chalais, marquis d'Exideuil, après la mort d'Adrien, son frère, épousa, en 1676, JULIE DE POMPADOUR, morte au château de Chalais le 30 mars 1741, fille de Philibert, marquis de Laurière et de Ris, sénéchal de Périgord, et de Catherine de Sainte-Maure Montausier. De ce mariage est issu Louis-Jean-Charles, qui suit.

LOUIS-JEAN-CHARLES.

LOUIS-JEAN-CHARLES DE TALLEYRAND, prince de Chalais, marquis d'Exideuil, grand d'Espagne de la première classe, gouverneur de Berri, épousa, le 12 décembre 1722, MARIE-FRANÇOISE DE ROCHECHOUART MORTEMART, dame du palais de la reine, fille de Louis, duc de Mortemart et de Vivonne, et veuve de Michel de Chamillart, marquis de Cany. Le prince de Chalais n'eut qu'une fille.

Marie-Françoise, née le 10 août 1727, princesse de Chalais, marquise d'Exideuil, etc., grande d'Espagne, mariée, en 1743, à Gabriel-Marie de Talleyrand, comte de Périgord, chevalier des ordres du roi, son cousin.

COMTES DE GRIGNOLS,

DEPUIS PRINCES DE CHALAIS ET DE TALLEYRAND.

ANDRÉ.

ANDRÉ DE TALLEYRAND, comte de Grignols, baron de Beauville et de Cheveroche, chevalier de l'ordre du roi, eut en partage le comté de Grignols par la disposition de sa mère. Il testa le 3 avril 1663. Il avait épousé, le 3 décembre 1639, MARIE DE COURBON BLÉNAC, fille de Jacques, marquis de la Roche-Courbon, baron de Blénac. Entr'autres enfants, on lui connaît un fils et une fille:

1°. Adrien, dont l'article suit;
2°. Jeanne-Marie de Talleyrand, femme de Gabriel de Beaupoil de Saint-Aulaire, seigneur de Fontenilles et de Saint-Méri.

ADRIEN.

ADRIEN DE TALLEYRAND, comte de Grignols, baron de Beauville de Saint-Severin, de Beauséjour, etc., fit hommage au roi, le 8 mai 1665, du comté de Grignols. Il épousa, en 1668, JEANNE JAUBERT DE SAINT-GELAIS, fille de Gabriel, comte de Boursac, et de Saint-Severin, dont il eut Gabriel, qui suit.

GABRIEL.

GABRIEL DE TALLEYRAND, comte de Grignols, baron de Beauville, de Saint-Severin, et de Beauséjour, mort le 28 mars 1737, avait épousé, le 25 mai 1704, MARGUERITE DE TAILLEFER, dame de Mauriac, morte en 1713, fille de Daniel, seigneur de la Tour et de Douzillac, et d'Henriette d'Aubusson de la Feuillade. Il en eut deux fils :

1°. Daniel-Marie-Anne de Talleyrand, dont l'article suit;
2°. Jean-Georges de Talleyrand, *dit le vicomte de Talleyrand*, né le 11 juin 1708, mestre de camp d'un régiment de cavalerie de son nom, marié, le 21 février 1746, avec Catherine-Olive de la Salle, veuve, le 25 février 1742, de Charles de Poussemothe de l'Etoile, comte de Graville. Il ne laissa point de postérité.

DANIEL-MARIE-ANNE.

DANIEL-MARIE-ANNE DE TALLEYRAND PÉRIGORD, marquis de Talleyrand, comte de Grignols et de Mauriac, d'abord colonel du régiment de Saintonge, le 20 février 1734, ensuite du régiment de Normandie, en 1737, brigadier des armées du roi, le 20 février 1743; fut tué au siége de Tournai, le 9 mai 1745. Il avait épousé, 1°. MARIE-GUYONNE DE ROCHEFORT THÉOBON, fille de Charles-Bordeaux, marquis de Théobon, captal de Puy-Chagut, et de Marie-Anne de Pons; 2°. le 3 août 1732, MARIE-ELISABETH DE CHAMILLART, morte le 28 novembre 1788, dame du palais de la reine, fille de Michel de Chamillart, marquis de Cany, grand-maréchal-des-logis de la maison du roi, colonel du régiment de la Vieille-Marine, et de Marie Françoise de Rochechouart-Mortemart, qui épousa en secondes noces Louis-Jean-Charles de Talleyrand, prince de Chalais. Il eut pour enfants :

Du premier lit :

1°. Gabriel-Marie, dont l'article va suivre;

Du second lit :

2°. Charles-Daniel, rapporté après Gabriel, son frère;
3°. Augustin-Louis, vicomte de Talleyrand-Périgord, né le 10 août 1735, colonel dans les grenadiers de France en 1761, maréchal de camp, le premier mars 1780. Marié, le 29 mai 1787, à Marie-Charlotte-Justine de Messey, veuve de Charles Joseph, marquis de Bussy, seigneur de Castelnau, lieutenant-général des armées du roi, grand-croix de Saint-Louis, sans postérité;

4°. Alexandre-Angélique de Talleyrand-Périgord, né le 16 octobre 1736, archevêque duc de Reims, pair et grand-aumônier de France, créé cardinal et nommé à l'archevêché de Paris, le 28 juillet 1817;

5°. Louis-Marie-Anne, baron de Talleyrand-Périgord, né le 11 octobre 1738, ambassadeur auprès du roi de Naples en 1788, marié à Louise-Fidèle de Saint-Eugène-Montigni, dont il a eu trois enfants :

> A. Augustin-Louis, comte de Talleyrand, né le 19 février 1770, ambassadeur en Suisse, a épousé, le 21 août 1804, Caroline-Jeanne-Julienne d'Argy. De ce mariage,
>> a. Ernest, né à Orléans, le 17 mars 1807;
>> b. Louis, né à Orléans, le 2 juillet 1810;
>> c. Eugène, né à Berne, le 12 octobre 1812;
>> d. Auguste, né à Berne, le 14 juin 1817.
>
> B. Anatole-Marie-Jacques, comte de Talleyrand, né le 7 juin 1772;
>
> C. Alexandre-Daniel, baron de Talleyrand;

6°. Marie-Anne de Talleyrand-Périgord, née le 11 octobre 1738, morte en bas âge :

7°. Marie-Elisabeth, mariée, le 20 février 1759, à Jacques-Charles, comte de Chabannes, fils de Jean, marquis de Curton. Elle a été nommée, en mars 1759, dame de compagnie de madame Adélaïde.

GABRIEL-MARIE.

GABRIEL-MARIE DE TALLEYRAND, comte de Périgord, né le premier octobre 1726, gouverneur et grand-bailli de Berri, gouverneur des villes de Bourges et d'Issoudun, le premier janvier 1752, menin de monseigneur le dauphin, lieutenant-général des armées du roi, gouverneur de Picardie, commandant en chef en Languedoc; a épousé, le 28 décembre 1743, MARIE-FRANÇOISE-MARGUERITE DE TALLEYRAND, sa parente, princesse de Chalais, marquise d'Excideuil, etc. Il fut mis en possession de la grandesse d'Espagne aux droits de sa femme, le 24 février 1757, reçu chevalier des ordres, le 7 février 1767, et rétabli dans le titre de comte de Périgord, comme l'aîné de son nom, par le roi Louis XV. Il eut deux fils et une fille :

1°. Hélie-Charles, dont l'article suit :
2°. Adalbert-Charles de Talleyrand, comte de Périgord,

né le premier janvier 1758, marié, le 25 août 1794, à Marie de Saint-Léger;

3°. Marie de Talleyrand, qui épousa, le 17 janvier 1762, Louis-Marie, duc de Mailly, lieutenant-général des armées du roi. Elle fut dame d'atours de la reine.

HÉLIE-CHARLES.

HÉLIE-CHARLES DE TALLEYRAND-PÉRIGORD, prince duc de Chalais, pair de France, grand d'Espagne de la première classe, lieutenant-général des armées du roi; a épousé, le 28 mai 1778, ELISABETH DE BAYLENS DE POYANNE, fille de Léonard, marquis de Poyanne, chevalier des ordres du roi, lieutenant-général de ses armées. De ce mariage sont issus:

1°. Augustin-Marie-Hélie-Charles, comte de Périgord, maréchal de camp, chevalier de plusieurs ordres, marié à Apolline-Marie-Nicolette de Choiseul-Praslin, le 24 juin 1807, dont:

 a. Alix-Marie-Charlotte, née le 4 novembre 1808;
 b. Hélie-Louis-Roger, né le 25 novembre 1809;
 c. Paul-Adalbert-René-Augustin, né le 28 novembre 1811;

2°. Léo, mort jeune.

BRANCHE DES PRINCES DE TALLEYRAND.

CHARLES-DANIEL.

CHARLES-DANIEL DE TALLEYRAND-PÉRIGORD, second fils de Daniel-Marie-Anne de Talleyrand-Périgord et de Marie-Elisabeth de Chamillart, sa seconde femme, comte de Talleyrand, né le 16 juin 1734; colonel dans les grenadiers de France; colonel du régiment Royal-Piémont, en décembre 1762; brigadier des armées du roi, dans la même année, menin de monseigneur le dauphin; reçu chevalier des ordres du roi, le premier janvier 1776, lieutenant-général des armées, le 1er. janvier 1784: épousa, le 12 janvier 1751, ALEXANDRINE-VICTOIRE-ÉLÉONORE DE DAMAS D'ANTIGNI, fille de Joseph-François, marquis d'Antigni, comte de Ruffey, gouverneur de Dombes, et de Marie-Judith de Vienne, comtesse de Commarin, morte le 24 juin 1809. Il mourut le 4 novembre 1788, ayant eu quatre fils:

1°. François-Jacques de Talleyrand-Périgord, né le 18 janvier 1752, mort en bas âge;

2°. Charles-Maurice, dont l'article suit;

3°. Archambaud-Joseph, duc de Talleyrand-Périgord, lieutenant-général des armées du roi, nommé héritier de la dignité de pair de France et du titre de prince, dont est revêtu le prince de Talleyrand, son frère, à défaut d'hoirs mâles, par ordonnance du roi du 25 décembre 1815. Il a épousé, en 1779, Madelaine-Henriette-Sabine Olivier de Senozan de Viriville, dont sont issus :

    A. Archambaud-Marie-Louis, né le 10 avril 1784, chevalier de l'ordre de Sainte-Anne de Russie, et du mérite de Bavière, décédé à Berlin le 18 juin 1808, sans alliance;

    B. Françoise-Xavier-Mélanie-Honorine, née le 19 septembre 1785, mariée, le 11 mai 1803, à Antonin-Claude-Dominique-Just, comte de Noailles, ambassadeur en Russie, second fils du prince de Poix;

    C. Alexandre-Edmond, duc de *Dino*, né le 2 août 1787, maréchal des camps et armées du roi, commandant de la Légion-d'Honneur, et chevalier de plusieurs ordres; marié, le 23 avril 1809, à Dorothée, princesse de Courlande, dont :

        a. Louis, né le 12 mars 1811;
        b. Dorothée-Charlotte-Emilie, née le 9 avril 1812, morte;
        c. Alexandre-Edmond, né le 15 décembre 1813;

4°. Boson-Jacques, comte de Talleyrand-Périgord, lieutenant-général des armées du roi, commandeur de l'ordre de Saint-Louis, et gouverneur de Saint-Germain-en-Laye; marié, le 20 octobre 1800, à Charlotte-Louise-Madelaine de Pusignieu. De ce mariage est née une demoiselle nommée Georgine.

CHARLES-MAURICE.

CHARLES-MAURICE DE TALLEYRAND-PÉRIGORD, prince de Talleyrand, pair et grand-chambellan de France, grand-cordon de la Légion-d'Honneur, chevalier de la Toison-d'Or, etc., membre du conseil-privé du roi, est né en 1754.

CHRONOLOGIE HISTORIQUE

DES

COMTES DE LA MARCHE.

La Marche, bornée au septentrion par le Berri, à l'orient par l'Auvergne, à l'occident par le Poitou et l'Angoumois, au midi par le Limosin, tire son nom de sa situation, qui la rend limitrophe du Poitou et du Berri. On la nomme aussi *Marche Limosine*, parce qu'avant le milieu du dixième siècle, elle faisait partie du Limosin. Cette province se divisait en haute et basse Marches, dont la première avait pour capitale Guéret, et la seconde Bellac. Ces deux parties, dans les commencements, eurent quelquefois chacune leur comte particulier.

BOSON I, dit LE VIEUX.

Boson Ier, surnommé LE VIEUX, fils de Sulpice et petit-fils de Geoffroi, premier comte de Charroux, c'est-à-dire de la Marche dont Charroux était le chef-lieu, est qualifié comte de la Marche dans la charte de fondation de l'église de Dorat, sous l'année 944. Il succéda aux enfants de Bernard, comte de Périgord, au mois de juillet 975, ce qui rectifie le dire d'un moderne, qui place la mort de Boson à l'an 968. (Voyez son article *aux comtes de Périgord*.) D'Emme, sa femme, fille de Guillaume I, comte de Périgord, il eut cinq fils : Hélie, Aldebert, successivement comtes de Périgord ; Boson II, qui suit ; Gausbert, et Martin, évêque de Périgueux.

BOSON II.

Boson II, troisième fils de Boson I, eut en partage la basse Marche. L'an 993, apprenant que Guillaume Fierabras, comte de Poitiers, retiré depuis quelques années à l'abbaye de Saint-

Maixent, tendait à sa fin, il se jeta sur le Poitou, assiégea le château de Gençai, appartenant à ce prince, le prit et le démantela. Guillaume le Grand, successeur de Fierabras, l'ayant fait relever, Boson, accompagné d'Aldebert, son frère, vint de nouveau l'assiéger : mais le duc étant accouru au secours de la place, tailla en pièces les troupes de Boson, et l'obligea de prendre la fuite. Il alla ensuite, par représailles, assiéger le château de Rochemeaux, près de Charroux, qui appartenait à Boson, et s'en rendit maître. La comtesse ALMODIS, femme de Boson et fille de Giraud, vicomte de Limoges, y fut prise : mais le duc la fit renvoyer avec honneur. Boson lui-même fut pris quelque tems après dans une bataille contre le duc, et envoyé prisonnier à Poitiers. Sa captivité ne fut pas longue ; mais il ne profita de la liberté qui lui fut rendue, que pour recommencer la guerre contre le duc d'Aquitaine. Ce prince, résolu de le pousser à bout, engagea Robert, roi de France, et *toute la France guerrière*, suivant l'expression d'Adémar, à venir l'aider à faire le siége du château de Bellac, dans la basse Marche. Malgré de si grandes forces, la place ne put être prise. Boson ayant fait ensuite la paix avec le duc, se mit en voyage pour Rome. Pendant son absence, Gui, vicomte de Limoges, son beau-frère, fit construire un château vis-à-vis de l'abbaye de Brantôme. Boson, à son retour, le fit détruire après avoir défait Gui dans un combat. (Adémar.) Il entra, l'an 1000, dans la confédération formée pour enlever à ce vicomte le château de Brosse. (Voyez *les vicomtes de Limoges*.) Il vécut en paix depuis ce tems. Mais Almodis, sa femme, abrégea ses jours par le poison vers l'an 1006. Boson laissa d'elle trois fils, Hélie, qui succéda au comté de Périgord, Feltrin et Aitard, avec une fille nommée Jourdaine, femme, suivant Geoffroi du Vigeois, d'Archambaud, vicomte de Comborn. Almodis, mère de ces enfants, se remaria avec Guillaume le Grand, duc d'Aquitaine, et vérifia par là, dit la chronique de Maillezais, la prédiction des magiciens qui l'avaient assurée qu'elle aurait un jour ce duché. Adémar dit, au contraire, que ce fut Almodis, femme d'Aldebert, qui parvint à cet honneur. (Bouquet, tome X, pp. 143, 146, 147, 150, 151, 181, 182.) L'abbaye d'Ahun, *Agidunum*, dans la Haute-Marche, reconnaît Boson II pour son fondateur. Par la charte de cet établissement, datée de l'an 997, il la soumet à l'abbé d'Uzerche pour y mettre des religieux de son monastère, et la gouverner en chef, de manière que les deux maisons ne fassent qu'une même congrégation. Gauzbert, frère de Boson, est un des souscripteurs de cet acte dans lequel il est fait mention d'Aldebert, son autre frère, comme étant déjà mort. (*Gall. Christ.*, no., tome II, *prob.*, col. 190.)

BERNARD I.

BERNARD, fils d'Aldebert I, comte de la Haute-Marche et de Périgord, étant en bas âge à la mort de son père, fut d'abord sous la tutelle de son oncle Boson, après le décès duquel il passa sous celle de Pierre, abbé de Dorat, et d'Humbert Drus, son frère, que Guillaume le Grand, duc d'Aquitaine, chargea de cet emploi, en lui donnant le comté de la Marche. Bernard tint ce comté jusqu'en 1047, époque de sa mort, suivant la chronique de Maillezais. Il avait épousé AMÉLIE, dont il laissa Aldebert, qui suit, et Odon; avec une fille, Almodis, mariée, 1°. à Hugues V de Lusignan, qui la répudia; 2°. à Pons, comte de Toulouse, qui lui fit le même affront; 3°. à Raymond-Bérenger I, comte de Barcelonne; Rangarde, femme de Pierre-Raymond, comte en partie de Carcassonne; et Lucie, femme d'Arnaud de Pailhas.

ALDEBERT III.

1047. ALDEBERT, fils aîné de Bernard, fut son successeur au comté de la Marche. Il assista, l'an 1059, comme vassal immédiat, au sacre du roi Philippe I. La chronique de Maillezais met sa mort en 1088. PONCE, sa deuxième femme, lui donna Boson, qui suit; et Almodis, qui viendra ensuite. Aldebert était guerrier, et, dans ses expéditions, il se permettait des atrocités qui n'étaient que trop communes parmi les militaires de son tems. Nous n'en citerons que le trait suivant. Ayant assiégé ses ennemis dans l'abbaye de Lesterp, où ils étaient retranchés, il y mit le feu, qui consuma tous les édifices avec dix-sept cents personnes. Les chanoines réguliers, qui habitaient cette maison, furent presque les seuls qui eurent le bonheur d'échapper aux flammes. Aldebert, dans la suite, eut des remords de cette barbarie, et pour l'expier, il accorda aux chanoines de Lesterp la juridiction pleine et entière sur tous les affranchis et autres personnes domiciliées dans ce bourg. C'est ce qu'atteste et confirme Almodis, sa fille, dans une charte datée du 12 novembre de l'an 1098. (*Arch. de Lesterp.*) Aldebert avait la réputation d'un homme intelligent et d'un juge intègre. Ce fut le motif qui engagea, l'an 1080, Gui-Geoffroi, comte de Poitiers, et les religieux de Saint-Cyprien de cette ville, à s'en rapporter à lui sur un différent qu'ils eurent par rapport aux domaines que ceux-ci possédaient dans la terre d'Ansoulète. Le comte de Poitiers prétendait y percevoir les mêmes droits sur les terres en guast et en friche, que sur les terres en culture. Aldebert tint là-dessus un plaid solennel, où il eut pour assesseurs Robert le Bourguignon, Pierre de

Poitiers et le prévôt Hugues. Gui-Geoffroi perdit sa cause à ce tribunal et se soumit au jugement. (*Cartul. de S. Cyprien*, fol. 81.) Aldebert, l'an 1081, tint un autre plaid, par ordre du même comte de Poitiers, pour juger un procès qui était entre Bertrand, abbé de Noaillé, et un seigneur nommé Aimeri, touchant la terre de Furvant, dont ce dernier voulut s'emparer sans égard pour la donation qu'une dame, nommée Sofitie, en avait faite à l'abbaye. Bertrand ayant offert le duel à son adversaire, suivant l'usage du tems, pour établir son droit, le comte de Poitiers renvoya les parties devant le comte de la Marche, qui jugea en faveur de l'abbé. (*Arch. de Noaillé.*)

BOSON III.

1088. BOSON III, fils d'Aldebert III, et son successeur au comté de la Marche, en prenait le titre deux ans au moins avant la mort de son père, comme le prouve une charte du prévôt Rorgon en faveur du monastère de Saint-Cyprien de Poitiers, à laquelle il souscrivit en cette qualité avec le comte de Poitiers, Guillaume VI, dit aussi Gui-Geoffroi, mort en 1086. (*Archiv. de Saint-Cyprien.*) Il eut l'humeur guerrière et querelleuse comme son père. Ce fut la cause de sa perte. Il fut tué, l'an 1091, devant le château de Confolens, dont il faisait le siége, suivant la chronique de Maillezais, sans laisser de postérité.

ALMODIS ET ROGER DE MONTGOMMERI.

1091. ALMODIS, sœur de Boson III, lui succéda au comté de la Marche avec ROGER II DE MONTGOMMERI, son époux, comte de Lancastre, et fils de Roger, comte de Montgommeri, et de Mabile, comtesse de Bellême et d'Alençon. Roger II, à l'exemple de son père, fit sa résidence ordinaire en Angleterre. Mais, l'an 1102, il en fut chassé par le roi Henri I, après avoir été dépouillé de tous ses biens pour s'être révolté contre ce prince avec ses deux frères, Robert, comte de Bellême, et Arnoul, comte de Pembrock, qui subirent le même châtiment. Alors s'étant retiré dans le pays de sa femme, il fixa son séjour au château de Charroux, ce qui lui fit donner le surnom de *Poitevin*. Il eut une longue guerre à soutenir contre Hugues VI de Lusignan, surnommé le *Diable*. Hugues était fils d'une tante d'Almodis, nommée comme sa nièce, et disputait le comté de la Marche à sa cousine les armes à la main. Cette querelle passa en héritage à leurs enfants. Almodis la Jeune mourut au plutôt en 1116. En effet nous avons sous les yeux une charte datée de l'an 1115, par laquelle Almodis et deux de ses fils, Aldebert et Boson, fondent le prieuré de Chastain, près de Saint-Barbent, en la châtellenie de Champagnac, dans la basse Marche. (*Mss. de M. Robert Dorat.*) Outre ces deux fils, Almodis en laissa un troisième, nommé Eudes, avec deux filles, Ponce, mariée à Vulgrin II, comte d'Angoulême; et Marquise, femme de Gui IV, vicomte de Limoges. Roger de Montgommeri survécut à sa femme au moins jusqu'en 1123, puisque cette année il fut présent à l'installation de Clarus, deuxième abbé d'Ahun. (*Gall. Chr.*, no., tome II, col. 619.)

ALDEBERT IV, EUDES ET BOSON IV.

1116 au plutôt. ALDEBERT, EUDES et BOSON, succédèrent à leur mère Almodis au comté de la Marche, qu'ils gouvernaient depuis plusieurs années avec elle. Eudes n'est point mis au nombre des comtes de la Marche par le père Anselme. On voit cependant qu'en 1106 il donna, en qualité de comte de la Marche, à un moine de Saint-Martin de Tulles, une terre, *Alodum*, dont il l'investit avec un clou de fer à cheval, qu'il tenait à la main. (Baluze, *Hist. Tutel.*, l. 2, c. 16.) On voit encore qu'en 1119 (v. st.) il donna, le 2 janvier, une forêt à l'église de Roquemadour, du consentement de son frère Aldebert. (*Ibid.*) Cette forêt s'appelait Montsalni, et l'église de Tulles la partagea avec celle de Roquemadour. (*Archiv. de l'église de Tulles.*) Eudes vivait encore en 1135. A l'égard de Boson, nous ne trouvons aucune trace de son existence après l'an 1118. Ainsi, nous ignorons s'il se joignit à ses deux frères pour défendre leur patrimoine contre les attaques de la maison de Lusignan, qui voulait s'en emparer. Quoi qu'il en soit, le succès ne favorisa point leurs armes, et les agresseurs se rendirent maîtres d'une partie considérable de la Marche. Aldebert mourut au plus tard en 1143, laissant d'ARENGARDE, sa femme, Bernard, qui suit; et deux autres fils. Arengarde lui survécut, et épousa en secondes noces Chalon de Pons.

BERNARD II.

1143 au plus tard. BERNARD, fils d'Aldebert IV, fut son successeur au comté de la Marche. Car Geoffroi du Vigeois (p. 306) et Justel, d'après lui, disent que, l'an 1143, Mathilde, femme de Raymond I, vicomte de Turenne, étant décédée, apparut à Bernard de la Marche, et le pria de dire à son fils Boson II qu'elle l'exhortait à ne point sortir en armes, mais à se tenir en paix chez lui, qu'autrement il lui arriverait malheur; ce qui fut effectué, dit Geoffroi : car il fut tué, ajoute-t-il, au siège d'un château. Bernard n'est connu par aucun autre trait de sa vie, si celui-ci même n'est pas une fable. On ne sait quand il mourut. Le père Bonnaventure de Saint-Amable (*Vie de saint Martial.*) conjecture qu'il ne passa pas l'an 1150. Il laissa deux fils, Aldebert, qui suit ; et Gérard, qui fut fait doyen de Saint-Iriex-de-la-Perche, la veille de Noël 1183, suivant Geoffroi du Vigeois (page 342).

ALDEBERT V.

1150 au plutôt. ALDEBERT V, fils et successeur de Bernard II, vécut dans des agitations continuelles, mais infructueuses, pour défendre ses domaines. Les seigneurs aquitains, dont il implora le secours, augmentèrent ses malheurs en l'engageant dans leurs révoltes contre le souverain. A la fin, se voyant dépouillé d'un côté par le sire de Lusignan, de l'autre par le roi d'Angleterre, il vendit à ce dernier ce qui lui restait, par traité passé le 17 décembre 1177, à l'abbaye de Grandmont, moyennant quinze mille livres angevines, vingt palefrois et vingt mulets. (Roger de Hoveden, Jean Brompton.) (1) Aldebert se détermina d'autant plus facilement à cette vente, qu'il n'avait, dit Geoffroi du Vigeois, qu'une fille, nommée Marquise, femme de Gui de Comborn, laquelle était stérile, et qu'il était séparé de sa femme que le sire de Pons avait épousée depuis leur divorce. Il avait perdu quelque tems auparavant, suivant le même auteur, un fils unique, lequel ayant tué, dit Vincent de Beauvais, un chevalier en trahison, fut enlevé par un parent du mort et ne parut plus. Mais Geoffroi de Lusignan et ses frères, ajoute le prieur du Vigeois, s'opposèrent, à titre de plus proches héritiers, à cette aliénation dont le roi d'Angleterre se désista. Aldebert partit, l'an 1180 après Pâques, pour la Terre-Sainte ; mais il n'y arriva pas, et mourut à Constantinople, le 29 août suivant, fête de la décollation de Saint-Jean. (*Gaufr. Vos.*) N'oublions pas qu'en 1160 il donna des statuts à la ville de Bellac pour assurer ses privilèges et fixer la jurisprudence qui devait la régir.

MATHILDE ET HUGUES, IXe. DU NOM, SIRE DE LUSIGNAN.

1180. MATHILDE, fille de Wulgrin III, comte d'Angou-

---

(1) Geoffroi du Vigeois, au lieu de quinze mille livres, dit cinq mille marcs. Si cet auteur, qui était contemporain, ne s'est point trompé, il paraît que trois livres angevines valaient un marc ; et comme le marc d'argent fin était, sur la fin du règne de Louis VII, à 53 sous 4 deniers, la livre angevine devait valoir 17 sous 9 deniers un tiers : ainsi, quinze mille livres angevines reviendraient à près de 267,500 livres de notre monnaie actuelle.

lême, et petite-fille de Ponce de la Marche, femme de Wulgrin II, comte d'Angoulême, succéda, par l'autorité de Richard, duc d'Aquitaine, et depuis roi d'Angleterre, comme plus proche parente, à Aldebert IV, dans le comté de la Marche, dont Hugues le Brun, IXe. du nom, sire de Lusignan, ou Lesignem, tenait déjà la plus grande partie. Richard, en appuyant le bon droit de Mathilde, agissait autant par intérêt que par justice, ayant alors envie, suivant Geoffroi du Vigeois, de l'épouser. Mais le roi, son père, qui l'avait fiancé avec Alix, fille du roi de France, l'empêcha de suivre ce dessein. L'an 1181, après la mort de Wulgrin III, comte d'Angoulême, Mathilde forma des prétentions sur ce comté. Les frères de Wulgrin lui disputèrent cette succession, et vinrent à bout de lui en arracher la plus grande partie, malgré la protection que lui accorda le duc Richard. Mathilde n'était pas plus tranquille du côté du sire de Lusignan, qui cherchait toujours à lui ravir ce qui lui restait du comté de la Marche. A la fin, elle se rendit (on ne peut dire en quelle année) à la demande qu'il lui fit de sa main, et l'épousa. Hugues IX de Lusignan était le fils de Hugues VIII, dit le Brun, surnom qui passa aux aînés de ses descendants. Bourgogne, sa mère, fille de Geoffroi Rançon, seigneur de Taillebourg, avait apporté en dot, à son époux, la terre de Fontenai. Hugues IX, depuis son mariage, vécut en bonne intelligence avec le duc Richard, et ce prince ne changea point de dispositions à son égard lorsqu'il fut monté sur le trône d'Angleterre. L'an 1190, il fut de son voyage d'outre-mer. Cependant Benoît de Péterborough semble dire qu'il était dans l'armée de Philippe Auguste, lorsque ces deux monarques séjournaient ensemble à Messine, en attendant le printems pour continuer leur route. Après la mort de Richard, la reine Eléonore, sa mère, étant venue en Aquitaine, Hugues le Brun, dit Albéric de Trois-Fontaines (*ad an.* 1199) la surprit dans une embuscade, et l'obligea de lui céder la portion du comté de la Marche dont jouissait l'Angleterre. Le roi Jean, successeur de Richard, son frère, n'eut point, au commencement de son règne, de partisans plus zélés que le comte de la Marche. Hugues prit hautement sa défense contre Artur, comte de Bretagne, neveu de ce prince, auquel il disputait ses états. L'an 1200, apprenant qu'Artur avait été reçu dans Tours aux fêtes de Pâques, il lève des troupes, et s'étant associé le vicomte de Thouars et d'autres seigneurs du Poitou, il vint fondre inopinément sur cette ville, le dimanche avant l'Ascension, la prend, l'abandonne au pillage, et peu s'en fallut, dit la chronique de Tours, qu'Artur, qui était encore dans la place, ne tombât entre ses mains, ayant à peine eu le tems de se sauver avec quelques-uns de ses gens. Hugues, en servant ainsi le roi Jean, n'obligeait qu'un ingrat. La même année (et non pas 1202, comme le marque la chronique de Tours), ce prince enleva au fils de Hugues, Isabelle d'Angoulême, qui lui était promise, et l'épousa lui-même. Hugues et son fils, irrités de ce noir procédé, soulevèrent contre le roi d'Angleterre toute la noblesse du Poitou, de l'Anjou, et de la Normandie, et furent ainsi la première cause de la grande révolution qui fit perdre au roi d'Angleterre une partie de ses provinces d'outre-mer, et pensa le renverser du trône. Hugues, vers l'an 1206, voulut aller signaler sa valeur à la Terre-Sainte. Il tomba, soit sur la route, soit dans le pays, entre les mains des Sarrasins qui le firent prisonnier. S'étant racheté, il revint en France, et alla se faire religieux grandmontain au monastère de l'Ecluse, qu'il avait fondé. Il y mourut dans un âge fort avancé, et fut porté à Grandmont pour y être inhumé. (*Gal. Chr.*, nov., t. II, col. 651.) Mathilde, sa femme, termina ses jours l'an 1208, après avoir fait avec Isabelle, sa bru, un traité par lequel elle lui céda ses prétentions sur le comté d'Angoulême. De son mariage, elle eut Hugues, qui suit; Raoul, dit d'Issoudun, sire de Mello, de Chisai et de Sivrai, en Poitou, puis comte d'Eu, par son mariage avec Alix, héritière de ce comté; Aliénor ou Aliprote, mariée au comte de Leycester, et d'autres enfants.

COMTES DE LA MARCHE ET D'ANGOULÊME.

HUGUES, X^e. DU NOM DE LUSIGNAN.

1208. HUGUES X, fils de Hugues IX, succéda à Mathilde, sa mère, dans le comté de la Marche. L'an 1213, il se déclare pour Jean, roi d'Angleterre, contre le roi de France, et va le recevoir à sa descente, au port de la Rochelle, avec des troupes. L'an 1217, il épouse ISABELLE, fille d'Aimar, comte d'Angoulême, et veuve du roi d'Angleterre, la même que ce prince lui avait enlevée en 1200. Hugues, en vertu de ce mariage, hérita, l'année suivante, du comté d'Angoulême, par la mort de son beau-père. Il partit pour la croisade, l'an 1218, avec le comte de Bar-sur-Seine, et se trouva au siége de Damiète, qui fut pris le 5 novembre, (et non le 9 mars) 1219. Hugues, l'an 1226, entra dans le parti des seigneurs ligués contre la reine Blanche, régente du royaume: mais l'an 1227, il fut obligé, avec le duc de Bretagne, de venir faire satisfaction au roi saint Louis, le 16 mars, dans le château de Vendôme. Ce monarque ayant investi, l'an 1241, son frère Alfonse, du comté de Poitiers, Hugues va, comme les autres vassaux du Poitou, rendre hommage à son nouveau suzerain. Mais les reproches de la comtesse-reine, sa femme (car c'est ainsi qu'Isabelle se qualifiait), l'ayant fait repentir de cette démarche trop humiliante au gré de cette princesse, il ose insulter publiquement le comte de Poitiers. Saint Louis ne laissa pas impuni l'outrage fait à son frère. L'an 1242, il arrive dans le Poitou, ravage les terres du comte de la Marche, prend ses meilleures places, bat le roi d'Angleterre, qu'il avait appelé à son secours, et le force enfin à venir demander pardon, avec sa femme, et à se soumettre, *haut et bas*, à toutes les conditions qu'il plut au monarque de lui imposer. Le traité d'accommodement fait entre le roi et le comte, est daté du 3 août 1242, au camp près de Pons. On conserve encore (1785), au trésor des chartes, ce traité, signé de la main du comte de la Marche, et du Cange le rapporte tout au long dans ses observations sur la vie de saint Louis. L'an 1243, Hugues est accusé de haute trahison par un gentilhomme qui s'offre d'en fournir la preuve par le duel. Hugues accepte le defi. Le jeune Lusignan demande à combattre pour son père : le comte de Poitiers s'y oppose, disant que l'innocent ne doit pas périr pour le coupable. Saint Louis tranche la difficulté en déclarant qu'il veut bien tenir l'accusé pour innocent. L'an 1248, le comte de la Marche donne son fils à ce monarque pour l'accompagner à la croisade. Il meurt lui-même l'année suivante, et son corps est porté à l'abbaye de Valence, près de Couhé. Il laissa neuf enfants, dont les principaux sont : Hugues, qui suit ; Gui, sire de Cognac et d'Archiac ; Guillaume, dit de Valence, tige des comtes de Pembrock, en Angleterre ; Geoffroi, sire de Jarnac ; Adémar, évêque de Winchester ; Marguerite, femme de Raymond VII, comte de Toulouse ; Alfaïs, femme de Jean I, comte de Varennes. La comtesse-reine Isabelle mourut en 1245, et fut enterrée à l'abbaye de la Couronne : l'ambition démesurée de cette femme, la noirceur de son caractère, et ses emportements, qui allaient jusqu'à la fureur, lui firent donner le nom de Jézabel au lieu de celui d'Isabelle, par une anagramme qui lui convenait fort. Lorsqu'après avoir soulevé le comte, son époux, contre le frère de saint Louis, elle vit arriver le monarque pour punir cette révolte, elle prépara de ses mains un poison dont elle avait le secret, et chargea des scélérats d'en faire glisser dans la coupe où le roi buvait. Dieu permit que le complot fût découvert. On arrêta ces émissaires, et, sur leur déclaration, ils furent pendus. *Quand la comtesse*, disent les Annales de France, *sut que sa mauvaisetié estoit dé-*

couverte, de deuil elle se cuida précipiter et frapper d'un coustel en sa poitrine, qui ne lui eust osté de la main ; et quand elle vit qu'elle ne pouvoit faire sa volonté, elle desrompit sa guimpe et ses cheveux, et ainsy fut longuement malade de dépit et de déplaisance.

HUGUES LE BRUN, XIe. DU NOM DE LUSIGNAN.

1249. HUGUES XI, comte de Penthièvre par sa femme, fils aîné de Hugues X, lui succéda aux comtés de la Marche et d'Angoulême. Il était entré, l'an 1247, dans l'association des seigneurs, formée pour restreindre la juridiction des ecclésiastiques, qui ruinait la justice séculière. On prétend que cette association fut autorisée par saint Louis ; mais on n'a aucun détail sur les suites qu'elle eut, ni sur la manière dont la dispute se termina. Ce que nous savons, c'est que vers l'an 1253, le comte Hugues excita la plus violente persécution contre son évêque, obert de Montberon, jusqu'à le chasser avec son clergé, après s'être emparé des revenus de l'évêché. L'infortuné prélat implora la justice de saint Louis, qui soumit cette affaire à l'examen et au jugement des évêques de Limoges et de Cahors. Le comte fut condamné à assister, couvert d'un sac, ayant la tête et les pieds nus, à une procession indiquée pour ce sujet, à confesser publiquement son crime et à en demander pardon à l'évêque. On l'obligea de plus à payer une amende de cinq cents livres, et à l'entretien de trois cierges qui brûleraient à perpétuité au grand autel, pendant la célébration des Saints-Mystères. (Les rois de France, comme représentant les comtes d'Angoulême, doivent payer ces trois cierges.) Le comte Hugues mourut âgé de quarante ans, suivant le P. Anselme, en 1260. YOLANDE DE DREUX, son épouse, fille de Pierre Mauclerc, duc de Bretagne, lui donna cinq enfants, dont l'aîné, nommé comme son père, lui succéda. (Voy. *les comtes de Penthièvre.*)

HUGUES XII DE LUSIGNAN.

1260. HUGUES LE BRUN, XIIe. du nom de Lusignan, succéda aux comtés de la Marche et d'Angoulême à Hugues XI, son père. L'an 1262, Gui, son frère, seigneur de Cognac, à son retour d'Angleterre, et sa sœur Yolande, lui suscitèrent un procès pour avoir leur part dans la succession paternelle. Par arrêt du parlement, de la Saint-Martin d'hiver 1263, il fut dit que le *seigneur Gui, frère du comte, recevra de lui, par manière de provision, pour son entretien, six cents livres tournois, et que lorsqu'il viendra chez son frère avec sept chevaliers à sa suite, il y sera défrayé avec sa compagnie, qu'il recevra des robes avec deux palefrois, un pour lui et l'autre pour son écuyer, et cela jusqu'à ce qu'il ait obtenu la part qu'il doit avoir dans l'héritage de son père; que pareillement sa sœur recevra deux cents livres tournois, jusqu'à ce qu'elle soit mise en jouissance de sa part de la succession paternelle.* (*Pet. a S. Romual. contin. Chron. Ademari*, pag. 161.) L'an 1265, Hugues fit expédier à Dorat une charte portant ordre à ses vassaux de la Marche, de se conformer aux coutumes de Montferrand, et non à celles de Limoges, qui étaient prises du droit romain. Les Haut-Marchais, ainsi que la ville de Guéret et ses environs, déférèrent à cette ordonnance; et telle est l'origine de la coutume qui les gouverne encore de nos jours (1785). Mais Bellac et la Basse-Marche refusèrent de s'y soumettre, et continuèrent de suivre les lois romaines, comme ils font encore à présent. L'an 1267, Aliénor, comtesse de Leycester, femme de Simon de Montfort, suscita un nouveau procès à Hugues, prétendant qu'elle devait avoir sa part dans le comté d'Angoulême, comme fille de Mathilde, bisaïeule, de ce comte. L'affaire fut portée à la cour du parlement. Le comte dans ses défenses, prétendit que la comtesse n'était pas recevable dans sa demande, attendu que le comté d'Angoulême était impartable. Il fut prouvé néanmoins par enquête, qu'il s'en était fait autrefois des démembrements en faveur des puînés, et Geoffroi, oncle paternel du comte, en était lui-même un exemple. Mais on convint que ces démembrements n'étaient que des apanages reversibles à l'aîné au défaut des apanagés. En conséquence, le comte fut condamné par arrêt de l'an 1269, à payer à la comtesse de Leycester annuellement, par forme d'apanage, quatre cents livrées de terre, monnaie courante dans le comté d'Angoulême: *Appanamentum quadragentarum libratarum terræ monetæ currentis in comitatu Engolismensi*, et huit cents livrées pour les arrérages. (Du Cange, *Gloss. verbo, appanamentum.*) Hugues XII épousa, en 1253, JEANNE DE FOUGÈRES, fille unique et présomptive héritière de Raoul III, baron de Fougères, et d'Isabelle de Craon. Raoul III étant mort en 1256. Hugues XII hérita du comté de Porhoet du chef de sa femme. Hugues, suivant Corlieu et Pierre de Saint-Romuald, mourut l'an 1282, et fut enterré à l'abbaye de la Couronne. Il laissa deux fils, Hugues, qui suit; et Gui, avec quatre filles, dont la seconde, Marie, épousa, l'an 1288, Etienne II, comte de Sancerre.

HUGUES XIII DE LUSIGNAN.

1282. HUGUES XIII, du nom de LUSIGNAN, né le 26 juin

1259, fils et successeur de Hugues XII aux comtés de la Marche et d'Angoulême, engagea, l'an 1301, le premier de ces deux comtés au roi Philippe le Bel, pour une grosse somme d'argent. Il servit, l'année suivante, dans la guerre de Flandre, et mourut au mois de novembre de l'an 1303, sans laisser d'enfants de sa femme BÉATRIX, fille de Hugues IV, duc de Bourgogne, qu'il avait épousée en 1276 à Paris. L'an 1283, il avait fait un testament, par lequel il instituait son héritier Gui, ou Guyart, son frère: mais Gui lui ayant fait depuis la guerre, Hugues fit, l'an 1297, un nouveau testament en faveur de Geoffroi, son cousin. Néanmoins, Hugues étant mort, Gui prit le titre de comte de la Marche et d'Angoulême, après avoir brûlé le dernier testament de son frère. Mais le roi Philippe le Bel, instruit de cette supercherie, qui le privait lui-même de plusieurs avantages que le comte Hugues lui avait faits par ses dernières dispositions, et d'ailleurs indisposé contre Gui, pour s'être joint aux Anglais, et leur avoir livré Cognac et Merpin, prétendit que les comtés de la Marche et d'Angoulême, devaient lui revenir par droit de confiscation. En conséquence, il fit condamner Gui en douze mille livres d'amende, ce qui l'obligea de renoncer à la succession. Ce prince transigea ensuite, l'an 1308, avec Marie de la Marche, comtesse de Sancerre, et Isabelle, femme d'Hélie Rudel, sire de Pons, sœurs de Hugues XIII, pour les prétentions qu'elles avaient auxdits comtés, dont il demeura par-là seul propriétaire. Telle fut la fin des anciens comtes de la Marche et d'Angoulême.

COMTES DE LA MARCHE APANAGÉS.

PHILIPPE LE LONG, étant monté sur le trône de France après la mort du roi Louis Hutin, son frère, donna en apanage à Charles, son autre frère, le comté de la Marche, qu'il érigea en pairie par lettres du mois de mars 1316 (v. st.). Charles, devenu roi de France, par la mort de Philippe, au mois de janvier 1322 (n. st.), garda le comté de la Marche jusqu'en 1327. Alors il l'échangea, par lettres-patentes du mois de décembre, avec Louis Ier., duc de Bourbon, contre le comté de Clermont, en Beauvaisis, et l'érigea de nouveau en pairie. Mais le roi Philippe de Valois, successeur de Charles, rendit à Louis, en 1331, ce dernier comté, qu'il décora du même titre. Louis, en mourant, l'an 1342 (n. st.), transmit le comté de la Marche à l'un de ses fils, qui suit. (Voyez *les ducs de Bourbon.*)

JACQUES Ier. DE BOURBON.

1342. JACQUES, troisième fils de Louis Ier., duc de Bourbon, et de Marie de Hainaut, eut, par le partage fait avec le duc Pierre, son frère, le comté de la Marche et la seigneurie de Montaigu, en Combrailles. L'alliance qu'il avait contractée, l'an 1335, avec JEANNE, fille et héritière de Hugues de Châtillon-Saint-Pol, avait déjà fait entrer dans sa maison les seigneuries de Leuse, de Condé, de Carenci, de Buquoi et d'Aubigni.

Ce prince fit ses premières armes dans la guerre de Bretagne, sous les ordres de Jean, duc de Normandie. L'an 1346, il combattit, le 26 août, à la fameuse bataille de Créci, où, quoique blessé dangereusement, il eut assez de force et d'intrépidité pour voler au secours du roi Philippe de Valois, et pour l'arracher du champ de bataille. Le monarque signala sa reconnaissance en lui donnant le Ponthieu qu'il avait confisqué sur le roi d'Angleterre. Il fut créé, le 15 juin 1349, souverain et général capitaine dans toutes les parties du Languedoc. Le roi Jean lui donna, l'an 1354, l'épée de connétable après la mort de Charles d'Espagne. La trêve accordée par Édouard, roi d'Angleterre, étant expirée en 1356, le comte de la Marche fut chargé d'aller s'opposer au prince de Galles, qui menaçait les provinces voisines de la Guienne. Cette expédition n'eut aucun succès par la discorde qui se mit entre le comte de la Marche et ses deux collégues, le comte de Foix et le comte d'Armagnac. Honteux de ce revers, Jacques de Bourbon remit au roi l'épée de connétable, qui fut donnée à Gautier de Brienne, duc d'Athènes. Mais il ne crut pas que cette démission le dispensât de rendre à la patrie les services que sa naissance exigeait de lui. Il combattit, le 19 septembre de la même année, à la funeste journée de Poitiers, où il demeura prisonnier, après avoir fait de son corps un rempart à son souverain. Délivré, l'an 1360, par le traité de Bretigni, il fut nommé par le roi Jean pour en exécuter les conditions, en remettant aux Anglais les provinces qui leur étaient cédées. Il commença par ses propres domaines, et se démit généreusement du comté de Ponthieu, que ses services lui avaient mérité. Il marcha peu de tems après contre les brigands nommés les *Tard-venus*, qui désolaient le Lyonnais et les environs. Les ayant attaqués avec Pierre, son fils aîné, le 2 avril 1361, près de Brignais, à trois lieues de Lyon, ils reçurent l'un et l'autre des blessures dont le père mourut le 6 du même mois, et le fils quelques jours après. Le corps de Jacques de Bourbon fut enterré aux Dominicains de Lyon, sous une tombe où l'on a marqué par erreur l'année 1362, pour celle de sa mort. C'est de lui que descendent tous les princes de la maison royale, qui existent aujourd'hui. De son mariage, il eut, outre le fils qu'on vient de nommer, Jean, qui suit : Jacques, seigneur de Préaux ; et Isabelle, mariée, 1°. à Louis, vicomte de Beaumont au Maine ; 2°. à Bouchard VII, comte de Vendôme.

JEAN DE BOURBON.

1361. JEAN DE BOURBON, successeur de Jacques, son père, ou, si l'on veut, de Pierre, son frère, dans le comté de la Marche, joignit à cet héritage les comtés de Vendôme et de Castres avec les seigneuries de Lezignem, en Narbonnais, d'Epernon, de Bréhencourt, du Thail, de Quillebeuf, etc., par son mariage contracté, le 28 septembre 1364, avec CATHERINE DE VENDÔME, qui devint héritière, l'an 1374, au plus tard, de Bouchard VII, son frère, comte de Vendôme. Le désir de venger la mort d'une princesse du sang, l'engagea, l'an 1366, à se joindre à Bertrand du Guesclin, dans la guerre qu'il porta en Castille contre le roi Pierre le Cruel, assassin de Blanche de Bourbon, sa femme. L'expédition fut heureuse, et le comte Jean contribua à mettre sur le trône Henri de Transtamare, frère naturel de Pierre et son rival. De retour en France, il fut nommé lieutenant-général pour le roi dans le Limosin ; et accompagna le duc de Berri dans la guerre qu'il alla faire aux Anglais en Guienne. Il se distingua, l'an 1382, à la bataille de Rosebeque, gagnée, le 27 novembre, par les Français. Il donna de nouvelles preuves de sa valeur, en 1384, au siége de Taillebourg. L'an 1388, il suivit le roi Charles VI au voyage de Gueldre, et l'accompagna de même, en 1391, dans celui de Languedoc. Sa mort arriva le 11 juin 1393. Sa femme, qui lui survécut jusqu'au 1er. avril 1412, le fit père de Jacques, qui suit ; de Louis, comte de Vendôme ; de Jean, seigneur de Carenci ; d'Anne, mariée, 1°. à Jean de Berri, comte de Montpensier ; 2°. à Louis le Barbu, duc de Bavière-Ingolstadt ; de Marie, dont il sera parlé ci-après ; et de Charlotte, l'une des plus belles princesses de son tems, mariée, le 2 août 1409, à Jean II, roi de Chypre, où elle n'arriva que l'an 1411. Le comte Jean eut de plus un fils naturel, nommé comme lui, et surnommé *le Bâtard de la Marche*. (Voyez *les comtes de Vendôme*.)

JACQUES II DE BOURBON.

1393. JACQUES II eut dans la succession de Jean de Bourbon, son père, les comtés de la Marche et de Castres, avec les seigneuries de Montaigu et de Bellac. Marie, sa sœur, s'étant fait enlever par le chevalier Jean de Beyne, seigneur des Croix, il la poursuivit, et, l'ayant arrêtée, il l'enferma dans le château de Cornète, en Albigeois, où elle languit pendant plus de trente ans. (Délivrée par ordre du roi Charles VII, elle se porta pour héritière de Jean, son frère, seigneur de Carenci, à l'exclusion de ses enfants, qu'elle qualifiait de bâtards; mais dans la litispendance, elle vendit ses prétentions pour la somme de vingt mille écus d'or à Jacques d'Armagnac, duc de Nemours.)

Le comte de la Marche accompagna, l'an 1396, Jean de Bourgogne, dit le comte de Nevers, dans son expédition de Hongrie, et demeura prisonnier des Turcs la même année, à la bataille de Nicopoli, donnée le 28 septembre. S'étant racheté moyennant une grosse rançon, il fut, à son retour en France, créé grand-chambellan le 26 juillet 1397. Zélé pour le service de la France, il courut avec quelques vaisseaux dans la Manche, et remporta plusieurs avantages sur les Anglais. Owen-Glendour réclamait alors la principauté de Galles, comme le patrimoine de ses ancêtres que le roi d'Angleterre avait usurpé. Le comte de la Marche fit avec lui un traité par lequel il s'engageait à mener aux Gallois huit cents hommes d'armes et trois cents arbalétriers. Ravi de trouver cette occasion d'occuper l'Anglais dans ses propres états, le ministère de France donna au comte une somme de 100 mille écus d'or pour les frais de l'expédition qu'il projetait. Mais, au lieu d'employer cette somme à l'objet de sa destination, il la dissipa au jeu et en fêtes. Il fit néanmoins semblant de vouloir tenir l'engagement qu'il avait pris, et s'embarqua effectivement, comme pour aller au secours de son allié. Mais repoussé par la tempête, il s'en revint promptement, et essuya, en passant par Orléans, les railleries des écoliers, qui lui criaient: *Mare vidit et fugit.*

Attaché depuis long-tems à la maison de Bourgogne, il prit son parti, l'an 1407, contre celle d'Orléans, après l'assassinat du chef de cette dernière. Il s'en trouva bien d'abord; car ayant été nommé, l'an 1409, par la faction bourguignone avec le comte de Vendôme, son frère, et le comte de Saint-Pol, pour réformer les abus de l'administration, il commença par retirer l'obligation qu'il avait faite pour les 100 mille écus d'or qu'on lui avait donnés pour son expédition d'Angleterre, et peut-être s'appropria-t-il encore une partie des dépouilles des financiers, qui furent presque tous ruinés par les recherches et les vexations de ces prétendus réformateurs, sans que le peuple en reçût aucun soulagement. Mais étant à la tête d'un parti de bourguignons, il fut vaincu devant Tours, et fait prisonnier, l'an 1411, par les Orléanais, qui le firent conduire à la tour de Bourges, d'où il ne sortit qu'à la paix conclue, l'année suivante, à Auxerre. (*Villaret*, in-4°. tom. VII, pag. 96.) Remis en liberté, il va surprendre Louis, son frère, dans sa ville de Vendôme, le fait prisonnier, et ne lui rend la liberté qu'au bout de huit mois, après avoir méprisé les prières et bravé les menaces que des personnes puissantes lui avaient faites, pour obtenir sa délivrance. Ce furent les remords de sa conscience qui l'obligèrent à faire ce que les motifs humains les plus pressants n'avaient pu opérer. Honteux de retenir dans les fers un frère qui n'avait à ses yeux d'autres crimes que d'être plus opulent que lui, il alla lui-même les briser, et dit en l'embrassant : « Vous réunissez, » par l'estime que vous inspirez, les intérêts les plus contraires; » il est juste que je me rende aux sentimens qui vous sont dus. » Je me suis fait jusqu'ici violence en y résistant, pour céder » au plus vil sentiment qui m'arme contre vous ; reconnaissez » un frère qui vous délivre, ou bien celui qui vous enchaîna ». C'est le discours que lui prête un ingénieux moderne. Jacques étant devenu veuf, l'an 1414 au plus tard, de BÉATRIX, fille de Charles III, roi de Navarre (qu'il avait épousée le 14 septembre 1406, et non pas en 1397), il contracta une nouvelle alliance, l'an 1415, avec JEANNE II, reine de Naples et de Sicile. Mais les grands démêlés qu'il eut avec cette princesse le déterminèrent, au bout de quelques années, à se séparer d'elle et à se retirer en France. (Voyez *les rois de Naples et de Sicile.*) Il y rentra sur la fin de 1422, après avoir erré quelque tems en Italie. Son retour ne fut pas inutile au roi Charles VII, nouvellement élevé sur le trône. Ce monarque l'ayant nommé, l'an 1424, gouverneur de Languedoc, il arrêta les courses des Anglais, des Bourguignons et des routiers, qui désolaient le pays. Mais, à la demande du roi, il se démit, l'année suivante, *pour lui obéir et lui complaire*, de ce gouvernement, en faveur du comte de Foix, qu'on ne pouvait détacher qu'à ce prix du parti des ennemis de la France. Une pension de 12 mille livres sur les revenus du Languedoc, fut le dédommagement que Charles VII lui accorda, le 13 avril, pour ce généreux sacrifice. (*Vaissète*, tom. IV, pag. 464, 466.)

Jacques de Bourbon conservait toujours le titre, les honneurs et le cortége de la royauté ; mais il n'en soutint point le caractère, surtout dans les dernières années de sa vie. On vit dans sa conduite un mélange ridicule de faste et de faiblesse qui le fit tomber dans le mépris. Il s'aperçut lui-même de sa décadence dans l'opinion publique ; et la vénérable Colète, réformatrice de l'ordre de Sainte-Claire, acheva de le déprendre du faux éclat des grandeurs humaines dans les entretiens qu'il eut avec elle. Les exhortations pathétiques de cette pieuse fille le

touchèrent au point qu'il prit le parti de se faire cordelier. Il choisit le couvent de Besançon pour le lieu de sa retraite, et s'y rendit, l'an 1435, dans l'équipage le plus bizarre et le plus propre à faire soupçonner le dérangement de son cerveau. « J'ai
» lu, dit Brantôme (tome I), dans l'histoire de ce grand Oli-
» vier de la Marche, qui estoit lors à Besançon, et le vit quand
» ce roy s'y vint rendre cordelier ; dit qu'il se faisoit porter
» par quatre hommes en une civière, telle sans aultre diffé-
» rence que les civières que l'on porte les fiens, fumiers et or-
» dures, et estoit demy couché.... demy appuyé et levé à l'en-
» contre d'un meschant et desrompu oreiller de plumes, vestu,
» pour toute parure, d'une longue robe grise de petit prix ; et
» estoit ceint d'une corde nouée en la façon d'un cordelier, et
» en teste avoit un gros bonnet blanc de laine, noué et bridé
» par-dessous le menton.... Dit pourtant ledict messire Olivier
» que ledict roi de sa personne paroissoit un grand chevalier,
» fort beau, fort bien fourré de bons membres, ayant le visage
» bon, agréable, et portant une chere joyeuse en sa veuil-
» lette vers chascun.... Il avoit à sa suite quatre cordeliers de
» l'observance, que l'on disoit grands clercs et de sainte vie ;
» et après iceulx sur le coin où il pouvoit avoir 200 chevaux,
» dont il y avoit litière, chariot couvert, haquenées, mules,
» mulets dorés, harnachés honorablement ; et avoit sommiers
» couverts de ses armes, et nobles et serviteurs bien vestus et
» en bon point.... et en cette pompe humble et dévote ordon-
» nance fit son entrée de Besançon, comme il avoit fait dans
» toutes les autres villes ; et puis entra au couvent, où depuis
» on le vit rendu cordelier. » Il mourut, le 24 septembre 1438, à l'âge de soixante-huit ans, et fut enterré au couvent des religieuses de Sainte-Claire, dans la chapelle qu'il y avait fait bâtir.
BEATRIX, sa première femme, lui donna Éléonore, mariée, l'an 1429, à Bernard d'Armagnac, comte de Pardiac, qui, dès l'an 1435, prenait le titre de comte de la Marche.

BERNARD D'ARMAGNAC.

1435. BERNARD, comte de Pardiac, second fils de Bernard VII, comte d'Armagnac, fut pourvu, l'an 1435, du comté de la Marche, par le roi Charles VII, après la retraite de Jacques de Bourbon. En mourant (l'an 1462 au plus tard), il transmit ce comté à son fils aîné, qui suit. (Voyez *les comtes de Pardiac.*)

JACQUES D'ARMAGNAC.

1462 au plus tard. JACQUES, fils aîné de Bernard d'Armagnac, lui succéda au comté de la Marche comme à celui de Pardiac, et obtint du roi Louis XI le duché de Nemours, en considération de son mariage contracté, le 12 juin 1462, avec LOUISE, fille de Charles d'Anjou, comte du Maine. Le comté de la Marche ayant été disputé, l'an 1465, à Jacques d'Armagnac, par Louis-Jean de Bourbon, comte de Vendôme, le premier fut maintenu dans sa possession par arrêt du conseil, rendu le 21 janvier 1466 (n. st.). Ce jugement, auquel présida Louis XI, ne le rendit pas plus attaché à ce monarque. Artificieux, inquiet, audacieux, ingrat et perfide, il ne se forma point de complot, de faction et de révolte où il n'entrât. Louis XI, après lui avoir pardonné plusieurs fois, voyant qu'il bravait, en quelque sorte, l'autorité souveraine dans son château de Carlat, où il vivait dans l'indépendance, chargea, l'an 1475, le sire de Beaujeu d'aller le forcer dans cet asile. Jacques, se voyant investi par des forces supérieures, consentit à se rendre, à condition qu'on lui conserverait la vie. Le sire de Beaujeu le promit, de l'avis des généraux qu'on lui avait donnés pour éclairer sa conduite. Mais Louis XI n'eut pas honte de désavouer son gendre, et l'obligea même de présider au jugement du procès qu'on fit au prisonnier. Il est vrai que, voyant le duc de Bourbon, son frère, impliqué dans les dépositions du duc de Nemours, il crut devoir s'abstenir de donner sa voix; mais il recueillit celles des autres juges, et l'arrêt de mort qu'ils rendirent fut prononcé, en son nom, le 10 juillet 1477. On a rendu compte plus haut, à l'article des comtes de Pardiac, autant que les bornes d'un abrégé peuvent le permettre, de l'appareil effrayant avec lequel ce jugement fut exécuté le 4 août suivant, et du sort qu'éprouvèrent les enfants de Jacques d'Armagnac.

PIERRE DE BOURBON, SIRE DE BEAUJEU.

1477. PIERRE, quatrième fils de Charles I, duc de Bourbon, et d'Agnès de Bourgogne, marié, l'an 1474, avec ANNE, fille du roi Louis XI, eut, dans la dépouille de Jacques d'Armagnac, par lettres du mois de septembre 1477, le comté de la Marche et la seigneurie de Montaigu, en Combraille. Il devint duc de Bourbon, en 1488, par la mort du duc Jean, son frère aîné, et finit ses jours à Moulins, le 8 octobre 1503, ne laissant de son mariage qu'une fille, nommée Susanne, mariée à Charles de Bourbon, comte de Montpensier. (Voyez *les sires de Beaujeu et les ducs de Bourbon.*)

CHRONOLOGIE HISTORIQUE

DES

VICOMTES DE LIMOGES.

LIMOGES, appelée anciennement *Augustoritum* et *Limodia*, dans les Annales nazariennes, a pris depuis le nom des peuples dont elle était capitale. Les Limosins, *Lemovices*, auxquels on donnait le surnom d'*Armorici*, occupaient autrefois un territoire beaucoup plus étendu que celui où ils sont aujourd'hui resserrés. C'est une opinion très-probable que les *Pictones* étaient une de leurs colonies, et qu'ils s'étendaient, par conséquent, jusqu'à l'Océan. Leurs voisins au nord étaient les *Bituriges cubi*; au midi, les *Cadurci*; à l'orient, les *Arverni*; à l'occident, les *Santones* et les *Petrocorii*. Les Visigoths, sous la conduite du roi Euric, enlevèrent ce pays aux Romains l'an 472. (*Sidon. Apollin.*, *l.* 7, *ep.* 9.) Après la bataille de Vouillé, gagnée, l'an 507, par Clovis sur Alaric, il tomba sous la domination des Francs. Nos rois de la première et de la seconde races, ayant nommé des ducs pour gouverner l'Aquitaine, comprirent le Limosin, alors distingué du Poitou, dans ce duché. Ces ducs eurent sous eux des comtes en quelque partie de l'Aquitaine. Tel fut le comte Roger, qui, par son testament fait de concert avec Euphrasie, sa femme, le 19 mai 785, dota l'abbaye de Charroux, en Poitou, qu'ils avaient fondée en 769, de plusieurs biens dont la plupart étaient situés en Limosin; ce qui donne lieu de croire que ce pays était dans son département. (*Cartul. Caroff.*) Adémar de Chabannais fait aussi mention de Rathier, nommé, dit-il, par l'empereur Louis le Débonnaire, en 837, comte de Limoges, et tué, l'an 841, à la bataille de Fontenai.

A celui-ci, le même écrivain substitue le comte Raymond, qu'il ne faut point confondre, à l'exemple de quelques modernes, avec Raymond I, comte de Toulouse. A Raymond succéda le comte Gérard, après lequel on ne voit plus que des vicomtes en Limosin, sous la mouvance du comte de Poitiers. Ils étaient plusieurs à la fois; chacun avait son district particulier, et l'un des plus distingués était le vicomte de Limoges.

FOUCHER.

FOUCHER, en latin *Fulcherius*, et aussi *Fulcardus*, seigneur de Ségur, dont on ignore la naissance, obtint la vicomté de Limoges et du haut Limosin, en considération, à ce qu'il paraît, de sa valeur et de ses talents. « Eudes, dit Adémar de
» Chabannais, fils de Raymond, comte de Limoges, après
» avoir supplanté Charles le Gros, fut couronné roi d'abord à
» Limoges, dont il fit aussitôt frapper la monnaie à son nom,
» au lieu de celui de Charles qu'elle portait auparavant. Ce fut
» alors qu'il établit vicomte à Limoges Foucher, habile ou-
» vrier en bois, *industrium fabrum in lignis* (c'est-à-dire habile
» ingénieur en machines de guerre), et qu'il régla que toute
» la province de Limosin, ainsi que le Berri, serait adminis-
» trée par des vicomtes. Eudes, l'année suivante (888), fut
» reconnu solennellement en France. En ce tems, Rodolphe,
» roi de Bourgogne, vint à Limoges avec une puissante armée,
» à la prière d'Eudes, qui était occupé à défendre la France
» contre les Normands. C'étaient les mêmes ennemis que Ro-
» dolphe venait combattre en Limosin. A son arrivée, les
» Normands, ayant rassemblé leurs forces, vinrent au-devant
» de lui, et, l'ayant rencontré dans un lieu nommé Destrice,
» ils lui livrèrent bataille. Mais, quoique beaucoup supérieurs
» en nombre, ils furent taillés en pièces, ce qui fit perdre, à
» ceux qui avaient eu le bonheur de s'échapper, l'envie de
» revenir en Aquitaine. » (Labbe, *Bibl.*, no. mss., tome I, p. 163.) Il y a tout lieu de croire que Foucher eut part à cette victoire. Du reste, le récit d'Adémar manque d'exactitude, en ce qu'il fait Eudes fils de Raymond, puisqu'il l'était certainement de Robert le Fort. Nous voudrions, de plus, avoir d'autres garants que lui, pour affirmer qu'Eudes fut couronné roi de France à Limoges. C'est sur quoi les historiens du tems gardent un profond silence. On ignore combien de tems Foucher posséda la vicomté de Limoges. M. Baluze (*Hist. Tutel.*, p. 17), dit que, dans quelques actes, il prend la qualité de vicomte de Ségur, parce qu'il était seigneur de cet endroit et qu'il y résidait. Car la dignité de vicomte, ajoute-t-il, était alors attachée

à la personne, et non pas au lieu. Nous placerons encore ici deux observations; la première, que la juridiction dans Limoges n'appartenait pas au seul vicomte, et que l'abbé de Saint-Martial y avait aussi la sienne, surtout dans le château qu'il avait inféodé au vicomte; la seconde, que, quoique Limoges ne fût pas la capitale de l'Aquitaine, c'était cependant là que les ducs se faisaient inaugurer, suivant un cérémonial publié, d'après un ancien manuscrit, par Besli, dans son histoire des comtes de Poitiers (*pr.*, p. 183), depuis employé par Théodore Godefroi dans son Cérémonial de France, et par nous-mêmes dans la continuation de D. Bouquet. (Tome XII, pag. 451.) Ce qu'on y aperçoit de plus remarquable, c'est le cercle d'or dont on ceignait la tête du nouveau duc, la chlamyde dont on le revêtait, l'anneau de sainte Valerie qu'on lui mettait au doigt, les éperons d'or qu'on lui chaussait, l'épée et l'étendard qu'on lui mettait en l'une et l'autre main, le tout entremêlé de prières et suivi d'un serment que le duc faisait de conserver les priviléges de la ville de Limoges.

ÉDELBERT.

ÉDELBERT ou ADELBERT, dit aussi HILDEBERT, succéda, dans la vicomté de Limoges, à Foucher, que M. Baluze prétend avoir été son père. Il eut un démêlé avec l'abbaye de Noaillé, près de Poitiers, au sujet de la forêt de Bouresse qu'il lui avait enlevée. L'affaire ayant été portée au tribunal d'Ebles, duc d'Aquitaine, l'abbaye fut maintenue dans la propriété de ce fonds, par un jugement dont nous avons eu l'original sous les yeux. Le duc y déclare qu'il l'a rendu avec les grands de sa cour, *cum optimatibus nostris*, suivant la loi romaine. La date est de la veille des ides de mai, sixième année du règne de Charles; c'est Charles le Simple, dont la sixième année, à compter de l'an 898, qui est la plus commune de ses époques, tombe en 904. (Baluze.) Edelbert avait épousé ADELTRUDE, dont il eut un fils, nommé Hildegaire, qui lui succéda. Geoffroi du Vigeois ne fait mention ni du père ni du fils dans la revue qu'il fait des vicomtes de Limoges. Mais ils ne l'ont pas moins été l'un et l'autre, comme la suite le fera encore mieux voir.

HILDEGAIRE.

HILDEGAIRE ou ELDEGAIRE, fils d'Edelbert, lui avait succédé dès l'an 914 : nous en avons la preuve dans une charte datée du premier mai de la seizième année du règne de Charles le Simple, depuis la mort du roi Eudes (arivée l'an 898). Par cet acte, il donne à l'église de Saint-Etienne de Limoges un de ses alleus, situé dans la viguerie de Limoges, au lieu dit *Cavaillac*, pour le bien de son âme, de celle d'Adelbert, son père, d'Adeltrude, sa mère, de l'abbé Pétrone, son cousin, et de tous ses parents. (*Cartul. Eccl. Lemov.*, fol. 13, r°.) Il souscrivit, en 934, une autre charte, par laquelle une nommée Blitilde léguait, à la même église, deux chapelles, avec quelques fonds, au mois d'août de la douzième année du règne de Raoul, ce qui revient à l'an de J. C. que nous venons de marquer. (*Ibid.*, fol. 16, r°.) Le nom de la femme d'Hildegaire est inconnu; et on ne peut leur donner, avec assurance, d'autre enfant qu'une fille, nommée, comme son aïeule, Adeltrude, qui eut pour époux Ebles, vicomte de Thouars. (Martenne, *Amplis. coll.*, tome V, col. 1148.)

RENAUD.

RENAUD, peut-être fils d'Hildegaire, fut son successeur dans la vicomté de Limoges. Nous n'avons qu'un seul titre qui justifie cette assertion. C'est la charte par laquelle un nommé Diétric fonde une église collégiale dans son alleu de la Tour, en Limosin, du consentement et en présence de ses séniurs le vicomte Renaud et le marquis Boson : *in conspectu et præsentia seniorum meorum, Rainoldi scilicet vicecomitis et Bosonis marchionis*. L'acte est daté du VI des ides d'août, la cinquième année du règne de Lothaire; ce qui revient au 8 août 959, Lothaire ayant été couronné le 12 novembre 954. (*Gall. Chr. no.*, tom. II, *prob. coll.* 168 et 169.) Le marquis Boson, dont il est ici parlé, n'est autre que Boson, comte de Périgord et de la Marche, dans le marquisat duquel était compris le Limosin.

GIRARD.

963 au plus tard. GIRARD ou GÉRAUD, descendant du comte Foucher, et, selon M. Baluze (*ibid.*, pag. 59), fils d'Hildegaire, fut le successeur de Renaud, qui, dans cette hypothèse, était son frère. Ceux qui placent ici le vicomte Adémar parent de Girard, sont dans l'erreur, comme le prouve le même écrivain. (*Hist. Tutel.*, pp. 59-61, *et Append.*, p. 851.) Adémar fut, à la vérité, vicomte, mais ce fut de Ségur; et, s'il est qualifié, dans quelques chartes, vicomte de Limoges, c'est parce que Ségur est situé dans le Limosin. L'an 970 ou environ, il battit avec Gui, son fils, Boson le Vieux, comte de la Marche, et Hélie, son fils, comte de Périgord, devant le château de Brosse, qu'ils avaient entrepris de lui enlever.

Aimoin dit sérieusement que le nombre des morts fut si grand dans cette bataille, qu'à peine trouva-t-on où les enterrer. Ce même Hélie, l'an 974, ayant fait crever les yeux à Benoît, chorévêque de Limoges, Girard et Gui, son fils, prirent les armes pour venger cet attentat. Mais Hélie fut victorieux dans un combat qu'ils lui livrèrent. Son triomphe, néanmoins, ne fut pas de longue durée. Gui, ayant trouvé moyen de le surprendre dans une embuscade avec Aldebert son frère, enferma le premier au château de Montignac, et emmena l'autre dans celui de Limoges. Hélie eut le bonheur de s'évader, comme on était sur le point de lui faire subir la peine du talion pour le traitement qu'il avait fait au chorévêque Benoît, et mourut quelque tems après dans un voyage qu'il fit à Rome. A l'égard d'Aldebert, son frère, il resta plusieurs années prisonnier, et ne fut élargi qu'en épousant la sœur de Gui. (Labbe, *Bibl. nov. mss.*, tom. II, pag. 166.) On ignore l'année de la mort du vicomte Girard. Mais elle arriva l'an 1000 au plus tard. De ROTHILDE, son épouse, fille et héritière du vicomte de Brosse, il laissa Gui, dont on vient de parler, qui lui succéda; Hildegaire et Alduin, successivement évêques de Limoges; Aimeri, dit *Osto Francus*, tige des vicomtes de Rochechouart; Gérard, sire d'Argenton; Geoffroi, surnommé Petitbœuf, abbé de Saint-Martial de Limoges; Hugues, religieux du même monastère; Asceline, femme d'Aldebert, comte de la Marche et de Périgord, que nous venons de nommer; et Almodis, mariée à Boson II, comte de la Marche. Un moderne se trompe, en donnant au vicomte Girard, pour fils, saint Géraud, fondateur de l'abbaye d'Orhillac ou Aurillac, et patron de la haute Auvergne. Celui-ci avait, à la verité, pour père un comte, nommé aussi Géraud. Mais étant né, l'an 855, sous le règne de Charles le Chauve, et mort le 13 (et non le 3) octobre de l'an 905, comme l'atteste l'histoire de sa vie, écrite par saint Odon, abbé de Cluni, son contemporain, qui mourut trente-trois ans après lui, il devait être antérieur de plus d'une génération à Girard ou Géraud, vicomte de Limoges. (*Voy.* Mabillon, *Acta SS. Bened.*, tom. VII, pag. 6.)

GUI I.

GUI, dont nous venons de raconter les exploits, succéda l'an 1000 au plus tard, avec EMME, son épouse, fille d'Adémar, vicomte de Ségur, et son héritière, à Girard, son père, dans la vicomté de Limoges. Il était en possession depuis peu de cet héritage, lorsqu'il vit éclater une confédération formée par Guillaume le Grand, duc d'Aquitaine, et quatre comtes,

Arnaud d'Angoulême, Hélie de Périgord, Boson et Aldebert, de la haute et de la basse Marche, pour lui enlever le château de Brosse. Comme ils assiégeaient la place, Gui et Adémar, son fils, tombèrent avec leurs troupes sur eux et firent des leurs un grand carnage, ce qui les obligea de lever le siége. (Bouq., tom. X, pag. 146.) Adémar alla se présenter ensuite devant le château du Saut, dont il s'empara le *vendredi* de la deuxième semaine de Carême (1 mars). Mais Hugues de Gargilesse l'ayant surpris, le fit prisonnier avec cinq autres nobles, après quoi il reprit le château du Saut et celui de Brosse, dont il rasa la tour. (*Ibid.*, page 344 et 345.) L'an 1002 au plus tard, le vicomte Gui ne pouvant obtenir de Grimoard, évêque de Périgueux, le monastère de Brantôme, qu'il lui demandait en présent, se saisit de sa personne, et l'enferma dans la tour de Limoges. Cet emprisonnement excita des murmures, et Gui, dans la crainte d'une sédition, relâcha le prélat, à certaines conditions. Grimoard, de retour chez lui, cita le vicomte à Rome. Gui s'y étant rendu, la cause fut plaidée en plein consistoire, le saint jour de Pâques. Le jugement qui émana de ce tribunal fait horreur. Il y fut décidé que quiconque oserait mettre la main sur un évêque, devait être attaché par les pieds à des chevaux indomptés, pour être traîné, mis en pièces et ensuite exposé à la voirie : principe dont la sentence fit l'application au vicomte, qui fut, en conséquence, mis en garde à sa partie, en attendant l'exécution. Mais trois jours avant ce moment terrible, Grimoard et Gui s'accommodèrent, et, la veille du jour destiné au supplice, étant sortis de Rome secrètement, ils s'en retournèrent chacun chez eux. Ce fut sous le pape Silvestre II (le fameux Gerbert), que cette affreuse sentence fut rendue, et Adémar de Chabannais dit positivement qu'il y présida. (Labbe, *Bibl. mss.*, tom. II, pag. 171.) Il faut néanmoins l'avouer, cette anecdote, quoique rapportée par un auteur presque contemporain, et quoique recueillie comme vraie par la plupart des modernes, choque si visiblement la vraisemblance, qu'il nous est impossible de l'admettre. Aimoin qui vivait à peu près dans le même tems qu'Adémar de Chabannais ; Aimoin, dis-je, qui, dans son troisième livre, chap. 5, des miracles de saint Benoît, déclame avec feu contre le comte Gui et son fils, à cause des torts qu'ils avaient faits à l'abbaye de Saint-Benoît-sur-Loire, dans les domaines qu'elle possédait en Limosin, donne un tout autre motif au voyage du premier à Rome, que celui que lui prête ce chroniqueur, et ne parle nullement de condamnation prononcée contre lui par le pape et le sacré collége. Il est à propos de mettre sous les yeux de nos lecteurs, la substance de son récit. Adémar, dit-il, fils du vicomte Gui, jeune seigneur, plein d'ambition, voyant s'accroître le nombre de ses frères, et craignant que les biens de sa maison ne suffisent pas pour les doter, résolut, pour faire ressource, de s'emparer de ceux de ses voisins. Il commença par le château de Brosse, dont la moitié appartenait à un seigneur assez puissant, nommé Hugues. Étant venu à bout de l'en dépouiller, il s'y défendit contre Guillaume, comte de Poitiers, et Boson, comte de Périgord, qui étaient venus l'y assiéger. Trouvant ensuite à sa bienséance la ville et le prieuré de Saint-Benoît du Saut, en Limosin, qui appartenaient à l'abbaye de Saint-Benoît-sur-Loire, il forma le dessein de les envahir. Pour en venir à bout, il saisit le moment où le prévôt Othier, qui en avait la garde, était absent, et y entra comme un voleur, le vendredi de la deuxième semaine de Carême, l'an 1000 de l'Incarnation. Othier, qui n'était pas loin, apprit aussitôt cet événement, et sans perdre de tems, il va trouver Hugues de Gargilesse, à qui Adémar avait enlevé la moitié du château de Brosse, l'engage à lui prêter secours, et l'amène avec ses troupes, pour faire le siège du prieuré du Saut. Arrivés devant la place, le mardi de la troisième semaine de Carême, ils y jettent des matières enflammées qui embrasent les bâtiments, et obligent Adémar à se sauver dans le clocher. De là il demande quartier à Hugues, qui promet de lui conserver la vie et les membres, s'il veut se rendre prisonnier avec les siens. Il y consent, on ouvre les portes de la place où plusieurs seigneurs sont pris avec Adémar. Cependant Gui, son père, qui lui avait conseillé cette expédition, voulant faire croire le contraire, était parti pour Rome, sous prétexte de dévotion. Mais, dans la route, il fut attaqué d'une maladie qui l'affaiblit à tel point, qu'il fallut le ramener sur un brancard. Voilà un motif de ce voyage, bien différent que celui que rapporte Adémar de Chabannais, et sans contredit bien plus vraisemblable. Il est, en effet, surprenant que les critiques n'aient pas senti l'absurdité du récit de ce dernier. Quoi! l'illustre Gerbert, l'homme de son siècle le plus humain et le plus éclairé, ce phisosophe, qui avait élevé des empereurs et des rois, ce pontife qui montra tant de sagesse sur le saint siége, aurait porté la barbarie jusqu'à condamner à un supplice affreux, et cela le saint jour de Pâques, un seigneur, son compatriote, pour avoir mis un évêque en prison! Nous osons le dire, on ne peut, sans heurter de front le bon sens, admettre un pareil conte. Il n'en est pas de même du trait suivant rapporté par Geoffroi du Vigeois. La femme du vicomte Gui, dit-il, allant, par dévotion, à Saint-Michel en l'Herm, fut enlevée par des pirates normands, et emmenée au-delà de la mer, où elle demeura captive l'espace de trois ans. Son mari étant enfin convenu avec eux de sa rançon, enleva, pour faire la somme, quantité d'or et d'argent du trésor de Saint-Martial. Mais les Normands, après l'avoir reçue, refusèrent de rendre la vicomtesse. Gui s'adressa au duc de Normandie, Richard le Bon, qui trouva moyen de la retirer de leurs mains par adresse, et la rendit à son époux. (Labbé, *Bibl. mss.*, tom. II, pag. 174.) Adémar de Chabannais dit que le vicomte fit le voyage de la Terre-Sainte avec l'évêque Alduin, son frère, ce qui dut arriver avant l'année 1002, qui fut celle, au plus tard, de la mort de ce prélat. (*Gall. Christ. no.*, tom. II, col. 512.) Peut-être même Gui entreprit-il ce pèlerinage du vivant de son père. C'était la dévotion seule, de quelque manière qu'on l'entende, qui pouvait l'inspirer. Car il ne s'agissait point encore, ni même long-tems depuis, d'aller chercher en Palestine de la gloire, en signalant sa valeur contre les ennemis du nom chrétien. Gui mourut, suivant Adémar de Chabannais, dans le tems que Guillaume le Grand, duc d'Aquitaine, revenait d'Italie, où il s'était rendu pour sonder les dispositions des Italiens, qui lui avaient offert la couronne impériale. Ce voyage est de l'an 1025. La chronique d'Aquitaine, qui donne le nom d'Odon à Gui, marque plus précisément le tems de sa mort, en disant qu'elle arriva le 27 octobre 1025, et que sa sépulture fut à Saint-Martial. (Labbe, *Bibl. no. mss.*, tom. I, pag. 291.) Nous avons une charte de Gui, donnée cette même année en faveur de l'abbaye de Tourtoirac, au diocèse de Périgueux, dans laquelle il fait mention de Géraud, son père, de Rothilde, sa mère, d'EMME, sa femme, d'Adémar et de Mélisende, ses beau-père et belle-mère, d'Adémar, son fils, de Sénégonde, femme de ce dernier, de Pétrone ou Pierre, son autre fils, et de Sulpicie, femme de celui-ci. (*Gall. Chr. nov.*, tom. II, prob., col. 489.) Il avait eu beaucoup d'autres enfants, du nombre desquels était Gérard, qui monta sur le siège épiscopal de Limoges, en 1012, et descendit au tombeau l'an 1022. Nous croyons devoir aussi compter, pour un de ses fils, Adalric, duquel et de Pierre, il est dit dans la vie manuscrite de Gauzlin, abbé de Fleuri, mort en 1029, que ces deux frères, jouissant alors du comté de Limoges, *duo germani fratres Lemovicæ urbis comitatu insignes*, firent donation à ce monastère d'une rente de quinze muids de vin. (*Bibl. Reginæ Sueciæ.*) Gui dut mourir dans un âge très-avancé, puisque, dès l'an 970, il avait les armes à la main. EMME, sa femme, dont la mort suivit la sienne, lui avait apporté en dot, comme on l'a déjà dit, le château de Ségur, qui resta uni à la vicomté de Limoges. C'est la raison pourquoi Gui, dans une charte, appelle Adémar, père d'Emme, son prédécesseur. (*Voy.* Boson II, *comte de Périgord.*)

ADÉMAR, ou AIMAR I.

1025. ADÉMAR, ou AIMAR, fils aîné du viconite Gui, lui succéda, dit Adémar de Chabannais (pag. 181), par le choix de Guillaume, comte de Poitiers et de Limoges, à la prière du comte d'Angoulême. La vicomté de Limoges n'était donc pas encore héréditaire. Adémar devait être avancé en âge à la mort de son père; car, depuis long-tems, comme on l'a vu ci-dessus, il était connu par ses exploits. Nous avons dit, qu'ayant enlevé à Hugues de Gargilesse, la portion qui lui appartenait dans le château de Brosse, il s'était ensuite rendu maître du prieuré de Saint-Benoît du Saut, mais qu'à l'aide de ce même Huges, le prévôt Othier, étant venu l'assiéger, l'avait contraint de se rendre prisonnier. Maître de sa personne, Hugues le mena devant le château de Brosse, et, le montrant à Girard, qui était chargé de défendre la place, il protesta qu'il allait lui abattre la tête, si on ne lui en ouvrait sur-le-champ les portes. La menace fit son effet. Girard obéit, et remit à Hugues la tour dont Adémar s'était emparé. Voilà ce que raconte Aimoin. (Liv. 2, *de mir. S. B.*, c. 6.) Adémar de Chabannais dit au contraire que, le vicomte Gui s'étant emparé du château de Brosse, Guillaume, comte de Poitiers, vint l'assiéger avec quatre autres comtes, savoir: Hélie, comte de Périgord, Arnaud d'Angoulême, Boson et Aldebert de la Marche; mais que Gui et son fils étant tombés sur les assiégeants, leur tuèrent beaucoup de monde, et les mirent en fuite. Ces deux récits ne peuvent se concilier; mais nous n'avons rien qui puisse absolument nous déterminer à donner la préférence à l'un plutôt qu'à l'autre. Nous pencherions plus néanmoins pour celui d'Adémar de Chabannais.

Le vicomte Adémar fut présent, l'an 1028, à la dédicace de l'église de l'abbaye d'Arnac, fit ensuite le pèlerinage de la Terre-Sainte, et mourut avant son retour. Il était bègue, dit Geoffroi du Vigeois, et disait en jurant, *ma fe te permet*, voulant dire *je te promets sur ma parole*. De SÉNÉGONDE, sa femme, il laissa quatre fils, Gui et Adémar, qui suivent; Geoffroi et Bertrand, avec une fille, nommée Mélisende.

GUI II.

1036 au plus tard. GUI, fils aîné du vicomte Adémar, l'avait remplacé avant le mois de juillet 1036. Ce qui nous le persuade, c'est la donation qu'il fit à l'abbaye d'Uzerche, *l'an de l'Incarnation de Notre-Seigneur* 1036, *indiction IV, au mois de juillet, sixième férie, lune onzième, Henri, roi des Français, régnant.* (*Baluz. hist. Tutel. app.*, pag. 867.) Dans cet acte, il est fait mention des trois frères de Gui, nommés ci-dessus, et de sa femme HEDWIGE, surnommée BLANCHE, qui concoururent tous à la donation qui en est l'objet. Gui mourut sans enfants, au plus tard, l'an 1052.

ADÉMAR II.

1052 au plus tard. ADÉMAR, frère de Gui et son successeur, était déjà en possession de la vicomté de Limoges en 1052, tems auquel il concourut avec le clergé et le peuple à l'élection de l'évêque Ithier Chabot. (*Gall. Christ. nov.*, tom. II, col. 516.) La deuxième année du règne de Philippe I (1061 de J. C.) il fut attaqué par deux de ses vassaux, Gaucelme de Pierre-Buffière et Gui de Las-Tours, qui firent le dégât sur ses terres, et le réduisirent à la nécessité de leur demander la paix, qu'il eut bien de la peine à obtenir. Délivré de ces ennemis, il mit une réforme dans sa conduite. On remarque surtout, qu'il se désista de plusieurs coutumes injustes qu'il avait établies sur l'abbaye de Solignac, telles qu'une charetée de vin, *unam carratam de vino*, qu'il exigeait le jour de la Chaire de saint Pierre, et un droit de gîte, *unum receptum*, qu'il se faisait payer à la grande fête du même saint. (*Cartul. de Solignac.*) Voyant l'abbaye de Saint-Martial de Limoges, tombée dans le relâchement, il y introduisit, le 3 août 1062, par surprise, les moines de Cluni, pour y rétablir la règle. Voici comment cette introduction est racontée dans un ancien monument. Le monastère de Saint-Martial, depuis sa fondation, jouissait d'une liberté si grande, qu'il ne relevait que de Dieu et de lui-même. Les Clunistes s'en rendirent maîtres de la manière suivante. Il y avait dans le château de Limoges un chevalier, nommé Pierre Escausier, fort ami de Hugues, abbé de Cluni. Cet homme ne cessait de presser le vicomte Adémar de livrer aux Clunistes l'abbaye de Saint-Martial. Adémar se refusa à ses sollicitations tant que vécut l'abbé Mainard, qu'il craignait de désobliger. Mais, à la mort de celui-ci, le chevalier étant retourné à la charge, et le trouvant toujours indécis, s'avisa d'un expédient pour le déterminer; ce fut de lui promettre, de la part des Clunistes, un fort beau cheval, appelé Milescouts, avec une grande quantité d'or. Adémar, vaincu par ses promesses séduisantes, fait venir l'abbé Hugues, avec un nombre de ses moines, et les ayant logés secrètement dans l'abbaye de

Saint-Michel, voisine de son palais, le lendemain, 3 août, jour de l'invention de saint Étienne, il se rend à l'abbaye, fait assembler le chapitre, et ordonne qu'on procède sur le champ à l'élection d'un abbé. Les capitulans, s'étant mis en devoir de lui obéir, proposent trois sujets et prient le vicomte de dire son avis. Comme il ne répondait rien, l'un des trois candidats, nommé Geoffroi de Nieul, qui savait l'arrivée des Clunistes, lui dit hardiment : Nous n'ignorons pas que vous avez fait venir des religieux de Cluni, pour nous chasser d'ici ; mais je doute que ce beau projet réussisse. A ces mots, le vicomte, entrant en fureur, prend le moine par son habit et le traîne, avec l'aide de ses gens, hors du monastère. Les autres, voyant qu'on traitait ainsi un de leurs chefs, prennent la fuite, chacun de son côté, et il ne resta que les enfants, que l'abbé Hugues dispersa ensuite dans différents monastères de son ordre. Adémar, ayant fait aussitôt venir les Clunistes, les mit en possession de l'abbaye. L'auteur termine son récit en criant à la violence, à l'injustice. (*Baluz. Miscell*, tom. VI, pag. 517.) Geoffroi du Vigeois, qui écrivait un peu plus tard, parle aussi du cheval, donné par le chevalier Pierre Escausier au vicomte, pour le faire consentir à l'introduction des Clunistes à Saint-Martial, mais sans accuser ceux-ci d'avoir fait aucun pacte avec Adémar. Quoi qu'il en soit, la fraude, ou, si l'on veut, la violence qu'il s'était permise, eut l'effet qu'il s'en était promis. En peu de tems, on vit refleurir la régularité à Saint-Martial. La vie d'Adémar ne fut pas néanmoins toujours irréprochable dans la suite. A l'exemple de la plupart des seigneurs de son tems, il se permit des brigandages, des incendies, des meurtres et même des sacrilèges. C'est ce qu'il témoigne lui-même dans une charte donnée, l'an 1074, en faveur de l'église cathédrale de Limoges. Cet acte renferme l'aveu et énonce en même tems le repentir, dont il se dit accablé pour avoir livré aux flammes la ville de Limoges, attaqué le clergé et les citoyens à main armée, les avoir dépouillés de leurs biens, en avoir tué plusieurs, et n'avoir pas même épargné les lieux saints ; en réparation de quoi il vint, dit-il, nu-pieds à la cathédrale, s'humilia devant Dieu, lui demanda pardon et à ses saints ; puis, s'étant approché de l'autel avec ses deux fils, Hélie et Pierre, il offrit un tapis, *pallium*, dans lequel était une charte contenant la donation qu'il faisait d'un de ses alleus à l'église de Limoges. (Besli, *hist. des comt. de Poitou*, pr., pag. 356.) L'an 1087, le vicomte Adémar fut du nombre de ceux qui s'opposèrent à l'élection d'Humbaud, évêque de Limoges. Son nom paraît avec ceux des principaux abbés du diocèse, à la tête de la lettre qu'ils écrivirent en commun à Richard, archevêque de Bourges, pour l'engager à casser cette élection. On voit dans cette lettre, que Richard, après avoir défendu au peuple limosin de choisir pour évêque Humbaud, commençait à se laisser fléchir par ses partisans, qui étaient puissants et en grand nombre. La peinture qu'on y fait des mœurs de l'élu et des violences qui étaient mises en usage pour soutenir son élévation, est affreuse. Adémar ne vit pas la fin de cette affaire, qui ne fut terminée qu'environ six ans après sa mort. (Bouquet, tom. XII, pag. 486, N.) La même année, suivant la chronique de Saint-Martin de Limoges, s'étant brouillé avec le duc d'Aquitaine, son suzerain, il s'attira les armes de ce prince, qui vint assiéger Limoges, et mit le feu aux églises et maisons voisines du château, sans pouvoir néanmoins le prendre. Mais dans la suite, le duc et le vicomte s'accommodèrent. Besli met la mort d'Adémar en 1090. Il avait épousé HUMBERGE ou HUCBERGE, fille de Geoffroi, comte d'Angoulême, qui lui donna trois fils, Hélie, Pierre et Adémar, dont les deux premiers moururent avant lui, et une fille, Marie, femme d'Ebles de Ventadour.

ADÉMAR III, dit LE BARBU.

1090. ADÉMAR III fut le successeur d'Adémar II, son père. Vers l'an 1104, on le voit en guerre avec Hélie Rudel, comte de Périgord, auquel il redemandait une part dans ce comté par droit de consanguinité. Adémar, suivant Geoffroi du Vigeois, marchait, dans cette guerre, accompagné de deux cents chevaliers avec leurs suites, à la tête desquels il ravagea le Périgord; ce qui excita une sédition, dit le même auteur, entre les habitants du Puy-Saint-Front et les bourgeois de Périgueux. Les hostilités durèrent plusieurs années; mais ni Geoffroi ni aucun autre écrivain ne dit comment elles se terminèrent. Adémar fut ensuite obligé de tourner ses armes contre Gaucelme de Pierre-Buffière, pour arrêter les courses qu'il faisait sur le territoire de Limoges. Gaucelme était fils de Pierre, que les gens du vicomte avaient tellement maltraité, comme il revenait de Charroux, qu'il était allé expirer trois jours après à l'abbaye de Solignac, des coups qu'il avait reçus. C'était donc pour venger la mort de son père que Gaucelme ravageait les terres d'Adémar. La désolation qu'il causa fut si grande, que l'évêque Pierre Viroald, ne pouvant en soutenir le spectacle, prit le parti d'abandonner le pays, laissant le soin du diocèse à Guillaume de Carbonnière. Mais les gens du vicomte, ayant fait prisonnier Gaucelme dans une rencontre, l'enfermèrent dans le château de Ségur. Il en sortit au bout d'un an par les soins d'Eustorge, nouvel évêque de Limoges, et d'Amblard, abbé de Saint-Martial, qui négocièrent son élargissement. On fit à ce sujet un traité, dit Geoffroi du Vigeois, compris dans une charte partie par les lettres de l'alphabet, dont une moitié, après l'avoir coupée, fut déposée aux archives de l'église de Saint-Martial, et l'autre délivrée à Gaucelme. Ceci doit être arrivé au plutôt l'an 1117, époque de l'élection d'Amblard, postérieure de onze ans à celle de l'évêque Eustorge. Quoique Gaucelme eût été relâché à des conditions favorables, Ebles de Ventadour, son oncle, ne put pardonner au vicomte de Limoges son emprisonnement. Sachant qu'il était allé en pèlerinage à Notre-Dame du Pui en Vélai, il le fit épier au retour, et fut si bien servi, qu'Adémar donna dans l'embuscade, et fut pris. Maître de sa personne, il le mit dans une étroite prison, où il le retint l'espace de deux ans, pendant lesquels il laissa croître sa barbe qu'il ne voulut plus couper depuis, ce qui lui valut le surnom de BARBU. Sa rançon lui coûta cher : elle fut mise à douze mille sous d'or, dont Ebles ne voulut rien rabattre. Les habitants de Limoges, apprenant sa délivrance, vinrent au devant de lui, et le ramenèrent comme en triomphe dans leur ville.

Quelques années avant sa captivité, Adémar s'était associé Gui, son fils aîné, que nous nommons Gui III, et qu'on surnommait *Graul*, c'est-à-dire corbeau, dit Geoffroi du Vigeois, à cause de sa noirceur; jeune seigneur plein de valeur, libéral et de grande espérance, qui avait administré sagement la vicomté pendant la détention de son père. Mais sa belle-mère, MARIE DE CARRIO (ou d'ESCARS, suivant le Laboureur), voulant mettre Hélie, son propre fils, en sa place, lui fit donner, par deux fois, du poison, et deux fois il en guérit au moyen d'un antidote que lui fit prendre Adémar, abbé de Saint-Martial. Ce dernier étant mort, le 23 août 1124, sans laisser sa recette, la marâtre donna une troisième dose de poison à son beau-fils, qui périt trois mois après la mort de l'abbé. Mais elle échoua dans ses vues ambitieuses, Hélie, son fils, ayant suivi de près Gui au tombeau. Ces deux fils d'Adémar ne furent pas les seuls que la mort lui enleva; il perdit ses autres enfants qui étaient en grand nombre, à l'exception de deux filles, Brunissende, dite aussi Humberge, femme d'Archambaud le Barbu, vicomte de Comborn, à qui elle donna plusieurs fils et filles, et Emme, laquelle ayant perdu Bardon de Cognac, son premier mari, sans en avoir eu d'enfants, épousa en secondes noces, l'an 1136, Guillaume X, duc d'Aquitaine, à qui elle fut presque aussitôt enlevée par

Guillaume Taillefer, fils et héritier de Wulgrin, comte d'Angoulême; ce qui aurait occasioné, dit Geoffroi du Vigeois, une guerre sanglante sans la mort du duc, qui arriva dans le printems de l'année suivante. Adémar choisit les deux fils aînés de sa fille Brunissende pour ses successeurs; après quoi il se retira, l'an 1139 à l'abbaye de Cluni. Il était alors fort avancé en âge, *silicernius*, dit le même auteur, et il finit ses jours quelque tems après dans cette retraite. On ignore le nom de sa première femme. Elle était, suivant Geoffroi du Vigeois, sœur de Guillaume III, dit Taillefer, comte d'Angoulême. Le Laboureur la confond avec la femme d'Adémar II, en l'appelant Humbergé. Geoffroi du Vigeois rapporte sur ce vicomte le trait suivant, qui peut entrer dans le tableau des mœurs du tems. « Le comte de » Poitiers, dit-il, Guillaume (le Vieux), gendre du comte de » Toulouse, étant venu à Limoges, Adémar le défraya suivant » la coutume. Or il arriva que le maître-d'hôtel demanda » du poivre à Constantin de la Sana : (c'était une denrée » fort rare alors.) Celui-ci le mena dans une chambre où il » trouva le poivre répandu à terre, comme le gland qu'on donne » aux pourceaux. Voilà, dit-il, du poivre pour les sauces de » votre maître; et, ayant pris une pelle, il lui présentait moins » le poivre qu'il ne le lui jetait. Cela fut rapporté comme une » magnificence au comte, qui ne manqua pas d'y faire atten- » tion. Adémar vint à son tour à Poitiers. Guillaume fit défense » de lui vendre du bois, afin de l'empêcher de faire sa cuisine. » Alors les gens du vicomte, ayant ramassé toutes les noix qu'ils » purent trouver, en firent de grands monceaux auxquels ils » mirent le feu; ce qui produisit des brasiers très-ardents, dont » ils se servirent pour apprêter les mets de leur maître. Le » comte, ajoute Geoffroi, l'ayant appris, loua beaucoup l'esprit » des Limosins qu'il traitait auparavant de gens stupides et » grossiers. » Un autre trait de la vie du vicomte Adémar que nous ne devons pas oublier, c'est l'honneur qu'il eut de recevoir à Limoges le roi Louis le Jeune, lorsqu'il allait épouser à Bordeaux l'héritière de Guienne. Ce monarque arriva inopinément, le 1er. juillet 1137, à Limoges, où Raymond, comte de Toulouse, et quantité de seigneurs, s'étaient rendus à l'occasion de la fête de Saint-Martial, qui s'était célébrée la veille de son arrivée. Geoffroi du Vigeois, (*cap.* 48) dit que l'évêque Eustorge, et les seigneurs qui se trouvaient à Limoges, l'ayant reçu processionnellement, le conduisirent à Saint-Martial, d'où il alla camper avec sa suite sur les bords de la Vienne. Quoique cet historien ne fasse pas mention du vicomte en cette occasion, il n'y a pas lieu de douter

qu'il ne l'ait mise à profit pour obtenir les bonnes grâces de son
souverain, qui par son mariage allait devenir son suzerain immédiat.

ADÉMAR IV, ET GUI IV.

1139. ADÉMAR et GUI, fils d'Archambaud le Barbu, vicomte
de Comborn et de Brunissende, fille d'Adémar III, succédèrent à leur aïeul maternel dans la vicomté de Limoges, comme
il l'avait ordonné. Mais ce ne fut point sans opposition de leurs
parents du côté maternel. Le roi Louis le Jeune étant venu,
l'an 1141, à Limoges, ceux-ci réussirent à lui persuader que
les deux frères n'étaient pas légitimes possesseurs de la vicomté
de Limoges. Ce prince, en conséquence, voulut les dépouiller.
Mais fléchi par leurs soumissions, il changea d'avis, et les confirma moyennant deux cents marcs d'argent qu'ils lui payèrent.
(*Gaufr. Vos.*, p. 305.) Adémar et Gui, quelque tems après,
eurent un démêlé avec Gui Flamenc le Jeune, leur neveu,
petit-fils d'Archambaud le Barbu, pour des arrangements de
famille. S'étant ligués avec Boson II, vicomte de Turenne,
beau-frère d'Adémar, ils vinrent, au mois de juin 1143,
assiéger leur neveu dans le château de la Roche-Saint-Paul, en
Périgord. Mais Boson ayant été tué devant la place le 19 du
même mois, le siége fut aussitôt levé. (Baluze, *hist. Tutel.*
p. 141.) Le vicomte Gui IV partit, l'an 1147, avec le roi
Louis le Jeune pour la Terre-Sainte, d'où il ne revint pas.
Geoffroi du Vigeois dit qu'il mourut l'année suivante à Antioche. Il avait épousé, 1°. MARQUISE, sœur d'Aldebert IV,
comte de la Marche, dont il n'eut point d'enfants; 2°. N.
fille de Tilbert ou Thibaut de Blazon, dont la chronique de
Saint-Martin de Limoges raconte le trait suivant « Vers l'an
» 1143, dit-elle, la vicomtesse de Limoges, parente de la reine
» de France, voyant qu'elle ne pouvait pas avoir d'enfants de
» son époux, feignit une grossesse; et quelque tems après,
» faisant semblant d'accoucher, elle supposa un fruit étranger,
» qui était la fille d'un paroissien de Bassignac. Le vicomte,
» son mari, la soupçonnant d'adultère, la mit en prison, et
» se serait porté à quelque chose de plus violent sans la crainte
» qu'il avait de la reine de France. Mais il déchargea toute sa
» colère sur la sœur du chevalier Guillaume Reihiel, veuve
» de Geofroi la Félicia, qu'il fit brûler vive. La supposition de
» l'enfant ayant été ensuite découverte, Guillaume Reihiel
» appela en duel le vicomte en présence du roi de France,
» pour venger le supplice qu'il avait fait subir à sa sœur;
» mais, par les soins de la reine, ils firent la paix; et la vicom-

» tesse, ayant été tirée de prison, se réconcilia avec son mari.
» Elle mourut quelque tems après, avec le regret de n'avoir
» pu devenir mère. » (Bouquet, tom. XII, pag. 454.) Adémar, frère de Gui, cessa de vivre la même année que lui. De MARGUERITE, sa femme, fille de Raymond I, vicomte de Turenne, il laissa un fils, qui suit, et une fille, Marie, qui devint femme d'Ebles, fils d'Ebles, dit Archambaud, seigneur de Ventadour. (*Gaufr. Vos.*) Marguerite, après la mort d'Adémar, donna sa main à Ebles III, vicomte de Ventadour; puis, après la mort de celui-ci, à Guillaume IV, dit Taillefer, comte d'Angoulême.

ADÉMAR V.

1148. ADÉMAR V, d'abord appelé BOSON, succéda en bas âge, l'an 1148, au vicomte Adémar IV, son père, sous la tutelle de Gérard, évêque de Limoges, et de Bernard, doyen de Saint-Iriex. Mais Archambaud, frère de Bernard et oncle du jeune vicomte, s'étant emparé de la régence de la vicomté de Limoges, s'y comporta en propriétaire, et s'imagina l'être effectivement. Son usurpation ne fut point de longue durée. (*Gauf. Vos.* c. 53.) Henri, comte d'Anjou, devenu, l'an 1152, duc d'Aquitaine par son mariage avec Eléonore, femme répudiée du roi Louis le Jeune, vint à Limoges dans l'automne de l'an 1152, pour s'y faire inaugurer, et y fut reçu d'abord avec les honneurs dus à sa dignité. Mais ayant fait dire à l'abbé de Saint-Martial de le défrayer dans la ville, celui-ci répondit qu'il n'était tenu à ce devoir que dans l'enceinte du château où son monastère et sa juridiction étaient renfermés. Premier sujet de mécontentement pour ce prince. Les bourgeois de Saint-Martial lui en donnèrent un second par la rixe qui s'éleva entre eux et les gens de sa suite. Outré d'indignation, il ordonna qu'on abattît les murs du château, et partit. (Une ancienne chronique place mal cet événement en 1156.) Henri étant parvenu, l'an 1154, au trône d'Angleterre, revint, l'an 1156, à Limoges, et y fit sentir aux bourgeois son autorité. Pour les contenir, il confia l'administration de la vicomté de Limoges, après en avoir dépouillé Archambaud, à Geoffroi de Neubourg, frère de Rotrou III, comte du Perche, et Guillaume Pandolf, jusqu'à la majorité d'Adémar. Ce terme étant arrivé au bout de trois ans, il rétablit le jeune vicomte dans ses droits ; et, pour se l'attacher plus étroitement, il lui fit épouser sa cousine, SARA, fille de Renaud, comte de Cornouailles, son oncle, frère naturel de l'impératrice Mathilde. Il n'y a guère lieu de douter qu'Adémar n'ait accompagné, cette même année 1159, le monarque anglais dans son expédition de Toulouse. Ce qu'il y a de certain, c'est que Henri, en s'en retournant, passa par Limoges, où il arriva le jour de Saint-Michel 29 septembre, selon Geoffroi du Vigeois. Vers ce tems là, dit le même auteur, qui parle comme témoin oculaire, le vicomte Adémar fit hommage à l'abbé de Saint-Martial en plein chapitre. Bernard, oncle d'Adémar, ayant été fait prisonnier, l'an 1166, par ses ennemis, implora le secours de son neveu pour obtenir sa délivrance. Adémar y mit pour condition la cession du château d'Exideuil, et devint ainsi propriétaire de cette place, après avoir fait remettre son oncle en liberté. Mais la conduite tyrannique qu'il tint envers les habitants d'Exideuil, les engagea bientôt à chasser ses officiers, et à retourner sous leur ancien maître. Adémar lève des troupes pour recouvrer cette place. Bernard, aidé par Hélie, son frère, se met en état de défense. Des amis communs s'entremettent pour réconcilier les oncles et le neveu. La paix se fait, et les parties se jurent une amitié réciproque. Adémar, quelque tems après, engage ses oncles à venir cimenter leur réconciliation dans le château de Ségur. Mais, durant la nuit, au milieu du souper, des soldats apostés paraissent tout-à-coup, se saisissent d'eux, et les traînent en prison. Indignés de cette fourberie, les seigneurs voisins s'arment pour la délivrance de ces prisonniers. On fait un traité par lequel les deux oncles sont relâchés, et Exideuil est rendu à Bernard. Il paraît qu'Hélie dans la suite se brouilla de nouveau avec son neveu; car Geoffroi du Vigeois dit que, fuyant devant Adémar par un tems pluvieux, il tomba par terre devant le château de Pierre-Buffière, et fut tué par un soldat. Adémar eut encore vers le même tems, avec ses voisins, quelques petites guerres dont le détail n'a rien de fort intéressant. Le roi d'Angleterre ayant cédé, l'an 1170, le duché d'Aquitaine à Richard, son fils, ce jeune prince vint, l'an 1172, faire son entrée solennelle à Limoges, où il fut inauguré comme il l'avait été à Poitiers. On le reçut en procession, et on lui mit au doigt l'anneau de Sainte-Valérie. Le vicomte Adémar lui fit alors hommage comme à son suzerain. Il vécut en bonne intelligence pendant quelques années avec Richard, malgré la hauteur et l'inégalité du caractère de ce prince; ce qui montre une grande souplesse d'esprit dans Adémar. Tandis que leur union durait, ils réunirent leurs armes (on ne peut pas dire précisément en quelle année) pour marcher au secours du chevalier Constantin de Born, que Bertrand, son frère, avait chassé de la seigneurie de Hautefort, qu'il devait partager avec lui. Ils saccagèrent les terres de l'usurpateur, et le contraignirent à rendre justice à son frère. Bertrand, fameux troubadour, se vengea par une sirvente qu'il fit contre ses ennemis, et en travaillant à soulever la noblesse du pays contre Richard avec lequel il se réconcilia néanmoins dans la suite. (Nostradamus, *vies des poëtes provenceaux*.)

Adémar, l'an 1174, reprit les armes contre Bernard, son oncle, pour le château d'Exideuil, au mépris de l'accord qu'ils avaient fait, sept ans auparavant, à ce sujet. Raymond de Turenne et Archambaud de Comborn s'étant portés pour médiateurs, on tint à l'abbaye d'Arnac, le 14 septembre, une conférence où il fut convenu que Bernard céderait à son neveu le château d'Exideuil pour celui de Célon qu'Adémar lui donnerait en échange. Mais ce dernier se fut à peine dessaisi de Célon, qu'il chercha l'occasion d'y rentrer. Ayant pour cet effet pratiqué des intelligences avec la garnison de la place, il vint l'assiéger pour la forme, et s'en rendit maître en peu de jours, le 1er. avril 1175. Il fallut alors parler d'un nouvel accommodement. Adémar consentit à donner à son oncle le château de Saint-Iriex-de-la-Perche, au moyen de quoi celui de Célon lui resta. S'étant soulevé, l'an 1176, de concert avec Aldebert, comte de la Marche, Guillaume, comte d'Angoulême et ses fils, les vicomtes de Turenne et de Comborn, et presque tous les barons de Poitou, contre Richard, duc d'Aquitaine, il commanda l'avant-garde de cette confédération dans un combat livré le jour du jeudi-saint entre Brives et Malemort, où plus de deux mille anglais restèrent sur le champ de bataille. (*Gaufred. Vos.* p. 323.) Mais aussitôt après la Pentecôte, dit Benoît de Péterborough, le duc eut sa revanche dans un combat qu'il livra aux rebelles entre Saint-Mégrin et Bouteville. Les ayant mis en déroute, il entra dans le Limosin où il prit d'abord le château d'Aixe, défendu par quarante chevaliers qu'il fit prisonniers. De-là, s'étant approché de Limoges, il fit le siége de cette ville dont il se rendit maître en peu de jours. Adémar ayant rejoint ses confédérés, alla s'enfermer dans Angoulême où le duc ne tarda pas à venir les assiéger. Obligés de se rendre, ils furent envoyés au roi d'Angleterre, qui les renvoya au duc pour les garder jusqu'à son arrivée en Normandie.

La paix ayant été faite, Adémar se mit en route, l'an 1178, au mois de juillet, avec les deux comtes d'Angoulême et de la Marche, et d'autres seigneurs, pour la Terre-Sainte, d'où il revint le jour où la veille de Noël de l'an 1180. La joie que les habitants de Limoges témoignèrent de le revoir, donna un air de triomphe à son retour. L'an 1182, le jour de Pâques, l'évêque de Limoges et Adémar, excités par les ravages que les Brabançons, qui étaient à la solde du duc Richard, faisaient autour de la ville; se mettent à la tête du peuple, poursuivent les brigands jusque dans le pays de Combrailles, et reviennent triomphants, après en avoir tué quelques milliers de six mille qu'ils étaient. (*Chron. S. Martini Lemovic.*) Quelque tems après, le roi d'Angleterre et ses fils s'étant rendus à l'abbaye de Saint-Augustin de Limoges pour y conclure un traité de paix entre eux, le vicomte Adémar vint y renouveler au duc Richard les assurances de sa fidélité, et donna deux de ses fils pour otages. Il s'engagea de plus à ne donner aucun secours aux comtes d'Angoulême, Guillaume et Adémar, qui travaillaient à dépouiller Mathilde, leur nièce, de ce comté. (*Gaufred. Vos.* p. 322.) La paix des princes anglais ayant été rompue presque assitôt que conclue, Adémar se joignit au jeune Henri et à Geoffroi contre le duc Richard, leur frère. Beaucoup d'autres barons du Limosin et des autres parties de l'Aquitaine entrèrent dans cette confédération. Adémar y entraîna facilement les bourgeois de la ville de Limoges, mais il ne put corrompre la fidélité de ceux du château qui avaient relevé leurs murs, et s'étaient mis en état de défense. Voulant se rendre maître de la place, il engagea le jeune Henri et Geoffroi, son frère, à venir en faire le siége. Le roi père cependant s'avançait vers Limoges pour rétablir la paix entre ses enfants. A son approche, la bourgeoisie, se défiant de ses intentions, prend les armes, court au devant de lui, maltraite ses gens, et décoche sur lui-même un trait que son cheval reçoit au front en se cabrant. Il se retire le cœur rempli d'indignation, et la bourgeoisie étant rentrée dans ses murs, commence l'attaque du château dans les premiers jours de février 1183. Mais la diligence que fit le duc Richard pour arriver à Limoges, arrêta l'expédition. Peu s'en fallut qu'Adémar, qui s'était attaché à forcer une église, ne fût fait prisonnier. Mais, au départ du duc qui suivit de près son arrivée, les bourgeois, excités par Adémar, reprennent courage, et réussissent à s'insinuer dans le château par adresse. Maîtres de la place, ils s'y fortifient avec toute la diligence possible, dans la crainte que le roi, père, ne revienne pour les châtier. Ils ne se trompaient pas. Quelques jours après, Henri le Vieux arrive avec Richard à la tête d'un nombre considérable de grands vassaux d'Aquitaine, accompagnés chacun de ses troupes. Le 1er. mars, jour du mardi gras, suivant Geoffroi du Vigeois, ils mettent le siége devant le château qui soutient les attaques avec une vigoureuse résistance. Le mauvais tems seconde la valeur des rebelles. Les assiégeants, rebutés par le froid et les pluies, lèvent le siége au bout de quinze jours, et se retirent. Le jeune Henri cependant manquait d'argent pour payer les troupes de brigands qu'il avait à sa solde. Adémar engage les habitants de Limoges à lui prêter 20 mille sous ; et, comme cette somme n'était pas encore suffisante, il l'aida à piller le trésor de Saint-Martial. Ils vont ensuite commettre la même profanation à l'abbaye de Grandmont. Le roi, père, profite de l'absence de son fils pour rentrer dans Limoges, dont il trouve les habitants aussi soumis qu'ils étaient rebelles auparavant. Le pillage du trésor de Saint-Martial les avait aliénés du jeune Henri. Ce dernier revient pour chasser son père de Limoges ; mais les habitants, lui ayant fermé leurs portes, font pleuvoir sur ses troupes une grêle de pierres qui l'obligent à rebrousser chemin. Il se rend à l'abbaye d'Uzerche, où le duc de Bourgogne et le comte de Toulouse viennent grossir son parti. Mais il y tombe malade. S'étant fait porter à Roquemadour, et de-là au château de Martel, il y meurt le 11 juin 1183, dans de grands sentiments de pénitence, sans avoir pu obtenir la consolation de voir son père, et de lui témoigner de vive voix son repentir. Geoffroi du Vigeois fait mention d'une lettre où il demandait pardon pour ceux qui l'avaient suivi dans sa révolte, et nommément pour le vicomte de Limoges. Le vieux Henri était trop irrité contre les rebelles pour leur pardonner sans les avoir punis. Il marche enseignes déployées à Limoges, entre en vainqueur dans la ville, et fait raser le château. Toutes les autres places du Limosin, qui avaient tenu pour le jeune Henri, subissent le même sort. Adémar, cependant, à force de soumissions, trouva moyen de rentrer en grâce auprès du monarque. Il paraît que le duc Richard voulut bien aussi lui pardonner sa félonie. Mais la conduite tyrannique et dissolue de ce prince, détermina dans la suite Adémar, ainsi que la plupart des seigneurs d'Aquitaine, à se soulever de nouveau contre lui. L'an 1188, il se jeta avec eux sur les terres de Richard, où ils firent des ravages, dont ce prince ne tarda pas à se venger en pillant leurs terres à son tour, et détruisant leurs châteaux. Philippe Auguste, en faisant la paix, l'an 1190, avec Richard, pour lors roi d'Angleterre, y fit vraisemblablement comprendre les seigneurs d'Aquitaine, dont il avait lui-même fomenté les soulèvements. Les deux monarques partirent la même année pour la Terre-Sainte. Mais, au retour de Richard, le vicomte de Limoges et le comte d'Angoulême se brouillèrent de nouveau avec ce prince. Les choses allèrent si loin, que ces deux seigneurs renoncèrent à l'hommage du roi d'Angleterre pour se donner au roi de France. C'est ce que nous voyons par l'acte suivant, que le P. Bonaventure de Saint-Amable dit avoir tiré d'un ancien manuscrit : *Moi Adémar, vicomte de Limoges, fais connaître à tous ceux qui verront cet écrit, que j'ai fait les accords et conventions qui suivent avec monseigneur Philippe, illustre roi des Français, parce qu'à cause des injures que Richard, roi d'Angleterre, m'a faites, et à mon frère Adémar, comte d'Angoulême, ce dernier alla de ma part trouver le roi de France, et je fis avec lui la confédération suivante; savoir, que je l'aiderai toujours selon mon pouvoir comme mon seigneur, et que jamais je ne me retirerai de son hommage que par ses ordres; que, s'il me soumet à quelque autre, il me garantira par ses lettres qu'on me laissera en paix, de manière que, si on y manque, il m'aidera contre ce nouveau suzerain : que, si celui-ci voulait agir contre le roi Philippe, je m'y opposerai de tout mon pouvoir, donnant de bonne foi aide et secours à mondit seigneur le roi Philippe. Fait à Saint-Irier* (ou Iriex-de-la-Perche), *au mois d'avril* 1199. La date de cet acte, il faut l'avouer, paraît difficile à concilier avec celle de l'événement que nous allons rapporter. Au mois de mars de cette même année 1199, le vicomte Adémar trouva un trésor dans le château de Chalus. C'était, suivant Robert du Mont, un bas-relief en or, représentant un empereur assis à table avec sa femme et ses enfants, le tout de grandeur naturelle. Mais les chroniques du pays, dit le P. Bonaventure, assurent que c'était Lucius Capreolus, proconsul d'Aquitaine, à quoi, dit-il, le nom du château a du rapport, puisque, selon Rigord, il s'appelait *castrum Lucii Capreoli*, qu'on rend en français par Chalus-Chabrole. Quoi qu'il en soit, Richard, instruit de cette découverte, prétendit que ce trésor lui appartenait, comme seigneur suzerain. Sur le refus qu'Adémar fait de s'en dessaisir, il vient assiéger le château de Chalus. Mais, comme il fait le tour de la place pour reconnaître l'endroit où il voulait donner l'assaut, un arbalétrier, nommé Bertrand Gordon, lui décoche un trait qui le blesse mortellement à l'épaule. On le porte à sa tente ; et, tandis qu'on est occupé à le panser, Marcadée, chef des Brabançons, qui l'accompagnait, force le château, fait pendre la garnison, et réserve Gordon pour être écorché vif, malgré le pardon que Richard lui avait accordé. Ce prince mourut le 6 avril, tandis que ses gens, par son ordre, faisaient le siége des châteaux de Nontron et de Puy-Agut, appartenant au vicomte, entreprise qu'ils abandonnèrent lorsqu'ils eurent appris sa mort. Adémar le suivit au tombeau vers la fin de la même année, suivant le P. Bonaventure, laissant de son mariage trois fils, Gui, qui suit; Guillaume, surnommé le Pèlerin, parce qu'il vint au monde, dit Geoffroi du Vigeois, le jour même que son père se mit en route pour la Terre-Sainte, mort, l'an 1223, suivant une note marginale du manuscrit 2400 de la bibliothèque du roi; et Adémar; avec quatre filles, Marguerite, femme, 1°. de N....., fils d'Aimeri de Rochechouart; 2°. de Boson de Grignols; 3°. fils d'Aldebert II, comte de Périgord;

Aquilie ou Aigline, mariée au fils de Guillaume Gordon; Humberge, femme de Geoffroi de Lusignan; et Marie, femme d'Ébles V, vicomte de Ventadour. SARA, mère de ces enfants, mourut en 1216, et fut enterrée à Saint-Iriex-de-la-Perche, le jour de Saint-Colomban, 21 novembre, selon la chronique de Saint-Martin de Limoges.

GUI V.

1199. GUI, fils aîné d'Adémar V, et son successeur, fut un des seigneurs qui prirent le parti du jeune Artur, duc de Bretagne, contre Jean, roi d'Angleterre, son oncle. Mais ayant été surpris par ce dernier, l'an 1202, il fut enfermé à Chinon par son ordre dans une étroite prison, d'où le roi Philippe Auguste le tira l'an 1204. Pendant la dernière année de sa captivité, l'évêque de Limoges, les barons, et le peuple du Limosin, ayant pris les armes, vinrent assiéger le château de Noailles où les Brabançons et les Routiers, qui désolaient le pays, s'étaient renfermés. La place fut emportée, et tous ceux qui la défendaient furent massacrés. C'est ainsi, dit la chronique manuscrite de Saint-Martin de Limoges, que le sceptre du roi d'Angleterre commença d'être brisé dans l'Aquitaine, et que ce duché rentra sous la domination de la France. Le vicomte Gui, remis en liberté, servit avec zèle son libérateur, et contribua de son bras aux conquêtes qu'il fit sur le monarque anglais. Pour se fortifier dans sa vicomté, Gui fit bâtir, l'an 1206, la tour du château d'Aixe. Mais cette place fut prise, l'an 1214, par le roi Jean, dans le voyage qu'il fit en Limosin. La ville de Limoges ouvrit d'elle-même ses portes à ce prince, qui ordonna de faire au château de nouvelles fortifications. Mais, obligé de fuir devant le prince Louis, fils aîné de Philippe Auguste, qui le poursuivait, il abandonna le Limosin à la discrétion de ce jeune héros, qui fit à son tour, sans éprouver de résistance, son entrée dans Limoges, et soumit en peu de jours presque tout le pays. Les habitants de Limoges étaient d'autant plus coupables d'avoir rendu si facilement leur ville aux Anglais, que, deux ans auparavant (en mars 1212), Philippe Auguste leur avait accordé des lettres de protection et de sauve-garde, avec promesse de ne mettre jamais Limoges hors de sa main, *neque nos ipsam civitatem de manu nostra removebimus*. Louis était donc en droit de les punir. Mais les conjonctures et la bonté de son caractère le déterminèrent au parti de la clémence. Le vicomte Gui reprit, l'an 1216, la tour d'Aixe. L'an 1224, au mois de juin, lettres du roi Louis VIII, qui confirment les priviléges de la commune de Limoges. Après la mort de ce prince, l'évêque, l'abbé de Saint-Martial et les nobles de Limoges, reconnaissant le roi saint Louis pour vrai duc d'Aquitaine, s'engagent, par lettres du 26 mars 1229, à l'aider et à le défendre en cette qualité envers et contre tous. (*Cartul. de Philip. Aug.*) Dans cette espèce d'hommage, on voit que ni le clergé ni la noblesse de Limoges ne relevaient du vicomte. Il n'y paraît pas lui-même, parce qu'il était, comme on l'a dit, vassal de l'abbé de Saint-Martial. C'était toujours Gui V qui jouissait de la vicomté. Il mourut, suivant Bernard Ithier, le 29 mars 1229. La chronique de Saint-Martin met sa mort en 1230, et dit qu'il fut inhumé à Saint-Martial. D'Ermengarde, sa femme (morte l'an 1268 au plutôt), il laissa un fils, qui suit, dont la naissance est postérieure à la mort d'Adémar, son aîné, arrivée, suivant B. Ithier, en 1223 (1); et Marguerite, femme, 1°. d'Aimeri VIII, vicomte de Rochechouart; 2°. d'Archambaud III, comte de Périgord. Geoffroi du Vigeois se trompe en la donnant pour fille aînée du vicomte Adémar IV; car selon le Laboureur dans un titre de 1244, le vicomte Gui VI appelle Aimeri vicomte de Rochechouart, son beau-frère.

GUI VI, DIT LE PREUX.

1230. GUI VI succéda, en bas âge, à Gui V, son père, dans la vicomté de Limoges, sous la tutelle d'Ermengarde, sa mère. L'année suivante, le 15 septembre, la mère et le fils conclurent à Exideuil avec la commune de la ville de Saint-Front, qui fait aujourd'hui partie de Périgueux, un traité d'alliance qu'Ermengarde scella seule de son côté, parce que Gui, son fils, n'avait pas encore de sceau, comme il le déclare lui-même, promettant d'apposer aussi le sien à cette charte lorsque l'âge lui permettra d'en avoir un. Devenu majeur, ses belles actions lui méritèrent le surnom de PREUX; mais le détail, à quelques-unes près, n'en est pas venu jusqu'à nous. Il s'attacha au roi saint Louis, et travailla avec succès à lui soumettre les places du Limosin qui tenaient pour le roi d'Angleterre. L'an 1242, accompagné des habitants de Limoges, il vint mettre le siége devant le château de Bré, l'emporta d'assaut et le rasa. Durand, évêque de Limoges, se plaignit, mais inutilement, de cette démolition, parce que le château devait revenir à son église comme un bien qui lui appartenait. Le roi saint Louis envoya, l'an 1243, dans les diocèses de Limoges, de Cahors et de Périgueux, Guillaume de Malemort pour y exercer les fonctions de sénéchal; et ce fut,

---

(1) Bernard Ithier appelle cet Adémar fils unique de Gui, en parlant de sa mort; d'où il s'ensuit que cet événement précéda la naissance du suivant. (*Mss. du roi*, n°. 2400.)

dit la chronique de Saint-Martin de Limoges, le premier sénéchal du roi de France qu'on connût, de mémoire d'homme, en ces pays. La même année, 1243, Raymond IV, vicomte de Turenne, étant mort sans laisser d'autre enfant qu'une fille mariée avec Hélie Rudel, seigneur de Bragerac, le vicomte de Limoges écrivit à la reine Blanche, le 16 décembre, pour lui certifier que jamais fille n'avait succédé à la vicomté de Turenne, et lui recommander en conséquence les intérêts de Raymond de Servière, frère de Raymond IV, comme étant son légitime héritier. (Justel, *hist. de la maison de Tur.*, pr., pag. 51.) Le roi de France arriva, le 27 avril de l'année suivante, avec ses trois frères et la reine, leur mère, à Limoges, en allant par dévotion à Notre-Dame de Roquemadour. (*Chron. S. Martini.*)

Les viguiers du vicomte de Limoges étaient depuis long-temps en contestation avec ceux de l'abbaye de Saint-Martial touchant les limites de leurs juridictions respectives. Gui termina, l'an 1245, ce différent par une transaction passée le jour de la décollation de saint Jean (29 août.) Gui se joignit, l'an 1252, au vicomte de Béarn pour faire soulever la Gascogne contre les Anglais, en faveur d'Alfonse X, roi de Castille, qui avait des prétentions sur ce duché. Tous deux étant allés trouver ce monarque, suivant Mathieu de Westminster, se déclarèrent ses vassaux, et l'engagèrent à leur fournir des troupes pour soutenir la révolte. Mais les deux rois de Castille et d'Angleterre s'accommodèrent, l'an 1254. (*Voy.* Gaston VII (1), *vicomte de Béarn.*) L'an 1259 le Limosin retourna sous la domination anglaise, avec certaines restrictions, par le traité fait le 28 mars entre le roi saint Louis et Henri III, roi d'Angleterre. Les querelles se renouvelèrent

---

(1) Ces prétentions étaient fondées sur la dot accordée par Henri II, roi d'Angleterre, et la reine, sa femme, à leur fille Eléonore, en la mariant, l'an 1170, avec Alfonse IX, roi de Castille; dot qui consistait dans le duché de Gascogne, dont Alfonse a effectivement joui, comme le montre M. de Marca, par la donation que ce prince fit, l'an 1204, de 15 serfs à l'église de Dax; avec le consentement de la reine, son épouse, et de ses deux fils, Ferdinand et Henri. Ce diplôme, où il prend les titres de roi de Castille et de Tolède, et de souverain de Gascogne, est souscrit et confirmé par l'archevêque de Tolède, par les évêques de Burgos, de Ségovie, de Palencia, de Bayonne, de Bazas, par Gaston, vicomte de Béarn, par Arnaud-Raymond, vicomte de Tartas, et d'autres seigneurs gascons. Mais les Anglais, maîtres de la Guienne, ne laissèrent pas les rois d'Espagne en paisible jouissance de la Gascogne. C'est ce qui obligea, l'an 1254, Alfonse X à renoncer, par un accommodement, à ce duché. Tout ceci a été parfaitement ignoré des historiens français, et à peu près également des Espagnols. (*Voy.* Marca, *hist. de Béarn*, p. 507.)

cette année entre Gui et l'abbaye de Saint-Martial, et occasionèrent, de la part de ce vicomte, une guerre fort vive, suivant Bernard Ithier, qui n'en dit pas le sujet : mais il paraît qu'il s'agissait toujours de l'étendue de sa juridiction vicomtale. Ce fut aussi par le même motif que Gui prit les armes, l'année suivante, contre les officiers municipaux de Limoges. Ils se mirent en état de défense, et il y eut divers combats plus sanglants que décisifs. Enfin, par la médiation de l'évêque diocésain, on convint d'une suspension d'armes et de s'en rapporter à la décision du roi saint Louis. Mais, tandis que le conseil de ce monarque est occupé à discuter ce procès, le vicomte Gui, l'an 1263, va faire le siége de Bourdeilles où il échoue. De là il se rend à l'abbaye de Brantôme, où il meurt le 13 août de la même année. Son corps fut porté à Saint-Martial, où il fut inhumé le jour de l'Assomption. (*Chron. S. Martini Lemovic.*) De MARGUERITE, sa femme, fille de Hugues IV, duc de Bourgogne, et veuve de Guillaume, seigneur de Mont-Saint-Jean, il ne laissa qu'une fille, qui suit.

MARIE ET ARTUR, ou ARTUS DE BRETAGNE.

1263. MARIE, fille de Gui VI, lui succéda, l'an 1263, à l'âge de trois ans, sous la tutelle de Marguerite, sa mère. Celle-ci fut inquiétée, l'an 1264, par le soulèvement des habitants d'Aixe, qui, se voyant opprimés par le chevalier Adémar de Maumont, leur gouverneur, l'assiégèrent dans le château. Pour apaiser cette révolte, elle eut recours au sénéchal de Limosin et de Périgord, qui engagea les parties à s'accommoder, après quoi il s'en retourna. Mais le gouverneur, ayant muni de vivres le château, recommença bientôt ses violences. Nouveau siége qui oblige Marguerite à faire venir des troupes de Bourgogne pour le faire lever. L'évêque de Limoges et trois abbés se rendent à Aixe le jour de la Pentecôte 1265, dans la vue de calmer les esprits et de les ramener à la paix. Mais ils sont insultés par les gens de la vicomtesse, et obligés de se retirer. L'évêque va trouver le roi saint Louis pour le prier de mettre fin, comme suzerain, à cette guerre domestique. Le monarque envoie deux commissaires, le doyen de Tours et le bailli d'Orléans, dont l'arrivée fait suspendre les hostilités. Les habitants d'Aixe consentent à rentrer sous l'obéissance de la vicomtesse, à condition qu'elle leur donnera un autre gouverneur. Adémar reçoit en échange de ce gouvernement celui du château de Chalus. Mais Boson de Bourdeilles, et d'autres seigneurs ses ennemis, étant venus l'y assiéger, se rendent maîtres de la place ; et, l'ayant pris lui-même, ils le font mourir. Cette exécution toutefois ne resta pas impunie. On assure que saint Louis en tira vengeance; mais on ne dit pas comment. (*Chron. S. Martini Lemovic.*) Ce monarque avait dessein de marier Robert, son fils, avec la jeune Marie. La proposition en ayant été faite à Marguerite, elle promit par lettres données à Paris, l'an 1268, d'accomplir cette alliance lorsque sa fille aurait atteint l'âge de puberté. (*Mss. du roi*, n°. 9420, fol. 3, v°.) Ce mariage cependant n'eut pas lieu. (Voy. *les comtes de Clermont en Beauvaisis*.) Marguerite était fort jalouse des droits de sa vicomté. L'an 1272, elle fit revivre les querelles qu'avait eues son époux avec les citoyens de Limoges, et surtout avec les bourgeois du château qui ne reconnaissaient d'autre seigneur que l'abbé de Saint-Martial. On lui résiste; elle se met en devoir de soutenir ses prétentions par la voie des armes. Mais le roi Philippe le Hardi ayant défendu les hostilités, elle répartit les troupes qu'elle avait levées dans les châteaux d'Aixe et de Chalucet. Ces garnisons n'y demeurèrent point oisives. Chaque jour, elles faisaient des sorties qu'elles poussaient jusqu'aux portes de Limoges, pillant tout ce qu'elles rencontraient sur leur route. L'année suivante, les habitants de Limoges, s'étant formés en ordre de bataille, viennent se présenter, le 4 juillet, devant le château d'Aixe, dont ils ravagent par représailles les environs. Mais la garnison, étant tombée sur eux, en tua plusieurs et en fit d'autres prisonniers. Trop faibles par eux-mêmes pour tenir contre les forces de la vicomtesse, ils implorent le secours d'Edouard I, roi d'Angleterre, qui leur envoie le sénéchal de Guienne avec des troupes. Les deux partis en viennent aux mains le lendemain de la fête de Saint-Sixte (7 août), et les troupes de Marguerite sont battues. Elle porte ses plaintes au roi de France contre la conduite du roi d'Angleterre, qui veut exercer à son préjudice l'autorité souveraine sur la ville de Limoges. Philippe le Hardi se plaint, mais inutilement, à Edouard de l'atteinte qu'il donne au traité fait entre son père et le roi saint Louis, en s'attribuant la souveraineté sur cette ville. Edouard arrive lui-même, le 8 mai 1274, à Limoges où il est reçu avec pompe. Mais sa présence ne peut apaiser l'animosité des deux partis. Pendant qu'il est aux environs de Limoges, les gens de la vicomtesse se rendent maîtres par surprise du château de Limoges, où ils arborent ses enseignes. (*Gaufred. Vos.*) Des intelligences qu'elle avait dans celui de Noailles lui soumettent également cette place, où elle établit une garnison qui fait le dégât dans le voisinage. Le monarque anglais part vers la mi-juin pour aller conférer avec le roi de France. Son sénéchal, s'étant mis, dans le mois suivant, à la tête des habitants de Limoges, les mène devant le château d'Aixe dont ils font le siége. Il était fort avancé, lorsqu'un héraut du roi de France arriva, le 24 juillet, pour enjoindre à l'un et à l'autre partis de mettre bas les armes, et les ajourner au parlement prochain. L'affaire ayant été examinée dans ce tribunal, il en émana un jugement provisoire qui condamna le roi d'Angleterre à payer aux habitants d'Aixe la somme de vingt-deux mille six cent treize livres, pour réparation des dommages que les assiégeants leur avaient causés. (*Chron. S. Martini Lemovic.*)

La vicomtesse Marguerite donne sa fille Marie, l'an 1275, en mariage à ARTUR, comte de Richemont, fils de Jean II et petit-fils de Jean I, duc de Bretagne. Artur n'avait encore que treize ans : les noces furent célébrées à Tours. Cependant la paix n'était pas encore rétablie entre Marguerite et la ville de Limoges. Enfin, l'an 1276, les parties lasses des maux que cette guerre domestique entraînait, convinrent de s'en remettre à l'arbitrage de Gérard de Maumont, chanoine de Limoges et chapelain du roi de France. Gérard étant à Paris, donna au mois d'avril sa décision, par laquelle il réglait les droits respectifs de la vicomtesse et de la ville de Limoges. (*Bonav. de S. Amable*, pag. 582.) Il semblait que ce jugement dût établir une paix éternelle dans le Limosin. Mais la ville de Limoges le trouvant trop favorable à la vicomtesse, en interjeta appel au parlement de Paris. Le roi Philippe le Hardi évoqua l'affaire à son conseil, et voici quelle fut sa décision au sujet du droit de battre monnaie, qui faisait l'un des points contestés. « Nous
» disons et nous ordonnons que les consuls, communes, hom-
» mes et bourgeois, et leurs successeurs, ne pourront doré-
» navant rien prétendre dans une partie de la monnaie qu'ils
» avaient ou disaient avoir ; qu'elle appartiendra tout entière
» et de plein droit à Marie, vicomtesse de Limoges, et à son
» mari, pour en jouir et en avoir la garde au nom de sa femme,
» dont ses héritiers jouiront après elle ; qu'ils la feront fabriquer
» dans tel endroit de leur terre qu'ils jugeront à propos, sans
» que la commune puisse s'y opposer ; qu'ils seront au contraire
» obligés de s'en servir, à l'exclusion de toute autre, excepté
» celle du roi, fabriquée à Paris ou à Tours. » (*Du Cange, Gloss. verbo* MONETA.) Marguerite, fière de cet arrêt qui lui était aussi favorable sur les autres points, vint à Limoges, où elle fit une entrée triomphante, comme dans une place conquise, et se mit en possession de la justice. Jacques, abbé de Saint-Martial, la fit alors sommer de lui rendre hommage comme à son suzerain immédiat, et sur son refus, il se saisit de la justice et la fit administrer en son nom. Nouvel appel de Marguerite au parlement. Le procureur du roi d'Angleterre intervient dans le procès, alléguant que l'hommage qui en fait

le sujet appartient à son maître, comme duc de Guienne. L'abbé Jacques ne vit point la fin de la contestation, étant mort à Crassai, dans le Berri, en revenant de Paris, le 6 février 1277, et non pas 1275, comme le marquent les auteurs du *Gallia Christiana*, et leur abréviateur. Mais l'abbé Pierre de Voubri, son successeur, obtint un arrêt, en vertu duquel Marguerite fut contrainte de lui rendre hommage en son nom, et au nom de sa fille et de son gendre, dans le chapitre de Saint-Martial. La vicomtesse, à son tour, exigea des habitants de Limoges le même acte de soumission ; et non contente de dominer sur cette ville et ses dépendances, elle voulut étendre son autorité sur tout le Bas-Limosin. Dans ce dessein, elle vint à Uzerche pour y tenir ses assises. Mais l'abbé d'Uzerche, étant seigneur de cette ville, lui en refusa l'entrée. Marguerite, irritée de cet affront, fait venir des troupes, et met le siége devant Uzerche. L'évêque de Limoges prend la défense de l'abbé, somme la vicomtesse de lever le siége, et sur son refus, non content de l'excommunier, il jette l'interdit sur la vicomté. Marguerite se pourvut contre ces censures devant l'archevêque de Bourges. Elles furent levées, et le siége d'Uzerche aussi, par la médiation plutôt que par les ordres de ce métropolitain. Marguerite touchait alors à la fin de sa carrière. Ce moment fatal arriva le 25 ou le 26 août de cette année 1277, et non pas 1290, comme l'avancent des modernes. Marie et Artur, son époux, prirent alors en main le gouvernement de la vicomté de Limoges. L'an 1280, ils donnèrent en fief le château de Chalus, avec ses dépendances, à Gérard de Maumont, pour reconnaître le service qu'il leur avait rendu par son jugement arbitral. Il était déjà en possession de celui de Chalucet, que la vicomtesse Marguerite lui avait vendu, et qu'il céda ensuite au chapitre de Limoges. L'an 1291 (n. st.), la vicomtesse Marie finit ses jours, laissant de son mariage trois fils, Jean, Gui et Pierre. Artur, son époux, devint duc de Bretagne en 1305, et mourut le 27 août 1312. (*Voy.* Artur II, duc de Bretagne.)

JEAN DE BRETAGNE.

1301 au plus tard. JEAN, fils aîné d'Artur de Bretagne et de Marie, fut pourvu par son père de la vicomté de Limoges, au plus tard en 1301. La preuve s'en tire d'un acte du lundi après la Saint-Barnabé 1301, passé sous le sceau de ce vicomte dans la châtellenie d'Exideuil, dépendante de la vicomté de Limoges. (Il était ci-devant entre les mains de M. Ardillier.) Mais ce ne fut qu'en 1307, selon MM. de Sainte-Marthe, que le vicomte Jean rendit hommage à l'abbé de Saint-Martial. Ce prince étant devenu duc de Bretagne, Gui, son frère, lui demanda avec instance un apanage convenable à sa naissance et aux droits qu'il avait sur la succession de ses père et mère. Le duc, pour le satisfaire, lui céda toutes les terres qui lui étaient échues du chef de Marie, leur mère, par traité fait à Paris au mois de mars 1314 (v. st.), excepté la terre de Bourgogne, à la charge de payer annuellement à la duchesse Yolande, leur belle-mère, la somme de deux mille livres pour sa dot. Par ce traité, le duc Jean anéantit la concession qu'il avait faite de la vicomté de Limoges, à la duchesse ISABELLE DE CASTILLE, sa femme, par acte passé au mois de mars de l'année précédente à Vienne. (Voy. *les ducs de Bretagne.*)

GUI VII.

1314. GUI, second fils d'Artur, se mit en possession de la vicomté de Limoges, en vertu du traité fait avec le duc Jean son frère. Il en recueillit les fruits pendant trois ans, et fit battre monnaie à Limoges, comme avaient fait ses prédécesseurs. Cependant la duchesse Isabelle de Castille, soit à l'instigation de son mari, soit de son propre mouvement, se plaignit hautement qu'on lui avait manqué de parole, et du tort qu'on lui faisait. Le roi de Castille en étant informé, envoya Gonçalez, évêque de Burgos, vers le roi Philippe le Long, pour le prier de rendre justice à sa sœur. Philippe, du consentement des parties intéressées, chargea les évêques de Laon et de Mende de travailler à un accommodement. Après plusieurs conférences, il fut réglé, par les arbitres, que Gui de Bretagne renoncerait à toutes ses prétentions sur la vicomté de Limoges, qu'il remettrait son désistement entre les mains de l'évêque de Limoges, et qu'on lui assignerait huit mille livres de rente en Bretagne. Cet arbitrage fut confirmé par les lettres du roi, données à Paris au mois d'avril 1317. Pour satisfaire au dernier article, le duc donne à son frère tout ce qu'il possédait en Penthièvre, le comté de Guingamp, les châtellenies de Ménibriac, de Pontrieu, de la Rochederien, à la charge d'en faire hommage aux ducs de Bretagne, et de payer dix mille livres de pension viagère à la duchesse Yolande.

ISABELLE DE CASTILLE, ET JEAN III.

1317. ISABELLE DE CASTILLE, femme de JEAN III, duc de Bretagne, entra en jouissance de la vicomté de Limoges après la sentence arbitrale des évêques de Laon et de Mende. On voit cependant qu'elle avait conservé jusqu'alors quelque autorité dans cette vicomté. Un acte que nous avons sous les yeux, passé le lundi avant les Rameaux de l'an 1315 (v. st.), sous le sceau d'Isabelle, nous en fournit la preuve. Le Limosin fut paisiblement administré par ses officiers jusqu'à sa mort, arrivée le 24 juillet 1328. Comme elle ne laissa point d'enfants, la vicomté de Limoges rentra dans la main du duc Jean, qui s'étant remarié le 21 mars de l'an 1329, à JEANNE DE SAVOIE, lui assigna ce domaine pour son douaire, au cas qu'elle lui survécût. Jeanne mourut avant lui, le 29 juin 1338 : ainsi la concession n'eut point lieu. L'an 1339, le duc Jean fut inquiété par les officiers de la monnaie du roi, qui saisirent les coins qu'il avait à Nantes et à Limoges, sous prétexte que ses monnaies étaient si semblables à celles du roi, qu'on les confondait dans le commerce. Mais si la monnaie du duc était la même que celle dont on conserve des pièces dans les cabinets des curieux, on peut dire que la querelle suscitée par les officiers royaux, n'avait d'autre fondement que leur bévue, qui leur faisait prendre des hermines pour des fleurs de lis. Quoi qu'il en soit, le duc Jean III mourut à Caen, le 30 avril 1341. (Voy. *les ducs de Bretagne.*)

JEANNE DE PENTHIÈVRE, CHARLES DE BLOIS ET JEAN DE MONTFORT.

1341. JEANNE, comtesse de Penthièvre, fille unique de Gui de Bretagne, frère du duc Jean III, mort le 26 mars 1331, se porta pour héritière universelle du duc, son oncle, décédé sans enfants. Mais elle eut un concurrent dans la personne de JEAN DE MONTFORT, frère du duc, lequel étant venu à Limoges aussitôt après la mort de ce prince, s'empara des trésors qu'il y avait mis en dépôt. Malgré les secours qu'il en tira, CHARLES DE BLOIS, époux de Jeanne, vint à bout de le battre et de le faire prisonnier. Mais du fond de sa prison, Montfort fit ses protestations contre la donation que Jeanne avait faite à son mari de la vicomté de Limoges. Les affaires changèrent bien de face dans la suite. Charles, après avoir essuyé les plus grands revers, après avoir été fait prisonnier en 1347, et emmené l'année suivante en Angleterre, finit par être tué le 26 septembre 1364, à la bataille d'Aurai. L'an 1365, Jeanne, sa veuve, fit le 11 avril (jour du vendredi-saint), avec Jean de Montfort, le fameux traité de Guerrande, dont le quatrième article portait qu'elle conserverait la vicomté de Limoges, et que le duc de Bretagne emploirait son crédit, ses prières, et *toutes les voies amiables*, pour engager le prince de Galles à la laisser jouir de cette terre. Par le huitième et le neuvième articles du même traité, il était dit, que pour entretenir la paix entre les deux maisons, et ôter tout sujet de division, Jean de Bretagne, fils aîné de la dame de Penthièvre, épouserait Jeanne, sœur du comte de Monfort ; alliance en considération de laquelle la dame de Penthièvre donnerait à son fils la vicomté de Limoges *en avancement d'hoirie*; que, de son côté, le comte de Montfort donnerait à sa sœur la somme cent mille livres sur les aides de Bretagne, pour la délivrance de son mari. Enfin, le treizième article portait, que si Jean de Bretagne mourait avant la sœur du comte de Montfort, la vicomté de Limoges resterait à sa veuve pour son douaire. Mais ce mariage n'eut point lieu. L'an 1370, la comtesse Jeanne remit, le 9 juillet, au roi Charles V sa vicomté. Les citoyens de Limoges refusant de changer de maître, les ducs de Berri et de Bourbon vinrent assiéger cette ville. Elle ouvrit ses portes, par le conseil de son évêque, lorsqu'elle vit arriver Bertrand du Guesclin. Le prince de Galles, dont les pertes aigrissaient le caractère, apprit avec une extrême indignation l'espèce de trahison que l'évêque Jean de Cros, qu'il appelait *son compère et son ami*, venait de lui faire. Elle lui rendit odieux tous les gens d'église ; il jura de s'en venger, et il ne tint que trop fidèlement sa parole. Tandis que du Guesclin était occupé à soumettre d'autres places du Limosin, il survint à Limoges, où il fit un grand carnage, après quoi il sépara son armée, et se retira à Cognac. Limoges et le Limosin restèrent à la France, et du Guesclin, en partant au mois de septembre de la même année pour se rendre à Paris, laissa la garde de ses conquêtes à son neveu Olivier de Mauni. Il paraît que Charles V rendit à Jeanne de Penthièvre la vicomté de Limoges, peu de tems après avoir enlevé ce pays à l'Anglais ; car, en 1371, elle prenait le titre de vicomtesse de Limoges. (Morice, *hist. de Bretagne*, l. 8, p. 391.) Cette princesse finit ses jours le 10 septembre 1384, et fut enterrée aux Cordeliers de Guingamp, en Bretagne. Elle avait eu de son mariage Jean, qui suit ; Henri, mort en 1400 ; Marguerite, dame de l'Aigle, femme de Charles d'Espagne ; et Marie, femme de Louis, duc d'Anjou, second fils du roi Jean. (Voy. *les ducs de Bretagne et les comtes de Penthièvre.*)

JEAN DE BLOIS.

1384. JEAN DE BLOIS, dit DE BRETAGNE, comte de Penthièvre et de Goello, seigneur d'Avaugour, d'Avènes, etc., fils de Charles de Blois et de Jeanne de Penthièvre, succéda à sa mère dans la vicomté de Limoges. Il était pour lors prisonnier en Angleterre depuis l'an 1351, qu'il y avait été conduit pour tenir la place de son père, jusqu'à ce qu'il eût acquitté sa rançon, qui était de cent vingt mille livres. Incapable de payer de ses propres fonds une somme si considérable, il eût vraisemblablement fini ses jours dans la captivité, sans la générosité d'Olivier de Clisson, connétable de France, qui satisfit pour lui en 1387, et lui procura par-là sa liberté. Clisson fit plus, il lui donna en mariage, l'année suivante, MARGUERITE, sa fille cadette, avec la terre de Châteauceau pour sa dot. Mais le bonheur de Jean de Bretagne eut plus d'apparence que de réalité. Ce prince sembla n'être revenu en France que pour être plongé dans les embarras d'une vie continuellement agitée. Instrument des vastes projets de son beau-père, il eut presque toujours les armes à la main contre le duc de Bretagne. Il avait pris possession de la vicomté de Limoges, peu de tems après son retour en France. On ne voit pas qu'il ait rien fait de mémorable pour cette portion de ses domaines. Il termina sa vie à Lamballe, le 16 janvier 1404 (n. st.), et fut inhumé aux Cordeliers de Guingamp. Des quatre fils qu'il laissa de son mariage, l'aîné, qui suit, fut son successeur dans la vicomté de Limoges. (*Voy.* Jean, *comte de Penthièvre.*)

OLIVIER DE BLOIS.

1404. OLIVIER DE BLOIS, dit DE BRETAGNE, fils aîné de Jean de Blois et de Marguerite de Clisson, succéda à son père dans le comté de Penthièvre, la vicomté de Limoges et la seigneurie d'Avènes. Il embrassa, l'an 1411, le parti du duc d'Orléans, contre le duc de Bourgogne; l'année suivante, il accompagna le duc d'Anjou au siége de Bourges. L'an 1420, après avoir fait la paix avec le duc de Bretagne, au sujet des querelles qui s'étaient élevées entre lui et la comtesse douairière de Penthièvre, il invite ce prince, de la part de sa mère et de ses frères, à venir les voir à Châteauceau. Le duc s'étant mis en marche pour s'y rendre, les Penthièvre viennent au-devant de lui avec des troupes, l'arrêtent prisonnier avec son frère au pont de Troubade, et les amènent à la tour de Châteauceau, où ils les tiennent renfermés l'espace de cinq mois; forcés ensuite de les relâcher, ils se voient eux-mêmes dépouillés de tous les domaines qu'ils possédaient en Bretagne, et proscrits par jugement des états de ce duché, tenus à Vannes au mois de février 1421. Olivier, fugitif, se retira d'abord dans sa vicomté de Limoges. Après y avoir réglé ses affaires, il se rendit en sa terre d'Avènes dans le Hainaut, où il mourut le 28 septembre 1433, sans laisser d'enfants de ses deux femmes, ISABELLE, fille de Jean, duc de Bourgogne, et JEANNE DE LALAIN, dame de Quievrain.

JEAN DE BLOIS.

1433. JEAN DE BLOIS, seigneur de l'Aigle, succéda à son frère Olivier dans la vicomté de Limoges. A cette succession il joignit, l'an 1437, le comté de Périgord, qu'il acquit de Jean d'Orléans. (Voy. *les comtes de Périgord.*) L'an 1448, il entra en possession du comté de Penthièvre par l'accommodement qu'il fit avec François, duc de Bretagne. Le roi Charles VII l'ayant nommé lieutenant-général de ses armées en Guienne, il prit Bergerac en 1450, Castillon en 1451, et se distingua en 1453, à la bataille de Castillon et à la réduction de Bordeaux. L'an 1454 fut le terme de sa vie. Il avait épousé MARGUERITE DE CHAUVIGNI, veuve de Béraud III, dauphin d'Auvergne, dont il ne laissa point d'enfants. (Voy. *les comtes de Penthièvre.*)

GUILLAUME DE BLOIS.

1454. GUILLAUME, frère de Jean de Blois, lui succéda dans la vicomté de Limoges, préférablement à Nicole, sa nièce, en vertu de la donation que celui-ci lui en avait faite. Sans cela, Nicole, sa nièce, eût eu la préférence, parce que la représentation a lieu dans le Limosin, et que cette vicomté d'ailleurs n'est pas un fief masculin. Guillaume avait été donné par ses frères en otage, l'an 1421, au duc de Bretagne par l'accommodement qu'ils avaient fait avec lui, après la trahison qu'ils commirent à son égard. Guillaume porta la peine de leur crime, auquel il n'avait point eu de part. Resserré pendant vingt-huit ans dans une étroite prison, il y versa tant de larmes qu'il en devint presque aveugle. Il mourut en 1455, laissant d'ISABELLE, son épouse, fille de Bernard I, comte d'Auvergne, Françoise, qui suit, et deux autres filles. Isabelle devenue veuve, se remaria avec Arnaud-Amanieu d'Albret, sire d'Orval.

FRANÇOISE DE BLOIS, ET ALAIN D'ALBRET.

1455. FRANÇOISE, fille aînée de Guillaume de Blois, lui succéda dans la vicomté de Limoges, ainsi qu'à la seigneurie d'Avènes. L'an 1470, elle épousa ALAIN, sire d'Albret. La mort de cette princesse arriva au plutôt l'an 1481, date de son testament. Alain, son époux, l'ayant suivie au tombeau l'an 1522, la vicomté de Limoges passa avec ses autres domaines à son successeur et petit-fils Henri, roi de Navarre, mort le 25 mai 1555, laissant pour héritière JEANNE, sa fille unique, mariée, en 1548, avec Antoine de Bourbon. Henri, né de ce mariage, étant monté sur le trône de France, réunit à la couronne la vicomté de Limoges. Mais ce prince en aliéna tous les fonds en divers tems; aliénations qu'il déclara immuables en 1602. Elles ne furent pas néanmoins exceptées dans l'édit du mois de juillet 1607, qui déclara nulles toutes celles que ce prince avait faites du domaine, depuis son avénement au trône, sauf le remboursement des acquéreurs qui ne possédaient qu'à titre d'engagement. Mais ceux qui avaient acheté des commissaires de Henri IV et de Catherine, duchesse de Bar, sa sœur, à qui ce prince avait cédé le Limosin, avaient une garantie à exercer contre le roi, du chef de cette princesse.

CHRONOLOGIE HISTORIQUE

DES

VICOMTES DE TURENNE.

Turenne, en latin *Torinna*, *Turenna*, *Turena*, ville et château du Bas-Limosin, entre Tulles et Sarlat, est le chef-lieu d'une vicomté qui, sur huit lieues de long et sept de large, renferme treize châtellenies et cent seize paroisses situées en Limosin, en Périgord et en Querci. Ce n'était d'abord qu'un simple château, lorsque le roi Pepin le Bref en fit la conquête en 767. L'avantage de sa position engagea ce prince à y transporter une colonie de Français, à laquelle il accorda des priviléges, qui en augmentèrent la population. Les seigneurs de Turenne étendirent, par degrés, leurs domaines, au moyen des acquisitions qu'ils firent, et leur autorité par le titre de vicomte, qu'ils obtinrent des ducs d'Aquitaine, comtes de Limosin, avec les droits régaliens.

RODULFE.

Rodulfe est le premier seigneur de Turenne que l'histoire nous fasse connaître. Ses ancêtres, en remontant à son trisaïeul, avaient été abbés laïques de Saint-Martin de Tulles. Il jouit du même bénéfice, et l'empereur Louis le Débonnaire le décora de plus du titre de comte. Mais ce ne fut qu'un titre d'honneur, tel qu'on en conférait autrefois, comme l'observe D. Mabillon (*Elog. S. Gerardi Aurel.*), à des personnes distinguées, à des seigneurs de lieux particuliers, sans leur accorder les prérogatives et la juridiction attachées à la dignité comtale. Rodulfe ne fut donc point proprement comte de Turenne, et n'a pu être ainsi qualifié que parce qu'il avait la seigneurie de ce lieu. AYGUA, sa femme, lui donna six enfants, Godefroi, qui suit; Robert, comte de Querci; Rodulfe, fait, en 840 ou 841, archevêque de Bourges; Landri, différent, quoiqu'en dise Justel, de Landri, comte de Saintes, qui fut tué dans un combat contre Emicon, comte d'Angoulême; Jean, et Immaine, abbesse dans le Querci. Celle-ci mourut avec son père, qui fut inhumé auprès d'elle, on ne sait en quelle année, dans l'église de Saint-Geniès.

GODEFROI.

GODEFROI, fils aîné de Rodulfe, et son successeur dans la seigneurie de Turenne, se trouve aussi décoré du titre de comte. Il épousa GERBERGE, dont il eut trois fils, Godefroi, Geoffroi et Ranulfe. On ne peut dire si les deux premiers succédèrent l'un après l'autre à leur père. Mais ce qui paraît moins douteux, c'est qu'ils moururent tous deux sans postérité, ou du moins sans enfants mâles.

RANULFE.

RANULFE continua la ligne des seigneurs de Turenne. Sa mort, suivant Baluze (*Hist. Tutel.*, pag. 12), arriva au plus tard la cinquième année du roi Charles le Simple, ce qui revient à l'an 897 de Jésus-Christ. D'ELISABETH, sa femme, il laissa un fils, qui suit.

ROBERT.

ROBERT, fils et successeur de Ranulfe, épousa, 1°. BLITGARDE; 2°. ERMESSINDE. On doute s'il laissa des enfants de l'un ou de l'autre mariage.

BERNARD, PREMIER VICOMTE.

BERNARD, qui vient à la suite de Robert parmi les seigneurs de Turenne, paraît, avec assez peu de fondement, à M. Baluze, avoir été son fils ou du moins son proche parent. Ce fut en sa faveur, et vraisemblablement pour récompense de ses services, que le roi Louis d'Outremer érigea la terre de Turenne en vicomté, de simple viguerie qu'elle était auparavant; ce qui se fit avec le consentement du comte de Poitiers, suzerain du Limosin. Il eut pour femme DEDA, qui lui donna un fils, qui suit, et deux filles, Sulpicie, femme d'Archambaud, dit *Jambe-pourrie*, qui viendra ci-après, et N., mariée à Ranulfe, vicomte d'Aubusson.

ADÉMAR.

ADÉMAR ou AIMAR, fils de Bernard et son successeur, était mort en 984, comme on le voit par la donation que DEDA, sa mère, fit au mois d'octobre de cette année, d'un meix à l'abbaye de Tulles, pour les âmes du vicomte Bernard, son mari, et du vicomte Adémar, son fils. (Justel, *preuv. de la maison de Turen.* pag. 19.) Ce vicomte, ainsi que ses père et mère, fut inhumé à l'abbaye de Tulles qui devint la sépulture des vicomtes de Turenne tant qu'ils furent abbés laïques de ce monastère.

Si l'on s'en rapporte à Piganiol de la Force (*Descrip. de la Fr.* tom. XI, pp. 409 *et seqq.*) « Aimar, comte de Turenne,
» pour se maintenir contre la force et la puissance des comtes
» de Toulouse, qui avaient déjà usurpé le comté de Querci
» sur ses prédécesseurs, se mit sous la protection du roi de
» France, et s'y soumit tant pour lui que pour ses successeurs,
» à la charge qu'ils seraient conservés et maintenus en leurs
» franchises, libertés, droits et prérogatives qu'ils avaient dans
» l'étendue de leur terre sur leurs vassaux. Depuis ce tems-là,
» ajoute-t-il, la vicomté de Turenne a toujours relevé immé-
» diatement de la couronne sous le simple hommage de fidé-
» lité; et au moyen de cet hommage, nos rois ont toujours
» confirmé les vicomtes de Turenne dans la jouissance des droits
» régaliens. » Il serait à souhaiter qu'on eût des preuves littérales de ces assertions. Ce qu'il y a de certain, c'est que de tems immémorial, les vicomtes de Turenne ont été affranchis de la dépendance des comtes de Toulouse et de tout autre seigneur, excepté le roi, et que leur vicomté a toujours été mise, par ceux qui ont écrit sur les fiefs, au nombre des grandes seigneuries. Louis XIV a confirmé cette prérogative par ses lettres du 12 mai 1656. Il est cependant vrai que la vicomté de Turenne ressortit par appel au bailliage de Poitiers.

ARCHAMBAUD, DIT JAMBE-POURRIE.

ARCHAMBAUD, vicomte de Comborn, succéda, en vertu de son mariage avec Sulpicie, fille de Bernard, à son beau-père Adémar dans la vicomté de Turenne, ainsi que dans celles de Ventadour et de Comborn. Mais il paraît que cette succession lui fut contestée par Ranulfe, vicomte d'Aubusson, gendre, comme lui, de Bernard. Geoffroi du Vigeois nous apprend que lorsqu'il voulut entrer dans le château de Turenne pour en prendre possession, les portes se fermèrent sur lui (par la mauvaise volonté de ceux qui étaient dedans) avec tant de violence, qu'elles lui froissèrent le pied de manière qu'il en demeura boiteux le reste de ses jours : ce qui le fit surnommer *Jambe-pourrie*. Archambaud et Ranulfe se réconcilièrent dans la suite, et réunirent leurs armes pour faire le siége du château de Moulseau, entre Aurillac et Tulles, et non pas de Mucidan en Périgord, comme le prétend M. de Valois par une fausse interprétation du terme latin *Mulsedonum*. Cette expédition eut un heureux succès. Archambaud se rendit fameux par beaucoup d'autres exploits. Il y avait de son tems peu de guerriers plus vigoureux et plus redoutables que lui. Le carnage qu'il faisait des ennemis à la guerre avec sa hache d'armes, lui avait mérité le surnom de *Boucher*. Geoffroi du Vigeois raconte de lui, d'après un bruit public, que Marie d'Aragon, prétendue femme de l'empereur Otton III, étant accusée d'adultère, Archambaud prit sa défense et combattit contre ses accusateurs qu'il mit en fuite. Mais pour détruire ce fait, il suffit de dire qu'Otton III, suivant tous les auteurs contemporains, ne fut jamais marié. On ignore l'année de la mort d'Archambaud. Il eut de son mariage deux fils, dont l'aîné, de même nom que lui, le précéda au tombeau, et le second lui survécut. Ces deux fils sont dénommés dans la charte d'une donation que leur père fit, l'an 992, à l'abbaye d'Uzerche. (Justel, *hist. de la maison de Tur.*, pag. 20.)

EBLES.

EBLES, second fils d'Archambaud et son successeur à la vicomté de Turenne, ayant épousé, suivant l'auteur des miracles de Sainte-Foi de Conches, Béatrix, fille de Richard I, duc de Normandie, eut de cette alliance deux fils, Guillaume, qui viendra ci-après, et Archambaud, qui fut la tige des vicomtes de Comborn. Le premier de ces deux enfants eut part, avec ses père et mère, à la donation qu'ils firent, l'an 1001, dans le mois d'avril, à l'abbaye d'Uzerche. (Justel, *hist. de la maison de Tur. pr.* pag. 21.) La discorde s'étant mise, dans la suite, entre Ebles et Béatrix, celle-ci fut répudiée, et son époux donna sa main à PÉRONELLE dont la naissance n'est point connue. Ceci dut arriver long-tems avant l'an 1030. On voit, en effet, sous cette année, la charte d'une donation faite à l'église de Belmont par Ebles et sa femme Péronelle, du consentement de Guillaume, Archambaud, Ebles et Robert, tous enfants du vicomte Ebles, dont les deux derniers étaient du second lit. (*Ibid.*) Geoffroi du Vigeois nous apprend qu'Archambaud tua Robert, son frère, par jalousie de la préférence que lui donnait Ebles, leur père, dans son amitié. Mais il ajoute qu'Archambaud, ayant mis à mort depuis un chevalier qui, dans un combat, avait blessé grièvement son père, rentra par là dans ses bonnes grâces et lui fit oublier son fratricide.

GUILLAUME.

GUILLAUME, fils aîné d'Ebles, eut en partage la vicomté de Turenne, fort diminuée par le démembrement que son père en avait fait des vicomtés de Comborn et de Ventadour. Il laissa de MATHILDE, sa femme, un fils, qui suit.

BOSON Ier.

BOSON Ier., fils et successeur de Guillaume, épousa GERBERGE, dont M. Justel, suivant la remarque de M. Baluze, fait deux personnes, parce qu'il avait trouvé des chartes où la femme de Boson est appelée *Comtor*, ne faisant pas attention que c'est ici un nom de dignité qui se donnait à des personnes qualifiées de l'un et de l'autre sexe. L'an 1076, Boson fut présent, avec Archambaud, son frère, et d'autres seigneurs, à l'acte par lequel les religieux de Beaulieu se donnèrent, avec leur monastère, à Saint-Hugues, abbé de Cluni. L'an 1091, la dévotion le porta à faire le pèlerinage de la Terre-Sainte où il mourut la même année, laissant de son mariage Raymond, qui suit; Archambaud, vicomte de Ribeires; Guillaume, mort en 1105 au plus tard; Ebles, abbé de Tulles; avec trois filles, Alpaïde, femme de Bernard III, comte d'Armagnac; Etiennette, mariée à Hugues, seigneur de Beaucaire, en Périgord; et Mathilde, femme de Hugues II, duc de Bourgogne. Gerberge, mère de ces enfants, mourut en 1103.

RAYMOND I.

1091. RAYMOND I, successeur de Boson, son père, partit, l'an 1096, avec Raimbaud, comte d'Orange, Guillaume, comte de Forès, Gouffier de las Tours, et d'autres seigneurs de son voisinage, sous les enseignes de Raymond de Saint-Gilles, pour la Terre-Sainte, où il se distingua par ses exploits. Il en était de retour en 1103, comme on le voit par une donation qu'il fit cette année à l'abbaye de Tulles pour l'âme de sa mère, qu'il nomme Guisberge. (Justel, *ibid. pr.* p. 29.) Geoffroi du Vigeois remarque que le nom du vicomte Raymond I se trouvait empreint sur un denier de la monnaie publique ; ce qui montre le droit de battre monnaie qu'avaient dès-lors les vicomtes de Turenne. Justel a fait aussi graver des deniers et des sous qui portent le nom de Raymond, et prétend qu'il y avait aussi des livres qu'on nommait *livres raymondaises*. Les ducs de Guienne, par convention avec Raymond, s'obligèrent à donner cours à cette monnaie dans les trois diocèses de Cahors, de Limoges et de Périgueux. Ce vicomte vivait encore en 1122. Il avait épousé MATHILDE, fille de Geoffroi II (et non de Rotrou III, comme Moréri le marque), comte de Perche, dont il eut Boson, qui suit; Marguerite, femme, 1°. d'Adémar IV, vicomte de Limoges; 2°. d'Ebles, vicomte de Ventadour, dont elle fut séparée; 3°. de Guillaume IV, comte d'Angoulême; et Anne, mariée à Aimeri de Gordon. Mathilde survécut à Raymond, son époux, et prit une seconde alliance avec Gui de las Tours. Elle mourut en 1143.

BOSON II.

1122 au plutôt. BOSON II, successeur de Raymond, son père, montra, dès sa première jeunesse, beaucoup d'ardeur pour les armes, et fit preuve de valeur en différentes occasions. Sa mère, avertie dans un songe, dit Geoffroi du Vigeois, que ce parti lui serait funeste, chargea Bernard II, comte de la Marche, de lui défendre de sa part de s'engager dans aucune expédition militaire; et non contente de cette précaution, elle faisait dire pour lui chaque jour une messe du Saint-Esprit. Boson obéit à sa mère pendant qu'elle vécut. Mais cette dame étant morte au mois de mai 1143, il revint à sa première inclination. Les deux frères, Gui IV et Adémar IV, vicomte de Limoges, dont le second avait épousé sa sœur, étaient alors brouillés avec Gui Flammenc, leur neveu, pour des intérêts de famille. Résolu de vider le différent par les armes, ils invitèrent le vicomte de Turenne à les seconder. Boson ne se fit point prier; et, ayant assemblé à la hâte ses chevaliers, il alla les rejoindre avec sa troupe au siége de la Roche Saint-Paul, qu'ils avaient entrepris. Il y rencontra sa destinée, et fut étendu mort d'un coup de flèche qui lui perça la gorge le 19 juin, un mois environ après le décès de sa mère. Il avait épousé, depuis peu, EUSTORGIE, fille de Bernard, seigneur d'Anduze et d'Alais, qu'il laissa enceinte, de quatre mois, d'un fils, qui suit.

RAYMOND II.

1143. RAYMOND II, né cinq mois après la mort de Boson II, son père, lui succéda sous la tutelle d'Eustorgie, sa mère. L'an

1176, il entra dans la ligue formée contre Richard, duc d'Aquitaine, son suzerain, par le roi Henri le Jeune, et Geoffroi, ses frères, Wulgrin, comte d'Angoulême, Pierre, vicomte de Castillon, Adémar, vicomte de Limoges, Olivier, prince de Chalais, et beaucoup d'autres seigneurs. (*Béned. Petroburg. et Chron. S. Martini Lemov.*) Le 25 janvier de la même année, Renaud, vicomte de Gimel, étant venu le trouver au château de Turenne, se *devestit* entre ses mains de toute sa terre, et, après l'en avoir investi, la reçut de lui en fief. (Justel, *hist de la M. de Tur. pr.* pag. 35.) L'an 1178, il fut nommé par les rois de France et d'Angleterre avec Raymond, comte de Toulouse, Raymond de Château-Neuf, et d'autres seigneurs puissants, pour appuyer Pierre, cardinal-légat, et les archevêques de Bourges et de Narbonne, dans leur mission contre les Albigeois, et chasser ces hérétiques des pays qu'ils infestaient. (*Roger de Hoveden.*) La même année, et peut-être avant de partir pour cette expédition, il tint un plaid dans lequel il permit un duel solennel en l'île de Beaulieu, dans sa vicomté, entre Hugues de Saint-Céré, et Aimeri de Saint-Céré, accusé d'avoir tué en trahison Astorg, frère du premier. A ce combat assistèrent les vicomtes de Limoges, de Comborn, de Gimel Taleyrand, seigneur de las Tours, et un grand nombre d'autres barons. La victoire demeura à Hugues de Saint-Céré, qui demanda en conséquence les biens qu'Aimeri possédait à S. Céré. Mais la cour du vicomte jugea que la confiscation lui appartenait comme seigneur de S. Céré. (Justel, *ibid. pr.* p. 36.) Raymond partit, l'an 1190, avec le roi Philippe Auguste, pour la Terre-Sainte, d'où il ne revint pas. On croit qu'il mourut au siége d'Acre. Hélis de Castelnau, sa femme, lui donna deux fils, Raymond, qui suit, et Boson, mort quelques années après son père; avec une fille N., mariée avec Hélie V, comte de Périgord.

RAYMOND III.

Raymond III, fils aîné de Raymond II et son successeur, confirma, l'an 1209, à l'abbaye de Beaulieu, le droit de battre monnaie et d'autres droits que son père lui avait accordés. Ayant hérité au nom d'Hélis, sa femme, de la terre de Sévérac, par la mort de Gui de Sévérac, son beau-père, il en fit hommage, l'an 1211, à Pierre, roi d'Aragon, comme tuteur de Raymond-Bérenger, comte de Provence. Raymond III finit ses jours au plutôt l'année suivante. De son mariage, il eut Boson qu'il avait associé à sa vicomté, mais qui mourut avant lui, laissant des filles qui furent exclues de la vicomté; Raymond, qui suit; un autre Raymond, qui fut d'abord seigneur de Servières, et qui devint ensuite vicomte de Turenne; et une fille N., mariée au chevalier Bernard de Cosnac.

RAYMOND IV.

RAYMOND IV, fils et successeur de Raymond III, fit hommage de sa vicomté, l'an 1214, à Simon de Monfort, comme à son suzerain. (Justel, *ibid.*, page 38.) Il accompagna, la même année, le prince Louis, fils du roi Philippe Auguste, lorsqu'il passa en Angleterre où il était appelé par les barons soulevés contre le roi Jean. L'an 1219, sur la connaissance qu'il avait que Raoul de Besse et ses neveux, fils d'Adémar, étaient d'une bonne race, *ex generosa progenie*, pour récompense de la fidélité qu'ils lui avaient toujours témoignée, il les fit chevaliers, eux et leurs descendants, *concessimus eis et successoribus suis ut sint milites*, les exemptant de tailles et de toute autre exaction. (*Ibid.*, p. 39.) Etant prêt, la même année, à partir pour la Terre-Sainte, il réforma, dans le mois de septembre, les coutumes établies par ses prédécesseurs au bourg de Martel, les fit mettre par écrit, et s'obligea, par serment, à s'y conformer et à les faire observer par tous les habitants du lieu. (*Ibid.*, p. 40.) Il était de retour en 1221, comme le prouve un acte d'Ebles, vicomte de Ventadour, et de Marguerite, sa femme, passé le jour de la Pentecôte de cette année à l'abbaye de Grandmont, par lequel, en se soumettant à la juridiction temporelle de l'archevêque de Bourges et de l'évêque de Limoges, ils donnent pour pleige Raymond, vicomte de Turenne, qui était présent. (*Ibid.*)

Le roi saint Louis donna, l'an 1229, au vicomte de Turenne, des lettres datées de Melun au mois de septembre, par lesquelles il lui promet de ne jamais l'échanger ni le séparer de la couronne de France tant qu'il lui sera fidèle et à ses successeurs. (*Ibid.*, p. 43.) L'an 1230, le 2 février, pour réprimer les brigands qui infestaient le Limosin et les provinces voisines, Raymond fit à Roquemadour un traité de confédération pour huit années, par charte mi-partie, avec les consuls de Cahors et de Figeac, l'abbé de Tulles et plusieurs barons du pays, sauf l'honneur et le respect dus à l'église romaine, l'autorité et les droits du roi de France. (*Ibid.*) Il fut, l'an 1235, un des souscripteurs de la lettre que les seigneurs les plus qualifiés du royaume, assemblés à Saint-Denis, en France, écrivirent au pape Grégoire IX, pour se plaindre des entreprises du clergé sur la juridiction du roi et de l'indépendance qu'il affectait à son égard; déclarant à sa sainteté qu'ils sont déterminés à ne plus souffrir de pareils attentats si préjudiciables au bien public.

(*Ibid.*, p. 45.) Raymond IV termina ses jours vers le commencement de décembre 1243. (Justel, *ibid.*, *pr.*, p. 51.) HÉLIS, sa femme, fille de Gui II, comte d'Auvergne, qui survécut à son mari, ne lui donna qu'une fille nommée comme elle, qui fut mariée à Hélie Rudel, seigneur de Bragerac, de Blaye et de Gensac, et que sa mère institua son héritière par son testament fait en 1250.

RAYMOND V.

1243. RAYMOND, seigneur de Servières, se mit en possession de la vicomté de Turenne après la mort de Raymond IV, son frère. Mais ce ne fut pas sans opposition de la part d'Hélie Rudel, gendre de ce dernier, qui revendiqua cette succession au nom d'Hélis, sa femme. La contestation fut portée au conseil du roi. Gui, vicomte de Limoges, consulté là-dessus par la reine Blanche, lui répondit, par lettres en date du 17 décembre 1243, qu'ayant interrogé les plus sages et les plus éclairés du pays, il n'hésitait point à dire que jamais fille n'avait possédé la vicomté de Turenne, et que, toutes les fois qu'un vicomte était mort sans enfants mâles, son frère, s'il en avait un, lui avait succédé préférablement aux filles. (Justel, *ibid.*, page 51.) Cet avis prévalut au conseil, et Raymond demeura possesseur de la vicomté. Mais il n'en jouit pas long-tems. L'an 1245, étant tombé dangereusement malade à Paris, il fit son testament le 17 décembre, par lequel il instituait son héritier, dans ses droits à la vicomté de Turenne, Raymond, son fils aîné; droits, dit-il, que j'avais poursuivis à la cour du roi jusqu'à sentence définitive : *quod ego poteram et cujus jus persecutus fueram usque ad definitivam sententiam coram domino rege Francorum.* (*Ibid.*) A Boson, son second fils, il donne Brive avec ses dépendances, excepté Chameirac et Cotsage, dont il ordonne que sa femme jouira sa vie durant. A Gui, son troisième fils, il lègue cent livres de rente. Il enjoint à l'aîné de faire chevaliers Hugues de Saint-Amand et Pierre de Io, et fait exécuteurs de son testament Ebles de Ventadour et G. de Malemort. (*Ibid.*, p. 51.) Raymond revient de cette maladie, suivant Justel; mais il paraît plus probable à M. Baluze, qu'il y succomba, et nous sommes de son avis. Il fut enterré dans l'hôpital de Turenne, nommé Iaffa. (*Ibid.*, p. 52.) Outre les fils qu'on vient de nommer, il laissa cinq filles, Allemande, femme de Pons I, seigneur de Gordon ; Comtor, mariée à Bertrand de Cardaillac ; Hélis, femme de Pierre de Cazillac ; Marguerite, qui, l'an 1262, céda à Raymond VI, son frère, tous les droits qu'elle avait tant aux biens paternels et maternels qu'à ceux de Raymond IV, son oncle, excepté la dot qui lui avait été promise, qu'elle se réserve de lui demander lorsqu'elle se mariera. Elle épousa, quelque tems après, Durand de Montal, fils d'Astorg, seigneur d'Aurillac; puis, en secondes noces, Raymond III, sire de Pons.

RAYMOND VI.

Raymond VI, fils aîné de Raymond V, lui succéda, l'an 1245, ou au commencement de l'an 1246. Nous voyons en effet que cette année, étant à Pontoise, il rendit hommage au roi saint Louis, et lui promit avec serment de lui remettre ses forteresses *à grande et à petite force*. (Baluze, *Hist. Tutel*, p. 168.) Hélie Rudel et sa femme Hélis recommencèrent le procès pour la succession de la vicomté de Turenne. Mais les parties, après bien des altercations, ayant fait un compromis entre les mains de la reine Blanche, régente du royaume, cette princesse, par sa décision du mois de juin 1251, adjugea aux demandeurs une partie de l'héritage contesté. (*Ibid.*, page. 52.) Raymond se disposant, l'an 1252, à partir pour la Terre-Sainte, fit, au mois d'avril, son testament par lequel, au cas qu'il vînt à mourir sans enfants, il instituait son héritier universel Boson, et lui substituait, faute de postérité, Gui, son autre frère, auquel il laissait par provision cent cinquante livres de la monnaie courante de Turenne. (*Ibid.*, page 54.) L'année suivante, étant au camp devant Sayète, ou Sidon, en Palestine, Raymond VI renouvela au roi saint Louis la promesse que son père et lui avaient déjà faite à ce monarque de lui remettre leurs forteresses *à grande et à petite force*.

Raymond fut encore inquiété, l'an 1256, pour la vicomté de Turenne, par Marguerite, femme de Bernard II, vicomte de Comborn, et Dauphine de Roquefeuille, toutes deux filles du vicomte Boson, fils et collègue du vicomte Raymond III. Le roi saint Louis, choisi pour arbitre, régla, par son jugement, que Raymond assignerait sur sa vicomté au vicomte de Comborn, à sa femme, et à Dauphine de Roquefeuille, une rente de cinquante livres, monnaie raymondaise, pour les tenir en fief, eux et leurs héritiers, du vicomte de Turenne, et lui en faire hommage. (*Ibid.*, p. 55 et 56.) Ce monarque, par le traité de paix fait avec Henri III, roi d'Angleterre, lui ayant cédé, l'an 1259, sous le titre de duché de Guienne, les trois diocèses de Périgueux, de Cahors et de Limoges, la vicomté de Turenne se trouva comprise dans cet abandon. Raymond VI alors réclama le privilége accordé, l'an 1239, à Raymond IV et à ses successeurs par saint Louis même, de ne pouvoir être jamais séparés de la couronne de France. Il refusa long-tems de s'en départir et de reconnaître le roi d'Angleterre. Mais enfin, parce qu'on ne pouvait autrement satisfaire au traité fait avec l'Anglais, il fut obligé, par les prières et le commandement du roi, de renoncer, par acte du 22 avril de l'an 1263, à son privilége, et de faire hommage au roi d'Angleterre. Mais il apposa à cet acte plusieurs restrictions qu'il fit agréer à son nouveau seigneur, (*Ibid.*, page 62.) Ce monarque fut si content de l'avoir acquis, qu'il lui accorda la même année plusieurs priviléges et immunités qui furent confirmés, l'an 1280, au mois d'août, par Philippe le Hardi, roi de France. La veille de son hommage, pour l'engager plus efficacement à le faire, Henri lui avait assigné une pension de quatre cent quinze livres tournois sur son nouveau duché de Guienne. (*Ibid.*, page 62.)

Toujours attaché à la France, Raymond, l'an 1276, accompagna Robert, comte d'Artois (et non pas le roi Philippe le Hardi, comme le marque Justel) dans l'expédition qu'il fit en Navarre pour soutenir la reine Jeanne contre les barons révoltés, et contribua beaucoup, par sa valeur, à les réduire. Raymond VI termina sa carrière l'an 1285. Il avait épousé, 1°. l'an 1265, AGATHE, fille de Renaud (et non pas Raymond, comme le marque Moréri), sire de Pons, dont il eut un fils, qui suit; 2°. l'an 1284, LORE ou LAURE DE CHABANAIS, fille de Jourdain III, seigneur de Chabanais, et sœur d'Eschivat de Chabanais, comte de Bigorre, dont elle se porta pour héritière après sa mort, arrivée l'an 1283. (Voy. *les comtes de Bigorre.*) Ce deuxième mariage fut stérile.

RAYMOND VII.

1285. RAYMOND VII, fils unique de Raymond VI, lui succéda en bas âge sous la tutelle du chevalier Gilbert Auboin et d'autres seigneurs. Les intérêts de leur pupille ne dépérirent pas entre leurs mains. L'an 1288, à leur demande, le roi Philippe le Hardi, par lettres données à Paris au mois d'août, confirma au vicomte de Turenne les libertés, priviléges et franchises accordés à ses prédécesseurs. Les principales de ces libertés étaient que le duc d'Aquitaine ne pouvait bâtir de nouvelles forteresses dans la vicomté de Turenne; que ses officiers n'y pouvaient tenir d'assises, excepté dans le lieu de Martel, *præterquàm in villa Martelli;* que les vassaux du vicomte n'étaient tenus de payer au duc d'Aquitaine aucuns subsides, présents réels, personnels ou mixtes, pour quelques causes que ce fût, quand même il les leverait sur tous autres lieux de son duché; que les sénéchaux du duc seraient tenus, à leur création, de promettre qu'ils conserveraient lesdites libertés et franchises. Ces lettres ont été depuis confirmées par d'autres du roi Jean, datées d'Avignon au mois de décembre 1350, puis par celles du roi Charles VI, données à Rasilli au mois de mai 1446, et enfin par Louis XI au mois d'août 1474. (*Invent. du Trésor des Chartes*, vol. 60, fol. 463, et vol. 61, fol. 475.) Raymond n'était pas encore émancipé, l'an 1290, comme on le voit par des lettres d'Édouard I, roi d'Angleterre, aux tuteurs du vicomte Raymond, en date du 5 juin de la seizième année de son règne; lettres par lesquelles il leur enjoint de livrer les clefs des châteaux de Turenne et de Saint-Céré à Hélie de Caupène, qu'il a nommé son sénéchal en Guienne. Mais, l'année suivante, ce monarque, par lettres du 3 mai, manda à son sénéchal de se conformer aux conventions qui avaient été arrêtées par le roi Henri III, son père, et le vicomte Raymond VI; ce qui prouve qu'il jouissait alors de ses droits.

L'an 1304, le vicomte Raymond, se disposant à partir sous les enseignes du roi de France pour la guerre de Flandre, fit son testament le 11 juin, fête de Saint-Barnabé, par lequel, en cas que sa femme ne fût pas enceinte, il institue son héritière universelle Marguerite, sa fille unique. S'étant mis en marche ensuite pour la Flandre, il y mourut la même année. Il avait épousé LETICE, fille de Lore, sa belle-mère, qui l'avait eue d'un premier mariage qui n'est point connu. Letice le fit père de Marguerite dont on vient de parler. JEANNE DE BRIENNE, fille de Jean de Brienne, comte d'Eu, qu'il avait épousée en secondes noces, ne lui donna point d'enfants. Jeanne se remaria à Renaud de Pequigni, vidame d'Amiens.

MARGUERITE ET BERNARD.

1304. MARGUERITE, fille unique et héritière du vicomte Raymond VII, porta la vicomté de Turenne dans la maison de Comminges, par son mariage avec le comte BERNARD VII. L'an 1311, étant enceinte et près d'accoucher, elle fit son testament par lequel elle instituait son héritier universel l'enfant qui naîtrait d'elle, mâle ou femelle, et lui substituait, en cas de mort, le comte, son mari. Ce fut une fille qu'elle mit au monde, qui eut le même nom que sa mère. Celle-ci mourut des suites de ses couches, et sa fille la suivit de près au tombeau. Le comte Bernard, en vertu du testament de sa femme, resta possesseur de la vicomté de Turenne. Mais, au bout d'environ quinze ans, il fut troublé par Renaud IV, sire de Pons, fils de Geoffroi, comme descendant de Marguerite de Turenne, sœur de Raymond VI, vicomte de Turenne, et femme de Renaud III, aïeul de Renaud IV. Pour appuyer sa prétention, celui-ci soutint qu'il n'était point né d'enfant du mariage de Marguerite de Turenne avec le comte de Comminges, et que le contraire était une supposition faite par ce dernier, ce qu'il offrit de prouver par gage de bataille qu'il donna en parlement. Renaud accusa de plus Bernard de crime de lèze-majesté ; sur quoi il y eut arrêt de la cour du 23 janvier 1328 (v. st.) qui annulait le gage de bataille pour la supposition imputée au comte, et l'obligeait de répondre sur l'autre chef d'accusation. L'affaire fut depuis mise en compromis ; et, par jugement des arbitres rendu le 11 avril 1332, la paix se fit au moyen du mariage projeté de Renaud V, fils de Renaud IV, sire de Pons, avec Marguerite, fille du comte de Comminges, et de MATHE DE L'ILE-JOURDAIN, sa troisième femme. Mais la mort de Marguerite précéda la célébration de cette alliance. Celle du comte, son père, arriva l'an 1335. (*Voyez* Bernard VII, *comte de Comminges.*)

JEAN.

1335. JEAN, fils posthume de Bernard VII, comte de Comminges, lui succéda dans la vicomté de Turenne et le comté de Comminges, sous la tutelle de Mathe de l'Ile-Jourdain, sa mère, qui prend, dans un acte de l'an 1336, la qualité de *tutrice de Jean, par la grâce de Dieu, comte de Comminges et vicomte de Turenne.* Il mourut l'an 1339.

CÉCILE.

1339. CÉCILE, fille de Bernard VII, comte de Comminges, et de Mathe de l'Ile-Jourdain, succéda à Jean, son frère, dans la vicomté de Turenne. Elle était mariée depuis l'an 1336 avec JACQUES (et non Jean) d'Aragon, comte d'Urgel, frère de Pierre IV, roi d'Aragon. Pierre-Raymond, son oncle, s'étant emparé du comté de Comminges après la mort de Jean, elle lui intenta procès à ce sujet. Le roi Philippe de Valois adjugea le comté à Pierre-Raymond, par la faveur, si l'on en croit les annales d'Aragon, de Jean, duc de Normandie, fils aîné du roi ; de Charles, comte d'Alençon ; et de Louis d'Espagne, comte de Clermont. Jacques d'Aragon étant mort sans enfants l'an 1347, Cécile, sa veuve, qui lui survécut jusqu'en 1350, vendit, le 26 avril de cette année, pour 145 mille florins d'or, la vicomté de Turenne à Guillaume-Roger, comte de Beaufort, qui avait épousé sa sœur Eléonore.

GUILLAUME-ROGER.

1350. GUILLAUME-ROGER, IIIe du nom, comte de Beaufort en Vallée, dans l'Anjou, baron d'Alais, d'Anduze, de Portes, de Montclus, etc., fils de Guillaume-Roger II, comte de Beaufort, et de Marie de Chambon, neveu du pape Clément VI, et frère de Pierre-Roger, qui devint aussi pape en 1371 sous le nom de Grégoire XI, s'étant mis en possession de la vicomté de Turenne en vertu de son acquisition, en rendit hommage au roi Jean dans le mois de décembre 1350. Ce monarque, par ses lettres du même mois et par celles du 8 février suivant, confirma les priviléges de cette vicomté, dont un des principaux était de faire payer les droits de franc-fief et les amortissements pour les biens nobles acquis par les roturiers. La Guienne ayant été cédée, l'an 1360, à l'Angleterre par le traité de Brétigni, Guillaume-Roger se vit obligé de porter l'hommage de sa vicomté au roi Édouard III. Mais ce duché étant revenu à la France l'an 1370, il rendit un nouvel hommage, dans le mois de janvier 1372 (v. st.), au roi Charles V. Le pape Clément VI avait versé de grandes richesses dans le sein de sa famille. Grégoire XI ne fut pas moins prodigue envers elle. Guillaume-Roger, s'étant établi auprès de Grégoire, son frère, en Provence, obtint, par sa faveur, de la reine Jeanne, plusieurs belles terres qu'elle déclara exemptes de la réunion à son domaine. Sa fidélité et son attachement à cette princesse répondirent aux grâces qu'il en avait reçues. Après la mort tragique de Jeanne, Guillaume-Roger et Raymond-Louis, son fils, se déclarèrent hautement pour Louis d'Anjou, qu'elle avait institué son héritier, et contribuèrent beaucoup par leur valeur à lui soumettre la Provence. Mais Louis méconnut leurs services. Ce prince ayant publié un édit général pour la réunion des terres aliénées de son domaine, Guillaume-Roger, et son fils, furent traités comme les autres gentilshommes, sans égard pour l'exception qu'ils avaient obtenue de la reine Jeanne. Ce procédé les piqua vivement et surtout Raymond-Louis, que sa jeunesse rendait plus sensible aux mauvais traitements. Mais, tandis qu'il éclate en plaintes et en invectives, tandis qu'il médite une vengeance, Louis d'Anjou meurt le 21 septembre 1384. Déterminé toujours à poursuivre la justice qu'il prétendait lui être due, Raymond-Louis s'adresse à la reine Marie de Blois, veuve de Louis d'Anjou, et tutrice de Louis II, son fils, la supplie de se rappeler le souvenir des services qu'il a rendus à son époux, et lui demande, pour dédommagement des frais considérables qu'ils lui ont occasionés, d'être rétabli dans les terres dont le feu roi l'a dépouillé. La réponse de Marie fut que l'édit étant général, elle n'y peut déroger ; que si néanmoins il prétend lui être dû quelque chose par le feu roi, son époux, elle offre de le rembourser suivant l'arbitrage de quelques gentilshommes. Raymond-Louis fut encore plus mal accueilli du pape Clément VII, auquel il demandait les biens meubles du feu pape Grégoire XI, son oncle, et plusieurs sommes qu'il prétendait lui être dues par la chambre apostolique. Alors il prend la résolution de se faire justice par la voie des armes. Il fortifie ses châteaux, il lève des troupes, il assemble ses amis, et se met à courir la Provence et le Venaissin, abattant les châteaux, brûlant les villages, pillant les campagnes, et laissant partout des traces funestes de son passage. Il étendit ses ravages dans le Valentinois, pour se venger du comte Aimar V et de l'évêque de Valence, sur lesquels il avait des répétitions à faire, dont ils refusaient de lui faire raison. Le roi Charles VI, l'an 1392, envoya sur les lieux quatre commissaires, savoir Philippe de Moulens, évêque de Noyon ; Jacques de Montmaur, gouverneur de Dauphiné ; Jean d'Estouteville, conseiller ; et Henri de Maulone, secrétaire du roi, pour accorder Raymond-Louis avec le pape, l'évêque de Valence et le comte de Valentinois. S'étant transportés en la ville de Saint-Remi, en Provence, ils rendirent, le 5 mai, leur jugement, auquel Raymond-Louis, présent en personne, et les procureurs des autres parties, se soumirent ; ce qui fut confirmé le jour suivant par lettres du pape, données dans son palais d'Avignon. (Justel, *Hist. de la M. de Turenne*, pr., pp. 128, 133.) Mais la guerre continua entre Raymond-Louis et le comte de Provence. Guillaume-Roger, qui s'était retiré à Paris avant qu'elle éclatât, et qui ne paraît y avoir pris aucune part, n'en vit pas la fin. Il mourut en cette capitale le 22 mars 1395 (n. st.), deux jours après avoir fait son testament. D'ELEONORE DE COMMINGES, fille de Bernard VIII, comte de Comminges, qu'il avait épousée par contrat du 15 décembre 1349 (vivante encore en 1397), il laissa Raymond-Louis dont on vient de parler : Eléonore qui viendra ci-après ; Cécile, première femme de Louis de Poitiers, IIe. du nom, comte de Valentinois ; Jeanne, mariée, 1°. à Raymond, seigneur de Baux, en Provence, et comte d'Avellino au royaume de Naples ; 2°. à Gui de Chauvigni, seigneur de Châteauroux ; et Marguerite, femme, 1°. d'Armand, vicomte de Polignac ; 2°. de Jean le Vayer, seigneur de Coesme.

RAYMOND-LOUIS.

1395. RAYMOND-LOUIS était associé depuis long-tems à

Guillaume-Roger, son père, dans le titre de vicomte de
Turenne et le gouvernement de tous ses domaines, lorsqu'il
devint son successeur. Il continua la guerre ou plutôt ses brigandages contre le comte de Provence. Charles, prince de
Tarente, frère du roi Louis I, que la reine Marie lui avait
opposé, étant venu l'assiéger, l'an 1400, dans le château de
Baux dont il s'était emparé, il trouva moyen de s'échapper
lorsqu'il vit la place réduite aux abois. Gaufridi assure qu'en
voulant traverser le Rhône à cheval, dans sa fuite, il s'y noya.
Ce qui est certain, c'est qu'il vivait encore en 1417. Nous en
avons la preuve dans une lettre de Jean, duc de Berri, adressée
cette année au parlement de Provence, pour lui recommander
son *chier oncle messire Raymond, comte de Beaufort et d'Alest,
vicomte de Turenne et de Valerne, etc.*, auquel on contestait
les châteaux et châtellenies de Pontgibaut, de Nayrac, de
Nebousac, des Granges et de Taletas, qu'il avait acquis de
Jean, comte de Boulogne et d'Auvergne. (Justel, *ibid. pr.*,
pag. 138.) Raymond-Louis finit ses jours au mois de juin de
cette année, mais on ignore de quelle manière. Il avait épousé,
par contrat du 28 octobre 1375, MARIE, fille de Jean I,
comte d'Auvergne et de Boulogne, morte le 2 mai 1388,
après lui avoir donné Antoinette, mariée, par contrat du
23 décembre 1393, à Jean le Maingre, dit Boucicaut II, créé
maréchal de France, le 23 décembre 1391. Raymond-Louis,
par son testament fait au château de Bousols, le 5 juillet 1399,
avait donné à Louis, duc d'Orléans, ses comtés de Beaufort et
de Castillon, avec ses prétentions sur ceux d'Avellino et de
l'Ile-Jourdain, à la charge de défendre ses héritiers contre
tous, et surtout contre Antoinette, sa fille, qu'il deshéritait
à cause de son ingratitude, ne lui laissant que ce qu'il lui avait
donné en la mariant, et faisant héritière universelle du reste
de ses biens Eléonore, sa sœur. Mais il paraît qu'il révoqua
depuis cette exhérédation, puisque nous voyons par divers
actes, qu'Antoinette prenait les titres de comtesse de Beaufort
et de vicomtesse de Turenne. Elle en fit même donation à son
mari, ainsi que des baronnies de Bousols et de Fai, par acte
du 10 avril 1413, et qu'elle confirma par codicille du 18 juillet
1416, au château d'Alais, peu de jours avant sa mort. Mais
Boucicaut ayant été fait prisonnier, en 1415, à la bataille
d'Azincourt et emmené en Angleterre, où il mourut au mois
de mai 1421, sans laisser d'enfants, ne jouit point du bénéfice
de cette donation.

ÉLEONORE DE BEAUFORT.

1417. ELÉONORE DE BEAUFORT, fille de Guillaume-Roger III,

comte de Beaufort, et vicomte de Turenne, veuve d'Edouard, sire de Beaujeu, mort le 11 août 1400, se mit, après la mort de Raymond-Louis, son frère, en possession des comtés de Beaufort et d'Alais, de la vicomté de Turenne et des autres biens d'Antoinette, sa nièce, sans égard pour la donation qu'elle en avait faite au maréchal de Boucicaut. Le roi Charles VI reçut l'hommage qu'elle lui fit, le 5 juillet 1417, de ces domaines, dont elle jouit sans aucune opposition. L'an 1420, n'ayant point d'enfants, elle fit, le 16 août, à Pouilli-le-Château, en Beaujolais, son testament par lequel elle laissa la vicomté de Turenne, avec celle de Valerne, en Provence, et ce qu'elle possédait en Auvergne, à son cousin Amanieu de Beaufort, auquel elle substituait, en cas de mort sans lignée, Pierre de Beaufort, son frère; et à Louis de Canillac, le comté d'Alais, avec les baronnies de Bagnols et d'Anduze. Eléonore mourut deux jours après cet acte, et fut inhumée à Belleville, en Beaujolais.

AMANIEU DE BEAUFORT.

1420. AMANIEU DE BEAUFORT, fils aîné de Nicolas de Beaufort, seigneur d'Hermenc, en Auvergne, et petit-fils, par son père, de Guillaume-Roger II, comte de Beaufort, et de Marie de Chambon, succéda à sa cousine Eléonore dans la vicomté de Turenne et les autres domaines qu'elle lui avait légués. Mais à peine eut-il le tems d'en prendre possession, la mort l'ayant emporté à l'âge de quatorze ans, vers le premier octobre 1420.

PIERRE DE BEAUFORT.

1420. PIERRE DE BEAUFORT, seigneur de Limeuil, en Périgord, se porta pour héritier de la vicomté de Turenne, suivant la disposition qu'avait faite Eléonore en sa faveur, au défaut d'Amanieu, son frère aîné. Mais cette succession lui fut disputée par Alix de Baux, qui se prétendait plus proche héritière à cause de sa mère Jeanne de Beaufort, sœur d'Eléonore, et femme, en premières noces, de Raymond de Baux. Alix fut déboutée par un arrêt qui assura à Pierre la possession tranquille de la succession de son frère. L'an 1439, le roi Charles VII, par ses lettres du 3 juin, lui donna plein pouvoir pour faire rentrer sous son obéissance toutes les places de sa province, que les Anglais avaient envahies. Le 9 juillet 1444, il fit son testament, et mourut peu de jours après. De BLANCHE DE GIMEL, sa femme, qu'il avait épousée par contrat du 8 juillet 1432, et qui lui survécut, il laissa deux filles, Anne, qui suit, et Catherine, femme de Louis, comte de Ventadour.

ANNE.

1444. ANNE, fille aînée de Pierre de Beaufort, lui succéda dans la vicomté de Turenne. L'année suivante, elle donna sa main à AGNE DE LA TOUR, quatrième du nom, fils et héritier de Bertrand II de la Tour, seigneur d'Oliergues, en Auvergne, et de Marguerite de Beaufort, fille de Nicolas de Beaufort. Ce mariage se fit par dispense, obtenue le 4 mai 1444, les deux époux étant cousins germains. Agne servit avec zèle et valeur le roi Charles VII contre les Anglais. Il fit avec le comte de Dunois, en 1451, le siége de Fronsac, la plus forte place de la Guienne, et fut du nombre des cinquante chevaliers que l'on fit après cette conquête. Agne de la Tour était encore dans l'armée de Guienne en 1453. Louis XI, étant monté sur le trône, l'honora de sa confiance, et le mit au nombre de ses conseillers; à cette faveur, il ajouta la charge de chambellan, qu'il lui conféra par lettres du mois de janvier 1467. (v. st.) Agne assista, l'an 1484, aux états-généraux de Tours, et mourut le 28 janvier 1490 (n. st.), laissant de son mariage, François, qui suit; Gilles de la Tour, chanoine de Rodez et abbé de Vigeois; Agnet de la Tour, seigneur de Servières; Antoine de la Tour, qui viendra ci-après; Antoine-Raymond de la Tour, dit le *Jeune*, seigneur de Murat; et plusieurs filles.

FRANÇOIS DE LA TOUR.

1490. FRANÇOIS DE LA TOUR, premier du nom, fils aîné d'Agne de la Tour et d'Anne de Beaufort, succéda dans la vicomté de Turenne à son père, qui l'avait émancipé par lettres du 18 janvier 1489 (v. st.). Il mourut sans alliance, au commencement de mars 1494 (n. st.), à Donzi, en Nivernais, d'où son corps fut porté aux Cordeliers de Brive-la-Gaillarde, pour y être inhumé auprès de ses ancêtres, comme il l'avait ordonné par son testament fait le 28 février précédent. (Baluze.)

ANTOINE DE LA TOUR.

1494. ANTOINE DE LA TOUR, dit le VIEUX ou l'AÎNÉ, pour le distinguer, comme on l'a dit, d'un de ses frères de même nom, remplaça François, son frère, dans la vicomté de Turenne. L'an 1496 (v. st.), le roi Charles VIII le nomma son chambellan, par lettres du 7 février, où il fait l'éloge de sa valeur et des services qu'il lui avait rendus. Il serait à souhaiter que sa vie privée eût également été digne de louanges. Mais son incontinence fut telle, que sa femme, ANTOINETTE DE PONS, fille de Gui, sire de Pons, qu'il avait épousée en 1494, ne pouvant souffrir ses désordres, le quitta pour se retirer dans sa famille, en Saintonge, où elle mourut, l'an 1511 au plus tard. Son mari finit ses jours le 14 février 1528 (n. st.), et fut inhumé aux Cordeliers de Brive, laissant de son mariage, un fils, qui suit, et deux filles. (Baluze.)

FRANÇOIS II DE LA TOUR.

1528. FRANÇOIS II DE LA TOUR, fils d'Antoine de la Tour, et son successeur, né à Limeuil, le 5 juillet 1497, fut placé, dans la dixième année de son âge, à la cour du roi Louis XII, en qualité d'enfant d'honneur. Dès-lors il fit voir combien ses mœurs seraient différentes de celles de son père. Un livre intitulé, l'*Instruction d'un jeune prince pour se bien gouverner envers Dieu et le monde*, lui étant tombé entre les mains, il en fut si enchanté, qu'il se mit à le transcrire, et acheva sa copie avant d'avoir atteint l'âge de onze ans. L'an 1510, il fut émancipé par son père, qui lui fit don en même tems de la vicomté de Turenne et de plusieurs autres terres, ce qu'il lui confirma l'an 1516, dans son traité de mariage. Ce fut à cette époque qu'il prit le titre de vicomte de Turenne. L'an 1521, la guerre étant prête à s'ouvrir entre l'empereur Charles-Quint et le roi François I, le vicomte de Turenne alla joindre le connétable de Bourbon, et conduisit, dans la ville d'Amiens, avec quelques autres seigneurs, la cavalerie de ce prince. L'année suivante, il fut du nombre des braves qui s'enfermèrent dans Terouenne, avec l'amiral Chabot, pour défendre cette place contre les troupes réunies de l'empereur et du roi d'Angleterre. Le roi, l'an 1524, le nomma lieutenant-général des troupes qu'il envoyait au-delà des monts, sous le commandement du duc d'Albanie. Il était encore en Italie, lorsque François I fut fait prisonnier, le 24 février 1525, à la bataille de Pavie. L'année suivante, il fut de l'ambassade envoyée au roi d'Angleterre, pour traiter du mariage de Marie, sa fille, avec le roi de France, et conclure une ligue défensive avec lui contre l'empereur, à l'effet de le contraindre à rendre la liberté aux enfants de François I, détenus en Espagne. Il partit, l'an 1528, avec Lautrec, pour l'Italie, et eut part à la conquête que ce général fit d'une partie du royaume de Naples. L'an 1530 (n. st.), s'étant rendu en Espagne par ordre du roi François I, avec titre d'ambassadeur, il obtint de l'empereur la délivrance des enfants de France, qu'il retenait en otage, conclut le mariage de la reine Éléonore, sœur de Charles-Quint, avec le roi son maître; et, comme son procureur spécial, épousa la princesse, le dimanche 20 mars de la même année. L'an 1532, le roi s'étant transporté en Bretagne pour consommer la réunion de ce duché à la couronne de France, le vicomte de Turenne, qui fut de sa compagnie, se logea à Villeches, à trois lieues de Châteaubriant, où le monarque tenait sa cour. Il y fut attaqué d'une fièvre épidémique causée par les chaleurs excessives des mois de mai et de juin; elle l'emporta le 12 juillet, trois jours après avoir fait son testament. Son corps fut transporté dans une grande pompe, que Baluze décrit en détail, aux Cordeliers de Brive-la-Gaillarde. Il avait épousé, 1°. par contrat du 19 avril 1516, CATHERINE, fille et héritière de Gui d'Amboise, seigneur de Ravel : 2°. par traité du 21 juin 1518, ANNE DE LA TOUR, dame de Montgascon, fille de Godefroi de la Tour, II°. du nom, veuve, en premières noces, de Charles de Bourbon, comte de Roussillon, et en secondes, de Jean de Montmorenci, seigneur d'Écouën, morte à Paris en 1530, dont il eut un fils, qui suit; et quatre filles.

FRANÇOIS III.

1532. FRANÇOIS III, né au château de Ferrières, en Bourbonnais, le 25 janvier 1526 (v. st.), succéda en bas âge à François II, son père, dans la vicomté de Turenne et la baronnie de Montgascon. Il fit ses premières armes en Italie, sous François de Bourbon, duc d'Enghien, et se comporta si vaillamment à la bataille de Cérisoles, gagnée le 14 avril 1544, par ce prince, qu'il fut fait chevalier de sa main, avec Blaise de Montluc, comme étant l'un et l'autre des braves qui avaient contribué le plus à la victoire. Le roi Henri II lui donna, l'an 1554, la charge de capitaine de la seconde compagnie des cent gentilshommes de sa maison. On le voit dans l'armée française, l'année suivante, en Piémont. L'an 1557, il vole au secours de la ville de Saint-Quentin, assiégée par les Espagnols et les Anglais. Il est blessé dangereusement, le 10 août, à la fameuse bataille, qui porte le nom de cette ville, dans le village d'Essigni-le-Grand, qui en est éloigné de deux lieues. On le porte au camp des Anglais, où il meurt quelques jours après, ayant fait son testament le 13 du même mois. Ses grandes qualités lui méritèrent des regrets. Il avait épousé, par contrat du 15 février 1545 (v. st.), ÉLÉONORE, fille aînée du connétable de Montmorenci, dont il laissa un fils, qui suit; et Madeleine de la Tour, dite mademoiselle de Montgascon, mariée, par contrat du premier janvier 1572, avec Honorat de Savoie, comte de Tende, grand-sénéchal et gouverneur de Provence, mort de poison, le 8 septembre suivant à Montélimar.

HENRI DE LA TOUR.

1557. HENRI DE LA TOUR, né à Joze, en Auvergne, le 28 septembre 1555, fut élevé dans la maison du connétable de Montmorenci, son aïeul maternel, après la mort de François III, son père, auquel il succéda dans la vicomté de Turenne et ses autres domaines. Appelé, par sa naissance, à la profession des armes, son goût répondit parfaitement à cette vocation. Le roi Charles IX lui donna, l'an 1573, une compagnie de trente lances, avec laquelle il alla servir au siége de la Rochelle. L'année suivante, il fit la campagne avec le maréchal de Damville, son oncle. Il paraissait, alors, très-attaché à la religion catholique, dans laquelle il avait été nourri. Mais, l'an 1575, il embrassa le Calvinisme; et sur le refus que *Monsieur*, frère du roi Henri III, fit de lui donner le gouvernement du Berri et de l'Anjou, il se retira dans sa vicomté de Turenne. Il n'y resta pas oisif. Ayant pris des liaisons avec le roi de Navarre, il fit révolter, en sa faveur, la plupart des places du Bas-Limosin et du Périgord. Il accourut, l'an 1581, au secours de Cambrai, dont le duc de Parme faisait le siége. Mais les efforts qu'il fit pour se jeter dans la place, ne furent point heureux. Il fut pris au mois d'avril par les Espagnols, qui le retinrent prisonnier l'espace de deux ans et dix mois, et ne lui rendirent sa liberté, qu'après avoir tiré de lui cinquante-trois mille écus de rançon. Le roi de Navarre, qu'il alla rejoindre ensuite, le laissa en Guienne, l'an 1585, pour s'opposer aux forces des Catholiques. Il y eut des succès; mais il ne put empêcher le duc de Mayenne de prendre Castillon sur la Dordogne, le 29 août 1586, après deux mois de siége. Bien résolu de réparer cette perte, il vint à bout, l'année suivante, de reprendre Castillon, le 10 mars, par escalade. Le 20 octobre de la même année, il eut part à la victoire remportée par le roi de Navarre, à la bataille de Coutras. Ce prince étant monté sur le trône de France, en 1589, sous le nom de Henri IV, il redoubla de zèle pour sa défense, et l'accompagna, en 1590, au siége de Paris. Henri IV l'envoya, l'année suivante, vers la reine d'Angleterre et les princes protestants d'Allemagne pour solliciter du secours. A son retour, le roi, pour reconnaître ses services, lui fit épouser, le 15 octobre 1591, CHARLOTTE DE LA MARCK, héritière du duché de Bouillon et de la principauté de Sédan. A cette faveur, le monarque ajouta le bâton de maréchal de France, dont il l'honora le 9 mars 1592. Dèslors il ne fut plus connu que sous le nom de maréchal de Bouillon. L'an 1594, il perdit, le 15 mai, Charlotte, sa femme, qui mourut sans laisser de postérité. La succession de cette princesse, qui l'avait fait son légataire pour les souverainetés de Bouillon et de Sedan, et les autres terres qu'elle possédait au droit écrit, occasiona un grand procès entre lui et deux héritiers naturels, le duc de Montpensier et le comte de Maulevrier. Deux accommodements que le roi ménagea entre lui et ses deux parties, l'un, en 1594, avec le premier, l'autre, avec le second, en 1601, lui assurèrent la jouissance paisible des riches domaines que sa femme lui avait laissés. Mais sa reconnaissance ne répondit pas aux obligations qu'il avait à ce prince. Accusé d'avoir trempé dans la conspiration du maréchal de Biron, au lieu de se justifier, il se sauva dans le Palatinat, d'où, étant revenu l'an 1606, il obtint son pardon du roi, par ses soumissions. Après la mort de Henri IV, il entra dans les factions qui s'élevèrent à la cour, sous la régence de la reine Marie de Médicis, puis sous le ministère du connétable de Luynes. Une maladie dont il fut attaqué à Sedan, au milieu de nouveaux projets qu'il formait, l'enleva le 25 mars 1623. D'ISABELLE DE NASSAU, qu'il avait épousée en secondes noces, il laissa Frédéric-Maurice, son successeur, et d'autres enfants. (*Voy.* Charlotte de la Marck et Henri de la Tour, *parmi les ducs de Bouillon, où vous trouverez aussi la suite des vicomtes de Turenne, jusqu'à la vente faite de cette principauté au roi Louis XV, en 1738.*)

CHRONOLOGIE HISTORIQUE

DES

COMTES ET VICOMTES DE BOURGES.

Le Berri, borné aujourd'hui par l'Ornéanais au septentrion, par le Nivernais à l'orient, par le Bourbonnais au midi, et par le Poitou à l'occident, s'étendait autrefois sur une partie du Bourbonnais et sur un quartier de la Touraine. C'est à-peu-près ce qui forme aujourd'hui le diocèse de Bourges (1785). Sa capitale a porté le nom d'*Avaricum* jusqu'au cinquième siècle de l'église. Ses habitants, appelés *Bituriges*, étaient surnommés *Cubi*, pour les distinguer des *Bituriges Vibisci*, qui habitaient le Bordelais. Les premiers faisaient partie des Celtes, lorsque Jules-César fit la conquête de leur pays. C'était, jusqu'à cette époque, le peuple le plus puissant et le plus nombreux des Gaules, auxquelles ils donnèrent souvent la loi. Ils se multiplièrent au point que leur pays, quoique fertile, ne pouvant suffire pour les nourrir, Ambigat, leur roi, vers l'an 150 de Rome, en détacha deux bandes considérables, et les envoya chercher fortune ailleurs. L'une, sous la conduite de Bellovèse, prit la route de l'Italie, et alla s'établir sur les bords du Pô; l'autre, ayant pour chef Sigovèse, s'achemina vers la forêt Hercinie, où elle s'enfonça, et de là s'avança par degrés jusqu'à l'Elbe, et même jusqu'à la Vistule. Dans cet éloignement, elle n'oublia point la mère patrie, dont elle conserva les mœurs et les usages très-différents de ceux des Germains, tels que Tacite les a décrits. C'est le même peuple, suivant bien de l'apparence, comme nous l'avons remarqué ailleurs, qui reparut dans les Gaules sous le nom de Francs au quatrième siècle, et y fonda la première et la plus belle monarchie de l'Europe. Le Berri était alors sous la puissance des Visigoths. Auguste, en l'attribuant à l'Aquitaine, avait déclaré sa capitale métropole de tout le pays, qui s'étend depuis la Loire jusqu'aux Pyrénées; et c'est sur cette attribution qu'est fondé le titre de primat d'Aquitaine, que prend encore aujourd'hui l'archevêque de Bourges (1785). L'Aquitaine ayant été partagée en trois provinces sous Honorius, le Berri fut compris dans la première, dont l'étendue est représentée par la province ecclésiastique de Bourges.

Les Francs ne laissèrent pas long-tems les Visigoths en possession de la première Aquitaine. Ils s'en rendirent maîtres après la bataille de Vouillé, gagnée par Clovis sur Alaric, qu'il tua de sa propre main.

Le Berri soumis aux Français fut gouverné, comme il l'avait été sous les Romains et les Visigoths, par des comtes qui, avec le tems, convertirent en fief héréditaire une dignité, qui n'était d'abord que personnelle. Ces comtes furent sous la dépendance immédiate des ducs d'Aquitaine, et leurs noms sont restés dans l'oubli jusqu'au suivant.

CHUNIBERT.

CHUNIBERT fut établi comte de Berri par Waifre, duc d'Aquitaine, avec lequel Pepin le Bref, roi de France, était alors en guerre. Ce monarque étant venu, l'an 763, en Berri, avec une armée considérable, mit le siége devant la capitale, après s'être emparé des châteaux qui l'environnaient. L'ayant emportée d'assaut, il en fit réparer les fortifications, et l'unit à son domaine par droit de conquête. Il y mit un nouveau comte, dont le nom n'est point connu, avec une forte garnison. Pour gagner l'affection des Aquitains, il traita les habitants de Bourges avec humanité, et donna même aux soldats qui avaient défendu la place, la liberté de se retirer chez eux. Quant à Chunibert et aux autres seigneurs aquitains qui les avaient commandés, il les fit passer en France, avec leurs familles, pour leur ôter l'envie de remuer. L'an 767, étant revenu à Bourges, il y tint l'assemblée du Champ-de-Mai, et donna des ordres pour bâtir un palais dans cette ville.

HUMBERT.

778. HUMBERT, que la grande chronique de Saint-Denis nomme Robert, fut créé comte de Bourges par Charlemagne, lorsqu'il donna l'Aquitaine à son fils Louis le Débonnaire,

c'est-à-dire l'année même de la naissance de ce prince. Humbert jouit peu de tems de cette dignité. (Bouquet.)

STURE.

STURE ou STURMIUS, fut le successeur d'Humbert au comté de Bourges. L'histoire ne fournit point d'autres lumières sur sa personne.

WIFRED.

WIFRED, nommé aussi EGFRID et ACFRED, comte de Bourges, fonda, l'an 828, le monastère de Strade, ou de Saint-Genou, sur l'Indre. C'est la première époque connue de son gouvernement. L'auteur de la vie de Saint-Genou fait descendre ce comte d'une maison royale, et lui donne pour épouse ODA, qui ne lui cédait pas, dit-il, en noblesse. De ce mariage naquit une fille nommé Agane, qui fut mariée à Robert, maire du palais de Pepin, roi d'Aquitaine, beau-frère de ce prince par sa sœur Ingeltrude, fils de Théodebert, comte de Madrie, et arrière-petit-fils, par son père, de Childebrand, frère de Charles Martel. Wifred et son épouse, dit le même écrivain, moururent vers le même tems que le roi Pepin, c'est-à-dire environ l'an 838. (Bouquet, Vaissète.)

GÉRARD.

838. GÉRARD, qu'on croit faussement être le même que Gérard de Roussillon, comte en Bourgogne et en Provence, fut, à ce qu'il paraît, le successeur immédiat de Wifred. L'an 867, le roi Charles le Chauve, pour quelque sujet de mécontentement qu'on ignore, le dépouilla du comté de Bourges pour le donner à un seigneur nommé Egfrid, ou Acfred, déjà pourvu, suivant D. Mabillon, de l'abbaye de Saint-Hilaire de Poitiers, et d'autres bénéfices ecclésiastiques. Cette nomination occasiona une guerre entre les deux compétiteurs. Gérard se maintint contre les efforts d'Egfrid. Au commencement de 868, il l'assiégea dans une maison où il s'était fortifié. Egfrid, après une résistance vigoureuse, ayant été obligé d'en sortir pour se soustraire aux flammes qui l'environnaient, les gens de Gérard se saisirent de sa personne, et lui coupèrent la tête, qu'ils jetèrent dans le feu. A la nouvelle de cet événement, le roi Charles entra dans le Berri, où il mit tout à feu et à sang. Gérard néanmoins ne fut pas encore cette fois dépossédé, vraisemblablement parce qu'il avait trouvé moyen de faire sa paix avec le

roi. Quoi qu'il en soit, il paraît certain qu'il ne quitta le titre de comte de Bourges qu'en 872. (Vaissète, tom. I, pag. 578.)

BOSON.

872. Charles le Chauve, ayant envoyé dans l'Aquitaine, l'an 872, son fils, Louis le Bègue, qui en était roi depuis six ans, nomma son beau-frère, le duc BOSON, grand-chambellan de ce prince, et le revêtit en même tems des dignités du comte Gérard; par-là, Boson devint comte de Bourges : il était déjà comte de Provence, dont il devint ensuite roi. L'an 878, il fit sa paix avec le roi Louis le Bègue, contre lequel il s'était révolté avec plusieurs seigneurs; mais la même année, il perdit le comté de Bourges. (*Voyez* Boson, *roi de Provence.*)

BERNARD.

878. BERNARD, marquis de Septimanie, puis comte de Poitiers, premier du nom, fils d'un autre Bernard et de Blichilde, et parent d'Egfrid, mis à mort par les gens du comte Gérard, se trouvant en forces lorsque Boson fit sa paix avec Louis le Bègue, revendiqua sur lui, les armes à la main, le comté de Bourges à titre d'hérédité. Il engagea dans son parti Gotfrid, comte du Maine, son oncle maternel, Gauslin, ce fameux abbé de Saint-Germain-des-Prés, depuis évêque de Paris, son oncle paternel, et d'autres seigneurs, avec le secours desquels il s'empara de Bourges. Maître de la ville, il en défendit l'entrée à Frotaire, qui en était alors archevêque, après avoir occupé successivement les siéges de Poitiers et de Bordeaux. Il usurpa les biens de l'église de Bourges, et exigea des habitants un serment de fidélité, contraire à celui qu'il devait lui-même au roi. Le reste du Berri suivit l'exemple de la capitale, en se soumettant à Bernard. La même année 878, il est excommunié par le concile de Troyes, où il avait refusé de comparaître pour répondre aux plaintes de Frotaire. Louis le Bègue fait marcher, l'an 879, une armée contre lui, sous les ordres de Boson, que Bernard avait supplanté, de Bernard, comte d'Auvergne, et de Hugues, duc ou marquis d'Outre-Seine, qui vinrent l'attaquer dans le comté d'Autun, où il s'était retiré. Déjà ils avaient pris la capitale du pays, lorsqu'ils apprirent la mort de Louis le Bègue. Boson se rendit maître de tout le comté: mais bientôt après, il se réconcilia avec Bernard, et lui donna le comté de Mâcon, dépendant de son nouveau royaume de Provence, pour s'en faire un appui contre les deux rois, Louis et Carloman. Bernard fut assiégé dans Mâcon vers la fin

de 879, par les deux rois, qui le prirent, et vraisemblablement punirent sa révolte du dernier supplice. (Vaissète.) Du moins l'histoire ne fait plus mention de lui depuis ce tems. (*Voy.* Bernard II, marquis de Septimanie.)

GUILLAUME I.

GUILLAUME I, surnommé LE PIEUX, comte d'Auvergne, était pourvu du comté de Bourges en 886, suivant une charte de l'année suivante. L'an 889, le roi Eudes, contre lequel il s'était déclaré, l'en dépouilla pour le donner à un seigneur nommé Hugues. Ce présent coûta cher à celui qui le reçut. Guillaume, la même année, le poursuivit, le prit, et le tua de sa main. Il se raccommoda ensuite avec le roi, qui lui rendit ses dignités. L'an 918, Guillaume mourut le 6 juillet, sans laisser d'enfants. (*Voyez* Guillaume le Pieux, *comte d'Auvergne.*)

GUILLAUME II.

918. GUILLAUME II, surnommé LE JEUNE, neveu, pas sa mère, de Guillaume le Pieux, et son héritier, éprouva de la difficulté pour se mettre en possession du Berri. La ville de Bourges refusa de se soumettre à lui, et ce ne fut que par la voie des armes qu'il vint à bout de s'en rendre maître. Cette conquête lui échappa presque aussitôt par une nouvelle révolte des habitants. Guillaume l'ayant reprise, se la vit encore ravir, l'an 922, par Raoul, duc de Bourgogne, et Robert, duc de France. Elle lui fut rendue, l'an 924, par ce même Raoul, devenu roi de France, qu'il avait gagné par ses soumissions. Bientôt après, ils se brouillèrent, et leurs démêlés durèrent jusqu'à la mort de Guillaume, arrivée l'an 926 ou 927. (*Voyez* Guillaume le Jeune, *comte d'Auvergne.*)

VICOMTES DE BOURGES.

Après la mort de Guillaume le Jeune, le comté, ou gouvernement général du Berri, fut supprimé par le roi Raoul. Ce prince donna la propriété de Bourges au vicomte de cette ville, et ordonna qu'à l'avenir ce vicomte, le seigneur de Bourbon, le prince de Déols, et les autres seigneurs du Berri, relèveraient immédiatement de la couronne.

GEOFFROI.

927. GEOFFROI, dit PAPABOS, fut nommé vicomte hérédi-

taire de Bourges par le roi Raoul, en récompense des services qu'il avait rendus à ce prince. Le roi Louis d'Outremer, qu'il servit avec le même attachement, lui donna en fief, ou commende perpétuelle, l'abbaye de Saint-Gondon-sur-Loire, qui passa à ses héritiers jusqu'au vicomte Etienne. L'an 935, les Normands, ayant pénétré dans le Berri, furent défaits par les Berruyers, réunis aux Tourangeaux, dans une bataille où périt Ebbon, seigneur de Déols, qui avait fondé, l'an 917, le monastère de Bourg-Dieu, que Raoul, son fils, acheva. On ignore le tems de la mort du vicomte Geoffroi.

GEOFFROI II.

GEOFFROI II, dit BOSBERAS, fils de Geoffroi Papabos, fut son successeur dans la vicomté de Bourges. La chose est certaine par le cartulaire de Vierzon. Il eut deux fils, Geoffroi le Noble, qui suit, et Roger, qui fut doyen de l'église de Bourges.

GEOFFROI III.

GEOFFROI III, surnommé le NOBLE, succéda dans la vicomté de Bourges à Geoffroi II, son père, l'an 1012 au plus tard. Une charte de cette année, par laquelle Geoffroi et son épouse EDELBURGE, fille de Raoul, prince de Déols, donnent différents biens à l'abbaye de Saint-Ambroise, de Bourges, en fournit la preuve. Geoffroi s'étant ligué avec Aymon, archevêque de Bourges, contre Eudes, seigneur de Château-Roux, lui fit une rude guerre, dans laquelle Ebles, fils d'Eudes, fut tué par le vicomte. La chronique de Déols met cet événement en 1033, la même année, dit-elle, que périt Eudes, comte de Champagne; mais ce dernier ne fut tué qu'en 1037. Le seigneur de Château-Roux eut sa revanche, et battit à son tour le vicomte et l'archevêque. Geoffroi laissa de sa femme deux fils, Geoffroi, qui suit, et Madalbert.

GEOFFROI IV.

GEOFFROI IV, dit le MESCHIN, vicomte de Bourges après Geoffroi le Noble, son père, laissa un fils, Etienne, qui suit; et une fille, Edelburge, qui épousa Gilon, sire de Sully.

ETIENNE.

ETIENNE, fils de Geoffroi IV, était vicomte de Bourges l'an 1061, deuxième année du roi Philippe I, comme le prouve une charte qu'il expédia cette année en faveur du chapitre de Saint-Ursin. Dans une autre charte de cette année, il est qualifié proconsul. L'an 1092, Etienne fit don à cette église de l'abbaye de Saint-Gondon, qui était comme en fief héréditaire dans sa maison, depuis Geoffroi Papabos, son quatrième aïeul. Etienne mourut sans enfants, et laissant pour héritière sa nièce, Mahaut de Sully.

EUDES-ARPIN.

Eudes-Arpin, fils de Humbaud, seigneur de Dun, depuis appelé Dun-le-Roi, ayant épousé Mahaut, fille de Gilon, seigneur de Sully, et d'Edelburge, sœur du vicomte Etienne, devint, par cette alliance, vicomte de Bourges, avec son beau-père, qui ne se dessaisit point en mariant sa fille, mais se contenta d'associer son gendre à sa dignité de vicomte. C'est ce que nous voyons par une charte rapportée par le P. Labbe (*Eloge de la ville de Bourges*, p. 192), où ils prennent tous deux le titre de seigneurs de Bourges : *Ego Gilo miles Soliacensis castri atque Haiensis, nec non sub rege Francorum cum Odone Arpino dominus Bituricensis.* Gilon étant mort l'an 1098 au plutôt, Arpin demeura seul vicomte de Bourges. L'an 1100 ou 1101, se disposant à partir pour la Terre-Sainte, avec le duc d'Aquitaine, il vendit au roi Philippe I sa vicomté pour soixante mille sous d'or. Il est à remarquer qu'une partie de cette vicomté relevait du comte de Sancerre ; mais il n'est pas vrai que le roi ait fait rendre hommage au comte de Sancerre pour cette partie, comme l'avance un illustre moderne. Arpin servit avec honneur dans les armées de la Terre-Sainte. Il fut pris à la bataille de Rama, que Baudouin I, roi de Jérusalem, livra contre son avis, le 27 mai de l'an 1102, à l'émir du Caire, et conduit en cette ville, où il resta long-tems prisonnier. Sa captivité lui fut salutaire. En se rappelant la constance que les martyrs firent éclater dans leurs souffrances, il demanda à Dieu la grâce de les imiter. Sa liberté lui fut enfin rendue de la manière suivante. Des marchands de Constantinople étant arrivés au Caire pour les affaires de leur commerce, Arpin eut occasion de s'entretenir avec eux dans les visites qu'ils rendirent aux prisonniers. Les voyant sur le point de partir, il les chargea d'exposer à l'empereur Alexis, dont il était connu, le malheur de sa situation, et d'obtenir de lui un ordre à l'émir de le tirer de la prison où il gémissait depuis plusieurs années. L'empereur, instruit de son état, en fut touché, et, sans délai, il manda à l'émir de remettre Arpin en liberté, sans quoi il ferait arrêter tous les marchands du Caire qui se trouvait dans ses états. La crainte rendit l'émir docile ; et non content de délivrer Arpin de prison, il le retint quelques jours dans son palais, où il lui fit voir ce qu'il y avait de plus rare, après quoi il le renvoya, chargé de présents, à l'empereur. Ce prince le reçut avec distinction, et lui permit, au bout de quelques jours, de retourner en France. Sur sa route, il salua le pape Pascal II, à Rome, et, lui ayant raconté les dangers qu'il avait courus et les maux qu'il avait soufferts, il lui demanda conseil sur ce qu'il avait à faire à son retour. L'avis du pape fut, qu'ayant porté les armes contre les infidèles, il ne devait plus les employer contre des Chrétiens, qu'il devait éviter désormais le faste après avoir combattu pour J. C. pauvre, et qu'en un mot, il devait craindre de retomber dans le bourbier dont la grâce l'avait retiré. Arpin, ayant compris par ce discours que le pape l'exhortait à passer le reste de sa vie dans la solitude, prit congé de sa sainteté, après avoir reçu sa bénédiction : et, étant arrivé en France, il alla se faire moine à Cluni. (*Order. Vital.*, l. X, pag. 795.) Une charte de Hugues de Lusignan prouve qu'il était profès de cette maison en 1109. (*Archiv. de Cluni.*)

CHRONOLOGIE HISTORIQUE

DES

COMTES DE SANCERRE.

La ville de Sancerre, en Berri, porte deux noms en latin. Les auteurs qui ont écrit avant le règne de Philippe Auguste, l'appellent *Sincerra*; mais ceux qui sont venus depuis la nomment *Sacrum Cæsaris*; d'où l'on a conclu mal-à-propos qu'elle avait été fondée par Jules-César. On eût mieux rencontré si on l'eût prise pour l'ancien *Noviodunum Bituricum*. Cette ville, avec ses dépendances, fut acquise de l'évêque de Beauvais, comme il sera dit ailleurs, par Eudes II, dit le Champenois. Ses descendants, comtes de Blois et de Champagne, l'ont été aussi de Sancerre jusqu'à Thibaut le Grand, qui donna le comté de Sancerre en partage à Etienne, qui suit.

ETIENNE I.

L'an 1152, ETIENNE I, troisième fils de Thibaut le Grand, comte de Blois et de Champagne, ayant eu pour son lot, dans le partage que ce prince fit de ses domaines, la seigneurie de Sancerre avec ses dépendances, s'en qualifia comte, parce qu'il était de race comtale. L'an 1153 (et non pas 1156), il enleva HERMESENDE, ou HERMENSÈDE, dite aussi ALIX, fille de Geoffroi III, seigneur de Donzi, quelques jours après qu'elle avait été mariée avec Ansel, sire de Trainel, et l'épousa. Ansel, désolé de l'enlèvement de sa femme, en porta ses plaintes à

Henri, comte de Champagne, son suzerain comme celui du comte de Sancerre. Henri prit avec chaleur les intérêts d'Ansel. Mais comme les lois féodales ne permettaient pas aux grands vassaux de faire la guerre à ceux qui relevaient d'eux, sans la permission du souverain, Henri s'adressa au roi Louis le Jeune, pour lui demander justice de l'attentat d'Etienne. Le monarque promit de la faire. Il tint parole; et, ayant joint ses troupes à celles du comte de Champagne et du sire de Trainel, il vint assiéger Etienne dans le château de Saint-Aignan, où il s'était renfermé avec sa femme. Forcé de capituler, Etienne rendit la place avec Hermesende, qui la lui avait apportée en dot. L'une et l'autre, par-là, rentrèrent dans la possession du sire de Trainel. Voilà comme un moderne, d'après un ancien monument, raconte les choses. (*Mém. de l'Acad.*, tome XXVI, p. 680.) Le récit du Continuateur d'Aimoin est tout différent. Geoffroi de Donzi, seigneur de Gien, dit-il, donna sa fille à Etienne, comte de Sancerre, dans l'espérance qu'il le défendrait contre les incursions du comte de Nevers; et, pour l'y engager par son propre intérêt, il donna sa terre de Gien en dot à sa fille. Mais Hervé, fils de Geoffroi, à qui cette terre devait revenir par droit héréditaire, réclama contre cette donation, et se pourvut devant le roi pour obliger Etienne à lui rendre son héritage. Louis le Jeune, faisant droit sur la plainte d'Hervé, amena des troupes devant le château de Gien, que le comte de Sancerre avait muni d'une forte garnison, mais dont il avait jugé à propos de s'absenter aux approches de l'armée royale. La place fut emportée d'assaut dès les premiers jours du siége; et, le roi l'ayant remise à Hervé, chacun, dit notre historien, s'en retourna chez soi. Cette narration est la plus simple; mais est-elle la plus vraie? C'est ce qu'il serait trop long de discuter. Ce qui paraît certain, c'est qu'Etienne conserva sa femme Hermesende. L'an 1157, il eut guerre avec Guillaume III, comte de Nevers, qui, le 7 mars, prit et ruina le château de Sancerre. C'est ainsi que porte la leçon d'un manuscrit de la petite chronique d'Auxerre. Mais dans un autre exemplaire, au lieu de *Castrum sacri Cæsaris*, on lit *Castrum censurii*, Chatel-Censoir, qui appartenait alors à un nommé Gymon, vassal du seigneur de Donzi, avec lequel (cette leçon supposée vraie) il aurait été au secours du comte de Sancerre. L'an 1161, après la mort de Guillaume III, Etienne recommença les hostilités contre Guillaume IV, successeur de Guillaume III. Elles cessèrent en 1163, après la victoire que Guillaume remporta au mois d'avril sur lui et sur le comte de Joigni, son allié, près de la Marche, entre Nevers et la Charité. Etienne, l'an 1171, accompagna Hugues III, duc de Bourgogne, dans le voyage qu'il fit outre-mer, et fut porteur des sommes que le roi Louis le Jeune avait destinées pour les Chrétiens de la Terre-Sainte. Après être resté deux mois à la cour du roi Amauri, qui comptait lui faire épouser sa fille (Etienne était veuf alors), il partit furtivement, et reprit la route de France. Mais il fut pris en chemin par un parti de Milon, prince d'Arménie, qui l'arrêta près de Mamistre, ville peu éloignée d'Iconium. Tout son équipage lui fut enlevé, à l'exception d'un médiocre cheval sur lequel il revint chez lui. Il assista, l'an 1173, au parlement de Paris, où plusieurs prélats et seigneurs embrassèrent le parti de Henri au Court-Mantel contre le roi d'Angleterre, Henri II, son père : Etienne fut de ce nombre. Etant entré, l'an 1180, dans la ligue de la reine-mère, des princes de la maison de Champagne et d'autres seigneurs, contre le jeune roi Philippe Auguste, il se jeta sur la terre et la cité de Bourges, *et gastoient et ardoient ses gens*, dit une ancienne chronique manuscrite, *tout le pays entor*. Mais le monarque, s'étant mis promptement en campagne, assiégea Châtillon-sur-Loing, appartenant au comte de Sancerre, prit la place, la rasa, et, par ce coup de vigueur, étonna tellement Etienne, qu'il s'empressa de lui demander la paix et le retour de ses bonnes grâces. Ses confédérés en firent de même; et ce fut le roi d'Angleterre, Henri le Vieux, dont ils avaient imploré le secours, qui ménagea leur réconciliation dans une conférence qu'il eut avec Philippe Auguste entre Trie et Gisors. (Hoveden.)

Etienne fit, l'an 1190, un second voyage à la Terre-Sainte, et y fut tué l'année suivante au siége d'Acre, à l'âge de cinquante-huit ans. MATHILDE, sa seconde femme, qui lui survécut, et dont on ignore l'origine aussi bien que l'année de son mariage, lui donna Guillaume, qui suit; Jean, mort sans alliance; et Etienne, seigneur de Châtillon-sur-Loing, grand-bouteiller de France. Le comte Etienne fut un prince capricieux, turbulent, esclave de ses passions. Il est qualifié, par Guillaume de Tyr, *vir quidem carne nobilis, moribus non ita*. On doit cependant lui tenir compte de l'abolition qu'il fit d'une coutume bizarre et contraire au repos public. Les habitants de Sancerre faisaient tous les ans à ceux de Saint-Satur, leurs voisins, une petite guerre, où, après avoir fait un prisonnier, ils le livraient à leur prévôt, qui, dans les fêtes de Pâques, lui donnait la liberté, comme fit Pilate à l'égard de Barabbas. Mais les Sancerrois, privés de ce prétendu droit, lui substituèrent un autre usage non moins absurde, dont nous parlerons dans la suite.

GUILLAUME.

1191. GUILLAUME succéda en bas âge à Etienne, son père, dans le comté de Sancerre, sous la garde-noble ou l'advocatie, comme on parlait alors, de son oncle Guillaume de Champagne, archevêque de Reims. Mais la reine Alix, sœur du prélat, lui disputa cette fonction. Il fallut, pour terminer la querelle, où le roi Philippe Auguste prit parti pour sa mère, entrer en composition. L'accord se fit aux dépens du pupille, dont les droits sur le tonlieu de Provins et les autres revenus en censives qu'il avait en cette ville, furent cédés à la reine pour l'engager à se désister. (*Cartul. de Champ.*, dit *liber principum*, *fol.* 170 v°.) On ne doit pas être étonné qu'Alix ait mis son désistement à si haut prix. « Les baillistres, dit la Thaumassière,
» étaient, de ce tems-là, comme les seigneurs des terres de
» leurs mineurs; ils en payaient le droit de rachat aux seigneurs
» dominants. Quelques-uns même se qualifiaient seigneurs des
» fiefs appartenants à ceux qu'ils avaient en bail, pendant le-
» quel ils usaient de tous les droits et prérogatives des sei-
» gneurs. C'est la raison, ajoute-t-il, par laquelle le cardinal
» de Champagne, baillistre du comte de Sancerre, faisait en
» son nom et à son image battre monnaie à Sancerre, tout
» ainsi que le comte aurait pu faire s'il eût été à ses droits. »
Le même historien pense que le comte Guillaume était hors de bail en 1201, sur ce qu'il fut du nombre des seigneurs que Blanche, comtesse de Champagne, veuve de Thibaut III, donna pour pleiges au roi Philippe Auguste de la promesse qu'elle lui fit de ne point se remarier sans son consentement, et de remettre entre ses mains l'enfant qui naîtrait d'elle, en cas qu'elle fût enceinte. L'an 1209, Guillaume fit hommage à la même comtesse Blanche, en présence de Jean, comte de Brienne, et de Guillaume, comte de Joigni, qui en dressèrent l'acte, où l'on voit en détail les fiefs qui relevaient du comté de Sancerre, et dont les principaux sont Montfaucon, Saint-Briçon, Châtillon-sur-Loing, Sully, Vevre. (Martenne, *Thesau. Anecd.*, tome I, col. 814.) L'an 1209, Guillaume fit, à l'exemple de son père, un acte qui prouva son amour pour le bon ordre. Les habitants de Sancerre avaient remplacé l'usage abusif que le comte Etienne avait, comme nous l'avons dit, aboli, par un autre, qui était de descendre tous les ans, le lundi de Pâques, *le roi des jeux* à leur tête, dans le bourg de Saint-Satur, et de tuer tous les chiens qu'ils rencontraient. Cette expédition tumultueuse excitant des querelles qui devenaient quelquefois

funestes, le comte Guillaume la supprima dans le mois de mars, en présence de Gautier de Courcelles, son sénéchal. (*Hist. de Sancerre*, page 58.) L'an 1217, il partit avec Pierre de Courtenai, comte d'Auxerre, son beau-frère, qui allait prendre possession de l'empire de Constantinople. Il fut pris avec lui, la même année, par Théodore l'Ange Comnène, empereur de Thessalonique, et ils moururent l'un et l'autre en prison, l'an 1218. MARIE DE CHARENTON, première femme de Guillaume, le fit père de Louis, qui suit; d'Étienne, seigneur de Saint-Briçon; et de Béatrix, femme de Guillaume I, comte de Joigni. EUSTACHIE DE COURTENAI, sa seconde femme, sœur de Pierre, empereur de Constantinople, ne lui donna point d'enfants. Nous avons une charte de cette comtesse, en date de l'an 1218, par laquelle elle déclare que son époux, en partant pour la Terre-Sainte, l'avait chargée d'assigner, en aumône, à telle maison religieuse qu'elle jugerait à propos, une rente perpétuelle de dix livres, à prendre sur le minage et le tonlieu de la Ferté-Loupière. En conséquence, elle applique ladite aumône au prieuré de Senan (près de Guerchi, diocèse de Sens), membre de l'abbaye de Molême. (*Cartul. secundum Molism.*, *fol.* 107, *r*°.)

LOUIS I.

1218. LOUIS I, fils de Guillaume, lui succéda, étant encore mineur, sous la garde-noble de Robert de Courtenai, conformément à la disposition que son père avait consignée dans un acte passé au mois de décembre 1216, peu de tems avant son départ pour la Terre-Sainte. Il était dit, dans cet acte, que, du consentement de Blanche, comtesse de Champagne, sa dame suzeraine, il laissait pour quatre ans, à compter de Pâques prochain, à Robert de Courtenai, sa terre de Sancerre avec ses dépendances, de manière que s'il venait à mourir pendant son voyage, Robert aurait le bail de cette terre jusqu'à ce que Louis, fils de Guillaume, fût parvenu à l'âge de majorité, c'est-à-dire à vingt et un ans accomplis. (Labbe, *Mel. cur.*, tome II, page 640.) Louis avait par conséquent dix-sept à dix-huit ans à la mort de son père. L'an 1221, au mois de mars, il rendit hommage à Thibaut, comte de Champagne, et se servit, pour en sceller l'acte, du sceau de son tuteur. (Labbe, *ibidem*, page 652.) Mais dans la suite, il devint vassal immédiat de la couronne par la vente que Thibaut fit au roi saint Louis de la suzeraineté de Sancerre. Ce comte fut un des grands du royaume de France qui écrivirent, l'an 1235, au pape Grégoire IX,

contre les prétentions des prélats, touchant l'étendue de leur
juridiction. Il mourut l'an 1268 (et non pas 1264, comme le
dit Ménage), laissant, suivant le père Anselme, de JEANNE
DE COURTENAI, sa première femme, Jean, qui suit; Robert
et une fille. Il n'eut point d'enfants d'ISABEAU DE MAYENNE,
sa seconde femme, veuve de Dreux de Mello, qu'il avait épousée
en 1245 (morte vers 1256). Du Bouchet et la Thaumassière
donnent à Isabeau les trois enfants que nous venons de nommer.

JEAN I.

1268. JEAN I, fils aîné de Louis I et son successeur au comté
de Sancerre, avait épousé, du vivant de son père, MARIE,
fille d'Hervé II, seigneur de Vierzon, et sœur d'Hervé III, qui
lui succéda, l'an 1259, dans les seigneuries de Menetou-Salon et
de Soesme. Quelque tems après la mort de son père, le comte Jean
transporta ces deux terres à Robert, son frère, pour terminer
le différent qui était entre eux touchant le partage de la succession paternelle, et assigna d'autres fonds à sa femme pour remplacer sa dot. Cet arrangement de famille fut fait à l'abbaye de
Noir-Lac par l'arbitrage des seigneurs de Château-Roux, en
présence de l'official de Bourges. Le comte Jean ne fut pas
moins jaloux de ses droits que ses prédécesseurs. Ses juges
ayant été troublés par le bailli de Bourges pour la connaissance
du port d'armes, il obtint, l'an 1273, un arrêt du parlement
de Paris, faisant défenses au bailli de Bourges de le troubler
dans la possession de ce droit. Mais, ayant négligé de faire justice de quelques-uns de ses gens qui avaient frappé un clerc, il
fut condamné, l'an 1274, à une amende de cinquante livres
envers le roi. On ignore le tems précis de sa mort; mais cet
événement ne devança guère la fin de l'an 1280. Il laissa de son
mariage Etienne et Jean, qui suivent; Thibaut, archidiacre de
Bourges, puis évêque de Tournai; Louis, seigneur de Sagonne;
Blanche, mariée à Pierre de Brosse, seigneur de Boussac; et
Agnès, femme en secondes noces de Henri du Bos, sire de
Toesni.

ETIENNE II.

1280 au plutôt. ETIENNE, fils aîné du comte Jean, lui
ayant succédé, eut un différent avec Henri II de Sully, touchant
la mouvance de certaines terres dont celui-ci refusait de lui
faire hommage. Le comte d'Henrichemont, choisi pour arbitre,
décida, l'an 1283, que la maison de Breviande et les châtellenies de Jars et de la Chapelle de Damgilon relevaient du

comté de Sancerre. Le roi Philippe le Bel ayant convoqué, l'an 1302, le ban et l'arrière-ban par ses lettres du 7 mai pour la guerre de Flandre, le comte Étienne fut un des plus empressés à lui amener ses vassaux. Il eut part, le 11 juillet de la même année, à la funeste journée de Courtrai, après laquelle il alla se renfermer avec les débris de notre armée dans Lille, que les Flamands vinrent assiéger. Le roi, par sa lettre du 6 août suivant, lui manda de tenir ferme le plus long-tems qu'il lui serait possible, l'assurant qu'avant la fin de ce mois il viendrait avec une puissante armée à son secours. Le roi tint parole ; mais Lille était prise avant qu'il arrivât. Le comte de Sancerre continua de servir en Flandre les deux années suivantes. Il mourut le 16 mai 1306, sans laisser d'enfants de MARIE, fille de Hugues XII de Lusignan, comte de la Marche, qu'il avait épousée en 1288.

JEAN II.

1306. JEAN II, successeur d'Étienne, son frère, au comté de Sancerre, débuta, lorsqu'il fut en possession, par demander la foi et hommage à ses vassaux. Henri II, seigneur de Sully, était de ce nombre pour les terres de la Chapelle-Damgilon et des Aix. Mais le comte de Sancerre relevait pareillement de lui pour des terres mouvantes de la Chapelle. Henri prétendit, par cette raison, n'être tenu à aucune prestation envers le comte. Louis, comte d'Evreux, choisi pour arbitre de la contestation, décida, l'an 1307, que le sire de Sully ferait premièrement foi et hommage au comte de Sancerre, qu'ensuite celui-ci dans la même place, *sans pied mouvoir*, lui rendrait le même devoir, et que celui des deux qui y manquerait paierait à l'autre dix mille livres. Ce jugement fut accepté de part et d'autre, et exécuté, comme il portait, dans l'église des Jacobins de Bourges. (*Hist. de Sancerre*, p. 71 et 72.) Le ban et l'arrière-ban du Berri ayant été convoqués à Paris dans les années 1316, 1317, 1318 et 1319, le comte Jean se trouva entre les autres seigneurs de la province à chaque revue avec trente hommes d'armes. Les fiefs étaient alors le partage de la noblesse. Philippe Girame, dont l'origine était douteuse, ayant acquis le fief de Chazelles, le comte Jean le fit saisir jusqu'à ce que Philippe eût fourni ses preuves. (*Ibid.*) Ce comte mourut sur la fin de l'an 1326, et fut enterré aux Jacobins de Bourges, suivant le père Anselme, dans l'église paroissiale de Sancerre, selon l'historien de cette ville. LOUISE DE BEAUMEZ, sa femme, lui donna Louis, qui suit ; Jeanne, mariée, à Jean de Trie, comte de Dammartin; et Marguerite, abbesse de Charenton.

LOUIS II.

1326. LOUIS II, successeur de Jean II, son père, fut tué, l'an 1346, à la bataille de Créci, en combattant avec courage pour la défense du roi et de l'état. Il laissa de BÉATRIX, fille de Jean V, comte de Rouci, sa femme, Jean, qui suit; Louis de Sancerre, créé maréchal de France en 1369, puis connétable le 22 septembre 1397, mort le 6 février 1402, et enterré à Saint-Denis (1); Robert de Sancerre, capitaine d'une compagnie de gens d'armes, mort avant son frère le connétable; Étienne, seigneur de Vailli, mort sans postérité, l'an 1390, au siége de Tunis; un autre fils et deux filles. Le père Anselme donne au comte Louis, pour première femme, Isabeau de Rosni, qu'il épousa, dit-il, en 1323. Mais ce mariage n'a point été connu de la Thaumassière, et le père Anselme n'en donne point de preuve.

---

(1) On lit sur sa tombe, à Saint-Denis, l'épitaphe suivante.

> Ci dedans, sous une lame,
> Loys de Sancerre dont l'ame
> Soit au repos du Paradis;
> Car moult proudom fut jadis;
> Sage, vaillant, chevaleureux,
> Loyal et en armes heureux.
> Onque en sa vie n'aima le vice,
> Mais il garda bonne justice,
> Autant au grand comme au petit,
> En ce prenoit son appetit.
> Maréchal fut ferme et estable.
> De France depuis fut connétable
> Fait après par élection.
> En l'an de l'Incarnation
> Mil quatre cents et deux fina,
> Et le roy voult et inclina
> A l'hounourer tant que ciens
> Avec ses parens anciens
> Fut mis, pour ce fait bon servir
> Cil qu'ainsy le veut déservir
> A ses serviteurs à la fin
> Quant luy ont été à fin.

JEAN III.

1346. JEAN III n'était âgé que de douze ans, lorsqu'il succéda dans le comté de Sancerre, à Louis II, son père. Ayant épousé MARGUERITE DE MARMANDE, il obtint, l'an 1348, du roi Philippe de Valois, des lettres de dispense pour administrer ses domaines. Tout jeune qu'il était, il n'avait de passion que pour les armes. Mais ses premiers exploits sont restés dans l'oubli. L'an 1355, il se rendit, le 29 août, à l'ost de Saint-Jean-d'Angéli. Une ancienne chronique manuscrite, conservée à Saint-Victor (n°. 419), dit que cette même année, il fut battu par les Anglais, avec le comte de Joigni et le sire de Châtillon-sur-Marne. L'année suivante, il combattit à la bataille de Poitiers où il demeura prisonnier. L'an 1364, averti par un religieux de l'abbaye de Saint-Thibaut, qu'une bande de ces brigands, qu'on nommait *grandes compagnies* ou *tards-venus*, se disposait, après avoir pris la Charité-sur-Loire, à venir surprendre Sancerre, il leur dressa une embuscade pendant la nuit, à un quart de lieue de la ville, et les enveloppa de manière que la plupart furent taillés en pièces, et les autres pris avec leur chef, Jean Aimeri, qui mourut quelques jours après de ses blessures. *Par cette prise et par cette déconfiture*, dit Froissart, *fut rendue aux François la Charité-sur-Loire et toutes les garnisons de là entour.* Le comte Jean, l'an 1383, acquit la terre de Bois-Gibaut, située sur la rive droite de la Loire, presque vis-à-vis de Sancerre. La même année, il servit dans l'armée de Flandres, depuis le 1er. août jusqu'au 1er. octobre, à la tête de la compagnie des gendarmes du duc de Berri, composée de vingt-sept chevaliers-bacheliers et de cent cinquante écuyers. (*Hist. de Sancerre.*) L'an 1390, le comte Jean, avec Etienne, son frère, accompagna Louis II, duc de Bourbon, à son expédition d'Afrique, et servit au siège de Tunis. Il mourut au mois de février 1403 (n. st.), laissant de sa première femme, Marguerite, qui suit, et une autre fille. CONSTANCE DE SALUCES, sa seconde femme, dont il n'eut point d'enfants, se remaria, après sa mort, à Geoffroi le Maingre de Boucicaut.

MARGUERITE.

1403. MARGUERITE, fille aînée de Jean III, hérita de lui du comté de Sancerre, qu'elle joignit à la succession du connétable de Sancerre, son oncle, qui la lui avait laissée par son testament du 4 février 1402. Elle fut mariée quatre fois, 1°. à GIRARD

DE RETZ, mort peu après lui avoir donné sa main; 2°. à BÉRAUD II, dauphin d'Auvergne; 3°. à JACQUES DE MAULÉVRIER, maréchal de France; 4°. à JEAN, dit LOURDIN, connétable de Sicile. Elle mourut l'an 1419, laissant de son deuxième mari, entr'autres enfants, Béraud, dauphin d'Auvergne, IIIe. du nom; Marie, femme de Guillaume II de Vienne, seigneur de Saint-Georges; Robert, évêque de Chartres, puis d'Albi; et Marguerite, femme de Jean, quatrième du nom, sire de Beuil, maître des arbalêtriers de France (mort le 28 juillet 1426), d'où vint Jean V de Beuil, dont il sera parlé ci-après.

BÉRAUD.

1419. BÉRAUD, fils de Béraud II, dauphin d'Auvergne, et de Marguerite, comtesse de Sancerre, succéda à sa mère dans le comté de Sancerre, ainsi qu'à son père dans le dauphiné d'Auvergne. L'an 1420, les Anglais, après avoir pillé et brûlé le bourg et l'abbaye de Saint-Satur, vinrent se présenter devant la ville de Sancerre. Mais les habitants les repoussèrent si vigoureusement, qu'ils leur tuèrent trois cents hommes, firent sur eux un grand nombre de prisonniers, et mirent le reste en fuite. L'an 1422, le dauphin (depuis le roi Charles VII), après avoir levé le siége de Cône à l'approche des Anglais, vint camper sous les murs de Sancerre. Les ennemis se mirent à sa poursuite dans le dessein de lui livrer bataille. Mais ayant appris sur la route la mort de leur roi Henri V, ils changèrent d'avis. L'an 1423 (v. st.), Charles VII, pour arrêter les courses que les Anglais, maîtres de la Charité-sur-Loire, faisaient dans tout le Berri, somma le comte-dauphin Béraud de remettre entre ses mains toutes les places du comté de Sancerre, pour les garder et y mettre garnison. Béraud obéit, et reçut pour récompense de sa soumission les villes, châteaux, châtellenies d'Issoudun, de Saint-Saphorin de Nihous, de la côte Saint-André et de Voiron en Dauphiné, sans préjudice des places du comté de Sancerre, que le roi s'était engagé de lui rendre à la fin de la guerre. Il n'arriva pas à ce terme, étant mort le 28 juillet 1426. DE JEANNE DE LA TOUR D'AUVERGNE, sa première femme, qu'il avait épousée l'an 1409, il laissa une fille, qui suit. (*Voyez* Béraud III, *dauphin d'Auvergne.*)

JEANNE.

1426. JEANNE, née l'an 1412, succéda à Béraud, son père, dans le comté de Sancerre, dans le dauphiné d'Auvergne et dans ses autres biens. Elle épousa, l'an 1428, LOUIS DE BOURBON, premier du nom, comte de Montpensier. Jeanne mourut sans enfants, le 26 mai 1436, laissant à son époux l'usufruit de tous ses biens. (*Voy.* Jeanne, *dauphine d'Auvergne.*)

LOUIS III, DIT LE BON.

1436. LOUIS III (premier de Bourbon), comte de Montpensier, à qui sa douceur mérita le surnom de BON, ne conserva point le comté de Sancerre aussi paisiblement que les autres terres dont Jeanne, sa femme, lui avait laissé l'usufruit. Jean V de Beuil, fils de Jean IV, sire de Beuil, et de Marguerite, sœur de Béraud, comte de Sancerre, revendiqua cet héritage, et contre Louis de Bourbon-Montpensier, et contre Guillaume de Vienne, fils de la dauphine Marie, tante dudit Jean. L'an 1451, il obtint au parlement de Paris, un arrêt d'adjudication, en vertu duquel il se mit en possession du comté de Sancerre. Louis le Bon mourut en 1486 (Voy. *les dauphins d'Auvergne.*)

JEAN IV.

1451. JEAN IV (cinquième du nom, sire de Beuil), élève du brave la Hire dans le métier des armes, s'était déjà rendu célèbre avant de parvenir au comté de Sancerre. Il était fils de Jean de Beuil, quatrième du nom, et de Marguerite, fille de Béraud II, dauphin d'Auvergne, et de Marguerite de Sancerre, cousin de Jeanne, comtesse de Sancerre, femme de Louis de Bourbon-Montpensier, et par conséquent son plus proche héritier. Long-tems avant de lui succéder, il s'était fait un nom par ses exploits militaires. L'an 1427, il fut un des braves qui firent une entreprise sur la ville du Mans, possédée alors par les Anglais. Il fut commis, l'année suivante, au ravitaillement de la ville d'Orléans. Il se trouva, l'an 1431, à la défaite des Anglais, près de Beaumont-le-Vicomte. Nommé par le roi, capitaine de cent hommes d'armes, il défit, en 1438, les compagnies qui ravageaient l'Anjou. Il surprit par escalade, en 1439, la ville de Sainte-Suzanne, et suivit, en 1444, le dauphin allant en Allemagne au secours du duc d'Autriche. L'an 1450, il fut revêtu de la charge d'amiral. Il contribua, dans les années 1451 et 1453, à la prise de plusieurs places en Guienne. L'an 1456, il fit construire la halle de Sancerre. L'an 1461, il fut destitué de la charge d'amiral par le roi Louis XI. Il mourut entre 1474 et 1477, laissant de JEANNE DE MONTEJEAN, sa première femme, Antoine, qui suit; et de MARTINE TURPIN DE CRISSÉ, sa seconde femme, d'autres enfants. C'est sous sa direction que fut composé le roman du *Jouvencel*; ouvrage destiné à former un jeune militaire, dont M. de Sainte-Palaye a donné une notice fort curieuse dans les *Mém. de l'Acad. des B. L.*, tom. XXVI, pag. 700, 726.

ANTOINE.

1477 au plus tard. ANTOINE DE BEUIL succéda au comté de Sancerre à Jean, son père. Il fut attaché inviolablement au roi Louis XI, qui l'appelait son frère d'armes. Ce prince lui donna avis de la mort de Charles, dernier duc de Bourgogne, aussitôt qu'elle fut arrivée. L'an 1480, au mois de novembre, le comte Louis ordonna qu'il y aurait à Sancerre un maire, six échevins et six conseillers-bourgeois, qui changeraient tous les ans. L'an 1485, le 16 août, Antoine fit hommage du comté de Sancerre et de ses autres terres au roi Charles VIII, entre les mains du chancelier. Il vendit, l'an 1493, par acte du 24 avril, la baronnie de Montfaucon à Jacques de Chazeron, et Anne d'Amboise sa femme. Il mourut après l'an 1506, laissant de JEANNE, sa femme, bâtarde du roi Charles VII, Jacques, qui suit, et d'autres enfants.

JACQUES.

1507 au plutôt. JACQUES DE BEUIL, fils et successeur d'Antoine, était, du vivant de son père, échanson du roi Charles VIII. Il fit deux fois le voyage d'Italie dans l'armée de ce prince et dans celle de Louis XII. Jacques mourut le 8 octobre 1513, laissant de JEANNE DE BOIS-JOURDAN, sa première femme, Charles, qui suit; et François, qui devint, en 1519, archevêque de Bourges. JEANNE DE SAINS, sa seconde femme, lui donna Louis, qui viendra ci-après.

CHARLES.

1513. CHARLES DE BEUIL hérita de Jacques, son père, du comté de Sancerre avec la baronnie de Vailli. L'an 1515, au mois d'août, il commanda l'avant-garde de l'armée de François Ier, au passage des Alpes; et le 13 septembre suivant, il fut blessé mortellement à la bataille de Marignan. ANNE DE POLIGNAC, sa femme, le fit père de Jean, qui suit, et se remaria à François II, comte de la Rochefoucauld, dont elle eut plusieurs enfants.

JEAN V.

1515. JEAN V (sixième du nom, sire de Beuil), succéda à

Charles, son père, n'ayant que trois mois, sous la tutelle de François de Beuil, son oncle, depuis archevêque de Bourges, et alors trésorier de la cathédrale et professeur en droit canon. Il perdit la vie au siége de Hesdin, l'an 1537, sans avoir été marié. Ce jeune seigneur donnait les plus grandes espérances

LOUIS IV.

1537. LOUIS IV (sire de Beuil), fils de Jacques, comte de Sancerre, et de Jeanne de Sains, grand-échanson de France dès 1533, chevalier de l'ordre de Saint-Michel, gouverneur de Touraine, d'Anjou et du Maine, succéda au comté de Sancerre, à Jean, son neveu. Il avait été blessé à la journée de Marignan, et pris à celle de Pavie. L'an 1539, lorsqu'on procédait à la réformation solennelle de la coutume de Berri, le comte de Sancerre fut appelé à Bourges, sur la supposition que ce comté était sujet à cette coutume. Il soutint au contraire que lui et les siens avaient leurs propres coutumes, insérées dans le recueil de celles de Montargis, fait en 1531. Labbe dans son commentaire de la coutume du Berri, dit effectivement que le comté de Sancerre était régi par la coutume de Lorris, et que cela fut jugé par cinq arrêts de la cour. L'an 1544, Louis défendit la ville de Saint-Dizier, pendant sept semaines, contre l'armée impériale, et ne la rendit (sur la fin d'août), que par une capitulation honorable; encore ne s'y détermina-t-il que sur une fausse lettre du duc de Guise, fabriquée par la duchesse d'Etampes, ou selon d'autres, par le fameux Granvelle, depuis cardinal, qui lui ôtait toute espérance de secours (1). Cette brave défense lui mérita la place de capitaine des cent gentilshommes de la maison du roi. Il combattit, l'an 1557, à la funeste bataille de Saint-Quentin. Mais, loin de désespérer du salut de l'état, après ce terrible désastre, il se jeta dans Guise, résolu de défendre la place jusqu'à la dernière extrémité. L'an 1560, il fut le premier, suivant Brantôme, qui découvrit la conjuration d'Amboise. « Sans lui et sa vigilance, dit cet his-

---

(1) Cette lettre, écrite en chiffres et signée de celui du duc de Guise, portait que le roi (François 1er.), touché de l'extrémité où se trouvaient les assiégés, commandait au comte de Sancerre de demander la capitulation la plus honorable qu'il pourrait. Le comte assembla les principaux officiers, leur montra la lettre où l'on reconnut le chiffre du duc de Guise, et enfin on capitula. (Montfaucon, *Monum. de la Monarch.*, tome IV, page 334.)

» torien, la sédition d'Amboise eût pris feu, pour le moins un
» peu ; car ce fut lui qui découvrit Castelnau, l'un des princi-
» paux de la bande, qu'il avait connu avec monsieur d'Orléans,
» étant de sa compagnie, de laquelle mondit sieur le comte
» était lieutenant ; et se montra en cette découverte un très-
» sage capitaine ». Mais il fit un acte mémorable de générosité,
lorsque le prince de Condé ayant été arrêté, on nomma des
commissaires, du nombre desquels il fut, comme chevalier
de Saint-Michel, pour lui faire son procès. Les juges l'ayant
condamné à mort, le comte de Sancerre protesta qu'il perdrait
plutôt la vie que de signer l'arrêt. Il mourut l'an 1563, laissant
de JACQUELINE, fille de François de la Trémoille, qu'il avait
épousée le 23 janvier 1534, Jean, qui suit, et d'autres enfants.
Ce comte, dit encore Brantôme, *était un très-brave, sage et vail-*
lant capitaine ; aussi avait-il la façon très-belle et honorable repré-
sentation, homme de bien et d'honneur, n'ayant jamais dégénéré
de ses prédécesseurs. Sa femme lui avait apporté en dot la terre
de Marans dans l'Aunis, avec celle de la Charité-sur-Loire,
qu'il transmit à ses descendants.

JEAN VI.

1563. JEAN VI (septième du nom, sire de Beuil), comte
de Sancerre après la mort de Louis, son père, et grand-échanson, eut le bon esprit de se préserver du fanatisme de la ligue,
et la constance de rester attaché aux rois Henri III et Henri IV,
dans les tems les plus difficiles et les plus orageux pour ces
deux princes. Au siége de Paris, il marcha au secours du second
avec cinquante gentilshommes qu'il entretenait à ses dépens. Les
ligueurs sentirent aussi la force de son bras au combat de Ger-
geau, où il les défit. Pendant les troubles de la minorité du roi
Louis XIII, il montra pour ce prince la même fidélité qu'il avait
marquée à ses devanciers. Le comte Jean mourut fort âgé, l'an
1638, laissant d'ANNE DE DAILLON, qu'il avait épousée en
1589, Réné, qui suit.

RENE.

1638. RÉNÉ DE BEUIL, marié, en 1626, à FRANÇOISE DE
MONTALAIS, succéda, l'an 1638, dans le comté de Sancerre,
à Jean VI, son père. Le père Anselme dit qu'il vendit ce
comté, l'an 1637, à Henri de Bourbon, IIe. du nom, prince
de Condé. Cela n'est point exact. Le comté de Sancerre ne fut
acquis de Réné de Beuil, par Henri de Condé, qu'en 1640.

Cette date est appuyée sur les mémoires des généralités du royaume, dressés, en 1698, par les intendants des provinces, pour monseigneur le duc de Bourgogne. Dans ceux de la généralité de Bourges, article de Sancerre, il est dit que Henri de Bourbon, prince de Condé, se rendit adjudicataire de ce comté par décret en 1640; ce qui porta les habitants de Sancerre, attachés à la maison de Beuil, à se cotiser eux-mêmes pour payer le prix de l'adjudication au profit de leurs anciens seigneurs, et leur conserver une terre si noble et si ancienne; mais leur générosité, dont il y a peu d'exemples, fut sans effet par la faute des héritiers, qui, pendant le cours de l'instance, ne pensèrent point à faire usage du droit de retrait lignager, en sorte que le parlement de Paris jugea que l'adjudication, faite au plus offrant, et revêtue de toutes les formalités, ne pouvait plus recevoir d'atteinte. Ainsi la possession de la maison de Condé est devenue incommutable. Le comté de Sancerre est depuis échu en partage à Louise-Elisabeth, douairière de Conti, arrière-petite-fille de Henri de Condé (morte le 27 mai 1775), qui l'a transmis par son testament au comte de la Marche, son petit-fils, depuis prince de Conti.

CHRONOLOGIE HISTORIQUE

DES SIRES OU BARONS,

PUIS DUCS DE BOURBON.

Le Bourbonnais, dont Moulins est aujourd'hui la capitale, a pour limites, au septentrion, le Nivernais et le Berri; au midi, l'Auvergne; à l'orient, la Bourgogne et le Forès, et à l'occident, le Berri. Son étendue est de vingt-sept lieues en longueur sur onze de largeur.

Du tems de César, les *Edui* possédaient une partie de ce pays, et l'autre était partagée entre les *Arverni* et les *Bituriges Cubi*. Mais, parmi ces habitants, vinrent se mêler les *Boii*, peuples de Germanie, qui, ayant été battus par César, avec les *Helvetii*, au secours desquels ils étaient venus, se réfugièrent chez les *Edui*, et furent distribués par eux entre l'Allier et la Loire.

Sous l'empire d'Honorius, le Bourbonnais était compris, pour la plus grande partie, dans la première Aquitaine; et le reste, savoir, ce qui est entre l'Allier et la Loire, fut attribué à la première Lyonnaise.

Les Visigoths, ayant conquis ce pays sur les Romains, en furent eux-mêmes dépouillés par les Francs, après la célèbre victoire que Clovis remporta, l'an 507, sur Alaric. Le Bourbonnais fit ensuite partie du gouvernement de la première Aquitaine; mais au dixième siècle, il était dans la mouvance immédiate de la couronne, et était compté pour l'une des trois principales baronnies du royaume.

AIMAR.

Aimar ou Adémar, est regardé comme la tige des seigneurs

de Bourbon. Ce domaine lui venait de ses ancêtres qui avaient possédé de grands biens dans l'Auvergne, le Charolais et l'Autunois, dont on ne distinguait pas encore le Bourbonnais. En effet il était petit-fils, par Dibelong, ou Nivelon II, son père, de Childebrand II, qui, l'an 814, fit une donation en fonds de terre, au monastère des religieuses d'Iseure, *de Isodro*, près de Moulins. Childebrand y dit positivement qu'il tenait ces fonds de Dibelong, son père, *de genitore meo Dibelongo comite quondam legitimâ hereditate pervenit ad me* (*Gall. Chris.*, no., tom. II, col. 377.) Or ce Dibelong, ou Nivelon I, était fils de Childebrand I, frère de Charles Martel, comme on croit l'avoir démontré dans la généalogie de la maison de France. Aimar fonda lui-même le monastère de Souvigni, *de Silviniaco*, à deux lieues de Moulins, pour l'ordre de Cluni. La charte de cet établissement est datée, *die lunœ, in mense martio, anno XXIV, regnante Carolo* (*Gall. Chr.*, no., tom. II, col. 377); ce qu'un moderne rapporte à l'an 863, vingt-quatrième du règne de Charles le Chauve. Mais alors Cluni n'existait pas encore, puisqu'il ne fut fondé qu'en 910. Ce n'est donc point au règne de Charles le Chauve, que cet acte se rapporte, mais à celui de Charles le Simple, dont la vingt-quatrième année a dû commencer le 3 janvier 898, suivant une de ses époques, tombe en l'an 921 de notre ère. On ignore combien depuis ce tems Aimar vécut. Il avait épousé ERMENGARDE, dont il eut trois fils, Aimon, Dacbert, et Archambaud. Le père de ces enfants, dont on prouvera ci-dessous l'existence, n'est donc pas le même qu'Aimar, ou Adémar, comte de Poitiers, qui n'en eut aucun.

GUI.

GUI, frère, à ce qu'il paraît, d'Aimar, lui succéda vraisemblablement à cause de la minorité de ses neveux. Il ne nous est connu que par son seing, qu'il mit au bas de la charte de fondation du prieuré de Saint-Vincent de Chantelle, à cinq lieues de Bourbon-Lanci. Cet acte est daté du 26 mars 936, et Gui le souscrivit en ces termes : *S. Guidonis comitis Burbon.* (Besli, *Hist. des comtes de Poitou*, pag. 256.) C'est le seul seigneur de Bourbon qui ait pris le titre de comte à raison de cette seigneurie. Gui mourut sans enfants; on ne peut dire en quelle année.

AIMON I.

AIMON, fils aîné d'Aimar, fut le successeur de Gui dans la seigneurie de Bourbon. Après avoir recouvré son héritage, il voulut revenir contre les donations pieuses que son père avait faites. Ne pouvant y réussir par les voies de droit, il employa celles de fait, et reprit de force une partie des fonds que son père avait donnés au prieuré de Souvigni. Mais dans la suite, touché de repentir, non-seulement il restitua ce qu'il avait usurpé, il y ajouta même, par forme de réparation, *in emendationem*, une nouvelle terre, appelée *Longovernum*. Dans l'acte qui contient ces dispositions, et dont la date est du mois de janvier de la dix-huitième année du règne de Louis d'Outremer (953 de Jésus-Christ), il dit que c'est pour le repos des âmes d'Aimar, son père, d'Ermengarde, sa mère, de Dacbert et d'Archambaud, ses frères, d'ALDESINDE, sa femme, et de ses fils, Gérard et Archambaud. (Mabillon, *Ann. Ben.*, tom. III, pag. 370.) Il ne faut pas conclure de là que toutes ces personnes fussent décédées alors. Dans un moment, on verra la preuve du contraire. Aimon survécut plusieurs années à cet acte; et ce qui le prouve, ce sont quatre autres de ses fils qui n'y sont point dénommés, et qu'il eut par conséquent depuis, savoir: Aimon, Ebles, Humbert et Ancelme ou Anceaume, fondateur du château de Bourbon-Lanci, duquel sont descendus, suivant Du Bouchet, les seigneurs de Bourbon-Lanci, de Montpéroux, de Montmor, de la Boulaie et de Classi. Ceux de Montpéroux, dit le père Anselme, subsistaient, l'an 1351, dans la personne de Jean de Bourbon, seigneur de Montpéroux, marié à Laure de Bordeaux, dame de Châtelus, veuve de Guillaume de Montagu, seigneur de Sombernon. Le fils aîné d'Aimon I précéda son père au tombeau. Humbert, cinquième fils d'Aimon, avait, dans la portion de son héritage, un prévôt, nommé Angelelme, dont nous avons la charte d'une donation qu'il fit d'une métairie, située au lieu dit Varenges, en faveur de l'abbaye de Cluni, du consentement de Jarlende, sa femme, et de leurs fils. (*Arch. de Cluni.*)

ARCHAMBAUD I.

ARCHAMBAUD I, second fils d'Aimon I et son principal héritier, transmit son nom à ses successeurs, et l'attacha au château de Bourbon, chef-lieu, pour lors, du Bourbonnais, qui fut nommé depuis Bourbon-l'Archambaud, pour le distinguer des autres lieux, nommés Bourbon. Ce château existait long-tems auparavant, puisqu'on voit, dans l'histoire contemporaine du roi Pepin le Bref, que ce prince, étant venu dans le Nivernais, à la poursuite de Waifre, et ayant passé la Loire, prit et brûla le château de Bourbon. (Bouquet, tom. V, p. 5.) Archambaud confirma, l'an 959, les donations faites par son père et son aïeul au prieuré de Souvigni. Il avait épousé ROTILDE, que Blondel fait, sans raison, fille d'Hildegaire, vicomte de Limoges, et femme, en premières noces, de Gérard, son successeur. L'identité de nom de la femme d'Archambaud et de celle de Gérard, est le seul fondement de cette opinion. Il paraît qu'Archambaud n'eut qu'un fils de son mariage.

ARCHAMBAUD II,

ARCHAMBAUD II, fils d'Archambaud I, selon les uns, son petit-fils, suivant les autres, par Eudes, son père, eut guerre, l'an 990, avec Landri, comte de Nevers, pour les limites de leurs domaines. La chronique de Vezelai, parlant d'un combat qu'ils se livrèrent cette année entre l'Allier et la Loire, sans en marquer l'issue, qualifie prince, Archambaud. L'an 1018, il donna au prieuré de Souvigni, le lieu de Saint-Maurin, qu'il avait du chef d'ERMENGARDE, son épouse, fille d'Herbert, sire de Sully. Il eut de son mariage quatre fils, dont l'aîné qui suit.

ARCHAMBAUD III.

ARCHAMBAUD III, surnommé du MONTET, *de Monticulo*, successeur d'Archambaud II, son père, restitua, l'an 1048, au chapitre de Saint-Ursin de Bourges, l'église de Moncenoux, qu'il avait injustement usurpée. On met sa mort vers l'an 1064. DEAURATE, sa première femme, le fit père d'un fils, qui suit, et d'une fille de même nom qu'elle, morte sans alliance. AGNÈS, qu'il épousa en secondes noces, lui donna deux fils Hunibalde et Gilon. Il fut enterré, ainsi que sa première femme, au prieuré du Montet.

ARCHAMBAUD IV.

1064 ou environ. ARCHAMBAUD IV, dit le FORT, ayant succédé à son père, Archambaud III, voulut, en qualité d'avoué du monastère de Souvigni, établir à son profit des coutumes nouvelles et onéreuses dans ce lieu. Saint Hugues, abbé de Cluni, dont Souvigni dépendait, s'opposa vigoureusement à cette entreprise. On tint sur ce sujet un concile à Charlieu, dans le Mâconnais, où l'on fut sur le point d'excommunier Archambaud. Le saint abbé lui sauva cette disgrâce dans l'espérance de le ramener par la douceur. Archambaud fut effectivement plus modéré par le suite; mais ce ne fut que dans sa dernière maladie qu'il renonça entièrement à ses prétentions;

ce qu'il fit en présence et du consentement de son fils aîné. (*Mabil. Ann. Bened.*, tom. V, *App.*, pag. 654, col. 2.) Il mourut le 16 juillet 1078, laissant de PHILIPPE, son épouse, fille de Guillaume V, comte d'Auvergne, quatre fils, Archambaud, qui suit; Aimon, qui vient après; Guillaume, seigneur de Montluçon, et Guichard, qu'on croit avoir été père de Pierre Blot, dont il sera parlé ci-après; avec une fille, nommée Ermengarde, laquelle, ayant épousé, l'an 1070, Foulques le Rechin, comte d'Anjou, fut congédiée, l'an 1081, sous prétexte de parenté, puis remariée à Guillaume, sire de Jaligni, dont elle eut Aldin, ou Oldin, mort sans lignée, et Elisabeth, femme de Hugues d'Amboise. (André Favin, *Hist. de Nav.*, pag. 321. Justel, *Hist. de la M. d'Auv.*, pag. 30.)

ARCHAMBAUD V.

1078. ARCHAMBAUD V, fils aîné et successeur d'Archambaud IV, fut un seigneur, à ce qu'il paraît, entreprenant, querelleur et violent. Une lettre de Lambert, évêque d'Arras, rapportée par Baluze (*Miscell.*, tom. V, pag. 327), nous apprend qu'Archambaud, ayant eu des démêlés avec Hugues de Die, archevêque de Lyon et légat du pape, il le prit dans une embuscade et le mit en prison, ce qui ne manqua pas sans doute, quoique la lettre n'en dise mot, de lui attirer une excommunication. On ignore le sujet de la querelle qu'il eut avec Hugues, seigneur de Montigni. Mais Hugues nous apprend lui-même qu'Archambaud s'étant saisi de sa personne, soit dans un combat, soit dans une surprise, lui fit essuyer une longue et dure prison, d'où il ne sortit que par le crédit de Guillaume (I), comte de Nevers. Pour marquer à Dieu sa reconnaissance du recouvrement de sa liberté, il donna au prieuré de Saint-Etienne de Nevers, l'église de Lichi, avec ses dépendances, par une charte datée du 19 novembre 1088. (*Archiv. de ce prieuré.*) Les religieux de Souvigni eurent beaucoup à souffrir des déprédations d'Archambaud. Comptant pour rien la renonciation que son père avait faite en sa présence et de son consentement, aux coutumes injustes qu'il avait voulu établir sur leur monastère, il se mit en tête de les faire revivre, et employa la violence pour y réussir. Il triomphait, lorsqu'en 1095, le pape Urbain II vint, dans le mois d'octobre, à Souvigni, pour se rendre au concile de Clermont. Les religieux ne manquèrent pas de lui faire leurs plaintes de la conduite du sire de Bourbon à leur égard. Archambaud vint lui-même pour demander à sa sainteté l'absolution de son père; le pape l'accorda, mais à condition qu'il laisserait en repos ce monastère,

Il le promit et n'en continua pas moins ses vexations : ce qui engagea l'abbé saint Hugues à le poursuivre au concile de Clermont. Cité à cette assemblée, il comparut et s'obligea de nouveau à satisfaire ses parties sur l'objet de leurs plaintes. Cette fois, enfin, il tint parole. comme on le voit par l'accommodement qu'il fit l'année suivante avec les religieux de Souvigni. (Mabil. *ubi suprà*.) Archambaud finit ses jours l'an 1096. (*ibid.*, pag. 656), laissant un fils en bas âge, de LUCQUE, sa femme, qui se remaria peu de tems après avec Alard Guillebaud, seigneur de la Roche.

AIMON II et ARCHAMBAUD VI.

1096. AIMON, surnommé VAIRE-VACHE, de la couleur mêlée de ses cheveux, frère d'Archambaud V, s'empara de la seigneurie de Bourbon (sous un prétexte que l'histoire nous laisse ignorer), au préjudice d'Archambaud, son neveu, qui était resté sous la tutelle de sa mère. Il demeura paisible possesseur du Bourbonnais jusqu'en 1114 ou 1115. Mais à la fin, Alard Guillebaud, beau-père d'Archambaud, homme vertueux et disert, se rendit à la cour du roi Louis le Gros pour lui demander justice de cette usurpation. Le monarque, après avoir fait inutilement ajourner Aimon à sa cour, marcha contre lui à main armée, l'an 1115 (et non pas 1123, comme le dit Favin), l'assiégea dans son château de Germigni ; et, l'ayant forcé de venir demander grâce à genoux, l'emmena à Paris, où il jugea dans son conseil le différent de l'oncle et du neveu. Suger, qui nous fournit ces traits (*Vita Ludov. VI*), ne rapporte pas de quelle manière l'affaire fut décidée, et se contente de dire que le roi mit dans son jugement autant de clémence que de justice. Paul Emile, Gaguin et Favin, suppléent à ce récit, en disant qu'Aimon fut condamné à restituer à son neveu ce qu'il lui avait enlevé. Nous voyons, en effet, qu'en 1116, Archambaud prêta serment de fidélité au roi, touchant la garde de l'abbaye de Saint-Pourcain, qu'il avait en qualité de sire de Bourbon. (*Gall. Chr.*, no., tom. II, pag. 373.) Mais il ne paraît pas qu'il ait vécu au-delà de cette année, ni qu'il ait été marié. Après sa mort, Aimon se remit en possession de la seigneurie de Bourbon. Quelques années auparavant, il avait efficacement secouru de sa personne et de ses troupes, Elisabeth de Jaligni, femme de Hugues de Chaumont, en Touraine, pour se rendre maîtresse de la terre de Jaligni, qui lui était échue par la mort d'Oldin, son frère, et que des étrangers voulaient lui ravir. Mais Archambaud, fils d'Aimon, qui avait été de cette expédition, retint pour lui la petite ville de Bessais, qu'Aimon, dit un auteur contemporain, donna à sa sœur Ermengarde, en la mariant à Guillaume de Jaligni. (*Gesta Domin. Ambas.*, pag. 565.) On ignore l'année de la mort d'Aimon. Il avait épousé, l'an 1099 au plus tard, ALDESINDE, fille unique de Guillaume de Nevers, comte de Tonnerre, pour les droits de laquelle il eut guerre cette année là avec Guillaume II, comte de Nevers et neveu de sa femme. Il laissa de son mariage un fils, qui suit. On lui donne encore deux autres fils, Gérard et Gui ; mais on ignore s'ils lui survécurent.

ARCHAMBAUD VII.

ARCHAMBAUD VII, successeur d'Aimon, son père, s'allia à la maison de Savoie et à celle de France, par son mariage avec AGNÈS DE SAVOIE, sœur d'Adélaïde, femme du roi Louis le Gros, et nièce du pape Calliste II. Occupé de l'embellissement de ses domaines, il bâtit, en 1137, Villefranche, dans le Bourbonnais. Nous avons les lettres qu'il donna, de concert avec sa femme, en faveur de ce nouvel établissement ; lettres par lesquelles ils déclarent Villefranche une ville libre comme son nom le porte, ne se réservant, pour eux et leurs successeurs, que le four bannal, les étaux du marché, avec divers droits sur les marchandises qui s'y vendront, et la connaissance des crimes d'adultère, de rapt et de vol. Dans tout autre cas, la justice, tant civile que criminelle, est abandonnée aux habitants, pour être exercée par un homme de leur commune. Ils s'engagent de plus à ne point emprunter des habitants, ni les mener malgré eux à la guerre, ou bien aux chevauchées. (Galland. *Tr. du Franc-aleu*, pag. 9.) Archambaud partit, l'an 1147, pour la Terre-Sainte, avec le roi Louis le Jeune. Ce monarque, après avoir traversé une partie de l'Asie, au milieu des plus grands dangers, ayant pris le parti de s'embarquer au port de Satalie, avec sa cavalerie, laissa son infanterie sous la conduite du comte de Flandre et du sire de Bourbon, pour l'amener par terre à Antioche. Les assauts fréquents que les Turcs leur livrèrent sur la route, l'incommodité des chemins, et la disette des vivres, firent qu'il n'en arriva pas la moitié à sa destination. (*Odo de Diogil.*) Archambaud arriva en Palestine peu de tems après le roi de France. Il fut du nombre des seigneurs bourguignons à qui le pape Anastase IV écrivit, l'an 1154, pour les exhorter à traiter en excommuniés les habitants de Vezelai, à les exclure de leurs terres, et à les faire dépouiller, s'ils s'y rencontraient, pour leur révolte envers l'abbaye. (*Spicil.*, tom. III, pag. 496.) Archambaud mit, l'an 1159, sa terre de Monctet ou de Monstiers (*de Monasteriis*) entre les mains et sous la protection du roi, qu'il engagea en même tems à confirmer les coutumes qu'il y avait établies. (*Cartul. de Bourbon.*) Ce fut cette année, ou la suivante, qu'il intenta procès à Pierre Blot, son parent et son vassal, pour avoir brûlé et détruit son château de Montaigu, en Combraille, qui relevait du roi d'Angleterre. Pierre Blot prétendait que cette place et ses dépendances lui appartenaient, et qu'Archambaud, ayant été son tuteur, avait abusé de sa minorité pour le dépouiller de cette portion de son héritage. L'affaire ayant été portée à la cour du roi d'Angleterre, Henri II, et de Richard, duc d'Aquitaine, son fils, il fut jugé qu'Archambaud céderait la moitié de la châtellenie de Montaigu à Pierre Blot. Celui-ci, après le jugement, remit sa part au sire de Bourbon, moyennant la somme de sept mille sous, payable en sept années. L'acte de ce traité, où paraissent le sire Archambaud VII et son fils, de même nom que lui, est rapporté à l'an 1187, par D. d'Acheri, qui l'a publié dans le huitième tome du Spicilège, pag. 201. Mais la petite chronique de Cluni met en 1171 la mort d'Archambaud VII, qu'elle nomme VI ; et nous n'avons pas d'autorité qui la contredise sur ce point.

ARCHAMBAUD VIII.

1171. ARCHAMBAUD VIII, fils unique d'Archambaud VII, fut son successeur, quoiqu'en dise la petite chronique de Cluni, qui le fait mourir deux ans avant son père ; et voici la preuve de notre assertion. Le roi Philippe Auguste ayant conquis, en 1199, une partie des terres du comté et du dauphiné d'Auvergne, en confia la garde à Archambaud, sire de Bourbon. D. Martenne a mis au jour la charte par laquelle Archambaud s'engage, sous la foi du serment, à garder fidèlement ces terres avec les forteresses, et à ne les rendre qu'au roi. L'acte est daté du mois de mars de l'an 1200. (*Ampliss. coll.*, tom. I, col. 1028.) Archambaud mourut cette même année, comme la suite le fera voir. D'ALIX, son épouse, fille d'Eudes II, duc de Bourgogne, il ne laissa qu'une fille, qui suit.

MATHILDE.

1200. MATHILDE, ou MAHAUT, fille d'Archambaud VIII, lui succéda dans la sirerie de Bourbonnais. Elle fut d'abord mariée à GAUTIER, ou GAUCHER IV de VIENNE, sire de Salins, dont elle eut une fille, appelée Marguerite. Mais, ce mariage ayant été déclaré nul en 1195, elle épousa, l'année suivante, GUI II, seigneur de Dampierre-sur-Bèbre, en Nivernais, suivant Coquille; de Dampierre-sur-Salon, suivant Golut; de Dampierre-sur-Vingenne, selon Dunod : mais laquelle de ces trois terres lui donnait-elle son surnom ? c'est ce que nous laissons indécis avec regret. Cependant Marguerite, ayant épousé, l'an 1200, Guillaume de Sabran, comte de Forcalquier, prétendit avoir la sirerie de Bourbon. Il y eut à ce sujet un fameux procès qui fut porté à la cour du roi, Philippe Auguste, où il fut long-tems débattu. Enfin le roi, par son jugement, déclara qu'il était contre les usages du royaume qu'une baronnie fût possédée en tout ou en partie par une fille, tant qu'il y avait un héritier mâle, et qu'en pareil cas elle pouvait seulement exiger pour son mariage une dot conforme à son état. En conséquence de cette décision on fit, l'an 1211, au mois de février, une transaction, par laquelle Marguerite abandonna la baronnie de Bourbon à Gui de Dampierre et à sa femme, qui, de leur côté, s'engagèrent à lui payer une somme de douze cents marcs. (*Spicil.*, tom. XI, p. 365.) Gui de Dampierre était un général expérimenté. L'an 1210, le roi lui donna le commandement de l'armée qu'il envoyait contre Gui, comte d'Auvergne. Dampierre prit sur le comte plusieurs places pendant le cours de quatre campagnes. Le roi, pour le récompenser, lui donna le château de Tourniole, l'une des plus fortes places qu'il eût prises, et lui confia la garde des autres conquêtes qu'il avait faites. Gui de Dampierre mourut l'an 1215, laissant de son mariage un grand nombre d'enfants, dont les principaux furent Archambaud, qui suit; Guillaume, seigneur de Dampierre, époux de Marguerite II, comtesse de Flandre; Gui, seigneur de Saint-Just, en Champagne. Mahaut survécut à son époux, et mourut l'an 1218. Elle avait accordé, l'an 1189, de concert avec son premier époux, à l'abbaye de Cluni l'exemption de péage et de coutumes dans toute l'étendue de leurs domaines. L'acte de cette exemption nomme entre les témoins Guillaume, frère de Gaucher. (*Archiv. de Cluni.*)

ARCHAMBAUD IX.

1215. ARCHAMBAUD IX succéda, l'an 1215, à Gui de Dampierre, son père, du consentement de Mathilde, sa mère, et prit en même-tems le cri et les armes de Bourbon. L'an 1217, il reçut de Blanche, comtesse de Champagne, tutrice de Thibaut, son fils, la charge de connétable de ce comté pour sa vie seulement, comme il le reconnaît par ses lettres du mois d'avril de cette année. (Martenne, *Thes. Anecd.*, tom. I, p. 862.) Vers le même tems, le roi Philippe-Auguste établit Archambaud gardien du pays d'Auvergne et défenseur des places que son père y avait conquises pour ce monarque sur le comte Gui. Philippe Auguste lui avait déjà conféré auparavant la charge de connétable d'Auvergne. En vertu de l'autorité que lui donnaient ces deux titres, il se crut fondé, sous le règne de Louis VIII, à mettre un sergent royal à Brioude. Les chanoines, à qui la seigneurie de cette ville appartenait, se plaignirent au roi de cette entreprise qui donnait atteinte à leur juridiction. Louis ordonna une enquête qui fut concluante pour les chanoines; mais sa mort, arrivée sur ces entrefaites, laissa les choses dans le même état. Enfin, l'an 1233, sur les nouvelles plaintes des chanoines, le roi saint Louis, s'étant fait représenter l'enquête, enjoignit au sire de Bourbon d'y faire droit. En conséquence, il retira le sergent qu'il avait établi à Brioude, et fit expédier aux chanoines, dans le mois de juin de cette année, une charte par laquelle il reconnaissait la justice de leurs plaintes. (*Gall. Chr.*, no., tom. II, *prob.*, *col.* 137). Quelques années après, Archambaud eut querelle avec Philippe Berruyer, archevêque de Bourges, touchant le serment de fidélité que ce prélat exigeait de lui pour la commune qu'il avait établie dans sa terre; ce qui semble prouver que la sirerie de Bourbon relevait, du moins à certains égards, de l'église de Bourges. Les choses furent poussées au point que l'archevêque frappa d'excommunication Archambaud, et sa terre d'interdit. Le pape Grégoire IX, à qui le sire de Bourbon eut recours, chargea l'archevêque de Tours d'examiner l'affaire et de la juger. Ce prélat ayant donné gain de cause à son confrère, Archambaud se soumit. Les censures furent levées; et, dans une assemblée solennelle, il fit à Tours, le jeudi après la décollation de Saint-Jean (1er. septembre) de l'an 1239, le serment qui avait occasioné la querelle. (*Ibid. col.* 23.) Archambaud IX mourut, disent les modernes, en 1238, à la bataille de Cognac. Mais on ne connaît point de bataille donnée à Cognac cette année-là. Il fallait dire à la bataille de Taillebourg, donnée le 21 juillet 1242, ou à celle du lendemain. Il avait épousé BÉATRIX, héritière de Montluçon, dont il laissa Archambaud, qui suit; Guillaume, mort sans laisser de postérité de Mahaut de Montgascon, sa femme; Béatrix, mariée à Béraud, dit le Grand, sire de Mercœur; Marie, alliée, en 1240, à Jean I, comte de Dreux; Marguerite, mariée, au mois de mars 1232 (v. st.), à Thibaut I, roi de Navarre et comte de Champagne, laquelle eut pour sa dot la somme de trente-six mille livres monnaie de Paris (1), suivant la reconnaissance qu'Archambaud

---

(1) Sous le règne de saint Louis l'argent monnayé, c'est-à-dire les

en passa à Thibaut dans le mois de septembre 1232. (Martenne, *ibid.*, *col.* 968.)

ARCHAMBAUD X.

1242. ARCHAMBAUD X, dit le JEUNE, fils aîné d'Archambaud IX et son successeur, épousa YOLANDE de CHATILLON, héritière par Gui, son père, comte de Saint-Pol, des seigneuries de Monjai, de Thorigni et de Broigni ; et par Agnès de Donzi, sa mère, des comtés de Nevers, d'Auxerre et de Tonnerre, ainsi que des seigneuries de Donzi et de Saint-Agnan. Ayant accompagné le roi saint Louis dans son premier voyage d'outre-mer, Archambaud mourut en Chypre, le 15 janvier 1249 (n. st.), laissant de sa femme, qui l'avait suivi dans ce voyage, deux filles, Mahaut et Agnès. La première épousa Eudes, la seconde Jean, tous deux fils de Hugues IV, duc de Bourgogne.

MAHAUT.

1249. MAHAUT, fille aînée d'Archambaud X, lui succéda dans la sirerie de Bourbon avec EUDES, ou ODET de Bourgogne, son époux, auquel elle avait été fiancée l'an 1237, ce prince n'ayant alors tout au plus que deux ans. L'an 1250, elle succéda pareillement à Mathilde, sa bisaïeule, dans les vicomtés de Nevers, d'Auxerre et de Tonnerre. Mahaut finit ses jours l'an 1262, laissant de son époux, qui la suivit au tombeau l'an 1269, trois filles, dont aucune n'hérita de la sirerie de Bourbon. (*Voy.* Mahaut II, *comtesse de Nevers.*)

AGNÈS ET JEAN DE BOURGOGNE.

1262. AGNÈS, sœur de Mahaut, lui succéda dans la sirerie de Bourbon et la seigneurie de Saint-Just, avec JEAN, son époux, seigneur de Charolais, second fils de Hugues IV, duc de Bourgogne, l'an 1268, Jean fit son testament par lequel il fonda un hôpital à Moulins pour cent pauvres. Il mourut la même année vers la mi-janvier, ne laissant de son mariage

---

gros tournois, étaient à 11 deniers, 12 grains d'aloi, et le marc de cette espèce valait 58 sous ; par conséquent 36 mille livres produisent 12413 marcs, 6 onces, 2 gros, 2 deniers, 6 grains. Ainsi puisque le marc d'argent, au titre de 11 deniers 12 grains, vaut, suivant le tarif de 1771, 51 liv. 4 s. 8 d. $\frac{3}{8}$, il s'ensuit que 12413 marcs, 6 onces, 2 gros, 2 deniers, 6 grains, valent environ 636,020 liv. de notre monnaie d'aujourd'hui (1785.)

qu'une fille, qui suit. Agnès, sa veuve, se remaria, l'an 1277, à Robert II, comte d'Artois, dont elle n'eut point d'enfants. Elle mourut l'an 1283, après le mois d'août. Les Dominicains de Nevers l'honorent comme leur fondatrice. Elle possédait, près des murs de cette ville et du cloître des chanoines, un manoir, *manerium*, qu'elle céda, l'an 1271, à ces religieux pour y bâtir un monastère. (*Gall. Christ.*, tom. XII, col. 351, *chartâ LXV*.)

BÉATRIX ET ROBERT.

1283. BÉATRIX, fille d'Agnès de Bourbon et de Jean de Bourgogne, succéda, l'an 1283, à sa mère dans la sirerie de Bourbon avec ROBERT de France, comte de Clermont en Beauvaisis, sixième fils du roi saint Louis, qu'elle avait épousé l'an 1272. Hugues, son aïeul paternel, lui légua, par son testament, la même année les châtellenies et seigneuries de Charoles, de Sauvement, du Mont-Saint-Vincent, etc.; ce qui fut confirmé, l'an 1279, par traité fait au mois d'août avec Robert II, duc de Bourgogne. De ces châtellenies fut composé, depuis, le comté de Charolais. Le comte Robert, après son mariage, retint dans son écu les armes de France avec la distinction d'un bâton de gueules pour marque de puîné, sans prendre aucun quartier de celles des anciens seigneurs de Bourbon, qui étaient un lion rampant de gueules, armé de sable en champ d'or semé de coquilles. Béatrix, sa femme, mourut le 1er. octobre 1310, laissant de son époux Louis, qui suit; Jean, premier comte de Charolais : (celui-ci, mort en 1316, laissa de son mariage avec Jeanne, dame d'Argies, Béatrix, mariée en 1327, avec Jean I, comte d'Armagnac, à qui elle porta le comté de Charolais); Pierre, archidiacre de Paris; Blanche, alliée à Robert VII, comte d'Auvergne; Marie, prieure de Poissi; Marguerite, femme de Jean de Dampierre, comte de Namur. Robert, père de ces enfants, mourut le 7 février 1318. (n. st.) (*Voy.* Robert, comte de Clermont.)

DUCS DE BOURBON.

LOUIS I, dit LE GRAND et LE BOITEUX.

1310. LOUIS, né l'an 1279, appelé LOUIS-MONSIEUR du vivant de Robert, son père, succéda, l'an 1310, à Béatrix, sa mère, dans la sirerie de Bourbon; et, l'an 1318, à son père dans le comté de Clermont dont il prit le titre. Ses exploits militaires lui avaient déjà fait une grande réputation. Il avait fait, l'an 1297, ses premières armes à la bataille de Furnes en Flandre. L'an 1302, à la funeste journée de Courtrai, il avait commandé l'arrière-garde, et sauvé les débris de l'armée française. Deux ans après il avait eu part à la victoire de Mons-en-Puelle. Dans le tournoi qui fut donné à Boulogne l'an 1308, au mois de janvier, à l'occasion des noces d'Isabelle de France et d'Edouard II, roi d'Angleterre, Louis-Monsieur et Jean, son frère, se distinguèrent de manière qu'ils remportèrent les prix sur les chevaliers les plus renommés de l'Europe. Chargés ensuite avec le comte de Valois de conduire Isabelle en Angleterre, ils ne la quittèrent que lorsqu'ils l'eurent vu couronner à Westminster. A son retour, Louis-Monsieur fut revêtu de la charge de grand chambrier, l'une des cinq premières de la couronne. Celui qui en était revêtu signait les diplômes des rois avec les grands officiers; il assistait au jugement des pairs et avait la surintendance des ornements royaux. Son office lui donnait fief et justice foncière avec cens, rentes et droits seigneuriaux en la ville de Paris et aux environs, et juridiction sur dix-sept corps de métiers qui dépendaient absolument de lui. Cette charge fut héréditaire dans la maison de Bourbon jusqu'à la défection du fameux connétable de ce nom. François Ier. alors en disposa en faveur de Charles, duc d'Orléans, son troisième fils, après la mort duquel elle fut supprimée. Depuis ce tems, le grand chambrier est remplacé par les premiers gentilshommes de la chambre et les maîtres de la garde-robe.

Le roi Louis Hutin n'ayant laissé, l'an 1316, qu'une fille, en mourant, la succession au trône fut disputée entre cette princesse et Philippe le Long, son oncle. Louis-Monsieur fut un des grands qui se déclarèrent le plus hautement en faveur de ce prince, et par là il contribua beaucoup au triomphe qu'il remporta sur sa rivale ou plutôt sur ses partisans ; car elle n'avait encore que cinq ans. Cet important service lui donna un grand crédit sur l'esprit du nouveau monarque. Louis-Monsieur était alors plein de l'idée d'exécuter la croisade que le concile général de Vienne avait fait publier en 1312, et dont la plupart des seigneurs s'étaient détachés avec la même légèreté qu'ils s'y étaient engagés. Croyant avoir réussi à ranimer leur zèle, il obtint du roi des lettres données à Long-champ le 13 septembre 1318, par lesquelles il était nommé capitaine-général de cette expédition. Elles portent que « sa majesté a
» fait ce choix non seulement à cause de la haute noblesse du
» comte de Clermont. (c'est ainsi qu'on nommait Louis depuis
» la mort de son père), mais en considération de sa puissance,
» de sa valeur, de sa prudence et de sa sagesse. » (*Recueil de*

Colbert, vol. X, *fol.* 427.) Les choses en demeurèrent là ; des affaires plus pressantes firent évanouir le projet de la croisade, et obligèrent le comte de Clermont à changer de résolution.

Philippe le Long étant mort, l'an 1322, sans enfants mâles, la providence fit trouver dans Charles le Bel, son successeur et son frère, un nouvel ami sur le trône au comte de Clermont. Il partagea la confiance de ce monarque avec Charles de Valois, et tous deux furent envoyés, l'an 1324, en Guienne pour faire la guerre aux Anglais. Leur expédition eut le succès le plus glorieux et le plus prompt. Il ne leur en coûta qu'une campagne pour conquérir la plus grande partie de cette province. Le comte de Clermont réduisit les places de Montségur, de Saint-Macaire, de Sauveterre et d'Agen. Pour récompense de ces exploits, le roi Charles le Bel, par lettre du 27 décembre 1327, érigea la sirerie de Bourbon en duché-pairie. Charles semblait prévoir les hautes destinées de la maison de Bourbon, lorsque dans ces lettres il disait : *Nous espérons que la postérité du nouveau duc, marchant sur ses traces, sera dans tous les tems l'appui et l'ornement du trône.* La même année, il donna aussi en pairie au duc de Bourbon le comté de la Marche en échange de celui de Clermont. La mort ayant enlevé Charles le Bel peu de tems après, il eut pour successeur Philippe de Valois, que la révolte des Flamands contre leur comte appela dès le commencement de son règne dans leur pays. Le duc de Bourbon fut de cette expédition, et combattit avec gloire, le 24 août 1328, à la journée de Cassel avec ses neuf compagnies de gens d'armes, ses vassaux. Ce prince n'était pas moins habile négociateur que grand capitaine. Le roi Edouard III, après avoir fait hommage au roi de France, chicanait sur la nature de cet hommage, prétendant qu'il n'était que simple et non pas lige. Le duc de Bourbon fut envoyé à Londres pour l'engager à se dédire, et il y réussit. Philippe de Valois lui rendit, l'an 1331, le comté de Clermont, avec titre de pairie, par une générosité qui marquait combien sa personne et ses services lui étaient agréables. La guerre ayant été depuis déclarée par l'Angleterre à la France, le duc de Bourbon accompagna le roi dans ses campagnes, et le servit également de son épée et de ses conseils. Il fut envoyé, l'an 1340, au congrès d'Arras, tenu pour traiter de la paix. Mais on ne put y obtenir qu'une prolongation de la trève. Ce fut le dernier service que le duc de Bourbon rendit à l'état. Il mourut vers la fin de janvier 1341 (v. st.), à l'âge de soixante-deux ans, et fut enterré aux Jacobins de Paris. Philippe de Valois, dit une moderne, perdit en lui l'homme le plus sage de son royaume, et le seul peut-être dont l'expérience et l'autorité fussent capables de prévenir et de réparer les maux sous le poids desquels la France fut sur le point de succomber. Il avait épousé, l'an 1310, MARIE, fille de Jean d'Avênes, comte de Hainaut (morte en 1354), dont il laissa Pierre, qui suit; Jacques, mort en bas âge, et enterré aux Cordeliers de Champaigne, en Bourbonnais; Jacques, comte de la Marche; Jeanne, femme de Guigues VII, comte de Forès; Marguerite, mariée, 1°. à Jean II, sire de Sully, 2°. à Hutin de Vermeilles; Béatrix, femme, 1°. de Jean de Luxembourg, roi de Bohême, 2°. d'Eudes, seigneur de Grancei, en Bourgogne; Marie, laquelle épousa, 1°., l'an 1330, Gui, prince de Galilée, fils de Hugues IV, roi de Chypre, 2°. Robert de Sicile, prince de Tarente et d'Achaïe, morte en 1387; et Philippe, décédée en bas âge, et inhumée aux Cordeliers de Champaigne, où sa mère eut aussi sa sépulture. On a donné encore à Louis un fils naturel nommé Gui, seigneur de Cluys et de la Ferté-Chauderon.

PIERRE I.

1341. PIERRE I, fils aîné de Louis I, né l'an 1301, lui succéda au duché de Bourbon et dans la charge de grand-chambrier de France. Il accompagna, la même année, le duc de Normandie, héritier de la couronne, dans l'expédition qu'il fit en Bretagne, pour maintenir, dans la possession de ce duché, Jeanne la Boiteuse, contre Jean de Montfort, son rival. Les succès rapides du jeune prince, qui faisait alors ses premières armes, furent en partie le fruit des sages conseils du duc de Bourbon. Les Anglais, s'étant emparés de la Guienne française, Pierre fut envoyé, l'an 1345, avec un pouvoir illimité, tel qu'on l'accordait alors aux *capitaines souverains*, ou *lieutenants de roi*, pour commander dans nos provinces d'outre-Loire. Il était parti sans troupe et sans argent. Cependant, avec les milices qu'il rassembla dans ces contrées, il vint à bout, non-seulement d'arrêter les progrès des Anglais, mais de reprendre la plupart de leurs conquêtes. L'an 1346, il fut rappelé dans le Beauvaisis pour aller à la poursuite du roi d'Angleterre, qui, chargé des dépouilles de la Normandie, dirigeait sa retraite vers la Flandre. Le duc harcela l'ennemi de manière qu'il donna le tems au roi Philippe de Valois de se mettre en campagne, et de venir le joindre avec une armée de cent mille hommes. On sait la suite de cette campagne, et le terrible échec que nous reçûmes, le 26 août 1346, à la journée de Créci, avec des forces capables d'écraser les Anglais. Le duc de Bourbon y combattit à côté du roi, et fit, avec lui, des prodiges de valeur. Peut-être, s'il eût été cru, les choses auraient-elles autrement tourné : du moins, on ne voit pas que l'histoire l'inculpe dans le récit de cette malheureuse bataille. Il périt, l'an 1356, à celle de Maupertuis ou de Poitiers, donnée, le 19 septembre, par le roi Jean, avec autant de précipitation, de désordre et de malheur que celle de Créci. Ce fut en parant les coups qu'on portait au roi, qu'il reçut ceux qui le renversèrent mort à ses pieds. Son corps, porté aux Jacobins de Poitiers, y resta en dépôt, sans qu'on osât lui rendre les derniers devoirs. La raison de cela était le mépris qu'il avait fait des foudres de l'église, qu'on avait employés pour le contraindre à payer ses dettes. On le traita en excommunié, après sa mort, et il fallut, pour obtenir la permission de l'inhumer, que son fils s'engageât à satisfaire ses créanciers (1). Alors il fut conduit à Paris, où il fut enterré chez les Jacobins, à côté de son père. Nous avons la sentence du cardinal François, datée d'Avignon, le 12 des calendes d'avril 1357, par laquelle, à la demande de Louis de Bourbon, fils de ce prince, il l'absout de l'excommunication qu'il avait encourue. Pierre avait épousé, le 25 janvier 1336 (v. st.), ISABELLE, sœur du roi Philippe de Valois (morte le

---

(1) Voici les lettres que donna, pour l'absolution du duc Pierre, le cardinal François, par commission du pape en 1357.

Franciscus miseratione divinâ, etc. Sancti Marci presbyter cardinalis, discretis viris, Bituricensi, Claromontensi, Lemovicensi, Nivernensi, Eduensi, Parisiensi et Belvacensi officialibus vel eorum loca tenentibus salutem in domino. Ex parte nobilis et egregii viri Ludovici ducis Borbonesii, filii primogeniti quondam domini Petri ducis Borbonesii, nobis oblata petitio continebat, quòd ipse dominus Petrus, dum vitam duceret in humanis, olim fuit et adhuc est per domini nostri, papæ cameræ auditorem ad instantiam quorumdam creditorum suorum pluribus excommunicationum sententiis interdictus. Et antequam super hoc absolutionis beneficium obtinuisset, in bello domini regis Franciæ expiravit. Verùm cùm in fine vitæ suæ signa contritionis et pœnitentiæ apparuerint in eodem, ejusque corpus sit traditum ecclesiasticæ sepulturæ, dictusque Ludovicus filius pro dicto patre suo defuncto ipsis creditoribus et aliis, si quibus, dum vivebat, obnoxius tenebatur, satisfacere sit paratus ; supplicari fecit humiliter eidem defuncto de opportuno remedio super hoc per Sedem Apostolicam provideri. Nos igitur auctoritate domini papæ cujus primariè ad præsens curam gerimus, vobis et cuilibet vestrum in solidum committimus et mandamus, quatenus, si ita est, prædicto filio adimplente quod promittit, facialis animam ipsius patris defuncti, debitâ absolutione præviâ, suffragiis fidelium adjuvari. Datum Avenioni XII kal. aprilis, pontificatûs domini Innocentii papæ VI anno quinto. (*Traité des restitutions des Grands*, let. 2, p. 25.)

26 juillet 1383), dont il eut Louis, qui suit; Jeanne, femme du roi Charles V; Blanche, marié à don Pèdre, ou Pierre le Cruel, roi de Castille; Bonne, femme, 1º. de Godefroi de Brabant, 2º. d'Amédée VI, comte de Savoie; Catherine, épouse de Jean III, comte d'Harcourt et d'Aumale; et deux autres filles. Jean de Bourbon, seigneur de Rochefort, fut le fils naturel du duc Pierre, et mourut sans postérité.

LOUIS II, DIT LE BON.

1356. LOUIS II, dit LE BON, né le 4 août 1337, devint le successeur de Pierre, son père, au duché de Bourbon et en la charge de grand-chambrier de France. L'an 1358, le dauphin Charles, régent du royaume, voyant que les Anglais occupaient presque tout le comté de Clermont, appartenant au duc de Bourbon, lui adjugea, par ses lettres du 26 novembre, toutes les terres et tous les fiefs voisins de ce comté, confisqués sur les partisans des Anglais, pour y être unis à perpétué, sans en pouvoir être démembrés par révocation de confiscation, ou autres lettres royaux; le dauphin, dérogeant nommément à un édit portant qu'on ne donnerait aucun des biens confisqués, mais qu'ils seraient employés pour la rançon du roi Jean, son père. (*Reg. des Chart.*, coté 86 et 601, *vol.* 25.) L'an 1360, le duc Louis fut un des ôtages que le roi Jean donna pour sûreté de sa rançon, au roi d'Angleterre: *auquel pays*, dit Christine de Pisan, *si gracieusement se contint, que mesmes au roi Edoart, à ses enfans et à tous tant plaisoit, qu'il lui estoit abandoné d'aller esbattre et jouer par-tout où il lui plaisoit; et à brief parler tant y fit par son sens, courtoisie, peine et pourchas, que grant part de sa rançon, qui montoit moult grand finance, lui fut quittée.* Revenu d'Angleterre, après huit ans de séjour, il institua, le premier janvier 1370 (n. st.), l'ordre de chevalerie de l'*Ecu d'or*, dont les marques consistaient en une ceinture dorée, avec un écu d'or, orné d'une bande de perles, où était gravé le mot ALLEN. Pendant le festin qui suivit la cérémonie, Huguenin Chauveau, procureur-général du duc, vint lui présenter, à genou, le registre des informations secrètes et exactes qu'il avait faites des déprédations commises sur ses terres, pendant sa captivité, par divers seigneurs, ses vassaux, dont la plupart étaient de l'assemblée. La consternation s'étant emparée des coupables, le duc les rassura par ces paroles, qu'il adressa au procureur-général: *Chauveau, avez-vous aussi tenu registre des services qu'ils m'ont rendus?* En même-tems, s'étant saisi du registre, sans l'ouvrir, il le jeta dans un grand brasier. La même année, trois capitaines de ces compagnies d'aventuriers, qui infestaient le royaume et qu'on nommait les *grandes compagnies* ou les *tard-venus*, surprirent de nuit, par escalade, le château de Belle-Perche, en Bourbonnais, où la mère du duc était retirée. A cette nouvelle, Louis rassemble ses vassaux et ses amis, et vole à la délivrance de sa mère. Il met le siége devant la place, et le convertit ensuite en blocus, à la prière de la duchesse, effrayée des engins et du dégât qu'ils causaient dans le château. Les comtes de Cambridge et de Pembrock, étant survenus dans ses entrefaites, enlèvent la duchesse et la transportent, avec les dames de sa suite, au château de la Roche-Vauclaire, en Limosin. Cette princesse fut, depuis, échangée et conduite à la cour de France, d'où, s'étant retirée, elle alla s'enfermer à Paris, chez les Cordelières du faubourg Saint-Marcel, où elle finit ses jours.

Louis épousa, le 19 août 1371, ANNE, fille de Béraud II, comte de Clermont et dauphin d'Auvergne; alliance qui augmenta ses domaines, dans la suite, par la cession que Jeanne de Bourbon fit du comté de Forez, le 18 février 1382, à la duchesse Anne, sa petite-fille.

Louis accompagna, l'an 1373, le connétable dans son expédition contre Jean de Montfort, duc de Bretagne, et les Anglais auxquels ce dernier avait livré son pays. La victoire fut aisée; ils n'eurent qu'à se montrer pour mettre l'ennemi en fuite. On prétend que la duchesse de Bretagne tomba entre les mains du duc de Bourbon, comme la mère de ce prince était tombée auparavant entre celles des Anglais. *Ah! beau cousin!* s'écria, dit-on, la duchesse, *suis-je prisonnière?* — *Non, madame*, répondit-il, *nous ne faisons point la guerre aux dames*; et il la renvoya à son mari, retiré à Saint-Mahé. De Bretagne, Louis se mit en marche pour secourir le duc d'Anjou, qui faisait la guerre aux Anglais dans la Guienne. Sur sa route, il emporta d'assaut Brive-la-Gaillarde, qui s'était donnée aux ennemis. Ayant joint le duc d'Anjou, il l'aida de son bras et de ses conseils à faire la conquête de l'Agénois, du Condomois, du Bigorre et d'une partie de la Gascogne.

L'an 1380, après la mort du roi Charles V, le duc de Bourbon fut l'un des quatre princes du sang à qui l'on confia la tutelle du roi Charles VI, pendant sa minorité. C'était, sans contredit, le plus digne de cet emploi, par sa sagesse et sa probité. Mais, n'étant que l'oncle maternel du jeune monarque, sa naissance ne l'appelait au gouvernement que dans un rang subordonné à celui des princes, ses beaux-frères. Cette dépendance enchaîna sa bonne volonté, et fut un obstacle au bien qu'avec plus de liberté il aurait pu faire. Ce ne fut pas lui, vraisemblablement, qui conseilla au roi, l'an 1382, de marcher en personne, à l'âge de quatorze ans, contre les rebelles de Flandre. Mais, voyant qu'il y était déterminé, il l'accompagna dans cette expédition, et eut part à la victoire de Rosebecq, qu'il remporta, le 27 novembre de cette année, sur les Flamands. L'année suivante, il servit au siège de Bourbourg, et, l'an 1385, il emporta quelques forteresses en Saintonge et en Poitou, sur les Anglais. Il passa, l'an 1387, en Castille, avec un corps de troupes, pour défendre le roi Jean I contre les attaques du duc de Lancastre ; mais à son arrivée l'ennemi avait disparu. L'an 1390, suivant Paul Émile, Froissart et Juvénal des Ursins (et non 1392), les Génois demandèrent, au roi de France, du secours contre les Maures d'Afrique, qui troublaient le commerce de la république par leurs pirateries. Ce prince ne voulut pas leur refuser quelques troupes, malgré l'épuisement où se trouvait la France ; et le duc de Bourbon demanda à les commander. Le roi chercha vainement à le dissuader de cette expédition. *Bel oncle*, lui disait-il, *savez les grandes affaires que avons ; à grant peine trouvera-t on gents qui voulsissent aller si loin : ainsi ne veuillez entreprendre cette allée.* — *Monseigneur*, répliqua Bourbon, *j'ai chevaliers et escuyers de mon pays qui ne me faudront oncques à ce besoin*. Le monarque, le voyant décidé, annonça aux ambassadeurs génois que ce serait le duc de Bourbon qui commanderait le secours qu'il devait leur envoyer. Le duc, ayant fait ses préparatifs en diligence, conduisit par terre, à Gênes, une armée florissante composée de Français et d'Anglais (la France était alors en paix avec l'Angleterre) ; de là fit voile avec cette armée, au mois de juin de la même année, sur une flotte de quatre-vingts vaisseaux, pour l'Afrique. Le débarquement se fit le 21 juillet (fête de la Madelaine), au milieu d'une grêle de traits, lancés du rivage par les Africains ; il se fit, dis-je, vis-à-vis d'une ville que Froissart et Christine de Pisan nomment *Africa*, et que les modernes pensent les uns être Tunis, les autres Carthage. Le siège fut aussitôt mis devant la place, qui fit la plus vigoureuse défense ; elle soutint quatre furieux assauts, où les assiégeants furent toujours repoussés avec perte. Les secours que les rois de Bugie et de Maroc envoyèrent aux assiégés, joints à la mortalité causée dans l'armée chrétienne par les chaleurs brûlantes du climat, déterminèrent enfin le duc de Bourbon et son conseil à lever le siège au bout de neuf semaines. Mais pour ne point perdre entièrement le fruit de cette expédition, on marche à l'armée ennemie, on l'attaque dans son camp, et on la met en déroute : elle revint cependant à la charge le même jour et reçut un nouvel échec. Cette double victoire produisit un traité avec le rois de Tunis, qui s'engagea de rendre tous les esclaves chrétiens, de payer une somme de dix mille besants d'or pour les frais de la guerre, et de ne plus troubler la navigation des Chrétiens sur la Méditerranée. Tel fut le fruit de cette grande entreprise, qui eût eu, suivant Froissart, un meilleur succès, si le sire de Coucy, l'un des chefs, *eût seulement entrepris le voyage souverainement, et esté capitaine de tous. Car il avoit*, ajoute cet historien, *le retour de tous les Gentilshommes, et bien sçavoit estre entre eux doucement et avecque eux trop mieux sans comparaison que le duc de Bourbon ne faisoit. Car il estoit de haut courage et maniere orgueilleuse et présomptueuse et point ne parloit si doucement ni si humblement aux chevaliers et escuyers étrangers que le sire de Coucy faisoit ; et se vit ledit duc de Bourbon par usage le plus du jour hors du pavillon jambes croisées, et convenoit parler à lui par procureur et lui faire grant révérence.* C'est ce que Froissart dit avoir appris *des chevaliers et escuyers qui étoient étrangers.* Mais ce témoignage ne s'accorde point avec celui des autres historiens, qui peignent sous des couleurs différentes le caractère du duc de Bourbon.

Le roi Charles VI étant tombé en démence, l'an 1392, les ducs d'Orléans et de Bourgogne se disputèrent le gouvernement de l'état, avec un acharnement qui eût mis en combustion le royaume, sans l'intervention du duc de Bourbon. Ce sage prince les amena, l'an 1397, au point de consentir à partager entre eux les fonctions de l'autorité souveraine. Etant retourné dans ses terres, il acquit, l'an 1400, d'Edouard II, sire de Beaujolais et de Dombes, ces deux principautés, par traité du 23 juin. (Voy. *les sires de Beaujolais.*) Il agrandit encore, vers le même tems, ses domaines, de la baronnie de Combraille, que Pierre de Giac, qui l'avait acquise de Jean I, comte d'Auvergne, lui vendit. Son économie le mit en état de faire, deux ans après, une autre acquisition importante. Il acheta, l'an 1402, d'Humbert VII, sire de Thoire et de Villars, les villes et châtellenies de Trévoux, d'Amberieux et de Chatelar ; acquisition qui acheva de former la souveraineté de Dombes. Amédée VIII, comte de Savoie, en conçut tant de chagrin, qu'appréhendant que le duc de Bourbon n'achetât les autres terres que le sire de Villars possédait encore dans la Dombes, il lui déclara la guerre, sous prétexte de certains châteaux dont il lui demandait l'hommage. Les choses s'accommodèrent par la vente que le sire de Villars fit au comte, de ce qui lui restait en cette principauté.

Le duc de Bourbon se trouvait déplacé par-tout où l'honneur ne lui permettait pas de demeurer. L'an 1407, après l'assassinat du duc d'Orléans, il quitta la cour, où il était en très-grande considération, pour ne point consentir au lâche accommodement qui se ménageait entre les princes Orléanais et le duc de Bourgogne, auteur du crime. Ce fut alors qu'il se déclara hautement contre ce dernier, et tâcha, mais vainement, de le faire déclarer ennemi de la patrie. Le duc de Bourgogne ne lui pardonna pas cet effort de son zèle pour la justice. L'an 1409, Amé Viri, capitaine bourguignon, vint, à la sollicitation de son maître, ravager le Beaujolais. *Mais c'estoit*, dit Monstrelet, *un pauvre sacquement au regard du duc de Bourbon, et il se sauva dès que ce prince vint pour le combattre.* Le duc Louis mourut, le 19 août de l'année suivante, à Moulins, et fut enterré au prieuré de Souvigni. Les Célestins de Vichi, la collégiale de Notre-Dame de Moulins, l'hôpital de Saint-Nicolas de la même ville, sont (1785) des monuments de sa piété. Il édifia les châteaux de Moulins, d'Auxance et de Verneuil; il fit paver, à ses frais, plusieurs villes. Ce prince laissa de son mariage un fils, qui suit. Anne, sa femme, lui survécut jusqu'au 19 septembre 1416, date de son testament, et fut inhumée auprès de lui. Il laissa de plus trois fils naturels, Hector, l'un des chevaliers les plus accomplis de son siècle, tué, l'an 1414, au siége de Soissons; Jean, également renommé par son courage et par les services qu'il rendit à l'état; et Perceval, qualifié aussi chevalier. Le duc Louis avait l'esprit juste et solide, le cœur droit, sensible et généreux, l'attachement le plus sincère à la religion, à la patrie et à son roi, la valeur et l'habileté des capitaines les plus expérimentés de son tems. Sa cour était montée sur le même ton de magnificence que celles des ducs d'Orléans, de Bourgogne et de Bretagne. Une preuve non équivoque de l'affection que ses sujets lui portaient, ce sont les regrets qu'ils firent éclater à sa mort. Lorsqu'on porta son corps de Moulins au lieu de la sépulture, on voyait le clergé et le peuple du Bourbonnais accourir pour se trouver sur le passage du convoi, et même pour l'accompagner. De toutes parts on n'entendait que des sanglots et des gémissements. *Ah! ah! mort*, s'écriait la multitude désolée, *tu nous as ôté en ce jour nostre soutenement, celui qui nous gardoit et nous défendoit de toutes oppressions. C'estoit nostre prince, nostre confort et nostre duc, le plus prudhomme, de la meilleure conscience et de la meilleure vie qu'on pust trouver.* (Vie de Louis II, *duc de Bourbon.*)

JEAN I.

1410. JEAN, né au mois de mars 1381 (n. st.), succéda, l'an 1410, à Louis II, son père, dans le duché de Bourbon et les seigneuries de Combraille, de Beaujolais et de Dombes, mais non dans la charge de grand-chambrier, dont le duc de

Bourgogne, alors maître des affaires, le priva, pour la donner
à Philippe, son frère, comte de Nevers. Dès l'an 1404, il
porta le titre de comte de Clermont, du chef de sa mère, après
la mort de laquelle il eut aussi le comté de Forez. Il suivit, à
l'exemple de son père et avec la même ardeur, le parti de la
maison d'Orléans contre le duc de Bourgogne. Ces deux princes
avaient contracté, dans leur première jeunesse, une confra-
ternité d'armes. Mais, après l'assassinat du duc d'Orléans,
Jean de Bourbon rompit entièrement avec l'auteur de ce crime,
et n'eut plus que des sentiments d'aversion et d'horreur pour
lui. Le bâtard de Savoie, et ce même Viri, vaincu autrefois et
châtié par le duc Louis II, envahirent, l'an 1411, le Beaujolais et le pays de Dombes, après avoir battu l'armée que le
duc Jean avait envoyée pour les repousser. Le comté de Clermont, en Beauvaisis, tomba, la même année, au pouvoir du
duc de Bourgogne. Mais un revers encore plus fâcheux pour le
duc de Bourbon, ce fut l'enlèvement de ses trois fils, que le
sire de Croï prit dans le château de Monceaux, au comté d'Eu,
et emmena prisonniers (1), pour obliger par là le duc d'Orléans à relâcher son père, qu'il retenait dans les fers; ce qui
effectivement lui réussit.

Le duc de Bourbon, l'an 1412, fut du nombre des princes
qui, sur la fin de mai, signèrent l'ignominieux traité par lequel
ils s'engageaient à mettre Henri IV, roi d'Angleterre, en possession des provinces cédées aux Anglais par le traité de Bretigni. Au mois de juillet suivant, le duc de Bourgogne, ayant
amené le roi et le dauphin devant Bourges, pour attaquer la
ligue des princes dans son centre, le duc de Bourbon défendit
la ville, pendant environ six semaines, avec tant de valeur et
d'habileté, qu'il obligea les assiégeants à parler d'accommodement. On leva le siége, et les chefs des deux partis s'étant rendus à Auxerre, y signèrent, au mois de juillet, un traité de
paix. La discorde ayant rallumé son flambeau, vers la fin de la
même année, le duc de Bourbon se remit en campagne, par-
courut, avec une armée de Parisiens, l'Anjou, le Poitou, le
Berri, et purgea ces provinces des troupes de brigands qui les
infestaient. Etant passé, l'an 1414, en Picardie, avec Hector
de Bourbon, son frère naturel, qui l'avait accompagné dans la

---

(1) Ces enfants furent mis entre les mains du duc de Bourgogne,
qui les fit conduire au château de Montbard, d'où ils furent ensuite
transférés, par son ordre, le 12 juin 1412, à Bracon. « Ils restèrent là
» prisonniers, dit D. Plancher, jusqu'à la réunion des princes, qui se
» fit au mois d'août suivant ». (*Hist. de Bour.*, tom. III, p. 342.)

campagne précédente, il ouvrit celle-ci par le siége de compiègne. Hector y fut tué, à l'âge de 23 ans, dans une sortie des assiégés : jeune héros comparable pour la beauté, l'adresse et la valeur au héros fabuleux dont il portait le nom. Le duc lui-même, dans un assaut qu'il donna, y reçut une blessure qui le mit hors de combat. L'armée, ayant emporté la place, se vengea de ce double échec en égorgeant les habitants et la garnison, et attachant le commandant Bournonville à un gibet. Guéri de sa blessure, Bourbon alla faire le siége de Bapaume, qu'il força de lui ouvrir ses portes. Les vainqueurs marchèrent ensuite au siége d'Arras, qui fut commencé vers la mi-juillet. Le roi, le dauphin, le connétable, et tous les princes, étaient à la tête de l'armée. Mais le duc de Bourbon et le comte d'Armagnac, en dépit du connétable et au mépris de ses droits, se rendirent maîtres de toutes les opérations. Elles cessèrent au bout de six semaines par un accommodement que la comtesse de Hainaut ménagea, et qui fut ratifié par le duc de Bourgogne, le 16 octobre, au Quesnoi.

De retour à la cour, le duc de Bourbon, non moins galant que guerrier, ne s'y occupa qu'à inventer avec la reine et le dauphin de nouvelles fêtes et de nouveaux divertissements, tandis qu'on laissait le roi manquer du nécessaire, et le peuple gémir dans la misère et l'oppression. Plein des idées romanesques de chevalerie, il publia au milieu de ces réjouissances le cartel suivant, qui paraîtrait fort étrange de nos jours et qui n'avait rien d'extraordinaire de son tems. « Nous, Jean, duc
» de Bourbonnais, désirant échiver oisiveté et explecter notre
» personne en avançant notre honneur par le métier des armes,
» y acquérir bonne renommée, et la grâce de la très-belle dont
» nous sommes serviteurs, avons n'aguères voué et empris que
» nous accompagnés de seize aultres chevaliers équiers de nom
» et d'armes, porterons à la jambe chascun un fer de prison-
» nier, qui sera d'or pour les chevaliers, d'argent pour les
» équiers, par tous les dimanches de deux ans entiers, com-
» mençant le dimanche prochain après la date des présentes,
» au cas que plustost ne trouverons pareil nombre de chevaliers
» et équiers de nom et d'armes sans reproche, que tous en-
» semblement nous veuillent combattre à pied jusqu'à outrance,
» par telles conditions que ceux de notre part qui seront outrés,
» seront quittes chascun pour un brasselet d'or aux chevaliers,
» et un d'argent aux équiers, pour donner là où bon leur sem-
» blera. Fait à Paris, le 1er. janvier 1414. » (v. st.) *Mém. de l'Ac. des Insc.*, t. II, p. 641.) Pour mieux entendre ceci, il faut savoir que les chevaliers qui faisaient des emprises ou entreprises d'armes, soit courtoises, soit à outrance, c'est-à-

dire meurtrières, se faisaient attacher des chaînes par la main des dames et en chargeaient leurs armoiries; et ce signe, qu'ils ne quittaient plus, était le gage de l'entreprise qu'ils avaient vouée et qu'ils juraient, quelquefois à genoux, par un abus déplorable du serment, sur les saints évangiles.

Le dauphin cependant, jaloux de l'autorité que les ducs d'Orléans et de Bourbon avaient usurpée, tramait sourdement leur perte. La conspiration fut découverte la nuit du 1er. au 2 février 1415, quelques heures avant qu'elle dût éclater, et la prudence des ducs la fit évanouir. Mais, obligés peu de tems après de remettre au dauphin les rênes du gouvernement, ils abandonnèrent la cour pour se retirer dans leurs domaines. Le séjour qu'il y firent ne fut pas long. La descente du roi d'Angleterre en Normandie, et les progrès rapides qu'il faisait dans cette province, les tirèrent de leur retraite pour voler au secours de la patrie. L'un et l'autre furent pris à la funeste journée d'Azincourt, et emmenés prisonniers à Londres. On ne les plaignit point, parce que c'étaient eux qui avaient engagé cette bataille, de concert avec le duc d'Alençon, contre l'avis des autres chefs de notre armée. La rançon du duc de Bourbon, au bout d'un an, fut fixée à cent mille écus. Il la paya jusqu'à trois fois sans pouvoir obtenir sa liberté. Henri V poussa même l'injustice jusqu'à recommander, en mourant, de ne point relâcher les ducs d'Orléans et de Bourbon avant que son fils fût possesseur de la monarchie française. Le duc de Bourbon ne soutint pas avec la constance d'un héros la longueur de sa captivité. Vaincu à la fin par l'ennui, non seulement il offrit de payer une quatrième rançon, non seulement il consentit à livrer aux Anglais les principales places de ses domaines, mais il eut encore la faiblesse de reconnaître Henri VI pour son légitime souverain. Heureusement le traité qu'il fit à ce sujet n'eut point lieu, par le refus que fit le comte de Clermont, son fils, de le ratifier. Le duc resta dans les liens avec la honte d'avoir voulu les rompre par une infamie. Il mourut à Londres vers la mi-janvier 1434 (n. st.), à l'âge de cinquante-trois ans, et fut enterré aux Carmes de cette ville. Mais dix-huit ans après son corps fut rapporté au prieuré de Souvigni. Il avait épousé, le 24 juin 1400, MARIE, seconde fille de Jean de France, duc de Berri (morte à Lyon au mois de juin 1434), qui lui apporta en dot le duché d'Auvergne et le comté de Montpensier, en vertu des lettres du roi Charles VI, qui permettaient au duc de Berri de disposer de ses domaines, contre la loi des apanages, en faveur de cette fille, par considération pour le duc de Bourbon, qu'elle devait épouser. (Celui-ci ne fut que le troisième époux de Marie, qui s'était alliée, 1°. le 29 mars 1386, à

Louis de Châtillon III, comte de Dunois, mort le 15 juillet 1391 ; 2°. le 27 janvier 1392, à Philippe d'Artois, comte d'Eu, décédé le 15 juin 1397.) Marie, après la mort de son père, arrivée le 15 juin 1416, et pendant la captivité de son époux, voulut se maintenir dans la jouissance du duché d'Auvergne et du comté de Montpensier ; elle présenta requête au parlement à cet effet. Mais, par arrêt du 8 août 1416, la cour ordonna que le duché d'Auvergne serait *mis en la main du roi et gouverné par ses officiers, nonobstant la requête présentée par la duchesse de Bourbon.* (*Mss. du roi*, n°. 9420, fol. 132.) Le duché d'Auvergne resta néanmoins dans la maison de Bourbon. Marie donna au duc Jean trois fils, Charles, qui suit ; Louis, mort à Louvres, en Parisis, l'an 1453 ; et un autre Louis, tige de la première branche de Bourbon-Montpensier. Le duc Jean laissa aussi trois bâtards, Jean, abbé de Cluni, postulé évêque du Pui le 2 décembre 1443, mort au prieuré de Saint-Rambert le 2 décembre 1485 ; Alexandre, dit le Bâtard de Bourbon, dont il sera parlé ci-après ; Gui, mort en 1442 ; et deux bâtardes, Marguerite, épouse de Rodrigue de Villandrode, comte de Ribadeo, fameux par ses exploits et par ses brigandages, et Edmée, morte sans alliance.

CHARLES I.

1434. CHARLES I, fils aîné de Jean I, né l'an 1401, succéda, l'an 1434, aux duchés de Bourbon et d'Auvergne, au comté de Forez et aux seigneuries de Beaujolais, de Dombes, etc. Il gouvernait tous ces domaines depuis sa majorité sous le nom de comte de Clermont, quoiqu'il n'eût pas la jouissance de ce comté qui était entre les mains des Anglais. Il avait aussi recouvré la charge de grand-chambrier de France, dont le duc de Bourgogne, comme on l'a dit, avait frustré son père pour la faire tomber au comte de Nevers L'an 1418, les Bourguignons ayant surpris Paris la nuit du 28 au 29 mai, il fut arrêté avec son frère Louis, depuis comte de Montpensier, et tous deux furent enfermés dans la tour du Louvre. Le duc de Bourgogne les élargit peu de tems après. Voulant s'attacher le comte de Clermont, ce prince le contraignit d'accepter la main d'Agnès, sa fille, qui n'était pas encore nubile, et de rompre ainsi l'alliance qu'il était près de contracter avec madame Catherine de France, à laquelle il était déjà fiancé.

L'an 1419, le comte de Clermont était à la tête des seigneurs qui accompagnèrent le duc, son beau-père, à la fatale entrevue du pont de Montereau, où il fut assassiné. Loin de poursuivre la vengeance de cet attentat, il renvoya la princesse

Agnès au nouveau duc Philippe le Bon, son frère, et se jeta dans le parti du dauphin. Il accompagna ce prince, l'an 1420, en Languedoc et en Guienne. Le dauphin, rappelé sur les bords de la Seine vers la fin de juin de la même année, l'établit, en partant, capitaine-général en Languedoc et en Guienne.

L'an 1421 (n. st.), le comte de Clermont acheva, dans le mois de janvier, le siége d'Aigues-Mortes, commencé, par le sénéchal de Beaucaire, dès le mois d'août précédent. Maître de la place, il fit trancher la tête au commandant Louis Malepue et aux principaux officiers, les traitant d'ennemis de l'état. On prétend même que les habitants coupèrent la gorge à la garnison bourguignonne, qu'ils en jetèrent les corps dans une fosse, avec quantité de sel pour empêcher la corruption, et que de là est venu le proverbe de *Bourguignon salé* (1). (Vaissète.) Le jeudi gras de la même année, le comte de Clermont s'étant présenté devant Beziers, les habitants lui font dire qu'ils ne permettront d'entrer qu'à lui seul et à quarante personnes de sa suite. Le comte persistant à vouloir entrer avec tous ses gens, les portes lui sont fermées. La place est assiégée le 8 juin, et forcée, le 16 août, de capituler, à des conditions humiliantes pour les habitants. Le dauphin étant devenu roi, sous le nom de Charles VII, le comte de Clermont, l'an 1423, lui remet le gouvernement de Languedoc, après y avoir affermi l'autorité de ce prince sur des fondements solides. Il reçoit, en échange, le commandement du Nivernais, du Bourbonnais, du Forez, du Mâconnais, du Beaujolais et du Lyonnais.

Le comte de Clermont commença, l'an 1424, à se rapprocher du duc de Bourgogne, à l'occasion de l'alliance que ce dernier contracta avec Bonne d'Artois, sœur utérine du premier, et veuve de Philippe II, comte de Nevers. Leur liaison prit une nouvelle force par le mariage du comte avec AGNÈS, sœur du duc, conclu et rompu sept ans auparavant, et qui fut enfin célébré le 17 septembre 1425. Mais le comte n'en demeura pas moins attaché aux intérêts du roi et de la patrie. L'an 1428, dans le tems que les Anglais commençaient le siége d'Orléans, il rassembla la noblesse de ses terres, dont il forma un corps de trois mille hommes qu'il conduisit au roi. L'année suivante, au mois de février, apprenant à Blois que Fastol, capitaine anglais, était parti de Paris pour amener au siége d'Orléans une grande quantité de munitions de guerre et de

---

(1) Voyez l'article de Philippe le Bon, duc de Bourgogne, où l'on prouve que ce proverbe était déjà en usage en 1410. Il est bien plus probable, y est-il dit, que ce sobriquet a été donné aux Bourguignons à cause des salines du comté de Bourgogne. (*Note de l'Éditeur.*)

comte de Vendôme, le comte de Dunois, le bâtard de Bourbon, Antoine de Chabannes, les sires de Prie, de Chaumont, de Boucicaut, de la Roche, et d'autres seigneurs. On prétend que le dessein des conjurés était non-seulement d'exclure de la faveur, des conseils et du commandement des armées, le connétable de Richemont et le comte du Maine, principal ministre, mais encore de réduire le roi dans une espèce de tutelle, et de s'emparer du gouvernement sous les auspices du dauphin. Ce qui est certain, c'est qu'ils entraînèrent dans leur parti ce jeune prince, qui se laissa enlever à Loches par le duc d'Alençon. Le roi poursuivit le dauphin et son ravisseur, de province en province, de ville en ville. Les terres du duc de Bourbon devinrent spécialement le théâtre de la guerre. La plupart de ses forteresses ouvrirent leurs portes aux royalistes ou furent emportées d'assaut. La célérité du monarque ne laissa bientôt plus aux rebelles que l'espoir de le fléchir. Le comte d'Eu, frère utérin du duc de Bourbon, s'étant rendu médiateur, fit leur paix, à condition que le duc viendrait, avec le dauphin, implorer la clémence du roi. Ce fut à Cusset, en Auvergne, qu'ils vinrent trouver le roi. En l'abordant, ils mirent trois fois le genou en terre, et crièrent *mercy* trois fois. *Beau cousin*, dit le monarque au duc de Bourbon, *il nous desplait de la faute que maintenant et aultrefois avez faite contre nostre majesté par cinq fois.* (Il les lui rappela.) *Ce ne fut point*, ajouta-t-il, *pour l'honneur et amour d'aucuns, lesquels nous ne voulons point nommer, nous vous eussions montré le desplaisir que vous nous avez faict; si vous gardez doresnavant de ne plus y rencheoir.* (Monstrelet, tom. II, p. 168.) Les deux princes furent obligés, le lendemain, de demander encore pardon en plein conseil. La satisfaction que le monarque exigea du duc ne se borna pas à ces marques de soumission. Il lui en coûta, pour rentrer en grâce, ses châteaux de Loches, de Vincennes, de Corbeil, et d'autres places qu'il avait achetées ou conquises pendant la dernière guerre. Cette peine était douce en comparaison du crime. Le bâtard de Bourbon, l'un des conjurés, n'en fut pas quitte à si bonne composition. Le roi voulut faire sur lui un exemple de sévérité, parce qu'il était le plus coupable de tous. C'était lui, en effet, qui avait le plus contribué à débaucher le dauphin, et qui avait commis les plus grandes violences. Suivi d'un parti de soldats déterminés, il avait porté la désolation en divers lieux, et laissé partout des traces funestes de son passage. Le roi, l'ayant donc fait arrêter, l'an 1441, à Bar-sur-Aube, nomma des juges pour lui faire son procès. Le jugement qui intervint l'ayant condamné à être noyé, il fut mis dans un sac et jeté dans la rivière : supplice alors fort commun en France, et de là est venu le proverbe qui dit, *un homme de sac et de cordes*, pour bouche, sous l'escorte de trois mille hommes, il résolut d'intercepter ce convoi. Dunois, qu'il fit avertir de ce dessein, vint le joindre à Janville, avec une grosse troupe de cavalerie, ayant avec lui l'amiral de Culant, Boussac, la Hire, Saintrailles, Graville et Verdussen. La rencontre du convoi se fit, le 18 février, à Rouvroi-Saint-Denis, et les Français, par la témérité des subalternes, furent battus. C'est ce qu'on nomma *la journée des harengs*.

Après la levée du siége d'Orléans, le comte de Clermont accompagna le monarque à Reims, et assista à son sacre, où il représenta le duc de Normandie. L'an 1434, Charles, devenu duc de Bourbon par la mort de son père, fait d'inutiles tentatives pour recouvrer le comté de Clermont. Le roi d'Angleterre, Henri VI, soi-disant roi de France, le déclara, par lettres du 24 août de cette année, déchu de ce comté, pour prétendu crime de lèze-majesté, et en transporta la propriété avec toutes ses dépendances et appartenances au fameux Jean Talbot. (*Rec. de Colbert*, *vol.* 52, *fol.* 313.) Charles se brouille, la même année, avec Philippe le Bon, duc de Bourgogne, dont il avait épousé la sœur, à cause de certaines conventions matrimoniales qu'il prétendait n'avoir pas été remplies. Résolu d'emporter de force ce qu'il ne peut obtenir de bon gré, il entre, les armes à la main, dans la Bourgogne, soumet plusieurs places, et pénètre jusqu'en Franche-Comté. Mais le duc de Bourgogne ayant appris à Bruxelles ces hostilités, envoya dans le Bourbonnais une armée qui obligea le duc de Bourbon à revenir sur ses pas; elle l'assiégea dans Villefranche; et, sur le refus qu'il fit d'accepter une bataille, elle se répandit dans le Bourbonnais qu'elle ravagea. Les comtes de Richemont et de Nevers s'étant alors entremis pour accommoder les parties, elles se rendirent à Nevers, où la querelle fut terminée dès le premier jour de l'entrevue. Le reste du séjour se passa en fêtes, *et y eut*, dit Monstrelet, *grant foison de momeurs et farceurs*. Mais au milieu de ces réjouissances, Charles et les deux comtes profitèrent de la bonne humeur du duc de Bourgogne pour le disposer à rendre la paix à la France. Ils y réussirent, et ébauchèrent ainsi ce grand ouvrage, qui fut consommé, le 21 septembre 1435, aux célèbres conférences d'Arras. Le duc de Bourbon fit, à ces conférences, un personnage bien humiliant et en même tems bien généreux, en demandant, au nom du roi, pardon au duc de Bourgogne de l'assassinat de son père. Mais il ne soutint pas toujours ce caractère de fidélité envers Charles VII. L'an 1440, séduit par les insinuations de Georges de la Trémoille, ministre disgracié, le duc de Bourbon forme à la cour, et sous les yeux du roi, mais avec le plus grand secret, une conjuration dans laquelle entrent le duc d'Alençon, le marquer un scélérat. Le duc de Bourbon, que cet exemple aurait dû retenir dans le devoir, oublia bientôt la grâce que le roi lui avait faite. Son attachement pour le duc d'Orléans l'engagea, l'an 1442, dans une nouvelle conjuration formée par ce prince, sous prétexte de travailler à la réforme de l'état. Le roi, par sa sagesse, ayant dissipé cette ligue sans tirer l'épée, le duc de Bourbon rentra promptement dans le devoir. (*Voyez* Charles, *duc d'Orléans Valois.*) Depuis ce tems, il vécut paisible, uniquement occupé du soin de ses vastes domaines. Il était rétabli pour lors dans le comté de Clermont. Ce prince mourut le 4 décembre 1456, et fut enterré au prieuré de Souvigni. D'AGNÈS de Bourgogne, son épouse, fille du duc Jean-sans-Peur, morte à Moulins, le premier décembre 1476, il eut Jean, qui suit; Philippe, sire de Beaujeu, mort sans enfants; Charles, pourvu de l'archevêché de Lyon en 1446, à l'âge de douze ans, légat d'Avignon en 1465, cardinal en 1476, évêque de Clermont en 1477, prélat guerrier et débauché, dont la devise était : *ne peur n'espoir*, mort en 1488; Pierre, qui viendra ci-après; Louis, évêque de Liége, dont la postérité subsiste encore de nos jours (1785) dans la maison de Bourbon-Busset (*Voy.* Louis, *évêque de Liége*); Jacques, chevalier de la Toison d'Or, mort le 22 mai 1468; Marie, qui épousa, l'an 1437, Jean d'Anjou, duc de Calabre, et mourut en 1488; Isabelle, deuxième femme de Charles, duc de Bourgogne; Catherine, mariée à Bruges, le 18 décembre 1463, avec Adolphe d'Egmont, duc de Gueldre; Jeanne, femme de Jean de Châlon, Ier. du nom, prince d'Orange; et Marguerite, femme de Philippe II, duc de Savoie. Le duc Charles I eut aussi des enfants naturels, dont le principal est Louis, auquel il légua la terre de Roussillon, en Dauphiné, que le roi Louis XI érigea en comté l'an 1465, en considération du mariage de Jeanne, sa bâtarde, avec Louis.

JEAN II, DIT LE BON.

1456. JEAN II, fils aîné de Charles I, né l'an 1426, lui succéda dans les duchés de Bourbon et d'Auvergne, dans les comtés de Forez et de Clermont, dans les seigneuries de Beaujolais, de Dombes, etc., et dans la dignité de grand-chambrier de France. C'était un prince déjà connu par sa valeur. Le roi Charles VII lui ayant donné la commission de général en chef l'an 1450, il avait poursuivi les Anglais en Normandie, portant alors le titre de comte de Clermont; et, les ayant atteints près de Formigni, à trois lieues de Bayeux, il avait remporté sur eux, le 18 avril 1450, une victoire complète. Le généreux Richemont, connétable, et le comte de Dunois, qui avaient bien voulu servir sous ses ordres, avaient contribué beaucoup au gain de la bataille. Il prit ensuite, la même année, les villes de Caen et de Cherbourg, et de là, étant passé en Guienne, il eut part, l'an 1452, à la reprise de Bordeaux, dont le célèbre Talbot, général anglais, s'était rendu maître en peu de tems. Le zèle qu'il avait marqué pour le service de l'état, sous le règne de Charles VII, ne se soutint pas sous celui de Louis XI. Sur le refus que ce dernier lui fit de l'épée de connétable, il se joignit au duc de Bretagne et au comte de Charolais, avec lesquels il trama sourdement la ligue du Bien-public, dont il fut un des principaux acteurs. Elle éclata, l'année suivante, par le refus que le duc fit au roi des secours qu'il lui avait demandés pour aller faire la guerre au duc de Bretagne. Ce premier acte de rebellion fut immédiatement suivi d'un autre encore plus outrageant. Bourbon, s'étant emparé des bureaux du roi, se saisit de l'argent qu'il y trouva, et fit arrêter le seigneur de Crussol, Juvénal des Ursins, et Doriole, receveur-général des finances. Le roi marcha promptement contre le duc de Bourbon, qui, bien que soutenu du comte d'Armagnac, du duc de Nemours et du sire d'Albret, fut obligé de fuir devant l'armée royale, et d'abandonner le Bourbonnais pour aller se renfermer dans Riom. Assiégé dans cette place, il se vit contraint de plier. On convint d'une trêve, dont le roi lui-même avait besoin pour aller au duc de Bretagne et au comte de Charolais, qui se disposaient à venir fondre sur lui. Cette trêve ne détacha point le duc de Bourbon de la ligue où il était entré. Il combattit pour elle, le 16 juillet 1465, à la bataille de Montlhéri, puis s'empara, dans le mois de septembre suivant, de la Normandie pour le duc de Berri. Mais, par le traité de Conflans, il fit sa paix avec le roi, qui l'honora du collier de l'ordre de Saint-Michel. Il obtint, la même année, des lettres de ce monarque, datées du mois de novembre, par lesquelles toutes ses terres, situées en France, furent déclarées, ainsi que son duché de Bourbon, nûment ressortir au parlement de Paris. (Guichenon, *hist. manuscrit de Dombes.*) Les usures que les Juifs exerçaient à Trevoux occasionèrent des plaintes, sur lesquelles le duc Jean crut devoir faire droit, en leur ordonnant, par lettres du mois d'août 1467, de sortir incessamment de cette ville. Les Juifs ne se hâtant point de se conformer à cet ordre, il chargea, par d'autres lettres données au mois de mars suivant, les officiers de ses chambres des comptes et grand-conseil, ses baillis et juges du Beaujolais, de tenir la main à l'exécution de ses précédentes lettres. (Guichenon, *ibid.*) Le roi, l'an 1475, lui donna un nouveau gage d'estime et de confiance en l'établissant lieutenant-général dans plusieurs des provinces méridionales, depuis le Lyonnais jusqu'au Poitou. Il attaqua, le 21 juin de la même année, à Gy, près de Châteauguion, les Bourguignons commandés par Antoine de Luxembourg, dit le comte de Rouci, fils du connétable et gouverneur de Bourgogne, gagna sur eux une sanglante bataille, et fit prisonniers plusieurs officiers de marque, du nombre desquels était le général qu'il envoya à la grosse tour de Bourges. Ce fut une capture très-agréable au roi que celle du comte de Rouci. Il ordonna qu'il lui fût amené au château du Plessis-lez-Tours, *et là il lui fut remoustré*, dit Paradin, *comme il avoit entrepris plusieurs choses contre le roy, et les énormes crimes qu'il avoit commis, s'étant porté et déclaré ennemi du roy et du royaume, contre lequel il avoit exercé hostilités, bruslemens, pilleries, saccagemens, et toutes manières d'excès.......... Pour ce estant entre ses mains, et ayant mérité la mort, le roy lui voulant faire grace, le mettoit à* 40 *mille écus de rançon...........: à faute de quoi il fust tout assuré qu'on le feroit mourir.* Le duc de Bougogne, dans la suite, se retira de la cour, et n'y reparut que sous le règne de Charles VIII. À son retour, il se joignit au duc d'Orléans pour disputer le gouvernement du royaume à la dame de Beaujeu, sa belle-sœur. La princesse essaya de les engager à un désistement, en les comblant d'honneurs et de biens. Elle fit conférer au duc d'Orléans le gouvernement de Paris, de l'île de France, de la Champagne et de la Brie, avec le droit d'assister à tous les conseils; et au duc de Bourbon, par lettres du 23 octobre 1483, la charge de connétable et de lieutenant-général du royaume, après laquelle il soupirait depuis long-tems. Mais, enhardis par ces faveurs, ils n'en furent que plus ardents à soutenir leurs prétentions. Pour en rendre juge la nation, ils requirent la convocation des états-généraux. L'assemblée se tint, l'an 1484, à Tours; mais sa décision, après de longs débats, ne répondit pas à leur ambitieuse attente. Il y fut statué que le jeune monarque étant parvenu à l'âge de quatorze ans, fixé par l'ordonnance de Charles V pour la majorité des rois, la dame de Beaujeu et son époux resteraient auprès de sa personne; et qu'en son absence, le duc d'Orléans, puis, au défaut de celui-ci, le duc de Bourbon, et ensuite le sire de Beaujeu, présiderait au conseil, composé de tous les princes du sang, d'autres seigneurs, et de douze membres choisis parmi les représentants de la nation aux états. Les ducs d'Orléans et de Bourbon, trompés ainsi dans leurs espérances, font un traité de confédération contre la cour. Tandis que le premier lève une armée dans le Blaisois, le second, en sa qualité de connétable, convoque le ban et l'arrière-ban des provinces méridionales, sous prétexte de mettre le roi en liberté. Mais l'habileté de madame de Beaujeu rendit cet armement inutile. Le duc d'Orléans, assiégé dans Beaugenci par la Trémoille, après avoir couru risque d'être arrêté dans Paris, se vit réduit à se mettre à la discrétion de ce général, et s'estima trop heureux d'obtenir sa grâce, que toute la haute noblesse sollicita pour lui. Le duc de Bourbon, cependant, s'avançait à la tête de son armée vers Orléans. Il était à douze lieues de cette ville, lorsqu'il rencontra l'armée du duc de Lorraine, que sa rivale envoyait contre lui, mais avec ordre de le ménager. Instruit alors des revers du duc d'Orléans, il prête l'oreille aux propositions de paix qui lui sont faites, et reprend la route de Moulins, où il continua de murmurer contre le gouvernement.

L'archiduc Maximilien, dans ce même tems, menaçait d'une invasion les frontières de la France, dans le dessein de reprendre les provinces que Louis XI l'avait obligé de lui céder par le traité d'Arras. Il ouvre la campagne au printems de 1486, avec soixante mille hommes. Le duc de Bourbon, invité par une lettre du roi à venir se mettre à la tête de l'armée pour repousser l'ennemi, s'excuse sur la goutte, qui ne lui permettait pas de monter à cheval. Bientôt néanmoins il se met en marche avec une florissante armée, et voit en passant le roi, auquel il déclare, en plein conseil, la résolution où il est de faire à son gré la guerre ou la paix avec l'archiduc, aux conditions qu'il jugera les plus convenables au bien de l'état. Il part sans prendre congé du roi, laissant la cour dans la plus grande agitation. Le monarque et la dame de Beaujeu courent après lui; et, l'ayant atteint à Compiègne, ils viennent à bout de calmer son ressentiment. Une nouvelle attaque de goutte l'empêche d'arriver jusqu'aux frontières, et l'oblige de remettre ses troupes aux maréchaux des Querdes et de Gié. De retour à Moulins, il mourut, sans laisser de postérité légitime, le 1er. avril 1488, âgé de soixante-deux ans, et fut enterré au prieuré de Souvigni. Il avait épousé, 1°. par contrat du 11 mars 1447, JEANNE, fille du roi Charles VII, morte à Moulins le 4 mai 1482; 2°. le 28 avril 1484, CATHERINE, fille de Jacques d'Armagnac, duc de Nemours, morte au mois de mars 1486 (v. st.); 3°. l'an 1487, JEANNE, deuxième fille de Jean II, comte de Vendôme, laquelle, après la mort du duc Jean, prit une seconde alliance avec Jean III, comte d'Auvergne, et une troisième, l'an 1503, avec François de la Pause, baron de la Garde, et mourut le 22 janvier 1512 (n. st.). Le duc Jean laissa cinq enfants naturels; savoir, Mathieu, dit le Grand, bâtard de Bourbon, qui se rendit célèbre par sa valeur sous le règne de Charles VIII, et mourut au mois de septembre 1505; Charles, souche des marquis de Malause; Hector, évêque de Lavaur, puis archevêque de

Toulouse en 1492, mort en 1502; Marie, alliée à Jacques de Sainte-Colombe; et Marguerite, femme de Jean de Ferrières, seigneur de Presle.

PIERRE II.

1488. PIERRE II, troisième fils de Charles I, duc de Bourbon, né au mois de novembre 1439, qualifié sire de Beaujeu du vivant de son frère aîné, lui succéda dans toutes ses terres et seigneuries par la cession forcée que lui en fit le cardinal Charles, son frère. Il avait été fiancé, l'an 1464 (n. st.), par acte du 22 mars, avec Marie, fille de Charles de France, duc d'Orléans. Mais le roi Louis XI rompit cette alliance pour donner au sire de Beaujeu ANNE, sa fille aînée, qu'il épousa l'an 1474. Par le contrat de mariage, il fut dit qu'au cas que les deux époux mourussent sans enfants mâles, tous leurs domaines seigneuriaux seraient réunis à la couronne. Louis XI fit son gendre, quelque tems après, chef de son conseil. L'an 1477, il lui donna le comté de la Marche avec la terre de Montaigu, en Combraille, après la condamnation de Jacques d'Armagnac, duc de Nemours, à laquelle il avait présidé. Ce monarque, l'an 1483, par son testament qu'il fit lire en sa présence et celle de ses ministres, attribua le gouvernement de la personne de Charles, son fils, et du royaume, sans nommer de régent, au sire de Beaujeu et à la dame son épouse. Mais ils eurent pour concurrent, dans cet emploi, comme on l'a dit, Louis, duc d'Orléans, premier prince du sang. Leur parti fut si puissant, qu'ils l'emportèrent aux états de Tours, et obligèrent le duc d'Orléans à se retirer en Bretagne, retraite qui le précipita dans la révolte. Ce prince, étant depuis monté sur le trône (l'an 1498), sous le nom de Louis XII, ne se vengea de Pierre et de sa femme, alors duc et duchesse de Bourbon, qu'en cherchant les occasions de les obliger. Ils n'avaient qu'une seule fille, nommée Susanne, et par là tous leurs domaines, suivant la clause de leur contrat de mariage, devaient revenir à la couronne. Mais le monarque, renonçant à ses intérêts personnels, leur accorda généreusement, l'an 1499 (n. st.), des lettres qui dérogeaient à cette clause, et rendaient Susanne habile à leur succéder. Louis II de Bourbon, aîné de la branche de Montpensier, s'étant opposé à l'enregistrement de ces lettres, rompit, par cette opposition, le mariage projeté de Susanne avec Charles, duc d'Alençon. Louis II mourut le 15 août 1501, et Charles, son frère, aussitôt après sa mort, renouvela son opposition. Le seul moyen qu'on trouva pour accommoder ce différent, fut de marier Susanne avec ce prince : mariage qui s'accomplit, le 10 mai 1505, au château du

Parc-lez-Moulins. Par le contrat, Charles et Susanne se firent, l'un et l'autre, une cession mutuelle de leurs droits sur les duchés de Bourbon et d'Auvergne. Le duc Pierre n'existait plus alors, étant mort à Moulins le 8 octobre 1503. Anne, son épouse, lui survécut jusqu'au 14 novembre 1522. Ce prince fit fabriquer à Trévoux de la monnaie, dont on conserve des deniers en argent, qui ont pour inscription: PETRUS D. G. DUX BORBON. TREVOL., et pour légende: SIT NOMEN DOMINI BENEDICTUM. (Voyez *les sires de Beaujolais*.)

CHARLES II.

1505. CHARLES II, fils de Gilbert de Bourbon, comte de Montpensier et dauphin d'Auvergne, et de Claire de Gonzague, né le 17 février 1490, devint duc de Bourbon par son mariage, contracté, le 10 mai 1505, avec SUSANNE, fille du duc Pierre II, auprès duquel il avait été élevé; princesse petite et contrefaite, mais d'un excellent caractère. Ses domaines, joints à ceux que sa femme lui apporta, le rendirent le prince le plus opulent de l'Europe après les têtes couronnées; il était en même tems duc de Bourbon, d'Auvergne, de Châtelleraut, comte de Clermont en Beauvaisis, de Montpensier, de Forez, de la Marche et de Gien, dauphin d'Auvergne, vicomte de Carlat et de Murat, seigneur de Beaujolais, de Combraille, de Mercœur, d'Annonai, de la Roche-en-Regnier, et de Bourbon-Lanci. Ses richesses ne se consumèrent point dans une honteuse oisiveté. L'an 1507, il accompagna le roi Louis XII, au voyage de Gênes. Deux ans après, il revint avec ce monarque en Italie, et fut du nombre des seigneurs qui se distinguèrent le plus à la bataille d'Agnadel, ou de Giraddada, donnée contre les Vénitiens, le 14 mai 1509. D'autres exploits, par lesquels il prouva sa valeur et son habileté, lui méritèrent l'épée de connétable que le roi François I lui donna le 10 ou le 12 janvier 1515 (n. st.)

François n'étant que duc de Valois, avait contracté une étroite amitié avec Charles de Bourbon. Mais Louise de Savoie, duchesse d'Angoulême, mère du premier, n'avait pas les mêmes sentiments pour le second, parce qu'il était gendre d'Anne, duchesse de Bourbon, qu'elle avait toujours haïe. Anne s'était attiré l'aversion de Louise par le peu de considération qu'elle lui avait témoigné, lorsqu'elle gouvernait le royaume sous le règne de Charles VIII, son frère. La duchesse d'Angoulême, adroite, insinuante, employa dans toutes les occasions le pouvoir qu'elle avait sur l'esprit du roi, son fils, pour nuire au connétable, tantôt en lui inspirant de la jalousie sur la magnificence de ce prince, tantôt en donnant des couleurs odieuses à ses actions qui en étaient le moins susceptibles. Mais le connétable se maintenait par son mérite reconnu et l'importance de ses services. Ils se couvrit de gloire à la bataille de Marignan, donnée le 13 et le 14 septembre 1515, et contribua plus que tout autre à la victoire que nous y remportâmes sur les Suisses. Le roi s'étant rendu maître de Milan, le 4 octobre suivant, en nomma vice-roi le connétable. Mais le peu de forces qu'il lui laissa pour conserver cette conquête, le mit en danger de la perdre. Il vint cependant à bout de repousser l'empereur Maximilien, qui était entré dans le Milanez, et de l'obliger à fuir, le 28 mars 1516, avec trois cents chevaux. Ce succès fut compté pour rien à la cour, et le connétable fut rappelé par les intrigues de la duchesse, son ennemie, qui ne cessait de décrier sa conduite. A son retour, il trouva le roi entièrement changé à son égard. Ses états, ses gages et ses pensions furent rayés. L'an 1519, nouvelle disgrâce. Le roi marchait, accompagné du connétable et du duc d'Alençon, contre l'empereur Charles-Quint, campé sous Valenciennes. Résolu de lui livrer bataille, il donna au duc d'Alençon, son beau-frère, le commandement de l'avant-garde, qui appartenait au connétable par le droit de sa charge. Ce dernier sentit d'où le coup partait, et dit, à ce qu'on prétend, que *le roi suivait en cela les impressions d'une femme qui n'avait pas plus d'équité que d'honneur.* Le refroidissement qu'occasiona ce passe-droit entre le monarque et lui, et sa haine pour la duchesse, allèrent toujours en augmentant. Ses malheurs domestiques favorisèrent la vengeance et l'ambition de sa rivale. L'an 1521, la perte qu'il avait faite de son fils unique, né au mois de juillet 1517, fut suivie de celle de sa femme, morte le 28 avril à Châtelleraut : ce fut l'époque de sa ruine. Louise de Savoie, cousine germaine de Susanne, prétendit lui succéder, comme plus proche héritière, dans tous ses domaines, et intenta procès à ce sujet au connétable. La cause fut plaidée au parlement par les trois avocats les plus célèbres de leur tems, en présence du roi et de la duchesse, sa mère. François de Montholon plaida pour le connétable, Guillaume Poyet pour la duchesse, et Pierre Lizet pour le roi. Il n'y eut point de jugement définitif rendu ; mais, par l'arrêt du commencement d'août 1522, les parties furent *appointées au conseil ; et cependant, par provision, ordonné que tous les biens contentieux seraient séquestrés.* Ce jugement, que le roi autorisa en permettant l'exécution du séquestre, jeta le connétable dans le désespoir. Furieux de se voir dépouillé, il oublie ce qu'il doit à sa naissance, au roi et à sa patrie, et prend la résolution de passer au service de l'empereur.

Dès que Charles-Quint fut instruit de ses dispositions, il lui dépêcha secrètement un seigneur de sa cour, avec lequel il fit son traité tel qu'il voulut le dicter. Il s'engageait à faire révolter cinq provinces dont il était le maître; et l'empereur, de son côté, devait lui envoyer une armée par la Franche-Comté. Tandis qu'il attend de Charles-Quint l'effet de sa promesse, le roi se prépare à passer en Italie avec toutes les forces de la France. Le connétable devait le joindre, et avait un beau prétexte de s'emparer de Lyon, de lever des troupes, et d'ouvrir aux Impériaux la voie pour venir le joindre. Dans cet extrême danger de la France, Dieu permit que deux gentilshommes normands, qui étaient entrés dans la conspiration, révélassent au roi ce qu'ils en savaient. Ils ne purent pas tout dire; car on ne leur avait confié qu'une partie du secret. Le roi était alors en marche. Il va trouver à Moulins le connétable qui était malade, ou feignait de l'être, lui parle à cœur ouvert sur son projet, et tâche de l'en détourner par les promesses les plus flatteuses. Bourbon nia le traité; mais il en dit assez pour devoir être arrêté. Le roi ne le fit pas, et se contenta de lui ordonner de le suivre en Italie. Bourbon le promit; mais aussitôt que le roi fut parti de Moulins, il se déguisa, et, suivi d'un seul gentilhomme, il se retira, non sans beaucoup de difficulté, en Franche-Comté, d'où il alla joindre l'armée de l'empereur au-delà des monts. Il employa contre la France la même valeur qu'il avait fait paraître pour la défendre, et finit par le siége de Rome, où il se fit tuer le 6 mai 1527, en montant le premier à l'assaut (1). Le parlement, par son arrêt du 16 juillet suivant, déclara réuni au domaine royal son duché de Bourbon, ainsi que ses autres fiefs qui relevaient de la couronne. (*Voyez* Charles II, *dauphin d'Auvergne.*)

L'an 1651, par contrat du 26 février, le roi Louis XIV céda le duché de Bourbon à Louis II, prince de Condé, en échange du duché d'Albret, de la baronnie de Durance, et d'autres domaines. Par ce même contrat, le roi céda à M. le Prince, pour en jouir, par lui et sa postérité légitime, à titre d'engagement, ainsi que du duché de Bourbon, les droits de nomination aux bénéfices et de présentation aux offices; mais en même-tems Sa Majesté se réserva les bois de haute futaie.

---

(1) On prétend que ce fut un italien, nommé Benvenuto, qui le tua : du moins celui-ci s'en vantait.

CHRONOLOGIE HISTORIQUE

DES

ROIS DE BOURGOGNE.

ORIGINE DES BOURGUIGNONS.

L'Auteur de la nouvelle histoire de Bourgogne, après avoir solidement réfuté différentes opinions sur l'origine des Bourguignons, préfère, comme le mieux établi, le sentiment de ceux qui croient que *les Bourguignons, dans leur première origine, ont fait partie de ces plus anciens peuples de Germanie qu'on appelait Vandales*, c'est-à-dire, comme D. Plancher le dit ailleurs, que *les Bourguignons étaient limitrophes des Vandales*. Ils habitèrent d'abord sur la Vistule, dont ils occupaient apparemment les deux rivages, où sont à présent (1785) la Prusse royale et la Prusse ducale : ils furent chassés de cette première demeure, l'an 245, par Fastida, roi des Gépides. La seconde habitation des Bourguignons fut en-deçà de l'Elbe, où Procope les place un peu au-dessous des Thuringiens. De là, s'étant avancés vers le Rhin, ils le passèrent en 275, et se rendirent maîtres de plus de soixante-dix villes en-deçà de ce fleuve. Mais, l'an 277, l'empereur Probus les contraignit de le repasser après les avoir défaits en plusieurs batailles. L'an 287, ils rentrèrent dans les Gaules, d'où ils furent encore chassés par Maximien Hercule. Ils occupaient alors les bords du Rhin, et dans cette nouvelle demeure, ils eurent de fréquents démêlés avec les Allemands, leurs voisins, dont ils n'étaient séparés que par le Mein. Cette contrée étant moins âpre que les forêts qu'ils avaient quittées, ils commencèrent à prendre des mœurs plus douces et plus sociales. Au lieu de la chasse, qui avait fait jusqu'alors leur unique exer-

cice et d'où ils tiraient leur nourriture et leurs vêtements, ils s'adonnèrent à l'agriculture et aux arts qui en dépendent. Les Allemands ayant fait à leur tour, des incursions sur les terres des Romains, l'empereur Valentinien appela les Bourguignons à son secours pour les repousser. Ils vinrent au rendez-vous en grand nombre ; mais, n'y ayant point trouvé l'armée romaine à laquelle ils devaient se joindre, ils s'en retournèrent, après l'avoir long-tems attendue, fort mécontents de ce manque de parole. Ils auraient bien voulu se venger par une nouvelle irruption dans les Gaules ; mais la vigilance et la valeur des généraux romains les en empêchèrent. Ils vivaient tranquilles depuis trente-six ans sur les bords du Rhin, ou du moins ils n'étaient occupés qu'à se défendre contre les Allemands, lorsque le perfide Stilicon leur ouvrit cette barrière, et les invita, ainsi que les autres barbares du Nord, à venir s'établir dans les Gaules, dans le dessein où il était de les faire servir à l'élévation de son fils Eucher qu'il voulait placer sur le trône impérial. Ce fut sur la fin de l'an 406 qu'ils se disposèrent à passer pour la dernière fois le Rhin, sous la conduite de Gondicaire, leur hendin ; c'est ainsi qu'ils nommaient le chef de la nation, qui se gouvernait en république la plus libre qui eût jamais été. Tel était en effet l'amour de la liberté chez les Bourguignons, qu'ils avaient peint un chat sur leurs enseignes pour la figurer. Cette nation était dès-lors chrétienne. C'est l'historien Socrate, l. 7, col. 30, qui l'atteste, et voici comment il fait le récit de ce qui occasiona la conversion des Bourguignons. » Je raconterai, dit-il, une
» chose bien admirable qui arriva vers ce tems-là (la fin du
» quatrième siècle). Il y a au-delà du Rhin une nation qu'on
» appelle vulgairement les Bourguignons. Les Huns entraient
» souvent à main armée dans leur pays, ravageaient leurs
» champs, et en massacraient un grand nombre. Dans la dé-
» tresse où ils se trouvaient, ils ne s'adressèrent à aucune
» puissance humaine pour lui demander du secours, mais ils
» résolurent de recourir à quelque puissante divinité ; et,
» ayant appris que le dieu des Romains donnait un secours
» efficace à ceux qui l'adoraient et le craignaient, tous,
» d'un commun accord, se portèrent à croire en Jésus-Christ.
» Dans ce dessein, ils se rendirent dans une cité des Gaules
» (Mayence ou Trèves probablement) et demandèrent à l'évêque
» d'être baptisés. Le prélat, après leur avoir prescrit un jeûne
» de huit jours, pendant lesquels il les instruisit, leur conféra
» le sacrement de la régénération, et les renvoya en paix dans
» leur pays. Pleins de confiance, à leur retour ils allèrent
» droit à leurs ennemis pour les combattre, et ne furent point

» frustrés de leur espérance. Car le roi des Huns, nommé Up-
» tanus étant mort dans ces entrefaites d'un excès de vin, les
» Bourguignons les attaquèrent comme ils étaient sans chef;
» et, quoiqu'en moindre nombre, n'étant que mille contre
» dix mille, ils se ruèrent sur eux avec tant d'impétuosité,
» qu'ils en firent un grand carnage et remportèrent une glo-
» rieuse victoire. Depuis ce tems, cette brave nation cultive
» la religion chrétienne avec une grande ferveur. » Ce que
Socrate dit ici des Bourguignons, a été copié par Nicéphore
dans son Histoire ecclésiastique. Ces deux historiens ajoutent
que les Bourguignons, à leur entrée dans les Gaules, étaient la
plupart charpentiers, métier qui convenait bien à une nation qui
habitait dans les bois et n'employait point d'autre matière pour
bâtir. Sidoine Apollinaire, dans une de ses poésies, les appelle des hommes de sept pieds, *septipedes*, expression poétique
qu'il ne faut pas prendre à la lettre, et qui désigne seulement qu'ils étaient communément d'une taille avantageuse.

GONDICAIRE, PREMIER ROI DES BOURGUIGNONS.

GONDICAIRE, appelé GUNDAHAIRE par Gondebaud, l'un
de ses successeurs, passe le Rhin à la tête d'une partie des
Bourguignons, l'an 407, et se rend maître sans peine de la
première Germanie, qu'il trouva sans défense par la trahison,
comme on l'a dit, de Stilicon qui en avait retiré les garnisons
romaines. Quelques années après (en 413), les autres Bourguignons qui étaient restés au-delà du fleuve, étant venus
joindre leurs compatriotes, toute la nation rassemblée se
trouva en forces pour faire tête aux troupes que le patrice
Constance, successeur de Stilicon dans le ministère, avait
envoyées pour arrêter ses progrès. Les Bourguignons, semblables à un torrent impétueux, rompent les digues qu'on
leur opposait, chassent devant eux les Romains, et se ré-
pandent dans la première Belgique et la Séquanaise. Les
peuples de ces provinces les reçurent moins comme des ennemis que comme des hôtes qui venaient pour repeupler leur
pays et le défendre contre de nouvelles incursions dont il
était menacé. C'était en effet de toutes les nations barbares
celle qui avait le plus de conformité avec leurs mœurs. Outre
l'humanité, accompagnée de bravoure, ils apportaient avec
eux la vraie foi qu'ils avaient reçue de l'évêque et des clercs
qui les avaient nouvellement convertis; créance dans laquelle
ils persévèrent sans aucun mélange d'erreur, l'espace de plus
d'un siècle. Quelques auteurs ont prétendu qu'ils réduisirent
en servitude les peuples qui se soumirent à leur domination.

Il est certain au contraire qu'ils partagèrent avec eux les terres et les serfs. Mais il faut avouer que la raison du plus fort fit pencher la balance, dans ce partage, du côté des Bourguignons. Ceux-ci eurent un tiers de serfs, et les deux tiers des terres qui furent pris dans certains quartiers qu'on leur assigna, ou plutôt qu'ils choisirent. Du reste, on ne voit point qu'ils aient inquiété les anciens habitants dans la portion qu'ils leur avaient laissée. Paul Orose, écrivain du tems, fait en peu de mots, un bel éloge des mœurs de cette nation. « Maintenant, dit-il, les Bourguignons sont chrétiens et » catholiques, grâces aux soins de nos clercs qu'ils ont fa- » vorablement accueillis. Mêlés parmi les Gaulois, ils les » traitent, non pas comme des sujets, mais comme leurs » frères dans le Christianisme, menant au milieu d'eux une » vie douce, innocente et tranquille. » (l. 7, col. *ult*.) Cependant ils ne négligeaient pas les occasions de s'agrandir et de s'étendre au-delà des limites où ils s'étaient d'abord renfermés. Constance se trouvant dans l'impuissance de les réprimer par la force, fit avec eux, à ce qu'on prétend, un traité par lequel il leur assurait une partie des pays qu'ils avaient conquis, en les reconnaissant pour alliés de l'empire. Quoi qu'il en soit, voyant leur domination affermie, ils songèrent à lui donner une forme nouvelle ; et, préférant le gouvernement monarchique au républicain qu'ils avaient suivi jusqu'alors, ils déférèrent la royauté à Gondicaire, pour récompense de ses services ; ce qui arriva l'an 413 ou 414. C'est proprement à l'une de ces deux années qu'on doit fixer l'époque du premier royaume des Bourguignons dans les Gaules. Gondicaire établit d'abord son trône à Genève ; mais il le transféra depuis à Vienne, qu'il soumit à ses lois dès qu'il eût paru devant ses murs. Lyon, qu'il avait conquis auparavant, n'avait pas fait plus de résistance. Il se rendit maître ensuite d'Autun et de toute la Séquanaise. Il voulut aussi étendre ses conquêtes dans la première Belgique. Mais le général Aëtius, étant accouru au secours de cette province, la délivra du joug des Bourguignons par une victoire qu'il remporta sur eux, l'an 435, et dans laquelle il leur tua, dit-on, vingt mille hommes ; ce qui les obligea, suivant Sidoine Apollinaire, à demander à genoux la paix au général romain : *Burgundio*, dit-il, *flexo poplite supplicat quietem*. L'année suivante ou environ fut encore plus funeste à Gondicaire. Apprenant que le roi des Huns, prêt à passer le Rhin, menaçait d'une irruption ses états, il marche à sa rencontre, lui livre bataille sur les bords de ce fleuve, la perd, et y périt. *Gundicarium Burgundionum regem*, dit

Cassiodore dans sa Chronique, *non multò post Hunni peremerunt*. Gondicaire eut plusieurs fils qui, de son vivant avaient eu part au gouvernement. C'est ce que témoigne son petit-fils Gondebaud, lorsque dans ses lois, parlant de ses ancêtres, il dit : *Patrem quoque nostrum et Patruos regiæ memoriæ*. Mais il paraît qu'il n'y eût que Gondioc qui lui survécut.

GONDIOC, ou GONDERIC, IIe. ROI DE BOURGOGNE.

436. GONDIOC, ou GONDERIC, qu'on a mal-à-propos confondu avec Gondicaire, son père, lui succéda au royaume de Bourgogne, ou plutôt dans la partie de ce royaume qu'Aëtius lui avait laissée en lui accordant la paix, c'est-à-dire dans la Séquanaise; car il paraît assez clairement que ce général, après avoir battu les Bourguignons, remit les Romains en possession de la première Germanique, de la première Belgique et de la première Lyonnaise. Mais il leur donna en dédommagement des terres dans la Sapaudie, c'est-à-dire dans ce que nous appelons aujourd'hui la Savoie, le Chablais et la Bresse. Gondioc observa fidèlement durant plusieurs années le traité fait entre son père et les Romains. Aëtius, l'an 451, lui ayant demandé du secours contre les Huns, il lui envoie un corps de troupes; mais il n'est pas vrai qu'il se soit trouvé en personne à la funeste bataille donnée la même année contre Attila dans les plaines catalauniques. L'an 456, Maxime, nouvel empereur, voulant s'attacher le roi des Bourguignons, le décore du titre de maître de la milice, et donne celui de patrice, à Chilpéric, son fils aîné. Gondioc et Chilpéric marchent la même année contre les Suèves, qu'ils défont dans une bataille où leur roi Réciaire est pris. Les Bourguignons rompirent la paix l'année suivante par de nouvelles entreprises sur les terres des Romains. Ce sont eux en effet qu'il faut entendre par ces barbares que l'empereur Majorien, l'an 457, au commencement de son règne, délogea de Lyon dont ils s'étaient emparés. Mais les troubles qui suivirent la mort de ce prince et qui entraînèrent en peu d'années la ruine totale de l'empire d'Occident, leur facilitèrent les moyens, qu'ils saisirent avec ardeur, de se relever de leurs pertes. Ils firent plus, ils accrurent leurs conquêtes et secouèrent entièrement le joug des Romains. L'empereur Anthème, pour les mettre dans ses intérêts, vint lui-même au-devant de leurs desirs, par la cession qu'il leur fit de la ville de Lyon et de toute cette portion des Gaules qu'on nomma depuis la Lyonnaise germanique.

Gondioc fut constamment attaché à la foi catholique. Ce fut à lui que le pape Hilaire s'adressa, l'an 465, pour terminer la contestation qui s'était élevée entre Léonce, évêque d'Arles, et saint Mamert, évêque de Vienne, touchant l'ordination d'un évêque de Die, que le dernier avait faite au préjudice du premier. Dans la lettre qu'il lui écrivit à ce sujet, il l'appelle son fils et le traite *d'homme illustre.* On n'est pas d'accord sur l'année de la mort de ce prince. L'abbé du Bos la met en 467, d'autres en 473, et quelques-uns la reculent même jusqu'en 476. Cette dernière opinion nous paraît la moins probable; car il y a tout lieu de croire qu'en 473, Gondioc était déjà remplacé par son fils Chilpéric. Outre celui-ci, Gondioc en laissa trois autres en mourant, savoir, Gondebaud, Godomar ou Gondemar, et Godégisèle. M. Dunod donne pour mère à ces enfants, CARATENE, sœur, à ce qu'on croit, du patrice Ricimer, morte après son mari dans un monastère qu'elle avait fondé à Lyon. Il paraît que ce fut sous Gondioc que le royaume des Bourguignons acquit sa dernière consistance et sa plus grande étendue. Entouré des Visigoths dans la première Aquitaine et la seconde Narbonnaise, et des Romains dans ce qui restait de la Belgique, il comprenait la grande Séquanaise, la Viennoise, la province des Alpes, la première Lyonnaise, le Nivernais dans celle de Sens, et la partie de la seconde Narbonnaise qui est entre le Rhône et la Durance. (Dunod.)

CHILPÉRIC, IIIe. ROI DE BOURGOGNE.

CHILPÉRIC, ou HILPÉRIC, fils aîné de Gondioc, devint son successeur après avoir été son collègue dès l'an 466 au plus tard. Des modernes soutenant contre D. Plancher que la succession de Gondioc fut partagée entre ses quatre fils, restreignent en conséquence la portion de Chilpéric au pays dont Genève était la capitale, donnent à Gondebaud ce que nous appelons le comté et le duché de Bourgogne; à Godemar, Vienne avec le Dauphiné et partie de la Provence; et à Godégisèle, le voisinage du Rhône. Nous convenons que les frères puînés de Chilpéric eurent les départements qu'on vient de marquer; mais nous pensons qu'ils ne les possédèrent qu'à titre de simples gouvernements, avec subordination envers leur frère aîné, de la libéralité duquel ils les tenaient. La preuve de cette assertion se tire des actes d'autorité que Chilpéric exerça dans toute l'étendue du royaume de Bourgogne. Il régnait dans le canton de Genève; nos adversaires en conviennent; et la protection qu'il accorda à Saint-Lupicin, abbé de Condat, ou de Saint-

Oyan (aujourd'hui Saint-Claude), contre les seigneurs qui envahissaient les biens de son monastère, suffirait seule pour le démontrer. (*Gregor. Turon.*, *vit. S. Lupic.*, pag. 1150.) Il régnait également sur le Dauphiné. En 473, Fontéius, évêque de Vaison, justifie auprès de lui Apollinaire et Simplice, soupçonnés d'avoir voulu livrer la ville de Vaison aux Romains. (Tillem., *hist. ecclés.*, tom. XVI, pag. 230.) L'année suivante, Sidoine, évêque de Clermont, vient à Lyon, où Chilpéric tenait sa cour, pour réconcilier ce même Apollinaire, son parent, avec ce prince contre lequel on l'avait indisposé de nouveau : (*ibid.*) Enfin, la ville de Clermont se trouvant exposée aux incursions des Visigoths qui venaient de se rendre maîtres du Berri, Chilpéric envoie des troupes pour défendre la capitale de l'Auvergne. Les états de Chilpéric s'étendaient donc jusqu'aux limites de l'Auvergne; il possédait Genève; il tenait sa cour à Lyon; la ville de Vaison, et par conséquent tout le Dauphiné, était de son domaine. Sa souveraineté s'étendait donc sur tout le royaume de Bourgogne; d'où il s'ensuit que ses frères n'étaient que de simples gouverneurs dépendants de son autorité suprême dans les départements qu'il leur avait assignés. C'est en ce sens qu'on doit prendre le titre de tétrarque que quelques anciens lui ont donné, et non pas comme s'il n'eût été souverain que d'une quatrième partie du royaume de Bourgogne. Du reste, tout ce qu'on lit dans certaines histoires des combats livrés par Chilpéric à ses frères, et des victoires qu'il remporta sur eux près d'Autun et ailleurs, n'est que pure fiction imaginée par quelques auteurs modernes, et n'a aucun fondement dans l'antiquité. Ce qu'il y a de vrai, c'est que l'ambition et la passion de régner porta Gondebaud à se révolter contre Chilpéric. Cette révolte commença au plus tard vers l'an 477; elle dura long-tems, et la fin en fut tragique. Chilpéric, avec son frère Godemar et ses deux fils, périt par le fer; sa femme fut jetée, avec une pierre au cou, dans le Rhône; ses deux filles, Chrone et Clotilde, d'abord condamnées à l'exil, furent réservées; l'aînée prit le voile; Clotilde fut élevée chez le meurtrier de son père à Genève, et devint quelques années après l'épouse de Clovis. Le tems de ce massacre et de la ruine de la maison de Chilpéric n'est point fixé par les anciens : l'auteur de la nouvelle histoire de Bourgogne croit qu'on pourrait placer ce massacre vers l'an 491, et D. Bouquet ne s'éloigne pas de son opinion. Chilpéric avait régné environ vingt-huit ans : il était digne d'un meilleur sort; prince bien né, bon chrétien, bon roi, toujours catholique, vaillant, doux patient, etc., suivant l'éloge qu'en fait D. Plancher. Il est qualifié, par l'auteur de la Vie de Saint-Lupicin, abbé, *vir singularis ingenii et præcipuæ bonitatis.* Le même écrivain dit qu'il fit rédiger par écrit les premières lois de sa nation : *vir illustris Galliæ patricius Hilpericus, sub quo ditionis regiæ jus publicum tempore illo redactum est.*

GONDEBAUD, IVe. ROI DE BOURGOGNE.

491 ou environ. GONDEBAUD, prince arien, fils de Gondioc, s'empara du royaume de Chilpéric, son frère, aussitôt après qu'il l'eut massacré, et commença à régner l'an 491. Dès l'an 472, il avait été fait patrice d'Occident par l'empereur Olybrius. Toute la nation Bourguignonne embrassa l'Arianisme à l'exemple de son nouveau maître. Gondebaud, la première ou la seconde année de son règne, profitant des troubles qui régnaient en Italie, par la guerre que se faisaient Odoacre et Théodoric, descend les Alpes, pille, ravage l'Emilie et la Ligurie, se rend maître de Turin, et repasse les monts chargé d'un butin immense, et suivi d'une multitude innombrable de captifs. Au retour de cette expédition, l'an 493, il reçoit les ambassadeurs du roi Clovis, qui venaient lui demander Clotilde, sa nièce, fille du roi Chilpéric, en mariage pour le roi, leur maître. Il l'accorde, moins par inclination pour Clovis, que par la crainte d'encourir son ressentiment par un refus. Aredius, ministre de Gondebaud, était alors absent. A son retour, il blâma son maître d'avoir accordé sa nièce au roi des Francs. Mais la princesse était déjà partie, conduite dans un de ces charriots qu'on nommait basternes, traîné par des bœufs. On prétend que, touché de repentir, Gondebaud fit courir après elle ; mais qu'ayant pris un chemin de détour, elle trompa ceux qui la poursuivaient, et leur échappa. Ce qui est certain, c'est qu'elle arriva, sans avoir été inquiétée sur la route, à Villiers, près de Troyes, où Clovis l'attendait. Peu de tems après, Gondebaud, pour s'attacher son frère Godégisèle, lui céda le territoire de Genève. Il est néanmoins douteux s'il ne s'y réserva pas le droit de souveraineté. Les Bourguignons cherchaient dès-lors à s'étendre au-delà des Alpes. L'an 494, ils font une irruption en Italie d'où ils emmènent six mille captifs. Le roi Théodoric envoya saint Epiphane, évêque de Pavie, et Victor de Turin, pour les redemander. Gondebaud consent à les rendre moyennant une modique somme dont une partie fut acquittée par saint Avit, évêque de Vienne, et une dame pieuse et riche de Lyon.

Les évêques de Bourgogne avaient un grand zèle pour la conversion de Gondebaud. S'étant assemblés, l'an 499, à Lyon, sous prétexte d'une solennité, ils supplièrent ce monarque de vouloir bien permettre qu'on tînt une conférence devant lui avec les Ariens sur le dogme catholique. Il l'accorda ; le saint évêque de Vienne s'y distingua par son éloquence, et confondit Boniface, l'athlète des Ariens, par la force de ses raisonnements. Le roi lui-même en fut frappé ; mais la crainte de son peuple le retint et l'empêcha de rendre hommage à la vérité. (Spicil., tom. V.)

Godégisèle, gagné par Clovis, se lie avec ce prince contre Gondebaud ; et, pour sceller cette alliance, il s'engage à payer tous les ans, dès qu'il sera maître de la Bourgogne, un tribut à Clovis, tel qu'il voudra lui imposer. Gondebaud, attaqué inopinément, se hâte de se mettre en état de défense. Mais, trahi par son frère, il est battu à Fleurei-sur-Ouche, près de Dijon, par Clovis. De là il court se renfermer dans Avignon, où le vainqueur vient aussitôt l'assiéger. Le sage Arédius, son ministre, le tire d'embarras en traitant pour lui avec le monarque français aux mêmes conditions que l'avait fait Godégisèle. Ayant réussi de la sorte à faire sa paix avec Clovis, il va surprendre son frère dans Vienne, qu'il avait été obligé de lui céder, et le punit de sa trahison en le faisant égorger, l'an 501, dans une église où il s'était réfugié. Tous les Bourguignons qui l'avaient suivi, et les sénateurs qui l'avaient reconnu, subissent le même sort. Cinq mille français que Clovis, en s'en retournant, avait laissés à Godégisèle, sont épargnés et envoyés à Toulouse au roi Alaric, avec lequel Gondebaud s'unit pour faire la guerre aux Français. Mais, par l'entremise des évêques que Gondebaud flattait de l'espoir de sa conversion, il fait une paix qu'il croit solide, avec Clovis. Libre alors de toute crainte et tranquille dans ses états, il s'applique à y faire fleurir la justice et les lois.

L'an 502, on publie à Lyon la fameuse ordonnance appelée du nom du législateur la *loi gombette*. C'était à Amberieux, dans le Bugei, que Gondebaud l'avait fait rédiger dans une assemblée des grands du royaume. Trente-deux comtes la souscrivirent. Elle est divisée en quatre-vingt-neuf titres, sans y comprendre les deux suppléments. Quoique insuffisante et même vicieuse en quelques articles, elle est regardée par l'auteur de l'*Esprit des lois* comme le meilleur code que les nations barbares eussent produit jusqu'alors. « La loi de Gondebaud, dit-il, fut très-
» impartiale, et ne fut pas plus favorable aux Bourguignons
» qu'aux Romains. Il paraît par le prologue de cette loi qu'elle
» fut faite pour les Bourguignons, et qu'elle fut faite encore
» pour régler les affaire qui pourraient naître entre les Romains
» et les Bourguignons ; et dans ce dernier cas, le tribunal fut
» mi-parti. Cela était nécessaire pour des raisons particulières
» tirées de l'arrangement politique de ces tems-là. Le droit
» romain subsista dans la Bourgogne pour régler les différents

» que les Romains pourraient avoir entre eux. Ceux-ci n'eurent
» point de raison pour quitter leur loi, comme ils en eurent
» dans le pays des Francs; d'autant mieux que la loi salique
» n'était point établie en Bourgogne, comme il paraît par la
» fameuse lettre qu'Agobard écrit (1) à Louis le Débonnaire. »
L'administration gratuite de la justice est spécialement recommandée dans une préface qui suit le prologue de la loi gombette. On y condamne à mort les juges convaincus de quelque prévarication grave, et il leur est défendu de recevoir des présents sous quelque prétexte que ce soit. La peine de douze sous d'or y est imposée à ceux qui n'auraient pas décidé les procès qui étaient en état, après en avoir été requis trois fois, et celle de trente-six sous, lorsque par négligence ou par ignorance ils ne jugeraient pas selon les lois. La peine du talion avait lieu suivant un article conçu en ces termes : « Si l'on crève un œil à
» quelqu'un, que l'œil du coupable soit arraché; mais si ce
» malheur arrive par accident, on paiera soixante-dix sous à
» un noble, cinquante sous à un bourgeois et trente-six sous
» à un paysan. Un serf, qui aura frappé un homme libre, re-
» cevra cent coups de fouet; mais s'il commet un vol, il sera
» puni de mort, et le maître paiera la chose volée. » Le vol d'un chien de chasse était puni d'une manière fort bizarre (2). C'était encore pis pour le vol d'un épervier. Celui qui l'avait commis était condamné à se laisser manger par cet oiseau six onces de chair sur l'estomac, ou à payer six sous de dédommagement et deux d'amende. On voit par-là que la chasse était alors un des principaux exercices de la noblesse en Bourgogne. Les amendes pécuniaires pouvaient s'évaluer en bestiaux ou en grains. Il y avait aussi pour certains délits des peines corporelles sans distinction du Bourguignon et du Romain, à la différence de la loi salique qui mettait par-tout un caractère distinctif entre le vainqueur et le vaincu. La majorité pour les enfants

---

(1) Le clergé déclarait impie la loi qui permettait le duel judiciaire, tandis que le roi de Bourgogne regardait comme sacrilége celle qui établissait le serment. Cette première loi fut cause qu'Agobard, archevêque de Lyon, écrivit à Louis le Débonnaire pour faire abroger la loi gombette, et ordonner qu'en Bourgogne on jugeât les affaires par la loi salique qui admettait la preuve par l'eau bouillante ou par le fer chaud.

(2) *Si quis canem..... præsumpserit involare, jubemus ut convictus coram omni populo posteriora ipsius osculetur, aut quinque solidos illi cujus canem involavit cogatur exsolvere, et mulctæ nomine solidos duos.*

était fixée à quinze ans, et les filles étaient exclues du droit de succéder concurremment avec leurs frères.

Clovis, résolu de dépouiller Gondebaud, fait une ligue contre lui avec Théodoric, roi des Ostrogoths. Le traité portait qu'ils partageraient ensemble la Bourgogne, et qu'au cas que l'un des deux rois battît l'armée des Bourguignons avant que l'armée de l'autre arrivât, celui dont les soldats ne se seraient pas trouvés à l'action paierait une certaine somme, moyennant quoi ils partageraient les fruits de la victoire. Clovis se met le premier en campagne. Mais, ennuyé de la lenteur affectée des Ostrogoths dans leur marche, il livre une bataille aux Bourguignons et la gagne. Les Ostrogoths, à la nouvelle de cette victoire, se hâtent d'arriver. Clovis feint de recevoir leurs excuses, et consent à l'exécution du traité. Mais bientôt après s'étant retourné du côté de Gondebaud, il lui rend sa part de la Bourgogne, et contraint Théodoric à en faire autant de la sienne. Ayant par-là gagné le roi des Bourguignons, il s'allie avec lui pour envahir le royaume des Visigoths. L'an 507, après la bataille de Vouillé, où périt Alaric, leur roi, Gondebaud se charge de soumettre la Gaule Narbonnaise, tandis que le monarque français est occupé à conquérir l'Aquitaine. Il prend Narbonne, l'an 508, après en avoir chassé Gésalic, et va mettre ensuite le siége devant Arles, qui fait la plus grande résistance. Clovis envoie Thierri, son fils, au secours des Bourguignons. Un ingénieur de la place invente une machine semblable à celle d'Archimède pour enlever et submerger dans le Rhône les bateaux et les ponts volants des assiégeants. Les efforts redoublent de part et d'autre, et le siége dure l'espace d'un an et plus. Enfin Ibbas, général de Théodoric, étant survenu avec son armée, tombe sur le camp des alliés qu'il met en fuite; après quoi il se rend maître de tout ce que les Bourguignons possédaient en Provence. Gondebaud, de retour en ses états, y passe dans un noble et actif repos le reste de ses jours, qu'il termina, l'an 516, à Genève, dans la vingt-cinquième année de son règne, laissant deux fils, Sigismond et Godomar. Les anciens auteurs comptent les années de son règne tantôt de la mort de son frère Chilpéric, tantôt de celle de Godégisèle.

SIGISMOND, V^e. ROI DE BOURGOGNE.

516. SIGISMOND, fils aîné de Gondebaud, lui succéda l'an 516. D. Plancher prétend qu'il avait été associé au trône par son père, dès l'an 513, ou au commencement de 514; mais M. Schœpflin le nie, avouant d'ailleurs que ce fut par l'ordre de Gondebaud que Sigismond lui succéda seul. Il est vrai qu'il

est appelé roi, du vivant de son père, par saint Avit, Jornandès, Marius de Lausanne, et d'autres. Mais il n'était pas extraordinaire aux auteurs de ce tems-là, suivant la remarque du P. Daniel, de donner le nom de roi aux enfants des rois. Sigismond fut nommé, comme son père, patrice de l'empire d'Occident, dans le département des Gaules. Ce prince eut le bonheur d'être retiré de l'hérésie des Ariens par les instructions de saint Avit, qui ramena aussi à la foi catholique son fils Sigéric et une fille qu'il avait eue d'OSTROGOTHE, sa première épouse, fille de Théodoric, roi d'Italie. L'an 518, il fit faire une nouvelle promulgation de la loi gombette, corrigée et augmentée. (Bouquet, tom. IV, pag. 255, n.) PROCOPIA, dite aussi CONSTANCE, sa seconde femme, ayant pris en aversion Sigéric qu'il avait eu du premier lit, l'accuse calomnieusement de mauvais desseins contre lui. Le père, trop crédule, fait étrangler, l'an 522, ce fils innocent. Il n'eut pas plutôt commis ce crime, qu'il fut touché d'un sincère repentir; et pour en faire pénitence dans les larmes et les jeûnes, il se retira dans le monastère d'Agaune (aujourd'hui Saint-Maurice en Valais), qu'il avait réparé au commencement de son règne, ou, selon D. Bouquet, l'an 515. Ses sujets indignés se révoltent contre lui : les princes français, voulant venger la mort de Chilpéric, leur aïeul, contre la maison de Gondebaud, font la guerre à Sigismond; il est défait et pris ou livré par les Bourguignons mêmes à Clodomir, roi d'Orléans, avec sa femme et ses enfants, Gislahaire et Gondebaud, et conduit au lieu dit *Campus rosaceus* (Rosières dans l'Orléanais.) Tout ceci se passa l'an 523. L'année suivante, Clodomir, ayant appris que Godomar, frère de Sigismond, s'était fait déclarer roi de Bourgogne, se prépare à marcher contre lui : il fait tuer auparavant Sigismond, avec sa femme et ses enfants, dans le lieu nommé, par Grégoire de Tours, Columelle, aujourd'hui Saint-Simon, par contraction de Sigismond, et commande qu'on les jette dans un puits, qui est devenu célèbre dans la suite, par les miracles qu'il a plu à Dieu d'opérer par l'intercession de saint Sigismond. Ce prince avait régné environ sept ou huit ans depuis la mort de son père Gondebaud. La Chronique de Marius place la mort de Sigismond sous le consulat de Maxime, l'an 523; mais, selon d'autres mieux fondés, il fut tué l'an 524. Suavegote, sa fille, épousa Thierri, roi de Metz, en 522.

Sigismond rentra sous le joug de l'empire romain. Ses lettres à l'empereur Anastase, qui se rencontrent parmi celles de saint Avit, évêque de Vienne, en font foi. Elles respirent la plus parfaite soumission. Il appelle Anastase son glorieux souverain : *gloriosissimo principi nostro*, dont il reçoit les ordres, *obedientiæ famulatum.* Il se met au nombre de ses sujets, et déclare que c'est pour son service qu'il porte les armes. *Notum est omnibus, celsitudinem vestram non impedimenta temporum, sed subjectorum vota metiri. Sub cujus fiduciae securitate atque laetitia, gloriosissimo principi nostro, qui corpore absumus animo praesentamur.... Vester quidem est populus meus, sed me plus servire vobis quàm illi praeesse delectat..... cùmque gentem nostram videamur regere, non aliud nos quàm milites vestros credimus ordinari.* (*Ep.* 83.) Il semble que Sigismond en écrivant à ce prince oubliait qu'il était roi pour ne s'occuper que des titres de maître de la milice et de patrice dont il était revêtu, et des obligations qu'ils imposaient, bien différent en cela des rois de France, qui n'acceptaient ces titres que comme des marques d'honneur, sans faire état des fonctions et des devoirs qu'on y attachait.

GODOMAR, VIe. ROI DE BOURGOGNE.

523. GODOMAR, ou GONDEMAR, 2e. fils de Gondebaud, commença de régner sous le consulat de Maxime, l'an 523, peu de tems après que Sigismond eut été fait prisonnier par les Français. L'année suivante, Clodomir marche contre lui, le rencontre à Véséronce, entre les villes de Vienne et de Bellai, et lui livre bataille. Godomar, se sentant trop faible, emploie la ruse, tourne tout d'un coup le dos, au fort de l'action, et s'enfuit. Clodomir le poursuit, tombe entre ses mains, et perd la vie avec la liberté. Les Bourguignons lui coupent la tête, et la mettent au bout d'une lance pour insulter les Français. Depuis cette année 524, Godomar régna en paix l'espace de dix ans, selon D. Plancher, *sans être attaqué ni troublé par aucun des rois voisins,* c'est-à-dire jusqu'à l'an 534. Néanmoins, selon M. de Valois, cité par D. Bouquet, Clotaire et Childebert firent une invasion en Bourgogne, l'an 532, s'en emparèrent, et partagèrent ce royaume entre eux après avoir mis en fuite Godomar. M. l'abbé du Bos croit que cette guerre commença l'an 532 et finit l'an 534, que Thierri, n'ayant point d'abord voulu accompagner ses frères en 532, se joignit à Childebert en 533, et qu'en conséquence son fils Théodebert partagea la Bourgogne avec ses oncles, l'an 534, après la mort de son père. Depuis cette guerre, que Clotaire et Childebert commencèrent par le siège d'Autun, Godomar disparut, et on n'entendit plus parler de lui. Quelques auteurs veulent qu'il ait été pris dans une bataille et enfermé dans une tour, où il mourut de désespoir; d'autres, qu'il se soit retiré en Espagne et ensuite en Afrique. En lui finit l'ancien royaume de Bourgogne, après avoir subsisté environ cent vingt ans. Depuis ce tems il fut

tantôt divisé entre plusieurs rois des Français, tantôt réuni dans la main d'un seul, et enfin partagé en deux ou trois portions, dont chacune porta le titre de royaume de Bourgogne. Mais pendant les vingt-sept ans qui suivirent le partage que les princes français firent entre eux des états de Godomar, c'est-à-dire depuis 534 jusqu'en 561, la Bourgogne fut sans titre de royaume et sans roi.

GONTRAN, LE PREMIER DE LA MAISON ROYALE DE FRANCE QUI AIT PRIS LE TITRE DE ROI DE BOURGOGNE.

561. GONTRAN, fils de Clotaire I, eut, dans le partage des états de son père, le royaume de Bourgogne, ou plutôt une partie de ce royaume ; savoir, ce qu'on appelle aujourd'hui le Duché, le Dauphiné, la Savoie et la moitié de la Provence. Gontran porta seul le titre de roi de Bourgogne (quoique Sigebert, son frère, en possédât une grande partie), et fit sa résidence tantôt à Châlons-sur-Saône, tantôt à Orléans. M. de Valois nie qu'il ait jamais résidé dans cette dernière ville. Mais que signifient donc ces paroles de Grégoire de Tours ? *Dedit sors Chariberto regnum Childeberti sedemque habere Parisiis : Guntramno verò regnum Clodomeris ac tenere sedem Aurelianensem.* (liv. 4, c. 22.) Sigebert ayant pris Arles sur Gontran, l'an 565, celui-ci envoya le patrice Celse avec une armée, qui prit Avignon, battit les troupes de Sigebert, et entra triomphant dans Arles.

Le patrice Amat, bourguignon, l'an 571, marche contre les Lombards qui avaient fait une irruption en Provence ; il est défait, et périt avec la plus grande partie de son armée. La même année, le patrice Mommole, fils du comte d'Auxerre, choisi par Gontran pour remplir la place d'Amat, bat les Lombards, et les fait presque tous passer au fil de l'épée, ou les prend prisonniers. Les Lombards, soutenus des Saxons, ayant fait une troisième irruption dans les états de Gontran, sont défaits par Mommole, l'an 572, de manière qu'il n'en retourna pas quarante en Italie. Malgré ce revers ils reviennent l'année suivante ; mais à la vue de Mommole, ils sont saisis de frayeur, et achètent à prix d'argent la liberté de repasser les monts. La honte de cette retraite ignominieuse, loin de les décourager, leur servit d'aiguillon pour faire sur la Bourgogne une nouvelle tentative capable de rétablir la gloire de leurs armes. L'an 574, suivant dom Plancher, ou 576, selon Pagi et Muratori, trois de leurs armées, conduites par trois ducs, Amo, Zaban et Rhodanus, pénètrent en même-tems par trois endroits différents dans ce royaume. Mommole, préparé à les recevoir, marche promptement contre elles, tandis qu'elles commençaient à se rassembler, et les oblige à regagner, en diligence, leur pays. Depuis ce tems les Lombards, tant de fois battus par les Français, ne pensèrent plus à rien entreprendre sur le royaume de Bourgogne.

Gontran n'avait point de place maritime dans ses états, et sentait la nécessité d'en avoir une pour animer le commerce de ses sujets. En conséquence il demande à Childebert, son neveu, roi d'Austrasie, la moitié de la ville de Marseille. L'ayant obtenue par le besoin que Childebert avait de ses armes pour les opposer à celles de Chilpéric, il y envoie le patrice Dyname, dont l'humeur altière ne tarda pas à le brouiller avec l'évêque Théodore. Excédé par ses procédés insolents, le prélat se rend en Austrasie à la cour de Childebert, auquel il était attaché, pour implorer sa protection. Childebert délivré de la crainte de Chilpéric, par la paix qu'il venait de faire avec lui, fait partir le duc Gondulfe pour reprendre la partie de Marseille qu'il avait cédée à Gontran. Gondulfe, étant arrivé devant Marseille avec l'évêque, en trouve les portes fermées; mais une perfidie les lui fit ouvrir. Ayant attiré Dyname dans une église voisine, sous prétexte d'une conférence amiable, il se saisit de sa personne, après avoir écarté ses gens, et l'oblige de prêter serment de fidélité à Childebert. Mais Gondulfe eut à peine repris la route d'Austrasie, que Dyname rentra dans Marseille et y rétablit l'autorité de son maître et la sienne. Pour se venger de Théodore, il le fit enlever et conduire au roi Gontran. L'évêque, s'étant justifié auprès de ce prince, fut renvoyé dans son diocèse, où il était haï de son clergé qu'il voulait réformer. (*Grégor. Turon.*, liv. 6, c. 11.)

Les succès glorieux de Mommole le rendirent ingrat et perfide envers le roi Gontran, dont il quitta le service pour se retirer à la cour de Childebert. Là, s'étant concerté avec le général Didier et le duc Gontran-Boson, l'homme le plus fourbe et le plus dangereux de son tems, il se propose de faire revenir en France Gondovalde, fils prétendu de Clotaire, ou plus vraisemblablement son fils naturel, pour le placer sur le trône de Bourgogne. La destinée de ce prince était d'être le jouet de la fortune et la victime des traîtres. Après avoir été caressé, trahi, persécuté dans les trois cours de France, il s'était sauvé en Italie, et de-là avait passé à Constantinople, où il vivait tranquillement à la cour de l'empereur. Séduit par les invitations de Mommole et de ses complices, il s'embarque avec des richesses immenses, et arrive à Marseille, où l'évêque Théodore, trompé par des ordres supposés, le reçoit avec honneur. Gontran-Boson veut s'emparer de ses trésors; et, s'étant brouillé à ce sujet avec l'évêque, il le défère comme traître au roi Gontran, qui le fait arrêter, et bientôt après le relâche. L'accusateur, justement suspecté du crime dont il accusait Théodore, tâche d'effacer ce soupçon en se tournant contre Mommole, qui commandait pour Childebert à Marseille. Ayant vainement employé la ruse pour perdre ce rival, il vient l'assiéger dans Marseille avec une armée que Gontran lui avait fournie; mais la place est délivrée par des troupes que le roi d'Austrasie envoya au secours de Mommole. Gondovalde, pillé et abandonné, demeurait cependant caché dans une île voisine de la Provence. Son parti renaît, l'an 585, après la mort de Chilpéric, et, l'ayant tiré de sa retraite, le proclame roi dans Brive-la-Gaillarde. Les avantages que ce prince remporte effraient également Gontran et Childebert. Ayant réuni leurs forces contre lui, ils l'obligent à s'aller renfermer dans Comminges, où, trahi par Mommole, il est livré à ses ennemis, qui le mettent à mort. Le traître reçut aussi la peine de sa perfidie ainsi que ses complices. N'ayant plus de concurrent en tête ni de traître à punir, Gontran et Childebert s'allient de nouveau pour venger Ingonde, sœur du second, morte dans l'exil où Leuvigilde, roi des Visigoths, son beau-père, l'avait envoyée après avoir fait mourir Hermenegilde, son époux. Mais l'armée qu'ils envoyent en Espagne est battue par Leuvigilde, qui, s'étant ensuite avancé à grande journées jusqu'aux bords du Rhône. prit et pilla le château d'*Ugernum*, aujoud'hui Beaucaire, qu'il ne garda pas. Deux ans après, le roi des Visigoths, irrité du mauvais accueil que Gontran avait fait à trois ambassades qu'il lui avait envoyées, revient dans la province d'Arles, qu'il ravagea, et reprend encore *Ugernum*. (*Gregor. Turon.* liv. 8, c. 30. *Joan Biclar. chr.* p. 157.)

Gontran mourut le 28 mars de l'an 593, dans la trente-troisième année de son règne, et fut enterré dans l'église de Saint-Marcel, près de Châlons-sur-Saône où il avait fait bâtir un monastère. « On trouve dans la vie de Gontran, dit D. » Plancher, un mélange assez étonnant de bien et de mal. » Néanmoins le Martyrologe romain, et les autres tant anciens » que modernes, font mémoire de lui au jour de sa mort. » (Voy. *la Chron. hist. des rois de France.*)

CHILDEBERT.

593. CHILDEBERT, fils de Sigebert, roi d'Austrasie et d'une grande partie de la haute Bourgogne, né en 569 ou 570, successeur de son père dans le royaume d'Austrasie en 575, adopté par son oncle le roi Gontran, et institué héritier de son royaume en 577, déclaré majeur par le même en 585, prit

possession de la Bourgogne en 593, et devint ainsi maître et unique souverain de deux grands états. Mais il n'en jouit pas long-tems, étant mort en 596. Childebert ne porta point le titre de roi de Bourgogne, et posséda ce pays plutôt comme une province unie à la France que comme un royaume séparé. Il laissa deux fils, Théodebert, qui lui succéda au royaume d'Austrasie, et Thierri, ou Théodoric, qui eut le royaume de Bourgogne. (Voy. *les rois de France aux articles de* Gontran et de Childebert.)

THÉODORIC, ou THIERRI.

596. THÉODORIC, deuxième fils de Childebert, né l'an 587, succéda, l'an 596, à son père, dans le royaume de Bourgogne, à l'exception de la Provence marseillaise qui fut dans le partage de Théodebert, son frère. Châlons et Orléans furent comme les deux capitales où Théodoric fit alternativement son séjour. L'éducation de ce prince avait été confiée par Brunehaut, son aïeule, à Siagre, évêque d'Autun, et à Varnacaire, qui fut le premier maire du palais en Bourgogne. L'an 602, Brunehaut fait tuer le patrice Égila pour s'emparer de ses biens. Il n'est pas aisé de déterminer qu'elles étaient les fonctions de cette dignité particulière au royaume de Bourgogne, à moins de dire que le patrice était comme le juge général et souverain auquel ressortissaient les jugements particuliers des différents territoires. Car de confondre le patrice avec le maire du palais, c'est ce qu'on voit démenti par l'exemple de Varnacaire que nous venons de citer. Varnacaire mourut l'an 603, et eut pour successeur dans le majorat Berthoalde, qui fut tué l'année suivante, le jour de Noël, dans une bataille donnée près d'Étampes contre Mérovée fils de Clotaire II. Protade, gaulois de nation et créature de Brunehaut, remplaça Berthoalde; et n'eut pas un meilleur sort. Il fut mis à mort, l'an 605, près de Quiersi, par l'armée des Bourguignons, qu'il voulait forcer à se battre contre celle d'Austrasie. Brunehaut venge sa mort sur Uncilène et le patrice Vulfe, dont le premier est dépouillé de ses biens et mutilé d'un pied, par ordre de Thierri, et l'autre est mis à mort. Claude, successeur de Protade et gaulois comme lui, se fit aimer généralement par la sagesse de sa conduite ; il réussit dans toutes ses entreprises, et les affaires de Théodoric prospérèrent sous son gouvernement. On ignore l'année de sa mort, et l'on sait seulement que Garnier était maire du palais à la mort de Théodoric. Ce prince finit ses jours à Metz, l'an 613, et après lui, il n'y eut plus de roi de Bourgogne de la maison de France, c'est-à-dire qu'aucun prince ne porta le

titre de roi de Bourgogne. Le royaume de ce nom devint alors comme une province unie à la monarchie française, et fut même plusieurs fois démembré en diverses tems, et divisé entre différents princes. Le premier démembrement se fit à Verdun, en 843, par le partage que les fils de Louis le Débonnaire firent entre eux. Le second fut fait par Lothaire, fils de Louis le Débonnaire, l'an 855, peu avant sa mort, lorsqu'il partagea lui-même ses états entre ses trois fils, Louis, Lothaire et Charles. Le troisième se fit en 858 et 859, par la cession que Lothaire, roi d'Austrasie, fils de l'empereur Lothaire, fit à ses deux frères, Louis, empereur et roi d'Italie, et Charles, roi de Provence et de la Bourgogne Transjurane, qu'il sépara de la Bourgogne Cisjurane, appelée depuis comté de Bourgogne et Franche-Comté : il retint pour lui celle-ci ; et depuis, ces deux portions de la haute-Bourgogne n'on point été entièrement réunies. Enfin des débris de l'ancien royaume de Bourgogne se sont successivement formés trois royaumes ; celui de Provence, l'an 855 ; celui de la Bourgogne Transjurane, vers l'an 888 ; et celui d'Arles, composé des deux, vers l'an 933. *Voyez* Théodoric, ou Thierri II, *parmi les rois de France.*

ROIS DE PROVENCE.

L'an 855, Lothaire, fils de Louis le Débonnaire, partagea, quelques jours avant sa mort, ses états entre ses trois fils ; il donna à Louis, l'aîné, le titre d'empereur, avec le royaume d'Italie ; à Lothaire, son second fils, le royaume d'Austrasie, qui fut depuis appelé Lorraine ; à Charles, le troisième, la Provence, proprement dite, c'est-à-dire, les pays renfermés entre la Durance, les Alpes, la Méditerranée et le Rhône, avec le duché de Lyon, et la partie de l'ancienne Viennoise, depuis le lac Leman, ou de Genève, sur la rive gauche du Rhône, jusqu'à l'embouchure de la Durance. Il faut encore y ajouter le Vivarais et le comté d'Uzès ; car il est prouvé par des chartes de Charles, qu'il dominait sur ces contrées. De tout cela, Lothaire lui fit un état, qui s'appela le royaume de Provence.

CHARLES, premier roi de Provence.

L'an 855, Charles, fils de l'empereur Lothaire, commença son règne avec le titre de roi de Provence ; il ne le porta qu'environ huit ans, et mourut à Lyon, où il faisait sa résidence ordinaire, l'an 863, selon le sentiment des meilleurs critiques. Après sa mort, le royaume de Provence parut anéanti pendant l'espace de quinze ou seize ans, jusqu'à à l'élection de Boson. Ses deux frères, Louis et Lothaire, après quelques débats, partagèrent ses états entre eux; mais aucun d'eux ne prit le titre de roi de Provence, que Duchesne donne mal-à-propos, à l'empereur Louis, quoiqu'il ait eu la Provence dans son lot, et peut-être aussi la Savoie et le Dauphiné. Plusieurs écrivains célèbres donnent à Charles, premier roi de Provence, le titre de roi de la Bourgogne Transjurane: mais D. Plancher, dans la nouvelle histoire de Bourgogne, tom. 1, pag. 120 et 121, croit que ces historiens, quelque déférence que l'on doive à leurs sentiments, ont manqué d'exactitude en ce point, et que jamais Charles, premier roi de Provence, n'a été reconnu roi de Bourgogne, qu'il n'en a point pris le titre, ni ne l'a transmis à ceux qui ont possédé ses états après sa mort, et qu'aucun auteur du tems ne le lui a donné. Le règne de Charles a deux commencements dans les diplômes; le premier est de l'an 855, et le deuxième de l'an 856.

BOSON, IIe. ROI DE PROVENCE.

879. BOSON, fils de Théodoric I, comte d'Autun, et petit-fils de Childebrand II, créé duc de Lombardie, au mois de février 876, par Charles le Chauve, chassé l'année suivante par Carloman, roi de Bavière, reçut presqu'aussitôt, en dédomagement, du premier, son beau-frère, devenu empereur, les états de Provence, avec le titre et les honneurs de la royauté. Nous disons *le titre et les honneurs de la royauté*, et nos garants sur ce point sont Reginon, auteur de la Chronique de Centule, et Albéric de Trois-Fontaines. « Charles, dit le premier, donna » la Provence à Boson; et lui ayant mis une couronne sur la » tête, il ordonna qu'il fût appelé roi, afin qu'à la manière des » anciens empereurs, il parût commander à des rois ». *Dedit.... Bosoni Provinciam, et coronâ in vertice capitis impositâ, eum regem appellari jussit, ut more priscorum imperatorum regibus videretur dominari.* On voit par-là, que la royauté accordée par Charles à Boson, ne le tirait point de sa dépendance. Boson, après la mort de Charles le Chauve, vécut en bonne intelligence avec le roi Louis le Bègue, qui le nomma par son testament l'un des tuteurs de ses deux fils, Louis et Carloman. Mais à l'instigation d'ERMENGARDE, sa femme, profitant de la minorité de ces princes et de l'autorité que lui donnait sa qualité de tuteur, il voulut réaliser son titre de roi, et s'ériger en souverain de la Provence, indépendant et absolu. Pour cet effet, ayant assemblé vingt-trois évêques à Mantaille, dans le Viennois, il s'y fit reconnaître, par ses menaces et par les intrigues de l'impéra-

trice Ingelberge, sa belle-mère, veuve de l'empereur Louis II, roi non-seulement titulaire, mais effectif et dominateur suprême de la Provence, le 15 (et non le 3) octobre 879. Un moderne se trompe en disant qu'il fût couronné à Lyon, par l'archevêque Aurélien, le jour même où nous plaçons, d'après les actes du concile de Mantaille, son élection. Suivant les souscriptions des pères de cette assemblée, le royaume de Boson s'étendit sur tous les pays situés entre le Rhône et les Alpes, depuis Lyon jusqu'à la mer, c'est-à-dire, la Provence, proprement dite, le Dauphiné, la Savoie, et de plus, sur le Lyonnais et la Franche-Comté, qui appartenaient à la haute Bourgogne Cisjurane, et sur les diocèses de Mâcon et de Châlons, qui dépendaient de la basse; sur quelques diocèses de la Bourgogne Transjurane, et enfin, sur toute la partie orientale du Languedoc; savoir, les diocèses de Viviers, d'Uzès, et la partie de ceux de Vienne, de Valence, d'Avignon et d'Arles, qui est en-deçà du Rhône. Les deux jeunes rois de France ne laissèrent pas Boson en paisible jouissance de son usurpation. Ils mirent dans leurs intérêts Charles le Gros, roi de Germanie, qui commença par faire enlever l'impératrice Ingelberge du couvent où elle s'était retirée, et l'envoya prisonnière en Allemagne. Cependant, Louis et Carloman assemblaient une armée avec laquelle ils entrèrent en Bourgogne, au mois de juillet 880, et mirent le siège devant Mâcon, dont ils se rendirent maîtres par assaut. De-là, s'étant joints à Charles le Gros, qui venait à leurs secours, ils descendirent à Lyon, où Boson, qui avait passé le Rhône, pour s'opposer à leurs conquêtes, n'osa les attendre. Ce prince aima mieux ménager ses troupes pour faire un coup de main dans l'occasion, que de s'engager dans un combat où ses forces n'auraient pas égalé celles de l'ennemi. Il se contenta de mettre une forte garnison dans Vienne, dont il confia la défense à sa femme Ermengarde. Cette princesse s'y défendit l'espace de deux ans avec le courage et l'habileté d'une héroïne. Il est remarquable qu'aucun des trois monarques ne vit de ses yeux la fin de cette expédition. Charles le Gros, ennuyé de la longueur de ce siége, passe les Alpes sur la fin de l'an 880, pour aller recevoir la couronne impériale à Rome. Les incursions des Normands en Flandres et en Picardie, obligèrent Louis, l'année suivante, d'aller au-devant d'eux. Ce prince étant mort le 4 août 882, Carloman quitta Vienne pour aller recueillir sa succession, et laissa la conduite du siége à Richard, duc de Bourgogne et comte d'Autun, frère de Boson. Enfin, au mois de décembre de la même année, la ville se rendit à Richard, qui fit conduire Ermengarde, sa belle-sœur, et une fille qu'elle avait auprès d'elle, prisonnières à Autun. (Bouquet, tom. VIII.) Boson ne fut point atterré par ce revers. Carloman, tout occupé à défendre le royaume de France contre le Normands, lui laissa la facilité de recouvrer une partie de ce qu'on lui avait enlevé. En vain Charles le Gros, successeur de Carloman, décédé le 6 décembre 884, chargea-t-il Bernard, comte d'Auvergne, de marcher contre lui. Bernard fut tué dans le cours de la guerre qu'il fit à Boson, sans avoir presque fait aucun progrès sur lui. Boson rentra dans Vienne au commencement de l'an 887, et consomma par-là le recouvrement de ses états. Ce fut le fruit de sa prudence et de sa valeur, et non pas, comme le prétend un moderne, d'un traité conclu à Metz, le 1er novembre 886, avec Charles le Gros; traité dont il n'existe point de trace dans l'antiquité. Boson jouit à peine de sa prospérité, étant mort au plus tard dans le mois d'avril de cette même année (887). Il fut inhumé à Saint-Maurice de Vienne. On ignore le nom de sa première femme, que Duchesne, et d'autres écrivains d'après lui, nomment sans fondement Ingeltrude. L'annaliste de Fulde accuse Boson de l'avoir empoisonnée pour épouser Ermengarde, qu'il enleva, selon cet historien, suivi par Herman le Contract. Quoi qu'il en soit, il laissa de cette seconde femme un fils, qui suit, et une fille, Ingeltrude, ou Angelberge, fiancée à Carloman, fils de Louis le Bègue, l'an 878, puis mariée à Guillaume le Pieux, comte d'Auvergne. Ermengarde était à Vienne à la mort de son époux, sans qu'on sache quand et comment elle sortit de la prison où le duc Richard l'avait renfermée. Ce duc ne fut pas l'unique frère de Boson. Il en avait un autre, à ce qu'il nous paraît, dans la personne d'un seigneur nommé Warnier, ou Garnier; du moins est-il certain qu'ils étaient très-proches parents. Warnier avait épousé Teutberge, qui lui donna quatre fils, Hugues, Richard, Boson et Manassès. Ce dernier, dévoué à l'état ecclésiastique, devint archevêque d'Arles en 913, et envahit ensuite les évêchés de Vérone, de Trente, de Mantoue, et même l'archevêché de Milan, par la protection de Hugues, roi d'Italie et comte de Provence, dont la nièce, Berthe, avait épousé Boson, frère de ce prélat. L'an 949, par un diplôme daté de la XIIIe. année du roi Louis d'Outremer, Manassès soumit l'abbaye et le bourg de Cluni au comté de Châlons, qu'il tenait de son père qui l'avait possédé, dit-il, *jure dominantis*. Dans l'acte, il fait mention de sa mère Teutberge et de ses frères Hugues, Richard et Boson, comme déjà morts. (*Arc. de Cluni.*). Plusieurs années auparavant (l'an 921, le 1er. février XXe. année de son empire), l'empereur Louis III, dit l'Aveugle, avait accordé à Manassès un privilége pour confirmer les donations que Boson, son père, avait faites à l'église d'Arles. Dans cet acte, Louis qualifie le prélat de son très-cher parent, *Manasses... archiepiscopus noster carissimus propinquus ;* ce qui marque assez clairement qu'ils étaient cousins. (*Gall. Chr., no.,* tom. I, *Instrum.* pag. 93 et 94, *Instrum.* III. V.)

LOUIS, DIT L'AVEUGLE, IIIe. ROI DE PROVENCE.

L'an 890 Louis, fils de Boson et d'Ermengarde, après avoir été trois ans, ou environ, sous la tutelle de sa mère, fut reconnu et couronné roi de Provence, à l'âge de dix ans, par les évêques et les seigneurs, convoqués à Valence, par lettres du pape Etienne VI. Cette assemblée, qu'Ermengarde avait préparée, donna pour principales raisons de son élection que Louis était de la famille impériale (par femmes), que l'empereur Charles le Gros lui avait donné le titre de roi, et que l'empereur Arnoul l'avait investi, avec le sceptre, par le ministère de ses ambassadeurs ; d'où il faut conclure, suivant la remarque du président de Montesquieu, que le royaume d'Arles, comme les autres, démembrés ou dépendants de l'empire, était héréditaire et électif en même-tems ; héréditaire, en ce que le roi devait être pris dans la race de Charlemagne ; électif, en ce qu'on le choisissait entre tous ceux qui descendaient de ce prince, soit en ligne directe, soit en ligne collatérale. L'an 896, suivant D. Mabillon, mais plus vraisemblablement l'an 899, appelé par les ennemis de Bérenger, roi de Lombardie, Louis marche à la tête d'une armée pour soutenir ses droits sur l'Italie, en qualité de petit-fils de l'empereur Louis II. Cette entreprise lui réussit mal. A peine a-t-il passé les Alpes, qu'il se voit enveloppé par les troupes de Bérenger, et obligé de se remettre à sa discrétion. Bérenger lui permet de s'en retourner, après l'avoir fait renoncer, avec serment, à ses prétentions : mais l'ambition ne lui permit point de tenir cet engagement. L'an 900, ou sur la fin de 899, au mépris de son serment, il entreprend une nouvelle expédion au-delà des monts. Plus heureux que dans la première, il assiège et prend Pavie, met en fuite Bérenger, et se fait proclamer roi d'Italie par les seigneurs. L'an 901, Louis, après avoir battu deux fois Bérenger, se rend à Rome, où il reçoit la couronne impériale des mains du pape. Cette prospérité ne fut pas de longue durée. L'an 905, et non pas 902, au mois de juillet, Bérenger, l'ayant surpris dans Vérone, le fait aveugler, et le renvoie dans son royaume de Provence. Mais il ne fut pas tellement privé de la vue, qu'il ne pût encore tracer quelques lettres, comme on le voit par plusieurs diplômes qu'il souscrivit de sa main. Depuis cet événement, M. de Saint-Marc n'aperçoit point de vestiges de son existence après l'an 923. Mais M. Charvet (*hist. de l'église de Vienne*, pag. 251) cite deux diplômes de ce prince, datés, l'un du 5 des calendes de décembre, la vingt-septième année de son empire (car il continua toujours à se parer de ce vain titre d'empereur); l'autre du 8 des calendes de janvier, même année de son empire; ce qui revient de part et d'autre à l'an de Jésus-Christ 928. Louis en mourant laissa d'Edgive, son épouse, fille d'Édouard l'Ancien, roi d'Angleterre, un fils nommé Charles-Constantin, dont nous verrons le sort à l'article suivant. (*Voy.* Louis III, empereur d'Occident.)

On trouve des chartes expédiées dans le royaume de Provence sous le règne de Louis l'Aveugle, où il n'est fait nulle mention de ce règne dans la date, mais seulement des années qui se sont écoulées depuis la mort de Boson, et cela jusqu'en 897; d'autres où l'on compte seulement les années depuis la mort de l'empereur Charles le Gros, sans parler d'aucun prince régnant en Provence. (*Archiv. de Cluni.*)

HUGUES, COMTE DE PROVENCE.

HUGUES, fils de Thibaut, comte d'Arles, et de Berthe, née de Lothaire, roi de Lorraine, et de Valdrade, fut chargé du gouvernement du royaume de Provence, avec la qualité de comte, par l'empereur Louis, après que ce prince eut été privé de la vue. Son administration fut utile à l'état. L'an 923, de concert avec Rodolfe, roi de la Bourgogne Transjurane, il chassa de Provence les Hongrois, qui avaient pénétré d'Italie en ce pays par le Mont-Cenis, ou les Alpes Cottiennes. Ces barbares étant revenus l'année suivante par les Alpes maritimes, les deux princes ne se trouvèrent pas en forces pour les repousser. Ils traversèrent impunément la Provence et passèrent en Languedoc. Tout ce que Rodolfe et Hugues purent faire, fut de tomber sur leur arrière-garde, qu'ils taillèrent en pièces sur les bords du Rhône. L'an 926, apprenant que ce même Rodolfe, après avoir supplanté Bérenger dans le royaume d'Italie, mécontentait par sa hauteur et son inconstance, les seigneurs du pays, Hugues fomente sous main leur indisposition, à l'aide de Berthe, sa mère, veuve en secondes noces d'Adalbert le Riche, marquis de Toscane, de ses frères utérins, Gui, successeur de son père, et Lambert, et de sa sœur Hermengarde, veuve d'Adalbert, marquis d'Ivrée. Son dessein était de soustraire l'Italie à l'obéissance de Rodolfe et de s'en faire décerner la couronne à lui-même. Le pape et les évêques entrèrent dans ses vues, et l'invitèrent à se rendre sur les lieux. Il y fut reçu avec des démonstrations de joie qui donnèrent lieu à cette façon de parler anciennement usitée en Provence, *il a été reçu comme le roi Huguet*, pour dire on lui a fait une réception honorable. Hugues fut sacré roi de Lombardie à Milan, dans le mois de juillet 926. Après avoir passé dans ce pays un peu plus de deux ans, il repassa les monts au mois de septembre 928. Louis l'Aveugle étant mort à Vienne, lieu de sa résidence, dans les premiers mois de l'année suivante, Hugues conserva dans le royaume de Provence, l'autorité souveraine qu'il y avait exercée jusqu'alors sous le nom de ce prince, et s'abstint seulement de prendre le titre de roi, pour ne pas effaroucher les esprits. Il fallait que Charles-Constantin, fils unique de Louis, eut bien peu de mérite aux yeux des Provençaux, pour se voir privé de la succession de son père, sans trouver personne qui s'intéressât à sa défense. Hugues ne voulut pas même lui laisser le comté de Vienne, dont son père l'avait investi. En effet, Herbert II, comte de Vermandois, étant venu trouver Hugues, l'an 928 ou 929, du vivant du roi Charles le Simple, qu'il retenait en prison, obtint de lui ce comté pour Eudes, son fils. Mais Charles-Constantin trouva moyen de se maintenir par la protection de Raoul, roi de France, dont il se rendit vassal, en lui faisant hommage l'an 930. Il est vrai que, trois ans après, ce monarque, mécontent de lui, pratiqua dans Vienne des intelligences qui le rendirent maître de la place et de tout le comté, qu'il garda jusqu'à sa mort arrivée l'an 936. Mais Charles-Constantin fut ensuite rétabli par le roi Louis d'Outremer, qu'il reçut dans Vienne l'an 941. Hugues cependant ne perdait pas de vue ce comté qu'il voyait avec regret démembré du royaume d'Arles et possédé par son ennemi. Il vint à bout d'y rentrer, et il en etait possesseur vers la fin de l'an 944 au plus tard. Nous avons en effet un diplôme de lui et de son fils Lothaire, daté de Pavie le 25 février 945, par lequel ils donnent à l'église de Saint-Maurice de Vienne, une partie de la terre de Chatonnai, située dans le comté de Vienne. (Charvet, *Hist. de l'église de Vienne*, p. 257.) L'an 942, Hugues résolut de chasser les Sarrasins de la forteresse de Fraxinet ou Frainet, près de la mer, au diocèse de Fréjus, dont ils s'étaient emparés depuis longtems, et d'où ils faisaient des courses funestes en Provence et sur les côtes de Lombardie ; il obtint à cet effet de l'empereur grec une flotte pour les empêcher d'être secourus de ceux d'Espagne par mer, tandis qu'il les attaquerait par terre. Les choses réussirent à son gré. Il battit ces infidèles et les obligea d'abandonner la forteresse. Mais au lieu de les poursuivre dans les Alpes (1), où ils s'étaient retirés, il traita avec eux, et leur promit

---

(1) Les Alpes formant une étendue d'environ deux cents lieues en longueur, et étant divisées en plusieurs parties ou contrées, il est à

de les établir dans les montagnes qui séparent la Suisse de l'Italie, s'ils voulaient en défendre le passage à Bérenger, marquis d'Ivrée. C'était son antagoniste, qu'il avait forcé de se réfugier en Allemagne, d'où il menaçait de revenir en forces pour lui disputer de nouveau le royaume de Lombardie. Ce traité fut une des causes qui indisposèrent les Italiens contre Hugues, et les déterminèrent à le contraindre, l'an 946, d'abandonner le royaume à son fils Lothaire, et de s'en retourner en Provence. Hugues y finit ses jours, le 24 avril 947, sous l'habit religieux, dit-on, dans le monastère de Saint-Pierre de Vienne, qu'il avait fondé: circonstance qui paraît douteuse à D. Mabillon. (*Ann. Bened. ad. ann.* 945.) Il avait épousé 1°. ADA, qui le fit père de Lothaire, roi d'Italie, et d'Alda, femme d'Albéric, patrice de Rome; 2°. MAROZIE, veuve en premières noces d'Albéric duc de Spolette, et en secondes de Gui, duc de Toscane, frère utérin de Hugues; 3°. BERTHE, veuve de Rodolfe II, roi de Bourgogne. Les deux derniers mariages furent stériles. Hugues, outre ces trois femmes, eut beaucoup de maîtresses qui lui donnèrent plusieurs enfants, dont les principaux sont Hubert, qu'il eut de Vandelmode, et qu'il fit marquis de Toscane, et Berthe, femme de l'empereur grec Romain le Jeune. Par son testament, Hugues laissa toutes les richesses qu'il avait apportées d'Italie, à sa nièce, fille de Garnier, son frère, et veuve alors de Boson I, comte de d'Arles; laquelle se remaria depuis à Raymond II, comte de Rouergue. Ce fut dans la personne de Hugues que finit le

---

propos de marquer les noms propres et particuliers que les anciens donnaient à chacune de ces contrées, et d'y joindre les nouveaux noms qui leur correspondent. En commençant par le Midi, les Alpes maritimes commencent à la mer et se terminent au Mont-Viso; les Alpes cotties, ou cottiennes, ainsi nommées du roi Cottius, ami d'Auguste, s'étendent depuis le Mont-Viso jusqu'au Mont-Cenis, *Mons Cinis*; les Alpes grecques, *graiæ*, se prennent depuis le Mont-Cenis jusqu'au grand Saint-Bernard; les Alpes pennines, *pennines* ou *pœninæ*, contiguës au Valais, prennent depuis le grand-Saint-Bernard, dit aussi *penninus summus* et *Mons-Jovis*, Monjou, jusqu'au mont Saint-Gothard, où sont les sources du Rhône, du Rhin, de l'Aar et du Tesin; les Alpes rhétiques, *rhæticæ*, dites aussi *tridentinæ*, se continuent depuis le mont Saint-Gothard jusqu'à la contrée où la Drave prend sa source; les Alpes noriques se prolongent depuis la source de la Drave jusqu'à celle du Lizonzo; les Alpes carniques, ainsi nommées du peuple *carni*, qui a aussi donné son nom à la Carniole; les Alpes julies, *juliæ*, ainsi nommées parce que Jules-César y fit commencer un chemin qu'Auguste fit achever, commencent à la source du Laubach, et aboutissent à celle du Wipach; une partie de l'évêché de Brixen s'y trouvent comprise, ou du moins le confine.

royaume de Provence; car son fils Lothaire n'y eut aucune part. (*Voy.* Hugues, *roi d'Italie.*)

Charles-Constantin, après la mort de Hugues, recouvra le comté de Vienne, dont il fit hommage, l'an 947, au roi Louis d'Outremer. L'an 950, il vint en Auvergne avec l'évêque de Clermont, au devant de ce monarque, lorsqu'il allait en Aquitaine. (Frodoard.) L'année de sa mort est incertaine; mais il vécut au moins jusqu'en 963, comme le prouve du Bouchet. TEUTBERGE, sa femme, dont la maison n'est point connue, lui donna deux fils, Richard et Upert. C'est ce que nous apprend une de ses chartes, par laquelle il confirme la vente faite par un de ses sujets ou serfs, nommé Rotbold, à un chanoine de Saint-Maurice de Vienne, appelé Varnier, de deux courtils ou meix, avec des vignes; le tout situé au pays viennois, *in agro Repentinis in villa Brociaco*, pour la somme de 139 sous. L'acte daté du 13 des calendes de juin, le roi Conrad (le Pacifique), régnant, est souscrit par le comte Charles, par la comtesse Teutberge, et par leurs fils Richard et Upert. (*Arch. de Cluni.*) Richard souscrivit avec son père, au mois d'avril de la vingt-troisième année du règne de Conrad (959 ou 960 de Jésus-Christ), une autre charte par laquelle Grimalde et Beliarde, sa femme, engagent pour quinze années, moyennant la rente annuelle de neuf sous, à un lévite ou diacre encore nommé Varnier, le même peut-être que le chanoine de l'acte précédent, une vigne située au village de Brocian-le-Haut, dans le Viennois. (*Ibid.*) M. Dunod donne à Charles-Constantin un troisième fils qu'il nomme Patton, qui devint son successeur au comté de Vienne. De celui-ci vint, selon cet écrivain Girard, père d'Etiennette, laquelle apporta en mariage le comté de Vienne à Guillaume le Grand, comte de Bourgogne. (*Voyez* Herbert II, comte de Vermandois.)

ROIS DE LA BOURGOGNE TRANSJURANE.

Le Royaume de la Bourgogne Transjurane était de peu d'étendue, et ne contenait que la Suisse jusqu'à la Reuss, et les pays de Valais, de Genève, de Chablais et de Bugei. Les troubles excités après la déposition de Charles le Gros, l'an 888, donnèrent naissance à ce royaume, en favorisant l'ambition d'un particulier, qui profita de la conjoncture de ces troubles pour se faire déclarer roi d'un pays dont son père était seulement gouverneur. Ce royaume est appelé différemment par les auteurs, *Royaume de la Bourgogne supérieure*, *de la Gaule Cisalpine*, *de la Bourgogne Jurane ou Transjurane*. Il dura peu, et n'a eu que deux rois.

RODOLFE I.

888. RODOLFE, fils, non pas de Conrad, comte de Paris, comme le disent Daniel et Velly, mais de Conrad le Jeune, comte d'Auxerre, puis de la Bourgogne qui est entre le Mont-Jura et les Alpes, et de Valdoalde, était collègue de son père, dès l'an 886, comme le prouve M. le baron de Zurlauben, par divers actes tirés du cartulaire de l'église de Lausanne. (*Histoire de l'Académie des Belles Lettres*, t. XXXVI, p. 142.) L'an 888, voyant les princes divisés touchant le partage des états de l'empereur Charles le Gros, qu'ils avaient déposé, il assemble les évêques et les seigneurs de son gouvernement, à Saint-Maurice en Valais, et les engage à le reconnaître pour roi de la Bourgogne Transjurane. Arnoul, roi de Germanie, arma deux fois contre Rodolfe; mais ces deux tentatives furent inutiles : la première fois Arnoul n'osa pas même en venir aux mains; et la seconde, il fut vivement repoussé l'an 894. Alors il prit le parti de ratifier la royauté de Rodolfe, dans une diète tenue à Ratisbonne. Ce prince, après avoir régné pendant environ vingt-cinq ans avec beaucoup d'équité, mourut le 25 octobre 911, ou selon Duchesne, 912. Il laissa un fils, nommé comme lui, qui fut son successeur, et deux filles, dont l'aînée, Waltrade, épousa Ubalde, qu'elle fit père de Théobald II, duc de Spolette. Le roi Rodolfe I, dans les actes de Payerne, est surnommé de *Stratlingue*, du nom d'un château dont il est fondateur, et qui subsiste encore en partie près du lac de Thun en Suisse (1785). Il avait une sœur nommé Adélaïde, qui épousa Richard le Justicier duc de Bourgogne.

RODOLFE II.

911. ou 912. RODOLFE II, succède à son père étant encore fort jeune, mais cependant en âge suffisant pour être en état de gouverner sans régence. L'an 919, ayant entrepris témérairement la guerre contre Burchard, duc de Suabe, il eut du désavantage dans un combat près de Weinterthur. La paix se fit peu de tems après entre les deux princes, par la médiation des évêques de Bâle et de Genève. Pour cimenter la réconciliation, Rodolfe épousa, dit-on, l'an 922, BERTHE, fille de Burchard. Cette même année, appelé par les Italiens contre Bérenger, il passe les Alpes au mois de septembre ou d'octobre, et pénètre sans obstacle jusqu'à Pavie, où il est reçu, proclamé roi d'Italie, et couronné par Lambert, archevêque de Milan. Ses armes le maintinrent contre celui qu'il avait supplanté. L'an 923, il défait Bérenger à la bataille de Fiorenzuola, entre Plaisance et Borgo-San-Donnino, et se rend maître de toutes les villes d'Italie, à l'exception de Vérone, où Bérenger s'était

renfermé. Le parti de celui-ci s'étant relevé, il fut en état de disputer la couronne à Rodolfe, et lui livra bataille le 29 juillet. Rodolfe, abandonné de tous les Italiens qui étaient dans son armée, allait être entièrement défait, lorsque les comtes Boniface et Girard, arrivant à propos, fondirent sur l'armée de Bérenger et la taillèrent en pièces. Bérenger ne survécut pas long-tems à sa défaite, et fut assassiné l'an 924. Rodolfe, qui après sa victoire était revenu en Bourgogne, ayant appris les ravages que les Hongrois faisaient en Italie pendant son absence, repasse les Alpes. Ils disparaissent à son approche ; mais la disposition des esprits change à son égard. L'an 925, il se forme une conjuration contre lui, et les Italiens envoient une ambassade à Hugues, pour l'inviter à venir se rendre maître de leur pays. Hugues, oubliant les obligations qu'il avait à Rodolfe, se rend aux invitations des rebelles. Rodolfe, cédant au tems, se retira, l'an 926, en Bourgogne. Il se dédommagea de ce revers par une autre tentative qui fut heureuse. L'an 927 ou environ, il fait une irruption dans la Suabe, dont il s'empara. Le roi de Germanie s'accommode avec lui par la cession qu'il lui fait de la ville de Bâle, qui faisait partie de cette province. (Pfeffel.) Les Italiens le rappelèrent, l'an 933, contre Hugues, dont ils étaient mécontents ; mais les deux princes firent ensemble un traité par lequel Hugues céda une partie de la Provence à Rodolfe (s'en réservant néanmoins l'usufruit) pour qu'il le laissât jouir tranquillement de son royaume d'Italie. Rodolfe, par ce traité, devint proprement le premier roi d'Arles.

ROIS D'ARLES.

La réunion des royaumes de la Bourgogne Transjurane et de Provence, forma, comme on vient de le dire, le royaume d'Arles, qui s'étendait depuis l'embouchure du Rhône jusqu'au Mont-Jura. Mais il ne faut y comprendre ni le comté de Vienne, dont Charles-Constantin demeura propriétaire sous la mouvance de la France, ni les terres que Hugues s'était réservées en Provence, ni peut-être même la ville de Lyon. Mais c'est à tort qu'Adrien de Valois voudrait aussi en retrancher Lausanne, Genève et Bellai. Il est certain que ces villes ont fait partie du royaume d'Arles, comme elles faisaient auparavant partie de celui de la Bourgogne Transjurane.

RODOLFE II.

933. RODOLFE II, roi de la Bourgogne Transjurane, ayant réuni la Provence à son royaume par le traité fait avec Hugues,

roi d'Italie, fut le premier roi d'Arles. Il gouverna l'espace de quatre ans, ce nouvel état, jusqu'à sa mort arrivée l'an 937. Des modernes font l'éloge de sa prudence et de sa modération. Muratori le représente au contraire comme un prince capricieux et sans suite dans ses desseins, qui faisait une chose aujourd'hui et la défaisait demain. De BERTHE, sa femme, qu'on fait, sans preuve évidente, fille de Burchard, duc de Suabe et d'Alsace, il laissa trois fils, Conrad, qui suit; Burchard, évêque de Lausanne; et Rodolfe, né posthume; avec une fille nommée Adélaïde, qui épousa en premières noces Lothaire, fils de Hugues, roi d'Italie, et en secondes Otton I, roi de Germanie. Berthe, veuve du roi Rodolfe, lui survécut et contracta un nouveau mariage avec ce même roi Hugues, dont on vient de parler. Cette princesse est renommée en Suisse par les riches donations qu'elle y fit en faveur des églises. Rodolfe, son époux, augmenta ses domaines par le don que le roi de Germanie, Henri l'Oiseleur, lui fit de l'Argow sur l'Aar, pays aujourd'hui renfermé dans le canton de Berne. Jusqu'à Rodolfe II inclusivement, les rois de la haute Bourgogne étaient inaugurés avec la lance de Saint-Maurice, où l'on croyait qu'il y avait un clou de la vraie croix attaché. Henri l'Oiseleur, roi de Germanie, voulut avoir cette lance, et menaça Rodolfe de lui faire la guerre s'il ne la lui vendait. Rodolfe aima mieux la lui envoyer que de s'attirer ses armes par un refus. (Luitprand, l. 4, c. 12.)

CONRAD DIT LE PACIFIQUE.

937. CONRAD, fils de Rodolfe II, âgé de huit ou neuf ans, succède à son père, et demeure sous la tutelle des grands de son royaume par la retraite de sa mère, qui se remaria, comme on vient de le dire, peu de tems après la mort de Rodolfe, avec Hugues, roi d'Italie. Otton I, roi de Germanie, à qui ses grandes qualités et ses victoires méritèrent le surnom de Grand, voulant pourvoir à l'éducation de ce jeune prince, le fit venir à sa cour, et s'appliqua lui-même à le former à la vertu et à la science du gouvernement. Il paraît qu'il était de retour dans ses états, en 943. La manière dont il les gouverna fit l'éloge de son instituteur et le sien. Dès qu'il eut commencé à régner par lui-même, il convoqua une assemblée générale dans laquelle il fit des lois et des règlements très-sages. L'an 946, il joignit ses troupes à celles d'Otton, et l'accompagna en personne dans l'expédition qu'il fit en France, pour secourir le roi Louis d'Outremer contre les frères d'Hugues le Grand. Vers l'an 950, il se défit, par un stratagème singulier, des Hongrois et des Sarrasins, qui menaçaient son royaume. Ayant

appelé à son secours les Sarrasins contre les Hongrois, et les Hongrois contre les Sarrasins, les armées présentes, il les anime au combat les uns contre les autres; et, lorsque des deux côtés elles s'attendent à être secourues de lui, il les enveloppe et les taille en pièces. La défaite de ces barbares affermit tellement la paix dans les états de Conrad, que pendant plus de quarante ans que son règne dura encore, il ne fut point troublé. La douceur de ce prince, sa modération, son équité, son attention à maintenir le repos public, lui ont fait donner le surnom de Pacifique, titre, sans contredit, préférable à celui de conquérant. Son règne aussi heureux que long, fut de près de cinquante-sept ans, ce prince étant mort le 19 octobre de l'an 993. Il avait épousé, 1°., ADELAINE ou ADÈLE, que nous trouvons dénommée dans des chartes de Cluni, des années 937 et 944, mais dont nous n'avons pu découvrir l'origine; 2°., vers l'an 955, MATHILDE, fille du roi Louis d'Outremer, qui lui apporta en dot la ville de Lyon, qu'il réunit à son royaume. Les auteurs varient beaucoup sur le nombre des enfants de Conrad. Du Chesne lui donne un fils et quatre filles; Rodolfe, qui fut son successeur; Berthe, Gisèle, Gerberge ou Guêpe, et Mathilde. Berthe épousa Eudes I, comte de Blois et de Chartres, et après sa mort elle se remaria, l'an 995, au roi Robert; qui fut obligé de la quitter pour cause d'affinité. Gisèle fut mariée à Henri, duc de Bavière, et fut mère de Henri II, qui fut empereur. Gerberge épousa Herman II, duc de Suabe, et Mathilde Baudouin III, comte de Flandre, puis Godefroi d'Ardennes, dit l'Ancien, comte de Verdun, suivant la généalogie de saint Arnoul. Mais d'autres écrivains prétendent que Mathilde, femme du comte Baudouin, était fille d'Herman Billing, duc de Saxe. A ces enfants de Conrad, D. Plancher en ajoute deux autres : le premier est un Conrad, dont le sort est ignoré; et le second, Burchard, qui fut archevêque de Lyon, depuis 979, jusqu'en 1041. Le roi Conrad, dans ses chartes, prenait le titre de roi des Provences, c'est-à-dire, des deux gouvernements généraux, compris dans le royaume d'Arles, dont l'un était celui du Lyonnais et du Viennois, au nord de l'Isère, et l'autre, celui de Provence.

RODOLFE III, DIT LE FAINÉANT.

993. RODOLFE III, fils aîné de Conrad et de Mathilde, succéda dans le royaume d'Arles, à son père, l'an 993. C'est l'époque marquée par tous les historiens. Cependant nous avons sous les yeux la charte d'une donation faite à Cluni, par Humbert, évêque de Grenoble, dont la date porte *anno ab incarn.*

Dom. n. no *nonagesimo primo, regnante Rodulfo rege, anno tertio regni ejus;* d'où il faudrait, ce semble, conclure que Rodolfe avait été en société du trône avec son père, l'espace d'environ cinq ans. Mais il nous paraît plus vraisemblable qu'il y a transposition dans cette date par la précipitation du notaire, qui aurait dû mettre *anno nongentesimo nonagesimo tertio, regnante Rodulfo rege, anno primo regni ejus.* Quoi qu'il en soit, Rodolfe mourut le 6 septembre 1032, ayant régné seul trente-neuf ans. Il ne laissa point d'enfants, quoiqu'il eût eu deux femmes, AGILTRUDE et ERMENGARDE. Son indolence lui mérita l'épithète flétrissante de *fainéant*, et causa, pendant la plus grande partie de son règne, une espèce d'anarchie dans ses états. Il avait pour ministre un gentilhomme poitevin, nommé Guillaume, auquel il avait abandonné les rênes du gouvernement. L'an 998, par un diplôme daté des calendes de mars, la cinquième année de son règne, il fonda et orna richement le monastère de Bevai, *Bevacense*, au diocèse de Lausanne, qu'il soumit à saint Odilon et à ses successeurs, abbés de Cluni; ordonnant que son héritier soit avoué du monastère, et qu'il le gouverne sous l'autorité de saint Odilon ou de son successeur; voulant, de plus, qu'à perpétuité un de ses descendants ou ayant-cause ait toujours l'avouerie de ce monastère. (*Arch. de Cluni.*) L'an 999, l'impératrice Adélaïde, tante de Rodolfe, apprenant les discordes qui régnaient dans la haute Bourgogne, se rendit sur les lieux, pour y établir la paix. Elle réconcilia plusieurs factieux; et à l'égard des autres, elle les abandonna, dit saint Odilon dans la vie de cette princesse, à la divine providence. L'an 1001, nouveaux troubles en Bourgogne; presque toute la noblesse se soulève contre Rodolfe, à l'occasion d'un de ses vassaux, que son ministre avait dépouillé de son patrimoine. On en vint aux armes; et Rodolfe, dans une bataille, quoique avec une armée supérieure en nombre, fut battu et mis en fuite. (Leibn., *Script. Brunsv.*, tom. I, pag. 293.) Cette défaite rendit méprisable Rodolfe, et enhardit ses vassaux à le braver en toute occasion. D'outrages en outrages ils en vinrent, l'an 1016, jusqu'à vouloir le déposer. Rodolfe, dont la faiblesse était augmentée par le poids de l'âge, ne vit pas d'autre moyen de parer le coup, que de se remettre entre les mains de l'empereur Henri II, son neveu. L'étant allé trouver à Strasbourg, il lui résigna sa couronne, dit un auteur du tems, c'est-à-dire qu'il lui en assura l'hérédité. Henri accepta l'offre, et renvoya son oncle comblé de présents. Il ne tarda pas à le suivre. La présence de l'empereur imposa aux rebelles. Ayant assemblé les états, il y pourvut à la sureté publique et au maintien de l'autorité royale par de sages règlements, dont il assura l'exécution en exigeant qu'il emmena avec lui en Allemagne. Alors les 1ers, voyant méprisés du peuple à leur tour, et dépouillés de vrannique qu'ils avaient usurpé, vinrent se jeter de Rodolfe, le priant d'oublier le passé, avec pr lui obéir désormais en tout, et le conjurant de ne p e passer sous la domination d'un prince étranger. « savez, » lui disaient-ils, que, par une loi constamment observée, » les Bourguignons ne doivent point avoir d'autre roi que celui » qu'ils auront élu. Ne soyez pas le premier à la violer ». Rodolfe, touché de leurs remontrances, retourne auprès de l'empereur pour l'engager à rompre le traité qu'ils avaient fait ensemble. Henri, prince équitable, connaissant que ce traité n'était de la part de son oncle, que l'effet de la nécessité des conjonctures, ne fit aucune difficulté de le résilier. (Bouquet, tom. X, pag. 139.) L'an 1018, nouveau soulèvement des seigneurs bourguignons contre Rodolfe. C'est encore à l'empereur, son neveu, qu'il a recours. Il tenait une diète à Mayence, au mois de février, lorsque Rodolfe vint le trouver. Dès qu'il l'eut terminée, il partit et s'avança jusqu'à Bâle, avec une armée, qu'il remit à Werner, évêque de Strasbourg, pour châtier les Bourguignons. Le prélat, les ayant trouvés prêts à lui faire tête, leur livre une bataille où ils sont défaits ; ce qui les oblige à rentrer dans le devoir. Henri étant mort l'an 1024, les séditions recommencent en Bourgogne. Rodolfe, pour les appaiser, institue son héritier, mais d'une manière irrévocable, Conrad le Salique, successeur de Henri, et mari de Gisele, sa nièce, fille de Gerberge, sa sœur, et d'Herman II, duc de Suabe. Cet arrangement indisposa fort les enfants ou descendants des autres sœurs de Rodolfe, et surtout Eudes II, comte de Champagne et de Blois, fils de Berthe, sa sœur aînée. (On peut voir à l'article des comtes de Blois et de Champagne, les efforts qu'il fit pour s'emparer d'un royaume qu'il croyait lui appartenir de droit, et l'issue malheureuse qu'ils eurent, l'an 1037, à la bataille de Bar-le-Duc, où il périt.) Conrad, néanmoins, se défiant de l'inconstance de Rodolfe, s'avança, l'an 1026, vers la Bourgogne, et surprit la ville de Bâle, pour découvrir, dit Wippon, par cet acte d'hostilité, si le roi de Bourgogne n'avait pas changé de disposition à son égard. La patience avec laquelle Rodolfe souffrit cette incartade, était bien capable de le détromper. Il fut encore plus désabusé, lorsqu'ayant passé les monts sur la fin de cette campagne, il reçut, dans son camp d'Ivrée, les ambassadeurs de Rodolfe, chargés de lui annoncer qu'il se disposait à faire le voyage de Rome, pour assister à la cérémonie de son couronnement impérial. Elle se fit le jour de Pâques 1027, et Rodolfe y fut présent avec le roi d'Angleterre. Cependant il apprit qu'Ernest, duc de Suabe, qui prétendait aussi à sa succession, menaçait de profiter de son absence, pour envahir la Bourgogne. Il revint en diligence, et son retour précipité ne permit pas au duc d'exécuter son dessein. Conrad ayant repassé les monts, dans la même année, Rodolfe vint le trouver aux environs de Bâle. Après s'être entretenu familièrement avec lui, Conrad le conduisit dans la ville : *habito familiari colloquio*, dit Wippon, *imperator regem duxit in urbem*. Ce fut alors que les deux souverains firent, par la médiation de l'impératrice Gisèle, un traité par lequel Rodolfe conféra le royaume de Bourgogne à Conrad (et non pas à Henri, son fils, comme le dit un moderne) de la même manière qu'il l'avait donné précédemment à l'empereur Henri II. L'an 1032, Rodolfe, étant près de mourir, envoie ses ornements royaux à Conrad par un de ses officiers, nommé Sélinger. (*Herman. Contract.*)

L'an 1033, CONRAD, ayant assemblé son armée, entre en Bourgogne par Soleure; et s'étant rendu à l'abbaye de Payerne, il s'y fait élire roi de Bourgogne par les grands et le peuple, le jour de la Purification et couronner le même jour. (Wippon.) Ce monarque rétablit, autant que les conjonctures le lui permirent, l'ordre et la subordination dans ses nouveaux états. Il soumit à son obéissance la plupart des seigneurs, et les obligea de lui prêter serment de fidélité; il assiégea et prit des villes qui refusaient de le reconnaître. Il ne put cependant empêcher qu'il ne se formât dans ce royaume de petites souverainetés héréditaires, sous la simple mouvance de l'empire. Ses successeurs en laissèrent accroître le nombre à tel point, que le royaume d'Arles ne devint, pour eux, qu'un vain titre. Ils concoururent eux-mêmes au démembrement de cette monarchie, par la facilité avec laquelle ils accordèrent à la plupart des prélats qu'elle comprenait, la jouissance des droits régaliens dans les villes de leur résidence. C'est de là que l'archevêque de Lyon date sa qualité d'exarque; l'archevêque de Besançon et les évêques de Bâle, de Genève, de Lausanne et de Bellai, leur titre de princes d'empire; l'archevêque d'Embrun et l'évêque de Grenoble, celui de prince; et l'archevêque de Vienne, avec les évêques de Valence, de Gap et de Die, la qualité de comtes. Les rois d'Arles ne conservèrent pas même la suzeraineté sur tous les états qui s'étaient formés des débris de ce royaume. La plus grande partie, en effet, passa successivement à différents titres, sous la domination des rois de France, dont ils avaient été anciennement démembrés. Une autre partie accéda à la ligue helvétique. Le reste, composé des comtés de Savoie et de Montbeillard et de l'évêché de Bâle, fut admis à la cité germanique, et figure aujourd'hui parmi les états de l'empire. (Pfeffel.)

L'an 1038, HENRI dit le NOIR, fils unique de Conrad, fut couronné roi de Bourgogne ou d'Arles, à Soleure, en présence de son père, auquel il succéda pareillement dans l'empire, sous le nom de Henri III. (*Voy.* l'empereur Henri III.)

L'an 1056, HENRI, fils de Henri le Noir, lui succéda à l'âge de sept ans, sous la tutelle d'Agnès, sa mère, et réunit, comme son père, les titres d'empereur et de roi de Bourgogne ou d'Arles. (*Voy.* l'empereur Henri IV.)

L'an 1106, HENRI V, succède à Henri IV, son père, et meurt l'an 1125. La mort de ce prince, qui ne laissait point d'enfants, donna lieu à de grands troubles dans l'empire et dans le royaume d'Arles. Lothaire, duc de Saxe, élu pour succéder à Henri V, prétendant que le royaume d'Arles était uni à l'empire, en disposa comme souverain, et établit Conrad, duc de Zéringhen, duc ou gouverneur de Bourgogne, pour lui et pour ses héritiers. L'empereur Frédéric I, différant de Lothaire dans la manière de penser sur ce royaume, le transmit par son testament, comme un bien héréditaire de sa maison, à celui de ses enfants qui n'était pas désigné pour lui succéder à l'empire. Mais, après l'extinction de la maison de Suabe, l'empereur Rodolfe de Habsbourg fit revivre les prétentions de Lothaire, et donna, l'an 1280, l'investiture de la Provence, d'abord à Marguerite, veuve du roi saint Louis, puis à Charles I, roi de Sicile, à qui Marguerite disputait une portion de ce comté dont il était possesseur. (*Voy.* Charles I, comte de Provence.) Du reste jamais l'autorité des empereurs d'Allemagne n'a été bien considérable dans les pays, situés entre les Alpes et le Rhône. Contents de conserver un titre de souveraineté sur quelques partie du royaume d'Arles, ils n'ont jamais pensé à le rétablir.

CHRONOLOGIE HISTORIQUE

DES

COMTES DE PROVENCE.

La Provence, *Provincia Narbonensis*, ou simplement *Provincia*, ainsi appelée par les Romains, lorsqu'ils eurent par là commencé la conquête des Gaules, et auparavant *Liguria transalpina*, selon Varron, est séparée de l'Italie par les Alpes et le Var, et du Languedoc par le Rhône ; bornée au nord par le Dauphiné, et au sud par la Méditérannée : sa plus grande longueur est d'environ cinquante-cinq lieues sur quarante de largeur. Les Romains y portèrent la guerre, pour la première fois, l'an 629 de Rome. (125 ans avant J.-C.) Ce furent les Marseillais, Phocéens d'origine, qui les appelèrent à leur secours pour se défendre contre les Salvyens, ou Salyens, qui dévastaient leur territoire. M. Fluvius Flacus, chargé de cette expédition, soumit les Salyens ; mais à peine eut-il passé les Alpes, qu'ils reprirent les armes. Le consul C. Sextus Domitius Calvinus, envoyé contre eux l'année suivante, acheva de les réduire en deux ou trois campagnes, sans donner atteinte à la liberté des Marseillais, qui la conservèrent pendant quelque tems comme alliés des Romains. Une colonie, envoyée par ceux-ci quatre ans après, affermit la soumission de la Provence, qui suivit depuis le sort de la république romaine. A la chute de l'empire en occident, elle devint la proie de deux peuples barbares, les Bourguignons et les Visigoths, qui la partagèrent entre eux; et de là vint la division de la Provence orientale et occidentale. La première, à la gauche de la Durance, demeura aux Visigoths; et la Provence occidentale, à droite de cette rivière, aux Bourguignons. Dans le lot de ceux-ci, par conséquent, fut compris le Comtat Venaissin (*Vindauscensis comitatus*), avec les villes d'Avignon, d'Apt, de Pertuis, de Manosque, de Forcalquier et de Sisteron. Ils conservèrent ce domaine l'espace de quatre-vingts ans sous cinq rois, jusques vers l'an 530, qu'ils en furent dépouillés par les enfants de Clovis. Les Visigoths gardèrent encore moins de tems la Provence orientale. Vers l'an 511, ils cédèrent à Théodoric, roi des Ostrogoths, les terres qu'ils possédaient en Provence, après que ce prince les eut enlevées aux Français, qui s'en étaient rendus maîtres.

Vers l'an 534, les Français devinrent possesseurs de toute la Provence, par la cession que Vitigès, roi des Ostrogoths, leur fit de la portion qui lui appartenait en ce pays. Depuis cette époque jusqu'en 879, c'est-à-dire l'espace de 345 ans, la Provence demeura soumise aux rois des Français.

Boson, fils de Théodoric, comte d'Autun, s'étant fait couronner roi de Provence ou de la Bourgogne Cisjurane, en 879, transmit ses états à Louis, son fils, après la mort duquel les deux Bourgognes, Transjurane et Cisjurane, tombèrent dans une autre race pour ne faire qu'un seul royaume, comme nous l'avons amplement expliqué à l'article des rois de Bourgogne. Ces rois nommèrent des comtes en Provence comme dans les autres parties de leurs états pour les administrer sous leurs ordres. Mais ceux-ci, profitant de la faiblesse de leurs maîtres, affectèrent insensiblement l'indépendance, et parvinrent enfin à convertir leurs bénéfices en hérédités. On les appelait COMTES D'ARLES, parce que cette ville était la capitale de la Provence. Toutes les terres de cette province ne leur furent pas néanmoins assujetties sans exception. Quelques seigneurs laïques et ecclésiastiques s'affranchirent de leur domination, en portant directement l'hommage de leurs terres à l'empereur; et de là vient la dénomination des *terres adjacentes*, parce que ces terres étaient comme démembrées de la Provence. La ville de Marseille portait plus loin ses prétentions, en ce qu'elle voulait être distinguée des terres adjacentes, comme plus libre. Notre dessein étant de nous renfermer ici dans la Chronologie historique des comtes de la Provence proprement dits, nous nous dispenserons de faire connaître ceux que les rois de Bourgogne ou d'Arles employèrent pour gouverner sous leurs ordres cette province avec les autres parties de leurs états. Un seul néanmoins, à cause de sa célébrité et des méprises où l'on est tombé à son égard, nous paraît mériter exception. C'est le fameux Gérard de Roussillon, qui a donné matière à plusieurs romans d'où il est difficile d'extraire la vérité. Voici ce que des monuments plus authentiques attestent sur ce qui le concerne. Né du comte Leuthard et de Grimilde, il fut élevé à la cour de l'empereur Louis le Débonnaire. Il servit essentiellement ce prince dans la révolte de ses enfants, qu'il ramena, l'an 834, au parti de la soumission; ce qui procura le rétablissement du père sur le trône dont ils l'avaient fait descendre, en 838. Il fut du nombre des seigneurs qui prêtèrent serment à Charles le Chauve. Mais après la mort de Louis le Débonnaire, il se tourna du côté de l'empereur Lothaire, qui voulait envahir les états de ses frères, et lui demeura inviolablement attaché. Ce monarque en abdiquant le laissa pour tuteur à Charles, son fils, qu'il avait fait roi de Provence; et ce jeune prince le chérissait au point que dans ces chartes il l'appelait *son père nourricier et son maître*. Gérard se montra digne de ces marques d'affection par le zèle avec lequel il défendit la personne de Charles et ses états. Les Normands étant entrés, l'an 859, dans l'embouchure du Rhône, s'établirent dans l'île de Camargue, et exercèrent leurs brigandages des deux côtés du fleuve. Informé de la descente de ces pirates, le roi Charles le Chauve se mit en marche, sous prétexte d'aller aider son neveu, Charles, roi de Provence, à les chasser, mais en effet dans la vue de profiter de la conjoncture pour le dépouiller. Gérard, qui devina son dessein, alla au-devant de lui, et l'obligea à reprendre, de Mâcon où il était déjà, la route de ses états. Il attaqua ensuite les Normands, et les chassa des terres de Provence. Charles, son maître, étant mort l'an 863, Gérard fit paraître la même fidélité pour l'empereur Louis II et Lothaire, roi de Lorraine, qui devinrent les héritiers de leur frère. Après le décès de Lothaire, arrivé le 8 août 869, le roi Charles le Chauve prétendit lui succéder au préjudice de l'empereur Louis II; mais Gérard conserva la Provence et la haute Bourgogne à l'empereur. Charles, dans l'automne de l'année suivante (870), vint mettre le siége devant Vienne. A son approche, Gérard laissa Berthe, sa femme, dans la ville pour la défendre, et vola de son côté à la défense d'un château voisin dont la prise eût facilité celle de Vienne. Berthe soutint le siége de la place qui lui était confiée, avec le courage et la valeur d'une héroïne, de manière que Charles, désespérant d'emporter Vienne de vive force, s'appliqua à gagner les habitants, pour les engager à se rendre. Gérard, instruit par sa femme du progrès des insinuations de Charles, se rendit au camp des assiégeants, et obtint du roi la permission de se retirer où il voudrait avec sa famille. Il passa en Bourgogne, où il avait fondé, l'an 867, ou environ, l'abbaye de Vezelai, au diocèse d'Autun, et celle de Poutières, au diocèse de Langres, près de Châtillon-sur-Seine ; ce qui prouve qu'il possédait de grands fonds dès lors en Bourgogne. Il mourut, suivant son épitaphe, en 890, et fut enterré, ainsi que sa femme et son fils Thierri, décédé avant lui, à l'abbaye de Poutières. On voit par la charte de la fondation qu'ils eurent une fille nommée Eve; mais on ne sait ce qu'elle devint.

BOSON Ier., PREMIER COMTE BÉNÉFICIAIRE.

926. BOSON Ier., qu'on dit sans fondement, frère de Raoul, roi de France, mais qui paraît être plutôt fils de Warnier, frère de Boson, roi de Provence, fut nommé comte de ce pays, par Hugues, roi d'Italie (l'an 926), lorsque ce prince alla prendre possession du royaume d'Italie. Hugues lui fit de plus épouser BERTHE, sa nièce. Il y eut alors dans le royaume de Provence un comté particulier de ce nom, borné au nord par le Diois, le Graisivaudan et le Briançonnais, au midi par la Méditerranée, au levant par les Alpes, et au couchant par le Rhône. Ces limites ont été ensuite rétrécies par le démembrement du Gapençois, de l'Embrunois, du Comtat Venaissin et du comté de Nice. Hugues ayant depuis cédé ce qu'il possédait en-deçà des Alpes, à Rodolfe II, roi de la haute Bourgogne, Boson fut confirmé dans son département par ce dernier. L'opinion de Bouche, et de presque tous les modernes, est que Boson, profitant de la faiblesse de Rodolfe, s'érigea en propriétaire incommutable de la Provence, dont il fit un état particulier. Il y a bien de l'apparence, à la vérité, que Boson fut peu soumis au roi Rodolfe, et qu'il se comporta presque en souverain dans son département. Mais nous verrons sous les comtes, ses successeurs, que l'hérédité des fiefs, qui naît de la propriété, ne fut établie dans le royaume de Provence que près d'un siècle après lui. On ignore l'année de la mort de Boson. Mais il était remplacé par un autre, en 948. BERTHE, sa femme, dont il ne laissa point d'enfants, épousa en secondes noces, Raymond II, comte de Rouergue. (*Voy.* Richard le Justicier, *duc de Bourgogne.*)

BOSON II.

948. BOSON II, fils de Rotbold, fut nommé comte de

Provence, par Conrad le Pacifique, roi d'Arles. On ne connaît aucun acte mémorable de lui. Il mourut l'an 968 au plus tard, suivant le nouvel historien de Provence. De CONSTANCE, sa seconde femme, il laissa deux fils, Guillaume, qui suit, et Rotbold.

GUILLAUME Ier.

968 au plus tard. GUILLAUME, fils de Boson II, lui succéda au comté de Provence. Bouche prétend que Rotbold, son frère, posséda ce comté par indivis avec lui. Mais le nouvel Historien de Provence montre, par différents actes, que Rotbold ne partageait pas l'autorité comtale avec Guillaume. Quelquefois, à la vérité, Rothold est qualifié comte de même que son frère : mais c'était un simple titre d'honneur qu'on lui donnait même du vivant de son père. Guillaume se distingua par sa valeur. L'an 972 ou environ, il défit un corps de Sarrasins, à Fraxinet, où ils s'étaient rétablis depuis que Hugues, comte de Provence et roi d'Italie, les en avait chassés. D'autres victoires qu'il remporta sur ces infidèles, aboutirent à les chasser entièrement de la Provence. La sagesse et l'habileté qu'il fit paraître dans son gouvernement, lui méritèrent le glorieux nom de *Père de la Patrie*, qui lui est donné dans la vie de saint Mayeul, abbé de Cluni, et dans une charte du même monastère. On le voit aussi nommé prince et duc en d'autres actes. Il mourut, l'an 992 ou environ, entre les bras de saint Mayeul, qui le revêtit de l'habit monastique, suivant l'usage du tems. Guillaume avait épousé, 1°. ARSINDE, 2°. ADÈLE, ou ADÉLAÏDE, dite aussi BLANCHE, fille de Geoffroi Grisegonelle, comte d'Anjou, morte l'an 1002. Ruffi le jeune prétend qu'Arsinde et Adèle sont la même personne; mais il se trompe, comme le prouve D. Vaissète. Adèle fut mère de Guillaume II, qui viendra ci-après. Ruffi se trompe encore en donnant à Guillaume I trois filles, Constance, femme de Robert, roi de France; Ermengarde, mariée, selon lui, à Robert I, comte de Clermont; et Almodis, qui épousa, 1°. Boson II, comte de la Marche, 2°. Guillaume le Grand, duc d'Aquitaine. La reine Constance et Ermengarde étaient filles de Guillaume III, dit Taillefer, comte de Toulouse; et Almodis, fille de Géraud, vicomte de Limoges, comme on l'a dit à l'article des comtes de la Marche.

ROTBOLD.

992. ROTBOLD, frère de Guillaume I, lui fut donné pour

successeur par le roi Conrad le Pacifique, à cause de l'extrême jeunesse de Guillaume, son neveu, qui n'avait pas encore six ans. « Car, lorsque les fiefs étaient amovibles, dit le président » de Montesquieu, on les donnait à des gens qui fussent en » état de les servir; et il n'était point question de mineurs. » On voit, par des actes, que Rotbold prenait quelquefois le titre de marquis de Provence. Il vivait encore en 1008. Il eut de sa femme, ERMENGARDE, un fils nommé Guillaume, et une fille, Emme, que Guillaume Taillefer, comte de Toulouse, épousa en secondes noces. Pendant le gouvernement de Rotbold, les Sarrasins d'Espagne firent une descente, l'an 1003, du côté d'Antibes, où ils ne trouvèrent aucune résistance. Après avoir pillé plusieurs villages il se rembarquèrent, emmenant avec eux plusieurs religieux captifs.

GUILLLAUME II, PREMIER COMTE PROPRIÉTAIRE.

1008 au plutôt. GUILLAUME II, fils de Guillaume I, devint le successeur de Rotbold, son oncle, et non pas Guillaume, fils de ce dernier, qui n'eut que le titre sans réalité de comte et de marquis de Provence, qu'on lui laissa par honneur, parce qu'il l'avait porté du vivant de son père. Ce ne fut en effet qu'à Guillaume II et à sa mère Adélaïde, qui gouvernait avec lui, que le pape Benoît VIII s'adressa par lettre, vers l'an 1014, pour les engager à réprimer les brigandages des seigneurs qui envahissaient les biens de l'abbaye de Saint-Gilles. Guillaume II mourut l'an 1018, et fut inhumé dans les fondements de l'église de Montmajour, que l'on bâtissait alors : exemple assez commun dans les anciens tems, suivant la remarque de dom Mabillon, pour empêcher qu'on ne violât les tombeaux des morts. De GERBERGE, son épouse, fille d'Otte-Guillaume, comte de Bourgogne, il laissa quatre fils en bas âge, Guillaume, Foulques, Geoffroi et Bertrand, dont leur mère fut tutrice avec Adélaïde, sa belle-mère.

GEOFFROI ET BERTRAND I, AVEC GUILLAUME III, LEUR COUSIN, PREMIERS COMTES HÉRÉDITAIRES.

1018 GEOFFROI I, dit aussi GUILLAUME-GEOFFROI, et BERTRAND I, ou GUILLAUME-BERTRAND, furent les deux des quatre fils de Guillaume II, qui lui succédèrent en bas âge dans sa portion indivise de la Provence, et dominèrent également sur la haute et basse Provence avec Guillaume III, leur cousin. L'habileté de Gerberge, mère et tutrice des deux premiers, et d'Adélaïde, leur aïeule, grâce à la faiblesse et à l'indolence de Rodolfe III, roi de la haute Bourgogne, fit changer de nature au comté de Provence en convertissant ce bénéfice en propriété. Car s'il fût resté dans son premier état, c'était à Guillaume III seul qu'il devait appartenir, comme étant seul majeur et par là seul capable de le desservir. Celui-ci étant mort, l'an 1037, sans laisser de postérité de LUCIE, son épouse, Emme, sa sœur, femme de Guillaume-Taillefer, comte de Toulouse, ou leurs enfants, héritèrent de la moitié du comté de Provence. Mais ce comté continua d'être possédé en commun par les co-propriétaires jusqu'à la mort de Bertrand I, arrivée vers l'an 1054. Les deux fils de ce dernier, Guillaume-Bertrand II et Geoffroi II, qu'il eut d'ALDEJARDE-EBÈSE, sa femme, partagèrent avec Geoffroi I tous les droits qu'ils avaient ensemble sur une moitié indivise de la Provence, et c'est ce partage qui a donné l'origine aux comtes de Forcalquier. Bertrand I eut aussi une fille N., mariée à Raymond IV, dit de Saint-Gilles, comte de Toulouse. Geoffroi I, qualifié depuis le partage de 1054 comte d'Arles ou de la basse Provence, mourut au plus tard en 1063. D'ÉTIENNETTE, sa femme, il laissa Bertrand, qui suit, et Gerberge, mariée à Gilbert, vicomte de Gévaudan. Gerberge eut de Gilbert, mort l'an 1108, une fille, nommée Douce, qui épousa, le 3 février 1112, Raymond-Bérenger III, comte de Barcelonne, et lui porta la moitié du comté de Provence avec d'autres domaines par la cession que Gerberge, sa mère, lui en avait faite, le premier du même mois. A l'égard des deux frères, Guillaume-Bertrand II et Geoffroi II, le premier mourut vers l'an 1083, laissant d'A-DELAÏDE, sa femme, une fille de même nom, qu'Ermengaud IV, comte d'Urgel, épousa en secondes noces. Geoffroi II, son frère, lui survécut : et, étant mort, l'an 1094, sans postérité, les héritiers de Guillaume-Bertrand II lui succédèrent.

BERTRAND II.

1063 au plus tard. BERTRAND II, fils de Geoffroi I, le remplaça dans le comté de Provence. Ce comte, suivant le nouvel historien de Provence, était d'une capacité fort médiocre. Effrayé par les excommunications multipliées que le pape Grégoire VII lançait contre l'empereur Henri IV et ses adhérents, il refusa de reconnaître ce prince pour son suzerain. L'aveugle soumission de ce comte aux décrets de la cour de Rome le fit consentir à tout ce que le pape exigea de lui, et le porta même à faire hommage de ses états au saint-siége. Il avait cependant sous les yeux un bel exemple à imiter dans la conduite que tint Aicard, archevêque d'Arles, que l'autorité du souverain pontife

n'empêcha point de demeurer fidèle à l'empereur. Grégoire en vain mit ce prélat sous l'anathême et le déclara déchu de l'épiscopat, avec ordre au peuple et au clergé d'Arles de lui nommer un successeur. Le peuple et le clergé de cette ville, nullement ébranlés par cet ordre, continuèrent de rendre à leur pasteur l'obéissance légitime qu'ils lui devaient, et au chef de l'empire les devoirs dont ils étaient tenus envers leur suzerain. Bertrand, incapable de discerner entre l'abus et l'usage légitime de l'autorité pontificale, le fut également de faire respecter la sienne. Ses vassaux, le méprisant, profitèrent de la conjoncture pour se rendre indépendants. « Ceux qui s'étaient mis sous la pro-
» tection immédiate de l'empereur se prévalurent de la faiblesse
» du comte et de l'excommunication de Henri pour ne dé-
» pendre de personne ; les autres s'affermirent tellement dans
» leur autorité, qu'ils faisaient consister toute la subordination
» à prêter hommage. Ainsi l'on voyait en Provence presque
» autant de despotes que de grands vassaux. Le comte n'était
» point en état de les faire rentrer sous l'obéissance ; il avait
» peu de troupes et peu de moyens de les faire subsister. L'ar-
» gent était rare, et la plus grande partie de ses richesses con-
» sistait en fonds de terre et en bestiaux. » (*Nouv. Hist. de Prov.* tom. II, pag. 191.) Raymond de Saint-Gilles, depuis comte de Toulouse, sut aussi tirer parti de la faiblesse de Bertrand II et de celle des comtes de Forcalquier pour faire valoir les droits qu'il avait au comté de Provence du chef d'Emme, sa grand'mère, fille du comte Rotbold. Ce n'est en effet que depuis l'an 1085 qu'on voit Raymond exercer en Provence des actes d'autorité, au lieu qu'il ne paraît pas, dit le nouvel historien de Provence, qu'on y eût jamais reconnu son père ni son frère. Le comte Bertrand finit ses jours entre les années 1090 et 1093, ne laissant qu'une fille naturelle nommée Cécile, mariée, l'an 1083, à Bernard-Atton, vicomte de Nismes et de Carcassonne. Bertrand, dans un acte de 1065, prend le titre de comte de toute la Provence ; ce qui donne lieu de croire qu'il en avait la suzeraineté. Sa femme, nommée MATHILDE, l'avait précédé au tombeau.

ETIENNETTE.

1093 au plus tard. ETIENNETTE, nommée aussi DOUCE, veuve de Geoffroi I, prit en main les rênes du gouvernement de la basse Provence, après la mort de Bertrand II, son fils ; et, de la manière dont elle les mania, elle ne laissa aucun sujet de le regretter. De concert avec Raymond de Saint-Gilles, elle accorda, l'an 1094, à l'abbaye de Saint-Victor de Marseille, une exemption des droits que les comtes et comtesses ses prédécesseurs avaient coutume de lever sur les vaisseaux qui remontaient ou qui descendaient la Durance, alors navigable, et le Rhône, chargés de sel ou d'autres marchandises. Le pape Urbain II, s'en retournant en Italie, après le concile de Clermont, la comtesse Etiennette eut l'honneur de le recevoir en Provence. Elle jeta vers le même tems les premiers fondements de l'église de Saint-Nicolas de Tarascon. L'année de sa mort est incertaine. Mais il est vraisemblable qu'elle prolongea ses jours jusqu'en 1100.

GERBERGE et GILBERT.

1100 ou environ. GERBERGE, ou GERBURGE, fille de Geoffroi et d'Etiennette, et femme de GILBERT, vicomte de Gévaudan, succéda, dans le comté d'Arles, à sa mère, l'an 1100 au plutôt, à ce qu'il paraît. Ce ne fut en effet que depuis cette année que Gilbert, son époux, prit le titre de comte au lieu de celui de vicomte dont il se contentait auparavant. Gilbert étant mort vers l'an 1108, Gerberge prit en main le gouvernement, et s'acquitta sagement de cet emploi. Mais, le 1er février de l'an 1112, elle fit donation à Douce, sa fille aînée, de presque tous les domaines dont elle jouissait en Provence, et de tous ceux qui avaient appartenu au comte Gilbert. Deux jours après, elle maria Douce à Raymond-Bérenger III, comte de Barcelonne. Etiennette, seconde fille de Gerberge, épousa, depuis, Raymond de Baux, à qui elle apporta en dot quelques terres en Provence. Elles furent nommées terres baussenques depuis leur union avec celles de la maison de Baux, déjà puissante avant ce mariage.

DOUCE et RAYMOND-BÉRENGER I.

1112. DOUCE, fille aînée de Gilbert et de Gerberge, leur succéda au comté de Provence, et dans presque tous leurs autres domaines. L'an 1113 (n. st.), elle donna, par acte du 13 janvier, à Raymond-Bérenger, son époux, tous les droits qu'elle avait, tant du côté de son père que du côté de sa mère, sur la Provence, le Gévaudan et ailleurs. Raymond-Bérenger eut la guerre avec Alfonse-Jourdain, comte de Toulouse, touchant leurs prétentions respectives sur la Provence. Le premier assiégea, l'an 1123, le second dans Orange, où il s'était renfermé comme suzerain, et serra la place si étroitement, qu'il empêcha les vivres d'y entrer. Les Toulousains, instruits de la détresse de leur comte, accoururent à son secours, le délivrèrent et le ramenèrent en triomphe dans leur ville. La guerre continua, mais faiblement, entre ces deux princes. Enfin, le 16 septembre 1125, ils firent un accommodement par lequel ils partagèrent la Provence en deux parties à-peu-près égales. La haute Provence fut celle qui échut au comte de Toulouse. Ce pays, situé entre l'Isère au nord, les Alpes au levant, la Durance au midi, le Rhône au couchant, comprenait une grande partie du diocèse d'Avignon avec ceux de Vaison, Cavaillon, Carpentras, Orange, Saint-Paul-trois-Châteaux, Valence et Die. Tous ces diocèses composaient ce qu'on appela depuis le *Marquisat de Provence*, et que des modernes ont confondu avec le comtat Venaissin, qui n'en est qu'une portion. La basse Provence, qui échut au comte de Barcelonne, fut nommée communément dans la suite comté d'Arles ou de Provence. La ville d'Avignon fut aussi partagée par moitié entre les deux princes, ainsi que les châteaux du pont de Sorgues, de Caumont, de Tor, et leurs dépendances. Mais il paraît que Raymond-Bérenger céda sa part d'Avignon aux comtes de Forcalquier, qui depuis ce tems en effet, ajoutèrent à leurs titres celui de comtes d'Avignon. Le traité dont nous parlons renfermait de plus un pacte de succession réciproque au défaut de postérité dans l'une ou l'autre maison. Raymond-Bérenger mourut sur la fin de juillet 1130, laissant de son mariage deux fils, Raymond-Bérenger II, qui eut le comté de Barcelonne, et Bérenger-Raymond, qui suit, avec une fille nommée Bérengère, femme d'Alfonse VIII, roi de Castille. (*Voy.* Raymond-Bérenger III, *comte de Barcelonne.*) La comtesse Douce vivait encore en 1190, comme on le voit par sa signature apposée à deux chartes données cette année par Ermengaud VIII, comte d'Urgel.) *Marca Hispan.*, pag. 1381 et 1382.)

BÉRENGER-RAYMOND.

1130. BÉRENGER-RAYMOND, second fils de Raymond-Bérenger, né vers l'an 1116, lui succéda au comté d'Arles, ainsi que dans les vicomtés de Milhaud, de Gévaudan et de Carlat. Il fut troublé dans sa possession par Raymond de Baux, qui, ayant épousé Etiennette, sœur de Douce, prétendait avoir acquis, par cette alliance, des droits sur la Provence. Cette guerre, qui fut longue, partagea toute la noblesse du pays. Bérenger-Raymond n'en vit pas la fin. Il avait eu les Génois pour alliés lorsqu'elle commença : mais dans la suite il se les aliéna par les prises qu'il fit sur eux en mer. Au commencement de l'an 1144, s'étant embarqué pour aller visiter Guillaume VI, seigneur de Montpellier, qu'il avait secouru contre ses vassaux révoltés, il fut attaqué dans le port de Melgueil par une galère génoise, et tué d'un coup de flèche tiré par un arbalétrier. Il fut enterré à la commanderie de Trinquetaille. Vers ce même tems, les Génois, ayant pris dans la mer de Provence un bâtiment corsaire de ce comté, firent arracher les yeux à tout l'équipage, pour se venger des pertes qu'il leur avait causées. (Caffaro, *Annal. genuens.*) Bérenger-Raymond avait épousé, l'an 1135, BÉATRIX, fille et héritière de Bernard IV, comte de Melgueil, dont il laissa un fils, qui suit. La comtesse Béatrix épousa, en secondes noces, Bernard Pelet des vicomtes de Narbonne, seigneur d'Alais : mariage duquel descend la maison de Narbonne Pelet qui subsiste encore de nos jours.

Les empereurs conservaient toujours leurs prétentions sur le royaume d'Arles. Lothaire écrivit, en 1133, à l'archevêque d'Arles pour se plaindre du peu d'égards que le prélat avait eu jusqu'alors pour ses ordres, et du discrédit où l'autorité impériale était tombée en Provence. Il lui enjoignait en même-tems de venir le trouver à Plaisance avec ces vassaux. (*Marten. Amplis. coll.*, tom. I, col. 717.) Ce mandement ne fut pas mieux exécuté que les autres. (*Nouv. Hist. de Prov.*, tome II, pag. 227.)

RAYMOND-BÉRENGER II, DIT LE JEUNE.

1144. RAYMOND-BÉRENGER II, surnommé le JEUNE, succéda, en bas âge, à tous les états possédés par Bérenger-Raymond, son père, sous la tutelle de Raymond-Bérenger IV, comte de Barcelonne. Ce prince l'emmena à sa cour, où il fut élevé sous ses yeux, et continua la guerre contre la maison de Baux, sur laquelle il remporta plusieurs avantages. Le comte de Barcelonne, étant venu en Provence, reçut à Tarascon, dans le mois de février 1146, au nom de son pupille, le serment de fidélité des états, qui lui donnèrent le titre de marquis de Provence, qu'il conserva toute sa vie. Cependant Raymond de Baux persistait dans ses prétentions sur la Provence : et cette même année il en obtint l'inféodation, le 10 août, de l'empereur Conrad III, comme roi d'Arles. Le comte de Barcelonne reprit la guerre contre lui, entra dans la ville d'Arles, qui s'était déclarée en sa faveur, la fit démanteler, et se rendit maître ensuite de la plupart des places appartenantes à la maison de Baux. Raymond, atterré par ces revers, fit exprès le voyage de Barcelonne pour aller demander la paix. Il l'obtint l'an 1148, en renonçant pour lui et pour les siens, à tous les droits qu'il prétendait avoir sur la Provence, et en faisant hommage de ses terres au comte. Ravi de cette démarche, Raymond-Bérenger lui confirma le don que ses aïeux avaient fait du château de Trinquetaille à la maison de Baux. Il était sur le point de cimenter cette réconciliation par d'autres bienfaits, lorsqu'il apprit la mort de Raymond. A cette nouvelle, craignant que Hugues de Baux, fils aîné de Raymond, ne voulût pas tenir le traité fait avec son père, il passe en Provence; et, par son arrivée imprévue, il oblige, l'an 1150, Hugues, Étiennette, sa mère et ses frères, à ratifier l'hommage que Raymond lui avait fait et à son neveu. Mais las de se voir réduit au niveau des autres vassaux, Hugues pense, au bout de quelques années, à secouer le joug. Ayant fait confirmer, l'an 1155, par l'empereur Frédéric I, l'inféodation accordée par Conrad à son père, il renouvelle ses prétentions. Le sort des armes qu'il employa ne lui fut pas favorable. Le comte de Barcelonne lui prit, dans le cours des années 1159 et 1160, le château de Baux et trente autres places. Mais il trouva une si grande résistance au siége de Trinquetaille, qu'il fut obligé de se retirer. Voyant, alors, qu'il fallait joindre aux opérations militaires les manœuvres de la politique, il s'avisa d'un expédient : ce fut de faire épouser au comte, son neveu, l'an 1162, RICHILDE, nièce de l'empereur, afin d'ôter l'appui de ce prince à Hugues de Baux. Richilde, fille d'Uladislas II, roi de Pologne, et de Christine, sœur de Frédéric, était alors veuve d'Alfonse VIII, roi de Castille. L'empereur, en considération de ce mariage, révoqua l'inféodation qu'il avait faite en faveur d'Hugues de Baux, et accorda, le 15 septembre, à Raymond-Bérenger, la propriété de la Provence *ab Alpibus ad Rhodanum* avec l'inféodation du comté de Forcalquier, moyennant une redevance annuelle de quinze marcs d'or au poids de Cologne, envers l'empire, sans compter plusieurs autres sommes une fois payées, savoir, à Frédéric, douze mille marobotins, monnaie espagnole, dont seize faisaient le marc; à l'impératrice, deux mille, et mille à la cour impériale. Frédéric, obligea de plus, les deux comtes à reconnaître son antipape Victor; et enfin, comme il était extrêmement jaloux de faire respecter son autorité, il mit dans le traité que, lorsqu'il viendrait en Provence, il y serait reçu avec tous les honneurs dûs à un souverain. Le comte de Barcelonne et le comte de Provence reprirent alors le siége de Trinquetaille, dont il se rendirent maîtres à la fin, et qu'ils firent raser. Le premier survécut peu à cette expédition. Il mourut au bourg de Saint-Dalmace, près de Gênes, le 6 août 1162, dans un voyage qu'il fit avec le comte, son neveu, pour aller trouver l'empereur à Turin. Le jeune Raymond-Bérenger, étant arrivé dans cette ville après la mort de son oncle, y reçut de

Frédéric l'investiture de ses états. A son retour, il éprouva de la contradiction. Nice, voulant s'ériger en république, refusa de le reconnaître. Cette révolte le détourna de la guerre qu'il se proposait de faire au comte de Forcalquier. Il tourna ses armes contre Nice; mais il périt au siége de cette place, vers la fin de mars de l'an 1166, ne laissant qu'une fille en bas âge, qui suit. Richilde, sa femme, était qualifiée impératrice, parce que son premier mari s'était fait couronner empereur d'Espagne.

DOUCE, ALFONSE I, RAYMOND-BÉRENGER III ET SANCHE.

1166. DOUCE, fille unique et héritière de Raymond-Bérenger II, avait été promise, par son père, à Raymond, fils de Raymond V, comte de Toulouse. Ce dernier, après la mort de Raymond-Bérenger, se saisit de la Provence; et, pour affermir davantage son usurpation, il épousa Richilde, mère de Douce. Alfonse II, roi d'Aragon, fils de Raymond-Bérenger IV, comte de Barcelonne, et cousin par conséquent de Douce, n'apprit pas ces nouvelles avec indifférence. L'an 1167, il arrive à la tête d'une armée en Provence, d'où il chasse le comte de Toulouse, après avoir repris Arles, occupée par les seigneurs de Baux, que le toulousain avait mis dans ses intérêts. Alfonse, alors, se comporte, non comme protecteur de Douce, mais comme propriétaire de la Provence. L'an 1168, il donne ce comté dans le mois de décembre, à RAYMOND-BÉRENGER III, son frère, pour le tenir de lui en *commende*, et à condition de le lui rendre lorsqu'il en serait requis. Il lui donne, aux mêmes conditions, la vicomté de Gévaudan. Douce, retirée chez Béatrix, son aïeule, y meurt, l'an 1172, avec le titre de comtesse, dont elle n'avait fait nul exercice.

L'an 1174, le roi d'Angleterre, Henri II, convoque une cour plénière à Beaucaire, dans la vue d'y négocier la paix entre le roi d'Aragon, comte de Provence, et le comte de Toulouse. Ni l'un ni l'autre, néanmoins, des deux monarques ne s'y trouvèrent. Mais il y vint une grande foule de seigneurs et de chevaliers de Provence, et d'autres provinces voisines, que le désir d'étaler leur magnificence et leur galanterie, y attira. Le comte de Toulouse y fit présent de cent mille sous (20400 livres d'aujourd'hui) à Raymond d'Agout, seigneur provençal, qui les distribua aussitôt à dix mille chevaliers. Bertrand Raimbaud voulut signaler son opulence par un trait plus singulier. Il fit labourer les environs du château de Beaucaire, et y fit semer ensuite jusqu'à trente mille sous en deniers. Guillaume Gros de Martel, qui avait trois cents chevaliers à sa suite, fit apprêter tous les mets dans sa cuisine, avec des flambeaux de cire. La comtesse d'Urgel y envoya une couronne estimée quarante mille sous. Raymond de Venous, voulant enchérir sur tous les autres, termina la fête par un spectacle, qui ne servit qu'à prouver qu'il était le plus insensé de la troupe. Ayant fait amener trente de ses chevaux, il les fit brûler devant toute l'assemblée. (*Gaufrid. Vosien*, pag. 321 *et seq.*) L'entrevue du roi d'Aragon et du comte de Toulouse se fit enfin le 18 avril 1176, dans l'île de Gernica, qui fait présentement la partie basse de Tarascon. Par le traité de paix qu'on y conclut d'après la décision de quatre arbitres, du nombre desquels étaient Guillaume de Sabran et Raymond d'Agout, le comte de Toulouse céda au roi d'Aragon, pour la somme de trois mille marcs d'argent, tous les droits qu'il prétendait, 1°. sur le comté de Provence de la manière qu'il était échu à Raymond-Bérenger, comte de Barcelonne; 2°. sur les vicomtés de Milhaud, de Gévaudan et de Carlat. (Vaissète, tom. III, pag. 41.) Alfonse, au mois de juin suivant, marche avec ses deux frères à la tête d'une armée, pour venger sur la ville de Nice, la mort de Raymond-Bérenger le Jeune. Mais s'étant laissé fléchir par la soumission que les députés des habitants lui vinrent faire sur les bords du Var, au mois de juin, il leur pardonne moyennant une somme d'argent, et le serment de fidélité qu'ils lui prêtèrent. Frédéric, étant arrivé lui-même, l'an 1178, sur les lieux, confirma les droits d'Alfonse, et rétablit les siens propres, en se faisant couronner roi de Provence, avec l'impératrice, sa femme, et Philippe, leur fils, le 30 juillet, dans la cathédrale d'Arles. Alfonse fait revivre, cette même année, l'inféodation du comté de Forcalquier, que Frédéric avait accordée à Raymond-Bérenger le Jeune, et force le comte Guillaume à lui en rendre hommage. La fin de Raymond-Bérenger III fut tragique. Ce prince et son frère, étant passés, l'an 1180, en Languedoc, étaient occupés à y affermir et accroître leur autorité par la voie des armes. Plusieurs seigneurs avaient déjà reconnu leur suzeraineté, lorsque Raymond-Bérenger fut tué dans une embuscade, avec Gui de Sévérac, près de Montpellier, le 5 avril, jour de Pâques 1181, par Aimar, fils de Sicard, seigneur de Melgueil. Alfonse, à cette nouvelle, va faire le siége de Melgueil, prend la place, rase le château, et passe au fil de l'épée tous les habitants qui ont le malheur de tomber entre ses mains. A Raymond-Bérenger III, le roi Alfonse substitua son frère SANCHE dans le comté de Provence.

Alfonse le lui ayant retiré vers l'an 1185, pour le donner à son fils, de même nom que son père, le dédommagea par le don du comté de Roussillon et de Cerdagne.

Boniface II, baron de Castellane, ayant dans sa directe un très-grand nombre de fiefs, prétendait tenir sa terre en souveraineté. Sommé par le roi Alfonse de lui rendre hommage, ou plutôt à son fils, il répondit que ses ancêtres avaient conquis sa baronnie sur les Sarrasins, et que les empereurs, en qualité de rois d'Arles, leur en avaient confirmé la possession, sans les assujettir à aucune autre dépendance, que de relever immédiatement d'eux. Alfonse, nullement satisfait de cette réponse, employa, pour la réfuter, la force des armes, contre laquelle les droits ne sont rien. Après une guerre fatale, Boniface fut obligé, l'an 1189, de faire hommage de toutes ses terres au comte de Provence. Les comtes de Forcalquier et les princes d'Orange eurent le même sort. Tous devinrent vassaux de celui qu'ils traitaient d'égal auparavant. (*Hist. lit. des Troub.*, tom. II, pag. 35)

Le roi Alfonse mourut le 25 avril 1196. (*Voyez* Alfonse II, *roi d'Aragon*)

ALFONSE II.

1196. ALFONSE II succéda au roi Alfonse, son père, dans le comté de Provence, qu'il gouvernait sous ses ordres, depuis l'an 1185. Il avait épousé, l'an 1193, GERSENDE DE SABRAN, petite-fille et héritière de Guillaume, dernier comte de Forcalquier. Guillaume, en la mariant lui avait fait donation de son comté, dont il s'était réservé l'usufruit. Mécontent ensuite d'Alfonse, il révoqua une partie de cette donation en faveur de Béatrix, sœur de Gersende, en la mariant avec André de Bourgogne, dauphin de Viennois. Guerre, à cette occasion, entre Alfonse et Guillaume. Le comte de Toulouse vient au secours du dernier. Alfonse appelle son frère don Pèdre, roi d'Aragon. Ce prince, étant venu en Provence, négocia un traité de paix, qui fut conclu dans les derniers jours de l'an 1202. Alfonse conduit, l'an 1209, en Italie, Constance, sa sœur, veuve d'Eméric, roi de Hongrie, pour lui faire épouser Frédéric, roi de Sicile. Il meurt, dans ce voyage, à Palerme, sur la fin de février de la même année (Papon), laissant un fils, qui suit, et une fille, nommée Gersende, qui fut mariée, suivant Bouche, à Guillaume, vicomte de Béarn. D'autres prétendent que ce fut la veuve d'Alfonse, que Guillaume épousa.

Alfonse II aimait passionnément tout ce qu'on appelait galanterie, et attira par là un grand nombre de troubadours à sa cour. L'un des plus distingués, entre eux, était Elias de Barjols, fils d'un marchand de Payols, en Agénois. Il sut plaire non-seulement au comte, mais à la comtesse, son épouse, qui faisait le sujet ordinaire de ses chansons. La passion qu'il exprimait pour elle, ne fut point sans retour ni sans récompense. Cette princesse fournit libéralement à son entretien, et lui procura un établissement solide à Barjols, au diocèse de Riez. A l'exemple de sa dame, il quitta le monde et entra chez les hospitaliers de Saint-Benezet d'Avignon, dont l'institut avait pour objet de construire des ponts sur le Rhône, à l'imitation de leur fondateur, qui avait bâti celui d'Avignon. (Millot, *Hist. des Troub.*, tom. I.)

RAYMOND-BÉRENGER IV.

1209. RAYMOND-BÉRENGER IV, fils d'Alfonse II, lui succéda, à l'âge de onze ans, dans les comtés de Provence et de Forcalquier, sous la tutelle de don Pèdre II, roi d'Aragon, son oncle, qui l'emmena à sa cour. Don Pèdre étant mort l'an 1213, Gersende, mère du jeune comte, prit le gouvernement de ses états. Mais l'absence de ce prince occasionna de grands troubles dans le pays. Alix de Forcalquier et son fils Guillaume de Sabran firent valoir leurs prétentions sur le comté de Forcalquier, et prirent les titres de comte et de comtesse de ce pays. D'un autre côté, Guillaume de Baux, prince d'Orange, s'étant fait donner le titre de roi d'Arles, en 1214, par l'empereur Frédéric II, se mit en état de le soutenir par les armes. Les principales villes de Provence profitèrent de la confusion que ces querelles produisirent, pour secouer le joug et s'ériger en république. Telles furent Arles, Aix, Marseille, Nice, Avignon. Enfin, le comte Raymond-Bérenger, s'étant échappé de la tutelle suspecte du roi d'Aragon, arrive en Provence, l'an 1217. Sa présence contient dans le devoir les villes qui ne s'étaient pas encore révoltées. Il arrête les efforts de ceux qui lui disputent ses états. L'an 1220, au mois de décembre, il épouse BÉATRIX, fille de Thomas, comte de Savoie. Fort de cette alliance, qui lui assurait un puissant secours, il travaille à réduire les villes rebelles.

Avignon était infecté des erreurs des Albigeois, et se trouvait par là impliqué dans la proscription décernée contre ces hérétiques. L'an 1226, le 10 septembre, le roi de France Louis VIII, soumet cette ville après un siége mémorable, commencé le 10 juin précédent. Les anciens écrivains varient beaucoup entre eux sur les détails de ce mémorable siége. Mais le meilleur

parti à prendre est de s'en tenir à ce qu'a recueilli de leurs récits combinés, le nouvel historien de Provence. Le comte de Toulouse possédait par indivis, avec le comte de Provence, la seigneurie de la ville d'Avignon; mais elle n'obéissait, dans le vrai, qu'à son podestat : l'empereur Frédéric II la demande au pape, comme une dépendance de son royaume d'Arles, et n'en reçoit que de vaines paroles. Le cardinal de Saint-Ange, légat du saint siége et chef de la croisade, se saisit du gouvernement d'Avignon, et y donne la loi. Le comte de Provence, n'osant l'attaquer par la crainte des foudres de l'église, tourne ses armes contre les villes de son comté, qui lui refusaient l'obéissance, sous prétexte de ne relever que de l'empereur. La terreur qu'il imprime en soumet plusieurs, dont les noms, à l'exception de Castellane, ne sont point venus jusqu'à nous. L'an 1229, il s'empare de Nice sur les Génois, avant qu'ils puissent y envoyer du secours. De là il va faire le siége de Marseille, dont les vicomtes n'étaient, à l'entendre, que ses lieutenants pour la ville basse. L'empereur, sur ces entrefaites, le déclare déchu du comté de Forcalquier et de la seigneurie de Sisteron. Raymond, comte de Toulouse, à qui Frédéric avait donné l'un et l'autre, arrive devant Marseille, dont il fait lever le siége; puis, étant entré dans la ville, il y fait avec les habitants, le 8 novembre 1230, un traité par lequel ils se soumettent à lui, comme à leur seigneur, pour sa vie seulement, et sans qu'il puisse donner atteinte aux lois, franchises et libertés de leur commune. L'empereur se tourne contre le comte de Toulouse, et se réconcilie avec le comte de Provence. Ce dernier marie, l'an 1234, sa fille aînée, Marguerite, à saint Louis, roi de France, et promet de donner en dot à la princesse, dix mille marcs d'argent, qui reviennent à cinq cents vingt-cinq mille livres de notre monnaie; mais on doute que jamais cette somme ait été payée en entier. L'an 1236, autre alliance d'Eléonore, sa seconde fille, avec le roi d'Angleterre, Henri III, qui en avait fait la demande par une ambassade solennelle. Raymond-Bérenger, se voyant beau-père de deux grands rois, se flattait que ce titre inspirerait plus de crainte et de respect aux villes qui refusaient de le reconnaître. L'événement le détrompa. « Les Marseillais rejetèrent avec
» hauteur les propositions d'accommodement qu'il leur fit faire
» par leur évêque. Cependant il offrait d'approuver la forme
» de leur gouvernement, pourvu qu'ils lui laissassent certains
» droits régaliens, tels que celui de battre monnaie, et que
» les magistrats lui donnassent une somme annuelle. Piqué du
» refus des Marseillais, il reprend les armes pour les soumettre, tandis que le comte de Toulouse s'avance pour sou-

» tenir ses alliés. Saint Louis fit cesser cette guerre par une
» trève, le 25 avril 1236 ». (*Nouv. hist. de Prov.*, tom. II,
pag. 320.)

Raymond-Bérenger savait mettre à profit pour son intérêt
et pour celui de son peuple les loisirs de la paix. Il parcourait
les différents lieux de la province, et leur accordait des priviléges qui ont été pour la plupart des villes, l'origine de ceux
dont elles ont joui pendant long-tems. Il était à Sisteron lorsqu'il fit, le 20 juin 1238, son testament, par lequel, entr'autres dispositions, il légua ses états à Béatrix, sa quatrième
fille, et laissa aux autres un supplément de dot en argent. Il se
fondait, pour agir ainsi, sur le droit romain, qui régit la
provence et accorde aux citoyens la liberté indéfinie de tester.
Mais cette faculté pouvait-elle s'étendre au droit de succéder à
des états?

La ville d'Arles, depuis qu'elle s'était érigée comme en république, était agitée par de continuelles dissentions. Pour rétablir la concorde parmi ses habitants, elle se donna, sur la fin
d'août 1239, au comte de Provence, mais avec des restrictions qui resserraient fort son autorité, et ne lui laissaient que
celle d'un podestat ou premier magistrat. L'exercice de sa juridiction était encore gêné par la présence d'un vicaire de l'empire, qui tâchait de soutenir le peu d'influence que son maître
avait dans cette ville. Le comte ne tarda pas à se défaire de ce
rival en le forçant de se retirer. L'empereur Frédéric, irrité de
ce procédé, le mit au ban de l'empire par lettres du mois de
décembre 1238, le priva de tous ses biens, et donna une seconde fois le comté de Forcalquier à Raymond, comte de
Toulouse. (*Mss. de Béthune, vol.* 9421, *fol.* 267, *v°.*) Celui-
ci, s'étant avancé vers le Rhône, prit Trinquetaille avec d'autres places, et vint mettre le siége devant Arles. Mais des
troupes, envoyées contre lui par le roi de France, l'obligèrent
de repasser en Languedoc. (*Nouv. hist. de Prov.*, t. II, p. 325.)

L'an 1244, Raymond-Bérenger établit Sancie, sa troisième
fille, en l'accordant à Richard, duc de Cornouailles, frère
du roi d'Angleterre, et depuis roi des Romains. Elle avait été
promise, dès l'an 1241, au comte de Toulouse; et les articles
du mariage avaient été arrêtés à Aix, le 11 août de cette année.
Mais l'alliance n'avait point eu lieu. Raymond-Bérenger pensait
à marier sa quatrième et dernière fille, Béatrix, qu'il avait
instituée son héritière, lorsque la mort l'enleva dans la ville
d'Aix, où il faisait son séjour ordinaire, le 19 août 1245. Il
n'était âgé que de quarante-sept ans. Sa femme lui survécut
jusqu'en 1266. Il avait perdu long-tems auparavant Gersende,
sa mère, qui, l'an 1222, s'était faite religieuse à l'abbaye de la

Celle. La cour de ce prince fut le centre de la politesse qui, de là, se répandit dans toute la Provence et les pays voisins. La ville de Barcelonnette, dans les Alpes, à vingt-trois lieues environ d'Embrun, est son ouvrage. Il la fonda, l'an 1230, et lui donna ce nom en mémoire de ce que ses ancêtres étaient venus de Barcelonne s'établir en Provence.

Ce comte eut un ministre sage et fidèle dans la personne de Romée de Villeneuve, qui gouverna ses finances avec beaucoup d'économie, et le mit en état d'entretenir une cour brillante avec des revenus assez modiques. Sur ce nom de Romée ou *Romieu*, qui signifie en langue provençale un pèlerin qui revient de Rome, le Dante, dans le sixième chant de son *Paradis*, et ses commentateurs, Landino et Vellutello, ont imaginé que c'était un gentilhomme inconnu qui, revenant du pèlerinage de Saint-Jacques de Compostelle, arriva chez le comte de Provence, et, ravi de sa bonté généreuse, s'attacha à son service. Le comte, disent-ils, l'ayant mis à la tête de ses finances, il s'attira, par l'opulence qu'il procura à son maître et la confiance qu'elle lui mérita de sa part, la jalousie des courtisans qui vinrent à bout par leurs calomnies de le faire tomber dans la disgrâce. Le prince, lui ayant demandé ses comptes, il les rendit et prouva son intégrité. « Monseigneur, dit-il ensuite, » je vous ai servi long-tems : j'ai mis un tel ordre dans vos » finances que votre état est devenu très-considérable de petit » qu'il était. La malice de vos barons vous engage à me payer » d'ingratitude. J'étais un pauvre pèlerin quand je suis venu à » votre cour ; j'ai vécu honnêtement des gages que vous m'avez » donnés : faites-moi rendre mon mulet, mon bourdon, ma » pannetière, et je m'en retournerai comme je suis venu. » Selon les mêmes auteurs, le comte, touché de ces paroles, voulut retenir le pèlerin, mais il résista aux sollicitations ; il partit, et l'on n'a jamais su ce qu'il était devenu. A ce récit, peu vraisemblable, Nostradamus ajoute d'autres circonstances qui le sont encore moins. Tout ce qu'il y a de certain, c'est qu'il y eut quelques brouilleries passagères entre le comte et le ministre. Du reste, comme l'observe Bouche, le testament de Romieu de Villeneuve, fait en 1250 et conservé dans les archives de l'évêché de Vence, prouve évidemment sa naissance, sa parenté et les grands biens qu'il possédait en Provence, « et » encore mieux quelle a été sa bonne conscience au paiement » de ses dettes et en la réparation de quelques violences ou » injustices qui avaient été faites, soit par son commandement, » soit par sa connivence en tems de guerre. » Le comte avait récompensé magnifiquement ses services en lui donnant la ville de Vence et plusieurs châteaux dans les territoires de

Nice et de Grasse. (L'abbé Millot, *Hist. des Troub.*, tome II ; pag. 213-221.)

BEATRIX ET CHARLES.

1245. BÉATRIX, quatrième fille de Raymond-Bérenger IV, se mit en possession des comtés de Provence et de Forcalquier en vertu du testament de son père; mais elle n'en jouit pas d'abord sans contradiction. Le roi saint Louis, dès qu'il eut appris la mort de Raymond-Bérenger, fit marcher des troupes vers la Provence, pour s'en saisir comme d'un bien appartenant à la reine Marguerite, son épouse, fille aînée du comte, et par conséquent son héritière de droit naturel. D'un autre côté Raymond VII, comte de Toulouse, qui avait les mêmes vues sur la succession de Raymond-Bérenger, se préparait à venir en forces dans la Provence pour contraindre Béatrix à lui donner sa main et se rendre maître par là du pays. Béatrix, en effet, lui avait été promise par son père. Mais Romée de Villeneuve et Albert de Tarascon, que Raymond-Bérenger avait choisis pour administrer la Provence après sa mort, firent échouer par adresse le dessein du comte de Toulouse, et travaillèrent, en l'amusant, à procurer une autre alliance à Béatrix. L'affaire réussit au gré de leurs désirs. L'an 1246 (n. st.), Béatrix épousa, le 19 janvier, CHARLES, frère de saint Louis. En considération de ce mariage, le monarque renonça à ses prétentions sur la Provence, et donna de plus, à son frère, les comtés d'Anjou et du Maine. Charles partagea le titre de comte de Provence avec son épouse, et reçut le serment de fidélité des seigneurs et des prélats du pays. L'an 1248, il accompagna saint Louis dans l'expédition d'Egypte. Pendant son absence, Arles et Avignon se révoltent. Ces deux villes rentrèrent dans le devoir, l'an 1251, par un accommodement qui leur valut de grands priviléges. Marseille entreprend aussi, l'an 1257, de se mettre en liberté. Charles marche contre elle à la tête d'une armée, et l'oblige à demander pardon. Mais pour l'obtenir il lui en coûta presque tous les droits de juridiction qu'elle avait acquis de ses vicomtes. Le seigneur de Castellane, auteur de cette révolte, est arrêté, et Charles l'exile après avoir confisqué ses biens. Charles, dans la même année, fortifie le droit qu'il avait sur la ville d'Arles, par la cession que Roger de Foz lui fait des prétentions que son mariage avec Tiburgète, fille et héritière de Guillaume VI, comte d'Orange, lui donnait au royaume d'Arles.

La perspective d'un royaume à conquérir, présentée l'an 1263 par le pape Urbain IV, enflamme l'ambition de Charles et l'engage à passer en Italie, l'an 1265, pour répondre aux offres du pontife, renouvelées par Clément IV, son successeur. Vainqueur, le 26 février 1266, de Mainfroi, usurpateur du trône de Sicile, dans une bataille où ce tyran périt, il règne à sa place. (*Voyez* Charles I, *roi de Sicile*.) La nouvelle reine Béatrix, femme de Charles, ne jouit pas long-tems de la couronne. Cette princesse mourut à Nocéra dans le mois de juillet de l'année suivante, après avoir institué son fils aîné, Charles, héritier des comtés de Provence et de Forcalquier, dont l'usufruit resta néanmoins à son époux. Charles, aussitôt après la mort de sa femme, se fait prêter serment de fidélité par toute la Provence. Marguerite, reine de France, et sa sœur Éléonore, reine d'Angleterre, s'offensent de cette démarche. Renonçant alors aux sommes qui leur avaient été léguées par le testament de Raymond-Bérenger, et que Charles avait refusé de payer, elles demandèrent, comme héritières de leur père, chacune un quart de la Provence. Mais on ne voit pas que ni saint Louis, ni Henri III se soient donné des mouvements pour faire valoir les prétentions de leurs femmes à cet égard. Philippe le Hardi, fils et successeur de saint Louis, opposa la même indifférence aux sollicitations de sa mère, craignant d'une part de se compromettre avec le roi Charles, son oncle, et de l'autre aimant mieux voir toute la Provence entre les mains d'un prince de sa maison, qu'une portion de ce comté entre les mains d'un étranger, tel que le roi d'Angleterre, qui n'avait déjà que trop de domaines en France. Les papes auxquels les deux reines s'adressèrent pour les appuyer, travaillèrent à concilier les parties, mais sans pouvoir y réussir. L'an 1270, Jeanne, comtesse de Toulouse, donne, par son testament daté du vendredi après la Saint-Pierre (4 juillet), le comtat Venaissin au roi Charles, son beau-frère. Mais, l'an 1272, après la mort de Jeanne, le roi Philippe le Hardi, sans égard à cette donation, se mit en possession de tout le marquisat de Provence, comme des autres biens de la maison de Toulouse. D'un autre côté, le pape Grégoire X revendique le comtat Venaissin, comme un domaine appartenant au saint siége. Grégoire se fondait sur le traité de 1229, par lequel le comte Raymond VII, père de la comtesse Jeanne, en cédant le comté de Toulouse au roi saint Louis, avait en même tems abandonné au pape Grégoire IX *toute la terre du Venaissin*. Il est cependant vrai que, dès l'an 1234, Raymond était entré dans la possession du marquisat de Provence, qu'il en avait joui sans opposition jusqu'à sa mort, et qu'il l'avait transmis, par son testament, à sa fille. Néanmoins, l'an 1274, le roi Philippe, dans une entrevue qu'il eut avec Grégoire X à Lyon, lui céda, pour lui et ses successeurs, le comtat Venaissin, en réservant la ville d'Avignon, qu'il partageait avec Charles d'Anjou. Celui-ci, tout occupé à se maintenir dans son royaume de Naples et de Sicile (ce qu'il ne pouvait sans le secours de la cour de Rome), ne réclama point contre cette cession; et les papes ont continué à jouir du comtat jusqu'en 1791, qu'il fut réuni à la France par décret du 14 septembre. L'an 1280, la reine Marguerite, poursuivant toujours ses prétentions sur la Provence, obtient de l'empereur Rodolfe l'investiture de ce comté, ou plutôt d'un quart de ce comté, qu'il donne à titre de roi d'Arles, sans vouloir néanmoins préjudicier aux droits du roi de Sicile et du prince de Salerne, son fils. Et en effet Rodolfe, par lettres du 28 mars, accorda au roi de Sicile la confirmation pour lui et sa postérité de tout ce qu'il possédait en Provence. La reine Marguerite fut d'autant plus mécontente du procédé de l'empereur, que peu de tems auparavant il lui avait accordé à elle-même l'investiture de ce comté. L'an 1282, ayant déterminé Richard, roi d'Angleterre, son neveu, à se joindre à elle pour revendiquer par la voie des armes leurs portions de la Provence, elle assigne à Lyon le rendez-vous des troupes que ce prince lui envoyait, et de celles que plusieurs seigneurs français s'étaient engagés à lui fournir. Mais dans ces entrefaites on apprend la funeste révolution qui enlevait la Sicile à Charles. Le projet alors est abandonné pour ne pas accabler un prince digne, surtout pour Marguerite, comme étant son beau-frère, de la plus grande commisération. L'an 1285 (n. st.), Charles meurt le 7 janvier, à Foggia, dans la Capitanate. (*Voyez* Charles I, *roi de Sicile*. et Charles I, *comte d'Anjou*.)

CHARLES II, DIT LE BOITEUX.

1285. CHARLES II, fils de Charles I et de Béatrix, leur succède aux comtes de Provence et de Forcalquier, ainsi qu'au royaume de Sicile. Son père, qui l'avait de son vivant créé prince de Salerne, lui avait donné de plus un comté avec plusieurs terres non titrées, et de tous ces fiefs lui avait conféré différentes investitures par différentes marques, suivant la diversité de leurs espèces, en le créant chevalier. C'était pour la principauté un cercle (et non un collier) d'or, pour le comté un étendard, et pour les autres seigneuries un anneau. *Investientes*, est-il dit dans l'acte de cette cérémonie, *prædictum Carolum nostrum primogenitum per circulum aureum de prædicto Principatu, et per vexillum nostrum de comitatu, et per annulum nostrum de honore et reliquis terris prædictis*. (*Nouv. hist. de Prov.*, tome III, page 115, n.) Charles II était prisonnier du roi d'Aragon à la mort de son père. Ayant obtenu sa délivrance le 4 octobre 1288, en donnant pour se remplacer ses trois fils puînés, il engagea Charles de Valois, son cousin, à se désister de ses prétentions sur les royaumes d'Aragon et de Valence, que le pape lui avait transportés; et, pour l'y déterminer, il lui céda les comtés d'Anjou et du Maine avec la main de Marguerite, sa fille aînée : alliance qui s'accomplit le 16 août 1290. Mais, pour le dédommager de ce qu'il avait donné de trop dans la dot de Marguerite, le roi Philippe le Bel lui abandonna la partie de la ville d'Avignon qui lui appartenait. Ayant conclu la paix sur la fin de l'an 1294 par un traité définitif avec l'Aragon, il la cimenta le 1er. novembre de l'année suivante, en donnant en mariage Blanche, sa seconde fille, à don Jayme II, roi d'Aragon. Mais Frédéric, frère de don Jayme, n'ayant point acquiescé à ce traité, s'empara de la Sicile, qui devait retourner à Charles II, et s'y maintint contre les efforts que Robert et Philippe, fils de Charles, assistés de Charles de Valois, firent pour recouvrer cette île. Obligé de faire la paix, le 19 août 1302, avec Frédéric, pour retirer de ses mains Philippe, son fils, qu'il avait fait prisonnier, Charles revint en Provence, laissant l'archevêque d'Arles pour gouverner le royaume de Naples. Sa résidence en ce comté y produisit de grands biens. Il réforma divers abus qui s'étaient introduits dans l'administration de la justice et des finances, et réprima l'orgueil des roturiers qui s'égalaient aux nobles d'extraction à la faveur des fiefs que ceux-ci avaient été obligés de leur vendre pour se mettre en état d'aller à la défense du royaume de Naples. Quelques villes du Piémont s'étaient mises volontairement sous la domination de Charles I. Les autres, plusieurs années après, ayant suivi cet exemple, se donnèrent à Charles II, son fils; et, l'an 1306, ce prince unit le Piémont à la Provence par lettres datées de Naples le 14 février. Mainfroi IV, marquis de Saluces, pendant qu'il avait eu la régence du Montferrat, lui avait cédé frauduleusement plusieurs places de cet état. Mais Théodore Paléologue, ayant obtenu le marquisat de Montferrat, vint à bout de les recouvrer, comme nous le marquerons à son article.

L'an 1308, Charles étant à Marseille, y fit son testament le 16 mars, par lequel il institua pour héritier universel de ses royaumes et comtés, Robert, son fils aîné, avec une substitution graduelle à ses enfants de mâle en mâle, et, à leur défaut, à l'aînée des filles, pour le royaume de Naples; ordonnant, pour les comtés de Provence, etc., que, dans le même cas, ils passeraient à Philippe, son second fils; et celui-ci venant à mourir sans postérité masculine, à ses frères dans l'ordre de la primogéniture; puis, à l'extinction de leur race, à l'aînée des filles. Charles II mourut en son palais de

Casenove, près de Naples, le 6 mai 1309 : et, après avoir été d'abord inhumé aux Dominicains de Naples, qu'il avait fondés, il fut transporté aux Dominicains de Nazareth, à Aix en Provence. Avant Charles II, la ville d'Aix n'avait point encore le droit de commune. Ce fut ce prince qui lui accorda, l'an 1290, la faculté d'avoir un conseil de ville et des Syndics. (*Nouv. hist. de Prov.*, t. III, p. 111.) Voy. *les rois de Naples et de Sicile.*)

ROBERT.

1309. ROBERT, duc de Calabre, troisième fils de Charles II et l'aîné de ses freres, qui vivaient alors, succéda à son père dans tous ses états qu'il avait gouvernés avec lui. Etant arrivé en Provence, il fut couronné à Avignon par le pape Clément V, le 3 août (premier dimanche du mois), l'an 1309. Après avoir reçu les hommages des trois ordres et fait plusieurs réglements utiles au pays, il reprit la route d'Italie, partagée alors entre les deux factions des Guelfes et des Gibelins. Les premiers lui ayant fait déférer en 1317 la seigneurie de Gênes, il s'y vit presqu'aussitôt assiégé par les Gibelins. Le siége dura cinq ans, et ne fut levé que le 7 février 1323. Ce furent les galères du pape, combinées avec celles de Robert, qui obligèrent les Gibelins à se retirer, et mirent fin à une guerre qui coûta beaucoup de monde à la Provence. Ce pays était si dépeuplé, qu'en 1319, lorsque le sénéchal en assembla les milices pour aller faire le siége de Dolce-Aqua, en Piémont, la ville de Toulon n'avait plus d'hommes en état de porter les armes.

Robert eut une satisfaction bien rare, et pour mieux dire unique, parmi les princes, celle de voir un de ses frères canonisé. C'était le Bienheureux Louis, évêque de Toulouse, mort le 19 août 1297, et mis au rang des saints par Jean XXII, dans le mois d'avril 1317. Etant en Provence, il assista, dans le mois de mai 1319, à la première fête qui fut célébrée en l'honneur de ce saint à Marseille. Son entrée dans cette ville fut très-solennelle. Il la fit accompagné de son épouse, de Sanche, roi d'Aragon, et de Marie, femme de ce monarque. Ils marchèrent sous le même dais, ayant chacun à leur côté quatre gentilshommes de la ville, et devant eux un nombre prodigieux d'habitants, les uns à pied, les autres à cheval, et tous les corps de métier avec leurs bannières : on nomma cinquante demoiselles pour complimenter la reine de Naples et lui faire compagnie; et cinquante gentilshommes pour remplir les mêmes devoirs auprès du roi. Ils devaient, ainsi que les demoiselles, être servis à la table des princes. (*Nouv. hist. de Prov.*, t. III, p. 127.) Robert, ayant fait venir en Provence, au commencement d'octobre 1323, Marie, fille de Charles, comte de Valois, pour épouser le duc de Calabre, son fils, le seul qu'il eut alors, en partit le 22 du même mois pour retourner à Naples. La mort lui ravit, en 1328, ce fils qui ne laissa que deux filles, dont Robert institua l'aînée, nommée Jeanne, son héritière. Robert perdit, l'an 1339, la ville d'Asti, qui lui fut enlevée le 26 septembre, par le marquis de Montferrat. C'était la sauve-garde des autres terres qu'il possédait en Piémont, et peu s'en fallut qu'il ne fut entièrement chassé de ce pays. (*Voy. les marquis de Montferrat.*) Il mourut à Naples le 14 janvier 1343, universellement regretté de ses sujets. La Provence lui est redevable de plusieurs belles églises, et d'autres édifices publics. La ville de Toulon obtint de lui le droit de s'ériger en commune, qui lui fut accordé par lettres du mois de juillet 1314. Mais cette ville auparavant jouissait, au moins quant aux biens et aux personnes, de la même liberté qu'avaient les villes municipes aux Xe et XIe siècles; les citoyens y étaient distingués en nobles, en bourgeois et en roturiers, sans avoir néanmoins un conseil permanent. (*Nouv. hist. de Prov.*, t. III, p. 484.) (*Voy. les rois de Naples.*)

JEANNE.

1343. JEANNE, fille aînée de Charles, duc de Calabre, fils du roi Robert, et de Marie, fille de Charles de Valois, succéda, l'an 1343, à Robert, son aïeul, dans le comté de Provence et dans le royaume de Naples. Veuve, en 1346, d'André, roi de Hongrie, qu'elle fut accusée d'avoir fait étrangler, elle épousa, le 20 août 1345, Louis d'Anjou, prince de Tarente. L'année suivante, apprenant que Louis le Grand, roi de Hongrie, s'avançait à grandes journées pour venger la mort d'André, son frère, elle s'embarqua de nuit à Naples avec une partie de sa maison, le 15 janvier 1348, sur trois galères provençales, et arriva le 20 à Nice. De là elle se rendit à Aix, où de Baux, prince d'Avellino, et plusieurs autres barons de Provence, vinrent la trouver. L'ayant emmenée au château avec ses principaux domestiques, ils l'y retinrent gardée à vue, sans pouvoir parler à personne, qu'en présence des gardiens qu'ils lui donnèrent. Le motif de cette conduite était la crainte qu'avaient les Provençaux d'un échange de la Provence avec quelques terres en France. C'était en effet ce que faisait négocier le roi Philippe de Valois pour le duc de Normandie, son fils. Le pape, de son côté, avait des vues sur la ville d'Avignon, où il faisait sa résidence. Louis de Tarente, époux de la reine, arrive enfin en Provence, après avoir erré deux mois en Italie, et obtient la délivrance de sa femme par la médiation du pape Clément VI. Le 15 mars, Jeanne fait son entrée solennelle dans Avignon, et s'y justifie en plein consistoire, devant le pape, du meurtre de son premier époux. Le 12 (et non le 19) juin de la même année 1348, pressée par les Napolitains de revenir, et se trouvant sans argent, elle vend au pape la ville et la seigneurie d'Avignon pour 80,000 florins d'or ; vente qui fut ratifiée par son époux, et ensuite par l'empereur Charles IV, dont on reconnaissait encore la souveraineté, à cause du royaume d'Arles. Des modernes n'ont pas craint d'avancer que le prix de cette vente, tout modique qu'il était, ne fut jamais remboursé. Mais on a la preuve du contraire dans une quittance d'Acciaioli, secrétaire de la reine Jeanne, donnée au nom de sa maîtresse, la même année que la vente se fit, et conservée aux archives de Naples. (*Nouv. hist. de Prov.*) Jeanne s'embarque ensuite avec des troupes à Marseille, et arrive, dans le mois d'août, à Naples.

L'empereur Charles IV, en 1365, étant venu voir le pape à Avignon, passe de là en Provence, et s'y fait couronner roi d'Arles dans Arles même, au mois de juin, par l'archevêque de cette ville, en présence du comte de Savoie et du duc de Bourbon, son beau-frère. C'est le dernier acte de souveraineté que les empereurs aient fait en Provence. Ce fut pendant les réjouissances qu'occasiona son couronnement, qu'on lui donna le spectacle de la fête des fous, imitation des saturnales, établies dans le paganisme parmi les Romains, et plus scandaleuse encore, puisqu'elle se célébrait dans nos temples mêmes. Là, des bouffons, travestis en chefs de la religion et en ministres des autels, profanaient les saints mystères en les contrefaisant, tandis que d'autres se livraient autour d'eux à toutes les indécences que l'imagination la plus grossière peut enfanter. Charles IV, ami de la décence, fut justement révolté de ces farces abominables, et employa l'autorité qu'il s'attribuait en Provence, pour les supprimer.

Les aliénations que la comtesse-reine avait été obligée de faire de ses domaines, soit pour réparer l'épuisement de ses finances, soit pour récompenser des services militaires, avaient tari, en lui procurant des faveurs momentanées, une des principales sources de ses revenus. La ville d'Aix, craignant de voir de pareils abus se renouveler, lui députe, l'an 1365, à Naples, Rostang de Vincent, pour lui faire à ce sujet des représentations. Elle en parut touchée, et promit de n'aliéner ni droits ni fonds, appartenants au domaine ; et dans le cas où il lui arriverait de détacher de sa juridiction quelques communautés pour les soumettre à un seigneur particulier, elle leur permettait de désobéir et d'employer même la force, s'il le fallait, pour se maintenir dans sa dépendance. (*Nouv. hist. de Prov.*, t. III, p. 214.)

L'éloignement des souverains est souvent préjudiciable à leurs états. Tandis que la comtesse-reine est à Naples, deux princes méditent presque en même tems la conquête de la Provence. Le premier était Jean de Gand, duc de Lancastre, second fils d'Édouard III, roi d'Angleterre. Issu d'Éléonore, sa trisaïeule, femme de Henri III, il prétendait, à ce titre, avoir des droits sur la Provence, et se disposait à venir à main armée les faire valoir sur les lieux. Mais la comtesse-reine, ayant interposé la médiation du pape, obtint du roi d'Angleterre d'obliger son fils à s'en rapporter sur ses prétentions au jugement du saint siége. L'autre rival qui la menaçait, était Louis, duc d'Anjou, frère du roi Charles V, et gouverneur de Languedoc. Fondé uniquement sur la session qu'il s'était fait faire du royaume d'Arles, par l'empereur Charles IV, il envoya du Guesclin avec une armée composée de Français, d'Espagnols et des troupes du comte d'Armagnac, en Provence, où il s'empara de Tarascon, le 4 mars 1368, par la trahison de quelques habitants, et vint ensuite camper devant Arles; mais ses efforts furent vains contre cette place, dont les habitants l'obligèrent à repasser le Rhône, le 1er. mai de la même année, après un siége de 19 jours. (*Nouv. hist. de Prov.*, t. III, p. 217 et 218.)

Jeanne, se voyant sans enfants, et voulant choisir elle-même son héritier, jeta les yeux sur Charles de Duras, IIe. du nom. Pour lui assurer sa succession, elle le maria, l'an 1369, à Marguerite, sa nièce, fille de Marie, sa sœur, et de Charles Ier. de Duras, tué, l'an 1369, dans Averse, par ordre de Louis, roi de Hongrie, pour venger la mort d'André, son frère, dont il le croyait coupable. Mais Louis prétendait lui-même devoir succéder à Jeanne, par le droit de sa naissance, et lui intenta procès à ce sujet, l'an 1374, à la cour d'Avignon. Il était petit-fils, en effet, de Charles II, roi de Naples, par Charles Martel, son père, et soutenait qu'en cette qualité les états de Jeanne, après sa mort, devaient lui revenir. Jeanne, apprenant que le roi de Hongrie avait mis dans ses intérêts Charles V, roi de France, se détermine à contracter un nouveau mariage, et donne sa main, l'an 1376, à Otton, fils aîné de Henri, duc de Brunswick, pour avoir un époux capable de la défendre contre ses ennemis. Mais Charles de Duras prend ombrage de cette alliance, et en donne lui-même à Jeanne par son attachement pour le roi de Hongrie, dont il commandait les troupes contre les Vénitiens. Jeanne le déshérite; et, pour gagner la protection de la France, elle institue son héritier universel, par lettres d'adoption du 29 juin 1380, Louis, duc d'Anjou, frère du roi Charles V. Ce fut la cause de sa perte. Charles de Duras, furieux de ce changement, arrive dans le royaume de Naples; et, s'étant rendu maître de la capitale, après une victoire remportée sur les troupes de la reine, il oblige cette princesse à se remettre à sa discrétion. L'ayant en son pouvoir, il la fait étrangler, selon les uns, étouffer entre deux matelats suivant d'autres, le 22 mai 1382. (*Voyez* Jeanne I, *reine de Naples.*)

LOUIS I.

1382. LOUIS I, duc d'Anjou, second fils du roi Jean, adopté, comme on l'a dit, le 29 juin 1380, par Jeanne, reine de Naples et comtesse de Provence, arrive, le 22 février 1382, sur le soir à Avignon, où le pape Clément VII le reçoit en consistoire aux flambeaux. Deux seigneurs napolitains se présentent à lui, pour le conjurer de venir au secours de leur reine, sa bienfaitrice, assiégée dans le château de l'Œuf, par Charles de Duras. Mais il répond qu'il faut qu'auparavant il s'assure de la fidélité des Provençaux. Les dispositions de ce peuple n'étaient pas unanimes à son égard. Les évêques et les principaux seigneurs, l'étant venu trouver, se laissèrent gagner par les belles promesses qu'il leur fit, et consentirent à le reconnaître pour leur souverain. Il n'en fut pas de même de la plupart des villes. Mille choses leur donnaient de la défiance et les tenaient en suspens. La conquête que Louis fit de plusieurs châteaux, irrita les esprits loin de les subjuguer. Ce prince aurait consumé tous ses fonds et son tems dans ce pays, s'il n'avait pas tout abandonné pour aller se mettre en possession du royaume de Naples. Mais avant de partir, il crut devoir se concilier les princes voisins, capables de traverser ou de favoriser son entreprise. Dans cette vue, il traita avec Amédée VI, comte de Savoie, qui lui amena un corps de troupes moyennant la cession qu'il lui fit du Piémont; il traita de même avec Bernabo-Visconti, seigneur de Milan, dont il fiança la fille avec un de ses fils, sous la promesse que Bernabo fit de lui fournir deux mille lances, avec 200,000 florins d'or. Jusqu'alors, depuis son entrée en Provence, il n'avait porté que le titre de duc de Calabre. Clément VII, voulant qu'il entrât en Italie avec un titre plus imposant, le couronna, le 30 mai, roi de Sicile et de Jérusalem. Enfin il se mit en route le 13 juin suivant, à la tête d'une armée que les uns font monter à quarante-cinq mille hommes, d'autres, plus judicieux, à quinze mille cavaliers et trois mille cinq cents arbalétriers. Il n'était plus temps d'aller délivrer la reine Jeanne. Elle avait été mise à mort le 22 mai précédent, par Charles de Duras. La nouvelle de cet évènement, que Louis n'apprit qu'après avoir passé les monts, ne servit pas à dissiper les pressentiments fâcheux qu'il avait du succès de son expédition. Ils n'étaient que trop vrais. Après deux ans de guerre contre son rival, il mourut sans armée, sans argent, et absolument dénué de tout, à Bisélia, près de Bari, la nuit du 20 au 21 septembre de l'an 1384. (Voy. *les ducs d'Anjou et les rois de Naples*.)

LOUIS II.

1384. LOUIS II, fils de Louis I, lui succéda à l'âge de huit ans, sous la tutelle et régence de Marie de Blois, sa mère. Charles de Duras conservait toujours un parti dans la Provence; mais ce parti s'évanouit l'an 1386, et Louis fut universellement reconnu dans ce comté. Il faut néanmoins excepter les villes de Nice et de Barcelonnette, qui aimèrent mieux se mettre sous la protection de la Savoie, que d'obéir à un prince français. (*Voyez* Amédée VII, *comte de Savoie*.) L'an 1389, la régente Marie conduit son fils à Avignon, où il est couronné le 1er. novembre, roi de Naples, par le pape Clément VII. Louis s'embarque à Marseille, le 20 juillet de l'année suivante, pour aller prendre possession de son royaume de Naples, envahi par Ladislas, fils de Charles de Duras. Mais une suite de revers, qu'il devait imputer à son peu d'intelligence et de fermeté, l'obligea d'abandonner ce pays au bout de neuf ans. De retour en Provence, avec les débris de son armée, au mois d'août 1399, il y trouva un ennemi à réduire dans la personne de Raymond-Louis, vicomte de Turenne, qui depuis plus de dix ans ne cessait de désoler ce pays. C'était l'esprit de vengeance qui animait ce seigneur, que Louis I avait dépouillé des terres du domaine, dont la reine Jeanne l'avait gratifié. Les ravages que le vicomte fit en Provence ne finirent, malgré les différentes négociations qu'on entama avec lui, que par sa mort. Elle fut tragique, suivant l'opinion commune. En traversant le Rhône, il se noya, dit-on, devant Tarascon, vers l'an 1400; mais il est certain qu'il vivait encore en 1417. (V. *les vicomtes de Turenne*.) Louis, dès l'an 1390, ou plutôt sa mère pour lui, avait arrêté son mariage avec YOLANDE, fille de Jean I, roi d'Aragon; c'était dans l'espérance d'engager la maison d'Aragon, maîtresse alors de la Sicile, et l'ennemie naturelle de Ladislas, le rival de Louis, à prêter le secours de ses armes à celui-ci, pour s'emparer du royaume de Naples. Mais ce mariage, différé pour des causes que l'on ignore, ne s'accomplit que le 2 décembre 1400, cinq ans après la mort du roi, père de la princesse. Ce fut le cardinal de Brancas qui bénit les deux époux dans l'église d'Arles. Après les longues et excessives réjouissances qu'occasionna cette alliance, ils partirent, le 15 février 1401, avec la reine Marie et Charles du Maine, prince de Tarente, pour se rendre à la cour de France. Elle venait de se soustraire à l'obédience de Benoît XIII, sur le refus qu'il faisait de donner sa démission. Louis et sa mère suivirent cet exemple. Mais à leur retour, ils rentrèrent sous l'obédience de ce pape, à la demande des trois ordres de l'état, le 31 août 1402. La reine Marie fit un dernier voyage à Paris avec ses enfants, et de-là, s'étant rendue à Angers, elle y mourut le 2 juin 1404, seize jours après Charles du Maine, son fils puîné. Elle laissa un trésor en espèces de deux cent mille écus, qui reviennent à deux millions six cent douze mille livres de notre monnaie; « somme exorbitante, dit le » nouvel historien de Provence, qu'on ne pouvait amasser dans » de petits états sans injustice, et enlever à la circulation sans » inhumanité ».

Louis n'avait point perdu de vue le royaume de Naples, et diverses puissances d'Italie l'invitaient, avec promesse de leur secours, à passer de nouveau les monts, pour arrêter les projets ambitieux de Ladislas, qui les tenaient en alarmes. S'étant rendu à leurs sollicitations, il partit du port de Marseille au commencement d'avril 1409, avec cinq galères, montées par cinq cents lances; et, ayant abordé à Livourne, il vint trouver dans cette ville le pape Alexandre V, qui voyait avec douleur la ville de Rome, et plusieurs places dépendantes du saint-siège, entre les mains de Ladislas. Assuré du zèle du pontife, il va joindre à Sienne l'armée des alliés commandée par Malatesta et le fameux Balthazar Cossa, légat de Bologne; deux hommes plus versés que lui dans l'art de la guerre et de la politique. Soutenu de leurs talents et de leur courage, il traverse rapidement la Toscane, reprend les places usurpées sur les Florentins et sur le saint-siége par Ladislas, et arrive devant Rome, dont il soumet une partie; puis, laissant Tannegui du Châtel pour continuer le siége, il retourne en Provence pour lever des troupes et de l'argent. De sept galères qu'il en ramène, chargées de huit mille hommes, il en perd six, le 16 mai 1410, dans un combat qui lui est livré par quinze bâtiments, tant napolitains que génois; et la septième, sur laquelle il était, se sauve, comme par miracle, dans un port d'Italie, d'où il repasse en Provence.

Rome le revoit dans la semaine-sainte de l'an 1411, avec Balthazar Cossa, devenu pape sous le nom de Jean XXIII. Il en part, le 28 avril, à la tête de douze mille chevaux, d'une nombreuse infanterie, et accompagné d'un grand nombre de seigneurs qui partageaient avec lui le commandement. Arrivé sur les bords du Garillan, il remporte, le 19 mai, une victoire complète sur Ladislas. Mais la perfidie des généraux italiens, et son indolence, lui font perdre le fruit de cette journée. Ayant donné, par sa lenteur, le tems à son ennemi de se relever d'une si grande perte, il trouve tous les passages du royaume de Naples fermés; voit ses troupes déserter faute de vivres, et se détermine à reprendre, le 3 août 1411, la route de Provence, abandonnant ses partisans à la vengeance de Ladislas.

La mort ayant enlevé Ladislas, le 6 ou le 8 août 1414, sans qu'il laissât de postérité, Louis, sollité par le pape Jean XXIII, se prépare en diligence à faire une nouvelle tentative pour la conquête du royaume de Naples. S'étant concerté avec la cour de France, il fait partir un corps de troupes pour l'Italie, sous le commandement du maréchal de Loigni. Il se disposait à le suivre; mais une dangereuse maladie qui lui survint, l'obligea de suspendre l'exécution de ses desseins. Revenu en santé, il établit en Provence, le 15 août 1415, un parlement composé de six conseillers, d'un avocat et d'un procureur-fiscal. L'année suivante fut mémorable par une peste, qui emporta les deux tiers des habitants de Provence. Louis, apprenant que les Anglais menaçaient le Maine et l'Anjou, partit de la cour de France, où il était, pour veiller à la défense de ses états. Il était à Angers lorsqu'une nouvelle maladie l'emporta le 29 avril 1417. De son mariage, il laissa trois fils et autant de filles. Les fils sont Louis, René, qui suivent, et Charles, comte du Maine : les filles, Marie, femme de Charles VII, roi de France; Yolande, mariée à François I, duc de Bretagne; et N., qui épousa le comte de Genève, suivant une Charte de Louis III. (*Nouv. hist. de Provence.*) Quelques manuscrits lui donnent un fils naturel nommé Louis, seigneur de Mézières. (Voyez *les rois de Naples et les ducs d'Anjou.*)

LOUIS III.

1417. LOUIS III, fils aîné de Louis II, lui succéda à l'âge de douze ans (et non de quatorze), sous la tutelle et régence d'Yolande, sa mère. La Provence, depuis que le comté de Nice s'était donné à la Savoie, était en état de guerre avec cette puissance. Yolande, et son fils, par traité, du 5 octobre 1419, abandonnèrent ce comté au duc de Savoie, qui, de son côté, leur fit remise d'une somme de 164 mille francs d'or, ou de 2 millions 54 mille livres, qui lui était due pour les dépenses que son aïeul, Amédée VI, avait faites lorsqu'il mena des troupes à Louis I dans le royaume de Naples. Louis III pensait dès-lors, lui-même, à la conquête de ce royaume, sans être effrayé des malheurs que sa maison y avait éprouvés. Bientôt après, il y fut efficacement animé par le pape Martin V, et par plusieurs barons mécontents de la reine Jeanne II. Tandis que, pour répondre à leurs instances, il fait des levées d'hommes dans toute la Provence, il engage Jacques Sforce, soldat de fortune, à prendre les devants avec le corps de troupes qu'il commandait. Il ne tarda pas à l'aller joindre; et, s'étant embarqué sur une flotte de treize bâtiments, il arrive, le 15 août 1420, dans le golfe de Naples. Tout le fruit qu'il remporta de cette expédition fut, au milieu d'une alternative, souvent répétée de bons et de mauvais succès, d'être déclaré par Jeanne duc de Calabre, et reconnu, à certaines conditions, pour son héritier présomptif à la place d'Alfonse, roi d'Aragon, qu'elle avait adopté d'abord, et ensuite rejeté. Ce dernier, pendant l'absence de Louis, exerça sa vengeance sur Marseille, qu'il surprit, le 9 novembre 1423, au moment qu'on s'y attendait le moins. La ville, après avoir fait d'abord une résistance égale à la vivacité de l'attaque, succomba aux efforts de l'ennemi, qui, non content de la piller et d'y commettre toutes les horreurs que la brutalité du soldat victorieux se permet, la livra aux flammes en partant. Les Marseillais, que le sac de leur patrie avait dispersés pour la plupart, s'étant réunis après la retraite des Aragonais, travaillèrent à en réparer les ruines, et réussirent, en peu de tems, à la remettre en état de défense.

On ignore l'année du retour de Louis, en-deçà des monts: mais on sait qu'il était, en 1429, à la cour du roi Charles VII, son beau-frère. Il repassa, l'année suivante, dans son duché de Calabre; et, toujours balancé par la bonne et la mauvaise fortune, il contracta, en faisant la guerre au prince de Tarente, une maladie, dont il mourut à Cosencé, capitale de son duché, le 24 novembre 1434, dans la vingt-huitième année de son âge. Il avait épousé, le 31 août 1431, MARGUERITE, fille d'Amédée VIII, duc de Savoie, dont il ne laissa point d'enfants. Cette princesse se remaria depuis avec Ulric, comte de Wurtemberg. (Voyez *les rois de Naples et les ducs d'Anjou*.) Louis III augmenta ses domaines de Provence par la réunion qu'il y fit de la baronnie de Baux et de ses dépendances, après la mort d'Alix, de Baux, malgré les réclamations de Louis, de Châlons, prince d'Orange, à qui ces terres étaient substituées.

Par son testament, fait le jour de sa mort, Louis III déclara son héritier au royaume de Naples, et à ses autres états, René, son frère, qui suit, et légua à Charles, frère puîné de Louis, le comté du Maine, avec les terres données en douaire à la reine Yolande, leur mère.

RENÉ, DIT LE BON.

1434. RENÉ, dont la naissance est de l'an 1408, duc de Lorraine et de Bar, frère de Louis III, lui succéda au comté de Provence ainsi qu'au duché d'Anjou. L'année suivante, il devint roi de Naples par le testament de la reine Janne II, fait le 29 février, neuf jours avant sa mort. Il était alors, à Dijon, prisonnier du duc de Bourgogne, partisan du comte de Vaudemont, compétiteur de René pour le duché de Lorraine. Ce fut entre ses mains, chargées de fers, que remirent le sceptre les ambassadeurs qui lui furent envoyés de Naples. N'étant pas en état de payer sa rançon pour les suivre, il nomma ISABELLE, son épouse, lieutenante-générale de tous ces états. Elle part avec son fils Louis; et s'étant embarquée à Marseille, elle arrive à Gaëte dans le mois de septembre 1435. Remis en liberté l'an 1436, René se rend en Provence, où il obtient des secours pour son expédition de Naples, et va joindre sa femme en ce pays. Mais un enchaînement de revers, occasionés pendant cinq ans par l'inconstance des Italiens, et surtout par la trahison du connétable Caldora, l'obligea, l'an 1442, de reprendre la route de France, où il arriva dans un état fort délabré. S'étant rendu l'année suivante à la cour du roi Charles VII, il se porta pour médiateur entre ce prince et Henri VI, roi d'Angleterre. Ce ne fut pas en vain. Les ayant fait d'abord consentir à une trève, il travailla ensuite à terminer, par une paix durable, la guerre qui divisait ces deux grandes monarchies. Dans le cours de ces négociations, il n'oublia pas ses propres intérêts, et réussit à conclure le mariage de Marguerite, sa fille, avec le roi d'Angleterre : alliance à la faveur de laquelle il rentra en possession de la ville du Mans et des autres places, que les Anglais avaient usurpées sur lui.

Les traverses que René avait éprouvées dans le royaume de Naples, ne lui avaient pas fait perdre la réputation de grand homme de guerre. Ce fut l'opinion que les Florentins avaient de ses talents militaires, qui les détermina, comme le demandait le roi Charles VII, à le mettre à leur tête dans la guerre dont les menaçaient les Vénitiens et Alfonse, compétiteur de René. Celui-ci étant parti, l'an 1453, pour se rendre en Toscane, trouva les Florentins et leurs alliés dans les meilleures dispositions. Mais la conduite licencieuse des troupes françaises qu'il avait amenées avec lui, refroidit bientôt le zèle des Italiens à son égard. S'en étant aperçu, il reprit le chemin des Alpes, après avoir promis à ses alliés de leur envoyer le duc de Calabre et de Lorraine, son fils, pour tenir sa place. Mais les affaires avaient changé de face à l'arrivée du duc. L'an 1459, il passe dans le royaume de Naples par ordre de son père, que plusieurs barons napolitains avaient appelé pour l'opposer à Ferdinand. Le duc s'était embarqué avec douze galères, auxquelles les Génois, dont il était gouverneur pour la France, en avaient joint dix autres. Une grande bataille qu'il gagna complètement le 7 juillet 1460, l'aurait mis en possession du royaume de Naples, s'il eût poursuivi sans relâche son ennemi, qu'un si rude échec avait terrassé. Mais, lui ayant donné le loisir de se reconnaître, il perdit, par son inaction, le fruit de sa victoire. Les Génois s'étant révoltés, l'an 1461, pendant son absence, le roi, son père, se transporte dans l'état de Gênes avec sept galères chargées de troupes, que six mille hommes envoyés de France vinrent renforcer après le débarquement. « Les Français, dit Muratori, ne surent pas mettre le tems à profit ; car ils auraient pu, » en faisant diligence, entrer sans résistance dans Gênes ». Mais arrivés trop tard, ils furent obligés d'en faire le siége. Il y eut divers assauts que les Génois soutinrent avec valeur. On en vint enfin, le 17 juillet, à une bataille, où la victoire était prête à se déclarer pour les Français, lorsque l'archevêque de Gênes fit tout-à-coup signe qu'il arrivait un secours de Milan. A cette nouvelle, qui était fausse, les Génois s'écrient aussitôt : *Vive Sforce ! vive le Duc !* Les Français, croyant avoir à dos les Milanais, prennent la fuite, et sont poursuivis par les Génois qui en font un grand carnage. René, après ce revers, se rembarque, et renonce à toute expédition militaire. Rien ne put, dans la suite, le faire départir de cette résolution. Du chef d'Yolande, sa mère, il avait des prétentions bien fondées sur le royaume d'Aragon. Les Catalans, révoltés, l'ayant appelé, l'an 1465, à cette couronne, il céda ses droits à Jean, duc de Calabre et de Lorraine, son fils. Le duc passe, l'an 1467, en Catalogne, avec une armée composée de Lorrains, de Français et de Provençaux. Trois campagnes consécutives lui soumettent presque entièrement cette province. Mais il meurt, le 16 décembre 1470, au milieu de ses conquêtes. De deux fils qu'il avait eus de son mariage, Jean, l'aîné, l'avait précédé, ou le suivit de très-près au tombeau ; Nicolas, le second, lui succéda aux duchés de Calabre et de Lorraine. René, cependant, cultivait paisiblement les sciences et les beaux arts, sans négliger le soin des peuples qui lui étaient confiés. Il étudiait les mathématiques, s'occupait de l'astronomie, et donnait un peu, suivant le goût de son siècle, dans l'astrologie judiciaire. Mais c'était à manier le pinceau qu'il employait surtout ses moments de loisir. On montre encore des ouvrages de sa façon en miniature, en tableaux et en figures peintes sur le verre. Pour avoir des modèles, il achetait les tableaux les plus renommés, et préférait ceux qui amusaient le plus par leur bizarre singularité. Il peignait une perdrix lorsqu'on lui annonça la perte du royaume de Naples. Il reçut avec fermeté cette nouvelle, sans discontinuer son travail. Il était versé dans la connaissance de l'Ecriture-Sainte et la théologie. Mais trop amateur de parades, il paya tribut à la superstition de son siècle, en introduisant ou permettant d'introduire dans le culte public des scènes indécentes, qui en dégradaient la majesté. On se souvient de ces fameuses processions établies en Provence de son tems, où les diables et les anges, les saints et les damnés faisaient chacun leur personnage avec le costume qu'on leur croyait propre. Le goût de René, pour la vie pastorale, ne méritait pas le même blâme, quoique peu convenable, peut-être, dans un souverain. Ce prince et la reine, son épouse, ne dédaignaient pas de prendre l'accoutrement de berger et de bergère, et de mener paître eux-mêmes leurs troupeaux. C'est le poëte Georges Châtelain qui l'atteste dans sa Chronique en vers :

> J'ay un roi de Sicile
> Vu devenir berger,
> Et sa femme gentille
> Faire même métier ;
> Portant la panetière
> Et houlette et chapeau,
> Logeant sur la fougère
> Auprès de son troupeau.

René coulait des jours tranquilles, lorsque la mort lui enleva, le 24 mai 1473, le duc Nicolas, son petit-fils, dernier rejeton de sa postérité masculine, dans le tems qu'on se disposait à le marier. N'ayant plus alors, pour héritiers naturels, que René II, duc de Lorraine, son petit-fils par Yolande, sa fille, et Charles II, comte du Maine, fils de Charles I, son frère, il crut devoir faire un testament pour prévenir les troubles que la succession à ses états pourrait occasioner. C'est ce qu'il exécuta, le 22 juillet 1474, à Marseille. Par cet acte, il nomma Charles, son héritier universel, donna le duché de Bar à René, son petit-fils, et le marquisat de Pont-à-Mousson à Jean d'Anjou, son fils naturel, avec les villes de Saint-Remi et de Saint-Cannat. Yolande, sa fille aînée, mère de René II, et Marguerite, sa cadette, eurent chacune la somme de mille écus d'or (13060 liv.) Mais Louis XI, roi de France, étant aussi neveu du roi René, par Marie, sa mère, se plaignit hautement, comme d'une injustice criante, d'avoir été oublié dans ce testament, auquel il devait avoir, disait-il, la meilleure part. En conséquence il fit mettre, sous sa main, les duchés de Bar et d'Anjou. La Provence, de plus, devait, selon lui, être réunie à la couronne de France, après la mort du roi, son oncle. Ce qui indisposait le plus contre ce prince le monarque français, c'étaient les liaisons qu'il avait avec le duc de Bourgogne, qui s'était même flatté d'être son héritier pour la Provence et l'Anjou. Mais, après avoir menacé de le traduire au parlement, Louis se radoucit, et nomma des ambassadeurs pour aller traiter amiablement avec lui. Il se rendit lui-même, peu de tems après, à Lyon, où René, l'étant venu trouver, obtint main-levée de la saisie de ses duchés, avec une pension de soixante mille livres. Etant revenu satisfait en Provence, il y passa sans inquiétude le reste de sa vie, adoré de son peuple au milieu duquel il vivait comme un père au sein de sa famille; ce qui lui mérita le surnom de BON. Il mourut, le 10 juillet 1480, à Aix, d'où son corps fut transporté à Angers. Il avait épousé, 1°., le 24 octobre 1420, ISABELLE, fille aînée de Charles II, duc de Lorraine, morte le 28 février 1452 ; 2°., le 3 septembre 1454, JEANNE DE LAVAL, fille de Gui XIII, comte de Laval, décédée sans enfants, l'an 1458. Du premier lit il eut quatre fils, qui le devancèrent au tombeau, savoir: Jean, duc de Calabre et de Lorraine; Nicolas, successeur de Jean; Charles, comte de Guise, et René. Il eut, de plus, trois filles, Elisabeth, morte en bas âge; Yolande, mariée à Ferri II de Lorraine, comte de Vaudemont, à qui elle porta les droits de sa maison sur le royaume de Naples et sur la Provence, et Marguerite, femme de Henri VI, roi d'Angleterre. René, quoique zélé pour les pratiques de la religion, ne fut point un modèle de la fidélité conjugale. On lui connaît trois enfants naturels, un fils, nommé Jean, dont on vient de parler, et deux filles, dont la seconde, nommée Marguerite, épousa Bertrand de Beauvau. La bibliothèque du roi conserve trois ouvrages manuscrits du roi René, dont un a pour titre, *l'Abusé de la Cour*, a été imprimé. (*Voy*. René I, parmi les rois de Naples, parmi les ducs de Lorraine et parmi ceux d'Anjou.)

CHARLES III.

1480. CHARLES III, fils de Charles I, comte d'Anjou et du Maine, était à la cour du roi René, son oncle, lorsque ce prince l'institua son héritier universel. Il reçut aussitôt après cet acte, les hommages des seigneurs provençaux. Mais René II, duc de Lorraine, petit-fils, comme on l'a dit, du roi René, par Yolande, sa mère, souffrit impatiemment que l'ample succession de son aïeul passât à un héritier collatéral, avec la seule réserve pour lui du duché de Bar. Il dissimula néanmoins son ressentiment tant que le testateur vécut. Ce prince étant mort, il se mit en devoir de faire valoir ses prétentions. Ayant envoyé, pour cet effet, une armée devant lui en Provence, il vint promptement la joindre. Mais il trouva plus d'obstacles à ses desseins qu'il n'en avait prévus. Outre les forces que la Provence fournit à son rival, le roi Louis XI avait fait passer, dans ce pays, un corps de vieilles troupes, qui dissipèrent bientôt les soldats lorrains, et assurèrent à Charles la libre possession de cette province. C'était pour lui-même que Louis travaillait. Voyant que Charles traînait une vie languissante, il gagna Palamède Forbin, premier ministre de ce prince, et par son moyen il vint à bout de se faire instituer héritier universel de Charles, par un testament passé le 11 décembre 1481. Charles mourut le lendemain à Marseille, dans la quarante-cinquième année de son âge. Après sa mort, le roi Louis XI se mit en possession de la Provence, ainsi que des autres états dont Charles avait joui. Mais René forma opposition en règle à cette prise de possession. Il attaquait, non le testament de Charles, qui était hors d'atteinte, mais celui du roi René, prétendant que la Provence et le royaume de Naples ayant été souvent gouvernés par des filles, ils appartenaient légitimement à sa mère, et qu'ainsi son aïeul n'avait pu anéantir les droits de la nature, par un acte extorqué à la faiblesse. Le roi de France, de son côté, faisait valoir, contre le duc de Lorraine, un pacte de famille et d'anciens testaments de deux princes de la maison d'Anjou, qui avaient appelé des mâles à leur succession, quoique dans un degré plus éloigné, préférablement aux filles. La question resta indécise pendant le reste du règne de Louis XI, qui demeura toujours en jouissance par provision. Mais le roi Charles VIII la décida de fait, en réunissant, ou, pour mieux dire, annexant à perpétuité la Provence à sa couronne, par ses lettres-patentes du mois d'octobre 1486. (*Voy*. Charles II, *comte du Maine*.) La Provence a conservé jusqu'à nos jours, suivant le traité fait avec elle par Charles VIII, ses lois particulières et priviléges. Elle n'est point encore aujourd'hui (1785) regardée comme province de la France. C'est pour cela que dans les arrêts du parlement d'Aix, on met toujours, *par le roi, comte de Provence*, et que nos rois, dans leurs lettres adressées à ce pays-là, prennent la qualité de comte de Provence et de Forcalquier. Ce fut le roi Louis XII qui établit le parlement d'Aix, pour la Provence et les pays en dépendants, par édit donné à Lyon, au mois de juillet 1501; ce qu'il confirma par sa déclaration donnée à Grenoble, le 26 juin de l'année suivante. Le ressort de ce tribunal était en 1785 encore le même; il comprenait douze sénéchaussées et environ cinquante-une justice royales, etc.

CHRONOLOGIE HISTORIQUE

DES

COMTES DE FORCALQUIER.

Le comté de Forcalquier, appelé d'abord le comté de Sisteron, parce que le chef-lieu de cette seigneurie, nommé par les Romains *Forum Neronis*, et dans le moyen âge *Forum Calcarium*, est situé dans ce diocèse, avait autrefois beaucoup plus d'étendue qu'il n'en a présentement ; car il renfermait tout ce qui est compris entre la Durance, l'Isère et les Alpes, et par conséquent la plus grande partie de la haute Provence, ou Provence occidentale. Ce fut en 1054, qu'il fut démembré du comté de Provence, par le comte Geoffroi I, comme on l'a dit à l'article de ce prince, en faveur de ses neveux, GUILLAUME-BERTRAND et GEOFFROI, tous deux IIe. du nom de leur maison. Ces deux frères possédèrent en commun ce comté ; mais il paraît qu'ils se distinguaient, l'un, par le titre de comte de Nice, et l'autre, par celui de comte de Forcalquier. Geoffroi, dont la femme se nommait DOUCE, mourut sans postérité, l'an 1093 ou 1094. BERTRAND, son frère, qui le précéda de quatre ans au tombeau, laissa d'ADÉLAÏDE, sa femme, sœur de Gui de Caveneze, premier comte de Valpergue, une fille, nommée aussi Adélaïde, laquelle épousa Ermengaud IV, comte d'Urgel ; ce qui fit passer le comté de Forcalquier dans la maison de ce dernier, qui, étant mort en 1092, laissa un fils, qui suit.

GUILLAUME I.

1094. GUILLAUME I ou III, fils d'Ermengaud, comte d'Urgel, et d'Adélaïde de Provence, succéda en bas âge à son grand-oncle Geoffroi II, sous la tutelle de sa mère. L'usurpation qu'il fit de la ville de Pertuis sur l'abbaye de Montmajour, et les dommages qu'il y causa, lui attirèrent une excommunication, dont il alla se faire relever à Vienne, par le pape Calliste II, qui se trouvait alors en cette ville. Il éprouva à son tour, peu de tems après, le pouvoir de la violence contre la justice. Durant les différents des comtes de Toulouse avec les comtes de Barcelonne, pour le partage de la Provence, il fut dépossédé par ces princes, de la moitié de la ville d'Avignon, qui lui appartenait; mais, après le traité de 1125, elle lui fut rendue par le comte de Barcelonne. Guillaume, depuis ce tems, prit le titre de comte de Forcalquier et d'Avignon. Il mourut au mois d'octobre 1129, laissant de GARSINDE, sa femme, deux fils, qui suivent. (Vaissète.)

BERTRAND I ET GUIGUES.

1129. BERTRAND I et GUIGUES, fils de Guillaume I, lui succédèrent en bas âge dans le comté de Forcalquier, sous la tutelle de leur aïeule Adélaïde, qui, l'année même de la mort de Guillaume I, son fils, se démit de tous ses biens en leur faveur. Bertrand mourut l'an 1149, ou l'an 1150, laissant de JOSCERANE, sa femme, deux fils, qui suivent, avec une fille, Alix, mariée à Guiraud Amici, seigneur de Sabran. Guigues, frère de Bertrand, l'avait précédé au tombeau, l'an 1149 au plutôt, sans laisser de lignée, Guillaume, son fils, étant mort avant lui.

GUILLAUME II ou IV, ET BERTRAND II.

1150 au plus tard. GUILLAUME II ou IV, et BERTRAND II, fils et successeurs de Bertrand I, jouirent paisiblement du comté de Forcalquier, jusqu'en 1162, que l'empereur Frédéric I inféoda ce comté à Raymond-Bérenger, comte de Provence. Le motif, ou le prétexte de cette inféodation, était qu'à l'avénement de Frédéric au trône impérial, les comtes de Forcalquier ne lui avaient pas rendu leurs devoirs. Ce prince ordonna donc que ces comtes et leurs successeurs rendraient hommage aux comtes de Provence, et qu'en cas de refus, ils perdraient leur comté. Mais, l'an 1174 (et non pas, comme le marque Bouche, 1164), Guillaume, ayant été trouver l'empereur en Italie, obtint de lui la révocation de cette inféodation, et se fit rétablir, comme portent les lettres-patentes de Frédéric, dans tous les honneurs, dignité et juridiction de son comté. Ces lettres sont datées du 2 mai de la vingt-troisième année du règne de Frédéric, et de la vingt-unième de son empire, indiction VII. Dans cette affaire, il n'est point fait mention de Bertrand, parce qu'il était alors à la Terre-Sainte. Avant son départ, l'an 1168, il avait fait donation, par son testament, de la ville de Manosque, sur la Durance, aux chevaliers de l'Hôpital, et y avait ajouté beaucoup d'autres terres, laissant le reste du comté à GUILLAUME, son frère, à la charge de ratifier cette donation ; que s'il le refusait, en ce cas, Bertrand lui substituait Raymond V, comte de Toulouse, dans la moitié de son comté, et donnait l'autre à ses cousins de Sabran et de Simiane. Bertrand revint de la Terre-Sainte, et vécut, suivant Bouche, au moins jusqu'en 1208. Il ne laissa point d'enfants. A l'égard de Guillaume, son frère, il eut avec Alfonse II, roi d'Aragon, une guerre fort vive, dans laquelle il lui causa de grands dommages, comme Alfonse le déclare lui-même dans le traité de paix qu'ils firent à Aix, dans le mois de juillet 1193. Le sceau de cet pacification, fut le mariage de Gersende, sa petite-fille, par Gersende, sa mère, femme de Rainier de Sabran, dit de Castellar, avec Alfonse II, comte de Provence. Guillaume, en considération de cette alliance, fit don à la jeune Gersende, du comté de Forcalquier, s'en réservant l'usufruit. Mais ensuite, mécontent d'Alfonse II, il transporta à Béatrix, son autre petite-fille, sœur puînée de Gersende, et femme de Guigues-André, dauphin de Viennois, une portion du comté de Forcalquier, savoir, le Gapençois et l'Embrunois; ce qui accasiona une guerre entre Alfonse et Guillaume. Celui-ci, ayant fait la paix, entreprit un pélerinage à Saint-Jacques, en Galicie. Les habitants d'Avignon lui ayant demandé la confirmation de leur commune, il l'accorda par une charte du 4 des nones de juillet 1206. Le titre de cette commune n'existait plus ; et Guillaume, en la confirmant, dit, adressant la parole aux Avignonais : *Je croix qu'elle a été accordée à vos prédécesseurs il y a plus de soixante-dix ans : per septuaginta annos et eò ampliùs.* (*Nouv. hist. de Prov.*, tom. III, pag, 534.)

L'an 1208, au mois de janvier, Guillaume fit donation de son palais de Manosque, à l'Hôpital de Saint-Gilles. C'est la dernière action connue de sa vie. Il ne vivait plus en novembre de l'année suivante. Par sa mort, le comté de Forcalquier fut réuni à celui de Provence. Cependant Guillaume, fils de Guiraud de Sabran, et d'Alix, fille de Bertrand I, comte de Forcalquier, revendiqua ce comté, tant du chef de sa mère, qu'en vertu d'une donation que Bertrand II, lui en avait faite à lui-même : il prit les armes pour soutenir ses prétentions. Le comte de Provence, pour le bien de la paix, consentit à un accomodement; et, par sentence d'arbitres choisis, du 29 juin 1220, on accorda à Guillaume de Sabran un certain nombre de terres dans le comté de Forcalquier. Guillaume, après cette transaction, continua de prendre le titre de comte de Forcalquier. Ses descendants retinrent seulement le nom et les armes de Forcalquier, qui ont passé aux aînés de la maison de Brancas, en vertu du testament de Gaucher de Forcalquier, évêque de Gap. Par cet acte, dressé l'an 1483, ce prélat institua pour son héritier Georges de Castellane, son neveu, avec substitution en faveur de Gaucher de Brancas, son cousin-germain, qui recueillit effectivement cette substitution. De lui descendent les marquis de Brancas, qui portent le titre de *comtes de Forcalquier*, et les ducs de Villars-Brancas. (*Voy.* Alfonse I, et Alfonse II, *comtes de Provence.*)

CHRONOLOGIE HISTORIQUE

DES

COMTES ET PRINCES D'ORANGE.

~~~~~~~~~~~~~~~~~~

Orange, ville épiscopale, appelée par les Romains *Arausio Cavarum* et *Secundanorum colonia*, est une ville très-ancienne et célèbre, située au pied d'une montagne ou colline, à l'extrémité d'une belle plaine, sur la petite rivière de Maine ou Meyne, qui baigne ses murailles, à une lieue de la rive gauche du Rhône, à quatre lieues d'Avignon, et un peu plus de Carpentras, est la capitale d'une principauté qui ne comprend aujourd'hui que cinq lieues de longueur sur quatre de largeur. Cette ville et son district avaient autrefois beaucoup plus d'étendue qu'ils n'en ont présentement. Les murailles d'Orange renfermaient alors toute la montagne voisine sur laquelle était bâtie une très-forte citadelle, et leur circuit était d'environ deux mille cinq cents toises. Les aqueducs, les thermes, les amphitéâtres, les cirques, le capitole, les arcs de triomphe, les arènes, que les Romains y firent construire, et dont il reste encore de beaux vestiges, (1785) prouvent l'estime singulière qu'ils faisaient de cette ville placée dans un des plus heureux climats. Elle a été plusieurs fois ruinée dans les irruptions que divers peuples ont faites dans cette partie des Gaules. On donne la gloire de l'avoir sauvée d'une entière destruction à Guillaume au *Cornet* ou au *Court-nez*, qu'on fait vivre sous Charlemagne, qui le fit, dit-on, comte bénéficiaire de ce pays. Mais les historiens des bas tems, débitent tant de fables sur ce prétendu comte et sur ses successeurs, jusques vers la fin du onzième siècle, qu'on ne peut faire aucun fond sur leur récit.

Le premier comte propriétaire d'Orange que l'on connaisse est GIRAUD-ADÉMAR, dont les descendants se sont attribué la souveraineté de Grignan et celle de Monteil, qui, de son nom Adémar, ou Aimar, a été surnommé Monteil-Aimar, et par corruption Montclimar. Giraud-Adémar fut probablement père de RAIMBAUD I, comte d'Orange, auquel succéda son fils BERTRAND I, qui vivait en 1062. Celui-ci eut de sa femme ADÉLAÏDE, un fils, RAIMBAUD II, qui suivit Raimond de Saint-Gilles, à la Terre-Sainte. Raimbaud y mourut vers l'an 1121, laissant pour héritière, TIBURGE, sa fille, qui était comtesse d'Orange, en 1115 et en 1126. Tiburge épousa GUILLAUME, seigneur d'Omélas, second fils de Guillaume V, seigneur de Montpellier. Guillaume d'Omélas fit un voyage à la Terre-Sainte avec Guillaume VI, son frère, et était de retour en 1129. Ce fut probablement cette année qu'il épousa Tiburge. Cette princesse contribua beaucoup à l'agrandissement et à l'embellissement de la ville d'Orange. Elle en fit rebâtir les murs tels qu'on les voyait encore avant les changements qu'on y fit lorsqu'on y ajouta des fortifications à la moderne. Tiburge fit aussi construire trois grands faubourgs, un au quartier de Saint-Florent où est à-présent (1785) le couvent des capucins, un autre à la Tour de l'arc de triomphe, et le troisième aux environs de l'église de Saint-Pierre. Mais ces trois faubourgs furent presque entièrement détruits dans la guerre que Guillaume-Roger, vicomte de Turenne, où plutôt Raymond-Louis, son fils, porta, l'an 1390, dans la Provence. Tiburge finit ses jours en 1150. Guillaume, son époux, la suivit au tombeau, l'an 1156, laissant d'elle deux fils, Guillaume et Raimbaud, qui suivent, avec deux filles, Tiburge et Tiburgette, dont la première épousa, 1º. Gaufred de Mornas, 2º. Bertrand de Baux, et la seconde fut mariée avec Adémar de Murviel. (Vaissète.)

GUILLAUME II.

1150. GUILLAUME II, fils aîné de Guillaume d'Omélas et de Tiburge, succéda à sa mère dans la moitié du comté d'Orange. Il mourut vers l'an 1160, laissant un fils et une fille, qui partagèrent sa portion.

GUILLAUME III.

1160. GUILLAUME III succéda, dans un quart du comté d'Orange, à Guillaume II, son père. Il mourut l'an 1175, laissant un fils, qui suit.

RAIMBAUD IV.

1175. RAIMBAUD IV, fils de Guillaume III, fut son successeur dans un quart du comté d'Orange. L'an 1190, se voyant sans lignée, il fit, à l'exemple de Tiburge, sa tante, donation de sa part du comté d'Orange aux Hospitaliers de Saint-Jean, qui, par là, devinrent propriétaires de la moitié de cette principauté ; en sorte qu'on datait les actes publics du règne des comtes et de celui du commandeur de l'hôpital d'Orange.

TIBURGE II.

1160. TIBURGE II, fille de Guillaume II, hérita de lui un quart du comté d'Orange. Sur la fin de ses jours, n'ayant point d'enfants de RAIMBAUD-GUIRAUD, son époux, elle donna, vers l'an 1180, sa part du comté d'Orange aux Hospitaliers de Saint-Jean.

RAIMBAUD III.

1150. RAIMBAUD III, second fils de Guillaume d'Omélas, succéda, dans la moitié du comté d'Orange, à Tiburge, sa mère. Il quitta le nom d'Omélas, que portait son père, et prit celui d'Orange. La petite ville de Courteson, dans ce pays, devint le lieu de sa résidence. Il engagea, l'an 1168, à Guillaume de Montpellier, son cousin, tout son domaine d'Omélas, situé dans les diocèses de Beziers et de Maguelonne, pour la somme quatre mille sous melgoriens. Mais il le retira sans doute bientôt après, puisqu'il l'engagea de nouveau, l'an 1171, à son beau-frère, Aimar de Murviel, pour dix mille deux cents sous melgoriens. Il mourut, vers l'an 1173, sans postérité, laissant à Tiburge, sa sœur aînée, remariée pour lors à Bertrand de Baux, deuxième du nom, sa moitié du comté d'Orange. Raimbaud, suivant Nostradamus, historien de Provence, *estoit bon chevalier, vaillant aux armes, et très-estimé dans la poésie provençale*. Mais il se trompe lourdement en le faisant mourir en 1229, et sur d'autres circonstances de sa vie. Le recueil manuscrit des vies des Poëtes provençaux lui attribue le livre intitulé : *La Maestria d'amour*. Il ajoute que la comtesse de Die, femme de Guillaume de Poitiers, devint amoureuse de Raimbaud, et fit des vers à sa louange. (Vaissète.)

TIBURGE III ET BERTRAND DE BAUX I.

1173. TIBURGE III et BERTRAND DE BAUX I, son époux

succédèrent à Raimbaud III, dans la moitié du comté d'O-
range. L'an 1178, Bertrand assista, le 30 juillet, au couronnement de l'empereur Frédéric I, qui se fit dans la cathédrale d'Arles, en vertu de son titre de roi de Provence. On
prétend que vers ce tems-là, Frédéric lui accorda le titre de
prince d'Orange avec la couronne de souverain. Il est vrai que
les comtes d'Orange ont porté le titre de prince depuis la fin
du douzième siècle. Mais il est certain aussi qu'ils ne cessèrent
pas pour cela de reconnaître la souveraineté des comtes de
Toulouse, en qualité de marquis de Provence. (Vaissète,
tom. III, p. 45.) Bertrand, s'étant brouillé avec Raymond V,
comte de Toulouse, fut assassiné le jour de Pâques 1181,
par ordre de ce prince. Tiburge mourut vers l'an 1182,
laissant de son mariage trois fils, Guillaume, qui suit ; Bertrand de Baux, père de plusieurs enfants, qui possédèrent
les fiefs d'Istres, de Brantouls, d'Aulas, avec d'autres lieux,
et servirent avec distinction dans les guerres de Naples; et
Hugues de Baux, mari de Barrale, vicomtesse de Marseille.

GUILLAUME IV.

1182. GUILLAUME IV, surnommé del CORNAS, fils de
Bertrand de Baux et son héritier dans cette baronnie, succéda dans la moitié du comté d'Orange, à Tiburge, sa mère.
Sur la fin de 1213, ayant été trouver l'empereur Frédéric II,
à Metz, il obtint de lui le titre de roi d'Arles, par lettres
datées du 13 janvier 1214. Ces lettres néanmoins ne sont pas
à l'abri de tout soupçon. Quoi qu'il en soit, cette prétendue
royauté n'affranchit point la terre d'Orange, ni ses maîtres, de
la suzeraineté des marquis de Provence. Guillaume, pour
mettre dans ses intérêts les Croisés, se déclara contre les Albigeois, et fit la guerre aux habitants d'Avignon, qui protégeaient
ces hérétiques : mais cette guerre lui devint funeste. Il tomba
entre les mains des Avignonais, qui l'écorchèrent vif et le coupèrent en morceaux, au mois de juin de l'an 1218 : vengeance
atroce des atrocités que la croisade avait produites. Guillaume IV est mis au nombre des troubadours dans l'histoire
de ces Poëtes, où l'on raconte de lui deux traits qui ne lui
font pas beaucoup d'honneur, mais que d'ailleurs nous ne ga-
rantissons pas. Il avait dépouillé un marchand français qui
passait sur ses terres, et lui avait pris des effets considérables,
c'est-à-dire vraisemblablement qu'il avait confisqué ses marchandises pour avoir fraudé les droits de péage ou de douane.
De retour en France, le marchand imagina un moyen fort
extraordinaire de se venger. Il fit contrefaire le sceau du roi
Philippe Auguste, et écrivit, en son nom, une lettre au prince

d'Orange, par laquelle le roi l'invitait à sa cour, pour y recevoir de grands biens et de grands honneurs qu'il lui destinait. Guillaume part, après avoir fait de grands préparatifs. La ville où le marchand demeurait se trouvait sur son passage. Il y arrive et y séjourne, ne se doutant de rien. Le marchand, qui avait fait sa partie pour l'arrêter, le surprend avec sa suite, et l'oblige de réparer le dommage qu'il lui avait causé. Guillaume, alors instruit du manége, s'en retourne dépouillé et confus.

Quelque tems après, il eut à dévorer un autre affront de même nature. Brouillé avec Aimar II de Poitiers, comte de Valentinois, il alla insulter et piller une de ses terres. Comme il s'en revenait sur le Rhône, des pêcheurs, sujets d'Aimar, l'arrêtèrent, et probablement le rançonnèrent. (Millot, *Hist. des Troub.*, tom. III.)

Il avait épousé, 1°. ALIX, dont il eut un fils nommé Guillaume; 2°. ERMENGARDE DE SABRAN, qui lui donna Raymond, et deux autres fils.

GUILLAUME V.

1219. GUILLAUME V, fils aîné, de Guillaume IV, lui succéda dans la moitié de sa portion du comté d'Orange. Il prit, comme son père, le vain titre de *roi d'Arles*, et mourut l'an 1239, laissant de PRÉCIEUSE, sa femme, deux fils, qui suivent.

GUILLAUME VI.

1239. GUILLAUME VI, fils aîné de Guillaume V, hérita de lui la moitié de ce qu'il possédait dans le comté d'Orange. Il mourut l'an 1248, laissant de sa femme, VALPURGE DE MÉOILLON, une fille, nommée Tiburgette de Baux, mariée à Roger de Foz, seigneur d'Hières, qui transmit cette seigneurie, en 1257, avec tous les droits qu'il prétendait avoir en vertu de son mariage, à Charles d'Anjou, comte de Provence.

RAYMOND II.

1239. RAYMOND II, deuxième fils de Guillaume V, lui succéda dans la moitié du comté d'Orange. L'an 1248, il recueillit la portion de son frère Guillaume VI, décédé sans enfants mâles. Raymond épousa, 1°. BIGNE, nommée par d'autres ERMENGARDE; 2°. l'an 1272, LAURE-AYMAR DE GRIGNAN, qui lui donna Bertrand, qui suit.

BERTRAND II.

BERTRAND II succéda (on ne sait en quelle année) à Raymond II, son père, dans sa portion du comté d'Orange. L'an 1289, il l'échangea avec Bertrand III, son oncle à la mode de Bretagne, pour la seigneurie de Courteson. Bertrand II partit ensuite pour la Terre-Sainte, et y mourut en 1300. Il avait épousé, vers l'an 1272, ISOARDE, fille d'Amir de Corben.

RAYMOND I.

1219. RAYMOND I, deuxième fils de Guillaume IV, partagea, avec Guillaume V, son aîné, la succession de leur père, et prit, de même que lui, le titre de *roi d'Arles*. Les succès de ses exploits militaires, dont on ignore le détail, lui valurent le titre de *Victorieux*. L'an 1237, au mois de mai, Raymond, comte de Toulouse et marquis de Provence, lui fit don des châteaux et villes de Camaret, de Trencleu, de Seriman et dépendances, avec réserve de la suzeraineté, du droit de chevauchée, et autres appartenants au seigneur féodal sur son vassal. (*Invent. du Trés. des Chart.*, tom. V, n. 9421, p. 189.) Raymond finit ses jours, l'an 1282, laissant de MALBERONNE DE CONDORCET, sa femme, un fils, qui suit.

BERTRAND III.

1282. BERTRAND DE BAUX, IIIe. du nom, succéda à Raymond I, son père, dans sa portion du comté d'Orange. L'an 1289, il acquit, par échange, la portion de Bertrand II, son neveu à la mode de Bretagne. Il fut très-bien à la cour de Charles II, roi de Naples et comte de Provence, qui le fit comte d'Avellino. Ce prince, ayant acquis, l'an 1307, des chevaliers de l'Hôpital, leur moitié du comté d'Orange, en fit encore cession, le 22 mars 1308, à Bertrand « Celui-ci,
» content de ne partager avec personne sa souveraineté, renou-
» vela l'hommage que ses ancêtres avaient toujours rendu aux
» comtes de Provence, comme vassaux, reconnut que les
» affaires criminelles devaient être portées en dernier ressort à
» la cour du comte, et s'avoua sujet à la convocation du ban
» et de l'arrière-ban pour le service militaire. Mais du reste,
» ce n'était pas un de ces vassaux que la médiocrité de leur for-
» tune fît confondre dans la foule des seigneurs. Sa monnaie
» avait cours dans toute la Provence ; et aux droits de la féo-
» dalité près, c'était un souverain à qui il ne manquait, pour
» avoir le même éclat que tant d'autres, qui jouent un grand
» rôle dans l'histoire, que d'avoir des états plus étendus. »
(*Nouv. hist. de Provence*, tom. III, pag. 113 et 114.) Bertrand mourut l'an 1335, laissant d'ÉLÉONORE DE GENÈVE, sa femme,

qu'il avait épousée le 25 octobre 1278, Raymond, qui suit, et d'autres enfants.

RAYMOND III.

1335. RAYMOND III succéda à Bertrand III, son père, dans tout le comté d'Orange, ayant acquis des enfants de Guillaume, son frère aîné, mort avant Bertrand III, les portions qui leur appartenaient dans cette principauté. Il fit son testament le 19 août 1340, et mourut vraisemblablement dans le même mois. Raymond III avait épousé, 1°. le 26 septembre 1291, MABILLE D'ANDUSE; 2°. ANNE DE VIENNOIS, morte à Paris en 1344. Il laissa, de l'un de ces deux mariages, Raymond, qui suit, et d'autres enfants.

RAYMOND IV.

1340. RAYMOND IV, fils aîné de Raymond III et comte d'Avellino, dans le royaume de Naples, succéda à son père dans le comté d'Orange. L'an 1349, le 28 juillet, il rendit hommage, dans la maison du Temple, à Lyon, en présence de l'archevêque Henri de Villars, de l'évêque de Grenoble, et d'autres personnes qualifiées, à Charles, fils aîné de Jean, duc de Normandie, nouvellement dauphin, pour certaines portions de ses terres qui relevaient du Dauphiné. (*Recueil de Fontanieu*, vol. 77.) Raymond eut de grands démêlés avec Catherine de Baux, dame de Courteson, qu'il fit enfermer et traita avec beaucoup d'inhumanité. La reine Jeanne, informée des excès qu'il avait commis à l'égard de cette dame, et d'autres personnes qualifiées, le fit condamner, pour crime de rébellion, à perdre la tête. JEANNE, fille d'Amé III, comte de Genève, et seconde femme de Raymond, obtint la grâce de son époux en 1370. Raymond était homme de guerre et homme de lettres. Pour mettre son comté à l'abri de l'insulte, dans les guerres continuelles qui agitaient le royaume de France, il fit fortifier la ville d'Orange, et pour faire en même tems fleurir les lettres dans cette capitale, il y fonda une université, par lettres-patentes du 27 mai 1365. Il mourut, le 20 février 1393, laissant de sa seconde femme deux filles, Marie et Alix. Raymond avait épousé, en premières noces, CONSTANCE DE TRIANS, fille d'Arnaud, vicomte de Tallard, dont il n'eut point d'enfants. Marie porta, comme on va le voir, le comté d'Orange dans la maison de Châlon. Alix fut baronne de Baux, comtesse d'Avellino, dame de Brantouls, etc., et mourut sans enfants l'an 1426. Elle institua pour héritiers ses parents, qui s'étaient habitués dans le royaume de Naples, et à leur défaut, son neveu, Louis de Châlon, prince d'Orange. C'est par ce testament d'Alix, dit M. Expilli, que la baronnie de Baux et les autres terres baussenques furent réunies au comté de Provence, par droit d'aubaine, selon la commune opinion, et par droit de souveraineté, selon les principes invariables de la monarchie française. Le roi Louis XIII, ayant érigé la baronnie de Baux en marquisat, en fit don, l'an 1641, à Honoré Grimaldi II, prince de Monaco.

MARIE DE BAUX, et JEAN I DE CHALON.

1393. MARIE, fille aînée de Raymond IV, lui succéda dans la principauté d'Orange, avec JEAN DE CHALON (IIIe. du nom de sa maison), baron d'Arlai, qu'elle avait épousé l'an 1388. Jean de Châlon, étant entré en guerre, l'an 1395, avec le comte de Valentinois et l'évêque de Valence, fut battu et fait prisonnier par Aymeri de Séverac, général de l'armée ennemie. L'an 1400, marie, son épouse, forme des prétentions, du chef de sa mère, sur le comté de Genève, après la mort d'Humbert de Villars, qui l'avait possédé comme époux de Marie, fille aînée du comte Amé III. Mais Otton de Villars, oncle d'Humbert, qui l'avait institué son héritier, s'empara du comté de Genève, quoiqu'il n'y eût point de droit légitime, n'étant pas du sang des anciens comtes. Prévoyant ensuite qu'il ne pourrait s'y maintenir contre Jean de Châlon, qui avait épousé l'héritière du sang, il céda ce comté, par traité du 5 août 1401, à Amédée VIII, comte de Savoie, sur lequel Jean de Châlon ne fut pas en état de le recouvrer. Ce dernier s'attacha depuis au duc de Bourgogne, qui le fit lieutenant-général dans les duché et comté de ce nom. L'an 1408, il mena du secours, au nom de ce prince, à Jean de Bourgogne, évêque de Liége, contre ses sujets révoltés. Les partisans du duc de Bourgogne le firent nommer, l'an 1415, grand-chambrier de France; et, l'an 1417, ils lui procurèrent la lieutenance-générale de Languedoc. Ce fut cette année qu'il perdit, au mois de juin, Marie, son épouse. Lui-même la suivit au tombeau le 4 décembre de l'année d'après, laissant de son mariage trois fils, Louis, qui suit, Jean et Huguenin, avec une fille, Alix, mariée à Guillaume de Vienne. Marie, par son testament fait le 22 mai 1416, avait substitué à ses trois fils, au défaut de postérité, Alix et ses descendants : ce que Jean confirma au mois d'octobre de l'année suivante. Il avait fait bâtir, au-dessus d'Orange, un château pour la défense de cette ville.

LOUIS DE CHALON, dit LE BON.

1418. Louis, à qui sa probité mérita le surnom de Bon, fils aîné de Jean de Châlon et de Marie de Baux, leur succéda dans la principauté d'Orange et la baronnie d'Arlai. Il eut le même attachement que son père pour la maison de Bourgogne, et se trouva au siége de Melun en 1420, pour le service du duc Philippe le Bon; mais il refusa de prêter serment au roi d'Angleterre Henri V, qui l'exigeait en vertu du traité de Troyes. Louis, jugeant ce traité trop préjudiciable à l'état, aima mieux se retirer que de s'y conformer. Il s'unit ensuite avec le duc de Savoie contre la France; mais, l'an 1429, il fut battu à Anthon par Louis de Gaucourt, gouverneur du Dauphiné, et n'évita d'être pris qu'en se jetant dans le Rhône, qu'il traversa à cheval, quoique armé de toutes pièces. L'année suivante, il fit hommage du comté d'Orange à Louis III, comte de Provence, pour se défendre contre la France, dont les officiers ravageaient ses terres après les avoir saisies au nom du roi. Mais il en obtint ensuite la restitution en faisant ses soumissions à Charles VII. Elles furent sincères, et le comte Louis fut un de ceux qui travaillèrent avec le plus de zèle à détacher le duc de Bourgogne du parti de l'Angleterre. (*Hist. de Bourg.*, tome IV, page 160.) Louis était bon économe. L'an 1436, René, successeur de Louis III, emprunta de Louis de Châlon la somme de 15,000 livres, qu'il devait pour sa rançon au comte de Vaudemont; et, pour sûreté de cette somme, il lui hypothéqua l'hommage que Louis III avait acquis de lui sur la principauté d'Orange. Dans la suite, René voulut recouvrer cet hommage en remboursant les 15,000 livres; mais le prince d'Orange les refusa. Louis de Châlon mourut le 13 décembre 1463, à l'âge de soixante-quinze ans. Il avait épousé, 1°. l'an 1408, JEANNE, fille d'Étienne, comte de Montbelliard; 2°. le 4 mai 1446, ÉLÉONORE, fille de Jean IV, comte d'Armagnac, morte en 1456; 3°. BLANCHE DE GAMACHES, morte le 14 mai 1474. Du premier lit, il eut Guillaume, qui suit; du second, Louis, seigneur de Château-Guyon, chevalier de la Toison d'Or, tué, l'an 1476, à la fameuse bataille de Granson, en combattant pour le duc de Bourgogne; et Hugues, seigneur d'Orbe, allié à Louise, fille aînée d'Amédée IX, duc de Savoie, laquelle se fit religieuse au monastère d'Orbe après la mort de son mari; et deux filles, Jeanne, mariée à Louis, comte de la Chambre, et Philippe, religieuse d'Orbe. Le troisième mariage de Louis de Châlon fut stérile.

GUILLAUME VII.

1463. GUILLAUME VII, fils aîné et successeur de Louis le Bon, fit le voyage de la Terre-Sainte après la mort de son père. A son retour, il servit Charles, duc de Bourgogne, contre les Liégeois en 1468; et reçut plusieurs blessures dans cette guerre où il acquit beaucoup de gloire. L'année suivante, il abandonna le service de Charles, mécontent du jugement qu'il avait rendu, comme arbitre, dans un différend que Guillaume avait avec son frère. Retiré dans Orange, il y établit un parlement. Le duc de Bourgogne, irrité de sa retraite, fit saisir toutes les terres qu'il possédait dans les deux Bourgognes. Sa principauté d'Orange cependant n'était pas tranquille. Le parlement qu'il y avait érigé déplut à ses sujets, parce qu'il gênait leur liberté. Ils profitèrent des circonstances fâcheuses où Guillaume se trouvait, pour l'obliger à consentir qu'il leur fût permis d'appeler des jugements de ce tribunal. Le roi Louis XI, à la cour duquel il s'était rendu, favorisa sous main cette demande, tandis qu'il amusait Guillaume par de vaines promesses. Celui-ci, se voyant joué par le monarque, prit alors le parti de renouer avec le duc de Bourgogne. Louis XI, informé du traité qu'il avait fait avec ce prince, le fit arrêter, l'an 1473, par le baron de Lude, gouverneur du Dauphiné, comme il retournait dans ses terres du comté de Bourgogne, sous prétexte qu'il n'avait pas de sauf-conduit. Guillaume, après avoir été retenu vingt-huit mois prisonnier à Lyon, n'obtint sa liberté, qu'en remettant au roi, comme dauphin de Viennois, l'hommage et la souveraineté de la principauté d'Orange, en consentant que les appels de son parlement fussent portés à celui de Grenoble, et en s'obligeant à payer quarante mille écus pour sa rançon. Ce traité, passé à Rouen le 6 juin 1475, lui laissa néanmoins le titre de *Prince Souverain*, avec le droit de faire battre monnoie. Le 9 du même mois, autre traité par lequel Guillaume, après avoir reconnu que d'ancienneté la principauté d'Orange était mouvante, à titre de fief, du comté de Provence, et de la juridiction souveraine du comte par appel, déclare que le roi René, comte de Provence, ayant vendu ses droits à Louis de Châlon, père de Guillaume, il les cède par manière de vente au roi Louis XI, dauphin; il consent de plus que désormais la principauté d'Orange ressortisse au parlement de Dauphiné; et cela moyennant la somme de quarante mille écus que Guillaume reconnut avoir reçue: c'est-à-dire que sa rançon fut compensée par là. Le lendemain, Guillaume en conséquence fit hommage-lige au roi comme dauphin. Tandis qu'il s'acquittait de ce devoir,

Philippe de Commines, seigneur d'Argenton, lisait à Guillaume la forme du serment, en présence du cardinal de Bourbon, archevêque de Lyon, et d'un grand nombre de seigneurs. Le roi René, comte de Provence, fit contre ces traités des protestations auxquelles on n'eut aucun égard. (*Mss. de Béthune*, n° 9420.) Guillaume mourut le 27 octobre de la même année. Il avoit épousé, le 19 août 1438, CATHERINE, fille de Richard de Bretagne, comte d'Etampes, morte en 1476, dont il eut un fils, qui suit.

JEAN II.

1475. Jean II (quatrième du nom de la maison de Châlon), fils unique de Guillaume VII, lui succéda dans la principauté d'Orange et dans ses autres domaines. L'emprisonnement de son père, qu'il supporta fort impatiemment, l'aliéna du parti de Louis XI, et le porta à se jetter dans celui du duc de Bourgogne: mais, après la mort de ce dernier, Louis regagna le prince d'Orange, en lui faisant espérer le gouvernement des deux Bourgognes. Jean servit le monarque avec zèle; et, par le crédit qu'il avait dans les deux provinces, il réussit à faire déclarer le duché de Bourgogne en faveur du roi. Il ne trouva pas la même facilité dans le comté; mais ayant gagné la principale noblesse, il vint à bout de faire recevoir garnison française dans les villes du pays. Des services aussi importants ne purent néanmoins déterminer le roi de France à tenir les promesses qu'il avait faites au prince d'Orange. Celui-ci, se voyant joué par Louis XI, rentra dans le parti de Marie de Bourgogne, et se joignit aux seigneurs du comté de Bourgogne, qui tenaient encore pour cette princesse. Le roi de France fit rendre, le 7 septembre 1477, un arrêt contre lui, par lequel il fut déclaré criminel de leze-majesté, et banni à perpétuité du royaume. Jean faisait cependant de grands progrès dans le comté de Bourgogne. La même année 1477, il gagna sur les Français la bataille d'Émagni, dans l'Auxois, mais le seigneur de Château-Guyon, son oncle, resta entre les mains des ennemis. Le prince d'Orange continua de faire la guerre à la France, jusqu'à la paix d'Arras, qui fut conclue en 1482. Après la mort de Louis XI, il s'attacha à la ligue du duc d'Orléans contre le gouvernement. Il fut pris avec ce prince à la bataille de Saint-Aubin du Cormier, donnée le 18 Juillet 1488, et conduit prisonnier au château d'Angers. Remis l'année suivante en liberté, il accompagna Charles VIII à la conquête de Naples, et le duc d'Orléans, devenu roi de de France, à celle de Milan. Ce dernier (Louis XII) lui remit l'hommage de la principauté d'Orange, et la rétablit dans les droits d'une souveraineté libre et indépendante. Jean de Châlon mourut le 25 avril 1502, et fut enterré aux cordeliers de Lons-le-Saunier, près de JEANNE DE BOURBON, sa première femme, morte sans enfants le 10 juillet 1493. De PHILIBERT DE LUXEMBOURG, sa seconde femme, il laissa Philibert, qui suit, avec une fille, Claude, mariée à Henri, comte de Nassau.

PHILIBERT DE CHALON.

1502 PHILIBERT succéda, n'étant âgé que de trois semaines, à Jean II, son père, sous la tutelle de sa mère, qui lui donna une belle éducation. Le roi François I, ayant donné, l'an 1515, un édit pour la réunion des domaines que son prédécesseur avait aliénés, le parlement de Grenoble jugea que la souveraineté d'Orange était dans le cas de l'édit. Philibert se rendit, l'an 1517, à la cour de France, avec une brillante suite, pour faire révoquer ce jugement. N'ayant pu y réussir, il passa de dépit au service de l'empereur Charles-Quint. Le roi, pour le punir, confisqua, l'an 1522, la principauté d'Orange, dont il accorda la jouissance au maréchal de Coligni. L'empereur le dédommagea de cette perte par le don du comté de Saint-Pol, et d'autres terres. L'an 1523 (v. st.) Philibert se signala au siège de Fontarabie. Il fut pris sur mer, l'an 1524, par les Français, et conduit au château de Luzignan, où il resta prisonnier jusqu'au traité de Madrid. Sa liberté lui fut rendue alors avec ses biens, par un des articles de ce traité. Philibert continua de servir l'empereur. Il commandait, en qualité de lieutenant du connétable de Bourbon, l'an 1527, devant Rome ; et ce général ayant été tué à l'escalade des murs de cette ville, l'armée nomma, d'une seule voix, Philibert pour commander à sa place. Après le sac de Rome, il passa dans le royaume de Naples, d'où il chassa les Français. L'empereur, ayant pris ensuite le parti du Pape et de sa famille, contre les Florentins, envoya Philibert, à la tête d'une armée, en Toscane. Il fut tué, le 3 août 1530, dans un combat qui se livra devant Florence, qu'il tenait assiégée, et qu'il avait reduite aux abois. On prétend que, s'il eût pris cette place, il aurait épousé Catherine de Médicis, dont il était amoureux, et qui fut depuis reine de France. Ce prince dont les historiens font les plus grands éloges, n'avait point été marié. Son épitaphe, gravée sur son tombeau, commence par ces mots : *Philibertus Aurengiæ princeps sanguine regius.*

RENÉ DE NASSAU.

1530. RENÉ DE NASSAU, neveu de Philibert, par sa mère Claude de Châlon, femme de Henri de Nassau, succéda à son oncle dans la principauté d'Orange et dans ses autres biens, en vertu de son testament. Il était encore très jeune à la mort de Philibert : il fut attaché comme lui au parti de l'empereur. Le roi François I, pour le punir de sa félonie, fit réunir au domaine de Provence la principauté d'Orange, par arrêt du parlement d'Aix, rendu le 30 juin 1543. René mourut le 15 juillet 1544, d'une blessure qu'il avait reçue, trois jours auparavant (le P. Daniel dit la veille), au siège de Saint-Dizier. N'ayant point d'enfants d'ANNE, fille d'Antoine, duc de Lorraine, qu'il avait épousée en 1540, il institua son héritier, par son testament, du 20 juin 1544, Guillaume de Nassau, son cousin, sans égard pour la substitution faite en 1416, par Marie de Baux, et confirmée par Jean de Châlon, son époux. Le cœur de René fut transporté à Bar-le-Duc, dans l'église de Saint-Maxe, où il est enfermé dans une boîte rouge en forme de cœur, qu'un squélette de marbre blanc tient de la main gauche. C'est un chef-d'œuvre de sculpture, fait par Ligier Richier.

GUILLAUME DE NASSAU.

1544. GUILLAUME DE NASSAU-DILLENBOURG, dit le JEUNE, huitième du nom, fils de Guillaume le Vieux, se mit en possession de la principauté d'Orange, en vertu du testament de René, son cousin ; quoiqu'il ne descendît en aucune manière de la maison de Châlon, ni de celle de Baux. Le duc de Longueville, qui descendait d'Alix de Châlon, fille de Marie de Baux et de Jean III de Châlon, ne manqua pas de s'opposer à cette usurpation : il obtint des arrêts en sa faveur : mais la figure que faisait Guillaume de Nassau à la tête de la république de Hollande, empêcha l'exécution de ces jugements. Henri II, roi de France, reconnut Guillaume prince d'Orange, en 1559, par le traité de paix de Cateau-Cambresis. Ce fut alors qu'il prit possession de cette principauté. L'histoire de Guillaume appartient plus à celle des stadhouders de Hollande, qu'à celle des princes d'Orange. Il nous suffira de dire ici que ce prince, après avoir fondé la république de Hollande, fut assassiné d'un coup de pistolet, le 10 juillet 1584, à l'âge de 52 ans, par Baltazar Gérard, né à Vilfans dans le comté de Bourgogne. On traite communément cette action de crime détestable. M. Dunod soutient qu'elle était légitime, sur ce principe ; que le roi d'Espagne ayant mis à prix la tête du prince d'Orange, comme d'un rébelle irréconciliable avec son souverain, et d'un fauteur obstiné de la révolte et de l'hérésie, il était permis à tout sujet du roi, suivant les plus habiles jurisconsultes, de tuer ce prince, même par surprise. Quoiqu'il en soit, Philippe II, roi d'Espagne, eut tant de joie de cet assassinat, qu'il anoblit la sœur de Gérard et sa race à perpétuité. On rapporte que cet homme frémit et versa des larmes à la vue de l'appareil de son supplice ; mais qu'il se mit à rire au milieu des tenaillements en voyant quelque chose tomber sur la tête de l'un des spectateurs. Le jésuite Strada, tout favorable qu'il est aux Espagnols, dans son histoire des Pays-Bas, n'ose cependant aller jusqu'à louer l'action de Gérard. Guillaume VIII avait épousé, 1°. en 1551, ANNE D'EGMOND, héritière de sa maison, qui le fit père de Philippe-Guillaume, qui suit, et de Marie, femme du comte d'Hohenlohe ; 2° ANNE DE SAXE, dont il eut Maurice, son successeur dans le stadhoudérat, et deux filles ; 3° le 12 juin 1574, CHARLOTTE, fille de Louis II de Bourbon, duc de Montpensier (cette princesse avait été abbesse de Sainte-Croix de Poitiers, puis de Jouarre ; mais s'étant retirée, l'an 1571, chez l'électeur palatin, elle y embrassa le calvinisme pour se marier) : de cette alliance, Guillaume eut Louise-Julienne, femme de Frédéric IV, comte palatin du Rhin, et cinq autres filles (leur mère finit ses jours, le 6 mai 1582, à Anvers) ; 4° LOUISE DE COLIGNI, qui accoucha, au mois de janvier 1584, de Frédéric-Henri, successeur de Maurice, son frère, dans le stadhoudérat. (voyez *la Hollande en rép:*)

PHILIPPE GUILLAUME.

1584. PHILIPPE-GUILLAUME, fils et successeur de Guillaume le Jeune dans la principauté d'Orange, était au pouvoir des Espagnols, à la mort de son père. Il suivit la religion catholique que Guillaume, son père, avait abandonnée, et demeura toujours attaché au service de l'Espagne. Ce prince mourut le 21 février 1618, sans laisser d'enfans d'ELÉONORE DE BOURBON-CONDÉ, sa femme.

MAURICE DE NASSAU.

1618 MAURICE DE NASSAU, stadhouder de Hollande, succéda, dans la principauté d'Orange, à Philippe-Guillaume, son frère. Politique habile et grand capitaine, il affermit la souveraineté des États-Généraux. Ce fut lui qui, le premier, fortifia la ville d'Orange. Il la mit dans un état respectable, en la revêtissant de murailles fort épaisses et terrassées, avec des fossés pleins d'eau de la rivière de Meyne. Quatre grandes portes, flanquées de tours et deffendues par des demi-lunes, rendaient l'accès de la place très difficile à l'ennemi. Le château, bâti par Jean de Châlon I au-dessus de la ville, ayant été brûlé dans le tems des guerres de religion en 1561, Maurice, en 1622, le fit réparer et fortifier de onze bastions, avec des fossés à fond de cuve, creusés dans le roc; et par là, cette place devint une des plus fortes de l'Europe. Maurice finit ses jours à la Haye, le 22 avril 1625, sans avoir été marié. (Voy. *la Hollande en rép.*)

FRÉDÉRIC-HENRI.

1625. FRÉDÉRIC-HENRI fut le successeur de Maurice, son frère, dans la principauté d'Orange, ainsi que dans le stathoudérat de Hollande. Il continua la guerre avec succès contre l'Espagne, et fit enfin reconnaître les Etats-Généraux pour souverains. Il mourut le 14 mars 1647, laissant de son épouse, ÉMILIE, fille de Jean Albert, prince de Solms, qu'il avait épousée le 4 avril 1625, Guillaume, qui suit, et Louise-Henriette, substituée à son frère (celle-ci épousa Frédéric-Guillaume, électeur de Brandebourg); Henriette-Catherine, femme de Georges-Jean, prince d'Anhalt-Dessau, et Marie, femme de Louis-Henri-Maurice, duc de Simmeren. (Voy. *la Hollande en rép.*)

GUILLAUME IX.

1647. GUILLAUME IX, reçu stathouder, en survivance de Henri-Frédéric, son père, l'an 1631, lui succéda, l'an 1647, dans la principauté d'Orange. Il marcha sur les traces de ses ancêtres, dans la conduite qu'il tint, à la tête des Etats-Généraux, envers l'Espagne. La paix de Munster, conclue en 1648, le remit en possession des terres qui avaient été confisquées sur lui dans la Franche-Comté; mais cette paix, en augmentant son domaine, diminua son autorité dans les Provinces-Unies, par la réconciliation de cette puissance avec l'Espagne. Guillaume voulut alors convertir le stathoudérat en souveraineté. L'an 1650, il assiégea la ville d'Amsterdam; mais les habitans ayant lâché les écluses, il fut obligé de lever le siége. Guillaume mourut le 6 novembre de la même année, à l'âge de 24 ans, laissant MARIE-HENRIETTE, son épouse, fille de Charles I, roi d'Angleterre, enceinte de Guillaume-Henri, qui suit. (Voyez *la Hollande en république.*)

GUILLAUME-HENRI DE NASSAU.

1650. GUILLAUME-HENRI, fils et successeur de Guillaume IX, dans la principauté d'Orange, fut exclu du stathoudérat, tant que vécut le grand pensionnaire de Witt: mais, ce rival ayant été assassiné le 22 août 1672, Guillaume obtint à la fin cette dignité. Il se servit de l'autorité qu'elle lui donnaît pour engager les États-Généraux à se déclarer contre la France. La même année, il fut nommé général des troupes de la république. Ce prince, dit un historien célèbre, nourrissait, sous le flegme hollandais, une ardeur d'ambition et de gloire, qui éclata toujours depuis dans sa conduite, sans échapper jamais dans ses discours. Son humeur était froide et sévère, son génie actif et perçant ; son courage, qui ne se rebutait jamais, fit supporter à son corps, faible et languissant, des fatigues au-dessus de ses forces. Il fut presque toujours battu par les Français ; mais il trouva dans ses défaites des ressources qui le rendirent toujours redoutable à ses ennemis. L'an 1673, Guillaume, ayant confisqué le marquisat de Berg-op-Zoom, et d'autres domaines appartenans au comte d'Auvergne, du chef de sa femme, le roi de France, par représailles, confisqua le comté d'Orange, et le donna à ce comte, après en avoir fait raser le château et les autres fortifications. (Daniel.) Guillaume envoya le grand pensionnaire Heinsius à la cour de France, pour discuter ses droits sur Orange. Le ministre, s'étant adressé à Louvois, secrétaire d'état, lui parla vivement, non seulement pour son maître, mais pour les protestants de cette principauté. Louvois lui répondit, à ce qu'on prétend, qu'il le ferait mettre à la Bastille. L'an 1688, Guillaume chassa du trône d'Angleterre, Jacques II, son beau-père, pour s'y placer lui-même. Guillaume mourut le 19 mars 1702, sans laisser d'enfants de Marie Stuart, sa femme. (*Voyez* Guillaume III, *roi d'Angleterre*.) Il institua pour héritier, Jean Guillaume le Frison, son cousin, prince de Nassau-Diets, petit-fils d'Albertine-Agnès de Nassau, tante du roi Guillaume, mariée à Guillaume-Frédéric de Nassau-Diets. Mais Frédéric I, roi de Prusse, lui disputa cette succession, comme plus proche héritier, étant fils de Louise-Henriette, sœur aînée de Frédéric-Guillaume, électeur de Brandebourg. Louis XIV se mit entre les deux contendants, et prétendit que la principauté d'Orange était dévolue à la couronne, faute d'hoirs mâles. A cette occasion, il fit valoir l'hommage qui avait été rendu à Louis XI, en 1475. D'un autre côté, le prince de Conti revendiqua la principauté d'Orange, en qualité d'héritier de la maison de Longueville. Sur ces contestations, il intervint un arrêt du parlement de Paris, qui adjugea le domaine utile d'Orange, au prince de Conti, et le haut domaine au roi de France ; ce qui fut confirmé par le dixième article du traité d'Utrecht. La principauté d'Orange fut unie, par arrêt du conseil, donné le 13 décembre 1714, au Dauphiné.

CHRONOLOGIE HISTORIQUE

DES

COMTES ET DAUPHINS DE VIENNOIS.

La province qu'on nomme aujourd'hui Dauphiné, était anciennement habitée par les *Allobroges*, les *Segalauni*, les *Tricastini*, les *Vocontii*, les *Caturiges*, les *Tricorii*, les *Brigantii*, etc. La conquête de ce pays, commencée par Q. Fabius Maximus, fut achevée par Jules-César. Dans la division qui se fit des Gaules sous Honorius, le Dauphiné fut attribué à la province Viennoise, dont il porta le nom. De la domination des Romains, il passa sous celle des Bourguignons; et, à l'extinction du royaume de ces derniers, il fut réuni à la monarchie française. L'an 879, il se trouva compris dans le nouveau royaume de Provence, érigé par Boson. Rodolfe II, roi de la Bourgogne Transjurane, ayant réuni la Provence à ses états, le Dauphiné suivit le sort de cette province; et, après la mort de Rodolfe III, il fut assujetti aux lois des rois de Germanie. Ce ne fut pas néanmoins sans de grandes oppositions de la part des seigneurs du pays. Jaloux de l'indépendance, ils ne se soumirent qu'à des conditions avantageuses pour eux, et très-préjudiciables au système monarchique. On vit alors les villes les plus considérables se donner, avec leurs territoires, aux évêques; telles que celles de Grenoble, de Valence, etc. De là vient le titre de princes, que ces prélats conservent encore de nos jours (1785.) Les seigneurs laïques, de leur côté, se formèrent des principautés dans les possessions qu'ils surent se procurer; et, d'abord vassaux de l'empire germanique, ils parvinrent insensiblement à la souveraineté. Entre ces seigneurs, ceux d'Albon, au diocèse de Vienne, furent les plus remarquables, et ceux dont la fortune monta au plus haut degré.

Les monuments nous manquent pour découvrir leur origine; cette recherche est d'ailleurs indifférente à notre objet. Il nous suffit de connaître ceux qui, ayant commencé à dominer dans le Graisivaudan, dont Grenoble est le chef-lieu, fondèrent cette principauté, qui a pris depuis le nom de Dauphiné.

GUIGUES I, DIT LE VIEUX, COMTE D'ALBON.

1044, ou environ. GUIGUES, surnommé le VIEUX, fut le premier comte d'Albon qui posséda quelques terres dans le Graisivaudan, ce qui arriva vers l'an 1044. *Jusques-là l'évêque de Grenoble jouissait paisiblement en franc-alleu de tout le territoire de son évêché*, dit saint Hugues, évêque lui-même de Grenoble (1). Guigues, après avoir fondé le prieuré de Saint-Robert, dans son château de Cornillon, près de Grenoble, embrassa lui-même la vie religieuse à Cluni: ce qui arriva l'an 1063, au plutôt. En effet, on a de lui un acte de cette année, par lequel il fait, en qualité de comte d'Albon, certaines donations à l'église d'Oux. Hildebert, dans la vie de saint Hugues, abbé de Cluni, et la chronique de cette abbaye, parlent ainsi de la conversion de Guigues. « Il était si délicat,
» qu'il ne pouvait souffrir sur sa chair que des étoffes de soie
» ou des peaux de martre, en sorte qu'en consentant à se faire
» moine sous saint Hugues, il mit pour condition qu'il con-
» serverait toujours ces mêmes vêtements. Le saint abbé, pour
» le gagner à Dieu, condescendit à cette délicatesse, et lui
» permit de porter à nu, sous l'habit de la religion, les mêmes
» tuniques précieuses dont il usait dans le monde. Mais Gui-
» gues, ajoutent ces auteurs, voyant l'austérité de ses frères,
» rougit bientôt de sa mollesse, et se dépouilla de ces restes de
» mondanité, qui le distinguaient si honteusement de la com-
» munauté. » Ce trait est un de ceux qui montrent que les

---

(1) Il pouvait ajouter que, près d'un siècle auparavant, Isarn, l'un de ses prédécesseurs, se comportait en souverain dans l'étendue de son diocèse. Nous voyons en effet que ce prélat, en 965, ayant entrepris d'en chasser les Sarrasins, qui s'y étaient établis, rassembla de divers pays des nobles et autres personnes capables de porter les armes, à l'aide desquels il délogea ces infidèles des lieux dont ils s'étaient emparés, et que ces mêmes lieux furent la récompense dont il gratifia les compagnons de sa victoire. *Collegit nobiles, mediocres ac pauperes ex longinquis terris... deditque illis hominibus castra ad habitandum* (Salvaing) *Usage des Fiefs*, page 485.)

chemises de toiles n'étaient point encore alors en usage, même parmi la haute noblesse (1). Guigues ne vécut dans sa retraite qu'environ vingt jours, au bout desquels il mourut. (*Chron. Cluniac. ibid.*) Ceux-là donc qui mettent sa mort vers 1075, se trompent.

GUIGUES II, DIT LE GRAS.

1063 au plutôt. GUIGUES II, fils et successeur de Guigues I, prit le titre de comte de Grenoble, et mourut l'an 1080, laissant deux fils, Guigues, qui suit, et Raymond, qui devint comte de Lyon et de Forez, par son mariage avec Ide-Raymonde, héritière de ce comté.

GUIGUES III.

1080 ou environ. GUIGUES III, fils de Guigues le Gras, est confondu, mal-à-propos, par Chorier, Duchêne et Baluze, avec Guigues II, son père, auquel il succéda. Il eut plusieurs démêlés avec saint Hugues, évêque de Grenoble, à qui il céda, l'an 1098, les églises et les dîmes qu'il pouvait avoir dans le Graisivaudan. Guigues III est vraisemblablement ce Gui dont parle Eadmer, homme puissant, dit-il, qui arrêta, sur les frontières du Lyonnais, Herbert, évêque d'Herfort, l'un des prélats que le roi d'Angleterre, Henri I, envoyait pour consulter le pape sur ses différents avec saint Anselme, et dont il tira 40 marcs pour sa rançon, après lui avoir fait promettre qu'il ne ferait rien de contraire aux intérêts de cet archevêque. (Eadmer, *hist. Novor.*, l. 3.) Guigues épousa MATHILDE, ou MAISINDE, qu'on suppose être sortie d'une maison royale, sur ce qu'elle est qualifiée *regina* dans quelques titres. De ce mariage naquit Guigues IV, qui suit. On ignore l'année de la mort de son père.

GUIGUES IV, SURNOMMÉE DAUPHIN.

GUIGUES IV (appelé GUIGUES III par Duchêne et Baluze) est surnommé DAUPHIN dans un acte passé, vers l'an 1140, entre lui et Hugues II, évêque de Grenoble. La raison de cette dénomination est encore un problème aujourd'hui. Ce qu'on avance de plus probable, c'est qu'elle lui vint d'un dauphin

---

(2) Elles étaient même à peine connues au quinzième siècle, puisqu'on remarque comme une singularité dans la reine, femme du roi Charles VII, qu'elle avait deux chemises de toile.

qu'il prenait pour emblême dans les tournois où il se signala. On vantait, dit-on, le chevalier du dauphin. L'usage prévalut bientôt de l'appeler simplement le Dauphin, et ce nom célèbre devint un titre de dignité pour ses descendants. Guigues eut de fréquentes guerres avec les comtes de Savoie. Dans une bataille qu'il livra près de Montmeillan au comte Humbert III, il reçut une blessure dont il mourut en 1142. Il avait épousé MARGUERITE, fille d'Etienne, comte, ou plutôt administrateur du comté de Bourgogne, de laquelle il eut Guigues, qui suit; Marchise, femme de Robert III, comte d'Auvergne; et Béatrix, femme de Guillaume de Poitiers, comte de Valentinois.

GUIGUES V, PREMIER COMTE DE VIENNOIS.

1142. GUIGUES V succéda en bas âge à Guigues-Dauphin, son père, sous la tutelle de Marguerite, sa mère. Parvenu à un âge plus avancé, il se rendit à la cour de l'empereur Frédéric, qui le fit chevalier de sa propre main, et lui donna BÉATRIX, fille de Guillaume III, marquis de Montferrat, sa parente, en mariage. A ces marques d'honneur, Frédéric ajouta le don d'une mine d'argent qui était à Rame, dans le Briançonnais, avec pouvoir de faire battre monnaie. Guigues fut le premier de sa race qui prit le titre de comte de Viennois, en vertu de la cession que lui fit Berthold IV, duc de Zeringen, de tous les droits que ses ancêtres avaient possédés dans la ville de Vienne, par acte passé, l'an 1155, en présence de l'empereur Frédéric I. Guigues mourut au château de Vezille, en 1162, laissant encore à sa mère la régence du Dauphiné, avec le soin d'élever une fille unique, Béatrix, qu'il avait eue de son mariage avec une parente de l'empereur Frédéric.

BÉATRIX ET HUGUES.

1162. BÉATRIX, fille unique de Guigues V, lui succéda sous la tutelle de Marguerite, son aïeule, qui mourut l'an 1163. Cette jeune dauphine épousa, 1°. Albéric-Taillefer, fils de Raymond V, comte de Toulouse, pendant la jeunesse duquel Alfonse, son oncle, administra le Dauphiné. Albéric étant mort sans lignée en 1180, Béatrix se remaria, l'an 1183, à Hugues III, duc de Bourgogne. Ayant perdu ce second mari, l'an 1192, elle épousa, en troisièmes noces, Hugues de Coligni, sire de Revermont; alliance qui est prouvée par un acte de ce seigneur, et par une donation qu'il fit en 1202. (Valbonnais.) Béatrix mourut en 1228, laissant de son second mariage André, qui suit, avec une fille, nommée Mahaut, et du troisième,

Marguerite, femme d'Amédée III, comte de Savoie. (*Voyez* Hugues III, *duc de Bourgogne.*)

ANDRÉ, ou GUIGUES VI.

ANDRÉ, qui prit le nom de GUIGUES VI, fils de Béatrix et de Hugues III, duc de Bourgogne, succéda dans le Dauphiné, à sa mère, du vivant de cette princesse. Il épousa, 1°. suivant M. Expilli, SEMNORESSE, fille d'Aimar de Valentinois, dont il n'eut point d'enfant ; 2°. MARIE DE SABRAN DE CASTELLAR, dite de CLAUSTRAL, petite-fille de Guillaume IV, comte de Forcalquier, d'Avignon, d'Embrun et de Gap, qui lui apporta en dot l'Embrunois et le Gapençois ; deux comtés qui ont toujours été depuis unis au Dauphiné. Dégoûté de cette seconde épouse, il la répudia, l'an 1210, sous prétexte de parenté, quoiqu'il en eût une fille, nommée Béatrix, qui fut mariée, 1° avec Amauri, fils aîné de Simon, comte de Montfort, 2° avec Démétrius de Montferrat. Guigues-André se remaria, pour la troisième fois, à BÉATRIX, fille de Boniface le Géant, marquis de Montferrat, qui le fit père de Guigues, qui suit. Béatrix, sa fille, étant veuve de ses deux maris, lui fit cession de tout ce qui lui appartenait du chef de sa mère, pour cent mille sous tournois. Dès l'an 1210, avec le consentement de sa seconde femme, il avait cédé la suzeraineté du comté d'Embrun à Remond, archevêque de cette ville et à ses successeurs, pour le reprendre d'eux en fief avec tous les devoirs d'un vassal envers son suzerain. L'acte de cette cession est signé par Eudes, duc de Bourgogne, et confirmé par l'un et l'autre avec serment. (Trésor des Chartes, registre intitulé : *Copia plurium liter. et Just. Judic. Ebredun. tangentium*, lit. G, *fol.* 1. *Voy.* aussi le portefeuille 32 de Fontanieu.) Guigues-André, l'an 1225, acquit de Guillaume I, dauphin d'Auvergne, par acte du 9 octobre, les terres de Voreppe et de Varacieu. L'année suivante, il établit à Champagnier un chapitre de treize chanoines, qu'il transféra, l'an 1227, à Saint-André de Grenoble. Guigues-André mourut le 5 mars 1237. (n. st.) Ce prince se qualifiait quelquefois palatin de Viennois. (*Voyez* Guillaume II, ou IV, *comte de Forcalquier.*)

GUIGUES VII.

1237. GUIGUES VII, fils et successeur du dauphin Guigues-André, prit les titres de dauphin de Viennois, et de comte d'Albon, de Gap et d'Embrun. L'an 1243, il fit hommage de ses comtés de Vienne et d'Albon à l'archevêque de Vienne ;

et, l'an 1245, il reçut de l'empereur Frédéric II, comme roi d'Arles, l'investiture des comtés de Gap et d'Embrun. Charles d'Anjou, comte de Provence, fit, à cette occasion, revivre ses prétentions sur ces deux comtés, et fut sur le point d'en venir à une guerre ouverte avec le dauphin. Les choses s'accommodèrent, l'an 1257, par un acte du 17 juillet, qui assurait au comte de Provence l'hommage des domaines contestés. Mais ce traité fit naître un nouveau différent qu'éleva l'archevêque d'Embrun, prétendant qu'il donnait atteinte à ses droits. Le pape se déclara en faveur du prélat, et l'affaire n'était point encore terminée en 1297. Guigues VII n'en vit point la décision, étant mort sur la fin de 1269. De BÉATRIX, fille de Pierre, comte de Savoie, qu'il avait épousée le 3 décembre 1241, il laissa Jean, qui suit, et Anne, qui succéda à son frère. Quelques auteurs l'appellent Guigues VIII, comptant Hugues de Bourgogne pour Guigues VI, et Guigues-André pour le septième. Jusqu'à Guigues VII, les dauphins de Viennois avaient toujours gardé les armes des comtes d'Albon, qui étaient un château à trois tours crénelées de trois pièces. Guigues VII est le premier dauphin de Viennois qui ait pris un dauphin dans son sceau privé, ce qu'il paraît avoir imité des dauphins d'Auvergne; mais son grand sceau portait les armes d'Albon. (Valbonnais, *Histoire du Dauphiné*, p. 378.)

JEAN I.

1269. JEAN I, fils du dauphin Guigues VII, lui succéda en bas âge sous la tutelle de sa mère, Béatrix, qui fit hommage, le 17 mars 1269, à Charles I, comte de Provence et roi de Sicile. Robert II, duc de Bourgogne, disputa la régence à cette princesse, et l'obtint par un accord qu'il fit avec elle le 18 janvier 1272. Béatrix se remaria l'année suivante à Gaston VII, vicomte de Béarn. L'an 1281, le dauphin meurt, vers le mois d'octobre, sans avoir consommé son mariage avec BONNE, fille d'Amédée V, comte de Savoie. Il fut enterré chez les Chartreux de Melans.

ANNE ET HUMBERT I.

1281. ANNE, sœur aînée du dauphin Jean, se mit en possession du Dauphiné après la mort de ce prince. Elle était mariée depuis le 1er. septembre 1273 à HUMBERT, baron de la Tour-du-Pin, fils d'Abert III, dont le bisaïeul Géraud de la Tour vivait au commencement du douzième siècle. Pour faciliter cette alliance, Gui, évêque de Clermont, et Hugues, sénéchal de Lyon, frères de Humbert, lui avaient cédé la plus grande partie des biens qui leur étaient échus en partage, et Alix, sa belle-sœur, veuve d'Albert, son frère, par son testament, du mois de mai 1273, lui avait transmis tous les droits qui lui appartenaient dans la succession de son mari. Humbert, avant son mariage, avait été chanoine de Paris, chantre de l'église de Lyon, et doyen de celle de Vienne. Après la mort du dauphin Jean, il prit le titre de dauphin. Mais ce titre lui fut contesté par Robert II, duc de Bourgogne, qui prétendait succéder au dauphin Jean, comme plus proche héritier de la ligne masculine. Cette prétention occasiona divers combats assez sanglants et plusieurs siéges. Mais enfin le roi Philippe le Bel, s'étant rendu médiateur, engagea les parties à conclure à Paris, le 25 janvier 1285 (v. st.), un accommodement, par lequel Humbert demeura possesseur du Dauphiné, au moyen de la cession qu'il fit à Robert des terres de Coligni et de Revermont. Amédée V, comte de Savoie, qui avait pris le parti du duc de Bourgogne dans cette querelle, en avait une autre avec le dauphin touchant la baronnie de la Tour, et d'autres terres qu'il prétendait relever de lui. Le comte attira dans son parti Louis, baron de Vaud, son frère, le seigneur de Gex, et l'abbé d'Ambournai, avec lesquels il forma une ligue contre le dauphin. Celui-ci, de son côté, se fortifia de l'alliance de l'archevêque et du chapitre de Vienne, de l'évêque de Valence, de Jean de Châlon, baron d'Arlai, et du comte de Valentinois. Il y eut des courses réciproques sur les terres ennemies et des châteaux pris de part et d'autre. Les parties, après avoir fait divers compromis qui suspendirent les hostilités sans les terminer, s'accordèrent enfin, au mois de juin 1293, par un traité qu'imagina la dauphine Béatrix, belle-mère de Humbert. Ce fut de substituer, pour l'hommage exigé par le comte, la baronnie de Faucigni, faisant la dot de Béatrix, à celle de la Tour. (Valbonnais, tome I, page 237.) Deux ans avant cet accommodement, l'empereur Rodolfe étant arrivé, l'an 1291, en Suisse, le dauphin et plusieurs prélats et seigneurs du royaume de Bourgogne vinrent le trouver à Murat pour lui offrir leurs hommages. Humbert remporta de ce voyage l'avouerie de l'abbaye de Saint-Claude, que Rodolfe lui conféra pour la tenir comme sénéchal du royaume de Bourgogne, droit qu'il transmit à ses successeurs. (*Ibid.*, page 241.)

La dauphine Anne, et son époux, voulant assurer leur succession à Jean, leur fils, lui avaient fait donation, le 9 décembre 1289, de leurs états en se réservant l'usufruit des revenus. Mais, comme les comtés d'Embrun et de Gap avaient été démembrés de celui de Forcalquier, la donation avait besoin d'être munie du consentement de Charles d'Anjou II, comte de Provence. C'est ce qu'il accorda par lettres du 31 décembre 1293, dans un voyage qu'il fit à Nice. (Valbonnais, *pr.*, p. 73.) Le jeune Dauphin, en vertu de l'hommage qu'il avait fait au comte de Provence, se croyait dispensé de toute subordination féodale envers l'archevêque d'Embrun. Le prélat ne l'entendait pas ainsi, et prétendait que l'hommage rendu pour ce domaine au comte de Provence ne préjudiciait pas à celui qu'il devait à son église ; Charles II appuya cette prétention, et par ses lettres datées de Viterbe le 14 février 1297, il manda au dauphin, père, que deux hommages rendus pour la même terre à deux différentes personnes n'étant point incompatibles, il eût à satisfaire avec son fils à ce que l'archevêque d'Embrum exigeait d'eux. (*Ibid.*, p. 79.)

Les querelles et les hostilités s'étant renouvelées entre le comte de Savoie et le dauphin, ils convinrent, après s'être fait réciproquement beaucoup de mal, de prendre pour arbitre Charles de Valois, frère du roi de France, lorsqu'il passa dans leurs états, pour aller au secours du roi de Naples, son cousin. L'acte du compromis, dressé dans une prairie près de Montmeillan, est du 5 des nones de juillet 1301. Charles de Valois ordonna préalablement la suspension de toute hostilité ; mais il fut mal obéi, comme on le voit par ses lettres datées de Tournus, à son retour, le 22 janvier 1302. (v. st.) Des réflexions sérieuses que fit le dauphin Humbert sur lui-même le déterminèrent à se retirer, dans le mois de septembre 1306, à la Chartreuse du Val-Sainte-Marie, au diocèse de Valence. Il y mourut vers le 12 avril de l'année suivante. D'Anne, son épouse, décédée vers la fin de l'an 1296, et enterrée à la Chartreuse de Salètes, qu'elle avait fondée, il laissa Jean, qui suit ; Hugues de la Tour, baron de Faucigni par le don que lui en fit Béatrix, son aïeule, en 1303 ; Gui de la Tour, baron de Montauban, que M. Dupuy, d'après Villani, a mal-à-propos confondu avec Gui, chevalier du Temple, qui fut brûlé, le 18 mars 1314, à Paris ; Henri, dit le Viennois, élu évêque de Metz, et cinq filles, Alix, mariée, l'an 1296, à Jean I, comte de Forez, après avoir été promise au comte de Savoie, Amédée V ; Marie, alliée à Aimar, petit-fils d'Aimar III, comte de Valentinois, morte religieuse à Salètes vers 1355 ; Béatrix, femme de Hugues de Châlon, sire d'Arlai, morte à Caselle le 10 juin 1347 ; Marguerite, mariée, en 1302, à Frédéric, fils de Mainfroi, marquis de Saluces ; et Catherine, femme de Philippe de Savoie, prince d'Achaie. (Valbonnais, tome I, p. 170.) Humbert I mit dans ses armes un dauphin accosté de deux tours avec leur avant-mur.

Ce fut sous le gouvernement de Humbert I que fut érigé en abbaye chef d'ordre le prieuré de la Motte-Saint-Didier, situé à quatre lieues de Romans, non loin de l'Isère, et dépendant de l'abbaye de Montmajour, près d'Arles. Un seigneur viennois, nommé Joscelin, ayant obtenu de l'empereur de Constantinople les reliques de saint Antoine, dans un voyage qu'il fit en cette ville vers l'an 980, les déposa dans l'église de ce prieuré, où elles attirèrent un concours prodigieux de peuple par les miracles qu'elles opérèrent sur les malades attaqués du *feu sacré*, appelé depuis le *feu de Saint-Antoine*. C'était un érysipèle contagieux qui faisait d'horribles ravages dans plusieurs provinces de France. Gaston, autre seigneur viennois, ayant éprouvé la vertu de ces reliques dans la personne de son fils, fonda, près du prieuré, un hôpital desservi par des religieux laïques, pour le soulagement des malades tourmentés de ce mal. Les hospitaliers s'étant multipliés et répandus en divers lieux, le pape Boniface VIII, en 1297, les tira de la dépendance de Montmajour, et convertit le prieuré en abbaye de chanoines réguliers, sous le titre de Saint-Antoine, à laquelle tous les hôpitaux du même institut furent soumis. L'abbaye resta, comme le prieuré l'était auparavant, dans la mouvance du dauphin; et nous voyons qu'en 1327 Guigues VIII reçut à Saint-Marcellin l'hommage solennel de Ponce d'Alayrac, abbé de Saint-Antoine. (Valbonnais, tome I, page 175.)

JEAN II.

1307. JEAN II, fils de Humbert et de Béatrix, reçut, le 18 avril, après l'inhumation de son père, l'hommage des seigneurs de Dauphiné, qui avaient assisté à cette cérémonie. Il avait porté jusqu'alors le titre de comte de Gapençois. Un moderne dit qu'il fit la campagne de Flandre, en 1302, pour le service du roi Philippe le Bel, et qu'il reçut de ce prince, outre une somme principale de dix mille livres, pour les frais de la guerre, une rente annuelle sur le Temple à Paris, qui fut augmentée d'une autre de deux mille livres par le roi Louis le Hutin. Mais le président de Valbonnais, qu'il cite en preuve, ne parle point de cette campagne, et donne, pour motif de ces gratifications, les guerres que le dauphin était obligé de soutenir contre les princes ses voisins, partisans des Anglais. De ce nombre était Amédée V, comte de Savoie. Le dauphin avait hérité de son père une guerre avec ce comte, touchant leurs prétentions respectives sur la mouvance de différentes terres. Des arbitres réussirent enfin à leur faire conclure, le 10 juin 1314, un traité de paix, qui fut suivi, le 17 octobre de la même année, d'un traité d'alliance entre eux, pour la défense du royaume d'Arles, contre ceux qui voudraient l'envahir ou l'entamer. (Valbonnais, *pr.*, pag. 156 et 157.) Le dauphin était fort, alors, par l'acquisition qu'il avait faite de la suzeraineté du château de Villars, au mois de septembre 1308. Il y ajouta celle du comté de Genève, dont le comte Guillaume lui fit hommage-lige, le 16 juin 1316. (*Ibid.*, *pr.*, pp. 158-163.) On sait que les vassaux étaient obligés de suivre leur suzerain à la guerre, avec leurs troupes. L'an 1317, Raymond, baron de Meoillon, étant prêt de faire le voyage d'outre-mer, fit donation de sa terre, le 2 septembre, au dauphin Jean, qui en était déjà suzerain, par l'hommage que son père en avait obtenu. (*Ibid.*, *pr.*, pag. 165.) Le dauphin Jean fit exécuter à la rigueur les constitutions que le pape Jean XXII avait publiées contre l'usure. On refusait, en Dauphiné, la sépulture ecclésiastique aux usuriers publics. Le dauphin, s'étant rendu à la cour d'Avignon, mourut à son retour, le 5 mars 1319 (n. st.), au Pont de Sorgues, petite ville à une lieue d'Avignon, à l'âge de trente-huit ans. De BÉATRIX, fille de Charles-Martel, roi de Hongrie, qu'il avait épousée l'an 1296, il laissa Guigues, qui suit, et Humbert, avec une fille, nommée Catherine. La mère de ces enfants, cinq jours après la mort de son mari, entra dans l'ordre de Cîteaux, et devint abbesse du Val-Bressieu, dignité dont elle se démit le 15 février 1340. Elle choisit, alors, pour sa retraite, l'abbaye des Hayes, d'où elle sortit dans la suite. Son fils Humbert, qui s'était fait dominicain, fonda, l'an 1349, sur ce qu'il s'était réservé, un monastère de filles de Cîteaux, à Saint-Just, transféré depuis à Romans. Ce fut là qu'elle mourut en 1354.

GUIGUES VIII.

1319. GUIGUES VIII, fils aîné de Jean II, lui succéda à l'âge de neuf ans, sous la tutelle et régence de Henri de la Tour, son oncle, élu évêque de Metz. L'an 1323, il épousa, le 17 mai, ISABELLE, fille du roi Philippe le Long, à laquelle il avait été fiancé dès le 16 juin 1316. On raconte que le seigneur de Sassenage, l'un des vassaux du dauphin, étant venu faire la demande de la princesse, un maître-d'hôtel du roi lui dit brutalement *qu'une si belle dame n'était pas faite pour un gros cochon comme le dauphin* : injure dont l'ambassadeur vengea sur le champ son prince, en perçant de son épée le maître-d'hôtel, et le renversant mort à ses pieds. Le comte de Savoie, qui se trouvait, pour lors, à Paris, donna retraite au meurtrier, et fit sa paix avec le roi. (Mézerai.) L'an 1325, Guigues se déclare pour Hugues de Genève, seigneur d'Anthon, son vassal, contre

Edouard, comte de Savoie, qui lui faisait la guerre. Edouard les battit deux fois; mais, la même année, ils remportèrent sur lui une victoire considérable, le 9 août, dans la plaine de Saint-Jean-le-Vieux, devant le château de Varei, dont il faisait le siége. Entre les prisonniers que fit le dauphin, les plus distingués furent Jean de Châlon, comte d'Auxerre; Robert de Bourgogne, comte de Tonnerre; et Guichard, sire de Beaujeu, qu'il ne relâcha que long-tems après et moyennant de fortes rançons. (Voy. *leurs articles.*) L'an 1328, après une trève conclue avec Edouard, par ordre du roi Philippe de Valois, Guigues, accompagné de Henri, son oncle, suivit ce monarque en Flandre, avec les troupes qu'il menait à son secours, et combattit à la bataille de Montcassel, donnée le 28 août de cette année. Henri, son oncle, mourut peu de tems après son retour en Dauphiné. Aymon, successeur d'Edouard, ayant renouvelé la guerre contre le dauphin, Guigues alla assiéger le château de la Perrière. Il y reçut une blessure, dont il mourut le lendemain 28 juillet 1333 (1), à l'âge de vingt-quatre ans, sans laisser d'enfants de son mariage. ISABELLE, sa veuve, se retira en Franche-Comté, où elle épousa, en secondes noces, Jean, baron de Faucognei. (*Voy.* Edouard, *dit* Aymon, *comte de Savoie.*)

HUMBERT II, DERNIER DAUPHIN.

1333. HUMBERT II, né l'an 1312, baron de Faucigni depuis 1328, succéda, l'an 1333, à Guigues VIII, son frère. Il était absent depuis 1328, qu'il était allé en Hongrie, pour recueillir la succession de Clémence de Hongrie, veuve de Louis Hutin, roi de France, sa tante, qui l'avait institué son héritier universel. De là étant passé à Naples, il y avait épousé,

---

(1) La plupart de ceux qui ont parlé de la mort de Guigues VIII l'ont mise au 25 ou 26 du mois d'août 1333. L'inscription de son tombeau qu'on a voulu restituer et qui se lit dans l'église de Saint-André de Grenoble, au-dessus des siéges des chanoines, s'éloigne encore davantage de la véritable date de cette mort qu'elle suppose arrivée le 30 août. L'historien Villani, qui paraît avoir été mieux instruit, rapporte cet événement en ces termes: *Nel anno 1333 all' uscita del messe di luglio, essendo all' assedio della Periera, castello di Savoia, con mille cinque cento cavalieri,* etc. (*Chron. Florent.*, l. x, c. 124.) Mais le testament que Guigues fit le jour même de sa mort dans une grange où il avait été porté, ne laisse aucun doute là-dessus. Il est daté de l'an 1333, *die Mercurii post festum B. Mariæ Magdelenæ*; ce qui marque le 28 juillet. (Valbonnais, *pr.*, page 237.)

l'an 1332, MARIE DE BAUX, fille de Bertrand, comte d'Andria, et nièce du roi Robert par Béatrix, sa mère. Pendant son absence, Béatrix de Viennois, sa tante, exerça la régence du Dauphiné avec les principaux seigneurs du pays. La victoire remportée par Guigues VIII, sur le comte de Savoie, l'an 1325, à Varei, n'avait servi qu'à augmenter la mésintelligence des deux maisons, malgré les soins que s'était donnés la cour de France pour les réconcilier. Enfin, l'an 1334, des arbitres choisis de part et d'autre, parvinrent à établir une paix solide entre elles, par un traité qu'elles conclurent le 7 mai. (*Généal. de Beaumont*, tom. I, pag. 505.) L'an 1335, l'évêque de Genève, inquiété et troublé par le comte de Genevois, transporta au dauphin les hommages que ce comte lui devait pour divers châteaux et seigneuries, situés en ce pays. L'acte est du premier octobre. (Valb., tom. II, pag. 301.) Cette concession fut de très-près suivie de la perte que fit le dauphin de son fils unique, âgé de deux ans et demi. Une ancienne tradition, adoptée par des écrivains modernes, porte que la nourrice de l'enfant, ou le dauphin lui-même, en le balançant sur une fenêtre du château de Beauvoir, en Royans, sous laquelle passait la rivière d'Isère, le laissa tomber dans l'eau, où il se noya. Mais le président de Valbonnais s'inscrit en faux contre ce récit, ainsi que contre l'épitaphe du jeune prince, où l'on donne l'an 1338 pour la date de sa mort. Il prouve effectivement par un titre de la chambre des comptes de Grenoble, que l'enfant mourut au mois d'octobre 1335; et de ce qu'un autre titre porte qu'il était malade quelque tems auparavant, il en conclut que ce fut cette maladie qui l'enleva. Quoi qu'il en soit, le père fut inconsolable de cet événement.

Il n'y avait point encore de tribunal fixe et permanent en Dauphiné, pour juger les causes en dernier ressort. Humbert, par lettres du 22 février 1337 (v. st.), établit un conseil delphinal à Saint-Marcellin (Valbonnais, pr., pag. 328), et trois ans après, il le transporta dans la ville de Grenoble, dont il partageait la seigneurie avec l'évêque. Guillaume de Vienne, seigneur de Saint-Georges, formait, à l'exemple de ses ancêtres, des prétentions sur la ville et le comté de Vienne, comme descendant, disait-il, des comtes de Vienne et de Mâcon. Ne pouvant les faire valoir, il en traita, par acte du 9 de novembre 1337, avec le dauphin. (Valbonnais, tom. II, pag. 347.) Cette acquisition litigieuse ne fut pas oisive entre les mains de Humbert. L'année suivante, pendant l'absence de l'archevêque, il fit une irruption subite dans Vienne, dont il se rendit maître, et obligea les habitants, par traité fait le 22 août, à le reconnaître pour gardien de leur ville. Cinq jours après, le chapitre métropolitain, qui partageait l'autorité temporelle avec l'archevêque, lui abandonna ses droits, et le sur-lendemain, il l'associa au nombre de ses chanoines (1). Humbert se piquait de magnificence, et tenait une cour sur le pied de celles des têtes couronnées. Il ambitionna même les honneurs de la royauté; et nous avons une lettre d'Edouard III, roi d'Angleterre, à l'empereur Louis de Bavière, en date du 3 mars 1338, par laquelle il le supplie d'accorder au dauphin, le titre de *roi d'Arles*. (Rymer, tom. V, pag. 10.) Louis de Bavière se rendit d'autant plus volontiers à cette demande, qu'il acquérait par là un nouveau partisan, dont il avait grand besoin dans les conjonctures critiques où il se trouvait. Mais Humbert, faisant ensuite réflexion, qu'en acceptant cette faveur, il allait se compromettre avec la cour pontificale, siégeant pour lors à Avignon, et ennemie déclarée de Louis de Bavière, qu'elle refusait de reconnaître pour empereur, ne jugea pas à propos d'en faire usage. Il ne négligea pas de même l'exercice de l'autorité qu'il s'était fait accorder dans Vienne, par le chapitre et les habitants de la ville. L'archevêque, s'étant pourvu contre ses entreprises à la cour d'Avignon, obtint de Benoît XII, une bulle en date du XII des calendes de décembre 1340, qui déclarait nulle la cession que le chapitre avait faite au dauphin de ses droits sur la ville. (Valbonnais, tom. II, pag. 424.) Humbert avait traité plus solidement, le 20 juin de cette année, avec Ainard II, baron de Clermont. Par l'acte de leurs conventions, Ainard fit au dauphin donation pure et simple des terres de Recoin, de la Chapelle, de la co-seigneurie de Divisin, du domaine supérieur de Montferrat, etc., qui ne relevaient d'aucun seigneur; et le

---

(1) « Je remarquerai ici, dit M. de Valbonnais, que les dauphins
» de Viennois étaient chanoines nés en plusieurs églises, comme en
» celles de Vienne et d'Embrun. Ils assistaient au chœur, de même
» que les autres chanoines, revêtus des marques de cette dignité.
» Quoique l'église du Puy fût hors des terres de leur domination, ils
» y jouissaient toutefois de la même prérogative en qualité de comtes
» d'Albon. Lorsqu'ils venaient s'y faire recevoir, l'évêque et le cha-
» pitre allaient en procession au-devant d'eux, et les accompagnaient
» à l'église au son des cloches et des instruments de musique. Ils
» étaient ensuite installés dans une place de chanoine et admis à la
» distribution du chœur. Ils avaient droit aussi de prendre sur l'autel
» tout l'argent des offrandes dont ils faisaient part aux assistants. L'an
» 1282, Humbert, étant allé au Puy, prit possession de sa place de
» chanoine, et reconnut la tenir en fief de l'église, ainsi que les terres
» et revenus qui en dépendaient. » (Tome I, page 231.)

prince, en échange, lui donna la vicomté de Clermont, en Trièves, le créa grand-maître-d'hôtel de sa maison et de celle de la dauphine, et le déclara capitaine-général de ses armées, ordonnant, qu'en cette qualité, il commanderait toujours l'avant-garde de ses troupes ; charges qui seraient héréditaires dans sa maison. Ainard II remontait de père en fils à Siboud, seigneur de Clermont et de Saint-Geoire, dont il est fait mention dans un titre de la chartreuse de Silve-Bénite, de l'an 1080. (Anselme, tom. VIII, pag. 907.) Cependant le faste que Humbert étalait étant au-dessus de ses revenus, il était obligé de recourir aux emprunts pour le soutenir. L'an 1340, il était redevable, depuis plusieurs années, envers la chambre apostolique, de seize mille florins, qu'il différait toujours de rembourser. Le pape Benoît XII, las de ses délais, employa, cette année, la voie des censures, fort usitée alors en pareil cas, pour le contraindre à s'acquitter. Elles firent leur effet. Amblard de Beaumont, ministre du dauphin, ayant ramassé cette somme, la porta à la chambre apostolique. Mais on refusa de la recevoir, si l'on n'y joignait la terre d'Avisan, sur laquelle sa sainteté avait des prétentions. Ainsi le dauphin resta sous l'anathème jusqu'à la mort de Benoît, arrivée l'an 1342. La difficulté s'étant aplanie sous Clément VI, ce pontife, par son bref du 23 juillet 1342, donna pouvoir au confesseur du dauphin de l'absoudre, en l'exhortant à lui imposer en pénitence quelque œuvre pie. Ce fut ce qui occasiona la fondation que Humbert fit par ses lettres, du 24 décembre de cette année, d'un monastère à Montfleuri, près de Grenoble, pour quatre-vingts religieuses de l'ordre de Saint-Dominique. Les dépenses que cet établissement exigeait, jointes à celles de sa cour, qui ne diminuaient pas, dérangèrent tellement ses affaires, qu'il se vit hors d'état de satisfaire ses créanciers. Le roi Philippe de Valois, instruit de son embarras, gagna ses officiers, et les engagea à lui persuader de faire cession de ses états à la France, sous la promesse d'en recevoir une compensation, qui le mettrait en état de passer heureusement le reste de ses jours. La négociation réussit au gré du monarque. L'an 1343, par un traité, qui fut ratifié, 1°. à Vincennes, le 23 avril; 2°., quelques jours après, à Sainte-Colombe, près de Vienne, où le roi s'était transporté, Humbert fit donation de tous ses états à Philippe, duc d'Orléans, fils puîné du roi, lui substituant, faute d'hoirs, l'un des fils de Jean de France, duc de Normandie, tel qu'il plairait au roi de nommer. Mais, l'année suivante, on fit, en présence du pape, le 9 juin, à Avignon, un autre traité par lequel Humbert faisait donation entre vifs pure et irrévocable de tous ses états en faveur de Jean, duc de Normandie, ou de l'un de ses enfants, sous la condition que son successeur auxdits états conserverait aux Dauphinois leurs priviléges ; ce qui fut confirmé par deux bulles du pape Clément VI, données le 9 juillet et le 11 septembre suivants. Il est remarquable que le pape donna ces bulles par l'autorité tant impériale que pontificale, regardant la première de ces deux autorités comme dévolue au saint siége par l'excommunication de Louis de Bavière, qui rendait, selon lui, l'empire vacant. *Auctoritate*, dit-il, *tam Apostolicâ quàm imperiali, cùm imperii regimen, eo vacante, sicut nunc vacat, in nobis et in Romana ecclesia residens noscatur.* (*Mém. de l'Ac. des Belles-Lettres*, tome XXXVII, page 460.) Cent vingt mille florins d'or et dix mille livres de pension viagère furent le prix de la libéralité du dauphin envers la France. Amblard de Beaumont, qui fut l'âme de cette négociation, avait été récompensé dès l'an 1343 par une pension de six cents livres que lui avait assignée le monarque français. La légèreté et l'inquiétude de Humbert ne lui permirent pas de vivre en repos après le sacrifice qu'il venait de faire. Le pape ayant publié une croisade contre les Turcs, il demanda et obtint d'en être nommé le chef. Revêtu de ce titre, il reçoit, le 25 mai 1346, des mains du pape, à Avignon, l'étendard de l'église, et va s'embarquer, le 2 septembre, à Marseille. Ayant abordé à Négrepont, il entre de là en Asie. Après quelques avantages remportés l'année suivante sur les infidèles, il reçoit un ordre du pape de faire une trêve avec eux. Alors il remet à la voile pour son retour, et perd à Rhodes, dans le mois de mars ou d'avril 1347, son épouse, qui l'avait accompagné. On parla, quand il fut revenu, de le remarier ; et comme les traités qu'il avait faits avec la France n'offraient qu'une succession éventuelle, ce projet donna de l'inquiétude à cette couronne. Il fallut négocier avec lui de nouveau, et l'on vint à bout de lui lier entièrement les mains par un dernier traité dressé, le 29 mars 1349, à Romans ; après quoi, dans une assemblée solennelle, tenue, le 16 juillet, à Lyon, en présence de Jean, duc de Normandie, fils aîné du roi de France, Humbert fit une abdication solennelle de tous ses états en faveur de Charles de France, fils aîné du duc de Normandie, qu'il investit sur le champ, en lui donnant l'ancienne épée du Dauphiné et la bannière de Saint-Georges, avec un sceptre et un anneau. (Valbonnais, tome I, p. 349 et 350.) Le même jour, le nouveau dauphin, par un acte particulier, fit entre les mains de l'évêque de Grenoble, représentant le corps de l'état, le serment de conserver les libertés, coutumes et priviléges du Dauphiné conformément à la dernière ordonnance dressée le 14 mars précédent, par ordre du Humbert : c'est ce qu'on appelle *statut delphinal*. Le lendemain, Humbert, à la persuasion de Jean Birel, général des Chartreux, son confesseur, prend l'habit de Saint-Dominique. Le 23 du même mois, Charles rendit hommage devant le grand autel de l'église cathédrale de Lyon à l'archevêque Henri de Villars et à son chapitre, les mains jointes entre celles du prélat, pour différentes parties du Dauphiné qui relevaient de cette église, et qui sont énoncées dans l'acte qu'on dressa de cette cérémonie. Le 2 août de la même année il rendit un semblable hommage à l'église de Vienne (*Rec. de Fontanieu*, vol. 77), et dans le mois de décembre suivant il fit à Grenoble son entrée à laquelle Humbert assista avec l'habit de son ordre. (Valbonnais, tome I, page 351.) L'abdication d'Humbert n'était point encore solennellement notifiée à ses sujets. C'est une formalité qu'il remplit le 1 février 1350, en présence des principaux seigneurs du pays assemblés dans le couvent des Dominicains de Grenoble, auxquels il déclara par un discours également ferme et touchant, dit le père Texte, qu'à l'avenir ils eussent à reconnaître Charles de France pour leur légitime souverain. (*Journ. de Verd.*, oct. 1745, page 254.)

La même année, Humbert s'étant rendu à Avignon pour être promu aux ordres sacrés, il les reçoit tous, dans l'intervalle des trois messes solennelles de Noël, de la main du pape. Cette précipitation, dont le prétexte était d'honorer davantage le dauphin, et le vrai motif de l'empêcher de rentrer dans le monde, comme le bruit courait qu'il en avait le dessein, fut suggérée par la cour de France, avec laquelle Clément VI agit toujours de concert dans cette affaire. Pour la tranquilliser parfaitement sur le compte de Humbert, huit jours après il le sacra patriarche-latin d'Alexandrie. Le roi le fit pourvoir, en 1352, de l'administration de l'archevêché de Reims, et le nomma, le 25 janvier 1354, évêque de Paris. Mais Humbert se démit du soin de l'église de Reims, le 22 février suivant, entre les mains du pape, renonça à l'évêché de Paris, et se retira à Clermont en Auvergne, dans le couvent de son ordre, où il mourut le 22 mai 1355, comme porte l'épitaphe gravée sur sa tombe, dans la quarante-troisième année de son âge. Son corps fut transporté chez les Dominicains de Saint-Jacques à Paris, et inhumé dans le cœur de leur église, près de la reine Clémence de Hongrie, sa tante. Outre le fils qu'il avait eu de son mariage, mort, comme on l'a dit, en 1335, il laissa un fils naturel, Amédée, avoué de Viennois, duquel descendent les seigneurs de Viennois, et deux filles naturelles, dont la seconde, nommée Catherine, fut mariée à Pierre Lusinge.

Ce prince avait ordonné, l'an 1345, suivant Chorier, qu'on mît à la première syllabe de son nom un Y, et qu'on écrivît *Ymbertus* au lieu de *Humbertus*. On trouve néanmoins des actes postérieurs à cette ordonnance, dans lesquels il est nommé *Humbertus*. Mais il paraît qu'en plusieurs occasions on se conforma à sa volonté, puisqu'on a aussi des actes où il est appelé *Ymbertus*. Il y a deux remarques encore à faire sur le traité qui ajouta le Dauphiné aux domaines de la maison de France. 1°. Que ce traité porte expressément que « les » armes et le nom des dauphins seront conservés à perpétuité » par ceux qui leur succéderont; et que leurs états, quoique » faisant partie dès-lors du royaume de France, seront possédés » séparément et à titre différent par leurs successeurs, à moins » que l'empire ne se trouve réuni en leur personne. » (C'est par cette raison que, dans leurs déclarations et aux lettres expédiées pour le Dauphiné, nos rois n'ordonnent l'exécution de leurs volontés qu'en qualité de dauphins, et sous le sceau et les armes des anciens princes de ce nom.) 2°. Que ce ne fut pas une des conditions du traité que les seuls fils aînés de nos rois porteraient le titre de dauphin, quoique cela ait toujours été ainsi.

L'an 1357, l'empereur Charles IV, en qualité de roi d'Arles, accorda, par lettres du 1er. janvier, à Charles, dauphin et duc de Normandie, la confirmation de tous les droits et priviléges que les dauphins de Viennois tenaient de ses prédécesseurs. (*Cartul. Delphin.*) L'an 1378, le même empereur, par lettres données à Paris, le 7 janvier, nomma son lieutenant ou vicaire au royaume d'Arles le dauphin Charles, fils du roi Charles V, quoiqu'il n'eût pas l'âge d'exercer les fonctions de cet emploi; et le 23 du même mois, ce jeune prince donna commission au gouverneur du Dauphiné d'exécuter les lettres de l'empereur, son oncle, et de se mettre en possession du château Pupet et de la maison de Chanaux. (*Rec. de Fontanieu*, vol. 96.)

En 1426, le roi Charles VII céda le Dauphiné au dauphin Louis, son fils, qui n'avait que trois ans; cession qu'il confirma l'an 1440. Mais c'est la dernière de toutes. Dans la suite nos rois se sont contentés de faire porter à leurs aînés le nom des dauphins avec leurs armes écartelées.

Le dauphin (qui fut depuis le roi Louis XI), s'étant retiré, mécontent du roi Charles VII, son père, en Dauphiné, y érigea, par lettres-patentes du 29 juillet 1453, le conseil delphinal en parlement. Charles, n'ayant point désavoué par aucun acte formel cet établissement, le parlement de Dauphiné date son érection de l'an 1453. Mais le parlement de Bordeaux soutient qu'elle ne doit se compter que de la confirmation que Charles VII en fit par son édit du 4 août 1455. Il est cependant vrai que le parlement de Dauphiné a toujours été nommé immédiatement après ceux de Paris et de Toulouse, et qu'il a précédé celui de Bordeaux en plusieurs occasions : par exemple, dans les assemblées des notables, tenues à Paris, à Moulins et à Rouen, en 1557, 1566 et 1617, aussi bien que dans la chambre de justice établie à Paris en 1626. Mais, dans la chambre de justice de l'an 1661, les commissaires des deux parlements alternèrent, l'un ayant la préséance un jour, et l'autre le jour suivant. (M. Expilli.)

CHRONOLOGIE HISTORIQUE

DES

COMTES DE VALENTINOIS ET DE DIOIS.

Le Valentinois a pour capitale Valence, l'une des plus anciennes villes des Gaules, située sur le bord oriental du Rhône, entre Vienne et Viviers. Valence, par l'institution des nouvelles provinces, faite sous Honorius, se trouva comprise dans la première Viennoise, et bientôt après elle tomba sous la domination des Bourguignons, à qui les enfants de Clovis l'enlevèrent ensuite dans la conquête qu'ils firent du royaume entier de Bourgogne. Après la mort de Charles le Chauve, Valence fut incorporée au nouveau royaume d'Arles dont les possesseurs laissèrent aux comtes de Provence une ample carrière pour s'étendre en reconnaissant leur souveraineté. Ces comtes en effet se rendirent maîtres non seulement du Valentinois, mais de tous les pays qui sont au Midi de l'Isère, jusqu'à la Méditerranée. La Provence ayant depuis été divisée en comté et en marquisat, le second lot, qui comprenait tout ce qui est entre l'Isère et la Durance, fut le partage des comtes de Toulouse, sous lesquels il y eut dans chaque ville des comtes particuliers qui relevaient d'eux comme leurs vassaux. Le premier comte de Valentinois dont l'histoire ait conservé le souvenir, est Gontard, qui vivait vers le milieu du dixième siècle. Il eut de sa femme, Hermengarde, un fils nommé Lambert, qui lui succéda. C'est par ce fils que nous connaissons ses père et mère, qui se trouvent dénommés dans la charte d'une donation qu'il fit à l'église de Saint-Marcel de Sauzet en 985, pour le repos de leurs âmes. Lambert, dans cet acte que nous avons sous les yeux, fait connaître aussi

Falectrude, sa femme, et son fils Aimar ou Adémar, qui règlent avec lui, qu'au moyen des fonds qu'ils cèdent, l'église de Saint-Marcel sera reconstruite et convertie en un monastère de Saint-Benoît, pour ne relever que du saint-siége sous la redevance d'un cens annuel de cinq sous. (*Arch. de Cluni.*) Lambert était alors dans la trente-troisième année au moins de son gouvernement; car c'est de lui, et non de Lambert, comte de Châlons, comme le prétend Chifflet (*Lettre sur Béatrix*, p. 191), qu'on doit entendre le trait suivant, rapporté dans le Cartulaire de Perreci. *Les Auvergnats*, y est-il dit, *ayant fait une irruption dans la Bourgogne, du tems de Hugues le Grand*, c'est-à-dire, l'an 956, au plus tard, *Lambert, comte des Allobroges, accompagné de Bernard, son parent, et d'autres seigneurs, vint les attendre dans le Bourbonnais, tomba sur eux, comme ils s'en revenaient, et les tailla en pièces.* Le Valentinois, on ne peut pas en douter, appartenait anciennement au pays des Allobroges; mais jamais le Châlonnais n'y fut compris. On divise aujourd'hui le Valentinois en haut et bas: le premier depuis l'Isère jusqu'à la Drôme, le long du Rhône; l'autre depuis la Drôme jusqu'au Venaissin. Saint-Marcellin, Montélimar, Romans, sont, après Valence, les principales villes de ce comté.

Le Diois, *Pagus Diensis* ou *Deensis*, dont la capitale *Dea Vocontiorum*, et *Dia*, située sur la Drôme, se trouve dans l'Itinéraire d'Antonin et dans la Table théodosienne, était une des quatorze cités qui composaient la province viennoise. Après avoir appartenu successivement aux Romains, aux rois de Bourgogne, aux rois de France, aux empereurs, elle tomba sous la puissance des comtes de Provence, et prit alors le titre de comté. On prétend que Guillaume, fils de Boson II, comte de Provence, fut le premier comte de Diois vers le milieu du dixième siècle. Isarn fut le dernier comte particulier de Die. Mathieu Paris, qui le nomme Hyscard, dit qu'en 1096, il commanda la onzième division de l'armée des croisés. Ce comte étant mort, l'an 1116, sans enfants, les comtes de Toulouse, de qui relevait alors le pays d'entre l'Isère et la Durance, en qualité de marquis de Provence, réunirent le Diois à leur ancien domaine.

N'étant point en état de donner la suite chronologique de la première race des comtes de Valentinois, nous passons à la seconde qui commence par

AIMAR DE POITIERS I.

Aimar, surnommé de Poitiers, fils naturel de Guillaume IX, comte de Poitiers, né vers l'an 1115, étant venu, *accompagné de plusieurs gens*, à Montelimar, fut engagé par la comtesse de Marsanne, lieu situé dans le Valentinois, de la secourir contre les évêques de Valence et de Die, qui lui faisaient *forte guerre; lequel lui fist très grant secours, et conquist plusieurs châteaux et villes esdits pays de Valentinois et de Dioys; auquel de Poitiers, pour le récompenser des services qu'il lui avoit faits, elle offrit donner la moitié de toute sa terre, ou qu'il lui pleust la prendre toute entiere en prenant aussi à femme une sienne fille qu'elle avoit seulement : laquelle fille il prist par mariage, et fut seigneur de toute la terre.* C'est ce que porte une enquête faite en la ville de Romans, en Dauphiné, l'an 1421, et rapportée par Duchesne. (*Preuv. de la généal. des comtes* de Valentinois, p. 5.) La même enquête nous apprend de plus qu'Aimar eut de son mariage un fils, nommé Guillaume ; et Duchesne, conclut d'un testament sans date, de la comtesse Philippe de Poitiers, que c'était le nom de la femme d'Aimar. Ce comte mourut, au plutôt, en 1135, et laissa de son mariage un fils, qui suit.

GUILLAUME I.

Guillaume, fils d'Aimar, de Poitiers, comme il le déclare lui-même dans une de ses chartes (*Bibl. Sebus.*, pag. 48), et non pas de Guillaume IX, comte de Poitiers, comme le prétend D. Vaissète, succéda à son père dans le comté de Valentinois.

L'enquête qu'on vient de citer, nous apprend qu'il *servit par aucun tems le comte de Tolose, lequel le recognut à cousin et parent, et lui fit grand honneur et secours.* De son tems, le comté de Valentinois fut considérablement entamé par l'empereur Frédéric I. Ce monarque, attentif à restreindre l'autorité des seigneurs laïques autant qu'il le pouvait, étant à Besançon, accorda, l'an 1157, par son diplôme du VIII des calendes de décembre (24 novembre), à Eudes, évêque de Valence, la seigneurie de cette ville avec les droits régaliens, et treize châteaux aux environs. (*Gall. Chr. vet.*, tom. III, col. 1112.) C'est depuis cette concession qu'Eudes, et ses successeurs, se sont qualifiés évêques et comtes de Valentinois. L'an 1178, le IV des calendes d'août, Frédéric gratifia de même, à peu près, Robert, évêque de Die, par le don qu'il lui fit de cette ville, et de quelques châteaux dans le Diois, en pleine juridiction, avec les droits royaux, même surtout ce que Guillaume, de Poitiers, avait dans l'étendue de cet évêché, à l'exception du château de Quint. (*Gall. Chr. vet.*, tom. II, pag. 555.) Mais le lendemain il accorda une sorte de dédommagement au comte Guillaume, en lui cédant le péage depuis Valence jusqu'à Montelimar, à partager avec le dauphin. (*Allard.*) Guillaume prit sous sa protection, l'an 1183, l'abbaye cistercienne de Léoncel, qu'il exempta en même-tems de tout péage. (*Biblioth. Sebus.*, pag. 46.) Par un mandement qu'il donna ensuite, il enjoint à ses châtelains et à ses baillis de prendre la défense de ce monastère contre certains brigands, dont quelques-uns étaient même de sa terre, qu'il tenait, dit-il, de son père Aimar, gens pernicieux, qui ne craignaient point d'outrager les moines de Léoncel, de prendre et d'enlever leurs biens. *Audivi quidem quòd quidam pestilentes, et etiam de terra mea et patris mei domini Ademari Liuncellensibus injuriari non metuunt, et bona eorum rapere et violenter abducere non formidant.* (*Ibid.* pag. 47.) Voilà donc le nom, inconnu aux modernes, du père de Guillaume, de Poitiers. L'an 1187, Guillaume, et son fils Aimar, par acte passé à Valence dans l'abbaye de Saint-Ruf, donnèrent à la chartreuse de Silve-Bénite une rente de quelques grains à prendre sur leur terre de l'Etoile. (*Anselme.*) C'est le dernier trait connu de sa vie, qu'il termina au plus tard dans les premiers mois de l'an 1189. De sa femme, BÉATRIX, fille de Guigues IV, dauphin de Viennois, il laissa le fils qu'on vient de nommer.

AIMAR II DE POITIERS, COMTE DE VALENTINOIS ET DE DIOIS.

1189 au plus tard. AIMAR, successeur de Guillaume, son père, se releva d'une partie des pertes que son père avait faites, par le don que lui fit le comte de Toulouse, Raymond V, au mois de juin 1189, *de tout le droit et le domaine qu'il possédait, soit par lui-même, soit par ses vassaux, dans le comté de Diois.* (Vaissète, tom. III, pag. 79.) La reconnaissance d'Aimar envers la maison de Toulouse, l'engagea depuis à se déclarer pour le comte Raymond VI, dans la guerre des Albigeois. Il fortifia ses châteaux, et les mit en état de défense. Mais, l'an 1213, voyant approcher de Valence Simon de Montfort, chef de l'expédition contre ces hérétiques, avec le duc de Bourgogne, il alla les trouver, et prévint par ses soumissions les ravages dont ils le menaçaient. Pour sûreté des promesses qu'il leur fit, il livra à Montfort quelques-uns de ses châteaux, dont ce général confia la garde au duc de Bourgogne. Deux ans après l'occasion qu'il trouva de s'agrandir, le détacha entièrement des intérêts du comte de Toulouse. Le concile de Latran ayant privé ce prince de ses domaines, que les croisés avaient conquis, Aimar se prévalut de ce jugement pour étendre sa domination sur le Vivarais, compris dans les états du comte de Toulouse, quoiqu'il ne fît point partie de la conquête des croisés. (*Hist. de Lang.*, tom. III, pag. 255.)

Malgré cette usurpation et les engagements qu'Aimar avait pris avec Montfort, il rentra, sans se dessaisir, dans le parti de Raymond VI. Montfort, les voyant réunis, passe le Rhône à Viviers, l'an 1217; et, s'étant joint à un corps considérable de croisés, conduit par l'évêque de Nevers, il va faire le siège de Crest, château très-fort et très-bien muni dans le Valentinois, dont un brave chevalier, nommé Arnaud d'Aydu, était gouverneur au nom d'Aimar, à qui il appartenait. Plusieurs évêques du pays, et environ cent chevaliers français, l'aidèrent dans cette expédition. On négocia cependant la paix entre ce général et le comte de Valentinois; et ils convinrent enfin d'un traité. Simon promit de donner sa fille au comte, qui, de son côté, promit de vivre en bonne amitié avec lui, et lui livra, pour gage de sa parole, plusieurs de ses châteaux. Aimar conclut, en même-tems, la paix avec Humbert de Mirabel, évêque de Valence, avec lequel il avait de grands différents. (Vaissète, *ibid.* p. 298.)

L'empereur Frédéric I avait accordé au comte Guillaume, père d'Aimar, un droit de péage sur le Rhône; le fils en demanda, l'an 1219, la confirmation à Frédéric II, et l'obtint. Le 26 juillet de la même année, par transaction faite avec l'évêque et le chapitre de Valence, il reconnut tenir de cette église, en franc-fief, la seigneurie de Château-Double. Il acquit, le 22 février 1230, d'Aimar et de Pierre du Poussin la terre de ce nom, et mourut peu de tems après. PHILIPPINE DE FAÏ, sa deuxième femme, qui vivait encore en 1251, lui apporta en dot la terre de Faï, et beaucoup d'autres en Vivarais. Devenu par-là vassal du roi de France, il reçut ordre de lever le ban et l'arrière-ban dans ses terres, et de le faire partir pour aller joindre l'armée de ce monarque. Les enfants qu'il eut de son premier mariage, sont Josserande, femme de Bermond, seigneur d'Anduse, et Guillaume, qui mourut en 1226, laissant de Flotte de Rozannit, sa femme, un fils, qui suit.

AIMAR III DE POITIERS.

1230. AIMAR, petit-fils d'Aimar II par Guillaume, son père, succéda, en bas-âge, à son aïeul, sous la tutelle de Flotte de Rosannit, sa mère, qui avait disputé cette fonction, après la mort de son mari, à son beau-père, et l'avait emportée de force avec le secours de l'évêque de Valence. Raymond VII, comte de Toulouse, et cousin d'Aimar, s'étant approché du Rhône au mois de février 1239, le comte de Valentinois vint le trouver; et, par acte passé à l'Île dans le Vénaissin, le 9 avril suivant, il lui déclara que le château de Bois, avec ses dépendances, était de son alleu, qu'il en était de même de seize autres châteaux, du nombre desquels étaient Privas, Tournon, Saint-Alban, tous situés dans le Vivarais, et qu'il n'en tenait aucun en fief ou autrement, de quelque seigneur temporel que ce fût. Aimar reçut ensuite ces domaines en *fief franc* du comte de Toulouse, après lui en avoir donné le domaine principal et direct, ne s'en réservant que le domaine utile et la possession naturelle, après quoi il lui en rendit hommage, les mains jointes, en présence de deux évêques et d'un grand nombre de seigneurs. C'était une restitution des droits qu'Aimar II avait usurpés, comme on l'a vu, sur le comte Raymond VI, après le jugement du concile de Latran, qui le déclarait privé des domaines que les croisés lui avaient enlevés: jugement dont Raymond VII s'était fait relever en 1229. (Duchesne, *hist. des comtes de Valent.*, pr., pag. 7 Vaissète, *hist. de Lang.*, tom. III, pag. 415.)

Aimar, l'an 1256, reconnut encore, par lettres données à Gui Fulcodi, avoir fait hommage à Raymond VII du Diois, mais seulement par crainte, dit-il, attendu que Raymond l'avait menacé de lui faire la guerre en cas de refus, avouant néanmoins que son aïeul avait reçu de lui le comté du Diois en fief. (Vaissète, *ibid.*, pr. col. 520.) Saint Louis voulant s'assurer du château de Bidage, appartenant au comte de Valentinois, Aimar, sur la demande que le roi lui en fit, promit de le lui remettre à grande et à petite force, tant que lui ou les enfants, soit de feu Béraud de Bidage, soit de Guillaume de Soloignac, son vassal, le posséderaient. L'acte de cette soumission est daté de Château-Double, à deux lieues de Draguignan, en Provence, le 8 mai 1257. (Duchesne, *ibid. pr.*, pag. 9.) Guichard V, sire de Beaujolais, étant mort sans postérité l'an 1265, Aimar disputa sa succession à Isabelle, sœur de Guichard, sa tante, et fut évincé par jugement de la cour du roi, l'an 1269. (Voy. *les sires de Beaujolais.*)

L'an 1268, le siége épiscopal de Valence vint à vaquer par la démission de Philippe de Savoie, qui, l'ayant administré sans être dans les ordres sacrés, ainsi que l'archevêché de Lyon, le quitta pour succéder à Pierre, comte de Savoie. Aimar écrivit alors au pape Clément IV, pour le prier de procurer un digne pasteur à l'église de Valence. Clément, par sa réponse des nones de juillet, troisième année de son pontificat, marque au comte que, pour satisfaire à son louable désir, il venait de pourvoir le siége de Valence d'une personne sage et discrète, et de plus votre parente, dit-il, sans néanmoins la nommer. Ce fut Bertrand, évêque d'Avignon, qui, dans l'élection, avait eu pour compétiteur Gui de Montlaur, chanoine du Pui. (*Gall. Ch.*

vet., tom. III, pag. 1114.) Aimar eut néanmoins dans la suite des démêlés avec ce prélat; car on voit dans le cartulaire de Valence que Bertrand mourut en 1274, après avoir fait la paix avec le comte de Valentinois. (*Ibid.*) Pour la consolider, le pape Grégoire X, s'étant rendu la même année à Vienne, unit l'évêché de Die à celui de Valence, espérant de rendre par-là l'évêque de Valence plus formidable au comte de Valentinois. En conséquence de cette union, Amédée de Roussillon, qui venait de succéder à Gui de Montlaur, dans l'évêché de Valence, se mit en possession de celui de Die, qui venait de vaquer par la mort d'Amédée de Genève, son oncle. Son premier soin fut de former un chapitre composé d'ecclésiastiques des deux diocèses, pour maintenir entre eux une plus grande liaison. Mais Amédée de Roussillon ne tarda pas à se brouiller avec le comte. Il lui déclara la guerre et lui enleva plusieurs places; les hostilités durèrent entre eux jusqu'à ce que des amis communs vinrent à bout de les mettre d'accord. (Valbonnais, tome I, page 227.) La mort d'Aimar arriva l'an 1277, peu de tems après le 6 mai, date de la donation qu'il fit à son fils aîné, de plusieurs châteaux situés dans les diocèses de Valence, de Viviers et de Die. Il fut inhumé à l'abbaye cistercienne de Beaulieu, comme il l'avait ordonné par son testament. Ce comte avait épousé, 1º. FLORIE DE BEAUJEU, dame de Belleroche, fille d'Humbert V, sire de Beaujeu; 2º. l'an 1268, ALIXENTE, ou ALIX DE MERCŒUR, fille de Béraud, sire de Mercœur, et veuve de Ponce de Montlaur. Du premier lit il eut un fils, qui suit, et deux filles : Philippine, alliée à Bertrand, seigneur de Baux et comte d'Avellino, au royaume de Naples; et Marguerite, femme de Roger de Clérieu. Du second lit sortit Guillaume, seigneur de Chanéac.

M. de Valbonnais (*Hist. de Dauph.*, p. 342) a donné le sceau d'Aimar III, qu'il nomme le IIe, où il est représenté à cheval, avec un écu sur la poitrine, chargé de six besants surmontés d'un chef, qui sont les armes de Poitiers. On lit autour : SIGILLUM AYMARI DE PICTAVIA COMITIS VALENTINENSIS ET DIENSIS; et dans le contre-sel, on voit une étoile à douze rais, avec ces mots seulement : COMITIS VALENTINENSIS.

AIMAR IV DE POITIERS.

1277. AIMAR IV, que les modernes comptent pour le troisième de son nom, était marié, depuis l'an 1270, avec HIPPOLYTE, ou POLIE, fille de Hugues, comte de Bourgogne, et d'Alix de Méranie, lorsqu'il succéda à son père, Aimar III, dans le comté de Valentinois. Cette alliance lui valut la terre de Saint-Vallier, dans le Graisivaudan, qu'Hippolyte lui apporta en dot. Devenu veuf, il se remaria, l'an 1286, avec MARGUERITE, fille de Rodolfe, comte de Genève. L'an 1292, apprenant l'arrivée de l'empereur Rodolfe en Suisse, il vint le trouver à Murat, avec plusieurs seigneurs et prélats du royaume de Bourgogne, pour lui faire hommage comme à son suzerain. (Valbonnais, tome I, page 241.) Philippe de Bernisson, gouverneur du Comtat-Venaissin, pour le pape Nicolas IV, voulut obliger, l'an 1291, Hugonet Adémar, seigneur de Montélimar, de rendre hommage au saint siége des châteaux de la Garde, de Rac, et d'une portion de ceux de Savace et de Château-Neuf de Mazène. Le comte de Valentinois s'y opposa, soutenant que toutes ces terres, hors celle de la Garde, relevaient de lui. Après quelques contestations, il fut convenu qu'Hugonet reconnaîtrait le comte de Valentinois pour seigneur immédiat de ces terres, et les tiendrait en arrière-fief de l'église romaine. (Valbonnais, tome I, page 241.) Aimar IV était bon économe; il augmenta considérablement ses domaines par différentes acquisitions qu'il fit. Il acheta, l'an 1288, le château de Sure; le 4 mai 1293 il acquit, suivant Chazot, la terre et seigneurie de Faulignan, que nous ne trouvons dans aucune carte géographique; en 1296, il devint propriétaire, par achat, de la terre de Barre, en Vivarais, et deux ans après, du château de Monclar, au diocèse de Die. Ayant vendu, l'an 1317, le château de Belleroche, il remplaça cette aliénation par l'acquisition des terres et châteaux de Mirebeau et de Pisançon, faite le 17 février 1323 (v. st.). Il vivait encore en 1329, et mourut âgé de plus de quatre-vingts ans. De sa première femme il eut sept enfants : Aimar, qui suit; Humbert et Otton, morts sans lignée; Guillaume, seigneur de Saint-Vallier; Louis, évêques de Langres en 1318; Alix, femme d'Artaud, seigneur de Roussillon, et Constance, alliée à Hugues Adémar de Monteil. Du second lit vinrent : Amé, qui succéda, dans les terres de Clérieu et Chantemerle, à Guillaume, son frère consanguin, et mourut, vers l'an 1343, sans postérité; Amédée, successeur de Guillaume dans la terre de Saint-Vallier; Catherine, femme d'Aimeri VII ou VIII, vicomte de Narbonne; et Anne, troisième femme de Henri II, comte de Rodez, remariée ensuite à Jean, dauphin d'Auvergne.

AIMAR V DE POITIERS, DIT AIMARET.

1329 au plutôt. AIMAR V, dit AIMARET, exerçait la dignité comtale dans le Valentinois et le Diois avec Aimar IV, son père, dès l'an 1307. Le 13 juin 1316, il se démit, entre les mains du roi, de ses comtés, qu'il reprit ensuite pour les tenir de lui à foi et hommage. Le dauphin Humbert II prétendait aussi qu'il lui devait hommage-lige pour ses comtés ; Aimar sontenait qu'il ne le devait que simple, et se pourvut à la cour d'Avignon pour se mettre à l'abri des poursuites du dauphin. Mais le pape refusa de prendre connaissance de ce démêlé. Enfin, après bien des remises, Aimar fit l'hommage, tel que le dauphin l'exigeait, le 25 avril 1338. (Valbonnais, *Hist. de Dauph.*, pr. pag. 549 et 550.) L'an 1339, Aimar fit un dernier testament, le 12 août, et mourut peu de tems après. SIBYLLE DE BAUX, fille de Raymond de Baux, comte d'Avellino, qu'il avait épousée en 1284, lui donna Aimar, mort, sans enfants, avant le 3 avril 1324 ; Louis, qui suit ; Guichard, mort en 1329 ; Otton, évêque de Verdun ; Aimar, seigneur de Veyne ; Guillaume, évêque de Langres ; Henri, élu évêque de Gap le 8 juillet 1349 ; Charles, tige des seigneurs de Saint-Vallier ; et cinq filles, dont l'aînée, Hippolyte, épousa, en premières noces, Renaud IV, comte de Dammartin, et en secondes, Armand VI, vicomte de Polignac ; Jeanne, la dernière, vécut dans le célibat, et mourut en odeur de sainteté.

LOUIS I DE POITIERS.

1339. LOUIS, successeur d'Aimar V, son père, fut établi lieutenant-général en Languedoc, au mois de décembre 1340, par le roi Philippe de Valois. L'an 1344, il servit dans l'armée de Jean, duc de Normandie, au siége d'Auberoche dans le Toulousain, qu'on fut obligé de lever la nuit de la fête de saint Laurent. Le comte Louis fut fait prisonnier dans cette occasion ; mais il était libre au mois de novembre suivant. L'an 1345, on le voit encore faisant la guerre en Saintonge pour le roi. On ne sait s'il y mourut ; mais il est certain que cette année fut la dernière de sa vie. Il avait épousé, l'an 1319, MARGUERITE, fille de Henri II de Vergi, seigneur de Fouvent, qui survécut deux ans à son époux. Un fils, qui suit, et une fille, Marguerite, femme de Guichard de Beaujeu, seigneur de Perreux, furent les fruits de ce mariage.

AIMAR VI DE POITIERS, DIT LE GROS.

1345. AIMAR était âgé de dix-huit ans lorsqu'il succéda au comte Louis, son père. (Duchesne.) L'an 1347, il entra en guerre avec l'évêque de Valence, touchant leurs droits respectifs. Le pape Clément VI voulut se rendre arbitre de leur différent, et leur envoya un légat qui ménagea une trêve. Aimar se rendit agréable à l'empereur Charles IV, qui confirma par sa bulle, du 16 mars 1349, toutes ses seigneuries, avec défense à l'évêque de Valence de s'en qualifier comte, et de plus il le nomma vicaire-général de l'empire au royaume d'Arles. Mais il ne paraît pas qu'il ait fait usage de ce titre. La bulle dont nous parlons, et que nous rapportons à l'an 1349, est datée *regnorum nostrorum anno tertio;* ce qu'un habile moderne assigne à l'an 1368. Mais Charles commença, l'an 1346, son règne de Bohême, et fut élu la même année roi des Romains. La troisième année de ses règnes est donc l'an 1349. Le roi Jean augmenta l'autorité d'Aimar dans le pays, en l'établissant, par ses lettres du 7 août 1353, *lieutenant de monsieur le dauphin de Viennois.* Aimar fit une faute dans cet office en engageant au comte de Savoie, certains châteaux qu'il lui livra. Dénoncé pour ce sujet au parlement, sous le règne de Charles V, il fut condamné, par arrêt, à restituer ces places et à payer mille marcs d'or au roi, qui le tint quitte pour quinze mille florins d'or, comme on le voit par ses lettres d'abolition du mois d'août 1368. Se voyant sans lignée, il aliéna, vers le même tems, plusieurs de ses terres. Enfin, l'an 1373, par son dernier testament, fait le 9 février à Avignon, il institua son héritier universel, pour ce qui lui restait, Louis de Poitiers, son cousin germain, lui substituant Edouard de Beaujeu, fils de sa sœur, ou ses enfants. Il mourut la même année, et fut enterré aux Cordeliers de Crest, sépulture de ses ancêtres. Il avait épousé, par contrat du 15 décembre 1344, Elips ou Alix, fille de Guillaume-Roger I, baron de Beaufort, nièce du pape Clément VI, et sœur de Grégoire XI. Elle étoit veuve de Guillaume II, Seigneur de la Tour d'Auvergne, et vécut jusqu'en 1405 ou 1406.

LOUIS II DE POITIERS.

1373. Louis II, fils d'Aimar de Poitiers, Seigneur de Chalençon, et de Guiotte d'Uzès, né l'an 1354, succéda au comte Aimar VI, son cousin, dans le Valentinois et le Diois. L'an 1374, il transigea, le 11 août, avec Charles de Poitiers, seigneur de S. Vallier, touchant la succession de leur famille, et lui remit les terres de Pisançon et de Mareuil, avec les châteaux de S. Nazaire et de Flandene. L'an 1404, il fit cession, par acte du 11 août, au roi Charles VI de ses comtés, qui renfermaient vingt-sept villes ou châteaux, onze forteresses et deux cents fiefs ou arrière-fiefs, s'en réservant la jouissance durant sa vie, et à condition, 1°. que ces comtés ne pourraient jamais être mis hors de la main du roi, ou de son fils aîné le dauphin; 2°. que le roi lui donnerait, dans le mois de novembre suivant, cent mille écus d'or; 3°. qu'au cas qu'il laisssât en mourant des fils légitimes (il n'en avait point alors), ils auraient la liberté de rentrer dans ces comtés en rendant au roi la somme qu'il avait reçue. Ce traité n'était pas une surprise faite au comte Louis. Il avait été projeté dès l'an 1391, dans un pour-parler qu'il avait eu, le 30 novembre, avec le seigneur de la Rivière, que le roi Charles VI lui avait députe à cet effet. (*Mss. du Roi*, n°. 9420.) Antoine de Grolée, et les seigneurs d'Entremonts et de Mirebel, excités par Amédée VIII, comte de Savoie, déclarèrent la guerre en 1407, on ignore sous quel prétexte, au comte Louis. C'était la déclarer, en quelque sorte, au roi lui-même, suzerain comme il était et cessionnaire de Louis. En vertu de ces deux titres, le comte de Valentinois ne manqua pas de s'adresser, par une requête du 6 juillet 1407, au parlement de Grenoble, pour demander du secours; sur quoi cette cour rendit un arrêt qui défendait à ceux de Vienne de laisser passer aucunes troupes par eau et par terre qui vinssent des états de Savoie. Charles de Poitiers, seigneur de Saint-Vallier, avait consenti, par un acte du 19 juin 1404, à la donation que le comte Louis avait faite de ses états au roi de France. Mais, après sa mort, arrivée l'an 1410 au plutôt, son fils, Louis de Saint-Vallier, ne crut pas devoir s'en tenir à la transaction. Étant entré à main armée avec Jean, son frère, évêque de Valence, dans le château de Graine où résidait le comte Louis, son cousin, il se saisit de sa personne, et le contraignit de faire un nouveau traité le mardi 13 août 1416, en présence de plusieurs chevaliers et docteurs-ès-lois. Par cet acte, il fut convenu qu'au cas que le comte Louis vînt à décéder sans enfants mâles légitimes, les comtés de Valentinois et de Diois appartiendraient au seigneur de Saint-Vallier, excepté le Château-Neuf de Damasan, qui demeureroit à Lancelot, fils naturel du comte. Il était veuf pour lors de CÉCILE DE BEAUFORT, fille de Guillaume-Roger III, comte de Beaufort, en Vallée, morte en 1410, dont il n'avait eu que des filles. Mais il se remaria, l'an 1417, avec GUILLEMETTE DE GRUERES, fille de Raoul, comte de Gruères, en Savoie, dans l'espérance d'en laisser une postérité masculine et de frustrer par-là de son attente le seigneur de Saint-Vallier. Il en arriva autrement; car ce mariage fut stérile. Toujours, néanmoins, résolu de se venger de la violence que le seigneur de Saint-Vallier lui avait faite, il fit, le 22 juin 1419, à Baix, un testament par lequel, en dérogeant au dernier traité, il instituait son héritier universel le dauphin Charles, fils du roi Charles VI, à la charge de payer à ses exécuteurs testamentaires cinquante mille écus pour acquitter ses dettes et accomplir ses legs; et en cas de refus, il lui substituait le duc de Savoie. Le comte Louis mourut le 4 juillet suivant au château de Baix, et fut enterré aux Cordeliers de Crest, laissant de son premier mariage deux filles, Louise, mariée, le 15 novembre 1389, à Humbert VIII, sire de Thoire-Villars; et N..., femme d'Aubert de Trassi. Une enquête, faite à Romans en 1421, nous apprend que *Combien qu'il* (le comte Louis II) *oyst chacun jour messe et dist ses heures doucement, comme il sembloit, et qu'il se confessast et ordonnast chacun an ; toutefois il étoit moult ambicieux et levoit plusieurs tailles sur ses sujets qui le doubtaient moult, parce qu'il estoit moult rigoureux et malgracieux, et par plusieurs fois,* ajoute-t-elle, *avoit osté à ses juges et officiers la connoissance des causes criminelles pendantes pardevers eux, pour en avoir grand profit par composition ou autrement.* (Duchesne, *Hist. des comtes de Valent.*, pr., page 71.) Dès qu'il eut fermé les yeux, Louis de Saint-Vallier prit le titre de comte de Valentinois et de Diois en vertu de la donation qu'il lui en avait faite et sans égard pour le testament qui l'avait annulée. Mais Henri de Sassenage, gouverneur de Dauphiné, et le conseil delphinal, réclamèrent ces domaines au nom du dauphin Charles, soutenant la validité de l'acte par lequel le comte Louis l'avait institué son héritier universel : sur quoi Louis de Saint-Vallier, assisté de l'évêque Jean de Poitiers, son frère, et de quelques chevaliers, offrit de s'en rapporter à ce qui en serait décidé par le conseil du dauphin, après avoir pris connaissance de ses droits et les avoir mûrement examinés. Il y eut acte de cette offre, passé, le 16 juillet 1419, à la Combe-Belion, en présence de plusieurs personnes qualifiées. Enfin, l'an 1423, le dauphin étant monté sur le trône sous le nom de Charles VII, Louis de Saint-Vallier lui céda, par traité fait à Bourges, le 4 mai, tous ses droits sur la succession du comte Louis, moyennant une rente annuelle et perpétuelle de sept mille florins d'or que ce monarque lui assura. « Et depuis, dit Duchesne, les comtés de Valentinois et » de Diois sont demeurées unies et incorporées au Dauphiné. »

La Martinière dit néanmoins que le duc de Savoie persistait encore depuis à former, sur le Valentinois et le Diois, des prétentions auxquelles il ne renonça qu'au moyen de la remise que Louis Dauphin lui fit, en 1446, de l'hommage du Faucigni.

DUCS DE VALENTINOIS.

CÉSAR BORGIA.

L'an 1498, le roi Louis XII, voulant mettre dans ses intérêts le pape Alexandre VI, dont il avait besoin pour l'exécution de ses projets sur l'Italie, donna, par lettres-patentes du mois d'août, les comtés de Valentinois et de Diois à CÉSAR BORGIA, fils naturel de ce pontife, et dans le mois d'octobre suivant, il érigea le premier de ces deux comtés en duché. A ces bienfaits, il ajouta une compagnie de cent lances de ses ordonnances, dont il gratifia César, et la main de CHARLOTTE, fille d'Alain, sire d'Albret, qu'il lui fit épouser. Enfin, par un privilége qui n'avait point encore d'exemple, il adopta le nouveau duc de Valentinois, par lettres-patentes du mois de...... 1499, *au nom et aux armes de France*, avec permission d'en user en tous actes. On ne revient pas de son étonnement, quand on considère sur quelle tête Louis avait accumulé tant de faveurs. César Borgia, promu à l'archevêché de Valence, en Espagne, et créé cardinal par son père, en 1493, quitta l'état ecclésiastique, après avoir fait poignarder et jeter dans le tibre le duc de Gandie, son frère aîné, qui lui disputait la jouissance de Lucrèce, leur sœur. Soutenu par les armes de France, il mit toute l'Italie en combustion. Le pape, son père, voulant lui donner la Romagne, il restait à conquérir la ville de Faënza, possédée par Astorre de Manfredi, jeune seigneur de dix-sept ans, adoré de ses sujets. César en fait le siége, et serre la place de manière que, perdant toute espérance de secours, les habitants capitulèrent le 26 avril de l'an 1501. Les conditions du traité portaient qu'Astorre conserverait la vie, la liberté, l'honneur, avec la jouissance de ses biens allodiaux, et que la ville serait exempte du pillage. César tint parole sur le dernier point ; mais aussitôt qu'il eut entre ses mains le malheureux Astorre, il l'envoya prisonnier, avec un de ses frères naturels, à Rome, où ils furent mis secrètement à mort. Il ne fut pas, après cela, difficile au duc de Valentinois d'obtenir du pape l'investiture de la Romagne, à titre de duché. Il enleva ensuite la terre de Piombino à Jacques d'Appiano ; le duché d'Urbin, par une perfidie insigne, l'année suivante, à Gui Ubald : et Camerino, par une autre fourberie, à Jules de Varane, qu'il fit ensuite étrangler avec deux de ses fils. Les principaux seigneurs d'Italie, craignant chacun pour leurs terres et pour leur vie, se réunirent contre cet usurpateur. Mais il eut l'adresse de les gagner, l'un après l'autre, par de belles paroles, et de les engager à venir faire avec lui le siége de Sinigaglia, dont ils le rendirent maître en l'absence de François-Marie de la Rovère, préfet de Rome, qui en était le seigneur. La récompense qu'ils reçurent de cet important service, fut celle qu'on devait attendre d'un homme sans honneur et sans probité. César étant entré dans la place, après en avoir fait sortir leurs gens, sous prétexte qu'elle ne pouvait les contenir avec les siens, il arrêta prisonniers les principaux d'entre eux, savoir : Paul des Ursins, François des Ursins, duc de Gravina, Vitellozzo, Oliverotto, Louis de Todi ; et le lendemain, 31 décembre de l'an 1502, il fit étrangler dans une chambre (et non, comme le dit un moderne, dans la place publique) Vitellozzo et Oliverotto. (Muratori.) Le pape, instruit des derniers succès de son fils, loin d'en avoir horreur, travaille à les compléter, en s'assurant de la personne du cardinal Jean B. des Ursins, qu'il envoya dans la tour Borgia. Il y fut trouvé mort dans le mois de février suivant, non sans soupçon de poison. Dans le même tems, César se débarrassa, par le lacet, de Paul des Ursins et du duc de Gravina, ses prisonniers. Le fruit qu'il retira de ces forfaits, et qu'il s'était proposé en les commettant, fut l'invasion de plusieurs terres de la maison des Ursins. Mais cela ne remplit point encore son insatiable avidité. Le mobilier du cardinal Corneto, le plus riche du sacré collége, et surtout l'argent qu'on savait qu'il avait dans ses coffres, était un objet qu'il avait grande envie de s'approprier. Pour y réussir, il invita à un repas ce prélat, dans le dessein de l'empoisonner. Mais la bouteille de vin, qu'il avait préparée pour cela, ayant été dérangée par une méprise, on en servit à l'un et à l'autre, et tous deux en ressentirent le funeste effet, auquel néanmoins ils survécurent par la force de leur tempérament. Voilà ce qu'il faut croire, ou donner un démenti à Paul Jove, qui, dans la Vie de Gonsalve, atteste avoir appris, de Corneto lui-même, que ce breuvage lui avait causé une inflammation inexprimable, et l'avait fait changer de peau. Mais ce qu'on ajoute, que le pape était du repas, et qu'ayant bu du même poison il en mourut, est une fable détruite par Odoric Raynaldi, qui prouve, par l'extrait d'un journal manuscrit du tems, qu'Alexandre mourut, le 18 août 1503, d'une fièvre double-tierce qui l'emporta en six jours de tems. La mort de ce pontife arrêta le cours violent des tyrannies de son fils. Jules II, l'ayant fait emprisonner à Ostie, ne lui rendit la liberté, qu'après l'avoir obligé à rendre toutes les places dont il s'était emparé. Il lui permit ensuite de se rendre auprès de Gonsalve de Cordoue, général espagnol, qui l'envoya en Espagne, où il fut confiné dans une prison. Ayant trouvé moyen de s'évader, il alla se réfugier vers Jean d'Albret, roi de Navarre, qui l'employa dans la guerre qu'il avait avec Louis de Beaumont, son vassal. César alla faire le siége de Viane, et y fut tué, le 12 mars 1507, laissant une fille unique, nommée Louise, qualifiée duchesse de Valentinois, et mariée, 1°. le 7 avril 1517, à Louis II, sire de la Trémoille ; 2°. le 3 février 1530, à Philippe de Bourbon-Busset. « Ce scélérat,

» dit un moderne, avait de la bravoure, de la souplesse et
» de l'intrigue; mais un seul de ses attentats suffirait pour
» flétrir la mémoire du plus grand homme. »

DIANE DE POITIERS.

L'an 1548, le roi Henri II fit don à DIANE DE POITIERS, sa maîtresse, par lettres du 8 octobre, de l'usufruit du duché de Valentinois, avec le titre de duchesse. Diane, née sur la fin de 1499 de Jean de Poitiers, seigneur de Saint-Vallier, avait été placée fort jeune auprès de la comtesse d'Angoulême, mère de François Ier., et ensuite était entrée au service de la reine Claude, en qualité de fille d'honneur. Son crédit et sa beauté sauvèrent la vie à son père, dont elle obtint la grâce au moment qu'il allait être décapité, pour avoir suivi le parti du connétable de Bourbon. Mais elle ne put le guérir des impressions fâcheuses que les frayeurs de la mort lui avaient causées, lorsqu'il apprit son jugement. Elles furent telles, qu'en une nuit les cheveux lui blanchirent, et qu'il tomba dans une fièvre si violente, qu'elle ne le quitta point le reste de ses jours. De-là, le proverbe de *la fièvre de Saint-Vallier*. L'an 1531, le 29 juillet, Diane resta veuve de Louis de Brezé, comte de Maulévrier, qu'elle avait épousé le 29 mars 1514 (v. st.). Cinq ans après, Henri, pour lors dauphin, âgé de dix-huit ans, devint éperdument amoureux de Diane, qui était dans sa trente-septième année. Elle conserva les grâces et la fraîcheur de la jeunesse jusque dans un âge fort avancé. Les agréments de son esprit répondaient à ceux de sa figure. Elle aima les gens de lettres et les protégea. Les huguenots furent les seuls qui eurent à se plaindre d'elle : aussi ne l'ont-ils point épargnée dans leurs écrits. Après la mort funeste de Henri II, arrivée le 10 juillet 1559, elle se retira dans sa terre d'Anet, où elle mourut le 26 avril 1566, laissant de son mariage avec Louis de Brezé deux filles, dont l'aînée, Françoise, épousa Robert de la Marck, duc de Bouillon ; et l'autre, nommée Louise, fut mariée à Claude de Lorraine, duc d'Aumale. Le duché de Valentinois, après la mort de Diane, fut de nouveau réuni au domaine de la couronne.

HONORÉ GRIMALDI.

HONORÉ GRIMALDI, prince de Monaco, s'étant mis, l'an 1641, sous la protection de la France, pour se soustraire aux vexations des Espagnols, reçut du roi Louis XIII, en pleine propriété, pour lui et ses descendants, le duché de Valentinois, qui fut érigé en pairie, par lettres du mois de mai 1642, puis déclaré duché-femelle, par lettres du 26 janvier 1643, registrées, le 6 février suivant. Cette donation fut faite, parce que le roi d'Espagne confisquait, ou devait confisquer, sur Honoré, des terres qui lui appartenaient dans le royaume de Naples et le duché de Milan. A ce don, Louis XIII ajouta la baronnie de Baux, qu'il érigea en marquisat. Louise-Hippolyte Grimaldi, fille aînée d'Antoine, prince de Monaco, petit-fils d'Honoré, ayant été mariée en 1715 à François-Léonor Goyon de Matignon, le duché-pairie de Valentinois lui fut cédé pour sa dot; et ce seigneur, au mois de décembre de la même année, obtint des lettres-patentes qui lui permettaient de se faire recevoir pair de France au parlement de Paris, où il prêta serment le 14 décembre 1716. (Voy. *les princes de Monaco.*)

N. B. L'évêché de Die, après être resté pendant plus de quatre cents ans uni à celui de Valence, en fut séparé l'an 1692, et rétabli dans son premier état.

CHRONOLOGIE HISTORIQUE

DES

COMTES DE LYONNAIS ET DE FOREZ.

Le Forez, ou Forest, *Foresium*, ou *Pagus Forensis*, habité anciennement par les *Segusiani*, dont *Forum Segusianorum*, aujourd'hui Feurs, était le chef-lieu, fut compris sous l'empire d'Honorius dans la première Lyonnaise. De la domination des Romains, ce pays passa sous celle des Bourguignons ; et après la destruction du royaume de ces derniers, il fut réuni à la monarchie des Francs. Son étendue est de vingt et une lieues de longueur, sur onze de largeur. Il est borné au nord, par le Charolais et le Beaujolais ; au midi, par le Vélai et le Vivarais ; à l'orient, par le Lyonnais, et à l'occident, par l'Auvergne. Cette province se divise en haut et bas Forez ; Mont-Brison, *Mons Brusonis*, maintenant capitale de tout le pays, est dans le haut ; Roanne, *Rodumna*, sur la Loire, est la principale ville, et même la seule du bas Forez. Les premiers comtes de Forez, le furent en même-tems du Lyonnais et du Beaujolais. La ville de Lyon avait été fondée, suivant l'opinion la plus commune et la plus probable, l'an 709 de Rome, par Munatius Plancus, consul, pour les habitants de Vienne, lorsqu'étant chassés de leur ville par les Allobroges, ils se retirèrent au confluent du Rhône de la Saône (1) ;

---

(1) L'heureuse position de Lyon rendit cette ville célèbre dès son origine. Soixante peuples des Gaules se cottisèrent pour y bâtir un temple en l'honneur de Rome et d'Auguste, et chacun d'eux fournit

cette ville fut le siége des premiers comtes de Forez, dont on peut faire remonter l'origine à l'an 532, époque de la ruine du premier royaume de Bourgogne, dans lequel était compris le Lyonnais. Les plus connus des comtes amovibles du Forez, sont ARMENTAIRE, ADALBERT, WARNIER, SIGONIUS, ANNEMOND, BERTRAND et GÉRARD, surnommé vulgairement de ROUSSILLON. Ce dernier, dont on peut voir l'article à la tête des comtes de Provence, ayant été dépouillé de ses dignités par Charles le Chauve, le monarque nomma, l'an 870, GUILLAUME I, comte de Lyon et des provinces en-deça de la Saône, c'es-à-dire, du Lyonnais, du Forez et du Beaujolais. Guillaume, profitant de la faiblesse et de l'éloignement de nos rois occupés à diverses guerres, s'établit insensiblement, et fit d'un emploi, qui n'était qu'une commission du prince, une espèce de fief héréditaire qu'il étendit sur la ville de Lyon, sous prétexte d'y conserver les droits et les prétentions de nos rois. Guillaume I mourut vers l'an 890. Il eut d'ADÈLE, sa femme, Guillame, qui suit.

GUILLAUME II.

890 ou environ, GUILLAUME II, fils aîné de Guillaume I, prenait le titre de comte du Lyonnais. On voit aussi un titre de l'empereur Louis l'Aveugle, de l'an 902, où il est qualifié duc et marquis, parce qu'il possédait des terres sur les limites du royaume de France et de Bourgogne. Guillaume II mourut vers l'an 920, laissant Artaud, qui suit, et Bernard ou Béraud, sire de Beaujolais.

---

une statue pour orner l'autel de ce prince, avec une inscription particulière. Caligula y fonda une académie qui s'assemblait devant cet autel, où les plus habiles orateurs allaient disputer le prix de l'éloquence et se soumettaient à la rigueur des lois qu'il avait prescrites. Elles portaient, entr'autres choses, que les vaincus donneraient eux-mêmes des récompenses aux vainqueurs, qu'ils feraient de plus leur éloge, et que ceux dont les écrits auraient été réprouvés et jugés indignes du concours seraient obligés de les effacer ou avec une éponge ou avec la langue, à moins qu'ils ne préférassent de recevoir des férules ou d'être jetés dans la rivière. C'est à quoi Juvénal semble faire allusion dans sa première satire, en peignant ainsi les effets de la crainte (*vers. 43 et 44*):

Palleat ut nudis pressit qui calcibus anguem,
Aut Lugdunensem Rhetor dicturus ad aram.

Ce temple et cet autel, qu'on nommait *Athenæum*, étaient à l'endroit où l'on a depuis bâti l'abbaye d'Aînai.

ARTAUD I.

Artaud I, comte de Forez, fut successeur de Guillaume, son père (et non pas son frère, comme quelques-uns le prétendent), au comté de Lyonnais, et continua la branche de Forez. Ce fut sous le gouvernement du comte Artaud, que Lothaire, roi de France, céda, l'an 955, la ville de Lyon à Conrad, roi de Bourgogne, pour la dot de Mathilde de France, sa sœur. Artaud, mourut vers l'an 960, laissant de Tarésie, sa femme, un fils, qui suit.

GIRAUD I.

960 ou environ, Giraud I, successeur d'Artaud, son père, épousa une dame nommée Grimberge, dont il eut trois fils, Artaud, comte de Lyon ; Etienne, comte de Forez, et Humphroi, sire de Beaujeu, avec une fille, nommée Adescelinde, qu'on croit, sans beaucoup de fondement, avoir été abbesse de Saint-Pierre de Lyon. Giraud mourut, à ce qu'on prétend, vers l'an 990.

ARTAUD II.

990 Artaud II succéda à Giraud, son père, dans le comté de Lyon, et devint ensuite comte de Forez, on ne sait en quelle année, par la mort d'Etienne, son frère, décédé sans enfants. L'abbaye de Cluni se ressentit de sa libéralité. Artaud lui donna l'église de Saint-Pierre de Mareuil, par un acte daté seulement du règne de Rodolfe (c'est Rodolfe III, roi d'Arles, qui régna depuis 993, jusqu'en 1032.) Ce comte épousa Théodeberge, ou Thetberge, dont il laissa en mourant (l'an 1007) deux fils en bas-âge, Artaud et Giraud. Théodeberge, lui survécut, resta veuve jusqu'en 1010. Nous avons sous les yeux une charte de cette comtesse, datée de la dix-septième année du roi Rodolfe, au mois de mars, par laquelle elle donne à l'abbaye de Cluni, un meix situé au lieu dit *Caminum*, dans le Lyonnais, pour le repos de l'âme d'Artaud, son seigneur, pour ses enfants, Artaud et Giraud, et pour les âmes de tous les fidèles morts et vivants. (*Arch. de Cluni.*) L'année suivante, Théodeberge était remariée avec Pons, comte de Gévaudan. Une charte, imprimée dans le onzième tome du Spicilége, pag. 292, en fait foi. Par cet acte, Pons, qui est qualifié *comte illustre, par la grâce de Dieu, du Gévaudan et du Forez, recommandable par ses mœurs et doué d'un esprit excellent*, fonde à Coalde une église collégiale pour le repos des âmes d'Etienne et d'Alaïz, ses père et mère, pour Théodeberge, sa (seconde) femme, pour ses fils (du

premier lit), Etienne et Pons, pour ses frères, Bertrand et Guillaume, et en général pour tous ses parents. La date est remarquable. *Acta sunt hæc*, porte-t-elle, *anno jam pene finito X post millesimum, indictione IX, epactâ XIV, mense februarii, feriâ II, lunâ XX sub imperio Roberti, clarissimi regis Francigeni sive Aquitaniani.* Tous ces caractères se rapportent au lundi 26 février de l'an 1011, et prouvent qu'on commençait alors l'année au 25 ou peut-être au 1er. mars dans le Gévaudan, où cet acte fut dressé. Le titre de comte de Forez, que Pons se donnait, ne lui appartenait qu'en vertu de la tutelle des enfants d'Artaud II, qu'il partageait avec leur mère. D. Vaissète observe qu'il le portait encore en 1025. (*Hist. de Langued.*, tom. II, pag. 246.)

ARTAUD III ET GIRAUD.

ARTAUD III, fils aîné du comte Artaud II, et GIRAUD, son frère, succédèrent à leur père, le premier dans le Lyonnais, et le second dans le Forez et le Roannais. Artaud III eut de grands démêlés avec Burchard, archevêque de Lyon, touchant leur juridiction respective. Ce prélat, fils de Conrad le Pacifique, et frère de Rodolphe III, rois de Bourgogne, regardait le comté de Lyon comme son apanage, et en fit hommage, l'an 1030, à l'empereur Conrad le Salique. Artaud, appuyé par son frère, et peut-être aussi par la cour de France, entra dans le Lyonnais les armes à la main, et chassa l'archevêque de sa ville. On fit, quelques tems après, un concordat, par lequel Artaud céda plusieurs de ses droits sur Lyon à l'archevêque, qui lui céda en échange les terres qu'il possédait dans le Forez. Artaud mourut sans laisser de postérité. Par sa mort, Giraud, son frère, réunit dans sa main le Lyonnais au Forez et au Roannais. Burchard étant mort vers l'an 1031, son siége fut envahi par un autre Burchard, son neveu, après l'expulsion duquel Giraud voulut faire élire pour archevêque un de ses fils, à peine en âge de puberté. Mais Conrad le Salique envoya des soldats qui chassèrent le père et le fils. Giraud termina ses jours vers l'an 1058. D'ADÉLAÏDE DE GÉVAUDAN, sa femme, il avait eu trois fils, Artaud, qui suit, Geoffroi-Guillaume et Conrad, avec deux filles, Prève et Rotulfe. Celle-ci épousa Guigues de l'Avieu, l'un des principaux seigneurs du Forez, que son beau-père, en considération de ce mariage, établit vicomte de Forez; titre qu'il transmit à ses descendants. Prève, sœur aînée de Rotulfe, vécut dans la virginité. Mais, sur une fausse accusation de libertinage, ses frères lui coupèrent la tête et jetèrent le cadavre dans un puits.

La calomnie ayant été depuis découverte, Prève a été honorée comme martyre.

ARTAUD IV.

Vers 1058. ARTAUD IV, fils et successeur du comte Giraud II, après plusieurs différents qu'il eut avec Humbert, archevêque de Lyon, pour le temporel de cette ville, fit, l'an 1062, avec ce prélat un traité par lequel ce dernier recouvra pour son église le droit de battre monnaie. Depuis ce tems, l'autorité des comtes de Forez dans cette ville, déclina tellement, qu'ils cessèrent d'y résider, et se retirèrent dans leur comté de Forez dont ils prirent plus ordinairement le titre. Artaud mourut au plus tard, en 1076. De RAYMONDE, sa femme, il laissa deux fils, Wedelin, ou Gelin, qui suit, et Artaud.

WEDELIN.

1076 au plus tard. WEDELIN, fils aîné d'Artaud IV et son successeur après avoir été son collègue, confirma, l'an 1078, par une charte du 12 ou du 14 mai, les priviléges et exemptions accordés par son père à l'abbaye de Savigni. (*Chron. Savin.*) C'est un des derniers actes de sa vie, et le seul qui soit venu à notre connaissance. Il mourut la même année sans postérité.

ARTAUD V.

1078. ARTAUD V, successeur de Wedelin, son frère, eut de sa femme, IDE, un fils nommé Guillaume, qui suit, et une fille, Ide-Raymonde, qui viendra ci-après. On met la mort d'Artaud en 1085.

GUILLAUME III.

1085. GUILLAUME III succéda au comte Artaud V, son père, dont il avait été le collègue dès l'an 1078. (*Chron. Savin.*) L'an 1096, il partit pour la croisade sous les enseignes du comte de Toulouse. Il n'en revint pas, ayant été tué, l'an 1097, au siége de Nicée. De VANDELMONDE DE BEAUJEU, sa femme, il laissa deux fils, GUILLAUME et EUSTACHE, qui lui succédèrent et moururent sans postérité, l'an 1107 au plutôt, comme il paraît par la charte d'une donation qu'ils firent cette année à l'hôpital de Montbrison fondé par leur père.

IDE-RAYMONDE.

IDE-RAYMONDE, fille d'Artaud V, recueillit la successsion

de ses neveux avec GUIGUES-RAYMOND, son second mari, deuxième fils de Guigues II, comte d'Albon et de Viennois. (Elle avait épousé en premières noces, Renaud II, comte de Nevers, mort en 1089.) Guigues-Raymond finit ses jours vers l'an 1109, laissant un fils qui suit.

GUIGUES II DE VIENNOIS.

1109 ou environ. GUIGUES II DE VIENNOIS succéda au comté de Lyon et de Forez, du chef d'Ide-Raymonde, sa mère, et commença la seconde race des comtes de Forez. Le dauphin devint alors l'armoirie du Forez au lieu du lion, qui était celles des comtes de la première race, et que les sires de Beaujeu, issus de ceux-ci, retinrent, mais brisé d'un lambel de gueules. Guigues II mourut l'an 1137, laissant de MARIE, fille de Guichard III, sire de Beaujeu, son épouse, un fils qui suit. Il avait fondé, l'an 1130, une commanderie de l'ordre de Saint-Jean de Jérusalem, près de Montbrison.

GUIGUES III.

1137. GUIGUES III, fils de Guigues II, lui succéda en bas-âge, sous la garde-noble du roi Louis le Jeune, à qui son père l'avait recommandé en mourant. Devenu majeur, il fut obligé de prendre les armes contre Guillaume II, comte de Nevers, qui faisait des entreprises sur le Forez. Saint Bernard vint sur les lieux pour pacifier la querelle des deux comtes. Il trouva dans celui du Forez toute la docilité qu'il pouvait espérer; mais le comte de Nevers protesta qu'il n'accorderait aucune paix à son ennemi qu'il ne l'eût chassé de sa terre; et aussitôt, ayant rassemblé ses troupes, il entra dans le Forez. Le comte Guigues, ne pouvant éviter le combat, se recommanda aux prières du saint homme, qui lui promit la victoire. L'événement vérifia la promesse. Guigues, rempli de foi, se jette comme un lion sur les ennemis, fait prisonnier le comte de Nevers, et taille en pièces ses gens, de manière qu'à peine deux ou trois purent échapper au carnage. Voilà ce que raconte Jean l'Hermite dans la vie de saint Bernard, sans marquer l'année où ceci arriva. (*Bernardi op.* vol. II, col. 1288.) Cette faveur ne rendit pas Guigues plus équitable envers l'église de Lyon. Egaré par son ambition, il revint contre le traité qu'Artaud IV avait fait avec l'archevêque Humbert, prétendit être seigneur de Lyon, ou du moins y avoir l'autorité prépondérante, et ne voulut point reconnaître d'autre seigneur que le roi de France au-dessus de lui. Héraclius de Montboissier,

archevêque de Lyon, ayant obtenu, l'an 1157, de l'empereur
Frédéric I, par sa bulle d'or datée d'Arbois, le 19 novembre,
l'exarchat du royaume de Bourgogne avec tous les droits régaliens
sur la ville de Lyon; Guigues s'en offensa au point qu'étant
entré à main armée dans Lyon, il maltraita les partisans du
prélat, sur-tout les clercs dont il pilla les maisons, et l'o-
bligea lui-même d'aller chercher un asile dans la Chartreuse
des Portes, d'où il ne revint qu'au milieu de l'année suivante.
Guigues continua de molester Héraclius jusqu'au décès de ce
prélat, arrivé l'an 1163.

L'année suivante, le chancelier de l'empereur s'étant avisé
de vouloir faire élever une citadelle dans le territoire de Lyon,
le comte de Forez s'opposa vigoureusement à cette entreprise,
chassa les ouvriers les armes à la main, et les menaça, s'ils
revenaient pour la prendre, de ne leur faire aucun quartier. C'est
ce que mande, de Sens, le pape Alexandre III au roi Louis le
Jeune, par une lettre datée du 30 juillet de cette année
(Duchesne, *Scrip. franc.*, tom. IV, p. 622.) Guigues ne cherchait
par-là qu'à se rendre le maître absolu dans le Lyonnais;
les conjonctures ne pouvaient lui être plus favorables. Deux
concurrents depuis la mort d'Héraclius, munis chacun d'une
partie des suffrages du chapitre, Drogon et Guichard, se disputaient le siége de Lyon. Guigues profita de ce schisme pour
se rendre le maître absolu dans la ville, et empêcher que ni
Drogon ni Guichard n'exerçassent aucune juridiction temporelle sur les Lyonnais. Mais le premier, dont l'élection prévalut
pendant quelque tems, ayant mis dans ses intérêt, Gérard,
comte de Mâcon, opposa une vigoureuse résistance au comte
de Forez, et le mena si rudement, qu'il le contraignit d'abandonner la ville de Lyon, et le poursuivit même jusques dans le
Forez. C'est ce que Guigues lui-même marque dans une lettre
qu'il écrivit au roi Louis le Jeune, qui était pour lors en
Auvergne, occupé à réduire le comte Guillaume: « Je m'é-
» tonne, sire, lui dit-il, qu'étant votre homme par tant de
» titres, qu'ayant été fait chevalier par votre majesté, que
» mon père m'ayant laissé sous votre conduite et en votre
» garde, que toute ma terre d'ailleurs vous appartenant, vous
» ne m'ayez rien marqué de votre arrivée en Auvergne.
» Malgré cela je serais actuellement dans votre armée, si le
» comte Girard et les schismatiques de Lyon ne fussent entrés
» à main armée sur ma terre. Or ils y sont venus non seule-
» ment pour me dépouiller, s'ils le pouvaient, mais encore
» pour transporter mon comté, qui relève de votre couronne,
» à l'empire teutonique. S'ils y réussissaient, ce serait un
» outrage sanglant qu'ils vous feraient en face et au mépris

» des armes que vous avez actuellement entre les mains. Que
» votre majesté prenne donc les mesures convenables pour
» mettre son honneur à couvert et mes domaines en sûreté. Je
» la supplie de vouloir bien donner une créance entière au
» porteur de la présente lettre, et, en lui ajoutant foi, de
» vouloir bien exaucer ma prière. » (Duchesne, *Scrip. franc.*
tom. IV, p. 708 et 709.)

Guigues eut l'honneur de recevoir, peu après, dans son château de Montbrison, ce monarque au retour de son expédition dans le Vélai, d'où il emmenait prisonnier le vicomte de Polignac et son fils. Louis, en reconnaissance de la bonne réception que le comte lui avait faite, lui accorda, comme il l'avait demandé, l'investiture de l'abbaye de Savigni. Mais Humbert III, sire de Beaujeu, patron né de Savigni, s'opposa à cette concession, et obligea Guigues d'y renoncer solennellement dans l'église principale de Montbrison, en présence de Louis et de sa cour. (Pérard, p. 586.) Le monarque, pour dédommager Guigues, lui donna la garde des grands chemins dans l'étendue du comté de Forez et des terres qui en relevaient, sauf le droit de l'église de Lyon ; ce qui fut confirmé, l'an 1198, par un diplôme du roi Philippe Auguste. (Ménétrier, *hist. de Lyon*, p. 36.) On voit par-là que nos rois avaient la garde des grands chemins dans toute l'étendue du royaume, et que les seigneurs particuliers ne la tenaient dans leurs districts que du bienfait du monarque et en fief. Ce droit était important en ce qu'il attribuait à celui qui en jouissait la connaissance et justice des crimes commis sur les grands chemins. C'était en quelque sorte le comble des droits régaliens.

Après que Drogon, de l'autorité du saint-siége, eut été chassé par Guichard, la querelle continua toujours entre celui-ci et le comte Guigues. Sur les plaintes que Guichard porta au pape Alexandre III contre ce dernier, le pontife commit l'archevêque de Tarentaise pour examiner les prétentions respectives des parties. On fit, le 15 octobre de l'an 1167, un traité par lequel il était dit que la monnaie, les péages, et d'autres droits, seraient communs entre l'archevêque et le comte, et qu'ils ne pourraient acquérir des fiefs l'un sans l'autre dans la ville et ses dépendances. (*Spicil.*, tom. IX, p. 149.) Loin d'avoir le succès qu'on s'en était promis, ce traité ne servit qu'à fournir matière à de nouvelles disputes. Enfin, l'an 1173, le comte Guigues consentit à céder à l'archevêque Guichard le comté de Lyon, comme il se comportait, pour lui et son église, à perpétuité, moyennant onze cents marcs d'argent et un certain nombre de terres, dans le Forez, que le prélat et son chapitre lui abandonnèrent. L'acte de cet échange, approuvé par les papes Alexandre III et Lucius III, son successeur, ratifié, l'an 1183, par le roi Philippe Auguste, après avoir reçu de Jean *aux belles mains*, pour lors archevêque, l'hommage pour la partie de Lyon située sur la rive droite de la Saône, confirmé, l'an 1184, par l'empereur Frédéric I, comme suzerain de l'autre partie de la ville, établit l'archevêque et les chanoines de Lyon, comtes de cette ville, aux mêmes droits que l'étaient les comtes de Forez. Mais les officiers des nouveaux comtes ne tardèrent pas à indisposer les habitants de Lyon, par les impôts qu'ils levèrent sur eux, et par d'autres atteintes qu'ils donnèrent aux priviléges de cette ville, qui était en possession de se gouverner en forme de république. On en vint sous le gouvernement de l'archevêque Renaud de Forez, successeur de Guichard, à une sédition qui fut appaisée par une composition faite entre les Lyonnais et le chapitre. Mais ce fut un feu qui couva sous la cendre, et qu'on vit éclater de nouveau sous l'épiscopat de Robert de la Tour-d'Auvergne, qui remplaça Renaud. Un nouvel accommodement, fait en 1228, par la médiation de Hugues IV, duc de Bourgogne, suspendit pour quelque tems les animosités. Elles se renouvellèrent, en 1272, pendant la vacance du siége de Lyon. Le pape Grégoire X, donna, l'année suivante, sur ce sujet, une constitution qui semblait devoir couper la source des dissentions. Mais les Lyonnais, voyant les chanoines eux-mêmes divisés avec l'archevêque Béraud de Goth touchant l'exercice de la justice, prirent de-là occasion de se mettre sous la protection du roi de France. Philippe le Bel en conséquence établit, l'an 1292, un *Gardiateur* de la ville, pour recevoir et juger en son nom les appels des bourgeois. La résidence de cet officier n'était cependant pas à Lyon, mais à l'Isle-Barbe ou à Mâcon. Philippe, l'an 1298, se portant pour unique souverain de Lyon, exigea de Henri de Villars, nouvel archevêque, l'hommage illimité et le serment de fidélité, tel que le prêtaient les autres prélats du royaume. Henri se pourvut depuis auprès du pape Boniface VIII contre l'autorité que le roi de France exerçait dans la ville de Lyon, et en fut favorablement écouté. Cette rupture occasionnant des entreprises réciproques des officiers de l'église et de ceux du roi, ce prince, l'an 1307, donna deux édits connus sous le nom de *Philippines*, datés l'un et l'autre de Pontoise, au mois de septembre, par lesquels il détermine l'exercice de l'une et de l'autre juridiction. Ces édits étaient rendus en conséquence d'un traité fait dans le même mois de septembre entre le roi, représenté par Pierre de Belleperche, doyen de Paris, et les agens de l'archevêque. Il était dit par ce traité que le roi, dans toute la ville et cité de Lyon et dans toute la baronnie de l'église de Lyon en-deçà de la Saône, connaîtrait des appellations et des sentences définitives données par le juge *Lay*, lesquelles appellations seraient jugées au parlement par deux ou trois du conseil du roi suivant le droit écrit ; et que l'archevêque ferait au roi serment de fidélité, sans toutefois que les biens de son église fussent censés être du fief du roi. (Manuscr. de Béthune, n°. 9420, *fol*. 142.) Mais Pierre de Savoie, étant monté sur le siége de Lyon à la fin de 1308, débuta par réclamer contre les deux édits, ainsi que contre le traité sur lequel ils étaient fondés, et refusa obstinément de prêter serment de fidélité. Louis Hutin, fils aîné du roi, fut envoyé, l'an 1310, pour réduire ce prélat qui s'était fortifié dans sa ville. Il osa soutenir un siége ; mais, le 21 juillet de la même année, par le conseil du comte de Savoie, son parent, qui était dans l'armée des assiégeants, il se rendit à lui comme prisonnier de guerre, et fut conduit à Paris, où il demanda pardon au roi, qui lui fit grâce à la prière de deux cardinaux envoyés par le pape. Le différend néanmoins ne fut entièrement terminé qu'en 1313. Cette année, le lundi après *Misericordia Domini* (30 avril), le prélat fit avec le roi un traité d'échange, par lequel il lui abandonna la juridiction temporelle sur Lyon, excepté le château de Pierre-Encise et reçut certaines terres en compensation. C'est ainsi que la ville de Lyon, après avoir éprouvé diverses révolutions depuis qu'elle eut été détachée de la couronne de France par le mariage de Mathilde, fille du roi Louis d'Outremer, avec Conrad le Pacifique, roi de Bourgogne, fut enfin réunie au corps de cette monarchie pour n'en être plus séparée. Car un des articles du traité portait que jamais le roi n'aliénerait cette ville, ni ne la donnerait en apanage.

Revenons à Guigues III. L'an 1167, il rendit hommage à Louis le Jeune des châteaux de Montbrison et de Mont-Supt, et mit en l'hommage de sa majesté les châteaux et fiefs de Montarcher, de Saint-Chaumont, de la Tour de Jares et de Chamousset, le roi lui ayant de son côté cédé les droits qu'il avait sur les châteaux de Mareille, de Donzieux, de Clepieu, de Lavieu, de Saint-Romain, et de leurs dépendances, pour les tenir en augmentation de fief. (Ménétrier, *Hist. de Lyon*, pr., part. 11, p. 36.) Cette concession, attestée par un diplôme de ce monarque, nous fait connaître que Louis VII avait dans le Lyonnais un domaine qu'il céda au comte de Forez.

L'an 1199, Guigues fonda, de concert avec sa femme ERMENGARDE, l'abbaye de Bonlieu, sur la rivière de Lignon, à deux lieues de Montbrison, pour des filles de l'ordre de Cîteaux. Enfin, après avoir fait ratifier par son fils aîné le traité d'échange qu'il avait fait avec l'archevêque de Lyon, il se retira dans l'abbaye de la Bénissons-Dieu, ordre de Cîteaux, où il mourut, dans un âge très-avancé, le 24 janvier de l'an 1226. De son mariage il laissa trois fils, Guigues, Renaud, qui devint, en 1193, archevêque de Lyon, et Humbert, chanoine de la même église.

GUIGUES IV.

1199 au plutôt. GUIGUES IV, surnommé BRANDA, fils aîné de Guigues III, lui succéda au comté de Forez après son abdication. L'an 1202, il partit pour la croisade, d'où il ne revint pas, étant mort en route l'année suivante. (Villehardouin.) Il avait épousé, 1°. ASIURAA, dont il n'eut qu'une fille, mariée à Guillaume le Vieux, seigneur de Baffie; 2°. du vivant de sa première femme et après l'avoir répudiée, ALIX, qui le fit père d'un fils, qui suit, et de deux filles, Guigonne, ou Guionne, femme de Girard II, comte de Mâcon, et Marquise, mariée à Gui VI, vicomte de Thiern. (Baluze, *Hist. de la M. d'Auv.*, tome II, page 1116; Anselme, tome VI, page 528.)

GUIGUES V.

1203. GUIGUES V, fils de Guigues IV et d'Alix, succéda en bas âge à son père dans le comté de Forez sous la tutelle de l'archevêque de Lyon, son oncle. Il épousa, 1°. MAHAUT, fille de Gui II, seigneur de Dampierre, et de Mahaut de Bourbon; 2°. l'an 1225, MAHAUT, fille de Pierre II de Courtenai, et d'Agnès, comtesse de Nevers. L'an 1223, au mois de novembre, il affranchit la ville de Montbrison par une charte dont les clauses les plus remarquables sont les deux suivantes : Le bénévise, c'est-à-dire celui qui tient par engagement, ne doit point d'investiture; mais par vente, donation, ou autre aliénation, il doit pour investiture un denier du sol; estimation faite au plus haut prix, si la chose a été aliénée autrement que par vente. Dans les alleus que les habitants de Montbrison possédaient avant l'affranchissement de la ville, le comte aura tous ses usages, excepté les tailles et *tolte*, à moins que la collecte ne fût générale dans le mandement pour réparer le château. (Du Cange, *Gloss.*, t. I, p. 338-891.) L'année suivante, Guigues fit un acte de justice envers l'abbaye de l'Ile-Barbe de Lyon, en reconnaissant, par une charte du 16 avril, que les lieux de Saint-Rambert, de Bonson, de Chambles, de Saint-Cyprien et de Saint-Just, étaient francs-alleus de ce monastère, et qu'injustement lui et ses prédécesseurs y avaient joui de la taille à volonté. Il s'en désiste, accordant aux habitants le pouvoir de donner, vendre, obliger, aliéner leurs fonds, sans retenir autre chose pour lui que sa pleine seigneurie sur les biens que ces mêmes habitants auraient en d'autres paroisses. (Le Laboureur, *Mss. de l'Ile-Barbe*, tome 1, page 136.) Guigues fonda, l'an 1224, l'église collégiale de Montbrison, où il institua treize chanoines; ce qui fut confirmé au mois d'octobre de la même année par l'archevêque Renaud, son oncle. Il est remarquable que par la charte de fondation il n'oblige les chanoines qu'à six mois de résidence par an. Guigues se croisa, l'an 1239, avec Thibaut, roi de Navarre, et plusieurs autres princes, pour la Terre-Sainte. Avant son départ il fit son testament dont il nomma pour exécuteurs l'archevêque de Vienne, la comtesse de Vienne et d'Albon, l'abbé de la Bénissons-Dieu, et le doyen de Montbrison. Il prend dans cet acte les titres de comte de Forez et de comte de Nevers, et nomme les trois fils qu'il avait alors, savoir, Guigues, Guigonet et Renaud, dont il dévoue le dernier à l'état ecclésiastique; ce qui toutefois n'eut pas lieu. (*Ibid.*, tome I, page 151.) On ignore les exploits qu'il fit dans son pèlerinage. Il mourut dans la Pouille, en s'en revenant, le 29 octobre 1241. (*Voy.* Mahaut I, *comtesse de Nevers.*)

GUIGUES VI.

1241. GUIGUES VI, ou GUIOT, fils aîné de Guigues V, ne devint pas sans contradiction son successeur au comté de Forez. Guillaume de Baffie le Jeune prétendit devoir lui être préféré par le droit de sa mère, fille unique de Guigues IV et d'Asiuraa, seule femme légitime de ce comte, puisqu'elle était vivante lorsqu'il se remaria avec Alix, de qui descendait Guigues VI. Guillaume l'ayant fait citer à la cour du roi saint Louis pour y discuter leurs prétentions, Guigues, au lieu de répondre à la citation, le fit arrêter et mettre en prison. Des amis communs s'étant entremis pour les concilier, ils firent, l'an 1244, un traité par lequel il fut dit que Guillaume, en renonçant au comté de Forez, aurait les terres et châteaux de Pressieu, de Jullieu, de Villadeu et de Cromels, pour les tenir en fiefs de Guigues, reconnaissant qu'il les avait distraits de leur mouvance naturelle par l'hommage qu'il en avait porté au roi de France et à son frère Alfonse, comte de Poitiers; qu'à l'égard de la baronnie de Saint-Bonnet, s'il arrivait que le dauphin, qui en était propriétaire, vint à mourir sans enfants, le comte Guigues aurait de cette baronnie la terre de Lureu, et Guillaume le surplus. (Baluze, *M. d'Auvergne*, *pr.*, page 116.) L'an 1248, Guigues accompagna le roi saint Louis dans son voyage d'outremer, où il eut la jambe cassée, l'an 1249, en combattant près de Damiette. Les Musulmans l'eussent fait prisonnier sans deux vaillants chevaliers qui l'emportèrent au milieu d'une grêle effroyable de flèches et de pierres qu'ils essuyèrent. (Joinville.) Guigues étant revenu en France, accorda, l'an 1253, au mois d'octobre, de concert avec la prieur de Marcigni, des lettres de franchise aux habitants de Villeri, dont ils avaient la seigneurie en partage. (*Spicil.*, tome IX, page 189.) Quelque tems auparavant, Guigues avait épousé ALIX, fille unique d'Erard II, sire de Chacenai dans la Champagne, avec laquelle, par lettres du mois d'août 1255, il affranchit les habitants de Chacenai moyennant certaines redevances. Guigues étant mort, sans enfants, l'an 1259, Alix se remaria à Guillaume, vicomte de Melun, et finit ses jours en 1285 sans laisser de postérité.

RENAUD.

1259. RENAUD, frère de Guigues VI, lui succéda au comté de Forez. Il était marié depuis 1247 avec ISABELLE, fille d'Humbert V, seigneur de Beaujolais, laquelle hérita de cette seigneurie, l'an 1265, par la mort de Guichard IV, son frère, décédé sans enfants. Renaud mourut l'an 1275, laissant de son mariage plusieurs enfants, dont les deux principaux sont Guigues, qui suit, et Louis, qui fut la souche de la seconde branche des sires de Beaujeu.

GUIGUES VII.

1275 ou environ. GUIGUES VII, successeur de Renaud, son père, mourut après l'an 1287. De JEANNE, fille aînée de Philippe de Montfort, seigneur de Castres, son épouse, qui se remaria à Louis de Savoie, baron de Vaud, il laissa Jean, qui suit; Renaud, chanoine de Lyon; Isabeau, femme de Béraud X, sire de Mercœur; Laure, religieuse, et six autres enfants, en tout dix, qui tous vivaient encore, suivant dom Vaissète, en 1304.

JEAN I.

1288 au plutôt. JEAN, fils et successeur de Guigues VII, acquit, le 25 mai 1291, de Robert de Dalmas, seigneur de Marcilli, la terre de Saint-Bonnet pour la somme de dix-huit mille livres viennoises. Il acheta, l'année suivante, de Jean II, comte de Dreux, et de Jeanne, sa femme, tout le droit qu'ils avaient en la ville de Roanne. L'an 1301, il disputa le comté de Castres, en Languedoc, à Éléonore de Montfort, sa tante, femme de Jean V, comte de Vendôme, et sœur de Jean, seigneur de Castres et comte de Squillace au royame de Naples, mort l'an 1300 ; mais il fut évincé, parce que la représentation n'a point lieu dans la coutume de Paris, qui régit la seigneurie de Castres. On le voit, l'an 1302, servant dans l'ost de Flandre. Il acquit, l'an 1308, de Guillaume IV, vicomte de Thiern, les terres de Thiern et de Peschadoire par échange de celles de Saint-Maurice, de Chatelus en Roannois et de Bussi. (Du Bouchet, *Hist. de M. de Courtenai*.) Pour s'acquitter du devoir de vassal, il fit, l'an 1317, hommage au roi Philippe le Long, 1°. des châteaux de Montbrison, de Mont-Supt, de la Tour de Jarès et de Montarcher; 2°. de la garde des grands chemins et des droits régaliens, tant dans sa terre que dans celles de ses vassaux; 3°. de Saint-Bonnet-le-Château et du château d'Arenc; 4°. du château de Thiern. L'an 1325 (v. st.), le 18 janvier, par convention faite avec Guigues, dauphin de Viennois, le comte Jean, reconnut tenir de lui *en fief noble, conditionnel, modifié et d'honneur*, les terres de Fontanès, la Fouillouse, Cuzieux, Montrond, la Roche-la-Molière, Boutheon, etc.; déclarant que c'est une ancienne coutume reçue en France, et spécialement dans le Forez, que, dans de pareilles reconnaissance et translations de Fiefs, la seigneurie directe, sur le seigneur qui fait la reconnaissance, soit transférée à celui qui la reçoit ; et qu'ainsi les comtes de Forez seront désormais tenus de foi et hommage envers les dauphins, par un devoir inséparable du comté de Forez, de même que le droit d'exiger ce devoir sera inséparable du Dauphiné. (Valbonnais, *Hist. du Dauph.*, tome II, page 204.) Le comte Jean mourut le 15 février 1333. D'ALIX, fille d'Humbert I, dauphin de Viennois, qu'il avait épousée par contrat du mercredi après Pâques 1296 (morte en 1310), il laissa trois fils, Guigues, qui suit ; Renaud, seigneur de Maleval ; et Jean, chanoine de Notre-Dame de Paris, avec une fille, Jeanne, première femme d'Aimar de Roussillon. Alix avait apporté en dot tout ce que le dauphin et la dauphine possédaient, en deçà du Rhône, dans le royaume de France, dans la Sénéchaussée de Beaucaire et dans le bailliage de Mâcon, à quelques réserves près.

GUIGUES VIII.

1333. GUIGUES VIII succéda au comte Jean, son père, avec sa femme, JEANNE DE BOURBON, fille aînée de Louis I, duc de Bourbon, qu'il avait épousée le 4 février de l'an 1318 (v. st.). Sa réputation n'était pas saine alors, et peu de tems après son mariage, il s'était attiré, par sa pétulance, une affaire criminelle, où il eut besoin de tout le crédit de son père et de toute la clémence du roi Philippe le Long, pour s'en tirer. Irrité (l'on ne sait pour quel sujet) contre le chevalier Gilles d'Ascelin, président au parlement, il était tombé un jour, avec plusieurs seigneurs de son âge, sur les gens de ce magistrat, comme il sortait du palais, et les avait fort maltraités. Le roi l'ayant fait citer à comparaître, il obéit, et fut long-tems détenu en prison. A la fin ce prince, fléchi par les prières du comte Jean, père du coupable, et ayant égard à la jeunesse de celui-ci, lui accorda des lettres de grâce, en date du mois de janvier 1320 (v. st.). Elles se trouvent au recueil de Colbert, vol. XI, fol. 41, et portent que sa majesté, voulant user de miséricorde envers Guigues et ses complices, les rétablit dans tous leurs biens et honneurs, enjoignant audit Guigues, pour réparation de son attentat, d'aller, dans le terme de Pâques prochain, en pèlerinage aux églises de Notre-Dame du Puy, de Roquemadour et de Saint-Thomas de Cahors. C'est le premier roi qui ait imposé des pèlerinages de pure dévotion pour un crime capital. La conduite de Guigues paraît avoir fait oublier, dans la suite, cet écart de sa jeunesse. L'an 1333, il fut un des chefs de l'armée que le roi Philippe de Valois donna à Jean, roi de Bohême, pour l'aider à faire la conquête de la Lombardie. Cette expédition n'eut aucun succès, et finit, en peu de tems, à la honte de la principale noblesse française, qui composait la cavalerie de cette armée, et dont la plus grande partie demeura prisonnière. (*Voy.* Jean, *roi de Bohême.*) Guigues servit dans toutes les guerres que la France eut de son tems contre l'Angleterre. L'an 1349, il rendit hommage, le 16 juillet, dans le couvent des Frères Prêcheurs, au dauphin Charles, fils aîné de France, en présence de Henri de Villars, archevêque de Lyon, et d'autres personnes qualifiées, de la même manière que le comte Jean, son père, l'avait rendu au dauphin Humbert. (*Rec. de Fontanieu.*) vol. 77.) L'an 1358 (v. st.), il fit, avec la comtesse d'Auvergne, une transaction par laquelle il fut reconnu que la rivière d'Anse était leur limite, que ce qui est à l'orient de cette rivière appartenait au comte de Forez, et que ce qui est à l'occident était du comté d'Auvergne. (Valbonnais.) Guigues mourut l'an 1360, laissant de son mariage Louis, qui suit; Jean, qui vient après, et Jeanne, dame d'Ussel, mariée à Béraud II, comte de Clermont et dauphin d'Auvergne, morte le 17 février 1366.

LOUIS I.

1360. Louis I, fils de Guigues VIII, et son successeur, fut tué, l'an 1361, à la bataille de Brignais, donnée par le connétable

table Jacques de Bourbon, le 2 avril, contre une armée de brigands nommés les *Grandes Compagnies* et les *Tards-venus*. Il était encore sous la tutelle de Renaud, son oncle, qui l'avait mené à cette bataille où il fut pris lui-même avec quantité d'autres seigneurs. *Cette bataille*, dit Froissart, *fit trop grand profit aux compaignons ; car ils étaient pauvres. Si furent là touz riches de bons prisonniers, et de villes et de forts, qu'ilz prirent en l'archevêché de Lyon, et sur la riviere du Rhône.*

JEAN II.

1361. JEAN II, frère du comte Louis, eut un grand différend avec sa mère Jeanne de Bourbon, qui se prétendait héritière du Forez. A la fin il transigea avec elle par acte passé à Donzi, le 30 juin 1362, et demeura possesseur du comté. Mais, étant tombé quelques années après en démence, on lui donna pour curateur, l'an 1368, Louis II, duc de Bourbon. Il fut tué, selon les uns, dans Montbrison, l'an 1369, par le vicomte de Lavieu; il mourut de mort naturelle, suivant les autres, en 1373.

JEANNE.

1369 ou 1373. JEANNE DE BOURBON, veuve de Guigues VIII, se mit en possession du comté de Forez après la mort de Jean II, son deuxième fils, et le garda jusqu'en 1382.

ANNE ET LOUIS DE BOURBON.

1382. ANNE, fille de Béraud II, comte de Clermont et dauphin d'Auvergne, et de Jeanne de Forez, sœur des deux derniers comtes de Forez, Louis I et Jean II, hérita de ce comté par la cession que Jeanne de Bourbon, son aïeule, lui en fit le 18 février 1382. Elle était mariée depuis le 19 août 1371 à LOUIS II, duc de Bourbon; et ce prince avait obtenu, l'an 1372 (v. st.) au mois de février, des lettres-patentes, portant union immédiate du comté de Forez et de la baronnie de Roannois à la couronne de France, quant à l'hommage et au ressort ; ensorte qu'au lieu de relever comme auparavant des comtés de Lyon et de Mâcon, et de ressortir aux baillis, sénéchaux, et autres juges de ces comtés, les vassaux et sujets du Forez et du Roannois porteraient immédiatement leurs causes par appel au parlement de Paris. Le motif de cette attribution, exprimé dans ses lettres, était le voisinage du Forez et du Roannois comme une suite du duché de Bourbonnais, auquel ils étaient contigus. (*Fragm. manuscr. de D. Etiennot.*) Anne mourut, non en 1436 comme le suppose M. Baluze, mais en 1416, laissant de son époux, mort le 19 août 1410, entr'autres enfants un fils, qui suit. (*Voyez* Louis II, *duc de Bourbon.*)

JEAN III.

1416. JEAN III, fils de Louis II, duc de Bourbon, et de la dauphine Anne, succéda à sa mère dans le comté de Forez comme il avait succédé à son père dans le duché de Bourbon. Il mourut au mois de janvier 1434 (n. st.), laissant de MARIE DE BERRI, sa femme, Charles, qui suit, et deux autres fils. (*Voy.* Jean I, *duc de Bourbon.*)

CHARLES I.

1434. CHARLES I, fils aîné de Jean III, lui succéda au comté de Forez, ainsi qu'au duché de Bourbon. L'an 1441, par lettres-patentes du 6 mai, confirmées ensuite par d'autres données, le 2 décembre de l'année suivante à Moulins, il accorda à la ville de Montbrison le titre de capitale du Forez, qui avait été jusqu'alors affecté à celle de Feurs. Il mourut le 4 décembre 1456, laissant d'AGNÈS DE BOURGOGNE, sa femme, plusieurs enfants, dont l'aîné, qui suit. (*Voy.* Charles I, *duc de Bourbon.*)

JEAN IV, DIT LE BON.

1456. JEAN, dit LE BON, devint comte de Forez et duc de Bourbon après la mort de Charles I, son père. Il mourut le 1er. avril 1488, sans laisser de postérité. Les lettres-patentes, obtenues l'an 1372 par le duc Louis II, pour soumettre immédiatement le Forez au parlement de Paris, quoique duement enregistrées en cette cour, avaient souffert de grandes contradictions au parlement de Toulouse. Le duc Jean en obtint de nouvelles au mois de juillet 1466, confirmatives des premières, et encore plus amples en ce qu'elles étendent au Beaujolais le même privilége. Le parlement de Paris les enregistra, le 15 mai 1467, avec réserve des droits et cas privilégiés aux bailli de Mâcon et sénéchal de Lyon ; et le parlement de Toulouse en fit autant, le 15 décembre suivant, avec semblables réserves au sénéchal de Beaucaire et aux baillis du Vélai et Vivarais. (*Voy.* Jean II, *duc de Bourbon.*)

PIERRE.

1488. PIERRE succéda dans le comté de Forez, de même

que dans le duché de Bourbon, à Jean, son frère. Il mourut le 8 octobre 1503, ne laissant d'ANNE DE FRANCE, sa femme, qu'une fille, qui suit. (*Voy.* Pierre II, *duc de Bourbon.*)

SUSANNE.

1503. SUSANNE, fille unique de Pierre et son héritière, épousa, le 10 mai 1505, Charles III, duc de Bourbon, comte de Montpensier et depuis connétable de France. Elle mourut, le 28 avril 1521, sans laisser d'enfants. Après sa mort, Louise de Savoie, mère de François I, s'étant fait adjuger sa succession, la remit au roi, son fils, qui la réunit à la couronne en 1531. (*Voy. les ducs de Bourbon.*)

En 1566, le comté de Forez fut donné au duc d'Anjou, depuis le roi Henri III, pour faire partie de son apanage. En 1574, il fut cédé à la reine Elisabeth d'Autriche, veuve de Charles IX, à titre de douaire; et depuis elle, toutes les reines veuves l'ont possédé successivement.

CHRONOLOGIE HISTORIQUE

DES

SIRES OU BARONS DE BEAUJOLAIS.

Le Beaujolais, *Bellojocensis ager*, est borné au septentrion, par le Charolais et le Mâconnais, au midi, par le Lyonnais et le Forez, à l'orient, par la Saône, qui le sépare de la principauté de Dombes, et à l'occident, par le Forez, dont il est presque séparé par la Loire. Son étendue est de seize lieues de longueur sur douze de largeur. Ce pays, sous les Gaulois, faisait partie de celui des Ségusiens, et peut-être un peu de celui des Branoviens, qui étaient vraisemblablement les habitants du Brionnais. Sous l'empire romain, il ne faisait pas un pays particulier, mais il appartenait, en partie, à la cité de Lyon, et en partie, à celle de Mâcon. Il n'existe même aucun monument ancien, qu'on puisse regarder comme propre au Beaujolais. Enlevé aux Romains par les Bourguignons, et à ceux-ci par les Francs, il passa des rois Mérovingiens, aux Carlovingiens, et fut usurpé sur ces derniers par Boson, pour faire partie de l'état qu'il se forma sous le titre de royaume de Provence. Mais il est à remarquer que nul historien de ses conquêtes n'a nommé le Beaujolais. Ce pays, étant revenu à la France après la mort de Boson, fut donné pour dot, du moins en partie, l'an 955, à Mathilde, sœur du roi Lothaire, lors de son mariage avec Conrad, roi de Bourgogne. Les comtes de Forez étaient, dès-lors, en possession du château de Beaujeu et de son territoire. C'est de ce château, et de la ville qui l'environne, nommés en latin, tantôt *Bellojocus*, plus souvent

Bellijocum, et quelquefois *Belli* ou *Bellojovium*, que le Beaujolais tire son nom. Villefranche est devenue, dans la suite, la capitale de ce pays, l'une des principales et des plus anciennes baronnies du royaume. *Nota*, dit le Grand-Coutumier de France, édit. de 1598, pag. 182, liv. 2, c. 27, *qu'au royaume de France ne souloit avoir que trois baronies; c'est à savoir Bourbon, Coucy et Beaujeu*. On y ajouta ensuite Craon et Sulli, lorsque Bourbon fut érigé en duché. *Item vrai qu'en ce royaume, ainsi qu'on dit communément, a quatre baronies notables et principales, lesquelles sont. Coucy, Craon, Sulli et Beaujeu* (Duchesne, *hist. de la M. de Guines*, pag. 671.)

BÉRARD I.

BÉRARD, ou BÉRAUD, dit aussi BERNARD, suivant le père Ménétrier, troisième fils de Guillaume II, comte de Lyon et de Forez, eut en partage la seigneurie de Beaujeu. On ne peut dire ni combien de tems il survécut à son père, décédé vers l'an 890, ni s'il laissa de la postérité.

BÉRARD II.

BÉRARD II, peut-être fils de Bérard I, fut son successeur, et mourut, suivant le père Anselme et M. Chazot, avant l'an 967. De VANDELMODE, sa femme, il eut Guichard, qui suit; Etienne, dont il est fait mention dans une charte de Guichard, son frère; et Humbert, père d'un autre Etienne, qui donna, vers l'an 1062, un clos de vigne, appelé Moncuc, à l'abbaye de Cluni. Dans l'acte qui renferme cette donation, Etienne rappele Gui, son cousin, fils de Hugues, et trois fils de son autre cousin, Guichard II, qui viendra ci-après. (*Arch. de Cluni.*) Hugues et Wautier, évêque de Mâcon, appelés d'ailleurs oncles de Guichard II, dans le Cartulaire de l'église de Mâcon (fol. 157), étaient donc deux autres fils de Bérard II, mais d'une autre mère, qu'une charte de Cluni, nomme TESCENDE. A ces enfants de Bérard, il faut encore ajouter trois autres fils, Humbert, Bérard et Séguin. Mais on ne peut dire à laquelle des deux mères ils appartenaient.

GUICHARD I.

GUICHARD, ou WICHARD I, fils et successeur de Bérard II, se montra libéral envers l'abbaye de Cluni, par diverses donations qu'il lui fit. De concert avec RICOAIRE, sa première femme, il lui donna, par acte de l'an 30 du règne de Conrad, roi de Bourgogne (967 de J. C.), au mois d'août, l'église de Saint-Paul, situé *in villa Laderniaco*, dans l'Auvergne. (*Arch. de Cluni.*) Neuf ans après, au mois de janvier, la 22e. année du roi Lothaire (976 de J. C.), Wichard, ayant perdu Ricoaire, sa femme, prit, en secondes noces, Adelmode, du consentement de laquelle il donna les dîmes de la paroisse de Saint-Georges à Cluni, pour le repos des âmes de Bérard, son père, de Vandelmode, sa mère, et de ses frères, Etienne et Humbert. La charte qui contient cette donation est sans date (*Ibid.*) Guichard eut de son deuxième mariage un fils, qui suit, et une fille, nommée Venceline, qui mourut jeune.

GUICHARD II.

Guichard II, dans une donation qu'il fit, l'an 1030, à l'église de Mâcon, se dit fils de Guichard, et nomme, en même tems, sa femme comme sa mère Ricoaire, qu'on croit avoir été dame de Salornai, ses oncles Hugues et Wautier, évêque de Mâcon, avec ses fils, Humbert, Guichard et Dalmace. (*Cart. Matisc.*, fol. 157-159.) Il eut, de plus, une fille, N., mariée à Liébaut, seigneur, de Digoine. Vers l'an 1060, projetant un voyage à la Terre-Sainte, il vint, pour s'y préparer, trouver le prélat, son oncle, dans la vue de réparer les torts qu'il avait faits à son église. Wautier, ayant assemblé ses chanoines, Guichard, en leur présence, renonça, par acte du 30 janvier, aux coutumes qu'il avait établies, à l'exemple de son père, dans les terres de la cathédrale, et en reçut l'absolution. (*Gall. Christ.*, tom. IV, *prob.*, col. 279.) On ignore s'il exécuta son pélerinage. Tout ce qu'on peut assurer, c'est qu'il n'était plus au monde en 1079.

HUMBERT. I.

Humbert I, fils aîné de Guichard II, fonda, l'an 1079, l'église collégiale de Beaujeu, de concert avec Vandelmode, son épouse, que du Bouchet prétend avoir été de la maison de Thiern, en Auvergne. L'église de Saint-Vincent de Mâcon, ainsi que l'abbaye de Savigni, eut aussi part à ses libéralités. Il mourut avant l'an 1115, après avoir eu de son mariage, Guichard, qui suit; Hugues, abbé (l'on ne sait d'où); Elisabeth; Vandelmode, mariée, suivant du Bouchet, à Renaud III, comte de Joigni.

GUICHARD III.

Guichard III, fils aîné de Humbert et son successeur, fut le premier, dit Cachet, qui eut des biens dans le pays de Dombes. Les châtellenies de Saint-Trivier, de Montmerle, de Ricotiers, et les châteaux qui en dépendent, furent les domaines qu'il posséda dans cette contrée. Ce fut, suivant Guichenon, du comte de Forez, qu'il acquit Saint-Trivier; d'Artaud le Blanc, vicomte de Mâcon, qu'il acheta la châtellenie de Ricotiers; et de Robert, dit l'*Enchaîné*, qu'il obtint, à prix d'argent, Montmerle. Ces terres et celles que les sires de Beaujeu y joignirent dans la suite au-delà de la Saône, furent long-tems appelées le Beaujolais *en la part de l'empire*. Guichard III surpassa ses ancêtres en puissance et en réputation. L'histoire ne rapporte de lui que des traits honorables.

L'an 1115, il fonda le prieuré du Joug-Dieu, qui, l'an 1137, fut érigé en abbaye, et, l'an 1688, a été sécularisé, par son union à la collégiale de Villefranche. Il est bon d'apprendre de Guichard lui-même, le motif de la fondation de ce monastère et la raison de la dénomination qu'il lui fit. C'est ainsi qu'il s'exprime dans la charte qu'il fit expédier à ce sujet, l'an 1118, dans l'abbaye de Tiron, au Perche. « Une nuit, dit-il, étant seul
» dans mon appartement de Thamais, j'eus la vision suivante :
» Six hommes vénérables, tout brillants de lumière, se présen-
» tèrent à ma vue, ayant des jougs à leur cou et tirant une
» charrue, sur laquelle était appuyé le saint homme Bernard,
» abbé de Tiron, un aiguillon à la main, avec lequel il les
» piquait, pour les faire tracer un sillon droit. A mesure
» qu'ils avançaient, je voyais sortir de terre des fruits en abon-
» dance. Après avoir long-tems réfléchi sur cette vision, j'allai
» trouver ledit abbé Bernard, à qui j'offris ce même lieu de
» Thamais, avec ses dépendances, pour y mettre des hommes
» qui, sous le joug du Seigneur, prieraient continuellement
» pour moi et les miens ; ce qu'il m'accorda volontiers. Et
» pour conserver la mémoire de la vision dont je viens de
» parler, je veux que ce monastère s'appele le Joug-Dieu ».
(*Gall. Christ.*, tom. VIII, *instr.*, col. 316.) L'an 1117, Guichard et l'abbé Hugues, son frère, par une charte du 25 juillet, engagèrent au chapitre de Mâcon, tout ce qu'ils possédaient à droit et à tort, *justè vel injustè*, dans le village d'Avenac, en Beaujolais, pour trente marcs d'argent fin. (Severt *in Episc. Matisc.*, pag. 124, et *Gall. Christ. nov.*, tom. IV, col. 1069.)

L'an 1129, Guichard reçut dans son château de Beaujeu, le pape Innocent II, lorsqu'il s'en retournait à Rome, d'où l'antipape Anaclet l'avait obligé de sortir, pour venir chercher un asile en France. C'est ce que porte une ancienne inscription conservée dans les archives de l'église de S.-Nicolas de Beaujeu, que Guichard avait fait construire à neuf (et qu'il ne faut pas confondre avec la collégiale.) L'inscription ajoute que le pontife, à la prière de Guichard, fit la dédicace de cette église, cérémonie dont la mémoire se célèbre tous les ans, le 11 février. Mais il est certain qu'Innocent II, qui ne fut élu que le 15 février 1130 (n. st.) ne partit de France, pour s'en retourner en Italie, qu'en 1132.

Guichard, étant tombé malade, et se voyant sans espérance de guérison, prit l'habit de religieux à Cluni, suivant la dévotion du tems, et y mourut l'an 1137. Il avait épousé LUCIENNE, fille de Gui de Rochefort, dit le *Rouge*, laquelle ayant d'abord été mariée ou plutôt fiancée vers 1104, avant l'âge de puberté, *antè nubiles annos*, dit Suger, au prince, depuis Louis le Gros, en fut séparée, l'an 1107, pour cause de parenté. Elle fit Guichard, père de Humbert, qui suit; de Guichard, dit Goutherin; de Marie, femme de Guigues II, comte de Forez; et d'une autre fille, nommée Alix, mariée à Renaud, comte de Tonnerre. Tous ces enfants sont mentionnés dans la charte de fondation de Joug-Dieu.

HUMBERT II.

1137. HUMBERT II, fils de Guichard III, lui ayant succédé, se conduisit d'abord avec une extrême licence, suivant Pierre le Vénérable, abbé de Cluni. Touché, ensuite, de repentir, il passa à la Terre-Sainte, et entra dans l'ordre des Templiers. Sa femme, sans le consentement de laquelle il avait pris ce parti, le réclama et obtint du pape Eugène III, par le crédit de l'archevêque de Lyon et de l'abbé de Cluni, la cassation de ses vœux. (*Petr. Vener.* l. 6, *ep.* 26 et 27, pp. 924-926.) Mais on lui imposa la condition qu'il ferait quelque fondation pieuse. En conséquence il fonda, le 17 octobre de l'an 1159, l'église de Belleville-sur-Saône, qu'il fit quelque tems après ériger en abbaye. (*Gall. Chr.*, no., tome IV, col. 293.) Le même Pierre le Vénérable, parlant de son retour de la Terre-Sainte, dit que ce fut un sujet de triomphe pour le clergé, les moines et les paysans, tant il avait donné de belles espérances avant son départ! « Les brigands, au contraire, ajoute-t-il, les pillards
» des biens des églises, des veuves et de tout le pauvre peuple

» qui était sans défense, tremblèrent en le voyant reparaître.
» Il ne trompa l'attente ni des uns ni des autres. Il atterra tel-
» lement le vicomte de Mâcon, ce loup qui, le matin, le soir
» et la nuit, ravageait nos terres, qu'il pouvait dire avec Job :
» *Je brisais les mâchoires du méchant, et j'arrachais la proie de*
» *ses dents.* C'est ce qu'il fit en-deçà et au-delà de la Loire. »
La conversion de Humbert ne fut pas persévérante. Son avidité lui fit entreprendre des guerres injustes, et commettre de grandes déprédations, même sur les biens consacrés à Dieu. S'étant ligué avec Drogon, archevêque de Lyon, et Girard, comte de Mâcon, il attaqua Renaud III, seigneur de Baugé, de Bresse et d'une partie de Dombes, désola ses terres, et fit prisonnier Ulric de Baugé, son fils. Renaud, hors d'état de faire tête à cette ligue, implora le secours du roi Louis le Jeune par deux lettres que nous avons, et dans lesquelles il l'appelait son cousin, *carissimum dominum et consobrinum supplex exoro*, offrant de lui soumettre en fief ses châteaux qui ne relevaient de personne, *omnia castella mea quæ à nullo teneo*. Mais le monarque interposa vainement son autorité pour obliger les confédérés à mettre les armes bas. Il fallut que, pour la rançon de son fils, Renaud cédât à Humbert les châteaux de Thoissey et de Lent, avec tout ce qu'il possédait en Dombes. Ce pays, bien plus considérable qu'il ne l'est aujourd'hui, s'étendait depuis la Saône et le Rhône, le long de la rivière d'Ain, jusqu'à la rivière de Vesle. Les sires de Beaujeu en possédaient la partie septentrionale comprise le long de la Saône jusqu'aux rivières de Vesle et d'Ain, et le reste appartenait aux sires de Villars. L'an 1163, Humbert s'étant rendu à Monbrison auprès du roi Louis le Jeune qui revenait triomphant de son expédition contre le vicomte de Polignac, il engagea ce monarque à revenir de la surprise que le comte de Forez lui avait faite en obtenant de lui l'investiture de l'abbaye de Savigni, dont le patronage avait toujours appartenu aux sires de Beaujeu. Sur la fin de ses jours Humbert se retira dans l'abbaye de Cluni, où il mourut en 1174. D'ALIX, son épouse, fille d'Amédée II, comte de Savoie, qui lui apporta en dot les seigneuries de Châteauneuf, en Valromei, de Virieu le Grand, et de Cordon, en Bugei, il eut Humbert, qui suit; Guichard, mort en 1164; Hugues, père de Guicharde, femme d'Archambaud IV, vicomte de Comborn, et Poncette, mariée à Guillaume, comte de Mâcon. Du Bouchet lui donne une seconde fille, Vandelmode, mariée, selon lui, à Renaud III, comte de Joigni.

HUMBERT III.

1174. HUMBERT III, dit le JEUNE, fils et successeur d'Humbert II, continua la guerre que son père avait faite au seigneur de Bresse, et, ce qui est étonnant, la fit aussi à l'abbaye de Cluni, où son père avait fini ses jours, et où ses cendres reposaient. Il avait pour alliés, dans ses hostilités, Guillaume II, comte de Châlons, Girard, de Mâcon, et d'autres seigneurs. L'an 1180, sur les plaintes qui furent portées au roi Philippe-Auguste, de leurs déprédations, tant par l'abbé de Cluni que par Renaud de Baugé, avec lequel Humbert III avait aussi recommencé la guerre, ce prince marcha contre eux, et les mit à la raison.

Le fondateur d'une ville vaut mieux que le conquérant qui en détruit cent. Humbert eut la gloire de fonder celle de Villefranche, qui depuis est devenue la capitale du Beaujolais. Il acquit la seigneurie de Montpensier par son mariage avec AGNÈS DE THIERN, fille de Gui de Thiern, seigneur de Montpensier, et veuve de Raymond de Bourgogne. (Moréri se trompe à l'article de Montpensier, en la disant femme de Guichard IV.) Humbert mourut au plus tard l'an 1202, laissant de son épouse Guichard, qui suit; Pierre, moine de Cluni; et Alix, mariée à Renaud de Nevers, seigneur de Décise, qu'on fait mal-à-propos comte de Tonnerre, deuxième du nom.

GUICHARD IV.

1202. GUICHARD IV, fils de Humbert III et d'Agnès, lui succéda dans la sirerie de Beaujolais et la seigneurie de Montpensier. Le premier acte émané de lui, qui soit venu à notre connaissance, est une charte datée de Cluni, du mois de novembre 1202, dont voici le sujet. Guichard, suivant les traces de ses ancêtres, s'attribuait, dans les terres de l'abbaye de Cluni, plusieurs droits fort onéreux que l'abbé Hugues traitait d'usurpations. Après diverses contestations, les parties convinrent de s'en rapporter au jugement de six arbitres, dont trois chevaliers et trois moines. Mais ces arbitres n'ayant pu s'accorder, Guichard s'en remit à la décision de l'abbé lui-même, c'est-à-dire qu'il abandonna les droits litigieux. *Volo*, dit-il à la fin de l'acte, *malas consuetudines radiciter amputare, et bonos usus antecessorum meorum firmiter custodire.* (*Arch. de Cluni.*) Un procédé si généreux donne une idée avantageuse de Guichard. Mais l'invasion qu'il fit après du château de Thiern, sur le vicomte Gui, son cousin, semble un peu la démentir. Le vicomte fit une ligue avec Renaud, archevêque de Lyon, et Gui, comte d'Auvergne, contre l'usurpateur qu'ils contraignirent de rendre la place. (Du Bouchet, *Histoire de Courtenai*, pag. 23.) L'an 1209, Guichard prit parti dans la croisade contre les Albigeois, et alla se joindre au prince Louis de France (depuis le roi Louis VIII.) L'année suivante, inquiété par le comte de Nevers au sujet du château de Péron, et de la terre de Montpensier que ce dernier prétendait relever de lui, il le satisfit par une charte, où il se reconnaissait son vassal pour ces deux objets. (Voyez *les comtes de Nevers*.) La même année, Guichard, ayant été député par le roi Philippe-Auguste, son beau-frère, au pape Innocent III, et à l'empereur de Constantinople, partit avec sa femme, et revint chargé de grandes richesses. En passant par Assise à son retour, il obtint de saint François trois religieux de son ordre, qu'il amena à Villefranche, où il fonda pour eux le premier couvent que cet ordre ait eu en France. Sur les murs de ce cloître, on lit cette inscription: *Guichard III* (lisez IV), *de Beaujeu, revenant ambassadeur de Constantinople, amena trois compagnons de saint François d'Assise, fonda leur couvent, de Pouilli-le-Chastel, l'an 1210, où ils demeurèrent six ans; de-là, furent amenés et fondés en ce lieu par le même Guichard, l'an 1216*. Guichard, toujours dévoué au prince Louis, retourna, l'an 1215, avec lui en Languedoc, pour reprendre la guerre contre les Albigeois. Il l'accompagna, l'année suivante, dans son expédition d'Angleterre. Il y mourut la même année au siége de Douvres, après le 18 septembre, date de son testament. Ses ossemens furent apportés en France et inhumés, partie à Cluni, partie dans l'église de Notre-Dame de Belleville. Il avait épousé SIBYLLE, fille de Baudouin le Courageux, comte de Hainaut et de Flandre, et sœur d'Isabelle, femme du roi Philippe-Auguste. De ce mariage, il laissa Humbert, qui suit; Guichard, seigneur de Montpensier, qui fit la branche des seigneurs de ce nom; Hugues, évêque de Clermont; Arbert, seigneur de la Tour; Gui, archidiacre de Lyon; et Hugues, sénéchal de la même ville (ces six frères étaient encore vivans en 1246, comme le prouve une charte qu'ils donnèrent en commun cette année, et qu'on voit au tome IX, pag. 187, du Spicilège); Agnès, seconde femme de Thibaut IV, comte de Champagne; Sibylle, mariée à Renaud II, sire de Baugé, puis à Pierre le Gros, seigneur de Brancion, et Guicharde, femme d'Archambaud VI, vicomte de Comborn, qu'on fait mal-à-propos fille de Humbert, qui suit. Le P. Anselme ajoute encore deux autres filles, Marguerite, accordée à

Guillaume III, seigneur de Vienne, et Philippine, religieuse de Fontevraut. La mère de ces enfants termina ses jours, suivant une ancienne Chronique manuscrite, le 9 janvier 1226 (v. st.) *Ce fut*, dit la même Chronique, *une très-bonne et très-dévote dame.*

HUMBERT IV.

1216. HUMBERT IV, fils aîné de Guichard IV et son successeur dans la Sirerie de Beaujeu, servit utilement les Rois Philippe-Auguste et Louis VIII, son sucesseur, dans la guerre contre les Albigeois. Ce dernier, avant de quitter le Languedoc, établit Humbert gouverneur de tout le pays ; titre qui lui fut confirmé par le roi saint Louis. L'an 1227, il assiégea le château de la Bessede, près d'Aleth, en Languedoc, défendu par Pons de Villeneuve, Olivier de Thermes, et plusieurs autres braves chevaliers, protecteurs des Albigeois. L'archevêque de Narbonne et l'évêque de Toulouse étaient à ce siège. Celui-ci entendait les assiégés qui l'appellaient *Evêque des diables* : « Ils ont raison, dit-il, à ceux qui étaient avec » lui, car je suis leur évêque, et ils sont des diables ». Le Château fut pris, et tout ce qui s'y trouvait fut passé au fil de l'épée, ou assommé à coups de bâton. L'évêque de Toulouse tâcha en vain de sauver la vie aux femmes et aux enfans. Géraud de Mota, à qui les Albigeois donnaient la qualité de Diacre, fut brûlé vif avec ceux qui avaient travaillé comme lui à l'établissement de l'hérésie. Humbert fit d'autres expéditions, dont on n'a point le détail, le reste de cette campagne, à la fin de laquelle il retourna dans ses terres. Mais, l'année suivante, il fut rappellé en Languedoc, pour soutenir Castel-Sarrasin assiégé par le comte de Toulouse. L'archevêque de Narbonne, les évêques de Toulouse et de Carcassonne, et l'archevêque de Bourges, à la tête d'une petite armée, accompagnèrent le seigneur de Beaujeu ; mais le comte de Toulouse était si bien retranché, qu'il n'y eut pas moyen de lui faire abandonner son entreprise. Ils allerent donc assiéger le château de Montech, à deux lieues de Montauban, qu'ils prirent en peu de jours. La garnison de Castel-Sarrasin, manquant de vivres, se rendit de même au comte de Toulouse, à condition qu'elle aurait la vie sauve. L'armée des catholiques, après la prise de Montech, s'approcha de Toulouse, vers la fin de Juin, et fit, pendant trois mois, aux environs de cette ville, des ravages dont le recit fait horreur. Le sire de Beaujeu conduisit ensuite son armée vers Pamiers, et s'arrêta dans la plaine de Saint-Jean de Verges, d'où il alla soumettre tout le pays de Foix, jusqu'au Pas de la Barre. La paix se fit l'année suivante (n. st.) par la médiation du comte de Champagne. L'an 1229 (n. st.), au mois de février, Humbert acquit d'Alix, comtesse de Mâcon, le château de Cône, avec ses dépendances, pour la somme de mille marcs d'argent. (Martenne, *anec.*, tom. I, pag. 946.) Humbert, l'an 1231, fit le pélérinage de Saint-Jacques de Galice. Baudouin II, empereur latin de Constantinople, étant venu chercher du secours en Occident, le sire de Beaujeu se chargea, l'an 1239, de le reconduire en ses états. De retour en France l'année suivante, Humbert fut nommé connétable par saint Louis. L'an 1246, au mois de septembre, il fit avec ses frères, Hugues, évêque de Clermont, Arbert de la Tour, Gui, sénéchal de Lyon, et Hugues, archidiacre de la même ville, un pacte de famille, par lequel ils promettaient, sous la foi du serment de s'aider mutuellement envers et contre tous les ennemis de chacun d'eux, et nommaient deux chevaliers pour arbitres de tous les différends qu'ils pourraient avoir ensemble; lesquels arbitres venant à manquer, seraient remplacés par le choix du seigneur de Beaujeu. (*Spicil.*, tom. IX, pag. 187.)

Depuis long-tems Humbert était en querelle avec Bernard II, vicomte de Comborn, pour la part que celui-ci prétendait avoir dans la seigneurie de Beaujeu, au nom de Guicharde sa mère. Ils s'accommodèrent enfin, par un traité fait au mois d'octobre 1246. Humbert, pour le bien de la paix et pour être quitte envers Bernard, lui assura un revenu annuel de 50 livres, monnaie forte de Lyon, qu'il assit sur les châtellenies de Chamelets, de Saint-Bonnet et de Belleroche. C'était, est-il dit dans l'acte, le même revenu de 50 livres que Guichard, père de Humbert, avait assigné au vicomte Archambaud, père de Bernard, sur la terre de Quebressoles et ses dépendances : *Dictis quinquaginta libris quæ (quas) dominus Guichardus de Bellojoco quondam pater ipsius Humberti domini Bellijoci assignaverat domino Archambaudo suprádicto vicecomiti de Comborn patri nostro apud Quebressoles et in appendiciis ejus pro jure et actione suprà nominatis.* (Baluze, *hist. Tutel.*, pag. 549-553.) Mais, l'an 1248, Guichard de Comborn, ayant besoin d'argent, pour faire le voyage de la Terre-Sainte, à la suite du roi saint Louis, vendit cette rente à Humbert pour la somme de mille livres viennoises. (*ibid.* p. 553.) Humbert, après cet arrangement, s'étant occupé à faire ses équipages, partit avec saint Louis. Le sire de Joinville fait un grand éloge de la valeur et de la sagesse qu'il fit paraître en cette expédition, et une ancienne chronique, déjà citée plus haut, dit qu'il mourut en Egypte, *après que la cité d'Amvernerbat fut prise par les Français, qui fut l'an de grâce 1250, le 21 Mai*. DE MARGUERITE DE BEAUGÉ, qu'il avait épousée l'an 1218, et qui lui avait apporté en dot la seigneurie de Mirebel, dans le pays de Dombes, avec ses dépendances jusqu'à Lyon, Humbert laissa Guichard, qui suit, Isabelle qui succéda à son frère; Florie, dame de Belleroche et première femme d'Aimar III, comte de Valentinois ; Béatrix, aussi première femme de Robert de Montgascon ; Marguerite, femme de Béraud, seigneur de la Motte Saint-Jean, et Jeanne, qui fut prieure de la Chartreuse de Poletins en Bresse, fondée par sa mère en 1229. Humbert voulant ériger en ville le lieu de Belleville, y attira un grand nombre d'habitants, par les priviléges qu'il leur accorda.

GUICHARD V.

1250. GUICHARD V, fils et successeur de Humbert IV, dans la seigneurie de Beaujeu et dans la charge de connétable, continua la guerre, commencée par son père avec succès, pour contraindre les seigneurs de Thoire et de Villars à lui rendre hommage. Il porta ensuite du secours à Charles, comte de Provence, occupé à réduire ses sujets révoltés. L'an 1253, il confirma, par une charte qu'il fit souscrire par vingt de ses chevaliers, qui en furent autant de cautions, les franchises accordées par son père aux habitants de Belleville. Cet acte est daté dans le neuvième tome du Spicilège (pag. 186), de l'an 1233, ce qui est une faute visible, puisque Humbert, auquel il est dit que Guichard avait succédé, n'est mort qu'en 1250. Guichard n'aimait point la dépendance. L'hommage qu'exigea de lui Philippe de Savoie, archevêque de Lyon, le compromit avec ce prélat. Guichard était d'autant moins fondé à le refuser, que Humbert, son père, l'avait rendu volontairement à Renaud II, prédécesseur de Philippe. La fermeté du prélat le contraignit enfin de plier. Guichard fut depuis envoyé, par le roi saint Louis, avec titre d'ambassadeur, en Angleterre. Il y mourut, le 9 mai 1265, sans laisser de postérité de BLANCHE DE CHALONS, son épouse, fille de Jean le Sage, comte de Châlons. *Il fut fort plaint, et regretté de toutes manières de gens*, dit notre Chronique manuscrite; *car ce fut en son tems ung sage prince et de bonne conduite : par quoy ce fut une moult grant perte tant pour le royaume que pour son pays et ses parens*. Blanche, sa veuve, qui eut Belleville pour son douaire, se remaria depuis avec Béraud, seigneur de Mercœur, et fonda, l'an 1304, au mois de juillet, l'abbaye de la Déserte, à Lyon. (*Gall. Chr. no.*, tom. IV, col. 289.)

ISABELLE.

1265. ISABELLE, fille de Humbert IV, veuve de Simon de Semur, et remariée, vers la fin de l'an 1247, à Renaud, comte de Forez, se mit en possession du Beaujolais après la mort de Guichard, son frère. Mais ses neveux, Aimar de Poitiers, fils de Florie de Beaujolais, et d'Aimar III, comte de Valentinois, et Foulques, fils de Béatrix de Beaujolais, lui contestèrent cette succession. L'affaire ayant été portée à la cour du roi, Isabelle obtint, l'an 1269, un arrêt qui lui adjugea le Beaujolais en entier, avec la partie de Dombes qui lui était annexée. L'an 1271, elle reçut l'hommage de Humbert IV, seigneur de Villars, et de Thoire. L'an 1273 (n. st.), elle fit cession à Louis, son second fils, du Beaujolais, comme on le voit par une lettre qu'elle écrivit, *le mercredi devant Pâques* 1272 (n. st.), à Robert, duc de Bourgogne, pour le prier de recevoir Louis pour son homme; *quar nous voulons*, dit-elle, *qu'il fasse à vos homaige et féaulté en cele maniere, que nos devanciers l'ont fait aux vostres.* (Pérard, pag. 525.) Isabelle ne paraît point avoir vécu au-delà de cette année. (Voyez *les comtes de Forez*.)

LOUIS.

1273. LOUIS DE FOREZ, second fils de Renaud, comte de Forez, eut du chef d'Isabelle, sa mère, les seigneuries de Beaujolais et d'une partie de Dombes. L'an 1274 (n. st.), au commencement de février, il fit expédier une charte par laquelle il confirmait les libertés et franchises accordées par ses ancêtres aux habitants de Thoissei. (*Spicil.*, tom. IX, p. 259.) Il eut avec Henri de Varax quelques démêlés qui furent terminés, à Bourg en Bresse par Philippe, comte de Savoie. Ceux qui s'élevèrent entre lui et les archevêques de Lyon, ne purent de même être vidés à l'amiable. Il fallut en venir aux armes. Ce fut alors que Gui Chabeu, seigneur de Saint-Trivier en Dombes, son vassal et son allié, fit bâtir le château de Beauregard sur la Saône, pour s'opposer aux entreprises des archevêques de Lyon. Enfin Louis recommença la guerre contre le sire de Villars; mais il n'en vit pas la fin. Il mourut, suivant notre chronique manuscrite, le 23 août 1290; au château de Preuilli. Elle se tromperait néanmoins de quatre ans, s'il était vrai, comme l'avance Moréri, suivit par Chazot, qu'il fit son testament le 23 mai 1294. D'Éléonore, son épouse, fille de Thomas II, prince de Piémont (morte le 6 décembre 1296), il laissa Guichard, qui suit; Humbert, qui commanda la garde que le roi Philippe le Hardi donna au concile de Lyon, en 1274; Guillaume, évêque de Bayeux; Léonore, femme de Humbert V, sire de Thoire et de Villars, et huit autres enfants. Notre Chronique donne à Louis de Beaujeu le titre de connétable que nos modernes (à l'exception de M. Boucher d'Argis) ne lui ont pas connu.

GUICHARD VI.

1290. GUICHARD VI, surnommé LE GRAND, successeur de Louis, son père, au Baujolais et dans une partie de la principauté de Dombes, servit avec gloire sous les rois Philippe le Bel, Louis Hutin, Philippe le Long, Charles le Bel, et Philippe de Valois, desquels, dit notre Chronique, *il fut seigneur chambellan et grand gouverneur*. Il termina la guerre que son père lui avait transmise, avec le sire de Villars, en mariant sa sœur à Humbert V de Villars, et lui donnant pour partie de sa dot les dédommagements qu'on demandait à Humbert pour les frais de la guerre. L'an 1298, le mardi après *Quasimodo* (15 avril), il rendit foi et hommage dans le chapitre métropolitain de Lyon à l'archevêque Henri de Villars et à l'église de Lyon pour les terres de Meximieux et de Chalamont. (Severt.) Guichard jouissait du droit de faire battre monnaie dans sa portion de la principauté de Dombes. Quelques personnes de sa dépendance étant accusées de fabriquer de la fausse monnaie aux armes de France, il les fit arrêter et mettre dans ses prisons de Chalamont. Le roi Philippe le Bel les revendiqua comme ayant seul la connaissance des faussetés commises en sa monnaie. Mais, par lettres du 18 février 1304 (v. st.), il reconnut que Chalamont était *hors du royaume*, et déclara que son intention n'était pas que la remise des accusés fît préjudice en rien à Guichard, ni à sa seigneurie, ni à ses successeurs. Il regardait donc la terre de Dombes comme une souveraineté indépendante de la France. Guichard combattit, l'an 1325, pour Édouard, comte de Savoie, à la bataille qui se donna, le 9 août, dans la plaine de Saint-Jean-le-Vieux, sous le château de Varei, contre Guigues VIII, dauphin de Viennois. L'ardeur avec laquelle il se porta dans le combat pour délivrer le comte en danger d'être pris, fit qu'il tomba lui-même entre les mains des ennemis. Sa liberté, qu'il ne recouvra qu'en 1327, par la médiation du comte, lui coûta une partie des terres qu'il avait dans le pays de Dombes, dans le Val-Romei et le Dauphiné. Mais, après sa délivrance, il refusa de tenir les engagements qu'il avait pris avec le dauphin; ce qui devint une semence de guerre entre eux et leurs successeurs. (Valbonnais.) Guichard cependant ne laissa pas de demander un dédommagement au comte Edouard, des pertes qu'il avait faites; ce prince lui offrit les terres de Coligni et de Buen, à la charge de lui en faire hommage. Mais Guichard, trop fier pour écouter une semblable proposition, aima mieux rester comme il était, que de se rendre vassal d'un prince qui lui avait obligation de la vie et de ses biens. Il accompagna, l'an 1328, le roi Philippe de Valois à la guerre de Flandre, et commanda le troisième bataillon français à la journée de Cassel, gagnée par ce monarque, le 23 ou le 24 août de cette année, sur les Flamands, révoltés contre leur comte. Sa mort est marquée dans notre Chronique au 18 septembre 1331. L'obituaire de l'église de Mâcon la met au 24 du même mois. *Son corps*, y est-il dit, *fut apporté de Paris jusqu'à Belleville, et fut insépulturé au tombeau qu'il y avait fait faire en sa jeunesse..... A la louange du seigneur Guichard fut faict un tel epitaphe* :

> Ter et milleno primo ter quoque deno,
> Princeps Guichardus, leo corde, gigas, leopardus,
> Audax bellator, et nobilitatis amator,
> Nunquam devictus bello, pro militia ictus
> Vincitur a morte : cœli pateant sibi portæ. (*Ibid.*)

JEANNE DE GENÈVE, fille aînée de Rodolfe I, comte de Genève, sa première femme, le fit père de Marie, qui épousa, l'an 1328, Jean l'Archevêque, seigneur de Parthenai. De sa seconde femme, MARIE DE CHATILLON, fille de Gaucher, comte de Porcéan et connétable de France (morte le vendredi-saint, 1er. avril 1317), il eut Edouard, qui suit, et trois filles, dont l'aînée, Marguerite, épousa Charles de Montmorenci, maréchal de France. JEANNE DE CHATEAUVILLAIN, sa troisième femme, dame de Sémur, en Brionnais, lui donna quatre fils et une fille. L'aîné des fils, Guichard, seigneur de Perreux et de Sémur, en Brionnais, fut tué à la bataille de Poitiers, le 19 septembre 1356, laissant de Marguerite de Poitiers, sa femme, une nombreuse postérité. Robert, le troisième, fut fait prisonnier, en 1361, à la bataille de Brignais, et mourut le 6 septembre 1390, au voyage d'Afrique, où il avait accompagné le duc de Bourbon, ainsi que Louis, son frère cadet, qui eut le même sort que lui.

EDOUARD I.

1331. EDOUARD I, fils aîné de Guichard le Grand, né le 11 avril, jour de Pâques 1316, lui succéda aux seigneuries de Beaujolais et de Dombes en partie. *Ce prince*, dit notre Chronique, *était fort dévot à la Vierge Marie; il mena quantité de gentilzhommes au voyage d'oultremer à ses propres cousts et dépens, et batailla long-tems contre ceux qui tenoient la loi de Mahomet.* Moins délicat sur le point d'honneur que son père, il accepta, l'an 1343, du comte de Savoie, le dédommagement que le premier avait refusé aux conditions qui lui étaient offertes. Edouard se distingua en différentes batailles, et sur-tout à celle de Créci. L'an 1345 (v. st.), le 29 janvier, Edouard et son épouse firent avec Jean de Thil, connétable de Bourgogne, père de la dame de Beaujeu, un traité par lequel ledit seigneur de Thil leur cédait tout ce qu'il avait en terres à Mortagne et à Brionne, ne se réservant que l'usufruit, et de plus leur quittait simplement le *Chastel et la terre de la Roche*, tous biens venant de sa femme, mère de ladite dame. Ce traité fut confirmé, l'an 1354, au mois d'avril, par le roi Jean, à la demande de la veuve d'Edouard. (*Trésor des chartes*, tom. XXV, p. 357.) Edouard fut honoré, l'an 1347, du bâton de maréchal de France sur la démission du maréchal de Montmorenci, son beau-frère. Il y avait alors quelque mésintelligence dont on ignore la cause, entre le sire de Beaujeu et le dauphin de Viennois, Humbert II. Elle éclata l'année suivante par une déclaration de guerre que le premier fit au second. Edouard, s'étant mis presque aussitôt en campagne, enleva au dauphin son château de Beauregard, en Bresse. Humbert, de son côté, dans le mois d'avril de la même année, lui prit son château de Mirebel. Les hostilités réciproques auraient été portées plus loin sans la médiation du roi de France, qui ménagea une trêve entre les parties. (Valbonnais, tom. II, p. 573-575.) Edouard, ayant livré bataille aux Anglais, le 3 mai 1351, près d'Ardres, commençait à les mettre en fuite, « lorsque les Lorrains, dit notre Chronique, s'étant
» ralliés, vinrent en si grant nombre et puissance courir
» sur l'enseigne dudict prince, qu'ils l'abattirent : et fut

» trouvé ledict prince mort auprès de ladite enseigne ainsi
» abattue. Messire Guichard, son frère, seigneur de Perreux,
» lequel étoit en un autre quartier de ladicte bataille, oyt ces
» nouvelles dont il fut dolent. Toutefois il prit et releva
» ladicte enseigne, et rallia tout ce qu'il put de ses gens;
» lesquels se portèrent si vaillamment, nonobstant la mort
» de leur chef, que par la prouesse et chevalerie de Guichard,
» ils gagnèrent la bataille, et leur demeura bataille et champ,
» auquel furent tués Anglais et Lorrains en grant nombre,
» plusieurs blessés, et y eut beaucoup de prisonniers, et
» tout le demeurant fut mis en fuite. Ledict messire Guichart
» commanda que le corps de son frère fût levé et porté à
» Saint-Omer, ce qui fut faict. Mais ce ne fut pas sans grant
» douleur qui fut faite pour le corps dudict maréchal; car à
» la vérité ce fut une grant perte. Il mourut à l'âge de trente-
» cinq ans.... L'an 1355, son corps fut apporté dudict lieu
» de Saint-Omer à Belleville. » Notre auteur ne marque pas
précisément l'année de la mort d'Edouard; mais, s'il fut tué
à l'âge de trente-cinq ans, étant né en 1316, sa mort doit
tomber en 1351. Le père Daniel la met en 1352, ainsi que
l'abbé Velli. Ils peuvent avoir raison en datant suivant le
nouveau style. Edouard laissa de MARIE DE THIL, sa femme,
un fils, qui suit, et une fille, Marguerite, femme de Jacques
de Savoie, prince d'Achaïe.

ANTOINE.

1351. ANTOINE, né d'Edouard, le 12 août 1343, lui succéda sous la tutelle de Marie, sa mère, qu'il perdit le 4 mars
1359 (v. st.) Etant sorti de l'enfance, il soutint par sa valeur
la réputation de grand capitaine que son père s'était acquise. Il
paraît qu'il fut empêché par quelque contre-tems de porter les
armes à la bataille de Brignais, donnée, l'an 1361, contre les
grandes Compagnies qui désolaient son pays; car il n'est point
nommé avec ses deux oncles, Robert et Louis, qui combattirent
à cette journée, et dont le premier y demeura prisonnier. Mais
Antoine se distingua, l'an 1364, à la bataille de Cocherel.
S'étant ensuite attaché à Bertrand du Guesclin, il suivit ce
général en Guienne et en Espagne. Antoine mourut à Montpellier sans lignée l'an 1374. Il avait épousé BÉATRIX, fille de
Jean II de Châlons, sire d'Arlai.

EDOUARD II.

1374. EDOUARD II, petit-fils de Guichard VI par Guichard,

son père, seigneur de Perreux, en Brionnais, et de Sémur, tué l'an 1356, à la bataille de Poitiers, recueillit la succession d'Antoine, malgré les oppositions de Marguerite, sœur de ce dernier et femme de Jacques de Savoie, prince d'Achaïe. Cette princesse ne perdit pas néanmoins tout; car Edouard, par composition, lui céda la terre de Bersai avec la somme de vingt mille livres.

L'an 1376, les officiers d'Edouard, assemblés le 22 décembre avec des bourgeois de la ville de Villefranche dans un cabaret, *in domo albergariæ, ad signum mutonis*, y signèrent une espèce de code, contenant les coutumes, immunités et priviléges de la ville, qu'ils firent ensuite approuver par Edouard, sous ce titre, *Libertas et franchesia Villæfranchæ hæc est talis*. Un des articles de ce code porte qu'il est permis aux maris de battre leurs femmes jusqu'à la mort exclusivement, sans que le seigneur puisse les en punir. Par un autre il est dit qu'aucun débiteur ne peut être arrêté pendant les foires et marchés. *Quicumque venerit ad forum Villæfranchæ, quamvis debeat debitum in villa, nisi forum fuerit eidem prohibitum, veniens et rediens salvus debet remanere*: privilége qui a été depuis confirmé par lettres-patentes du roi Henri IV du 23 février 1602.

L'an 1377, traité fait à Paris, entre le *comte Verd* et Edouard, par lequel celui-ci, outre l'hommage de Lent, de Thoissei, de Beun et de Coligni, reçoit encore du comte en fief les villes et châteaux de Chalamont, de Montmerle, de Villeneuve et de Beauregard en Dombes. Edouard, au mépris de ce traité, refusa dans la suite de rendre foi et hommage au comte de Savoie; refus qui lui attira une rude guerre en Dombes. Ce fut l'héritier présomptif de Savoie, Amédée *le Rouge*, qui la fit pour son père. Il conquit Beauregard, et assiégea Thoissei avant qu'Edouard fût en état de se défendre. Philippe, duc de Bourgogne, et Louis, duc de Bourbon, vinrent au secours de ce dernier, et ménagèrent, le 12 juin 1380, une trêve d'un an. Mais à peine fut-elle expirée, qu'Amédée *le Rouge* recommença la guerre. Il prit Thoissei, Montmerle et Chalamont. La mort de son père, arrivée sur ces entrefaites, l'obligea de quitter ces conquêtes pour aller prendre possession de la Savoie. Le duc de Bourbon et le sire de Couci viennent le trouver à Chambéri pour l'engager à un accommodement. Le comte consent à rendre, au sire de Beaujeu, les places qu'il a prises, à condition qu'il reconnaîtra tenir de lui les châteaux de Thoissei, de Lent et de Montmerle. Edouard refuse de souscrire à ce traité. Les hostilités néanmoins cessèrent, et dans la suite le comte et Edouard firent un traité de paix, le 25 juin 1383, par l'entremise du duc d'Anjou. Edouard était dans le même tems en procès avec Béatrix de Châlons, veuve d'Antoine de Beaujeu, au sujet de son douaire dont il s'était emparé. Béatrix, après une longue procédure, obtint un arrêt de provision. Mais Edouard maltraita les huissiers qui vinrent le lui signfier. La violence fut poussée même au point qu'il y eut quelques personnes de tuées. Il fit plus encore; pour se fortifier, il donna retraite chez lui à des gens poursuivis par la justice. Arrêt de prise de corps en conséquence décerné contre lui. Edouard se défendit contre les commissaires, archers et sergents du Châtelet, envoyés pour l'exécution de ce jugement. Mais enfin il fut pris et amené aux prisons du Châtelet. Le comte de Savoie sollicita sa grâce, et obtint pour lui, du roi Charles VI, des lettres de rémission, en date du mois de juillet 1388, portant pour condition, *qu'il souffrira lever dans sa seigneurie de Beaujeu les aides que sa majesté y a imposées, comme aussi les arréages de ces rentes qui sont échus; faute de quoi ladite grâce sera de nul effet.* (*Rec. de Colbert*, vol. 37, fol. 969.) La clémence dont usa le monarque envers le sire de Beaujeu, ne le rendit pas plus sage ni plus circonspect. L'an 1398, le déréglement de ses mœurs et la férocité de son caractère lui attirèrent une nouvelle affaire encore plus fâcheuse que la première. Ayant enlevé une fille de Villefranche, il fut ajourné au parlement de Paris pour répondre sur ce rapt. Edouard, qui était alors dans son château de Perreux, se croyant tout permis, fit jeter par les fenêtres l'huissier qui vint lui faire la citation. On envoya des troupes qui l'arrêtèrent et le conduisirent en prison à Paris. Il y courait risque de perdre la tête. Mais, ayant imploré le secours de ce même Louis de Bourbon qui l'avait autrefois défendu contre le comte de Savoie, il l'obtint et fut délivré par son crédit, moyennant la cession qu'il fit à ce prince, par acte du 23 juin 1400, de ses terres de Beaujolais et de Dombes, au cas qu'il n'eût point d'enfants légitimes. Il ne jouit de sa liberté que six semaines, étant mort sans lignée le 11 août suivant. Il avait épousé, l'an 1370, ELÉONORE DE BEAUFORT, fille de Guillaume-Roger III, comte de Beaufort et vicomte de Turenne, laquelle succéda, l'an 1417, à ces deux seigneuries. (Voy. *les vicomtes de Turenne.*)

PIERRE DE BOURBON.

PIERRE, quatrième fils de Charles, duc de Bourbon, et d'Agnès de Bourgogne, né au mois de novembre 1439, appelé du vivant de son père, le sire de Beaujeu, pour le distinguer de ses frères, réalisa ce titre en 1475, par accord fait avec le duc Charles II, son frère aîné, qui lui céda en apanage le Beaujolais avec le comté de Clermont. Il avait eu l'avantage, dès qu'il parut à la cour, de captiver la bienveillance et l'estime du roi Louis XI, par la douceur de son caractère et la sagesse de sa conduite. Ce monarque, irrité des révoltes fréquentes de Jean V, comte d'Armagnac, envoya, l'an 1472, le sire de Beaujeu pour le réduire. Pierre, ayant assiégé le comte dans Lectoure, l'obligea, le 15 juin de la même année, à capituler. Mais s'étant laissé depuis engager à licencier son armée, il fut la dupe de sa crédulité, et eut le chagrin de se voir arrêter prisonnier le 15 octobre suivant. On a rendu compte plus haut de l'affreuse vengeance que Louis XI tira de cette perfidie.

Pierre de Bourbon avait été fiancé, l'an 1464, avec Marie, fille de Charles I, duc d'Orléans. Louis XI, voulant l'avoir pour son gendre, rompit cette alliance, et lui fit épouser, l'an 1474, ANNE, sa fille aînée, âgée pour lors de quinze ans (1), princesse dont les graces extérieures étaient relevées par des qualités plus réelles, qui l'élevaient au-dessus de son sexe. Mais en lui faisant cet honneur, il ne craignit pas de lui faire commettre une injustice manifeste, en exigeant de lui un consentement par écrit, à la réunion de tous les domaines de la maison de Bourbon à la couronne, au cas qu'il mourût sans enfants mâles de Madame. (C'est ainsi qu'on nommait la princesse Anne.) Le sire de Beaujeu par-là donnait atteinte aux droits de la maison de Montpensier, à laquelle ces biens étaient substitués. Il le sentit lui-même, et crut devoir ajouter à sa signature ce correctif : *En tant qu'il peut toucher audit futur époux pour le présent et l'avenir*.

Le roi, l'année suivante, mit sa complaisance à une épreuve délicate, en l'envoyant avec une armée pour réduire le duc de Némours, Jacques d'Armagnac, qui, retranché dans son château de Carlat, en Auvergne, bravait de-là l'autorité souveraine, contre laquelle il s'était souvent révolté. On a raconté plus

---

(1) Cette princesse, dès sa naissance (l'an 1460), avait été fiancée avec Nicolas d'Anjou-Calabre, marquis de Pont-à-Mousson, fils de René II, duc de Lorraine. Mais ce mariage ne se fit point, le duc René s'étant rendu aux invitations de Charles, duc de Bourgogne, qui lui offrait sa fille pour le prince Nicolas, son fils: mariage qui manqua de même, le duc de Lorraine étant mort, l'an 1473, pendant qu'on faisait les préparatifs pour l'accomplir.

haut comment le duc, après une courte résistance, se rendit, sous la condition acceptée qu'il aurait la vie sauve, et le désaveu que le roi donna à son gendre, en faisant condamner à mort le duc, par un arrêt du 10 juillet 1477, précédé d'une procédure qui dura près de deux ans. C'est avec justice qu'on a reproché au sire de Beaujeu, d'avoir consenti à présider au tribunal qui condamna le duc, et d'avoir souffert que le jugement fût rendu en son nom, quoiqu'il n'eût fait que recueillir les voix, sans y joindre la sienne. Cette déférence honteuse pour les volontés d'un monarque absolu ne fut pas sans récompense. Louis XI, par lettres du mois de septembre de la même année, fit don à son gendre du comté de la Marche et de la seigneurie de Montaigut, en Combrailles, qui faisaient partie de la dépouille du duc exécuté. (*Voy.* Pierre, *comte de la Marche.*) Le sire de Beaujeu depuis ce tems marcha toujours de prospérité en prospérité : richesses, honneurs, commandements, tout lui fut prodigué, et il fut même déclaré chef des conseils. Le roi, l'an 1481, lui donna la seigneurie de Gien avec la vicomté de Châtelleraud. Ce monarque l'honora, l'année suivante, d'une marque éclatante de sa confiance, en le chargeant de l'éducation du dauphin. Le jeune prince, abandonné à lui-même, aux jeux, à la dissipation, à l'oisiveté, dans le château d'Amboise, entrait alors dans sa treizième année, et ne savait encore ni lire ni écrire. « C'était au sage Beaujeu, dit M. Désormaux, à
» réparer les suites d'une négligence ou d'une politique si cri-
» minelle. Malgré ses soins paternels, ajoute cet historien, il
» ne put jamais inculquer au dauphin les connaissances utiles,
» qui souvent suppléent à l'esprit et aux lumières naturelles;
» mais il fut dédommagé de ses travaux par le succès avec lequel
» il cultiva, dans le cœur de son auguste pupille, les semences
» précieuses de bonté, de justice, de franchise, de bienfai-
» sance, de courage et de grandeur d'âme, qu'il avait reçues
» de la nature. »

Le dernier gage et le plus précieux que Louis XI donna de son affection et de son estime au sire de Beaujeu, fut de lui confier, ou de lui continuer par son testament, et à la princesse son épouse, le gouvernement du roi Charles VIII, son fils. On a raconté ci-devant l'opposition qu'ils éprouvèrent sur cet article de la part de Louis, duc d'Orléans, premier prince du sang, et la victoire qu'ils remportèrent sur lui aux états de Tours, en 1484, par l'acquiescement de cette assemblée aux dernières volontés du feu roi. Ce fut la dame de Beaujeu qui joua le principal rôle dans l'administration de l'état ; et l'événement fit voir que cet emploi ne pouvait tomber en meilleures mains. Elle déploya dans les conjectures les plus critiques une âme forte, triompha des cabales les plus redoutables que son rival forma contre elle, et vint à bout de l'enfermer dans la tour de Bourges, l'an 1488, après la victoire remportée sur lui à Saint-Aubin-du-Cormier. Les divers états virent prisonnier, sans en être émus, l'héritier présomptif du trône, tant la princesse avait su leur faire goûter son gouvernement. Elle avait débuté par un acte de bienfaisance et de justice, bien propre à lui concilier l'amour des peuples : ce fut de faire ouvrir les cachots où gémissait un grand nombre de victimes des soupçons et de la jalousie du feu roi. Toute sa conduite dans le maniement des affaires fut soutenue, et l'histoire a très-peu de fautes à lui reprocher.

Jean II, duc de Bourbon, étant mort le 1er. avril 1488, le cardinal Charles de Bourbon, son frère, qui le suivait immédiatement dans l'ordre de la naissance, prétendit succéder au duché de Bourbon, et en prit le titre, en vertu du droit d'aînesse ; mais la dame de Beaujeu, sa belle-sœur, se saisit de Moulins et des principales places du duché, au nom de Pierre, son époux, et traita avec le cardinal, qui se contenta du revenu du Beaujolais, et de vingt mille livres de pension. Il n'en jouit que cinq mois, étant mort à Lyon le 13 septembre 1488. Le duc Pierre, son frère, acquit le 13 décembre suivant, de Guillaume, seigneur de Vergi, la baronnie et ville de Bourbon-Lanci, pour la somme de douze mille écus d'or. Il mourut à Moulins, le 8 octobre 1503, et fut inhumé dans la chapelle neuve du prieuré de Souvigni, ne laissant de son mariage qu'une fille, qui suit. La duchesse, sa femme, lui survécut jusqu'au 14 novembre 1522, époque de sa mort, arrivée au château de Chantel sur les confins du Bourbonnais et de l'Auvergne. Elle fut inhumée auprès de son mari, le 4 décembre suivant. (*Voy.* Pierre II, *duc de Bourbon.*)

SUSANNE.

SUSANNE, fille de Pierre II, sire de Beaujeu, puis duc de Bourbon, et d'Anne de France, née le 10 mai 1491, fut accordée, par traité du 21 mars 1499 (v. st.), à Charles, duc d'Alençon, et fiancée avec lui à Moulins au mois de février 1501 ; mais ce mariage n'eut point lieu. La duchesse, mère de Susanne, lui fit épouser, le 10 mai 1505, Charles IIIe. du nom, comte de Montpensier, dauphin d'Auvergne, etc. L'intérêt de famille et l'inclination eurent également part à cette alliance. Charles, élevé avec Susanne, sa cousine, prétendit après la mort du duc, père de cette princesse, que les duchés de Bourbon et d'Auvergne lui étaient dévolus, en vertu d'un fidéi-commis particulier à sa maison, par lequel les branches masculines devaient hériter mutuellement les unes des autres, à l'exclusion des filles. Ce fut pour accommoder ce différent, et par estime pour son mérite, que la duchesse Anne lui donna sa fille, qu'il aima toujours pour la bonté de son caractère, quoique petite et contrefaite et sans nul agrément dans la figure. Par cette alliance, il devint le plus riche prince de l'Europe, après les têtes couronnées. Devenu veuf sans enfants le 28 avril 1521, il fut attaqué par Louise de Savoie, duchesse d'Angoulême, et mère de François Ier., sur la succession de la maison de Bourbon. L'affaire ayant été plaidée au parlement, il fut dépossédé par un arrêt du mois d'août 1522. Ce jugement, qui lui retranchait la plus grande partie de ses richesses, le jeta dans un tel désespoir, que, renonçant à la foi qu'il devait à son souverain, il abandonna sa patrie pour passer au service de l'empereur. Après divers avantages remportés sur les Français en Italie, il reçut la juste récompense de sa perfidie devant Rome, où il périt, en montant le premier à l'assaut, le 6 mai 1527. (*Voy.* Charles III, *duc de Bourbon.*)

LOUIS II.

L'an 1560, LOUIS II, duc de Montpensier, surnommé *le Bon*, entra en possession du Beaujolais, par l'effet d'une transaction passée le 27 novembre, entre le roi François II et lui. Il était fils de Louise de Bourbon, sœur du connétable, et de Louis I de Bourbon, souche de la branche de la Roche-sur-Yon. Louis mourut le 23 septembre 1582, laissant de JACQUELINE DE LONGWI, comtesse de Bar-sur-Seine, sa femme, entr'autres enfants, François, qui suit.

FRANÇOIS.

1582. FRANÇOIS, fils aîné de Louis, hérita de son père du Beaujolais, avec le duché de Montpensier et la principauté de la Roche-sur-Yon. Il mourut le 4 juin 1592, laissant de RENÉE D'ANJOU, marquise de Mézières, sa femme, un fils, qui suit.

HENRI DE BOURBON.

1592. HENRI DE BOURBON, né le 15 mars 1573, succéda à François, son père, et à Renée, sa mère, dans le Beaujolais, comme dans tous leurs autres domaines. Ce prince mourut le 27 février 1608, ne laissant de son mariage avec HENRIETTE-CATHERINE, duchesse de Joyeuse, sa femme (morte le 25 février 1656.), qu'une fille, qui suit.

MARIE DE BOURBON.

1608. MARIE DE BOURBON, fille unique, héritière de Henri de Bourbon, épousa, le 6 août 1626, GASTON JEAN-BAPTISTE DE FRANCE, frère du roi Louis XIII, et mourut le 4 juin de l'année suivante, ne laissant de son mariage qu'une fille qui suit.

ANNE-MARIE-LOUISE D'ORLÉANS.

1627. ANNE-MARIE-LOUISE D'ORLÉANS, née, le 29 mai 1627, de Gaston-Jean-Baptiste de France, et de Marie de Bourbon, hérita de sa mère, la même année, du Beaujolais et de la principauté de Dombes, de celle de la Roche-sur-Yon, du dauphiné d'Auvergne, du duché de Montpensier, etc. Cette princesse, connue dans l'histoire sous le nom de MADEMOISELLE, mourut, sans alliance publique, le 5 avril 1683, laissant par son testament, entr'autres biens, le Beaujolais à la deuxième maison d'Orléans, qui en jouit encore de nos jours (1785). (Voy. *les dauphins d'Auvergne*.)

FIN DU TOME DIXIÈME.

TABLE DES MATIÈRES

CONTENUES

DANS CE VOLUME.

Seigneurs de Montpellier	1
Comtes de Roussillon.	22
Comtes de Cerdagne et de Bésalu	33
Comtes de Roussillon et de Cerdagne, de la maison d'Aragon, apanagés	41
Comtes l'Ampurias.	53
Comtes d'Urgel.	69
Comtes de Poitiers et ducs d'Aquitaine et de Guienne.	87
Comtes d'Auvergne.	122
Dauphins d'Auvergne.	157
Comtes d'Angoulême.	179
Comtes de Périgord.	198
Princes de Chalais et de Talleyrand . . .	219
Comtes de la Marche.	224
Vicomtes de Limoges.	242
Vicomtes de Turenne.	276
Comtes et vicomtes de Bourges.	298

COMTES DE SANCERRE 306
SIRES OU BARONS DE BOURBON. 321
ROIS DE BOURGOGNE. 356
COMTES DE PROVENCE 391
COMTES DE FORCALQUIER. 429
COMTES ET PRINCES D'ORANGE. 433
COMTES ET DAUPHINS DE VIENNOIS 449
COMTES DE VALENTINOIS ET DE DIOIS 467
COMTES DE LYONNAIS ET DE FOREZ. 483
SIRES OU BARONS DE BEAUJOLAIS. 501

FIN DE LA TABLE DES MATIÈRES.

www.ingramcontent.com/pod-product-compliance
Lightning Source LLC
Chambersburg PA
CBHW051403230426
43669CB00011B/1744